Schriftenreihe

Studien zur Rechtswissenschaft

Band 175

ISSN 1435-6821

Verlag Dr. Kovač

Julia Schmitz-Garde

Täter-Opfer-Ausgleich, Wiedergutmachung und Strafe im Strafrecht

Eine Untersuchung zur Vereinbarkeit von Täter-Opfer-Ausgleich und Wiedergutmachung mit der Aufgabe des (Straf-)Rechts sowie Funktionen der Strafe und Zwecken der Bestrafung

Verlag Dr. Kovač

Hamburg
2006

VERLAG DR. KOVAČ

Leverkusenstr. 13 · 22761 Hamburg · Tel. 040 - 39 88 80-0 · Fax 040 - 39 88 80-55

E-Mail info@verlagdrkovac.de · Internet www.verlagdrkovac.de

Bibliografische Information Der Deutschen Bibliothek
Die Deutsche Bibliothek verzeichnet diese Publikation
in der Deutschen Nationalbibliographie;
detaillierte bibliografische Daten sind im Internet
über http://dnb.ddb.de abrufbar.

ISSN 1435-6821
ISBN 3-8300-2032-5

Zugl.: Dissertation, Universität Trier, 2005

© VERLAG DR. KOVAČ in Hamburg 2005

Printed in Germany
Alle Rechte vorbehalten. Nachdruck, fotomechanische Wiedergabe, Aufnahme in Online-Dienste
und Internet sowie Vervielfältigung auf Datenträgern wie CD-ROM etc. nur nach schriftlicher
Zustimmung des Verlages.

Gedruckt auf holz-, chlor- und säurefreiem Papier Alster Digital. Alster Digital ist
alterungsbeständig und erfüllt die Normen für Archivbeständigkeit ANSI 3948 und ISO 9706.

Die vorliegende Arbeit wurde im Sommersemester 2005 vom Fachbereich Rechtswissenschaft der Universität Trier als Dissertation angenommen.

Berichterstatter: Prof. Dr. Zaczyk und Prof. Dr. Jäger

Mein Dank geht an

- meinen Mann für seine Unterstützung, ohne die diese Arbeit jedenfalls nicht in dieser Form und in diesem zeitlichen Rahmen fertiggestellt worden wäre, seine Geduld und sein Verständnis
- Maximilian und Benjamin dafür, dass sie mit ihrer Geburt die Fertigstellung der Arbeit - wenn auch nicht die mündliche Prüfung - abgewartet haben
- Uli, Gerhard und Marianne für die freundliche Hilfe bei der Korrektur
- meine Kollegen in der Kanzlei Müller und Wohlleben, Zell.

Inhaltsverzeichnis

1	**Einleitung**	**1**
2	**Begriffsbestimmungen**	**5**
2.1	Opfer	5
2.2	Aussöhnung	6
2.3	Sühne	6
2.4	Konflikt	7
2.5	Konfliktregelung	8
2.6	Wiedergutmachung	9
2.7	Täter-Opfer-Ausgleich	9
2.8	Diversion	11
2.9	Strafe	11
3	**Rechtsgeschichte**	**13**
3.1	Vorrömische Zeit	13
3.2	Römisches Recht	14
3.3	Germanisches Recht	15
3.4	Fränkisches Recht / Frühmittelalter	16
3.5	Hoch- und Spätmittelalter	17
3.6	Frühe Neuzeit	19
3.7	Neuzeit und Gegenwart	21
3.8	Ergebnis	22
4	**Gesetzeslage in Deutschland**	**25**
4.1	Jugendstrafrecht	25
4.2	Erwachsenenstrafrecht	25
	4.2.1 Rücktritt vom Versuch und tätige Reue	25
	4.2.2 Strafmilderung/Absehen von Strafe	26
	4.2.3 Bewährungsauflage/Verwarnung mit Strafvorbehalt	27

Inhaltsverzeichnis

	4.2.4	Auflage der Wiedergutmachung und Weisung des Bemühens um einen Ausgleich	29
	4.2.5	Privatklage	31
	4.2.6	Nebenklage	31
	4.2.7	Adhäsionsverfahren	32
4.3	Ergebnis		33

5 Gesetzeslage im Ausland 37
- 5.1 Länder im Einzelnen 37
  - 5.1.1 Ehemalige Deutsche Demokratische Republik und heutige neue Bundesländer 37
  - 5.1.2 österreich 39
  - 5.1.3 Schweiz 40
  - 5.1.4 Frankreich 42
  - 5.1.5 US-Amerikanischer Rechtsraum/Kanada 43
  - 5.1.6 Großbritannien 44
  - 5.1.7 Polen 44
  - 5.1.8 Japan 45
- 5.2 Ergebnis 46

6 Täter-Opfer-Ausgleich und Rechtsstaat 49
- 6.1 Rechtstheorie: Aufgabe des {Straf-}Rechts 50
  - 6.1.1 Die Willensfreiheit des Menschen als Grundlage des Schuldstrafrechtes 50
  - 6.1.2 Aufgabe des Rechts und des Strafrechts aus juristischer Sicht 58
  - 6.1.3 Systemtheoretische Überlegungen 70
  - 6.1.4 Handlungstheoretische Aspekte 81
  - 6.1.5 Eigener Standpunkt und Ergebnis: 90
- 6.2 Abgrenzung von Strafrecht und Zivilrecht 91
  - 6.2.1 Das Strafrecht und die Wiedergutmachung 91
  - 6.2.2 Das Zivilrecht und die Wiedergutmachung 108
  - 6.2.3 Die Wiedergutmachung und damit verbundene zivilrechtliche sowie strafrechtliche Zwecke 109
  - 6.2.4 Eigener Standpunkt und Ergebnis 117

6.3	Der im Zuge der Wiedergutmachung auszugleichende Schaden	118
6.3.1	Entwicklung und Begründung eines eigenständigen strafrechtlichen Schadensbegriffs	119
6.3.2	Schadenseinteilung und Klassifizierung der jeweiligen Wiedergutmachungsleistungen	127
6.3.3	Eigener Standpunkt und Ergebnis	135
6.4	Wiedergutmachung und Straffunktion bzw. Bestrafungszwecke	136
6.4.1	Absolute Straftheorien	136
6.4.2	Relative Straftheorien	169
6.4.3	Vereinigungstheorie	216
6.4.4	Eigener Standpunkt und Ergebnis	219

7 Verfassungsmäßigkeit von Täter-Opfer-Ausgleich und Wiedergutmachung 223

7.1 Verhältnismäßigkeit, Art. 20 GG, bzw. *Net-widening-effect* . . 224
7.2 Gewaltenteilung, Art. 20 III GG 226
7.3 Bestimmtheitsgebot, Artt. 20, 103 II GG, § 1 StGB 228
7.4 Gleichheitsgrundsatz, Art. 3 I GG 231
7.5 *Fair-Trial-* Grundsatz 232
7.6 Unschuldsvermutung, Art. 6 II EMRK 235
7.7 Recht auf rechtliches Gehör, Art. 103 I GG 241
7.8 Artt. 92,97,101 I GG 241
7.9 Öffentlichkeit des Verfahrens, § 169 GVG 242
7.10 Datenschutz/Grundrecht auf informationelle Selbstbestimmung 243
7.11 Grundrechte 243
7.12 Ergebnis 245

8 Voraussetzungen und Grenzen des Täter – Opfer – Ausgleichs 251

8.1 Voraussetzungen für die Durchführung des TOA 251
    8.1.1 Keine Bagatellen 251
    8.1.2 Keine Verbrechen bei den Auflagen gemäß § 153a I 2 Nr. 1 und 5 StPO 252
    8.1.3 Vorliegen eines Schadens eines personifizierbaren Opfers 254

	8.1.4	Vorhandensein eines aufgeklärten, anklagefähigen Sachverhalts 255
	8.1.5	Freiwillige Mitwirkung des Beschuldigten 256
	8.1.6	Zustimmung des Opfers 261
	8.1.7	Leistungsfähigkeit des Beschuldigten 262
	8.1.8	Kein Ausschluss vorbelasteter Beschuldigter 263
8.2	Einteilung der Konflikte 263
	8.2.1	Interessen- und Wertkonflikte 263
	8.2.2	Art der betroffenen Rechtsgüter 272
	8.2.3	Anzahl der beteiligten Personen 273
	8.2.4	Handlungsmotivation des Täter 273
	8.2.5	Konfliktcharakteristika 273
	8.2.6	Art der beteiligten Personen 274
	8.2.7	Person des Anzeigeerstatters und dessen Motivation . 276
	8.2.8	Ausmaß des Konflikts 277
	8.2.9	Konfliktdimensionen 278
	8.2.10	Stress-, Interessen- und Statuskonflikte 278
	8.2.11	Zusammenfassung 279
8.3	Ergebnis 280

9 Auswertung von Modellprojekten in Deutschland 283

9.1 Tübinger Gerichtshilfeprojekt (seit 1984) 283
9.2 Hamburger Gerichtshilfeprojekt (seit 1987) 284
9.3 Düsseldorfer Gerichtshilfeprojekt (seit 1987) 285
9.4 DIALOG bei der Berliner Senatsverwaltung für Justiz (seit 1988) 286
9.5 Nürnberg-Fürth (seit 1990) 286
9.6 Modellprojekt Schleswig-Holstein (seit 1991) 288
9.7 Hilfe zur Selbsthilfe e.V. Aschaffenburg (seit 1992) 288
9.8 Waage Hannover e.V. (seit 1992) 289
9.9 Modellprojekt Dresden (Verein für soziale Rechtspflege e.V.) (seit 1992) 291
9.10 Auswertung der Ergebnisse der Modellprojekte insgesamt .. 292

10 Ablauf des Schlichtungsverfahrens 301
10.1 Methode des sachbezogenen Verhandelns nach Fisher/Ury . . 301
10.2 Konfliktlösung nach der Handlungstheorie KAISERs 302
10.3 Konfliktmoderation nach REDLICH 303
10.4 WATZKEs Figur des gemischten Doppels 304
10.5 Ergebnis 305

11 Gründe für geringe Relevanz des Täter-Opfer-Ausgleichs 307
11.1 Mangelnde Akzeptanz bei Staatsanwälten und Richtern . . . 307
    11.1.1 Strafhärteeinstellung der Strafjustiz und der Durchschnittsbevölkerung 307
    11.1.2 Zu wenig Information über den Täter-Opfer-Ausgleich 310
    11.1.3 Persönlicher Kontakt mit dem Vermittler fehlt 311
    11.1.4 Frühzeitiges Einbeziehen der Dezernenten in die Planung des Projektes 311
    11.1.5 Berufsbild des Staatsanwalts fern von zivilrechtlichen Fragen 312
    11.1.6 Skepsis bei Staatsanwaltschaft aufgrund negativer Erfahrungen mit anderen ambulanten Sanktionen 312
    11.1.7 Keine berufliche Anerkennung für Staatsanwälte, die sich mit Täter-Opfer-Ausgleich beschäftigen 313
    11.1.8 Strafverfolgung als Massengeschäft/Arbeitsüberlastung der Staatsanwälte 313
    11.1.9 Fehlen von Verfahrensvorschriften oder Ausführungsbestimmungen 316
    11.1.10 Keine adäquate Anrechnung in der Statistik bzw. dem Pensenschlüssel 316
    11.1.11 Zusammenfassung 317
11.2 Mangelnde Akzeptanz unter Rechtsanwälten 318
    11.2.1 Zu wenig Information 318
    11.2.2 Erforderliche Schlichtungsstellen fehlen 319
    11.2.3 Keine Zustimmung des Opfers bzw. Täters 319
    11.2.4 Aufgabenstellung des Verteidigers als Interessenvertreter 320
    11.2.5 Zusammenfassung 320

11.3 Eigener Standpunkt und Ergebnis 321

12 Einsatzmöglichkeiten der Wiedergutmachung   **323**
12.1 Untersuchung von U. HARTMANN: Großes Potential 323
12.2 Wiedergutmachungsmodelle 323
    12.2.1 Utopische abolitionische Modelle 323
    12.2.2 Realistische Modelle 329
12.3 Ergebnis 347

13 Eigenes Wiedergutmachungsmodell   **349**
13.1 Ergänzung der RiStBV 350
    13.1.1 Falleignungskriterien 352
    13.1.2 Schaffung eines Sonderdezernates für Täter-Opfer-Ausgleich 353
13.2 Vorschlag einer den TOA propagierenden Hausverfügung . . . 353
13.3 Änderung der StPO 356

14 Schlussbetrachtungen   **359**

Literaturverzeichnis   **361**

1 Einleitung

Gegenstand der vorliegenden Arbeit sind mit dem Täter-Opfer-Ausgleich, der Wiedergutmachung und der (Rechts-)Strafe drei mögliche staatliche Reaktionen auf Straftaten. Die Begriffe Täter-Opfer-Ausgleich, Wiedergutmachung und Strafe entstammen dem allgemeinen Sprachgebrauch, so dass auch Laien sich darunter etwas vorstellen können. Dennoch sind sie darüber hinaus spezifische Fachtermini und haben insofern eine Bedeutung, die sich von derjenigen der Alltagssprache unterscheidet. Aus diesem Grund ist es erforderlich, zunächst einige Ausdrücke, die im Folgenden benötigt werden, näher zu bestimmen.

Die Literatur zu diesen Themen ist zwischenzeitlich fast unübersehbar geworden ist. Trotzdem wird mit dieser Arbeit der Versuch unternommen, Neues zur Diskussion beizutragen. Es wird nämlich vor allem die Rechtmäßigkeit der bestehenden Vorschriften zum Täter-Opfer-Ausgleich und zur Wiedergutmachung im Strafrecht näher untersucht werden, was in dieser Form bislang noch nicht geschehen ist. Täter-Opfer-Ausgleich und Wiedergutmachung werden in Beziehung gesetzt zu den Aufgaben und Funktionen der Strafe sowie den Zwecken einer Bestrafung. Die zu prüfende These ist, ob Täter-Opfer-Ausgleich und Wiedergutmachung im Hinblick auf die von ihren Befürwortern hervorgehobenen positiven Wirkungen über den bisherigen Anwendungsbereich hinaus ausgedehnt werden können und sollen. Dies setzt voraus, dass sie die Funktionen, die der Strafe zugeschrieben werden, zumindest ebensogut erfüllen wie diese. Dabei werden die von ihren Gegnern vorgebrachten Argumente, die vor allem rechtsstaatlicher Natur sind, intensiv beleuchtet. Die Ausdehnung des Anwendungsbereichs kann auf verschiedene Arten erfolgen, die ebenfalls näher erörtert werden.

Nachdem zunächst die notwendigen Begriffsbestimmungen vorgenommen worden sind (Kapitel 2), wird auf rechtsgeschichtliche Aspekte von Wiedergutmachung und Täter-Opfer-Ausgleich eingegangen werden (Kapitel 3). Dabei wird gezeigt, dass es sich hierbei keinesfalls um „Erfindungen" der Neuzeit

1 Einleitung

handelt, sondern um Verhaltensmuster, die den Menschen wesenseigen sind. Danach wird die derzeitige Gesetzeslage in Deutschland im Hinblick auf die Berücksichtigung von Täter-Opfer-Ausgleich und Wiedergutmachung im Strafverfahren dargestellt (Kapitel 4). Bereits hier ist darauf hinzuweisen, dass diese Vorschriften die Wiedergutmachung in größerem Umfang zulassen als derzeit praktiziert. Dabei wird die Rechtslage im Geltungsbereich des Grundgesetzes verglichen mit der Gesetzeslage in anderen Ländern (Kapitel 5), wobei hier einige beispielhaft ausgewählt wurden.

Im Folgenden wird untersucht, inwiefern die bestehenden Gesetze bezüglich Täter-Opfer-Ausgleich und Wiedergutmachung mit den Anforderungen unseres Rechtsstaats zu vereinbaren sind (Kapitel 6). Dabei soll zunächst die Aufgabe von Recht im Allgemeinen und Strafrecht im Besonderen herausgearbeitet werden (Kapitel 6.1), um anschließend zu prüfen, ob diese von den beiden Formen der Wiedergutmachung erfüllt werden kann. Sodann werden Strafrecht und Zivilrecht voneinander abgegrenzt, um festzustellen, welchem Rechtsgebiet Täter-Opfer-Ausgleich und Wiedergutmachung angehören (Kapitel 6.2). Im Anschluss wird der strafrechtlich auszugleichende Schaden näher bestimmt (Kapitel 6.3). Schließlich wird überprüft, ob Täter-Opfer-Ausgleich und Wiedergutmachung mit den Strafzwecken zu vereinbaren sind (Kapitel 6.4). Dabei werden zunächst die sogenannten absoluten und die relativen Strafzwecktheorien dargestellt und diskutiert, um in der Folge zu überprüfen, ob Täter-Opfer-Ausgleich und Wiedergutmachung die der Strafe von der jeweiligen Theorie zugeschriebene Wirkung zeigen.

Auch die Verfassungsmäßigkeit der bisherigen Regelungen von Wiedergutmachung und Täter-Opfer-Ausgleich ist zu untersuchen (Kapitel 7), ebenso wie Voraussetzungen und Grenzen von deren Anwendungsbereich (Kapitel 8). Es existieren verschiedene Ansätze, um die Konflikte einzuteilen und im Hinblick auf ihre Eignung für eine Schlichtung zu beurteilen. Diese werden ebenfalls dargestellt und erörtert.

Die Ergebnisse der Modellprojekte auf dem Gebiet des Täter-Opfer-Ausgleichs werden vorgestellt (Kapitel 9) und hinterfragt. Auch der Ablauf des Schlichtungsverfahrens unter Darstellung des psychologischen Hintergrundes wird geschildert (Kapitel 10), wobei hier lediglich beispielhaft einige Punkte herausgegriffen und näher beleuchtet werden, die vor allem für die praktische Arbeit interessant sind. Danach könnte der Täter-Opfer-

Ausgleich in der Rechtstatsächlichkeit eine deutlich größere Relevanz erreicht haben, die bestehenden Vorschriften werden jedoch von der Praxis schlecht angenommen. Die Gründe dafür werden in der Folge näher betrachtet und erläutert (Kapitel 11).

Die Ausdehnung des Anwendungsbereiches von Täter-Opfer-Ausgleich und Wiedergutmachung kann in verschiedener Weise betrieben werden, worüber die bestehenden, sich in ihrer Reichweite erheblich unterscheidenden Wiedergutmachungsmodelle Aufschluss geben. Im Anschluss werden daher verschiedene Modelle vorgestellt und diskutiert (Kapitel 12). Auf der Basis der vorherigen Ausführungen wird dann ein eigenes Modell entworfen und verschiedene Gesetzesänderungen vorgeschlagen (Kapitel 13).

2 Aspekte der notwendigen Begriffsbestimmungen

2.1 Opfer

Wer unter einer Schädigung, Benachteiligung oder Ungleichbehandlung aufgrund der Betroffenheit von einem strafrechtlich relevanten Konflikt in einem seiner Rechtsgüter verletzt (Erfolgsdelikte) oder gefährdet (Gefährdungsdelikte, Versuch) ist, wird deklariertes und perzipiertes Kriminalitätsopfer in diesem Sinne genannt[1]. Als deklarierte Kriminalitätsopfer werden dabei diejenigen bezeichnet, deren Eigenschaft als Opfer durch eine Anzeige bekannt geworden ist, während ein perzipiertes Opfer sich als Opfer empfindet, unabhängig davon, ob die zugrunde liegende Tat den Strafverfolgungsorganen bekannt geworden ist[2]. Die fremd oder extrinsisch deklarierten Opfer sind vom hier vertretenen Opferbegriff ebenfalls umfasst, zumal sich diese Personen in aller Regel auch als Opfer wahrnehmen[3]. Die Variationsbreite der über die Rechtsgutsverletzung hinausgehenden Schäden ist groß[4]; oft wird die Verletzung der tatbestandlich geschützten Rechtsgüter vom Opfer als weniger gravierend empfunden als die Begleitschäden[5]. Zu erwähnen wären hier bspw. die psychischen Beeinträchtigungen bei Einbruchsdiebstahl oder Vergewaltigung[6]. Da dies ebenfalls Folgen der Handlung des Täters[7] sind, mögen sie auch von der individuellen Disposition des Opfers abhängen, sind diese

---
[1] Vergleiche Lee Symbolische Wiedergutmachung im strafrechtlichen Sanktionensystem S. 52ff m. w. N.
[2] Ebenso Lee a. a. O. S. 52ff m. w. N.
[3] So auch Baurmann/Schädler Das Opfer nach der Straftat S. 23f
[4] Darauf weist Kube DRiZ 1986, S. 121 mit Recht hin.
[5] Ebenso Baurmann/Schädler Opferbedürfnisse und Opfererwartungen S. 74f; Frehsee Schadenswiedergutmachung als Instrument strafrechtlicher Sozialkontrolle S. 156f
[6] Übereinstimmend Krause Tatverarbeitung von Gewalttaten: Die Opfer S. 239
[7] Unter Täter wird selbstverständlich auch die Täterin verstanden; die gewählte Form dient der flüssigen Lesbarkeit des Textes. Soweit im Folgenden gleichlautend von Geschädigtem, Verletztem, Verletzter oder Schädiger die Rede ist, sei ebenfalls die weibliche Form mitumfasst.

2 Begriffsbestimmungen

vom Opfer- bzw. Schadensbegriff umfasst.

Zu unterscheiden ist die **Viktimisation** als das abstrakte Phänomen der Opferwerdung von der **Viktimisierung** als dem konkreten Erleben der Schädigung durch den Betroffenen[8]. Die Viktimisierung beschreibt das subjektive Erleben des konkreten Opfers im Einzelfall, während die Forschung zur Viktimisation den Schwerpunkt auf verallgemeinerungsfähige Aspekte des Vorgangs legt. Unter der **primären Viktimisation** werden alle direkten, tatgebundenen Schädigungen und Verletzungen durch den Täter verstanden[9], während die **sekundäre Viktimisation** die schädigende Einwirkung durch die Reaktionen des sozialen Umfeldes des Opfers infolge der Tat auf dieses umfasst[10]. **Tertiäre Viktimisation** beschreibt den fahrlässigen Umgang von Wissenschaftlern, Funktionären der Opfer-Lobby und Helfern mit den Opfern, der bei diesen – in Verbindung mit einer erlebten Tat oder auch unabhängig davon – zu (weiteren) Schädigungen führen kann[11].

2.2 Aussöhnung

Dabei handelt es sich um die Wiederherstellung des sozialen Friedens unter aktiver Mitwirkung und Akzeptanz aller Beteiligten, d. h. Reue und Einsicht auf der einen und Verzeihen auf der anderen Seite[12]. Stattfinden kann die Aussöhnung nur in einem dynamischen, kommunikativen Vorgang unter der Voraussetzung gemeinsamer Wertvorstellungen[13].

2.3 Sühne

Das Wort Sühne entstammt etymologisch der Rechtssprache und bezieht sich daher nicht auf innere, moralische Schuld[14]. Das (Erfolgs-)Unrecht der Tat

---

[8] Auf diese Differenzierung weisen zu Recht Baurmann/Schädler Das Opfer nach der Straftat S. 15 sowie Richter Aspekte der Verarbeitung krimineller Viktimisierung S. 358f hin.
[9] Vergleiche dazu Kirchhoff Das Verbrechensopfer – die lange vergessene Perspektive S. 150
[10] Siehe Kirchhoff a. a. O.; Baurmann/Schädler Das Opfer nach der Straftat S. 16
[11] Baurmann/Schädler a. a. O. S. 18
[12] So auch Müller-Dietz Was bedeutet Täter-Opfer-Ausgleich im Strafrecht S. 17f
[13] Übereinstimmend Bannenberg Wiedergutmachung in der Strafrechtspraxis S. 5
[14] Siehe Lampe Strafphilosophie S. 175

2 Begriffsbestimmungen

den[22].

Nicht jede Form der Kriminalität lässt sich jedoch in der dualen Struktur eines Konfliktes zwischen Täter und Opfer darstellen: So werden vom Gesetzgeber zunehmend opferlose Delikte, beispielsweise aus den Bereichen des Betäubungsmittelstrafrechts sowie der Wirtschafts- und Umweltkriminalität, unter Strafe gestellt, wobei eine Tendenz erkennbar wird, die strafrechtliche Verantwortlichkeit durch Schaffung von Gefährdungsdelikten vorzuverlagern[23]. Hinzu kommt, dass das moderne Strafrecht kein Privatstrafrecht mehr darstellt und insofern kein Täter-Opfer-Strafrecht; der staatliche Strafanspruch soll gegenüber dem Täter durchgesetzt werden, wobei diesem der ermittelnde und strafende Staat gegenüber steht, nicht das rächende Opfer[24]. Im Rahmen der Ermittlungen darf der Staat sich des Opfers als Zeugen bedienen und dieses sogar zur Mitwirkung zwingen, woraus bereits ersichtlich wird, dass es nicht allein auf das Rechtsverhältnis zwischen Täter und Opfer ankommen kann und darf, sondern dass vielmehr das Verhältnis von Täter und Opfer zur Rechtsgemeinschaft in die Betrachtungweise mit einbezogen werden muss.

2.5 Konfliktregelung

Der durch die Straftat ausgelöste oder manifestierte Konflikt zwischen Täter und Opfer kann durch einen außergerichtlichen Tatausgleich zwischen diesen, ggf. unter Mitwirkung eines Vermittlers, auf adäquate Weise bereinigt werden[25]. Die Einbeziehung des Verhältnisses zur Rechtsgemeinschaft erfolgt, indem die Konfliktregelung durch die Staatsanwaltschaft auf ihre Eignung zur Beseitigung des öffentlichen Interesses an der Strafverfolgung überprüft werden. Bezweckt wird die Wiederherstellung des Rechtsfriedens[26].

Neben der oben beschriebenen außergerichtlichen Konfliktregelung zwi-

---

[22] Unter 8.1 und 8.2 Konflikteinteilung
[23] Weitere Nachweise bei Nomos-Kommentar-Hassemer vor §1 Rn. 14; diese opferlose Kriminalität stellt sich oft als solche ohne Schaden mit bedenklicher Vorfeldkriminalisierung dar, so dass die Strafwürdigkeit dieser Delikte fraglich erscheint, s. u. Fn 1239 m. w. N.
[24] Derselben Meinung ist auch Nomos-Kommentar-Hassemer vor §1 Rn. 10 m. w. N.
[25] Ebenso Müller-Dietz a. a. O. S. 19f
[26] Vergleiche Bannenberg a. a. O. S. 3

muss dafür durch eine diesem entsprechende wertgleiche Leistung des Täters ausgeglichen werden[15], während der Handlungsunwert durch Unrechtseinsicht und Anerkennung der Ausgleichsverpflichtung kompensiert werden kann[16]. Soweit im Rahmen der Erläuterung des Sühnebegriffs von manchen Autoren auf die Schuld Bezug genommen wird, wird damit entweder der Begriff der Schuld nicht im strafrechtlichen, sondern im allgemeinsprachlichen Sinne gebraucht oder aber die Sühne im moralischen Sinne, nicht mit der strafrechtlichen Wortbedeutung bezeichnet[17]. So stehen sich im rein strafrechtlichen Sinne „Unrecht und Sühne" sowie „Schuld und Reue" gegenüber, nicht aber Schuld und Sühne[18].

Hat jemand ein Gesetz übertreten, erwartet er, dafür zur Verantwortung gezogen zu werden. Unterbleibt dies, ohne dass das Geschehen auf andere Weise aufgearbeitet wird, behält er (sozial konditionierte) Schuldgefühle zurück, die nur überwunden werden können, wenn das Unrecht gesühnt wird[19]. Dazu bedarf es einer Versöhnung des Schuldigen mit sich selbst, der Rechtsgemeinschaft und dem Opfer durch Übernahme von Verantwortung für das Geschehene[20].

2.4 Konflikt

Kriminalität kann als Konflikt aufgefasst werden, welcher in einer Interaktion zwischen den Handelnden besteht, wobei wenigstens einer Unstimmigkeiten in seinem Denken, Fühlen oder Wahrnehmen mit dem anderen dergestalt erlebt, dass im Realisieren seiner Ziele eine Beeinträchtigung des anderen erfolgt[21]. Um strafrechtlich relevant zu werden, muss zumindest eine der Parteien durch ihre tatbestandsmäßige, rechtswidrige und schuldhafte Handlung eine strafrechtliche Norm verletzen. Es existieren verschiedene Konflikttheorien, um das Geschehen zu erklären. Auf diese wird später eingegangen wer-

---

[15] Weitere Nachweise bei Lampe a. a. O. S. 175
[16] Ebenso Lampe a. a. O. S. 181f
[17] Vergleiche Lampe a. a. O. S. 175f m. w. N.
[18] So auch Lampe a. a. O. S. 175f
[19] Weitere Nachweise bei Lampe a. a. O. S. 236
[20] Ähnlich Müller-Dietz a. a. O. S. 18f; Noll Ethische Begründung der Strafe S. 8
[21] Siehe Netzig Brauchbare Gerechtigkeit S. 37 m. w. N.

2.6 Wiedergutmachung

schen Täter und Opfer kann ein Konflikt auch durch eine verbindliche gerichtliche Entscheidung im Rahmen des formellen Strafverfahrens beendet werden.

2.6 Wiedergutmachung

Die Wiedergutmachung umfasst einen Ausgleich der immateriellen und materiellen Schäden, die als Tatfolgen beim Opfer und der Rechtsgemeinschaft auftreten, durch eine freiwillige Leistung des Täters[27]. Ihr Ziel ist der Ausgleich der durch die Tat gestörten Rechtsordnung und Sozialbeziehung[28]. Im Vordergrund steht dabei nicht die Bereinigung eines Konfliktes zwischen Täter, Opfer und Rechtsgemeinschaft, sondern die Entschädigung des Opfers durch persönlichen Einsatz des Täters[29]. Daher kann Wiedergutmachung begrifflich nicht nur gegenüber einer natürlichen Person, sondern auch gegenüber einer juristischen Person oder der Allgemeinheit als Geschädigtem stattfinden[30].

2.7 Täter-Opfer-Ausgleich

Der Täter-Opfer-Ausgleich stellt ein Verfahren für den Umgang mit Straftaten dar, bei dem primär ein Konflikt zwischen Täter und Opfer unter starker Betonung des personalen Elementes in kommunikativem Kontakt bereinigt wird[31]. Es handelt sich um ein objektives Aussöhnungsverfahren mit materieller, immaterieller und/oder symbolischer Leistung. Der Täter-Opfer-Ausgleich umfasst also alle denkbaren Restitutionsformen, während die Wiedergutmachung i. e. S. primär auf Entschädigung des Opfers abzielt[32]. Für einen Täter-Opfer-Ausgleich ist eine natürliche Person als Opfer konstitu-

---

[27] So auch Müller-Dietz a. a. O. S. 21
[28] Siehe Bannenberg a. a. O. S. 5
[29] Ebenso Meier GA 99, S. 3
[30] Übereinstimmend Meier JuS 1996, S. 439f; da die zur Wiedergutmachung erforderliche Leistung zumindest bestimmbar sein muss, sind Abstriche zu machen, vergleiche unten unter 6.3
[31] Vergleiche U. Hartmann Täter-Opfer-Ausgleich im Spannungsfeld von Anspruch und Wirklichkeit S. 21 m. w. N.
[32] Ebenso Kilchling NStZ 1996, S. 310f

2 Begriffsbestimmungen

tiv, denn nur mit einer solchen kann eine Versöhnung stattfinden[33]. Der Begriff Täter-Opfer-Ausgleich umfasst dabei sowohl das Ergebnis einer Aussöhnung von Täter und Opfer und einer Regelung des Konfliktes als auch das Verfahren bzw. den Weg dahin. Die Begriffe Täter-Opfer-Ausgleich und Schlichtung(-sverfahren) werden im Folgenden gleichlautend verwendet.

LEE geht davon aus, dass sich Wiedergutmachung und Täter-Opfer-Ausgleich nicht nur in der unterschiedlichen Betonung des personalen Elements, sondern ebenfalls in der Reichweite der Kompensationswirkung unterscheiden: Der Erfolgsunwert der Tat werde durch Wiedergutmachung des verursachten Schadens ausgeglichen, während der Handlungsunwert durch Täter-Opfer-Ausgleich kompensiert werde[34]. Dies ist unzutreffend: Zum Erfolgswert der Beseitigung der Straftatfolgen, die sowohl im Rahmen der Wiedergutmachung als auch im Rahmen des Täter-Opfer-Ausgleichs möglich ist, tritt der Handlungswert, der sich aus den äußeren und inneren Begleitumständen der Leistungserbringung ergibt, insbesondere dem Grad und Ausmaß des Bemühens des Täters sowie der Freiwilligkeit der Leistungserbringung[35]. Damit unterscheiden sich Täter-Opfer-Ausgleich und Wiedergutmachung nur in der unterschiedlichen Betonung des personalen Elements, wobei die Wiedergutmachung insofern der umfassendere Begriff ist, als sie auch symbolische Leistungen ohne Opferbezug umfasst[36]. Die Rechtsprechung differenziert zwischen Wiedergutmachung nach § 46a Nr. 2 StGB und Täter-Opfer-Ausgleich nach § 46a Nr. 1 StGB ebenfalls danach, ob der materialisierbare Schaden in Bezug genommen wird (Wiedergutmachung) oder die immateriellen Folgen der Tat betroffen sind (Täter-Opfer-Ausgleich)[37].

---

[33] Übereinstimmend Meier JuS 1996, S. 439
[34] So Lee Symbolische Wiedergutmachung im strafrechtlichen Sanktionensystem S. 11
[35] Vergleiche Meier GA 99, S. 12f m. w. N.; Meier geht zutreffend davon aus, dass ein Defizit am Erfolgswert der Leistung bspw. wegen unvollständigen Tatfolgenausgleich durch ein „Mehr" beim Handlungswert z. B. aufgrund gesteigerten Bemühens wie Übernahme zusätzlicher Arbeit ausgeglichen werden könnte, nicht aber ein „Weniger" am Handlungswert (e. g. Leistungserbringung ohne Einschränkung oder Verzicht auf Seiten des Täters) durch ein „Mehr" an Erfolgswert (bspw. ein besonders hoher Affektionswert der beeinträchtigten Sache). Sind die Tatfolgen nämlich vollständig ausgeglichen, ist ein „Mehr" an Erfolgswert nicht denkbar!
[36] Ebenso Meier GA 99, S. 4
[37] BGH NStZ 1995, S. 492

2.8 Diversion

Dabei handelt es sich um eine Umlenkung des förmlichen, von der StPO geregelten Strafverfahrens hin zu einem informellen, gesellschaftlichen Konfliktlösungsverfahren[38]. Dieses findet nach Tatentdeckung, aber vor Abschluss des üblichen justiziellen Verfahrens vor dem Schlichter zur Vermeidung einer Stigmatisierung des Täters statt, damit eine schnellere Reaktion auf die Straftat erfolgt sowie der Konflikt unter Entlastung der Justiz reprivatisiert werden kann[39]. Nach durchgeführtem Täter-Opfer-Ausgleich kann das Verfahren in geeigneten Fällen nach §§ 153 I, 153a I, 376 StPO eingestellt werden, zumindest aber wird Wiedergutmachung strafmildernd berücksichtigt, §§ 46a StGB, 153b StPO[40]. Dabei fallen zwei Paradoxa ins Auge: Es handelt sich zum einen um ein entkriminalisierendes Programm durch die Justiz, zum anderen erfolgt die Diversion hier als Einschränkung strafrechtlicher unter Ausweitung sozialer Kontrolle[41].

2.9 Strafe

Im allgemeinen Sprachgebrauch wird das Wort Strafe zur Bezeichnung von einem Ausgleich für etwas, das geschehen ist, obwohl es nicht hätte geschehen sollen, benutzt. Dabei schwingt mit, dass es sich um Buße oder Sühne für Unrecht handelt[42]. Ausgehend von dieser Alltagssprache wird im Folgenden das Wort Strafe gebraucht, wenn der Bruch einer Strafrechtsnorm durch eine den rechtlich Verantwortlichen treffende strafrechtliche Maßnahme reguliert werden soll. Eine genauere Bestimmung des Begriffes der Strafe erfolgt an späterer Stelle[43], hier genügt diese erste Annäherung. Bereits vorab ist jedoch darauf hinzuweisen, dass die Strafe als soziales Geschehen mit der Funktion eines Regulierens der vorangegangenen Verletzung einer Strafrechtsnorm zu

---

[38] So bereits Blau JurA 1987, S. 25ff
[39] Ähnlich Van Den Woldenberg Diversion im Spannungsfeld zwischen Betreuungsjustiz und Rechtsstaatlichkeit S. 31; Kreutz Der Täter-Opfer-Ausgleich aus der Sicht von Rechtsanwälten S. 13
[40] Siehe unter 4 Gesetzeslage in Deutschland
[41] Darauf weist Ludwig Diversion: Strafe in neuem Gewand S. 126f zutreffend hin.
[42] Weitere Nachweise bei Lampe Strafphilosophie S. 1f
[43] Unter 6.2 im Rahmen der Erörterung des Strafrechts und der Wiedergutmachung

2 Begriffsbestimmungen

unterscheiden ist von der Bestrafung als soziale Handlung, mit der der Bestrafende in Bezug auf die Erfüllung der Strafzwecke Intentionen verfolgt[44]. So kann der Strafe eine Funktion als objektive soziale Konsequenz des Unrechts zukommen, während die Bestrafung allenfalls geeignet ist, subjektive Zwecke in Bezug auf die Schuld des Verbrechers zu erfüllen[45]. Natürlich besteht in jedem Einzelfall einer Strafverhängung ein enger Zusammenhang zwischen der Straffunktion und den Bestrafungszwecken; je weiter man sich jedoch vom Einzelfall entfernt, umso deutlicher wird der Unterschied zwischen der objektiven Straffunktion und den subjektiven Bestrafungszwecken. Von der Rache unterscheidet sich die Strafe vor allem dadurch, dass sie seitens des Staates erfolgt, an die pflichtgemäße Einhaltung des rechten Maßes gebunden ist und den Rechtsfrieden wiederherstellen soll, während die Rache von einer Privatperson ausgeht und vor allem dem Rächenden Genugtuung verschaffen und dessen Selbstgefühl stärken soll[46].

Durch die Veränderung des Strafrechts zu einer abgestuften Sanktionsskala erheblicher Bandbreite, an deren einem Ende der Reaktionsverzicht und an deren anderem Ende die Strafe als *ultima ratio* steht, ist selbst die Bezeichnung „Strafrecht" nicht mehr unumstritten[47]. Schon aufgrund der Existenz von Maßregeln und Maßnahmen deckt dieser Begriff streng genommen nicht die gesamte Sanktionspalette ab[48]. Korrekter wäre insofern der heute ungebräuchliche Ausdruck „Kriminalrecht"[49]; die Beibehaltung der bisherigen Bezeichnung ist aber vertretbar, weil die Maßregel nur ergänzend zur Strafe zur Anwendung kommt und der Begriff inzwischen schon traditionell auch die Maßregeln umfasst.

---

[44]Weiterführend Lampe a. a. O. S. 1f

[45]Ebenso Lampe a. a. O. S. 1f; soweit die meisten Autoren die Begriffe Strafe und Bestrafung undifferenziert verwenden und entsprechend der Strafe eine schuldausgleichende Funktion zuschreiben, wird die Schuld in aller Regel unrechtsbezogen, als verschuldetes Unrecht, interpretiert und damit von der hier vorgenommenen Unterscheidung ausgegangen.

[46]Die Abgrenzung ist höchst umstritten, der Streit ist für den folgenden Text jedoch nicht relevant. Hier genügt diese erste Abgrenzung; ähnlich Lampe a. a. O. S. 184.

[47]Vergleiche S. Walther a. a. O. S. 162ff

[48]So auch S. Walther a. a. O. S. 162ff

[49]Vertiefend S. Walther a. a. O. S. 163ff. Dieser Ausdruck wurde zunächst für das Recht der materiellen Verbrechen verwandt und bezog sich eher auf etwas Vorstrafrechtliches, wandelte sich dann zu Beginn des 19. Jahrhunderts zur heutigen Bezeichnung Strafrecht, bei der in erster Linie auf das Gesetz Bezug genommen wird, das eine Tat zum Verbrechen macht, vgl. Lampe Strafphilosophie S. 40 m. w. N..

3 Rechtsgeschichte: Wie kommt es zum Schlichtungsverfahren?

3.1 Vorrömische Zeit

Die Wiedergutmachung, als basales Verhalten bereits anhand der Primatenforschung nachweisbar[1], war das entscheidende Prinzip strafrechtlicher Sozialkontrolle bis zum Ende des ersten Jahrtausends n. Chr.[2]. Nach dem Talionsprinzip wurde die Rache auf spiegelnde, gleichgewichtige Vergeltung begrenzt, die ausstoßende Selbstgerechtigkeit eingeschränkt und eine Versöhnung angestrebt[3]. Dabei trat ein Missverständnis auf: Vergeltung bedeutete schon im Alten Testament Rache und Frieden, die Talionsformel ist treffender übersetzt mit „Auge um den Schadensersatz für ein Auge, Zahn um den Schadensersatz eines Zahnes" statt mit „Auge um Auge, Zahn um Zahn"[4]. Tsedeka, die alttestamentarische Gerechtigkeit, stellte ein Werkzeug zur Versöhnung, Bewährung und zur Wahrheitsfindung dar[5]. Legitim war eine Strafe nur dann, wenn sie dem Täter einen Fortschritt im sittlichen Prozess ermöglichte[6]. Bereits im Alten Testament wurde also die Begrenzungskomponente des Talionsprinzips verkannt und dessen rächender Teil überbetont.

Auch im Codex Hammurabi (1700 v. Chr.) finden sich umfangreiche Regelungen zur Opferentschädigung bei Diebstahl sowie Körperverletzungs- und Tötungsdelikten, wobei letztere nur dann entschädigungsfähig waren, wenn sie unvorsätzlich begangen worden waren[7]. Ähnliche Regelungen finden sich im griechischen Recht, wonach gesetzlich festgelegte Bußen kodifiziert wurden, wenn auch die Drakonischen Gesetze von 620 v. Chr. noch die Tötung

---

[1] Näher dazu Rössner Täter-Opfer-Ausgleich im internationalen Vergleich S. 25
[2] Vergleiche Frehsee Schadenswiedergutmachung als Instrument strafrechtlicher Sozialkontrolle S. 12ff
[3] So auch Kerner Der Täter-Opfer-Ausgleich - Modeerscheinung S. 206
[4] Näher Bianchi Ethik des Strafens S. 23; Sessar Wiedergutmachen oder strafen S. 34 m. w. N.
[5] Vertiefend Bianchi a. a. O. S. 42ff
[6] Ebenso Rössner Wiedergutmachen statt Übelvergelten S. 29 m. w. N.
[7] Siehe auch Frühauf Wiedergutmachung zwischen Täter und Opfer S. 8ff

3 Rechtsgeschichte

des Diebes für zulässig erachteten[8].

3.2 Römisches Recht

Im römischen Recht hatten die Parteien die Prozessherrschaft inne, das öffentliche Strafrecht war subsidiär[9]. Beispielhaft dafür sind die Zwölftafel-Gesetze von 450 v. Chr., in denen dem Täter eine Bußzahlung nur dann auferlegt wurde, wenn keine private Einigung zwischen Täter und Opfer erzielt werden konnte[10]. Ausgenommen davon waren Delikte mit sakraler Bedeutung, welche die Gemeinschaft als Ganzes betrafen, wie Hochverrat, Zauberei, Brandstiftung und Tötung eines Freien[11]. Die übrigen Delikte wurden mit zivilrechtlichen Sanktionen, der Hauszucht sowie der magistratischen Zuchtgewalt geahndet[12]. In der folgenden Zeit gewann das Privatstrafrecht mit der Zahlung von Bußen an den Verletzten zu dessen Genugtuung und Besänftigung zunehmend an Bedeutung[13].

Ab dem 3. Jahrhundert v. Chr. erfolgte durch die Polizeigewalt eine öffentliche Unrechtsverfolgung[14]; Straftaten, welche die öffentliche Ordnung betrafen, wurden vor dem Magistrat und einem Geschworenengericht verhandelt[15]. Der private Tatfolgenausgleich wurde zunehmend durch öffentliche Strafen wie Todesstrafe, Verbannung, körperliche Strafen, Zwangsarbeit sowie Freiheitsentziehung als deren Folge verdrängt[16]. Die Strafen waren überwiegend bildhaft und spiegelnd; so wurde beispielsweise eine Brandstiftung mit dem Feuertod und ein Diebstahl mit dem Abschlagen einer Hand bestraft[17].

In der Spätantike wurden Straftaten in einem Kognitionsverfahren vor den Amtsträgern abgeurteilt; die Strafbemessung war dabei weitgehend frei und

---

[8] Näher dazu Frehsee Schadenswiedergutmachung als Instrument strafrechtlicher Sozialkontrolle S. 14
[9] So auch Rössner Wiedergutmachen statt Übelvergelten S. 8f
[10] Vertiefend Frehsee a. a. O. S. 14f
[11] Weitere Beispiele bei Rössner a. a. O. S. 8f sowie Frehsee a. a. O. S. 14f
[12] Ebenso Köbler Rechtsgeschichte S. 21
[13] So auch Rössner Historische Aspekte des Opferschutzes und opferorientierte Sanktionen S. 10
[14] Vergleiche Köbler Rechtsgeschichte S. 38f
[15] Näher dazu Köbler a. a. O. S. 38f
[16] Ebenso Köbler a. a. O. S. 38f
[17] Weitere Nachweise bei Lampe Strafphilosophie S. 168

richtete sich nach den Einzelumständen[18].

3.3 Germanisches Recht

Die Sühneverträge stellten in den Volksrechten eine Möglichkeit zur Beendigung der Fehden zwischen Sippen dar[19]. Es bestand eine Volksverfassung, die auf der Sippe und den Wander- und Siedlungsverbänden aufbaute, wobei eine genossenschaftliche Organisation vorherrschte[20]. So konnte sich der Sippenfrieden entwickeln, welcher auf der Freiheit der freien Männer fußte und diesen konsequent die Bewahrung und Verteidigung ihrer Rechtsgüter überließ[21]. Eine Unterscheidung von privaten Delikten und öffentlichem Strafrecht wurde nicht getroffen, fast ausnahmslos wurde das Strafrecht vom Geschädigten durchgesetzt[22]. Wurde der frei verhandelbare Wiedergutmachungsvertrag nicht eingehalten, konnte entweder ein Schiedsgericht aufgesucht werden, das die Missetat aburteilte oder aber die Fehde wieder aufgenommen werden[23]. Die Urteile fielen in einer Volksversammlung (Thing) der freien Männer[24]. Wer der Ladung nicht folgte, die vereinbarte Zahlung nicht leistete oder sich sonst dem Willen des Gerichtes widersetzte, wurde für friedlos erklärt und konnte von jedem bußlos getötet werden[25]. Wer sich nämlich durch eigene Handlungen gegen die Gemeinschaft gestellt hatte, sollte daran nicht mehr teilhaben[26]. Soweit zu dieser Zeit die Todesstrafe verhängt werden durfte, geschah dies bei Verbrechen, welche die Gemeinschaft betrafen, wie beispielsweise Verrat, Feigheit und Drückebergerei, und war eher sakral-kultisch bedingt als der Anfang eines starken Staates[27].

---

[18] Übereinstimmend Köbler a. a. O. S. 62f
[19] Näher Frehsee Schadenswiedergutmachung als Instrument strafrechtlicher Sozialkontrolle S. 16f
[20] Vertiefend Frehsee a. a. O. S. 16
[21] So auch Netzig Brauchbare Gerechtigkeit S. 49f
[22] Ebenso Wesel Geschichte des Rechts S. 269f mit verschiedenen Beispielen
[23] Näher dazu Frehsee a. a. O. S. 17
[24] Vergleiche Frühauf Wiedergutmachung zwischen Täter und Opfer S. 18f
[25] Vertiefend Frehsee a. a. O. S. 16f
[26] Siehe auch Netzig Brauchbare Gerechtigkeit S. 50
[27] Worauf bereits Von Liszt Lehrbuch des Strafrechts S. 42 zutreffend hinweist; ebenso Wesel a. a. O. .

3 Rechtsgeschichte

3.4 Fränkisches Recht / Frühmittelalter

Bei den Franken entwickelten sich hochdifferenzierte Bußsysteme unter schriftlicher Fixierung der sogenannten Kompositionen, also festgelegter Bußen an den Verletzten[28]. Das sicher bekannteste Beispiel ist die *lex salica*, die unter dem Merowingerkönig Chlodwig entstanden sein soll[29]. Das Bußgeld setzte sich zusammen aus der Buße für den Verletzten, mit der die Fehde abgewendet und das Unrecht kompensiert werden sollte, dem an den Fiskus oder das Gemeinwesen zu zahlenden Friedensgeld sowie den Prozesskosten[30]. Bei geringfügigen Delikten bestand eine Verpflichtung des Verletzten, die Buße anzunehmen und auf die Durchführung der Fehde zu verzichten. Bei Nichtbefolgung der gerichtlichen Anordnungen erfolgte die Friedloserklärung bzw. die königliche Acht[31]. Diese Ächtung konnte sich sowohl gegen Täter als auch gegen Opfer richten, die sich der „Urfehde", wie der Sühnevertrag bezeichnet wurde, widersetzten[32]. Verstümmelnde Leibesstrafen waren unter den Merowingern selten, das Privatstrafrecht wurde noch immer vor allem vom Geschädigten und seiner Sippe durchgesetzt[33].

Langsam entwickelte sich unter den Karolingern das Königtum im eigentlichen Sinne mit den Kapitularien und dem Königsfrieden[34]. Es entstand das Lehnswesen als Möglichkeit, die Vasallen an den Herrscher persönlich zu binden, dessen Voraussetzungen bereits von den Merowingern geschaffen worden waren[35]. Die Regelungen aus den Bußgeldkatalogen wurden ab dem 8./9. Jahrhundert in den Kapitularien der Karolinger durch harte Vergeltungsstrafen ersetzt[36]. Es kam zur Einführung der peinlichen Strafen (harte Leibes- und Vergeltungsstrafen)[37], die Todesstrafe entwickelte sich zur ech-

---

[28] Vertiefend Frehsee a. a. O. S. 18f; Netzig a. a. O. S. 50f
[29] Auszüge daraus finden sich beispielsweise bei Wesel a. a. O. S. 282.
[30] Weiterführend Frehsee a. a. O. S. 18f; Netzig a. a. O. S. 51; Beispiele bei Wesel a. a. O. S. 282ff, 287. Oft wird in der Schaffung des Friedensgeldes die „Geburt der Strafe" gesehen, vgl. Lampe Strafphilosophie S. 176f m. w. N..
[31] Vergleiche Frühauf a. a. O. S. 34f
[32] Siehe etwa Frühauf a. a. O. S. 35
[33] Ebenso Wesel a. a. O. S. 287
[34] Näher dazu Frühauf a. a. O. S. 36
[35] Siehe auch Wesel a. a.O. S. 280
[36] Vergleiche Wesel a. a.O. S. 287f
[37] Weitere Hinweise bei Frehsee a. a. O. S. 22

ten Strafsanktion[38]. Die Fehde als Ausdruck der Selbständigkeit von Teilverbänden im Staat war nicht mehr akzeptierte Form der Selbstverteidigung, sondern wurde zunehmend als Überbleibsel vorstaatlichen Eigenrechts autonomer Teilgemeinschaften begriffen und bekämpft[39]. Sie stand nicht mehr als Gegenschlag zur sozialen Abwehr unter der Kontrolle der Volksversammlung und Sippen, nachdem diese zuvor zerschlagen wurden; damit ging die Ablösung der Geschlechterverfassung durch das Territorialitätsprinzip einher[40]. Hinzu kam, dass die Sühneverträge auf gleich starke Parteien gesetzt hatten; als diese gesellschaftliche Bedingung im Laufe des Mittelalters verloren ging, konnte diese Regelung nicht mehr funktionieren, so dass schließlich der Staat den Opferschutz übernahm[41]. Das System sozialer Konfliktregelungsmechanismen ging Stück um Stück verloren, der soziale Konflikt wurde zu einem Verstoß gegen das obrigkeitliche Recht[42]. Die Unterscheidung Unfreie/Freie verlor an Bedeutung durch die unterschiedliche Besitzverteilung, welche für den Rang der Menschen immer entscheidender wurde[43]. Es bildete sich die ständische Ordnung heraus, weite Teile der Bevölkerung verarmten[44]. Diese Armut sowie der Verfall der Sippenverbände mit der Folge, dass weniger mithaftende Familienmitglieder zur Verfügung standen, bildeten die Gründe dafür, dass die Friedloserklärung nicht mehr angemessene Reaktion auf eine Nichtzahlung der Buße sein konnte[45].

3.5 Hoch- und Spätmittelalter

Aufgrund einer Vielzahl von Faktoren kam es zu einem Machtverfall des Staates und zu Machtgewinnen der Kirche, die Inquisitionsprozesse anstelle der bisher üblichen Parteiprozesse führte[46]. Diese Kirchengerichte zogen im 13. Jahrhundert immer mehr Prozesse sowohl zivilrechtlicher als auch strafrecht-

---
[38] Ebenso Rössner Historische Aspekte des Opferschutzes und opferorientierte Sanktionen S. 12
[39] Siehe auch Wesel a. a. O. S. 300
[40] Vertiefend dazu Frühauf a. a. O. S. 50ff
[41] Vergleiche Rössner a. a. O. S. 17; Netzig a. a. O. S. 51
[42] Ebenso Netzig a. a. O. S. 51
[43] So bereits Von Liszt Lehrbuch des Strafrechts S. 45; Frehsee a. a. O. S. 20
[44] Näher dazu Brauneck Allgemeine Kriminologie S. 106
[45] Vergleiche Frehsee a. a. O. S. 22; Netzig a. a. O. S. 51
[46] Näher dazu Frehsee a. a. O. S. 23

3 Rechtsgeschichte

licher Natur an sich und bildeten so eine eigene Gerichtsbarkeit, neben der das Königsgericht, die gräflichen Hochgerichte und dörflichen Niedergerichte traten, deren Zuständigkeit sich vor allem nach der Standeszugehörigkeit des Delinquenten richtete[47].

Durch die Aufspaltung in zahllose Territorialstaaten nach dem Zerfall des Großkönigtums nahm die rechtliche Zersplitterung zu, sodass verschiedene Landrechte existierten und in den Rechtsspiegeln festgehalten wurden. Bekanntestes Beispiel ist der Sachsenspiegel Eike von Repgows von 1220-1230. Nebeneinander existierten Landrecht, Stadtrecht, Lehensrecht und das örtliche Hofrecht[48]. Die Gottes- und Landfriedensordnungen im 11. bzw. 12.-15. Jahrhundert erklärten private zu öffentlichen Konflikten, sodass die Gerichtsbarkeit zur Einnahmequelle werden konnte[49]. Der Gerichtsherr nahm das Friedensgeld nicht mehr für die Gemeinschaft, sondern für sich und sein verletztes Recht, was bereits an der Bezeichnung „Brüche" für den Rechtsbruch statt „Friedensgeld" deutlich wird[50]. Das Strafrecht wurde so fiskalisiert[51].

Mit dem Erstarken der Machtstellung des Königtums entwickelte sich langsam eine einheitliche Staatsgewalt[52]. Während staatliche Ordnung und Herrschaft entstanden, entwickelte sich um 1200 ein staatliches Strafrecht als Instrument zur Aufrechterhaltung der Rechtsordnung und Ausübung herrschaftlicher Macht[53]. So bildeten sich allmählich ein öffentliche Belange wahrendes Strafrecht und ein private Interessen schützendes Zivilrecht[54]. Das alte Bußensystem, das eine Kombination von Schadensersatz und Rache/Genugtuung darstellte, verlor dadurch an Bedeutung; es erschien jedoch teilweise noch als Maßstab zur Bestimmung des Schadensersatzes[55]. Nachdem zunächst eine objektiv rechtswidrige Verursachung zur Haftung genügt hatte, wurde nun die vorsätzliche Handlung zur Voraussetzung der Strafbar-

---

[47] Vertiefend Wesel a. a.O. S. 318f
[48] Vertiefend dazu Köbler Rechtsgeschichte S. 112
[49] Vergleiche Frehsee a. a. O. S. 21; Frühauf Wiedergutmachung zwischen Täter und Opfer S. 53ff
[50] So zu Recht Netzig a. a. O. S. 51
[51] Ebenso Netzig a. a. O. S. 51
[52] Vergleiche V. Hippel Deutsches Strafrecht Band 1, S. 108
[53] Siehe auch Wesel Geschichte des Rechts S. 334; V. Hippel a. a. O. S. 34
[54] Vertiefend Oelmann Anrechnung von Wiedergutmachungsleistungen S. 17f
[55] Ebenso Wesel a. a. O. S. 329f, der als Beispiel den Schadensersatz für die fahrlässige Tötung in Höhe des Wergeldes aus dem Sachsenspiegel anführt

keit und die Fahrlässigkeit zur Voraussetzung des Schadensersatzes, es kam zur subjektiven anstelle der objektiven Haftung[56]. Die Verbrechensbekämpfung wurde schließlich zur Staatsaufgabe, die man nicht der Privatinitiative des Verletzten überlassen wollte. Aufgrund der Bevölkerungsexplosion dieser Zeit war das alte Privatstrafrecht, das auf nahe Beziehungen in kleinen Gemeinschaften ausgelegt war, damit im übrigen auch überfordert[57]. Der König entdeckte die symbolische Integrationskraft der Strafe[58]: Das Strafrecht bildete ein Instrument der Interessendurchsetzung mit Zwangsmitteln und gab dem Herrscher so ein Mittel in die Hand, seine Herrschaft zu verfestigen und die machtunterworfenen Gruppen zumindest mit der Bedrohung des sozialen Abstieges zu disziplinieren[59]. Rechtsfolgen der Tat wurden um 1200 die Leibes- und Lebensstrafen, welche durch Geld ablösbar waren, die Acht, die Verbannung und die Geldstrafe[60]. Ab dem 14. Jahrhundert entstand in den Städten die Freiheitsstrafe[61]. Der Inquisitionsprozess mit nichtöffentlicher Verhandlung und der Möglichkeit der Folter setzte sich durch[62], es wurden Verfahrensregeln für Vor- und Hauptverfahren aufgestellt. Das aufkommende abstrakte Strafrechtsdenken, die zunehmende Trennung von Straf- und Zivilrecht sowie die allmähliche Trennung von materiellem Recht und Verfahrensrecht verstärkten diese Entwicklung[63].

3.6 Frühe Neuzeit

In der Constitutio Criminalis Carolina aus dem Jahre 1532 wurde die private Konfliktverarbeitung endgültig zurückgedrängt[64]. Der Prozess wurde schriftlich und geheim geführt, die Vorschriften über die Folter waren derart weit gefasst, dass sie diese nicht wirklich einschränken konnten; überdies galten sie

---

[56]Siehe auch Wesel a. a. O. S. 330
[57]Ebenso Wesel a. a. O. S. 334
[58]Vergleiche Rössner Historische Aspekte des Opferschutzes und opferorientierte Sanktionen S. 12
[59]Übereinstimmend Rössner a. a. O. S. 12
[60]Näher dazu Köbler a. a. O. S. 134
[61]Vertiefend Köbler a. a. O. S. 134
[62]So auch Netzig a. a. O. S. 52; Wesel Geschichte des Rechts S. 335
[63]Vergleiche Rössner Wiedergutmachen statt übelvergelten S. 9f
[64]Näher dazu Rössner a. a. O. S. 15

3 Rechtsgeschichte

nicht für Hexenprozesse[65]. Eine Verurteilung konnte erfolgen, wenn entweder zwei Augenzeugen vorhanden waren oder ein Geständnis vorlag. Voraussetzung der Anwendung der Folter mit dem Ziel eines Geständnisses waren ein Tatzeuge oder taugliche Indizien, die durch zwei Zeugen bestätigt wurden[66]. Der Angeklagte hatte dabei praktisch keine Rechte[67]. Die wichtigste Strafe war die Todesstrafe, daneben existierten Geld- sowie Freiheitsstrafe[68]. Der Richter konnte die Strafe nach seinem Belieben schärfen oder mildern, die Ablösung der peinlichen Strafen durch Geldzahlungen war nicht mehr möglich[69].

Die Aufklärung im 17. und 18. Jahrhundert bewirkte eine Säkularisierung und Rationalisierung des Strafrechts[70], eine theologische Begründung der Strafe war nicht mehr erforderlich. Es kam zu natur- und vernunftrechtlichen Kodifikationen, um ein einheitliches, der Aufklärung gemäßes Recht zu schaffen; Beispiele dafür sind das Preußische Allgemeine Landrecht von 1794 oder die Napoleonische Gesetzgebung in Frankreich[71]. PUFENDORF (1632-1694) begründete die Vorstellung vom freiwillig handelnden Täter und knüpfte bei der strafrechtlichen Verurteilung an den freien Willen des Täters an. Er erstreckte die Wiedergutmachungspflicht des Einzelnen über den Ausgleich materieller Tatfolgen hinaus auf Gesten und differenzierte bezüglich der Wiedergutmachungsleistungen danach, ob der Täter unvorsätzlich oder vorsätzlich gehandelt habe[72]. Im Jahre 1740 schaffte Friedrich der II. für Preußen die Folter ab[73], die anderen Staaten im Deutschen Reich folgten zögernd[74]. Die Gefängnisse dienten ab dem Ende des 16. Jahrhunderts nicht mehr als bloße Verwahrorte, sondern sollten eine Besserung und Erziehung der Straftäter bewirken[75]. Es entstanden erste Vorläufer der heutigen sozial-

---

[65] Siehe Wesel Geschichte des Rechts S. 392f
[66] Weiterführend Wesel a. a. O. S. 385f
[67] Ebenso Wesel a. a. O. S. 386
[68] So auch Köbler Rechtsgeschichte S. 171
[69] Vergleiche Köbler a. a. O. S. 171
[70] Siehe auch Köbler a. a. O. S. 171
[71] Weitere Beispiele und Nachweise bei Köbler a. a. O. S. 155ff
[72] Pufendorf Über die Pflicht Kap. 6 § 13 (Zit. nach S. Walther Vom Rechtsbruch zum Realkonflikt S. 158)
[73] Weitere Beispiele dazu bei Köbler a. a. O. S. 170
[74] Übereinstimmend Wesel Geschichte des Rechts S. 393
[75] Vergleiche Köbler a. a. O. S. 171

3.7 Neuzeit und Gegenwart

therapeutischen Anstalten und die gemeinnützige Arbeit wurde entdeckt[76].

3.7 Neuzeit und Gegenwart

Erst in der Neuzeit wurden die Konflikte teilweise reprivatisiert, weil nur ein starker Staat diese Autonomie der Parteien zulassen konnte[77]. Die Ausbildung des Zweckstrafrechts im Marburger Programm VON LISZTs 1882 lenkte den Blick auf die Resozialisierung des Delinquenten, dem Menschen im Täter sollte geholfen werden, sich wieder in die Gesellschaft einzugliedern[78]. Die Strafzwecke wurden rechtsphilosophisch erörtert, es kam zur Ausbildung verfassungsrechtlich garantierter Rechte des Angeklagten[79]. So legte VON FEUERBACH in seinem Lehrbuch den Grundsatz *nulla poena sine lege* fest[80], der auch das von ihm entwickelte bayerische Strafgesetz von 1813 prägte, welches Vorbild des Reichsstrafgesetzbuchs von 1871 war[81]. Die verstümmelnden Leibes- und qualifizierten Todesstrafen verschwanden, vorherrschende Sanktionen wurden Freiheits- und Geldstrafe[82]. Damit wurde die bildhafte Spiegelung des Unrechts in der Gestalt der Strafe abgelöst von einer abstrakten Spiegelbildlichkeit in dem Sinne, dass durch die Strafe das verwirklichte Unrecht ausgeglichen werden soll[83].

Mitte des 19. Jahrhunderts setzte sich fast überall in Deutschland der reformierte Strafprozess durch, in dem öffentlich und mündlich verhandelt wurde[84]. Voruntersuchungen und Anklageerhebung erfolgten durch die Staatsanwaltschaft, Untersuchungshaft durfte nicht mehr willkürlich, sondern nur unter bestimmten Voraussetzungen angeordnet werden[85]. Nach der Märzrevolution wurden die neu geschaffenen Geschworenengerichte für die schwe-

---

[76]Ebenso Köbler a. a. O. S. 171
[77]Siehe Rössner Wiedergutmachen statt übelvergelten S. 10
[78]So auch im Lehrbuch des Strafrechts S. 7f, 26ff
[79]Näher dazu Köbler a. a. O. S. 212
[80]Feuerbach Lehrbuch § 20: „Jede Zufügung einer Strafe setzt ein Strafgesetz voraus. (Nulla poena sine lege). Denn lediglich die Androhung des Uebels durch das Gesetz begründet den Begriff und die rechtliche Möglichkeit einer Strafe."
[81]Mit weiteren beispielhaften Erläuterungen Wesel Geschichte des Rechts S. 450ff
[82]Ebenso Köbler a. a. O. S. 214
[83]Siehe Lampe Strafphilosophie S. 168f
[84]Vergleiche Wesel a. a. O. S. 454f
[85]Ebenso Wesel a. a. O. S. 454f

3 Rechtsgeschichte

reren Straftaten zuständig, wobei zwölf Geschworene über die Tat- und drei Berufsrichter über die Rechtsfrage zu entscheiden hatten. Der Strafvollzug in deutschen Gefängnissen und Zuchthäusern erfolgte noch bis zur Weimarer Republik in unverantwortlichen hygienischen Zuständen, wohl auch bedingt durch die Ablehnung der Spezialprävention durch FEUERBACH[86].

In der Weimarer Republik wurden 1923 das Jugendstrafgesetz mit besonderen Regeln für die Strafbarkeit Jugendlicher und das Geldstrafengesetz, das den Ersatz kurzer Freiheitsstrafen durch Geldstrafen vorsah, erlassen.

Mitte des 20. Jahrhunderts kam es zur Abschaffung der Todesstrafe und damit insgesamt zu einer Liberalisierung des Strafens[87]. So wurde beispielsweise in der Folgezeit die Strafaussetzung zur Bewährung ermöglicht und die lebenslange Freiheitsstrafe auf regelmäßig fünfzehn Jahre beschränkt[88].

Durch die Berücksichtigung von Rechten des Angeklagten und das Erstreben von dessen Besserung rückte die Wiedergutmachung wieder in den Blick. Andererseits erfolgte in den 70er und 80er Jahren des 20. Jahrhunderts die Entdeckung der Viktimologie, was der Entwicklung in Richtung zum Schlichtungsverfahren neue Impulse gab[89].

3.8 Ergebnis

Bei der Wiedergutmachung in direktem Kontakt von Täter und Opfer handelt es sich um ein altes Modell, mit Straftaten umzugehen. Bereits in der Antike und im frühen Mittelalter war die außergerichtliche Konfliktregelung etabliert und anerkannt. In der Folgezeit des Mittelalters kamen mehrere Faktoren zusammen, die eine Ablösung der unabhängigen Schlichtungsinstanzen durch die Gerichte bewirkten. Zu nennen sind hier das zentralstaatliche Interesse an einer Monopolisierung der Gewalt, an der einenden Symbolkraft des Strafrechtes, kirchliche Interessen an einer Kontrolle über Normen und Werte sowie fiskalische Interessen, da das Strafrecht mit den „Brüchen"[90]

---

[86] Vergleiche Wesel a. a. O. S. 455f
[87] Siehe Wesel a. a. O. S. 540f
[88] Weitere Beispiele bei Wesel a. a. O. S. 541ff
[89] So auch Rössner Wiedergutmachen statt übelvergelten S. 12; Frühauf Wiedergutmachung zwischen Täter und Opfer S. 65
[90] „Brüche" als Kompensation für den Bruch verletzten Rechts statt „Friedensgeld"

3.8 Ergebnis

eine Einnahmequelle darstellte. Unter Ablösung des Parteiprozesses durch den Inquisitionsprozess entstanden die peinlichen Strafen, welche die Wiedergutmachung ersetzten. Erst im 19. Jahrhundert trat die Persönlichkeit des Täters in den Blick der Reformer, die körperlichen Strafen rückten in den Hintergrund. Die Entdeckung der Viktimologie sowie die zunehmende Anerkennung von Rechten des Angeklagten im Zusammenhang mit den relativen Zwecken einer Bestrafung bewirkten eine erneute Berücksichtigung von Wiedergutmachung und Täter-Opfer-Ausgleich, die erst der starke Staat der Neuzeit ohne Befürchtung von Autoritätsverlusten wieder zulassen konnte[91].

---

[91]Weiter zur Rechtsgeschichte A. Hartmann a. a. O.; Frehsee a. a. O. S. 12ff; Frühauf a. a. O. S. 8ff

4 Gesetzeslage in Deutschland

4.1 Jugendstrafrecht

Der Wiedergutmachung kommt auch aus Erziehungsgesichtspunkten eine große Bedeutung zu. Sie stellt als Weisung und Erziehungsmaßregel nach § 10 I 3 Nr. 7 JGG sowie als Auflage und Zuchtmittel gemäß § 15 I Nr. 1, 2 JGG eine selbständige Hauptsanktion dar. Es besteht die Möglichkeit des Absehens von der Erteilung der Weisung und Auflage, wenn der Jugendliche sich freiwillig erbietet und die Erfüllung zu erwarten ist, § 23 II JGG. Die Staatsanwaltschaft kann von der Verfolgung absehen, wenn der Jugendliche sich um den Ausgleich mit dem Verletzten bemüht, § 45 II JGG. Der Richter kann bei Erteilung von Weisungen und Auflagen nach §§ 10 I Nr. 7, 15 I Nr. 1, 2 JGG das Verfahren gemäß § 47 I JGG einstellen.

4.2 Erwachsenenstrafrecht

4.2.1 Rücktritt vom Versuch und tätige Reue

Wer von einem Versuch zurücktritt, also freiwillig den Eintritt des Schadens oder dessen Verschlimmerung verhindert, wird gemäß § 24 StGB mit Straffreiheit belohnt[1]. Dies gilt unabhängig davon, welcher Theorie bezüglich des Grundgedankens der Rücktrittsregelung man folgt[2]. Der ideelle Schaden des Versuchs, der darin liegt, dass der Täter sich zum Unrecht entschlossen und mit dessen Realisierung begonnen hat, wird durch die autonome Entscheidung zur Abwendung der Tatfolgen kompensiert[3]. Dabei ist die Straffreiheit

---

[1] Rössner Täter-Opfer-Ausgleich als flächendeckendes Gesamtkonzept des Strafrechts S. 213 und Bannenberg a. a. O. S. 18ff gehen sogar von einem daraus abgeleiteten allgemeinen Prinzip aus; zweifelhaft, weil die Straffreistellung beim Rücktritt vom Versuch die Kehrseite der Vorverlagerung der Strafbarkeit durch den Versuch darstellt. Diese besondere Konstellation besteht nicht bei der tätigen Reue, die nur ganz vereinzelt im Besonderen Teil begegnet.
[2] Darauf weist Bannenberg a. a. O. S. 19 zu Recht hin.
[3] Ebenso Rössner a. a. O. S. 213; ders. Wiedergutmachung als Aufgabe der Strafrechtspflege S. 141

4 Gesetzeslage in Deutschland

im Falle des Rücktritts vom Versuch aus autonomen Motiven das Spiegelbild der Vorverlagerung des Rechtsgüterschutzes in einen Bereich der Verletzung vorgelagerten Gefährdung durch erste vom Tatvorsatz getragene Handlungen. Die zu vergeltende Schuld erscheint vor diesem Hintergrund gering. Eine Bestrafung des Täters ist überdies weder zur Bekräftigung der Normgeltung noch zur Resozialisierung des Täters noch zur Abschreckung der Allgemeinheit erforderlich[4]. Derselbe Grundgedanke hat den Gesetzgeber zur Schaffung der Vorschriften der tätigen Reue, §§ 83a, 87 III, 149 II, III, 158, 163 II, 306 e StGB bewogen, nach denen der Täter straffrei bleibt, welcher nach einem vollendeten Delikt freiwillig den weiteren Schaden abwendet[5]. Die Rückkehr zum Recht verdeutlicht hier ebenfalls eine zwar verspätete, aber dennoch lobenswerte freiwillige Normanerkennung und rechtfertigt daher das Absehen von Strafe[6].

4.2.2 Strafmilderung/Absehen von Strafe

Eine Berücksichtigung der geleisteten Wiedergutmachung, die erhebliche persönliche Leistungen oder persönlichen Verzicht vom Täter erfordert, sowie dem ernsthaften Bemühen darum erfolgt im Rahmen der Strafzumessungsentscheidung nach §§ 46 II 2, 46a Nr. 1, 2 StGB, 153b StPO: Es kommt zu einer Strafmilderung nach § 49 StGB oder zum Absehen von Strafe und Anklageerhebung, wenn keine höhere Strafe als Freiheitsstrafe von einem Jahr oder Geldstrafe bis 360 Tagessätzen verwirkt ist. Dazu wird zunächst das Strafmaß ermittelt, welches ohne Berücksichtigung der Wiedergutmachungsbemühungen verwirkt wäre; bei der Entscheidung, ob von einer Strafe abgesehen werden kann, soll dieses hypothetische Strafmaß entscheidend sein[7]. Es existiert kein zusätzliches Schuldschwerekriterium, jedoch müssen die Voraussetzungen gegeben sein, unter denen das Gericht von Strafe absehen könnte. Im Ermittlungsverfahren bedarf es zusätzlich der Zustimmung des Gerichts, § 153b I StPO. Besteht nach dem Täter-Opfer-Ausgleich bzw.

---

[4] Vergleiche Bannenberg a. a. O. S. 20
[5] Siehe Rössner Wiedergutmachung als Aufgabe der Strafrechtspflege S. 142; Bannenberg a. a. O. S. 20
[6] Übereinstimmend Hillenkamp Möglichkeiten der Erweiterung des Instituts der tätigen Reue S. 98f; Rössner Täter-Opfer-Ausgleich als flächendeckendes Gesamtkonzept des Strafrechts S. 213f; Bannenberg a. a. O. S. 20
[7] Siehe auch SK StPO- Weßlau § 153a Rn. 27

dem ernsthaften Bemühen des Täters darum kein öffentliches Interesse an einer Strafverfolgung mehr und befindet sich das Verfahren in einem Stadium vor der Eröffnung der Hauptverhandlung, so erfolgt die sanktionslose Einstellung des Verfahrens gemäß § 153b StPO, dem insofern Vorrang vor § 153a I 2 Nr. 1 und 5 StPO gebührt[8]. Im Hauptverfahren kann das Gericht mit Zustimmung der Staatsanwaltschaft und des Beschuldigten nach § 153b II StPO das Verfahren einstellen.

§§ 46a StGB, 153b StPO ermöglichen ein Absehen von der Erhebung der öffentlichen Klage bei ohne staatliche Anweisung erfolgtem Täter-Opfer-Ausgleich und stellen so ein Anreizmodell dar[9]. Die Abgrenzung von § 46a Nr. 1 und Nr. 2 StGB erfolgt ähnlich wie oben die Differenzierung von Täter-Opfer-Ausgleich (Nr. 1) und Wiedergutmachung (Nr. 2)[10]. Dem förmlichen immateriellen Täter-Opfer-Ausgleich nach Nr. 1 unterfallen dabei die Varianten der vollständigen, überwiegenden und angestrebten Wiedergutmachung des Schadens, während der in Nr. 2 geregelte rein materielle, informelle Tatfolgenausgleich stets vollständig erfolgen muss[11].

Zwischenzeitlich bestimmt § 155a StPO, dass die Erzielung eines Ausgleiches in jeder Lage des Verfahrens zu prüfen und vorrangig anzuwenden ist, wenn ein geeigneter Fall sich darbietet. Dafür ist erforderlich, dass der Verletzte seinen entgegenstehenden Willen nicht kundgetan hat, wobei § 155a S. 3 StPO kein generelles Zustimmungserfordernis des Verletzten regelt[12]. Es sollten lediglich diejenigen Fälle ausgeschlossen werden, in denen das Opfer bereits ausdrücklich abgelehnt hat; in allen anderen Fällen ist ein Verfahren nach § 153a I 2 Nr. 5 StPO möglich, auch, wenn der Verletzte im Laufe des Verfahrens seinen Willen ändert[13].

4.2.3 Bewährungsauflage/Verwarnung mit Strafvorbehalt

Die Wiedergutmachung kann bei einer Verwarnung neben dem Schuldspruch und bei vorbehaltener Verurteilung zu einer Geldstrafe bis 180 Tagessätzen

---

[8]Ebenso LR(25) -Beulke § 153b Rn. 7ff
[9]Begrifflichkeiten bei S. Walther Vom Rechtsbruch zum Realkonflikt S. 298ff
[10]Oben unter 2.6 und 2.7
[11]So zutreffend Rössner Mediation und Strafrecht S. 51; Kilchling NStZ 1996, S. 311f
[12]Vergleiche LR(25)-Beulke § 153a Rn. 62
[13]Näher dazu LR(25)-Beulke § 153a Rn. 62

4 Gesetzeslage in Deutschland

nach § 59a II StGB angeordnet werden; bei einsichtigen Angeklagten kann auf diese Auflage auch verzichtet werden. Eine verstärkte Anwendung der Verwarnung mit Strafvorbehalt unter Auflagenerteilung gemäß §§ 59ff StGB wäre nach Ansicht mancher wünschenswert[14]. Jedoch handelt es sich bei diesem maßnahmeähnlichen Reaktionsmittel eigener Art um ein schwerfälliges Instrument[15]. Der Richter bestimmt zunächst die Strafe, die verwirkt wäre, wenn es nicht zu einer Verwarnung käme; diese darf 180 Tagessätze nicht überschreiten[16]. Festgelegt werden die Anzahl der Tagessätze und deren Höhe, wobei von den Verhältnissen des Täters zur Zeit der Verwarnung auszugehen ist[17]. Dies ist deshalb problematisch, weil sich diese Umstände bis zur Verhängung der Geldstrafe geändert haben können, so dass eine erneute Festsetzung der Höhe der Tagessätze erforderlich wird[18].

Dann muss der Richter dem Täter eine günstige Sozialprognose stellen können[19], d. h. es müssen ausnahmsweise Umstände vorliegen, die eine Verurteilung zur Strafe nicht angezeigt erscheinen lassen[20] und die Verteidigung der Rechtsordnung darf die Verurteilung nicht gebieten, § 59 I Nr. 3 StGB. Insgesamt kommt es so gegenüber der flexibleren Regelung in § 153a I 2 StPO zu einer erheblichen Mehrbelastung der Justiz, sodass unter Gesichtspunkten der Ökonomie in der Praxis die Einstellung unter Auflagen vorzugswürdig erscheint. Nicht zu verkennen ist dabei jedoch, dass es sich bei § 59 StGB um eine Regelung des materiellen Rechts handelt, die - wenn sie einschlägig ist - nach h. M. ein Prozeßhindernis gegenüber einer unbedingten und endgültigen Verurteilung darstellt[21], so dass sich in diesen Fällen theoretisch die Frage einer möglichen Anwendbarkeit der prozeßrechtlichen Lösung nach § 153a StPO nicht stellt. Hinzu kommen Bedenken gegen die Verwarnung mit Strafvorbehalt, weil der Täter unter Abweichung vom Schuldprinzip durch Wohlverhalten nach der Tat eine Strafverhängung vermeiden kann, sodass

---

[14] Bspw. Frehsee Schadenswiedergutmachung als Instrument strafrechtlicher Sozialkontrolle S. 383
[15] Ebenso T/F vor § 59 Rn. 3f m. w. N.
[16] Vergleiche T/F § 59 Rn. 2f m. w. N.
[17] Näher dazu T/F § 59 Rn. 11
[18] So auch T/F § 59 Rn. 11
[19] Siehe T/F § 59 Rn. 4 m. w. N.
[20] Übereinstimmend T/F § 59 Rn. 5 m. w. N.
[21] Weitere Nachweise bei T/F vor § 59 Rn. 3f

4.2 Erwachsenenstrafrecht

ausschließlich das Nachtatverhalten über das Ob einer Strafe entscheidet[22]
Bei der Strafaussetzung zur Bewährung kann die Wiedergutmachung angeordnet werden, während im Rahmen der Verwarnung neben dem Schuldspruch die weitergehende Möglichkeit der Weisung zum Bemühen um einen Ausgleich besteht. In der Rechtswirklichkeit ist diese Sanktion nahezu vollständig von der bedingten Einstellung nach §§ 153 I, 153a I 2 StPO verdrängt worden. Bei der Strafaussetzung zur Bewährung wurde die Wiedergutmachungsauflage in maximal 10% aller Fälle verhängt, was ihr Schattendasein veranschaulicht[23].

4.2.4 Auflage der Wiedergutmachung und Weisung des Bemühens um einen Ausgleich

In Deutschland gilt zwar, wie in der Schweiz, das Legalitätsprinzip[24]; im Sinne des Opportunitätsprinzips, das dieses einschränkt, bestehen jedoch Ausnahmen vom Verfolgungszwang, wobei die Nichtverfolgung von der Anwendung unbestimmter wertausfüllungsbedürftiger Rechtsbegriffe abhängt, die einen Beurteilungsspielraum eröffnen[25]. §§ 153, 153a, 155b StPO stellen solche Vorschriften dar. Dabei kann Wiedergutmachung als Einstellungsbedingung auferlegt werden, wenn kein Verbrechen vorliegt. Das Verfahren wird bis zur Erfüllung der Auflage vorläufig und danach endgültig eingestellt. Kernvorschriften des Täter-Opfer-Ausgleichs in seiner bisherigen Form sind §§ 153, 153a I 2 Nr. 1 und 5 StPO, die vor und nach Anklageerhebung die Fallzuweisung an entsprechende Projekte ermöglichen, wenn dadurch das öffentliche Interesse beseitigt werden kann. Wesentlicher Zweck der Vorschrift war mit der Entlastung der Verfolgungsorgane und der Gerichte ein prozessökonomi-

---

[22]Ebenso T/F vor § 59 Rn. 4 m. w. N., aber ohne Begründung. Tatsächlich liegt das Problem darin, dass entgegen dem Vergeltungsgedanken unter ausschließlichem Abstellen auf general- und spezialpräventive Erwägungen vom Prinzip der Einzeltatschuld abgewichen wird, vergleiche Eser Absehen von Strafe – Schuldspruch unter Strafverzicht S. 272f.

[23]Siehe Roxin Wiedergutmachung im System der Strafzwecke S. 38

[24]Dieses wird abgeleitet aus der Gewährleistung der Gerechtigkeit ohne Ansehen der Person sowie der möglichst vollständigen Durchsetzung des staatlichen Strafanspruchs; es ist das notwendige Korrelat zum Anklagemonopol der Staatsanwaltschaft, weiterführend Rieß NStZ 1981, S. 2f m. w. N.; KMG § 152 Rn. 2 m. w. N.

[25]So auch KMG § 152 Rn. 7 m. w. N.

4 Gesetzeslage in Deutschland

scher Grund[26].

Zur Wiedergutmachung des verursachten Schadens nach § 153a I 2 Nr. 1 StPO kommen sowohl Geldleistungen als auch immaterielle Leistungen wie die Abgabe einer Entschuldigung in Betracht[27]. Das Bemühen um einen Täter-Opfer-Ausgleich gemäß § 153a I 2 Nr. 5 StPO hingegen entspricht § 46 I 1 Nr. 1 StGB und bezieht sich vor allem auf die immaterielle Wiedergutmachung im kommunikativen Prozess[28]. Ausreichend ist hier das ernsthafte Bemühen des Beschuldigten um einen Ausgleich mit dem Verletzten, ein Erfolg ist nicht erforderlich[29].

Hierbei handelt es sich um ein Sanktionsmodell, denn die Wiedergutmachung wird als sanktionsartige Maßnahme angeregt[30]. Obwohl deren regelmäßige Auferlegung empfohlen wird[31], ist ihre praktische Bedeutung gering. Sie wurde im Jahr 1989 in weniger als 1% aller staatsanwaltschaftlichen Einstellungen unter Auflagenerteilung verhängt, während die Geldbuße im gleichen Zeitraum in 98,3% aller Fälle auferlegt wurde[32]. Der Grund dafür könnte der Trend zur Kommerzialisierung des § 153a I 2 StPO sein[33]; als Gegenleistung für das Absehen von Strafverfolgung beim einsichtigen Täter biete sich vor allem die Verpflichtung zur Zahlung einer Geldbuße an, da diese phänotypisch einer Geldstrafe am nächsten komme[34]. Eine Orientierung an der Geldstrafenbemessung wird dann auch konsequent für sinnvoll erachtet[35]. Zwar legt FREHSEE dar, dass in 1/5 aller Einstellungen nach § 153 StPO eine außergerichtliche Schadensregelung vorausgegangen und diese das entscheidende

---

[26] Ebenso Hobe „Geringe Schuld" und „öffentliches Interesse" in den §§ 153 und 153 a StPO, S. 630ff, der einleuchtend darlegt, dass dies legitime Anliegen des Gesetzgebers waren. Zwar ist nach dem Legalitätsprinzip grundsätzlich jede nach materiellem Strafrecht strafbare Handlung zu verfolgen; Ausnahmen sind jedoch möglich, wenn sie über das materielle Strafrecht und eine an Schuldausgleich, Spezialprävention und Generalprävention orientierte Kriminalpolitik legitimiert werden.
[27] Siehe LR(25)-Beulke § 153a Rn. 54
[28] Vergleiche LR(25)- Beulke § 153a Rn. 63
[29] Ebenso LR(25)-Beulke § 153a Rn. 61
[30] Begrifflichkeiten bei S. Walther Vom Rechtsbruch zum Realkonflikt S. 303ff
[31] So beispielsweise bei LR(24)-Rieß § 153a Rn. 41 m. w. N.
[32] Zahlen bei Dünkel ZStW 99, S. 851; Rössner Wiedergutmachung als Aufgabe der Strafrechtspflege S. 105
[33] Ebenso AK-Schöch § 153a Rn. 6
[34] Vergleiche AK-Schöch § 153a Rn. 30 m. w. N.
[35] So beispielsweise AK-Schöch § 153a Rn. 30 m. w. N. zur herrschenden Meinung

4.2 Erwachsenenstrafrecht

Kriterium für die Einstellung gewesen sei[36]; in der offiziellen Statistik ist jedoch der Grund der Verfahrenseinstellung nicht erfasst, so dass diese Zahl weder zu bestätigen noch zu widerlegen ist.

4.2.5 Privatklage

Das Sühneverfahren bei der Privatklage nach §§ 376ff StPO stellt kein Modell für den Täter-Opfer-Ausgleich dar: Die Verhandlung ist nichtöffentlich, es bestehen Anwesenheitspflichten der Beteiligten (Täter und Opfer) und Zuständigkeitsvereinbarungen sind möglich[37]. Ladungsfristen existieren nicht, es gibt weder Belehrungs- noch Aufklärungspflichten, der Schiedsmann ist juristischer Laie[38]. Das Ziel des Verfahrens ist eine gütliche Einigung der Parteien, wobei der Schwerpunkt auf deren gegenwärtigen und zukünftigen Beziehungen liegt[39]. Es bestehen Grundsatzbedenken wegen der fehlenden Rechtsgarantien und der vorgenommenen Ungleichbehandlung, die aber durch die Beschränkung auf Bagatellen (kein öffentliches Interesse) entkräftet werden[40]. Letztlich wird dem Verletzten hier die Strafverfolgung auferlegt, ohne dass dieser mit Unterstützung durch Gericht oder Staatsanwaltschaft rechnen kann[41]. Hinzu kommt das erhebliche Kostenrisiko, so dass das Verfahren nicht ohne Grund lediglich in 0,4% aller erledigten Verfahren des Jahres 1988 angewendet wurde[42].

4.2.6 Nebenklage

Die Nebenklage nach §§ 395ff StPO, welche die Einflussmoglichkeiten des Verletzten im Rahmen des Strafverfahrens verbessert, hat nicht die Wiedergutmachung zum Ziel. Sie sei daher hier nur am Rande erwähnt: Bei enumerativ aufgeführten Delikten kann sich der Geschädigte der erhobenen öffentlichen Klage anschließen, um so ein Genugtuungsbedürfnis zu erfüllen und sich eine

---

[36] Frehsee a. a. O. S. 199 m. w. N.
[37] Siehe Krüger Schiedsmann, Privatklage und strafprozessuale Grundsätze S. 227f
[38] Ebenso Krüger a. a. O. S. 228
[39] Näher dazu Krüger a. a. O. S. 228
[40] Vertiefend zu diesen Bedenken Krüger a. a. O. S. 228ff
[41] So auch Bannenberg a. a. O. S. 26
[42] Zahlen bei Bannenberg a. a. O. S. 26

4 Gesetzeslage in Deutschland

bessere Ausgangsposition für das Zivilverfahren zu verschaffen[43].

4.2.7 Adhäsionsverfahren

Das Adhäsionsverfahren nach §§ 403ff StPO, stellt eine Möglichkeit für den Verletzten dar, einen aus der Straftat folgenden vermögensrechtlichen Anspruch im Strafverfahren geltend zu machen und auf diese Weise einen Titel zu erhalten, aus dem die Zwangsvollstreckung gegen den Täter betrieben werden kann. Das Verfahren hat prozessökonomische Vorteile, weil der Zivilprozess vermieden werden kann. Es kommt den Erwartungen der Laien auf eine einheitliche Erledigung des gesamten Konfliktes entgegen und sichert dem Verletzten eine stärkere Position.

Der Stellenwert in der Rechtswirklichkeit ist dennoch gleich null[44], weil der Strafrichter der schwierigen zivilrechtlichen Entscheidung ausweichen will und kann, denn § 403 II StPO stellt eine bloße Soll-Vorschrift dar[45]. Auch erscheint es als problematisch, dass ein Urteil über den Grund nicht möglich ist, sondern stets über die Höhe des Anspruches entschieden werden muss[46]. Mangels Erfahrung wird das Verfahren nicht angewendet, wodurch wiederum keine praktische Erfahrung entstehen kann[47]. Aufgrund fehlender Information des Verletzten, die der Strafrichter leisten sollte, dieses aber oft im eigenen Interesse unterlässt, bleibt der Antrag, ohne den über die Entschädigung des Verletzten nicht entschieden wird, häufig aus[48].

Weiter hat das Verfahren den Nachteil, im Pensenschlüssel der Richter keine zusätzliche Berücksichtigung zu finden, d. h. dem Richter wird für das Strafverfahren mit Adhäsionsverfahren ebenso wie für das Strafverfahren ohne Adhäsionsverfahren ein Verfahren angerechnet[49]. Da dieses Adhäsionsverfahren oft zeitaufwendig ist, ist die Durchführung für den Richter im Hinblick

---

[43] Siehe statt vieler Bannenberg a. a. O. S. 27
[44] Übereinstimmend Weigend Schadensersatz im Strafverfahren S. 15f
[45] Vergleiche Kahlert Ausgleich zwischen Täter und Opfer aus der Sicht des Strafverteidigers S. 82; Bannenberg a. a. O. S. 24f; Frehsee Schadenswiedergutmachung als Instrument strafrechtlicher Sozialkontrolle S. 185f
[46] Ebenso Kahlert a. a. O. S. 83
[47] Ähnliche Bedenken bei Kahlert a. a. O. S. 82
[48] Siehe auch Weigend a. a. O. S. 15f
[49] Vergleiche Bannenberg a. a. O. S. 24f

auf die Statistik der erledigten Verfahren nachteilig. Hinzu kommen gebührenrechtliche Nachteile (§ 89 BRAGO) für Anwälte und der fehlende Anwaltszwang, die zur Ablehnung des Verfahrens auch durch die Anwaltschaft führen[50].

Ferner besteht eine bedenklich einseitige Nutzrichtung für den Verletzten, weil keine Bindung an die Entscheidung besteht und dieser – anders als im Zivilverfahren - keine Beweislast trägt[51]. Hinzu kommt, dass der Täter dieses Verfahren als Doppelbestrafung empfindet, weil es vom Strafverfahren und der dort erfolgenden strafrechtlichen Verurteilung getrennt ist. Problematisch ist ferner, dass der Parteiprozess dem Ausgleichsgedanken zuwider läuft. Daher ist dieses Verfahren nicht geeignet, den Täter-Opfer-Ausgleich verstärkt zur Anwendung zu bringen.

4.3 Ergebnis

Es bestehen bereits nach der derzeitigen Gesetzeslage verschiedene Möglichkeiten, Wiedergutmachung strafmildernd zu berücksichtigen (§§ 46a StGB, 153b StPO) oder gegenüber dem Täter anzuordnen, wenn auch die Befolgung dieser Auflage nicht verpflichtend ist (§ 153a I 2 Nr. 1 StPO). Ferner kann die Wiedergutmachung eine Bewährungsauflage nach § 59a StGB darstellen. Die Anordnung des Bemühens um einen Ausgleich mit dem Verletzten kann überdies im Rahmen der Verwarnung mit Strafvorbehalt erfolgen. Die Möglichkeiten einer Aussöhnung sind von Staatsanwaltschaft und Gericht vorrangig zu berücksichtigen, § 155a StPO. Die entsprechende Auflage nach § 153a StPO stellt eine konsensuale Verfahrensbeendigung dar, mit welcher insbesondere der Beschuldigte einverstanden sein muss. Stimmt er nicht zu, wird das reguläre Strafverfahren durchgeführt. Damit sind nach derzeitiger Gesetzeslage weder Wiedergutmachung noch Täter-Opfer-Ausgleich erzwingbar, sondern stets an die Zustimmung des Beschuldigten, des Geschädigten, der Staatsanwaltschaft und des Gerichts geknüpft.

Ob man Täter-Opfer-Ausgleich und Wiedergutmachung als Rechtsinstitute bezeichnen kann, hängt angesichts des schillernden Begriffs entschei-

---
[50]So auch Bannenberg a. a. O. S. 25
[51]Ebenso Weigend a. a. O. S. 13f; Frehsee a. a. O. S. 185ff

4 Gesetzeslage in Deutschland

dend von der gewählten Definition ab. Einigkeit besteht nur insofern, als Rechtsinstitute zur Ordnung eingesetzt werden, ansonsten werden damit unterschiedliche Funktionen und Aufgaben verknüpft[52]. Vergleicht man jedoch die Reichweite eines anerkannten Rechtsinstituts wie der Strafe mit derjenigen von Wiedergutmachung und Täter-Opfer-Ausgleich, so entstehen allein schon mit Blick auf die Anzahl der diese Lebensbereiche regelnden Normen Zweifel an der Einordnung als Rechtsinstitut. Man kann dies daher mit LAMPE durchaus ablehnen; dessen Begründung überzeugt jedoch nicht. LAMPE beruft sich auf JHERINGs Definition eines Rechtsinstituts als mittels des Kampfes gegen das Unrecht dem Frieden Dienendes[53]. Er erläutert, dass sich die Wiedergutmachung nicht des Kampfes gegen das Unrecht bediene, da sie eine freiwillige Leistung und eine Verteidigung gegen den kämpferischen Einsatz des Strafrechts darstelle[54]. Zwar trifft es zu, dass Wiedergutmachung eine freiwillige Leistung darstellt; allein dies hindert jedoch nicht daran, sie als dem Frieden dienende, das Unrecht bekämpfende Rechtsfolge der Straftat zu qualifizieren. Ohne Zweifel dient die Wiedergutmachung dem Frieden, da ihr vordringliches Ziel die Wiederherstellung des Rechtsfriedens ist. Dies erfolgt auch mittels des Kampfes gegen das Unrecht, denn sie kann dem Beschuldigten zur Auflage gemacht werden und erfolgt dann, wenn auch freiwillig, so doch nicht unmittelbar aus eigenem Antrieb des Schädigers.

Andererseits, so LAMPE weiter, bildet sie keine positive Sanktion, mit der sozial und rechtlich erwünschtes Verhalten hervorgebracht werden soll, die ebenfalls als Rechtsinstitut qualifiziert werden kann wie die Subvention, sondern ein nützliches Verhalten, das durch ein Drohen mit einer negativen Sanktion hervorgebracht werden soll[55]. Wenn der Beschuldigte auch freiwillig handelt, so steht doch der Zwang des Strafverfahrens im Hintergrund, insofern stellt die Wiedergutmachung keine positive Sanktion dar. Zutreffend erläutert LAMPE weiter, dass die Wiedergutmachung keinen Bestandteil des

---

[52] Übereinstimmend Paust Die institutionelle Methode im Verwaltungsrecht S. 3ff; dieser bestimmt den Begriff des Rechtsinstituts mit „einer an den tatsächlichen Gegebenheiten orientierte und von einer übergeordneten Idee geleitete Regelung eines Lebensbereiches durch eine Anzahl von Normen" sehr weit, so dass wohl auch die Wiedergutmachung darunter fiele. Dabei bleibt jedoch die zu berücksichtigende Reichweite des Begriffs offen.
[53] Lampe GA 140 (1993), S. 485ff, 487f
[54] So Lampe a. a. O. S. 487f
[55] Siehe Lampe a. a. O. S. 487f

4.3 Ergebnis

Rechtsinstituts der Strafe darstellt, da sie weder notwendige noch hinreichende Bedingung für das Absehen von Strafe ist[56]. Es spricht danach viel dafür, die Wiedergutmachung (noch?) nicht als Rechtsinstitut zu qualifizieren. Letztlich kann dies jedoch dahinstehen; für diese Arbeit ist die Frage nach der Rechtsnatur der Auflagen vordringlicher: Handelt es sich um strafrechtliche Sanktionen oder zivilrechtliche Regelungen? Stellen diese, wenn hier strafrechtliche Reaktionsformen gegeben wären, Strafen i. e. S. dar? Diesen Fragen wird im folgenden Text unter 6.2 nachgegangen werden.

In der Rechtswirklichkeit wird von der Anordnung der Wiedergutmachung und des Täter-Opfer-Ausgleichs kaum Gebrauch gemacht. Dies kann verschiedene Gründe haben, die im Folgenden zu erörtern sein werden. Zunächst ist zu klären, ob möglicherweise Deutschland das einzige Land ist, das Täter-Opfer-Ausgleich und Wiedergutmachung berücksichtigt; in diesem Fall handelte es sich bei der fehlenden Anwendung möglicherweise um eine allgemeine Skepsis gegenüber Neuerungen, die aufgrund von positiven Erfahrungen im Laufe der Zeit überwunden werden kann.

---

[56]Lampe a. a. O. S. 487f

5 Gesetzeslage in anderen Ländern im Überblick

5.1 Länder im Einzelnen

5.1.1 Ehemalige Deutsche Demokratische Republik und heutige neue Bundesländer

Die gesetzlichen Bestimmungen waren in der ehemaligen DDR wie in anderen sozialistischen Staaten darauf ausgerichtet, die Kriminalität auf gesellschaftlicher Ebene ohne Strafverfahren zu behandeln[1]. Man ging davon aus, dass das Strafrecht politischen Charakter habe und auf konkrete Zwecke im Interesse der herrschenden Klasse gerichtet sei[2]. Dabei sollte Kriminalität ein dem Sozialismus wesensfremdes Relikt falschen Bewusstseins darstellen, das bei entsprechender Veränderung der sozioökonomischen Basis und Hinführung der Gesellschaft zur sozialistischen Gesinnung verschwinden würde[3].

In der ehemaligen DDR existierten Gesellschaftsgerichte[4] (§§ 28f StGB-DDR), die in 25% aller Straftaten entschieden[5]. Heute sind ähnliche Einrichtungen für die neuen Bundesländer in §§ 40-45 des Gesetzes über die Errichtung von Schiedsstellen (im Folgenden: GüSS) geregelt. Dabei handelt es sich zum einen um die Konfliktkommission in Betrieben mit über 50 Arbeitnehmern und gesellschaftlichen Organisationen; diese wurde zunächst zur Lösung arbeitsrechtlicher Konflikte eingesetzt, seit Mitte der 60er Jahre auch für Strafsachen (heute § 4 GüSS)[6]. Zum anderen gibt es die Schiedskommis-

---

[1] Übereinstimmend Van Den Woldenberg Diversion im Spannungsfeld zwischen Betreuungsjustiz und Rechtsstaatlichkeit S. 11
[2] Vergleiche Eser Absehen von Strafe – Schuldspruch unter Strafverzicht S. 257ff, 264 m. w. N.
[3] Siehe Eser a. a. O. S. 257ff, S. 265 m. w. N.
[4] Näher dazu Deichsel Diversion– eine bestehende Alternative zur Strafrechtsordnung? S. 220
[5] Zahlen bei Arbeitskreis deutscher, österreichischer und schweizerischer Strafrechtslehrer Alternativ-Entwurf Wiedergutmachung S. 99f
[6] So Luther Demokratische Grundlagen der sozialistischen Strafrechtspflege in der DDR S. 214f

5 Gesetzeslage im Ausland

sion in Wohngebieten[7], die zunächst zur Schlichtung von Nachbarschaftsstreitigkeiten und als Friedensrichter eingesetzt wurde, schließlich auch für Strafsachen (heute § 5 GüSS). Zuständig waren die Gesellschaftsgerichte für alle Straftaten; das Verfahren war auf soziale Konfliktlösung und Wiedergutmachung gerichtet[8]. Bei geringer Schwere der Tat erfolgte eine sanktionslose Verfahrenseinstellung, sonst konnten eine Rüge oder Geldbuße bis umgerechnet 250 Euro verhängt werden[9]. Dies gilt heute noch für die Konflikt- und Schiedskommission, gegen deren Entscheidungen ein Rechtsmittel zum Kreisgericht gegeben ist, §§ 40, 43 GüSS.

Daneben gab es eine Verurteilung zum Schadensersatz nach § 24 StGB-DDR, die aber praktisch nicht angewendet wurde[10], und ein Absehen von Maßnahmen der strafrechtlichen Verantwortlichkeit nach erfolgter Wiedergutmachung nach Kräften, § 25 StGB-DDR. Diese zuletzt genannten Regelungen wurden nicht in heute gültige Normen umgesetzt.

Die oben beschriebenen heute noch in den neuen Bundesländern bestehenden Schiedsstellen sind nicht dazu geeignet, den Täter-Opfer-Ausgleich durchzuführen, weil sie nicht flächendeckend bestehen. Weitere Einwände sind der hohe bürokratischer Aufwand für die Staatsanwaltschaft durch ein aufwendiges Übergabeverfahren und die Kontrolle sowie die Tatsache, dass es sich nicht um professionelle Täter-Opfer-Ausgleichs-Stellen handelt[11]. Insbesondere die geringe Akzeptanz der „Blockwartjustiz", als welche diese Gerichtsbarkeit noch heute vielfach empfunden wird, sowie eine nicht ausreichende Wahrung der Rechte der Beteiligten bilden weitere Gründe, diese Stellen nicht mit der Durchführung des Täter-Opfer-Ausgleichs zu betrauen[12].

Hinzu kommt, dass das Opfer zur Teilnahme verpflichtet ist, sein Erscheinen sogar durch die Verhängung eines Ordnungsgeldes erzwungen werden kann! Die Einigung der Parteien lässt sich jedoch nicht erzwingen[13], aus

---

[7]Ebenso Deichsel a. a. O. S. 220; Luther a. a. O.S. 214f
[8]Näher dazu Luther a. a. O. S. 214ff
[9]Vergleiche Arbeitskreis deutscher, österreichischer und schweizerischer Strafrechtslehrer a. a. O. S. 99f; Luther a. a. O. S. 216
[10]Siehe auch Luther a. a. O. S. 214ff
[11]Näher dazu Sabrotzki Die Entwicklung der Schiedsstellen in den neuen Bundesländern S. 154f
[12]Vertiefend Gillich Täter-Opfer-Ausgleich in den neuen Bundesländern S. 321ff
[13]Übereinstimmend Heitmann Täter-Opfer-Ausgleich und Konfliktschlichtung in den neuen Bundeslän-

5.1 Länder im Einzelnen

rechtsstaatlichen Gründen ist auf freiwilliger Teilnahme und der folgenlosen Verweigerungsmöglichkeit zu bestehen, wie unten noch auszuführen sein wird[14]. Im Übrigen macht die Beteiligung von drei Schlichtern das Verfahren sehr aufwendig, so dass diese Schiedsstellen zur Durchführung des Täter-Opfer-Ausgleichs wenig geeignet erscheinen[15].

5.1.2 österreich

In österreich gibt es eine wesentlich weiterreichende Regelung des außergerichtlichen Tatausgleichs im Erwachsenen- und Jugendstrafrecht, so dass man hier durchaus von einer Vorbildfunktion sprechen kann[16]. Zu erwähnen sei hier nur das Modellprojekt Außergerichtlicher Tatausgleich - Erwachsene von HAMMERSCHICK, PELIKAN und PILGRAM[17].

Nach § 34 öStGB stellt das ernstliche Bemühen, den Schaden wieder gutzumachen, einen Strafmilderungsgrund dar. Der Richter kann das Verfahren gemäß § 42 öStGB wegen mangelnder Strafwürdigkeit einstellen, wenn eine geringere Strafe als drei Jahre Freiheitsstrafe verwirkt ist, den Täter nur eine geringe Schuld trifft und die Tat keine Folgen hat bzw. aufgrund von Wiedergutmachungsbemühungen General- und Spezialprävention keine Bestrafung erfordern. Weiter besteht die Möglichkeit, im Rahmen der Strafaussetzung von Freiheitsstrafen bis zu zwei Jahren zur Bewährung nach §§ 43, 51 II öStGB die Weisung auszusprechen, den Schaden wieder gutzumachen. In § 167 öStGB ist der Strafaufhebungsgrund der tätigen Reue bei Vermögens- und Beschädigungsdelikten geregelt: Wenn der Schaden vor Kenntnis der Strafverfolgungsorgane von der Tat ausgeglichen wird bzw. eine entsprechende vertragliche Verpflichtung vorliegt, bleibt der Täter straffrei. Verweigert das Opfer die Annahme, wird der Täter durch Hinterlegung bei der Strafverfolgungsbehörde straffrei; der Geschädigte kann auch verzichten und den Täter dadurch von seiner Leistungspflicht befreien. Diese Vorschrift wird in der Praxis dadurch unterlaufen, dass direkt nach der Tat Strafanzeige ge-

---

dern S. 34
[14] Näher zu den verfassungsrechtlichen Voraussetzungen unter 7
[15] So auch Heitmann a. a. O. S. 34
[16] Siehe Rössner Täter-Opfer-Ausgleich im internationalen Vergleich S. 31
[17] Vertiefend zu diesem Modellprojekt und der Rechtslage in österreich Hammerschick u.a.: Ausweg aus dem Strafrecht. Der außergerichtliche Tatausgleich.

5 Gesetzeslage im Ausland

stellt wird und die Strafverfolgungsorgane damit Kenntnis davon haben[18]. Eine strafbefreiende Wiedergutmachung ist dem Täter damit in aller Regel nicht möglich.

Seit Januar 2000 können Staatsanwaltschaft und Gerichte gemäß § 90f öStPO von der Verfolgung nach einer Probezeit zurücktreten, indem zur Voraussetzung einer vorläufigen Aussetzung gemacht wird, dass der Verdächtige sich bereit erklärt, bestimmte Pflichten zu übernehmen und sich von einem Bewährungshelfer betreuen zu lassen. Zusätzlich besteht die Möglichkeit des Rücktritts von der Verfolgung nach außergerichtlichem Tatausgleich nach § 90g öStPO, wenn der Beschuldigte neben der Wiedergutmachung und dem Täter-Opfer-Ausgleich Verpflichtungen eingeht, die seine Bereitschaft bekunden, Verhaltensweisen, die zur Tat geführt haben, zukünftig zu unterlassen. Voraussetzung ist jedoch, dass der Verdächtige bereit ist, für die Tat einzustehen und sich mit ihren Ursachen auseinander zu setzen.

Im Jugendstrafrecht stellen Wiedergutmachung und Konfliktregelung im außergerichtlichen Tatausgleich, § 7 öJGG, eine dritte Spur der Straftatfolgen dar. Dabei konnte eine im Vergleich zum Strafverfahren geringere Rückfallquote festgestellt werden[19].

5.1.3 Schweiz

In der Schweiz fällt besonders die umfangreiche Laienbeteiligung in der Strafrechtspflege auf. Eine juristische Ausbildung ist dort keine Voraussetzung für das Richteramt, die Richter werden per Volkswahl gewählt[20]. Das Strafprozessrecht ist kantonal unterschiedlich, das materielle Strafrecht einheitlich geregelt[21]. Überwiegend gilt ein strenges Legalitätsprinzip, jedenfalls in den deutschsprachigen Kantonen; daher ist für den Täter-Opfer-Ausgleich keine prozessuale Lösung wie in Deutschland möglich. Teilweise besteht die Möglichkeit, auf Grundlage des Verhältnismäßigkeitsprinzips unter bestimmten

---

[18] Näher dazu Dünkel ZStW 99, S. 845ff, 850
[19] So auch Zwinger Zur Praxis der Konfliktregelung S. 272
[20] Vertiefend Krauß Laien in der Strafrechtspflege der Schweiz S. 193ff; Pieth Zur Bedeutung der Laiengerichtsbarkeit in der Schweiz S. 199ff
[21] Näher Dünkel Täter-Opfer-Ausgleich und Schadenswiedergutmachung – Neuere Entwicklungen des Strafrechts im internationalen Vergleich. S. 400; Krauß a. a. O. S. 193; Arbeitskreis deutscher, österreichischer und schweizerischer Strafrechtslehrer. a. a. O. S. 114

5.1 Länder im Einzelnen

Voraussetzungen von Strafverfolgung abzusehen.
Nach Art. 37 schwStGB ist der Täter-Opfer-Ausgleich neben der Resozialisierung des Täters ein Vollzugsziel. Eine Freiheitsstrafe kann nach Artt. 38, 41, 45 schwStGB bis zu 18 Monaten zur Bewährung ausgesetzt und der Täter unter Aussetzung des Strafrests bedingt entlassen werden, wenn er den Schaden, soweit zumutbar, ersetzt hat. Gemäß Art. 60 II schwStGB können eingezogene Gegenstände, deren Erlös und die Geldstrafe durch eine richterliche Entscheidung dem in Not geratenen Geschädigten zuerkannt werden. Der Richter hat ausweislich Art. 63 schwStGB bei der Strafzumessung die persönlichen Verhältnisse des Täters, worunter auch die Wiedergutmachung fällt, zu berücksichtigen. Art. 64 schwStGB regelt einen Strafmilderungsgrund der aufrichtigen tätigen Reue, insbesondere bei zumutbarer Wiedergutmachung bzw. Schadensdekkung. Der Vollzug einer unbedingt verhängten Freiheitsstrafe kann nach Art. 397 schwStGB in gemeinnützige Arbeit umgerechnet werden (vier Stunden Arbeit je Tag Freiheitsstrafe). Die Einführung dieser Alternativsanktion hat nicht zu einer Sanktionierung in den Fällen geführt, die zuvor sanktionslos eingestellt worden waren, wie sich durch eine sukzessive Einführung in verschiedenen Kantonen quasi-experimentell nachweisen ließ[22].

Besonders hervorzuheben ist das Pilotprojekt Saxerriet: Hier erfolgt ein Täter-Opfer-Ausgleich im Strafvollzug in dem Sinne, dass Vergünstigungen im Vollzug an einen Schadensausgleich geknüpft werden, weil dem Opfer die Motivation des Täters gleichgültig sei, solange es nur seinen Schadensersatz erhalte[23]. Die Täter von Vermögensdelikten sollen Schadensde"ckung leisten, Täter von opferlosen Delikten sind zur symbolischen Wiedergutmachung verpflichtet, Täter von Straftaten gegen Leib und Leben sollen neben Entschädigungszahlungen an einem Ausgleichsgespräch teilnehmen[24]. Eine Opferbetreuung findet unabhängig davon statt bei den Taten, deren Täter länger als ein Jahr in der Anstalt verbleiben[25]. Dieses Projekt verläuft zur höchsten Zufriedenheit von Opfern und Tätern; zwar stehen Rückfallstudien noch aus, es ist jedoch davon auszugehen, dass das Projekt auch in dieser

---

[22]Vertiefend dazu Killias u.a.: ZStW 112, S. 637ff
[23]So Kley-Struller Wiedergutmachung im Strafrecht S. 60ff
[24]Vertiefend dazu Kley-Struller a. a. O. S. 60ff
[25]Näher Kley-Struller a. a. O. S. 60ff

5 Gesetzeslage im Ausland

Hinsicht erfolgreich sein wird[26].

5.1.4 Frankreich

Seit 1986 existiert das *Institut national d'aide aux victimes et de médiation (AVEM)* in Frankreich als zentrale Einrichtung; eine Streitschlichtung erfolgt durch den *conciliateur*[27]. Die Wiedergutmachung hat zwar nicht zwangsläufig Auswirkung auf das Strafverfahren, der Staatsanwalt wird aber wegen des weitgehenden Opportunitätsprinzips in der Regel das Verfahren einstellen bzw. auf Anklageerhebung verzichten, wenn der Schaden materiell ausgeglichen wurde[28]. Der Staatsanwalt kann das Mediationsverfahren in sogenannten Justizhäusern vor dem *conciliateur* anregen[29]. Nach Art. 2 Code de procedure penale (im Folgenden: C.pr.pen.) kann die *action civile* vom Verletzten erhoben werden, womit Schadensersatzansprüche im Rahmen des Strafverfahrens geltend gemacht werden[30]. Der Verletzte kann auch die *action publique* (Strafklage) erheben, wenn der Staatsanwalt diese zum Zeitpunkt der Bestellung als *partie civile* (Zivilpartei) im Zivilprozess noch nicht erhoben hat und möglicherweise auch nicht gewillt ist, die öffentliche Klage zu erheben[31]. Bei schon erhobener Strafklage besteht die Möglichkeit der *intervention* (Anschließung)[32]. Der Verletzte hat gemäß Artt. 4, 3 C.pr.pen. die Option zwischen der Betreibung des Straf- oder des Zivilprozesses, wobei der Strafprozess Vorrang hat. Nach richterlicher Feststellung des Schadensersatzanspruches des Verletzten, die sogar bei Freispruch möglich ist, erhält der Verletzte 10% des Gefangenenlohnes von der Gefängnisleitung[33]. Kommt es zum Strafverfahren, kann das Gericht unter den Voraussetzungen von Art. 469-3 C.pr.pen. den Strafausspruch bis zu einem Jahr aussetzen, wenn eine Wiedergutmachung zu erwarten ist. Die Wiedergutmachung stellt auch eine mögliche Auflage bei der seit kurzem eingeführten Führungsaufsicht (*suivi*

---

[26] Vergleiche die Hinweise bei Kley-Struller a. a. O. S. 60ff
[27] Ebenso Rössner Täter-Opfer-Ausgleich im internationalen Vergleich S. 37f; Witz Der Conciliateur in Frankreich S. 239
[28] Übereinstimmend Rössner a. a. O. S. 37
[29] Siehe auch Witz a. a. O. S. 239
[30] So auch Rössner a. a. O. S. 36
[31] Vergleiche Rössner a. a. O. S. 36f
[32] Ebenso Arbeitskreis deutscher, österreichischer und schweizerischer Strafrechtslehrer a. a. O. S. 119
[33] Näher Rössner a. a. O. S. 37

5.1 Länder im Einzelnen

socio-judiciaire) dar. Nach einer erfolgten Wiedergutmachung kann von einer Strafe nach Art. 469-1 und 469-2 C.pr.pen. abgesehen werden, wenn die Resozialisierung des Täters gesichert erscheint und die sozialen Auswirkungen der Straftat beseitigt sind. Die Diversion bezeichnet hier überwiegend eine materielle Entkriminalisierung sowie eine Entformalisierung des Strafrechts (*dejuridication* und *depenelisation*).

5.1.5 US-Amerikanischer Rechtsraum/Kanada

Zu unterscheiden sind auf der einen Seite *Victim–Offender–Reconciliation–Programs (VORP)* oder *mediation programs* mit dem Ziel, in erster Linie den Konflikt zwischen Täter und Opfer zu bereinigen und in zweiter Linie den Schaden materiell auszugleichen[34]. Diese finden nach dem *plea* bzw. dem Urteil statt und wirken sich auf die Strafhöhe aus[35]. Die dort bearbeiteten Straftaten sind zu 2/3 *felony* und zu 1/3 *misdemeanor,* also vor allem Kleinkriminalität[36]. Auf der anderen Seite gibt es *restitution programs*, die sich um die gerichtliche Restitutionsauflage (pönaler Schadensersatz), die im Rahmen des Strafverfahrens vollstreckt wird, kümmern[37]. Die Verpflichtung zur Leistung von Schadensersatz kann auch als Bewährungsauflage sowie als Voraussetzung für eine vorzeitige Entlassung auf *parole* und den Freigang (*work release*) angeordnet werden[38]. *Restitution employment programs* bemühen sich primär um materiellen Tatfolgenausgleich, wobei finanziell schlecht gestellten Tätern befristete Arbeitsverträge in Zusammenarbeit mit der Wirtschaft angeboten werden, um diesen so die finanziellen Mittel für einen Tatfolgenausgleich zur Verfügung zu stellen[39].

In mehr als der Hälfte der Bundesstaaten existieren aus öffentlichen Mitteln gespeiste Opferentschädigungsprogramme für Personenschäden bei denjenigen Bürgern des betreffenden Staates, welche die Straftat unmittelbar

---

[34] Vertiefend Trenczek Vermittelnder Ausgleich strafrechtlich relevanter Konflikte – ein Modell kriminalrechtlicher Intervention? – Erfahrungen und Perspektiven S. 467, 470f
[35] Übereinstimmend Kaiser Erfahrungen mit dem Täter-Opfer-Ausgleich im Ausland S. 43f
[36] Vergleiche Trenczek Täter-Opfer-Ausgleich – mehr als ein Diversionskonzept S. 193
[37] Näher Trenczek Vermittelnder Ausgleich strafrechtlich relevanter Konflikte S. 468
[38] Ebenso Arbeitskreis deutscher, österreichischer und schweizerischer Strafrechtslehrer a. a. O. S. 128f
[39] Siehe Kaiser a. a. O. S. 45

5 Gesetzeslage im Ausland

angezeigt haben und mit der Polizei zusammenarbeiten[40].

5.1.6 Großbritannien

In England, Schottland und Wales besteht eine Vielfalt von Projekten: Zum einen erfolgt eine Wiedergutmachung vor der Polizei zur Verdeutlichung der Verwarnung, zum anderen kann Wiedergutmachung zwischen Schuldspruch und Strafzumessungsentscheidung als (alleinige oder zusätzliche) Sanktion nach dem *Criminal Justice Act 1982* verhängt werden, die sog. *compensation order*[41]. Diese wird staatlich eingetrieben und weitergeleitet; sie besitzt Priorität gegenüber der Geldstrafe[42]. Es existiert weiter eine Ersatzfreiheitsstrafe *for default of payment*[43];praktisch wird jedoch überwiegend die Geldstrafe verhängt. Die wesentlichen Gründe für die geringe Anwendung der *compensation order* sind vermutlich die großen richterlichen Freiräume bei der Strafzumessungsentscheidung, die begrenzten finanziellen Mittel der Verurteilten, mangelnde Information über die Möglichkeit der Verhängung der *compensation order* und die Strafrechtstradition, nach der die Geldstrafe verhängt wird[44]. Weiter kann die Wiedergutmachung auch als Bewährungsauflage angeordnet werden.

Daneben erfolgt die Entschädigung des Opfers über das staatliche *Criminal Injuries Compensation Board* auf Antrag des Opfers einer *personal injury directly attributable to a crime of violence* unter Anrechnung oder Übergang bereits erbrachter *compensation* des Täters[45].

5.1.7 Polen

Besonders hervorzuheben ist der Adhäsionsprozess mit Entschädigung von Amts wegen, wobei der Verletzte die Wahl hat, ob er seinen Schadensersatzanspruch zivilrechtlich oder strafrechtlich geltend machen möchte[46]. Der

---

[40]Näher Arbeitskreis deutscher, österreichischer und schweizerischer Strafrechtslehrer a. a. O. S. 127f
[41]Vertiefend und weiterführend dazu Rössner a. a. O. S. 39f; Jung ZStW 99, S. 497ff, 507ff
[42]Näher Jung a. a. O. S. 507ff
[43]Vergleiche Jung a. a. O. S. 509f
[44]So auch Jung a. a. O. S. 513
[45]Übereinstimmend Jung a. a. O. S. 522f
[46]Ebenso Rössner a. a. O. S. 41

Staatsanwalt kann gemäß Art. 54 pStPO Zivilklage im Strafprozess zugunsten des Verletzten erheben.
Die Zwangsvollstreckung des Verletzten hat Vorrang vor der Geldstrafe[47].
Die Wiedergutmachung stellt eine selbständige Reaktionsform neben der Verfahrenseinstellung, der Verhängung und Aussetzung der Freiheitsstrafe sowie der Aussetzung des Strafrestes zur Bewährung dar[48]. Bei Privatklagen findet gemäß Artt. 436, 442 pStPO ein Sühneversuch – fakultativ vor einem gesellschaftlichen Gericht – statt, der mit einem Vergleich beendet werden kann.

5.1.8 Japan

Die Rechtskultur ist hier in starkem Maße auf Frieden, Harmonie und Konfliktvermeidung ausgelegt. Der Gruppenfrieden soll möglichst nicht durch Einmischung seitens des Staates beeinträchtigt werden[49]. Es besteht eine Vielfalt von außer- und vorgerichtlichen Schlichtungsverfahren[50]. Das Opportunitätsprinzip und das Anklagemonopol der Staatsanwaltschaft nach §§ 247, 248 jStGB führen zu einer strafmildernden Berücksichtigung der Wiedergutmachung im Erwachsenenstrafrecht bis hin zum Absehen von der Erhebung der Anklage[51]. Es besteht ein hoher Anteil von entsprechenden außergerichtlichen Vergleichen, die materielle Schadensersatzleistungen und eine Entschuldigung zum Gegenstand haben und nach einer Umfrage unter Juristen großen Einfluss auf das Absehen von Anklageerhebung, die Strafzumessung und die Strafaussetzung zur Bewährung haben[52]. Dieser außergerichtliche Vergleich ist aber in erster Linie auf Aussöhnung des Täters mit der Gesellschaft oder dem Staat und erst in zweiter Linie auf die Versöhnung von Täter und Opfer ausgelegt und daher nur eingeschränkt mit dem Täter-Opfer-Ausgleich deutschen Zuschnitts zu vergleichen[53].

---

[47]Näher Rössner a. a. O. S. 41
[48]Siehe Rössner a. a. O. S. 41
[49]So auch Rössner a. a. O. S. 45
[50]Vertiefend dazu Rössner a. a. O. S. 45
[51]Näher bei Yoshida Opferhilfe und Wiedergutmachung in Japan S. 141
[52]Vergleiche Yoshida a. a. O. S. 141f
[53]So auch Yoshida a. a. O. S. 143

5.2 Ergebnis

Nach all dem steht fest, dass in anderen Ländern weitergehende Vorschriften zur Berücksichtigung der Wiedergutmachung existieren als in Deutschland. Besonders zu nennen sind hier österreich und Japan, wo im Rahmen eines erfolgreichen Täter-Opfer-Ausgleichs regelmäßig von Strafe abgesehen wird. Deutschland ist auf diesem Gebiet jedenfalls kein Vorreiter, so dass die These, die Ablehnung des Täter-Opfer-Ausgleichs durch die deutschen Justizbehörden resultiere daraus, dass dieser international noch nicht akzeptiert sei, falsifiziert wäre. Die in Deutschland bestehenden Vorschriften zur Realisierung von Täter-Opfer-Ausgleich und Wiedergutmachung sind also im internationalen Vergleich durchschnittlich weitreichend, mag man diesen Befund begrüßen oder bedauern.

Wenn weiterreichende Vorschriften zum Täter-Opfer-Ausgleich wie in Japan auf einer anderen Mentalität und Rechtskultur beruhen, die mehr auf Frieden nach außen und Freiheit von staatlicher Einmischung ausgerichtet ist, so ist die dortige Akzeptanz des Schlichtungsverfahrens nicht auf Deutschland zu übertragen. Die Mentalität und Einstellung in der Bevölkerung ist eine andere, den Deutschen ist es nicht derart wichtig, nach außen zumindest scheinbar eine Einigung ohne Inanspruchnahme der öffentlichen Instanzen zu erreichen. Eine Regelung des Täter-Opfer-Ausgleichs nach dem Vorbild der ehemaligen DDR und heutigen neuen Bundesländer kommt ebenfalls nicht in Betracht, insbesondere wegen der geringen Akzeptanz der „Blockwartjustiz" in der Bevölkerung sowie der nicht ausreichenden Wahrung der Rechte der Beteiligten. Der im österreichischen Recht geregelte Strafaufhebungsgrund der tätigen Reue ließe sich nicht nach deutschem Recht einführen, denn es bestünde im Hinblick auf vermögende und weniger begüterte Beschuldigte unter anderem die Gefahr eines Verstoßes gegen den Gleichheitsgrundsatz aus Art. 3 I GG[54].

In der Schweiz gilt ein strenges Legalitätsprinzip, so dass eine prozessuale Lösung wie in Deutschland über § 153a I 2 StPO ausscheidet und nach anderen Wegen zur Berücksichtigung der Wiedergutmachung gesucht werden muss. Unterschiede zur Regelung in Deutschland liegen vor allem auf dem Gebiet des Strafvollzuges; diese Regelung ließe sich ebenfalls im Geltungsbe-

---

[54] Näher dazu unter 7.4 in dieser Arbeit

reich des Grundgesetzes nicht einführen und kann daher kein Vorbild sein.

In Frankreich hat der Verletzte im Unterschied zu Deutschland die Wahl zwischen Straf- und Zivilprozess, wobei ersterem Vorrang eingeräumt wird. Ein Nebeneinander der Verfahren mit der Gefahr einander widersprechender Entscheidungen wird so vermieden. Das gleiche Ergebnis wird in Deutschland durch die Aussetzung des Zivilverfahrens erzielt. Daneben besteht mit dem Adhäsionsverfahren die Möglichkeit zur Geltendmachung von zivilrechtlichen Schadensersatzansprüchen im Strafverfahren, wenn sie auch kaum genutzt wird. Nach richterlicher Feststellung des Schadensersatzanspruches des Verletzten kann dieser in Frankreich im Unterschied zu Deutschland einen Teil des Gefangenenlohnes erhalten, während der Lohn eines Häftlings in Deutschland – wenn überhaupt Arbeit vorhanden ist - in aller Regel unterhalb der Pfändungsgrenze liegt, so dass eine Auszahlung eines Teils des Lohnes nach französischem Vorbild in Deutschland nicht in Betracht kommt.

Im anglo-amerikanischen Rechtsraum kann aufgrund der Zweiteilung der Hauptverhandlung eine Berücksichtigung der Wiedergutmachung zwischen Schuldspruch und Strafzumessung erfolgen, die so in Deutschland nicht möglich ist. Das Strafverfahren wird dadurch jedoch künstlich in zwei Teile aufgespalten, wodurch der einheitliche Vorgang der Aburteilung der Tat auseinandergerissen wird. Auch entscheidet eine Jury über Schuld oder Unschuld des Delinquenten, während Strafart und -maß vom Richter gewählt werden. Vor- und Nachteile des Jurysystems können und sollen hier nicht diskutiert werden, jedenfalls erfolgt in Deutschland die Aburteilung der angeklagten Tat auf eine andere Art, so dass diese Zweiteilung nicht zweckmäßig wäre. Eine Verurteilung des Täters im Strafverfahren zur Leistung einer *compensation order* nach britischem Vorbild dürfte ebenfalls nicht in Betracht kommen, wie unten im Rahmen der Erörterung der verschiedenen Wiedergutmachungsmodelle noch zu zeigen sein wird[55].

Die Regelung des Adhäsionsverfahrens in Polen unterscheidet sich dadurch vom deutschen Modell, dass eine Entschädigung des Verletzten von Amts wegen erfolgt. Dadurch würde letztlich, wenn der Staat die Schadensersatzansprüche des Verletzten per Ersatzfreiheitsstrafe durchsetzt, der Schuldturm wieder eingeführt[56], so dass dies für Deutschland kein umsetzbares Verfah-

---

[55]Unter Kapitel 7 in dieser Arbeit
[56]Dazu unter Kapitel 12 bei der Erörterung der Wiedergutmachungsmodelle

ren darstellt. Ein Vorrang der Schadensersatzansprüche des Verletzten vor der Geldstrafe ist in Deutschland bereits in der Form Gesetz geworden, dass Zahlungserleichterungen gewährt werden können, wenn ansonsten die Entschädigung des Verletzten gefährdet wäre, wobei dem Verurteilten der Nachweis der Wiedergutmachung auferlegt werden kann, § 459a I 2 StPO. Zwar ist diese Regelung lediglich fakultativ; sie ermöglicht jedoch das sachgerechte Eingehen auf jeden denkbaren Einzelfall und ist insofern einer verpflichtenden Regelung vorzuziehen.

Tatsächlich würden die in Deutschland bereits jetzt bestehenden Vorschriften eine Ausweitung des Täter-Opfer-Ausgleichs und der Wiedergutmachung erlauben, sie werden jedoch nicht ausgeschöpft und von der Praxis nicht in dem vom Gesetzgeber intendierten Maße angenommen. Da jedoch die Berücksichtigung der Wiedergutmachung in der Rechtswirklichkeit anderer Länder besser gelungen ist als in Deutschland, wird später unter XI. nach den Gründen für die fehlende Akzeptanz zu fragen sein.

Zunächst ist jedoch zu beleuchten, ob die bestehenden Vorschriften verfassungsgemäß sind. Verstießen bereits die bislang existenten Normen gegen unser Grundgesetz, so erübrigte sich die Frage, ob diese noch auszuweiten wären, um dem Täter-Opfer-Ausgleich in der Rechtswirklichkeit den ihm zugedachten Stellenwert zu verschaffen. Werden dagegen die bisherigen Gesetze den Vorgaben der Verfassung gerecht, so fragt sich, ob eine Ausweitung mit dem Ziel einer vermehrten Anwendung in der Praxis verfassungsgemäß wäre.

6 Täter-Opfer-Ausgleich und Rechtsstaat

Wenn sich die Konzepte des Täter-Opfer-Ausgleichs und der Wiedergutmachung in unser Rechtssystem einfügen lassen sollen, so müssen sie dazu dienen, die Aufgabe des Rechts zu erfüllen. Zunächst ist daher die Aufgabe des Rechts, insbesondere diejenige des Strafrechts, herauszuarbeiten. Hierzu existieren verschiedene Ansätze; hier seien eine rechtstheoretische Herangehensweise, systemtheoretische Gesichtspunkte und handlungstheoretische Aspekte näher beleuchtet. Sowohl Täter-Opfer-Ausgleich als auch Wiedergutmachung müssen dieser Aufgabe des (Straf-) Rechts dienen, wenn es nicht durch deren Anwendung zu Friktionen kommen soll.

Im Folgenden ist zu untersuchen, ob es sich bei der Wiedergutmachung und dem Täter-Opfer-Ausgleich um strafrechtliche oder zivilrechtliche Regelungen handelt. Dafür ist eine idealtypische Abgrenzung anhand verschiedener Theorien vorzunehmen, die sodann auf den Täter-Opfer-Ausgleich und die Wiedergutmachung angewendet wird.

Schließlich ist der wieder gutzumachende Schaden genauer zu bestimmen. Die durch eine Straftat möglichen Schäden werden klassifiziert und eine genaue Begriffsbestimmung entwickelt.

Letztlich können Täter-Opfer-Ausgleich und Wiedergutmachung nur dann nahtlos integriert werden, wenn sie den Zweck der Strafe erfüllen können. Dazu werden zunächst die verschiedenen Strafzwecktheorien dargestellt und diskutiert, um sodann deren Vereinbarkeit mit den Konzepten des Ausgleiches zwischen Täter und Opfer und der Wiedergutmachung zu überprüfen.

6.1 Rechtstheorie: Was ist die Aufgabe des Rechts im Allgemeinen und des Strafrechtes im Besonderen?

6.1.1 Die Willensfreiheit des Menschen als Grundlage des Schuldstrafrechtes

Die Frage nach der Aufgabe des Strafrechts ist, wie KAUFMANN zu Recht betont, streng von der nach den Strafzwecken, die er irreführenderweise als Aufgabe des Strafrechtes bezeichnet, zu trennen[1]. Sie bezieht sich auf das subjektive Recht des Staates zu strafen, das sich aus der gerechten Vergeltung nach dem Maß des Unrechts ergibt[2]. Voraussetzung einer Bestrafung ist die Überzeugung des Tatrichters von der Schuld des Delinquenten[3]. Die Ermittlung der materiellen Wahrheit, das Streben nach Gerechtigkeit und die Schaffung von Rechtsfrieden auf diesem Wege kann also als das Ziel des Strafverfahrens betrachtet werden[4].

Das Ziel des Täter-Opfer-Ausgleichs ist demgegenüber nicht die Übereinstimmung in allen Punkten, sondern eine Auseinandersetzung mit der differierenden Perspektive des jeweils anderen[5]; die Ermittlung der materiellen Wahrheit wird also nicht angestrebt. Konfliktschlichtung heißt Freiräume schaffen für unterschiedliche Wahrnehmungen und subjektive Wahrheiten[6]. Nach konstruktivistischer Sicht wird Wirklichkeit durch Handeln und aktives Erkennen in Interaktion konstruiert[7]. Das menschliche Gehirn als selbstreferentielles, in operationaler Geschlossenheit lebendes System lasse uns

---

[1] Kaufmann Aufgabe des Strafrechtes S. 1ff

[2] Die Konstruktion eines Vertrages zwischen Staat und Delinquent, gerichtet auf das Erdulden einer Bestrafung im Falle strafrechtlich relevanten Verhaltens, ist demgegenüber nicht möglich, instruktiv Kant Metaphysik der Sitten S. 162f.

[3] Lampe Strafphilosophie S. 121f, 166f erläutert, dass sich die Strafe nach dem Unrecht richtet, während Ob und Wie der Bestrafung vom Maß der Schuld bestimmt werden. Der Wortlaut des § 46 I StGB, dem man entnehmen könnte, dass der Schuld für die Strafbegründung eine konstitutive Bedeutung zukommt, täuscht. Eine Strafe lässt sich nur als Ausgleich für begangenes Unrecht legitimieren, die Bestrafung des Täters rechtfertigt sich über dessen Schuld, vgl. BGH StV 1983, 332f; BVerfGE 20, 323ff, 331.

[4] So auch KMG Einleitung Rn. 4 m. w. N.

[5] Ebenso Mischnick Der Täter-Opfer-Ausgleich und der außergerichtliche Tatausgleich S. 33; Netzig a. a. O. S. 128

[6] Näher dazu bei Mischnick a. a. O. S. 33f

[7] Vertiefend bei Mischnick a. a. O. S. 33f

6.1 Rechtstheorie: Aufgabe des {Straf-}Rechts

die Wahrheit immer nur subjektiv wahrnehmen[8], eine objektive Erkenntnis sei den Menschen nicht möglich[9]. Die Wirklichkeit bilde dabei eine soziale Konstruktion[10]: Persönliche Erfahrungen und Eindrücke würden so gedeutet, als ob sie Wirklichkeit wären[11]. Eine Kontrolle der Tragfähigkeit der vermeintlichen Erkenntnisse erfolge durch Selbst- und Fremdbeobachtung[12]. In der Postmoderne habe sich die Erkenntnis der Pluralität von Wirklichkeiten durchgesetzt; erforderlich sei daher ein hohes Maß an Toleranz[13]! Da Wirklichkeit und Wahrheit relativ seien, könne das Ziel des Verfahrens nicht das Finden der einzigen Wahrheit sein, wie dies im Strafverfahren gehandhabt werde (und auch gehandhabt werden muss, um die Konflikte gleichmäßig und gerecht entscheidbar zu gestalten)[14]. Umdeutungsprozesse seien zu fördern, Handlungen müssten in ihrem Bezug zu verschiedenen Kontexten erfasst werden und Perspektivenwechsel müssten möglich sein[15]. Hierfür ist der vom Verfahrensgang her weniger festgelegte Täter-Opfer-Ausgleich eher geeignet als das formale Strafverfahren, so dass dieser nach Ansicht der Konstruktivisten der Erkenntnis der fehlenden objektiven Wahrheit eher entspricht und weniger Fiktion bedeutet.

Tatsächlich aber stellt die Wahrheitsermittlung das wesentliche Ziel des Strafverfahrens dar. Zugleich ist die materielle Wahrheit des Urteilsspruchs die Voraussetzung von dessen Legitimation. Wäre die objektive Erkenntnis unmöglich, dürfte niemand verurteilt werden, denn die Feststellung von dessen Schuld ist logische und rechtsstaatliche Voraussetzung der strafrechtlichen Verurteilung. Eine Bestrafung ohne Schuld verstieße unter anderem gegen die Menschenwürde, aber auch gegen den Grundsatz *nulla poena sine culpa* (keine Strafe ohne Schuld) und den Grundsatz *in dubio pro reo* (im Zweifel für den Angeklagten). Wem die Unrechtsverursachung nicht eindeutig nachgewiesen werden kann, der ist freizusprechen.

Natürlich ist es unmöglich, den Tathergang mit absoluter Sicherheit fest-

---

[8] Weiterführend Netzig a. a. O. S. 12f
[9] So jedenfalls Mischnick a. a. O. S. 33f
[10] Vergleiche Netzig a. a. O. S. 15f
[11] Siehe Netzig a. a. O. S. 15
[12] Näher dazu bei Netzig a. a. O. S. 15f
[13] So Netzig a. a. O. S. 19
[14] Weiterführend Netzig a. a. O. S. 21f, 145f
[15] Übereinstimmend Netzig a. a. O. S. 18f

6 Täter-Opfer-Ausgleich und Rechtsstaat

zustellen, denn es handelt sich um einen historischen Vorgang, an dem der Richter nicht beteiligt war[16]. Um dem Rechnung zu tragen, genügt eine über vernünftige Zweifel erhobene (subjektive) Gewissheit des Richters[17], der als Mensch mit all seinen Unzulänglichkeiten entscheidet; schon aus diesem Grund kann nur eine subjektive Überzeugung des Richters verlangt werden[18]. Der Urteilende steht dabei in der Verantwortung der Gesellschaft bzw. des Volkes, in dessen Namen er über Unrecht, Strafe, Schuld und Bestrafung entscheidet[19]. Die Ermittlung der Wahrheit um jeden Preis kann schon vor dem Hintergrund der im Mittelalter dazu herangezogenen Folter nicht beabsichtigt sein[20], so dass die prozessualen Rechte des Beschuldigten die Wahrheitsermittlung behindern können und dürfen. Es reicht aus, wenn gewissenhaft nach Gerechtigkeit gestrebt wird, wobei die Gerechtigkeit des Entscheidungsprozesses über die prozessualen Rechte des Angeklagten hergestellt werden soll[21]. Dabei ist das Strafverfahren auf das objektive Erkenntnis, die materielle Wahrheitsfindung, ausgelegt. Dies ist aus rechtsstaatlichen Gründen erforderlich, denn die strafrechtliche Verurteilung Unschuldiger oder die Verpflichtung Unbeteiligter zum Tatfolgenausgleich, möglicherweise aus Beweisnot, kann weder mit dem Strafverfahren noch mit dem Täter-Opfer-Ausgleich angestrebt werden. Das Aushandeln der Wahrheit stellt insofern keinen Vorteil des Schlichtungsverfahrens gegenüber dem Strafverfahren dar, sondern eher einen Nachteil.

Grundlage des Schuldstrafrechtes ist die Freiheit des Menschen; ist der Mensch kein prinzipiell freies Wesen, sind seine Akte weder sittlich wertvoll noch wertlos und ist er selbst weder gut noch böse, sondern schlicht determiniert. Seine Bestrafung verbietet sich dann von selbst[22]. Nach heutigem Stand der Forschung ist davon auszugehen, dass der Mensch in seinen Entscheidungen in dem Sinne frei ist, dass er zwischen Unrecht und Recht wählen kann. Im freiheitlichen Rechtsstaat ist der Mensch frei zur sittlichen Selbstbe-

---

[16]So zutreffend Soyer Strafprozeß und Tatausgleichsverfahren S.192ff
[17]Ebenso Soyer a. a. O. S.192ff
[18]Gleicher Ansicht ist Lampe Strafphilosophie S. 102.
[19]Siehe Lampe a. a. O. S. 102
[20]Vergleiche Soyer a. a. O. S.192ff
[21]Vertiefend dazu KMG Einleitung Rn.4ff m. w. N.
[22]So zu Recht Kaufmann Aufgabe des Strafrechtes S. 11ff sowie Mayer Die schuldhafte Handlung im Strafrecht S. 80ff

6.1 Rechtstheorie: Aufgabe des {Straf-}Rechts

stimmung, zur Entfaltung seiner Persönlichkeit in all ihrer Spontaneität und Individualität, wenn auch Grenzen und Inhalt dieser Freiheit kaum positiv definierbar sind[23].

KANT geht davon aus, dass der Mensch sich seines Sollens, also der Gültigkeit des moralischen Gesetzes bewusst ist[24]. Dennoch ist der Mensch als Gewissen frei, denn wenn er sich des Sollens bewusst wird, erkennt er gleichzeitig, dass er dieser Pflicht genügen kann[25]. Freiheit und Verantwortlichkeit sind so untrennbar: Der Mensch kann dem Sollen entsprechen und den Befehl befolgen, darum ist er verantwortlich, oder er kann sich ihm widersetzen, deshalb ist er frei[26]. Man erkennt in diesem Moment, dass die Handlung so nicht hätte geschehen müssen; damit wird man sich der Freiheit zur Entscheidung dafür oder dagegen und der darin liegenden Verantwortung bewusst. Die subjektive Vernunft, die auch als Gewissen oder autonomer Wille bezeichnet werden kann, unterscheidet uns von der bloßen Natur[27].

Fest steht jedenfalls, dass die Freiheit zum Wesen des Menschen denknotwendig dazugehört, dass uns diese Freiheit praktisch in unserem Denken und Handeln gewiss ist[28]. Der Mensch hält sich für frei, denn er weiss, was er tut und zu welchem Zweck; er handelt daher mit Freiheitsbewusstsein[29]. Sämtliche Entscheidungen beruhen auf wenigstens vier Möglichkeiten, die uns gegebene Freiheit zu nutzen: Reine Willkür, sinnliche Willkür, verstandesmäßiges Wollen und vernunftgemäßes Wollen[30]. Im Falle der reinen Willkür beruht das Wollen allein auf dem Wunsch selbst ohne weitere Ursachen[31], bei sinnlicher

---

[23] Instruktiv Maihofer Menschenwürde im Rechtsstaat S. 83ff. Weil wir die Freiheit nicht positiv und explizit bestimmen können, können wir auch die Individual- und Aktualschuld des Täters nicht positiv und explizit feststellen, sondern nur implizit als Normalfall voraussetzen und negativ festlegen, dass weder situationsbedingte noch konstitutionsabhängige Umstände Zweifel an der üblichen Verantwortlichkeit des Täters für seine Tat begründen dürfen.

[24] Kant Kritik der praktischen Vernunft S. 34

[25] Kant a. a. O. S. 33f; Kant Metaphysik der Sitten S. 218

[26] Ebenso M. E. Mayer Die schuldhafte Handlung im Strafrecht S. 83f

[27] Weiterführend Mayer Kant, Hegel und das Strafrecht S. 66ff m. w. N.

[28] So auch Maihofer a. a. O. S. 83ff, 86

[29] Siehe M. E. Mayer Die schuldhafte Handlung im Strafrecht S. 81f, Lampe Strafphilosophie S. 157f

[30] So Maihofer Menschenwürde im Rechtsstaat S. 99f, der sich bei den Begriffen auf Kant bezieht

[31] Vergleiche Maihofer a. a. O. S. 99f unter Hinweis auf die negative Freiheit des Willens, also die Fähigkeit des Menschen, das Wollen von allen Bestimmungsgründen zu trennen (Kant Grundlegung zur Metaphysik der Sitten (Philosophische Bibliothek) S. 71f zur negativen Freiheit und Metaphysik der Sitten (Philosophische Bibliothek) S. 14 zur Differenzierung der freien, tierischen und menschlichen

6 Täter-Opfer-Ausgleich und Rechtsstaat

Willkür entstammt das Wollen Lust- bzw. Unlustgefühlen und Begierde[32]. Das verstandesmäßige Wollen hat einen zweckrationalen Grund in dem erstrebten Vorteil oder zu vermeidenden Nachteil[33], während die Ursache des vernunftgemäßen Wollens eine wertrationale ist und in für sittlich und rechtlich gut befundenen Prinzipien oder Normen besteht[34]. Dabei richten sich die Strafgesetze an den Menschen, der seine Entscheidungen überwiegend aus verstandesmäßigem Wollen heraus trifft; KANT bezeichnet dies als den empirischen Charakter des Menschen, den er auf die Sinnenwelt beschränkt. Zwar sei dieser der Notwendigkeit und Kausalität unterworfen; der Mensch bestehe jedoch neben dem empirischen Charakter noch aus einem intelligiblen Chrakter, da er ein Vernunftwesen sei[35]. Jede Handlung als Ausfluss des empirischen Charakters ist notwendig, jede als Ausdruck des intelligiblen Charakters ist frei[36]. Die Vereinigung beider Charaktere ist denkbar und notwendig[37], denn Verantwortlichkeit ohne Freiheit ist ebenso unmöglich wie menschliches Leben ohne Verantwortlichkeit[38].

Sind die Entscheidungen auch durch unsere – nicht unveränderlich festliegende - Persönlichkeit bestimmt, so ist die sittlich verwerfliche Handlung doch dem Delinquenten als seiner Persönlichkeit entstammend zuzurechnen und insofern als schuldhaft vorwerfbar[39]. Der Täter hat sich, obwohl er sich in freier verantwortlicher Selbstbestimmung für das Recht hätte entscheiden können, für das Unrecht entschieden und hat insofern schuldhaft gehandelt[40].

Willkür)

[32] Näher Maihofer a. a. O.. Die sinnliche Willkür ist im kantischen Sinne heteronom und ein auf der tierischen Natur des Menschen beruhender pathologischer Bestimmungsgrund (vergleiche Kant Grundlegung zur Metaphysik der Sitten S. 65f sowie Metaphysik der Sitten S.11ff, 14).

[33] Siehe Maihofer a. a. O.; diese Unterscheidung wird bei Kant nicht getroffen, sondern das verstandesmäßige Wollen ebenfalls als pathologischer Bestimmungsgrund angesehen (Kant Metaphysik der Sitten S. 14). Der Unterschied beruht auf der Natur des Menschen als Vor- und Nachteile abwägendes Verstandessubjekt, nicht als triebhaftes Wesen, das nur den Augenblick der (Un)Lust sucht.

[34] Maihofer a. a. O. nennt als Beispiel für ein solches Prinzip, nach dem wir wollen sollen, den kategorischen Imperativ (Vergleiche Kant Grundlegung zur Metaphysik der Sitten S. 74).

[35] Kant Grundlegung zur Metaphysik der Sitten S. 77ff, insbes. S.78

[36] Kant a. a. O. S. 78f

[37] Kant a. a. O. S. 79ff

[38] Vergleiche M. E. Mayer Die schuldhafte Handlung S. 77ff, der diese Lehre Kants als „Mut der Inkonsequenz (...), der die grossen Philosophen auszeichnet" würdigt, jedoch als unwissenschaftliches Glaubensbekenntnis ablehnt.

[39] So auch Coing Grundzüge der Rechtsphilosophie S. 240 ff; Kaufmann Das Schuldprinzip S. 127ff

[40] BGHSt 2, 194ff, 200f

6.1 Rechtstheorie: Aufgabe des {Straf-}Rechts

Schuld bedeutet daher Vorwerfbarkeit des Rechtsbruchs; die Strafe ist legitimiert als gerechter Ausgleich für das schuldhaft begangene Unrecht[41]. Mit der Bestrafung wird also die Würde des Täters anerkannt, indem ihm attestiert wird, dass er sich auch für das Recht hätte entscheiden können und deshalb in verantwortlicher Freiheit gehandelt hat[42].

Zunehmend werde, so behauptet SEELMANN, die Aufgabe des Strafrechtes weniger auf dem Gebiet der Verbrechensverhütung und Resozialisierung und mehr auf dem Gebiet der Konfliktregulierung nach geschehenem Unrecht gesehen[43]. Die Störung des sozialen Friedens werde nicht mehr allein beim Täter und der Tat lokalisiert, sondern ebenso bei den Reaktionen des Opfers, das in einem Interaktionsverhältnis oft den Anlass für die Tat geliefert habe, und den Reaktionen anderer auf die Straftat, da abweichendes Verhalten zumindest auch das Ergebnis eines Zuschreibungsprozesses durch die Instanzen sozialer Kontrolle darstelle[44]. Eine Straftat stelle sich oft als das Ergebnis einer sozialen Interaktion zwischen Täter und Opfer dar, so dass die Annahme alleiniger strafrechtlicher Verantwortlichkeit des Delinquenten zu kurz greife[45]. Hinzu komme, dass Kriminalität im Lebensquerschnitt der Täter oft episodenhaft sei und eine sanktionierende Einwirkung von daher entbehrlich sein könne. Ferner könne es durch die Strafverfolgung und -vollstreckung zur Annahme eines negativen Selbstbildes durch den Delinquenten kommen, was zu einer kriminellen Karriere führe. Wenn aber Straftaten nicht auf dem einsamen Willensentschluss des Täters beruhten, könne die Reaktion darauf nicht auf diesen beschränkt bleiben. Die Strafe solle auch einen Rückfall ins Faustrecht verhindern und die Auseinandersetzung mit Rechtsbruch und Rechtsbrecher kanalisieren, indem dafür ein geordnetes Verfahren zur Verfügung gestellt werde[46].

In der Sache läuft die von SEELMANN geäußerte Rechtsauffassung darauf hinaus, das Schuldstrafrecht zu verneinen. Obwohl es inzwischen als gesicherte Erkenntnis betrachtet werden kann, dass Anlage- und Umweltfaktoren

---
[41]Vergleiche LK-Gribbohm § 46 Rn. 4, 11 m. w. N.
[42]Weitere Nachweise bei Lampe Strafphilosophie S. 225ff
[43]Seelmann Strafzwecke und Wiedergutmachung S. 160
[44]So Seelmann a. a. O. S. 160f
[45]Siehe Seelmann a. a. O. S. 160f
[46]Seelmann a. a. O. S. 160f

6 Täter-Opfer-Ausgleich und Rechtsstaat

zu einer kriminellen Karriere beitragen, ist dennoch der freie Entschluss des Menschen für die Begehung einer Straftat letztentscheidend. „Die Menschheit ist zum Indeterminismus determiniert"[47], mag der Entschluss zur Begehung der Straftat auch nicht unbeeinflusst sein von äußeren Gegebenheiten. Dennoch wäre es falsch, aus der Willensfreiheit der Menschen zu folgern, dass die Reaktion auf die Straftat nicht auf den Täter beschränkt bleiben dürfe. Anderenfalls würde dem Opfer vorgeworfen, zur falschen Zeit am falschen Ort gewesen zu sein oder sich nicht ausreichend vor dem deliktischen Geschehen geschützt zu haben. Dass dies nicht richtig sein kann, ergibt sich bereits daraus, dass das Opfer sich nicht strafbar gemacht hat, eine Sanktionierung seines Verhaltens daher nicht legitim wäre. Dies hindert selbstverständlich nicht daran, etwaige dem Opfer anzulastende Obliegenheitsverletzungen strafmildernd zugunsten des Täters zu berücksichtigen[48].

Mit der Willensfreiheit als Ausgangspunkt soll jedoch nicht in Abrede gestellt werden, dass der Mensch durch äußere Reize wie beispielsweise eine Strafe grundsätzlich zu einem Verhalten zu motivieren ist[49]. Insofern sind alle Straftheorien auf die Überzeugung gegründet, dass der Mensch frei und selbstverantwortlich entscheiden kann[50]. Diese Freiheit ist jedoch nicht als motivloses Wollen, Isoliert- und Beziehungslosein des Menschen aufzufassen, sondern positiv gewendet als Freiheit dazu, kraft der eigenen Vernunft einsichtig zu entscheiden[51]. Insofern bleibt es dem einzelnen Menschen überlassen, wie er auf externe Reize reagiert. Eine Straftat stellt sich als unvernünftiges Verhalten dar, weil der Delinquent seine Rechte unter Missachtung und Verletzung der Rechte der anderen erstrebt; nur aufgrund der Tatsache, dass der Täter grundsätzlich als vernünftiges freies Wesen anerkannt wird, kann er für seine Tat verantwortlich gemacht werden[52]. Andererseits würde der Delinquent, wäre er in der Situation seines Opfers, ebenfalls davon ausgehen, dass ihm ein Unrecht geschieht; grundsätzlich ist ihm sein Fehlverhalten also bewusst, denn er will weiter als Vernünftiger gelten und in der

---

[47] M. E. Mayer Die schuldhafte Handlung und ihre Arten im Strafrecht, S. 100
[48] Vergleiche LK-Gribbohm § 46 Rn. 124ff
[49] So auch Von Liszt Lehrbuch des Strafrechts S. 30; Kaufmann Das Schuldprinzip S. 280f
[50] Ebenso Kaufmann a. a. O. S. 280f
[51] Näher Kaufmann a. a. O. S. 280f m. w. N.
[52] Instruktiv Zaczyk Das Strafrecht in der Rechtslehre Fichtes S. 124

6.1 Rechtstheorie: Aufgabe des {Straf-}Rechts

Gemeinschaft auch in Zukunft leben[53].

Mit dem strafrechtlichen Unrecht wird unmittelbar das Opfer verletzt, daneben jedoch auch die Gemeinschaft, die den Achtungsanspruch des Einzelnen verbürgt, sowie das Bild des Täters als vernünftiger Mensch, denn er hat durch seine unvernünftige Tat gezeigt, dass er versagt hat[54]. Die strafrechtliche Reaktion der Gemeinschaft muss auf alle Ebenen des Unrechts eingehen und die dort aufgetretenen Störungen beseitigen, damit das Unrecht ausgeglichen wird und der Delinquent wieder als Vernünftiger seinen Platz in der Gemeinschaft erhalten kann[55]. Ihm muss also die Möglichkeit eingeräumt werden, sich wieder als anzuerkennendes vernünftiges Wesen zu präsentieren und die Tat auch an sich selbst abzuarbeiten[56].

Betrachtet man die Straftat demnach als Ausdruck eines vom Einzelnen frei verantwortlich gefassten Willensentschlusses, so wird als Reaktion der Gemeinschaft auf diese nicht hinzunehmende Autonomiebestrebung mit der öffentlichen sozialethischen Missbilligung[57] und der symbolischen Distanzierung vom Tatentschluss eine tatorientierte Reaktion der Gemeinschaft erforderlich. Damit ist jedoch noch keine Aussage über deren konkrete Ausgestaltung getroffen; die strafrechtliche Reaktion muss jedenfalls eine gemeinschaftliche Reaktion auf das Unrecht darstellen, durch welche der Täter sich von seiner Tat distanzieren kann, damit er wieder als vernünftiges Mitglied der Gemeinschaft anerkannt werden kann[58]. Dies kann durch Freiheitsstrafe, Geldstrafe oder Wiedergutmachung bzw. Täter-Opfer-Ausgleich erfolgen, wie unten noch zu zeigen sein wird. Zunächst ist jedoch auf die Aufgabe des Strafrechts einzugehen, die von den Vertretern unterschiedlicher Fachrichtungen verschieden beantwortet wird.

---

[53]Siehe Zaczyk a. a. O. S. 124f
[54]Weiterführend Zaczyk a. a. O. S. 125ff
[55]Näher Zaczyk a. a. O. S. 125ff
[56]So auch Zaczyk a. a. O. S. 127
[57]Eser Absehen von Strafe – Schuldspruch unter Strafverzicht S. 257ff, 268 erläutert, dass die sozialethische Missbilligung der Tat Hauptfunktion des staatlichen Strafanspruchs sei und bereits in der Durchführung der Verhandlung und dem Schuldspruch liegen könne, ohne dass stets eine weitere Sanktionierung erforderlich sei.
[58]Ebenso Kaufmann a. a. O. S. 266ff

6.1.2 Aufgabe des Rechts und des Strafrechts aus juristischer Sicht

Bereits HOBBES und PUFENDORF sehen den Grund- oder Naturzustand der Menschen als Krieg aller gegen alle[59], in dem jeder nur nach seinem eigenen Vorteil strebt – sei es aus Selbstüberschätzung und Ruhmsucht oder aufgrund von Eigennutz, Leidenschaft sowie Rachsucht oder wegen seiner Schwäche und Fehlbarkeit[60]. Der Mensch nutzt die ihm gegebene Freiheit zu Übergriffen in die Freiheit der jeweils anderen. Das natürliche Zusammenleben der Menschen ist daher von der Furcht des Einzelnen vor den Übergriffen der anderen geprägt[61], so dass die Legitimation des Rechtes aus der ursprünglichen Aufgabe des Staates, für das Freisein der Menschen von Furcht zu sorgen, resultiert[62].

Das Recht ordnet das Zusammenleben von Menschen einer bestimmten Gruppe, indem es diese und ihre Führung organisiert[63]. Es soll die menschlichen Beziehungen regeln und das Sozialgebilde ordnen[64], wobei der öffentliche Frieden gesichert sowie die Handlungsfreiheit des Einzelnen geachtet und gegen Gewalt in Form von rechtswidrigem Zwang verteidigt werden soll[65]. Sicherheit, Gerechtigkeit, Gleichheit sowie Freiheit treten auf diese Art an die Stelle von Kampf und Willkür[66]. Dabei kann es zu einem Zielkonflikt kommen, wenn die Sicherheit der Bürger eine Einschränkung ihrer Freiheit verlangt. Bereits HOBBES führt dazu aus, jedes Gesetz müsse ein gerechtes und gutes sein, wobei letzteres bedeute, dass es deutlich abgefasst und zum Wohle des Volkes nötig sein soll[67]. Nötig sei ein Gesetz, wenn ausschließlich schädliche Freiheiten der Bürger eingeschränkt werden, um das Volk vor

---

[59] Hobbes Vom Menschen. Vom Bürger 1. Kap. Abschn. 12; Pufendorf Über die Pflicht 2. Buch Kap.1 § 11 (Zit. nach S. Walther a. a. O. S. 188)
[60] Siehe Hobbes a. a. O. 1. Kap. Abschn.12, 7, 10; Pufendorf Über die Pflicht 2. Buch Kap. 1 § 11 (Zit. nach S. Walther a. a. O. S. 188)
[61] So Hobbes a. a. O. 1. Kapitel Abschn.13
[62] Hobbes a. a. O. 6. Kapitel Abschn.3
[63] Ebenso Henkel Einführung in die Rechtsphilosophie S. 47; Coing Grundzüge der Rechtsphilosophie S. 123, 133f
[64] Vergleiche Baumann/Weber/Mitsch Strafrecht AT S. 8; Henkel a. a. O. S. 48
[65] Näher Jescheck Strafrecht S. 1ff; Coing Grundzüge der Rechtsphilosophie S. 133ff; Henkel a. a. O. S. 167f, Lampe Strafphilosophie S. 145ff m. w. N.
[66] Vergleiche dazu Coing a. a. O. S. 133ff
[67] So Hobbes Leviathan S. 264

6.1 Rechtstheorie: Aufgabe des {Straf-}Rechts

deren Auswirkungen, also Gefahr und Schaden, zu sichern[68].
Mit dem Schlagwort „*in dubio pro libertate*" ist das Rangverhältnis von Freiheit auf der einen Seite und Sicherheit und Ordnung auf der anderen Seite heute treffend beschrieben[69] - wenn auch HOBBES fälschlich davon ausging, dass die Freiheit zugunsten der Sicherheit und Ordnung einzuschränken sei, da der Mensch seine Freiräume nutze, um eigennützig und damit gemeinschaftsschädlich zu handeln. Dabei geht man von der normativen Prämisse aus, dass sich jeder Mensch in Freiheit und Achtung vor der Freiheit der anderen selbst bestimmen soll und kann[70], dass die Würde des Menschen wegen dessen geistiger Selbständigkeit und sittlicher Selbstbestimmung in Freiheit eher gewährleistet werden kann als in Sicherheit. Als rechtspolitisches Prinzip muss daher die Erzielung größtmöglichen Rechtsgüterschutzes der anderen bei geringstmöglicher Beeinträchtigung des Einzelnen gelten[71].

Das Recht soll das Aufkommen von Konflikten verhindern und, soweit das nicht möglich ist, deren Lösung befördern[72]. Es hat die Funktion, als Steuerungsmittel Klarheit, Gleichheit und Durchsichtigkeit zu vermitteln[73]. Alle Rechtsnormen müssen daher dem menschlichen Zusammenleben sowie der sozialen Zweckmäßigkeit dienen, um nicht sozial und rechtlich sinnlos zu sein[74].

Ein Wesensmerkmal des Rechts im Unterschied zu Sitte und Sittlichkeit liegt in der Erzwingbarkeit der Verhaltensanordnungen, wobei das Recht erst den Zwang legitimiert[75]. Dabei ist das Recht von der Moral zu trennen, wobei das Recht eine bestimmte Handlung fordert, während die Moral eine bestimmte Gesinnung verlangt. Für legales Verhalten kann daher keine bestimmte Haltung wie ein Handeln aus Pflicht verlangt werden, während im Bereich des strafbaren Verhaltens zur falschen Handlung noch eine unrichtige Absicht hinzukommen muss. Wer rechtlich zulässig handelt, kann dafür nicht

---

[68] Hobbes a. a. O. S. 264f
[69] Im Zweifel für die Freiheit. Ebenso Maihofer Menschenwürde im Rechtsstaat S. 126 m. w. N.
[70] Näher dazu Maihofer a. a. O. S. 127f
[71] Vergleiche Maihofer a. a. O. S. 134 m. w. N.
[72] Siehe auch Henkel a. a. O. S. 48
[73] Vergleiche Kaiser Kriminologie S. 984f
[74] So auch Baumann/Weber/Mitsch Strafrecht AT S. 11
[75] Näher bei Henkel a. a. O. S. 120f m. w. N.

6 Täter-Opfer-Ausgleich und Rechtsstaat

bestraft werden, mögen seine Beweggründe auch noch so unmoralisch sein[76]. Die Aufgabe des Strafrechts als Teilsystem des Rechts ist ebenfalls auf dem Gebiet der Ordnung des menschlichen Zusammenlebens zu suchen[77], nicht aber im Bereich des Sittengesetzes[78], wenn auch Strafgesetz und Sittengesetz sich in Kernbereichen teilweise entsprechen und Überschneidungen möglich sind. Strafrecht, Zivilrecht und öffentliches Recht erfüllen diese allgemeine Rechtsfunktion gemeinsam, wobei aber das Strafrecht über das schärfste Instrumentarium zur Durchsetzung der Ge- und Verbote verfügt[79]. Es sichert daher die Erzwingbarkeit der positiven Rechtsordnung, wenn die milderen Maßnahmen anderer Rechtsgebiete versagen[80]. Das Strafrecht beabsichtigt die Ordnung des sozialen Verhaltens nach dauerhaft verbindlichen Regeln sowie die Kontrolle abweichenden Verhaltens[81]. Rechtssicherheit und Rechtsfrieden sollen erhalten bzw. hergestellt werden, indem die Grundwerte des menschlichen Zusammenlebens in der Gemeinschaft geschützt werden[82].

RÖSSNER bestimmt die Aufgabe des Strafrechts mit der grenzüberschreitenden Konfliktkontrolle, der Freiheitssicherung sowie dem Schutz der Schutzbedürftigen, welche die Anwendung von Zwang gegenüber dem dies nicht respektierenden Täter rechtfertigen[83]. In diesem Zusammenhang ist darauf hinzuweisen, dass Aufgabe des Strafrechts nicht die umfassende Befriedung und Konfliktregelung sein kann, sondern nur, soweit die Grenze zum strafbaren Unrecht überschritten ist[84]. Das Strafrecht hat insofern eine *ultima-ratio-Natur*; da die Strafe mit erheblichen Grundrechtseingriffen verbunden ist, ist diese gegenüber dem Delinquenten nur zum Schutze elementarer Gemeinschaftswerte zu rechtfertigen und nur für den Fall ihrer Unvermeidbarkeit zum Schutze der Gesellschaft[85]. Mag es auch wünschens-

---

[76] Vertiefend und m. w. N. Schmidhäuser Gesinnungsethik und Gesinnungsstrafrecht S. 94
[77] Ebenso Stree Deliktsfolgen und Grundgesetz S. 43f m. w. N.
[78] So auch Baumann/Weber/Mitsch a. a. O. S. 8
[79] Vergleiche Jescheck Strafrecht S. 2f
[80] Übereinstimmend Jescheck a. a. O. S. 2f
[81] Näher dazu Rössner Wiedergutmachen statt Übelvergelten S. 7f
[82] Weitere Nachweise bei Lampe Strafphilosophie S. 114
[83] Siehe Rössner Wiedergutmachung als Aufgabe der Strafrechtspflege S. 145; ders. Wiedergutmachen statt Übelvergelten S. 13f
[84] Ebenso Hirsch Zusammenfassung der Ergebnisse des Kolloquiums S. 379
[85] Zutreffend Jescheck Strafrecht S. 2f; ähnlich Maiwald Zum fragmentarischen Charakter des Strafrechts S. 11 m. w. N., der als zusätzliches Korrektiv die Schwere des verwirklichten Unrechts nennt.

6.1 Rechtstheorie: Aufgabe des {Straf-}Rechts

wert sein, den in der Straftat zum Ausdruck gekommenen Konflikt zwischen Täter und Opfer umfassend zu regeln, um so dem Rechtsfrieden bestmöglichst zur Durchsetzung zu verhelfen, so ist das Strafrecht doch subsidiär und steht nicht mit seinem Rechtsfolgeninstrumentarium zur Verwirklichung der Aufgaben anderer Rechtsgebiete zu Verfügung[86]. RöSSNER ist also zu widersprechen, denn seine Bestimmung der Aufgaben des Strafrechts mit der grenzüberschreitenden Konfliktkontrolle ist zumindest missverständlich.

Das Strafrecht bildet ein System von Drohungen und ist verbunden mit der Hoffnung, dass bereits aufgrund der Drohung Zuwiderhandlungen unterbleiben[87]. Dabei wird ersichtlich nicht von dem Menschen als einsichtigem Vernunftwesen ausgegangen, das zur sittlichen Selbstbestimmung in geistiger Freiheit fähig ist[88]. Würde der Mensch seine Entscheidungen ausschließlich aus vernunftgemäßem Wollen heraus treffen, so wäre die Normierung des richtigen Verhaltens nicht erforderlich, da darüber Einigkeit bestünde. Allenfalls zur Klarstellung könnte man das legale anzustrebende Verhalten in Gesetzesfassung bringen; die Androhung von Sanktionen für den Fall eines Fehlverhaltens könnte dann jedoch unterbleiben, da sich die Befolgung dieser Normen schon aus dem vernunftgemäßen Wollen, dem kategorischen Imperativ, ergäbe. Die Androhung von Sanktionen stellt insofern einen pathologischen Bestimmungsgrund für ein verstandesgemäßes Wollen dar und zielt auf den empirischen und rationalen Charakter des Menschen ab[89].

Aufgabe des Strafrechtes ist also die sozial zweckmäßige Ordnung des menschlichen Zusammenlebens, wobei die wichtigsten Bereiche des sozialen Zusammenlebens durch das harte Übel der Strafe gegen besonders schwerwiegende Störungen geschützt werden sollen[90]. Hier wird auf den Rechtsgüterschutz im Sinne der Bewahrung der Existenzbedingungen und Entfaltungsmöglichkeiten der Gesellschaft und ihrer Mitglieder sowie die Aufrechterhal-

---

[86] So aber Rössner Wiedergutmachung als Aufgabe der Strafrechtspflege S. 144ff
[87] Vergleiche Pieplow Täter-Opfer-Ausgleich bei schwereren Taten S. 189
[88] Näher dazu Maihofer a. a. O. S. 136f
[89] Abgezielt wird dabei auf die Unterscheidung von reiner und sinnlicher Willkür auf der einen sowie verstandesgemäßem und vernünftigem Wollen auf der anderen Seite als vier Möglichkeiten, die Freiheit zu nutzen, vgl. oben unter 6.1.1
[90] So auch Baumann/Weber/Mitsch Strafrecht AT S. 9f; Beste Informalisierung sozialer Kontrolle als Alternative S. 80f; Lampe Strafphilosophie S. 113 m. w. N.

6 Täter-Opfer-Ausgleich und Rechtsstaat

tung der auf diese Prinzipien fußenden Sozialordnung hingewiesen[91]. Dabei sind Rechtsgüter zu verstehen als diejenigen Gegenstände, die der Mensch zu seiner freien Selbstverwirklichung benötigt[92]. Dieser noch recht weite Begriff bestimmt sich zusätzlich aus der Abgrenzung zum Handlungs- oder Verletzungsobjekt, das konkret im jeweiligen Tatbestand angesprochen wird und in der spezifischen Verfügbarkeit des Gegenstandes für deren Inhaber besteht[93]. Zwar ist nicht unbestritten, dass Universal- und Individualrechtsgüter unter einen gemeinsamen Oberbegriff zusammenzufassen sind (monistische Lehren) und nicht beziehungslos nebeneinanderstehen (so aber die dualistischen Lehren)[94]; um jedoch die Aufgabe des Strafrechts einheitlich sowie theoretisch konsistent bestimmen zu können, muss der Begriff des Rechtsguts eindeutig geklärt und unter einen begrifflichen Schlussstein, einen gemeinsamen Oberbegriff, gebracht werden[95]. Mag man auch den Ansatz der Dualisten für pragmatischer halten, weil ohne die Notwendigkeit einer Generalisierung das Rechtsgut präziser beschrieben und so konkreter und anschaulicher dargestellt werden könne[96], ist dieser doch abzulehnen. Ein theoretisch unbefriedigendes Ausweichen vor diesem krönenden Abschluss der Theorie ist unverzeihlich, wenn das Strafrecht sowie seine Aufgabe philosophisch und politisch einheitlich bestimmt werden soll. Die Rechtsgüter sind dabei nicht vom Staat her zu konzipieren mit der Folge, dass die Individualrechtsgüter als rechtlich zugeteilte oder aus Staatsfunktionen abgeleitete Güter der Gesamtheit oder des Staates zu begreifen sind (etatistische Lehren)[97], sondern im Gegenteil stehen die Universalrechtsgüter nur insofern unter Schutz, als sie der personalen Entfaltung des Individuums dienen (personale Rechtsgutslehren)[98]. Dabei spiegeln die monistischen sozialen oder etatistischen Lehren den Rechtsguts-

---

[91] Näher dazu Roxin Strafrecht S. 27ff, 41; Lampe a. a. O. S. 113f m. w. N. geht davon aus, dass die Frage der Rechtsgutsverletzung für die Normlegitimation und -interpretation von Bedeutung sei, nicht aber für die Begründung der unrechtsgerechten Strafe. Diese Unterscheidung kann hier dahinstehen, da der Rechtsgüterschutz jedenfalls eine Aufgabe des Strafrechts und damit eine Voraussetzung der Rechtfertigung von strafrechtlichen Normen darstellt.
[92] Ausführlich erläuternd Marx Zur Definition des Begriffs >Rechtsgut< S. 62ff
[93] Erklärend Marx a. a. O.S. 67f
[94] Weitere Nachweise bei Nomos-Kommentar-Hassemer vor § 1 Rn. 271ff
[95] Derselben Ansicht ist Nomos-Kommentar-Hassemer vor § 1 Rn. 273
[96] Siehe Nomos-Kommentar-Hassemer vor § 1 Rn. 273
[97] So beispielsweise Hegler ZStW 36, S. 28f m. w. N.
[98] Weitere Nachweise bei Nomos-Kommentar-Hassemer vor § 1 Rn. 271, 274ff

6.1 Rechtstheorie: Aufgabe des {Straf-}Rechts

begriff wieder, der in der beginnenden Neuzeit bis zur Aufklärung in Europa vorherrschend war[99]. Mit der Aufklärung und der sich verbreitenden liberalen Staatskonzeption wurde dann jedoch die Legitimität staatlichen Handelns von der Person her beurteilt; Aufgabe und Rechtfertigung des Staates ist es nach heutiger Betrachtungsweise, dem einzelnen Menschen zu dienen, indem er jedem einzelnen so weit als möglich die Selbstverwirklichung ermöglicht und damit auch der Gesamtheit der Individuen als Rechtsgutsträger[100]. Die Individualität und die Sozialität des Menschen stellen sich so als untrennbar miteinander verwobene Aspekte der einheitlich begriffenen Person dar; menschliche Selbstverwirklichung kann sich nicht in einer isolierten Individualität vollziehen[101], sondern nur in „sozialer Individualität"[102].

Nur diese Lehre vermag zu erklären, warum z. B. die Umweltdelikte keine Verletzungs- sondern Gefährdungsdelikte darstellen, denn trotz Verletzung des Rechtsguts der sauberen Umwelt werden Gesundheit und Leben der Menschen lediglich gefährdet[103]. Auch die Straflosigkeit der sog. Kumulationsdelikte, deren Schädlichkeit erst bei ubiquitärer Begehung entsteht, erklärt sich aus der personalen Rechtsgutslehre, der daher zu folgen ist. Aufgabe des Strafrechts ist damit der Schutz der Individualrechtsgüter und derjenigen Universalrechtsgüter, deren Bewahrung der personalen Entfaltung des Individuums dient. Natürlich ist das Strafrecht als Teil der Rechtsordnung ebenfalls eine Friedensordnung[104].

Die Auffassung insbesondere WELZELs, das Strafrecht habe hauptsächlich vor nicht-sozialethischer Gesinnung und ihren Folgen zu schützen[105], ist abzu-

---

[99] Ebenso Nomos-Kommentar-Hassemer vor §1 Rn. 275 m. w. N.
[100] Erläuternd Marx Zur Definition des Begriffs >Rechtsgut< S. 25ff m. w. N.
[101] Übereinstimmend Marx a. a. O. S. 80
[102] Kaufmann Schuldprinzip S. 102
[103] Siehe Nomos-Kommentar-Hassemer vor §1 Rn. 275f, 280
[104] Insoweit zutreffend Schaffstein Spielraum-Theorie, Schuldbegriff und Strafzumessung S. 101; unrichtig aber die daraus gezogene Schlussfolgerung, eine gerechte Schuldvergeltung sei dann gegeben, wenn in der Gesellschaft bestehende Genugtuungsbedürfnisse durch die Strafe ausgeglichen werden. Zum einen werden sich derartige Bedürfnisse kaum empirisch feststellen lassen, so dass die Strafbemessung schon aus diesem Grund unabhängig davon erfolgen muss. Zum anderen werden diese vor allem durch die Medienberichterstattung erzeugt und verstärkt, so dass die Strafhöhe letztlich davon abhinge, wieviel und auf welche Art über Tat und Prozess berichtet wird. Dies verstößt nicht nur gegen den Gleichheitsgrundsatz, sondern auch gegen die Menschenwürde, wie unten unter 6.4.2 noch auszuführen sein wird.
[105] Siehe Welzel Das deutsche Strafrecht §§ 1 I, 11 II

6 Täter-Opfer-Ausgleich und Rechtsstaat

lehnen. Abgesehen von den praktischen Schwierigkeiten der Nachweisbarkeit der inneren Einstellung, vor die sich diese Ansicht gestellt sieht, widerspricht ihr die Strafbarkeit des Versuchs in §§ 22f StGB ausschließlich für den Fall, dass mit der bösen Gesinnung eine Veränderung in der Außenwelt verknüpft ist (unmittelbares Ansetzen). Ebenfalls nicht in Einklang mit dieser Theorie zu bringen ist, dass der grob unverständige Versuch gemäß § 23 III StGB milder bestraft werden kann als der normale Versuch oder sogar von Strafe abgesehen werden kann[106]. Die Gesinnung des Delinquenten hat bei seiner Verurteilung außer Betracht zu bleiben, soweit sie nicht aus der Tat spricht und insofern einen Zusammenhang mit der Tat aufweist[107].

Grundrechte wie die Menschenwürde aus Art. 1 GG, das Recht auf Leben sowie körperliche Unversehrtheit aus Art. 2 II GG, die Freiheit der Persönlichkeitsentfaltung und der Person nach Art. 2 I GG sowie das Verbot von Willkür und Diskriminierung nach Art. 3 GG, deren Schutz zu den ursprünglichen Aufgaben des Strafrechtes gehört, vermögen jedoch eine Schutzpflicht des Staates nicht zu begründen, da die Grundrechte in erster Linie Abwehrrechte gegen den Staat sind. Staatliche Schutzpflichten bestehen nur insofern, als Rechtsgüter von besonderem Rang sich in einer besonderen Gefährdungslage befinden[108]. Auch besteht hier eine weite Einschätzungsprärogative des Gesetzgebers, die es nahezu unmöglich macht, ihn zum Erlass eines bestimmten Gesetzes zu verpflichten. Aufgabe des Strafrechtes ist danach der Schutz der elementaren Werte bzw. der Grundlagen des Gemeinschaftslebens im Sinne des Rechtsgüterschutzes, soweit diese besonders gefährdet sind, und die Sicherung größtmöglicher Freiheit.

Ist damit die Aufgabe des Strafrechts festgestellt, sind nun Täter-Opfer-

---

[106] Vergleiche Maiwald Die Bedeutung des Erfolgsunwertes im Unrecht S. 73

[107] Ebenso LK-Gribbohm § 46 Rn. 78 m. w. N. Eine interessante Bestimmung des Begriffes Gesinnungsstrafrecht trifft Schmidhäuser (Gesinnungsethik und Gesinnungsstrafrecht S. 88ff): Gesinnungsstrafrecht wird als Schuldstrafrecht bezeichnet, indem auf die kantianische Gesinnungsethik rekurriert wird. Gute Gesinnung liegt danach vor, wenn aus Pflicht, also im Hinblick auf das ernstzunehmende sittliche Gebot gehandelt wird, während der Rechtsbrecher das Gebot nicht hinreichend ernst genommen hat. Dabei kommt Schmidhäuser unter Verweisung auf Gallas zur Unterscheidung von Vorsatz und Fahrlässigkeit als Elemente der Gesinnung, die der Schuld entspricht. Bestimmt man den Begriff des Gesinnungsstrafrechts derart gleichlautend mit dem Schuldstrafrecht, so gelten die obigen Ausführungen selbstverständlich nicht. Schmidhäuser lehnt das Gesinnungsstrafrecht, wie es üblicherweise verstanden wird, ab (a. a. O. S. 88f, 94f).
BVerfGE 88, 203ff, 273

[108] BVerfGE 88, 203ff, 273

6.1 Rechtstheorie: Aufgabe des {Straf-}Rechts

Ausgleich und Wiedergutmachung auf ihre Vereinbarkeit mit dieser Aufgabe zu überprüfen. Der Täter-Opfer-Ausgleich dient in erster Linie dem Ausgleich der zwischen Täter und Opfer bestehenden und durch die Straftat gestörten (Rechts-)Beziehung. Ein zwischen Schädiger und Geschädigtem entstandener Konflikt, der die Grenzen des Zivilrechts überschritten hat, soll unter Wiederherstellung des Rechtsfriedens gelöst werden. Dabei soll nicht in erster Linie Schuld festgestellt und geahndet werden, sondern es soll in einer offenen Diskussion auf den Kern des Problems eingegangen werden, wie die Parteien ihn bestimmen. Die Straftat interessiert dabei im Extremfall nur insoweit, als sie von Täter und Opfer als Problem wahrgenommen wird. So wird von den Modellprojekten von Beispielen berichtet, in denen das Opfer einer gefährlichen Körperverletzung diese nur deshalb als strafrechtlich relevant betrachtete, weil der Angriff von hinten und damit unter Umgehung eines subkulturellen Ehrenkodexes, der Angriffe von vorne gebietet, erfolgte. Die Körperverletzung selbst wurde vom Geschädigten als Teil des allgemeinen Lebensrisikos betrachtet, gegen den man sich ohne Zuhilfenahme öffentlicher Instanzen selbst zur Wehr setzen müsse[109]. In einem solchen Extremfall kommt es durch den Täter-Opfer-Ausgleich lediglich zu einer Regelung des Konfliktes zwischen Täter und Opfer, während die Rechtsgemeinschaft eine andere Behandlung der Straftat fordert. Man könnte daher der Ansicht sein, der Täter-Opfer-Ausgleich erfülle die Aufgabe des Strafrechtes nicht. Auf eine solche Bagatellisierung der Tat durch den Geschädigten selbst kann jedoch im Rahmen des Schlichtungsverfahrens reagiert werden, indem der Staatsanwalt eine Sanktion anregt. Hier wäre an § 153a I 2 Nr. 1 StPO zu denken, oder aber – je nachdem wie schwer die Schuld wiegt – die Beantragung eines Strafbefehls bis hin zur Erhebung der öffentlichen Anklage, wobei eine Wiedergutmachung des Schadens und der erzielte Ausgleich mit dem Verletzten strafmildernd zu berücksichtigen wären.

Grundsätzlich kann zunächst dem erfolgreich verlaufenden Täter-Opfer-Ausgleich eine höhere Befriedungswirkung zugeschrieben werden als dem Strafverfahren, da die Beteiligten sich hier über alle für sie relevanten Punkte unter Anleitung eines dafür geschulten Vermittlers austauschen. Im Rahmen des Strafverfahrens hingegen gelten andere Relevanzkriterien, es kommt nicht

---

[109] Vergleiche die Literaturangaben zu 9; derartiges Verhalten eines Geschädigten, bestimmt durch seine subkulturellen Vorstellungen von Recht und Unrecht, ist jedoch selten.

6 Täter-Opfer-Ausgleich und Rechtsstaat

zu einem Austausch zwischen Schädiger und Geschädigtem, sodass die Wiederherstellung des Friedens zwischen den unmittelbar Beteiligten im regulären Strafverfahren weniger gelingen wird. Durch das autoritative Urteil des Richters wird jedoch der Konflikt in jedem Fall beendet, ohne sich weiter ausweiten zu können. Da die Einigung im Rahmen des Schlichtungsverfahrens demgegenüber freiwillig ist, besteht die Gefahr, dass der Konflikt nicht beigelegt werden kann, sondern sich ausweitet, da dem jeweils anderen zusätzlich zu den bereits bestehenden Streitpunkten das Scheitern der Ausgleichsverhandlungen angelastet wird. Ein solcher gescheiterter Täter-Opfer-Ausgleich wird die Befriedungswirkung des nachfolgenden Strafverfahrens verringern, so dass nur noch eine Begrenzung des nicht mehr lösbaren Konflikts erreicht werden kann.

Dieser Gefahr kann dadurch begegnet werden, dass nur bei solchen Konflikten der Versuch eines Schlichtungsverfahrens unternommen wird, bei denen überhaupt Chancen auf eine Einigung bestehen. Dabei wird man neben der Art des Konflikts, die bereits Rückschlüsse auf die Eignung für eine Behandlung im Rahmen des Täter-Opfer-Ausgleichs zulässt, der Anfrage an die Beteiligten, ob im konkreten Fall zu einer gütlichen Einigung Bereitschaft besteht, ein hohes Gewicht beimessen müssen[110]. Bereits hier ist darauf hinzuweisen, dass sich grundsätzlich jeder Konflikt für ein Schlichtungsverfahren eignet, wenn auch mit unterschiedlichen Erfolgsaussichten. Allein die Tatsache, dass bei manchen Delikten geringere Erfolgsaussichten bestehen, rechtfertigt nicht den Ausschluss dieser Delikte. Gerade bei einer konfliktbelasteten Vorbeziehung von Täter und Opfer kann die Vermittlung helfen, die Beziehung in Zukunft weniger schwierig zu gestalten, so dass den Beteiligten jedenfalls die Möglichkeit der Teilnahme am Schlichtungsverfahren ermöglicht werden sollte.

Entscheidendes Gewicht kommt daher der Abklärung der Teilnahmebereitschaft zu. Es darf keinesfalls Druck auf Beschuldigten und Geschädigten ausgeübt werden, da eine Schlichtung nur gelingen kann, wenn beide Seiten auch zu Zugeständnissen bereit sind – was nur dann gegeben sein kann, wenn sie freiwillig auf eine gütliche Einigung hinarbeiten.

Zusätzlich ist zu berücksichtigen, dass eine langfristige Lösung des Kon-

---

[110]Eine Einteilung der Konflikte und deren Untersuchung im Hinblick auf ihre Eignung für den Täter-Opfer-Ausgleich erfolgt unter Kapitel 8.2 in dieser Arbeit.

6.1 Rechtstheorie: Aufgabe des {Straf-}Rechts

flikts sowie eine dauerhafte Befriedung der Parteien im Rahmen des Strafverfahrens kaum zu erreichen sein wird. Da Geschädigter und Beschuldigter den Streitstoff nicht selbst bestimmen, sondern der Richter über Rederechte entscheidet und nur an einer Klärung der strafrechtlich relevanten Punkte des Konflikts interessiert ist, wird sein Urteil den Streit in aller Regel zwar beenden, eine Lösung des zugrunde liegenden Konflikts kann so jedoch schwerlich erreicht werden. Wenn aber durch das Urteil nur eine Beendigung dieses konkreten Konflikts erfolgt, so besteht die Gefahr einer Ausweitung des Streits auf weitere Themen oder Personen. Die Niederlage vor Gericht kann der jeweils anderen Seite angelastet und den bestehenden Streitpunkten hinzugefügt werden. Aus diesem Grund sollte den Parteien immer, wenn eine realistische Chance auf eine Einigung besteht, der Täter-Opfer-Ausgleich angeboten werden, denn dieser bietet die Option einer Lösung des Konflikts und damit einer dauerhaften Friedensstiftung.

Neben der Regelung des Konfliktes zwischen Täter und Opfer erfolgt eine Überprüfung durch den Staatsanwalt, ob das öffentliche Interesse der Rechtsgemeinschaft an der Strafverfolgung kompensiert ist oder aber ob dafür weitere Leistungen des Schädigers erforderlich sind[111]. So ist in den (seltenen) Extremfällen, in denen der Geschädigte sich eigentlich nicht als Opfer einer Straftat fühlt, gewährleistet, dass der Schädiger eine gerechte Strafe nach dem Maß seiner Schuld erhält. Üblicherweise wird jedoch der Geschädigte einen erheblichen Geldbetrag für Schadensersatz und Schmerzensgeld verlangen, wobei entweder zur Bestimmung der angemessenen Höhe der Leistung ein Rechtsanwalt hinzugezogen wird oder aber der Schlichter aus seiner Erfahrung abschätzt, welche Geldsumme zu zahlen ist[112]. Eine Bagatellisie-

---

[111]Richtiger ist es, von einer Kompensation des öffentlichen Interesses an einer Bestrafung des Täters bzw. einem Schuldspruch zu sprechen. Die Strafverfolgung als solche ist kein Selbstzweck, vergleiche LR(24)-Rieß § 153 Rn. 25 m. w. N.; Rieß NStZ 1981, S. 2ff, 8; Boxdorfer NJW 1976, S. 317ff, 318; Hanack Das Legalitätsprinzip und die Strafrechtsreform S. 353ff. Letzterer weist darauf hin, dass durchaus doppelrelevante Tatsachen existieren, also solche, die sowohl für die Feststellung der geringen Schuld als auch für die Feststellung des Fehlens eines öffentlichen Interesses herangezogen werden können, obwohl die geringe Schuld von diesem Interesse an sich unterschieden werden muss. Die von Hanack erhobenen Bedenken hinsichtlich Ungleichheit und Unbestimmtheit, also Rechtsunsicherheit, sind inzwischen überholt, denn seit dem Aufsatz von Hanack sind 30 Jahre vergangen, während derer die kritisierten Begriffe durch die Rechtsprechung hinreichend konkretisiert worden sind.

[112]Der Schlichter muss für seine Aufgabe besonders geschult sein. Es bestehen spezielle Aus- und Weiterbildungsmöglichkeiten der im Bereich des Täter-Opfer-Ausgleichs eingesetzten Gerichtshelfer, Sozialarbeiter sowie Richter und Staatsanwälte, die wahrgenommen werden sollten. Erforderlich sind

6 Täter-Opfer-Ausgleich und Rechtsstaat

rung des Vorfalls wird durch das Opfer nur außerordentlich selten erfolgen, so dass normalerweise der dem Opfer entstandene Schaden mit der vereinbarten Geldleistung ausgeglichen ist. Die grundsätzliche Kompensationsfähigkeit des öffentlichen Interesses durch Täter-Opfer-Ausgleich bzw. Wiedergutmachung kann dabei kaum bestritten werden. Das öffentliche Interesse an der Strafverfolgung ist in diesem Zusammenhang weitestgehend mit den Strafzwecken gleichzusetzen[113], wobei es zwar nur mit Umständen begründet werden kann, die reguläre Strafzumessungserwägungen darstellen, jedoch trotz materiell-rechtlicher Strafwürdigkeit verneint werden kann[114]. Danach muss also das Ziel einer Sanktionierung diesen konkreten Verhaltens des Täters auch durch die Einstellung unter der Auflage des Täter-Opfer-Ausgleichs bzw. der Wiedergutmachung erreicht werden können. In Betracht kommen dabei sowohl Gerechtigkeit und Schuldausgleich als auch spezial- und generalpräventive Aspekte[115].

Zunächst ist der Gesetzgeber mit der Schaffung des § 153a I 2 Nr. 1 und 5 StPO davon ausgegangen, dass das öffentliche Interesse dadurch ausgeglichen werden kann. Dem liegt zugrunde, dass im Falle einer Versöhnung von Täter

---

juristische Grundkenntnisse, ein Institutionswissen, psychologische Kenntnisse, Wissen um die klientenzentrierte Gesprächsführung und Konfliktfähigkeit (so auch Schmitz Anforderungen an Handeln und Qualifikation von VermittlerInnen S. 184ff). Das DBH-Bildungswerk und das Servicebüro für Täter–Opfer–Ausgleich und Konfliktschlichtung bieten für sozialpädagogische Fachkräfte einen einjährigen berufsbegleitenden Lehrgang zur Qualifizierung zum Konfliktberater im Arbeitsfeld Täter–Opfer–Ausgleich an; daneben existieren Weiterqualifizierungsangebote des TOA Servicebüros. Ferner gibt es umfangreiche Literatur, mit der den Schlichtern die juristischen Grundkenntnisse vermittelt werden (beispielsweise Gerd Delattre/Christian Niederhöfer, Täter-Opfer-Ausgleich und Zivilrecht – Vom Umgang mit relativem Unwissen, Forum Verlag, Bonn 1995), anzuraten ist aber der Abschluss eines Beratervertrages mit einer Anwaltskanzlei, bei der die Vermittler sich in schwierigen Fällen mit Einverständnis der Parteien beraten lassen können.

[113] LR(24)-Rieß § 153 Rn. 25; KMR-Plöd § 153 Rn. 11ff; KK-Pfeiffer § 153 Rn. 22ff; Bloy GA 1980, S. 174f

[114] Ries NStZ 1981, S. 2ff, 8; LR(24)-Rieß § 153 Rn. 25f

[115], nicht aber Genugtuungsinteressen des Geschädigten oder die Stellung des Beschuldigten im öffentlichen Leben oder gar ein Interesse der Öffentlichkeit an der Klärung einer Rechtsfrage, ganz zu schweigen von Interessen der Staatsanwaltschaft an der Herbeiführung einer gerichtlichen Entscheidung, vergleiche KMR-Plöd § 153 Rn. 13, LR(24)-Rieß § 153 Rn. 30 m. w. N.. Bedenklich weitgehend KK-Pfeiffer § 153 Rn. 22ff, insbesondere Rn. 25, wo von der Berücksichtigungsfähigkeit des Interesses der Öffentlichkeit an der Tat ausgegangen zu werden scheint; letzteres wäre nur unter Bezugnahme auf dahinterstehende Strafzwecke möglich. Für die Beachtung der Strafzwecke auch KK-Pfeiffer § 153 Rn. 23, KMR-Plöd § 153 Rn.11, LR(24)-Rieß § 153 Rn. 25 m. w. N., Boxdorfer NJW 1976, S. 317ff, 319f m. w. N., Hobe „Geringe Schuld" und „öffentliches Interesse" in den §§ 153 und 153 a StPO, S. 632f, 640. Zur Frage der Rangfolge der Strafzwecke vergleiche unter 6.4

6.1 Rechtstheorie: Aufgabe des {Straf-}Rechts

und Opfer unter Leistung einer vereinbarten Geldzahlung normalerweise der Rechtsfrieden wiederhergestellt sein dürfte. Bestrafungsinteressen des Opfers sind in aller Regel befriedigt, wenn der Schaden ausgeglichen ist und sich mit dem Schlichter eine öffentliche Stelle der Angelegenheit angenommen hat[116].

Der Rechtsfrieden soll nicht nur zwischen den unmittelbar Beteiligten, sondern auch mit der Gemeinschaft wiederhergestellt werden, ohne dass dafür im Bereich der kleineren und mittleren Kriminalität eine Verurteilung zu einer Strafe erforderlich wäre[117]. Hinzu kommt, dass mit einer staatlichen Reaktion, die zumindest in der Anregung des Täter-Opfer-Ausgleichs durch die Staatsanwaltschaft liegt, eine Sanktion der Rechtsgemeinschaft auf das Fehlverhalten des Täters erfolgt. Dabei wird das Opfer demonstrativ unterstützt, während das Tun des Schädigers offiziell missbilligt wird. Dem Delinquenten wird verdeutlicht, dass er sich mit seinem Handeln außerhalb der Rechtsgemeinschaft positioniert hat, was durch die Gemeinschaft nicht ohne weiteres hingenommen wird. Er muss eine Geldleistung erbringen, also eine finanzielle Einbuße hinnehmen und sich um einen persönlichen Ausgleich mit dem Geschädigten durch nicht-geldwerte Leistungen bemühen. Der Schädiger lernt die Position des Verletzten kennen und muss sich mit dieser auseinandersetzen. Daraus lernt er in Zusammenarbeit mit dem Schlichter, wie derartige Konflikte in Zukunft vermieden werden können. So werden auch andere Personen, die von der Tat sowie der Art der Einstellung Kenntnis erlangen, darauf hingewiesen, dass sich diese Form der Deliktsbegehung nicht lohnt. So verwirklichen der Täter-Opfer-Ausgleich und die Wiedergutmachung, ohne dass darauf an dieser Stelle weiter eingegangen werden soll, neben Aspekten des Schuldausgleichs auch Gesichtspunkte der General- sowie Spezialprävention, ohne jedoch selbst Strafen darzustellen[118].

---

[116] Unter 6.4.2 erfolgt eine eingehendere Darstellung der Opferwünsche, die mit der Anzeigeerstattung verknüpft sind. Dabei überwiegt der Wunsch danach, mit seinem Problem durch öffentliche Stellen ernst genommen, angehört und beim Ausgleich des Schadens unterstützt zu werden – ein Wunsch, der durch die Ausgestaltung des formellen Strafverfahrens nicht befriedigt wird. Jedenfalls kann und darf nicht durch Rachegelüste des Geschädigten oder der öffentlichkeit, angeheizt durch intensive Medienberichterstattung, das öffentliche Bestrafungsinteresse nicht beeinflusst werden, wie auch Hobe a. a. O. S. 644f zutreffend ausführt. Bei einer das Schuldmaß überschreitenden Bestrafung würde der Beschuldigte in einer seiner Menschenwürde widersprechenden Weise instrumentalisiert.

[117] So auch KMG § 153a Rn. 2

[118] Näher unter 6.4, wo die Auswirkungen des Täter-Opfer-Ausgleichs auf Vergeltung, General- sowie Spezialprävention erläutert werden, sowie 6.2, wo die Rechtsnatur der Auflagen untersucht wird.

6 Täter-Opfer-Ausgleich und Rechtsstaat

Zusammenfassung: Durch den Täter-Opfer-Ausgleich erfolgt eine Kontrolle der Konflikte, welche die Grenze des Zivilrechts überschreiten und in strafrechtlich geschützte Freiheiten des Geschädigten eingreifen. Der Schutzbedürftige wird dabei unterstützt, seine Rechte durchzusetzen und erhält im Idealfall eine Anleitung zur Vermeidung derartiger Konflikte für die Zukunft. Seine Freiheit wird so gesichert bzw. wiederhergestellt. Der Schädiger hingegen erfährt eine Missbilligung seines Verhaltens durch die Gemeinschaft, von ihm wird eine sozialkonstruktive Leistung zum Ausgleich des verursachten Schadens verlangt. Daraus lernt er in Zusammenarbeit mit dem Schlichter, wie derartige Konflikte in Zukunft vermieden werden. So werden auch andere Personen, die von der Tat sowie der Art der Einstellung Kenntnis erlangen, darauf hingewiesen, dass sich diese Form der Deliktsbegehung nicht lohnt. Es kommt auf diese Weise zu einer Gewährleistung von Freiheit sowie zu einer Wahrung der Existenzbedingungen der Mitglieder der Rechtsgemeinschaft im Sinne des Rechtsgüterschutzes. Der Täter-Opfer-Ausgleich sowie die Wiedergutmachung vergelten überdies die Tat, wirken in erheblichem Umfang, wirken rehabilitativ und verfügen über präventives Potential, wie unten noch zu zeigen sein wird[119]. Die Bewahrung der Existenzbedingungen und Entfaltungsmöglichkeiten der Gesellschaft und ihrer Mitglieder sowie die Aufrechterhaltung der auf diesen Prinzipien fußenden Sozialordnung wird daher ebenso wie die Wiederherstellung des Rechtsfriedens auch über Täter-Opfer-Ausgleich und Wiedergutmachung geleistet. Sie dienen deshalb der Aufgabe des Strafrechts und des Rechts überhaupt.

6.1.3 Systemtheoretische Überlegungen

Ist damit die Aufgabe des Rechts und des Strafrechts zunächst aus juristischer Sicht bestimmt, soll nun die gewonnene Hypothese anhand der Auffassungen anderer Fachrichtungen überprüft werden. Verschiedene Befürworter des Täter-Opfer-Ausgleichs und der Wiedergutmachung sind nämlich Soziologen, so dass deren Ansichten und Begründungen im Schrifttum derart häufig zu finden sind, dass ihre Diskussion erforderlich erscheint. Wenn System- und Handlungstheorie zu demselben Ergebnis gelangen, ist die Aufgabenbe-

---

[119]Siehe 6.4.2, wo die relativen Strafzwecke zu Täter-Opfer-Ausgleich sowie Wiedergutmachung in Beziehung gesetzt werden.

6.1 Rechtstheorie: Aufgabe des {Straf-}Rechts

stimmung endgültig; kommen diese zu anderen Feststellungen, so sind die Auffassungen zu diskutieren und auf ihre Plausibilität zu untersuchen. Als erstes soll die Systemtheorie dargestellt und diskutiert werden, anschließend die Handlungstheorie.

Das Rechtssystem stellt nach Ansicht der Systemtheoretiker ein autopoietisches, selbstreferentielles System dar, das normativ-geschlossen und kognitiv-offen sei, indem es rechtlich relevanten Einheiten normative Qualität verleihe und an der Umwelt orientiert sei[120]. Voraussetzungen für diese Autopoiesis seien die Konditionalität des Rechts und der diesem zugrunde liegende binäre Schematismus von Recht und Unrecht, durch welchen eine universalistische Entscheidungspraxis für jeden denkbaren Konfliktfall ohne Ansehen der Person geschaffen werde[121].

Bereits diese allgemeine systemtheoretische Annahme ist nicht widerspruchsfrei, denn zum einen kann eine vollständige Unabhängigkeit von der Umwelt nicht bestehen, wie dies die Autopoiesis voraussetzt; das System soll nämlich aus Anlass von Umwelteinwirkungen irritiert werden können, was zwangsläufig eine Einwirkung der Umwelt voraussetzt und nicht mit der operationalen Geschlossenheit des Systems in Einklang zu bringen ist[122]. Zum anderen stößt diese Theorie auf unüberwindbare Schwierigkeiten, wenn der Anfang des Systems beobachtet und beschrieben werden soll, denn dieser kann stets nur als schon geschehen gedacht werden[123]. Wenn Systeme autonom sein sollen, müssen sie sich selbst schaffen und dafür schon bestehen[124], worin ein unauflöslicher Widerspruch liegt.

Der Schwerpunkt unseres Rechtssystems liege, so die Systemtheorie weiter, im Normativen, bei den Verhaltenserwartungen. Die Synchronisierung sozialen Verhaltens werde durch gelernte Erwartungen geleistet[125]; normative Erwartungen seien dadurch gekennzeichnet, dass an ihnen festgehalten werde, wenn sie enttäuscht worden seien, während eine enttäuschte kognitive

---

[120] Vergleiche insbesondere Luhmann Rechtssoziologie S. 354ff, der die Systemtheorie in Deutschland begründet hat
[121] Vertiefend Luhmann Ausdifferenzierung des Rechts S. 78f; Rechtssoziologie S. 358
[122] Weiterführend Koschorke Die Grenzen des Systems S. 54 m. w. N.
[123] Übereinstimmend Koschorke a. a. O. S. 56f
[124] Näher dazu Koschorke a. a. O. S. 57
[125] Vertiefend Luhmann Positivität des Rechts als Voraussetzung einer modernen Gesellschaft, S. 175ff, 177

Erwartung der Wirklichkeit angepasst werde[126]. Rechtsnormen als normative, kontrafaktisch stabilisierte Erwartungen seien vergangenheitsorientiert und stellten zugleich ein Instrument zur Steuerung von Verhalten für die Zukunft dar[127]. Eine Verarbeitung der Diskrepanz erfolge durch deren Zuschreibung zum Handelnden, indem durch dessen Sanktionierung zum Ausdruck gebracht werde, dass die Erwartung noch Gültigkeit besitze und der Handelnde sich falsch verhalten habe[128].

Hiermit überbetont LUHMANN den erwartungssichernden Aspekt von Normen und vernachlässigt deren verhaltenssteuernde Funktion[129]. Gesellschaftliches Handeln und gesellschaftliche Kommunikation sind in der sozialen Wirklichkeit auf normative Strukturen angewiesen, wenn auch eine Normierung allein keine gesellschaftliche Veränderung bewirken wird[130]. Dennoch wird soziales Verhalten an bestehenden Rechtsnormen ausgerichtet, so dass erst die Lenkung des Verhaltens durch Institutionen und Organisationen eine zwischenmenschliche Kommunikation ermöglicht[131]. Stellt man, wie die Systemtheorie, ausschließlich auf die Erwartungssicherung als Normsinn ab, so vernachlässigt man die durch Normen bewirkte Verhaltenssteuerung, die einen wesentlichen Aspekt rechtlicher Normierungen darstellt. Darüber hinaus überzeugt die Erörterung des Normenbegriffs an lediglich abgeleiteter Stelle nicht, da Normen eine erhebliche Bedeutung für soziale Gemeinwesen zukommt[132]. Obwohl LUHMANN dies grundsätzlich einräumt, betrachtet er den Begriff der Norm dennoch als theoretisch sekundär[133]. Dies vermag angesichts der Aufgabe der Soziologie, den Wirkungsmechanismus zwischen Normierung und sozialem Handeln darzustellen, nicht zu überzeugen[134]. Die Systemtheorie betrachtet das Rechtssystem als bloßes Funktionssystem der Gesellschaft und ignoriert die Prozesse normativer Strukturbildung, anstatt die-

---

[126] Siehe Luhmann a. a. O. S. 175ff, 178; ders. Rechtssoziologie S. 42; ders. Legitimation durch Verfahren S. 234f
[127] Näher Luhmann Rechtssoziologie S. 43; ders. Positivität des Rechts als Voraussetzung einer modernen Gesellschaft S. 179
[128] Vergleiche Luhmann Legitimation durch Verfahren S. 235f; Jakobs Strafrecht AT S. 5
[129] So auch Werner Soziale Systeme als Interaktion und Organisation S. 212
[130] Übereinstimmend Werner a. a. O. S. 212f
[131] Vertiefend Krawietz Staatliches oder gesellschaftliches Recht S. 249f m. w. N.; Werner a. a. O. S. 213
[132] Näher dazu Werner a. a. O. S. 211; Krawietz a. a. O. S. 249f m. w. N.
[133] Siehe Krawietz a. a. O. S. 248; Werner a. a. O. S. 210 m. w. N.
[134] So auch Werner a. a. O. S. 211f

6.1 Rechtstheorie: Aufgabe des {Straf-}Rechts

se näher zu beleuchten[135]. Diese Vorgänge ereignen sich auf der staatlich organisierten Ebene der Rechtserzeugung und prägen unsere Gesellschaft ganz wesentlich, so dass deren Erforschung und theoretische Erkenntnis das zentrale Ziel allgemeiner Theorien sozialer Systeme darstellt[136]. Gerade bezüglich der Organisation erfolgen jedoch in der allgemeinen Systemtheorie keine Erörterungen, diese werden vielmehr explizit ausgeschlossen und erst auf einer späteren Theorieebene berücksichtigt[137]. Die dafür angeführten Gründe vermögen in einer modernen Gesellschaft, die ohne institutionalisierte Organisation undenkbar wäre, nicht zu überzeugen, sondern allenfalls in einer archaischen Gesellschaft[138]. Der strukturprägende Beitrag von Organisationen zur Rechtsschöpfung und Normbildung wird vernachlässigt, es wird außer Acht gelassen, dass das Recht und die Organisation unsere Gesellschaft wesensmäßig bestimmen und untrennbar mit dieser verbunden sind[139].

LUHMANN beschränkt im Übrigen seine Erörterungen des Rechtssystems auf eine Beobachtung von außen, nimmt keinen Bezug auf seine normative Binnenperspektive und bringt sich so ohne Not darum, seine persönlichen Rechtserfahrungen in die Theoriebildung einfließen zu lassen[140]. Das Bild, das er auf diese Art vom Rechtssystem zeichnet, ist notwendig unvollständig[141]. Erschwerend kommt hinzu, dass LUHMANN seine Theorie einerseits auf eine soziologische Beobachtung normativer Regelsysteme stützt, andererseits aber deren Relevanz verneint[142]. Insofern ist die Systemtheorie widersprüchlich.

Zu kritisieren ist weiter, dass LUHMANN das Problem der Gerechtigkeit von Entscheidungen nur formalisiert einführt. Die Systemtheorie fragt nur danach, ob eine Verurteilung zur Normstabilisierung erforderlich oder entbehrlich sei; nicht erörtert wird, wann die Gerechtigkeit eine Bestrafung erfordert. Aus juristischer, d. h. rechtsstaatlicher und verfassungsrechtlicher Sicht ist jedoch letzteres die einzig entscheidende Frage. Dieser Ansatz der Systemtheorie überzeugt daher nicht.

---

[135] Weiterführend Krawietz a. a. O. S. 259f m. w. N.
[136] Vergleiche Krawietz a. a. O. S. 264
[137] Näher dazu Krawietz a. a. O. S. 265f m. w. N.
[138] Dieser Gedanke wird näher ausgeführt bei Krawietz a. a. O. S. 266f m. w. N.
[139] So ebenfalls Krawietz a. a. O. S. 268
[140] Vergleiche Krawietz a. a. O. S. 261
[141] Ebenso Krawietz a. a. O. S. 262f
[142] Näher dazu Krawietz a. a. O. S. 249

6 Täter-Opfer-Ausgleich und Rechtsstaat

Das Recht soll, so die Systemtheorie weiter, einen Mindestbestand an generalisierten Verhaltenserwartungen sichern, der gezielten Veränderungen zugänglich bleibt und die Entscheidbarkeit von Konflikten gewährleisten[143]. Komplexe Gesellschaften wie die unsere bedürften zunehmender Erwartungssicherheit und Lernfähigkeit sowie eines gewissen Maßes an Instabilität (Erwartungsunsicherheit), um sich fortwährend an die veränderlichen Bedingungen der Umwelt anpassen zu können[144]. Konflikte stellten Erwartungssicherheit in dem Sinne her, dass eine anders nicht handhabbare, instabile Situation in eine sichere negative Erwartung umschlage[145]. Da aber nicht jeder Konflikt die Funktion der Reetablierung von Erwartungssicherheit erfülle, müsse deren Zahl begrenzt werden durch das Recht, welches die Konflikte löse[146]. Es reduziere die Konflikte zu binär kodierten Wertkonflikten und stelle mit den Gerichten eine Instanz zur Konfliktlösung zur Verfügung[147]. Gleichzeitig erhöhe das Recht jedoch die Anzahl der Konflikte, denn es schütze die Schwächeren und die Freiheit, so dass diese es auf einen offenen Konflikt mit einem Stärkeren ankommen lassen können[148]. Durch das Recht sei eine Institutionalisierung und Konkretisierung von Konflikten möglich mit der Folge, dass eine Generalisierung, also die Ausweitung des Konfliktes zwischen den Beteiligten unter Verwicklung weiterer Beteiligter oder Einbeziehung weiterer Konfliktthemen, unterbleibe[149].

Diese Stabilisierung von Verhaltenserwartungen deutet auf die positive Generalprävention hin, die einen möglichen Bestrafungszweck bildet und unten näher erläutert wird; vorab ist darauf hinzuweisen, dass eine Bestärkung der Normanerkennung in der Bevölkerung durch eine strafrechtliche Verurteilung des Normbrechers im Einzelfall empirisch nicht nachweisbar ist[150]. Auch theoretisch bestehen Zweifel, ob eine solche normbestätigende Wirkung

---

[143]So unter Berufung auf Luhmann Krawietz a. a. O. S. 249
  A. Hartmann Schlichten oder Richten S. 115ff unter Berufung auf Luhmann
[144]So unter anderem Luhmann Ausdifferenzierung des Rechts S. 94, 105; Hartmann a. a. O. S. 118f
[145]Vergleiche A. Hartmann a. a. O. S. 118f; Luhmann a. a. O. S. 98
[146]Siehe Luhmann a. a. O. S. 103f
[147]Vertiefend dazu Luhmann a. a. O. S. 107f
[148]So Luhmann a. a. O. S. 104
[149]Näher dazu Luhmann a. a. O. S. 106; ders. Legitimation durch Verfahren S. 100ff
[150]Unter 6.4.2 wird die positive Generalprävention zu Täter-Opfer-Ausgleich und Wiedergutmachung in Beziehung gesetzt.

6.1 Rechtstheorie: Aufgabe des {Straf-}Rechts

durch eine einzelne Strafe zu erzielen ist. Sicher wird die Wirkung einer Norm durch ständige folgenlose Übertretungen beeinträchtigt; da aber eine erhebliche Dunkelfeldkriminalität besteht, also nur ein kleiner Teil der Normbrüche überhaupt zur Kenntnis der Strafverfolgungsorgane gelangt, ohne dass die Bevölkerung das Normvertrauen verloren hätte, kann eine Strafe nicht in jedem Fall erforderlich sein. Der Strafzweck der positiven Generalprävention ist daher jedenfalls nicht allein geeignet, eine Bestrafung zu legitimieren.

Die Systemtheorie geht weiter davon aus, dass das Recht generalisierte Verhaltenserwartungen schaffe[151] anstelle der einzelfallbezogenen Entscheidungen, die für das Schlichtungsverfahren kennzeichnend sind[152]. Diese Erwartungssicherheit gewährleiste Entlastung und Orientierung, indem das Recht einen kongruenten Normenbestand bilde, der durch die Kompetenz des Rechts zur Entscheidung von Konflikten Gültigkeit erlange[153]. Im Rahmen des Täter-Opfer-Ausgleichs wird zwar ebenfalls ein unabhängiger Dritter eingeschaltet und es erfolgt eine Reaktion auf abweichendes Verhalten; da hier jedoch ein ständiger Diskurs über die im Einzelfall geltenden Normen besteht, gelingt die Stabilisierung der enttäuschten Verhaltenserwartung voraussichtlich weniger gut. Aus systemtheoretischer Sicht hätte das Recht daher gegenüber dem Schlichtungsverfahren Vorteile[154].

Da auch hier auf die Stabilisierung und Aufrechterhaltung des Normvertrauens in der Bevölkerung abgestellt wird, gelten die oben gemachten Einwände der fehlenden empirischen und theoretischen Belegbarkeit. Im Rahmen der unten erfolgenden Darlegung der Strafzwecke ist noch weiter auf die positive Generalprävention einzugehen[155].

Das Strafrecht gelte allein deshalb, so LUHMANN, weil entschieden worden sei, dass es gelte[156]; diese tautologische Begründung werde vom Gesamtsystem nicht nachvollzogen, so dass das Strafrechtssystem eine allgemeine Übereinstimmung behaupten müsse, aus dem der Auftrag zur Herstellung von Rechtsfrieden stamme[157]. Wo tatsächlich Dissens existiere, werde dieser

---

[151] So unter anderem Luhmann Legitimation durch Verfahren S. 232
[152] Vertiefend dazu A. Hartmann Schlichten oder Richten S. 119 m. w. N.
[153] Näher dazu unter anderem Luhmann Rechtssoziologie S. 358; A. Hartmann a. a. O. S. 119 m. w. N
[154] So A. Hartmann a. a. O. S. 119 m. w. N
[155] Unter 6.4.2
[156] Siehe Luhmann Die soziologische Beobachtung des Rechts S. 26
[157] So Sessar Wiedergutmachen oder strafen S. 234

6 Täter-Opfer-Ausgleich und Rechtsstaat

dadurch sublimiert, dass die gesellschaftlichen Bedingungen denen des Strafrechts unterworfen werden[158]. Die verbindliche Kraft der Entscheidungen des Gerichts folge aus physischem Zwang und einem Konsens darüber, die noch nicht zu bestimmende Entscheidung in gewissen Toleranzgrenzen aus welchen Gründen auch immer hinzunehmen[159].

Dieser Satz ist nur dann richtig, wenn man den Begriff Legitimation konsequent so wertfrei bestimmt, wie LUHMANN dies zuvor getan hat, nicht in dem üblichen normativen Sinne als Rechtfertigung. LUHMANN führt jedoch später aus, die Legitimation durch Verfahren sei an die Stelle älterer naturrechtlicher Begründungen getreten, der Verlust diesen Naturrechts werde durch das Verfahrensrecht kompensiert[160]. Das Naturrecht beantwortet die Frage nach der Rechtfertigung von Verhaltensanforderungen aus der Vernunft bzw. der Natur der Menschen; der Begriff der Legitimation wird hier normativ gebraucht, nicht in dem zuvor von LUHMANN definierten Sinne. Wenn der Begriff Legitimation mal wertfrei und mal normativ bestimmt wird, wobei es zu einer willkürlichen Vertauschung der Bedeutungsebenen kommt, so erscheint dies ausserordentlich bedenklich[161].

Diese Legitimität, so die Systemtheorie weiter, beruhe auf einem sozialen Klima, das die Anerkennung der Entscheidung institutionalisiere, anstatt sie der Freiwilligkeit der Einzelnen zu überlassen[162]. Der Einzelne, der nicht zustimme, werde thematisch und sozial isoliert, so dass sein Protest folgenlos bleibe[163]. Man beruft sich auf BOURRICAUD, wonach eine Gewalt legitim sei, die sich ihre Legitimation selbst konstruiere; insofern genüge die Generalisierung motivloser Anerkennung von im Einzelnen noch unbestimmten Entscheidungen innerhalb bestimmter Toleranzgrenzen[164]. Da es keinen offenen Dissens gebe, gelte das Strafrecht als legitimiert, wobei dieser Konsens nicht zuletzt deshalb zustande komme, weil Informationen über Rückfallquo-

---

[158]Vergleiche Sessar a. a. O. S. 234
[159]So Luhmann Legitimation durch Verfahren S. 28; Legitimität wird als „generalisierte Bereitschaft, inhaltlich noch unbestimmte Entscheidungen innerhalb gewisser Grenzen hinzunehmen" definiert und Legitimation bezeichnet das Bewirken einer derartigen Bereitschaft.
[160]Luhmann a. a. O. S. 30, 148
[161]Vertiefend Larenz Methodenlehre der Rechtswissenschaft S. 177f
[162]Vergleiche Luhmann a. a. O. S. 34
[163]Näher zu diesem Mechanismus Luhmann a. a. O. S. 116f, 121ff
[164]Siehe Luhmann a. a. O. S. 28ff

6.1 Rechtstheorie: Aufgabe des {Straf-}Rechts

ten weder hinsichtlich strafrechtlicher Interventionen noch bezüglich sozial adäquaterer Alternativen hierzu vorlägen[165]. Die Unterbindung des entsprechenden Diskurses gehöre zur Sicherung der Selbstlegitimation.

So werde der Bevölkerung ein Strafbedürfnis unterstellt, das nur unter Juristen existiere; alle anderen Bürger würden als unverständig betrachtet, wenn sie nicht dieselben Erwartungen an das Strafverfahren hätten wie die Strafverfolgungsbehörden[166]. Ein Konsens über die Gerichtsentscheidung werde durch Nichtäußerung von Dissens fingiert, da die öffentlichkeit an dem Verfahren – wenn auch ohne Sprechrollen, also unbeteiligt - teilnehmen und sich davon überzeugen könne, dass alles „mit rechten Dingen" zugehe[167].

Tatsächlich ergibt sich die Legitimität des Strafrechts bzw. der Entscheidungen der Strafgerichte nicht erst aus einer motivlosen Anerkennung im Einzelnen noch unbestimmter Entscheidungen, sondern die dritte Gewalt ist über Art. 20 III GG legitimiert. Sie kontrolliert die anderen Gewalten anhand von Recht und Gesetz und hat selbst den Vorbehalt des Gesetzes bei Grundrechtseingriffen zu beachten. Die Akzeptanz von Gerichtsentscheiden beruht insofern nicht auf einer motivlosen Anerkennung im Einzelnen noch unbestimmter Entscheidungen, solange sich diese innerhalb gewisser Grenzen, die zu bestimmen im Übrigen die Systemtheorie außerstande ist, halten. Sie ist auf das Rechtsstaatsprinzip zurückzuführen und nicht auf eine wie auch immer geartete Bereitschaft in der Bevölkerung, künftige Urteile zu akzeptieren. Wäre dies anders, so bestünde ein steter Diskurs, ob das konkrete Urteil anerkennungswürdig ist. Die Gerichtsentscheidungen würden damit unverbindlich und könnten keine Erwartungssicherheit herstellen, wie LUHMANN behauptet.

Dennoch akzeptiert die Bevölkerung die Gerichtsentscheidungen in aller Regel, nicht zuletzt aufgrund der Tatsache, dass die Möglichkeit der Überprüfung der Entscheidung im Instanzenzug besteht. Es existiert also eine Kontrollmöglichkeit durch ein anderes Gericht, das aufgrund seiner Professionalität und Unabhängigkeit eine Gewähr für die Richtigkeit der Entscheidung bietet. Zwar hat nicht die breite öffentlichkeit, sondern nur die jeweils betroffene Partei die Möglichkeit zur Einlegung von Rechtsmitteln; da jedoch

---

[165] Luhmann a. a. O. S. 123
[166] Instruktiv dazu Sessar a. a. O. S. 234f
[167] So Luhmann a. a. O. S. 122f

6 Täter-Opfer-Ausgleich und Rechtsstaat

darüber belehrt wird und die am Verfahren teilnehmende Öffentlichkeit dies wahrnehmen kann, wird bei Nichteinlegung eines Rechtsmittels vermutet, dass die akzeptierte Entscheidung sachlich richtig war. So wird der Konsens über die Entscheidungen nicht fingiert, sondern besteht tatsächlich.

Die Aufgabe des Strafrechts ist nach JAKOBS die Erhaltung der Systemstabilität, die Bestätigung der Normgeltung und die Erhaltung von deren Enttäuschungsfestigkeit[168]. Der Inhalt der Strafe sei ein auf Kosten des Normbrechers erfolgender Widerspruch gegen die Desavouierung der Norm[169]. Alle Menschen, die auf Normen vertrauten, würden durch die Strafverhängung darin bestätigt, so dass es zu einer Einübung von Normanerkennung komme[170]. Die strafrechtliche Rechtsfolge müsse aber nicht auf Strafe beschränkt werden; sie könne auch durch funktionale Äquivalente bis hin zum Absehen von Strafe ersetzt werden[171]. Ein solches bestehe darin, den Rechtsbrecher als Person zu definieren, welche der Norm nichts anhaben könne, z. B. indem unter Anwendung von § 20 StGB eine strafrechtliche Verantwortlichkeit verneint werde[172]; dann sei eine Normstabilisierung entbehrlich. Das Subsystem Recht diene der Stabilisierung von Verhaltenserwartungen[173], denn das Erlernen der Fehlerhaftigkeit von indiskutablem Verhalten führe zu einer Einübung von Rechtstreue im Sinne der positiven Generalprävention[174]. Die Wiedergutmachung werde von den Juristen jedoch als wesens- und systemfremd abgelehnt oder durch Assimilierung neutralisiert, um eigene Selbstbehauptung des Strafrechtssystems zu betreiben[175]. Die durch den Normbruch erfolgende Enttäuschung könne beispielsweise auch dadurch verarbeitet werden, dass die normative Erwartung zu einer kognitiven umgewandelt werde, es müsse also nicht in jedem Fall eine strafrechtliche Verurteilung des Täters erfolgen, um die normative Erwartung zu bestätigen[176].

---

[168] Siehe Jakobs Strafrecht AT 2/2
[169] Jakobs a. a. O. 1/11
[170] Vergleiche Jakobs Schuld und Prävention, S. 10
[171] Jakobs Strafrecht AT 1/13
[172] Näher dazu Jakobs a. a. O. 1/13; ders. Schuld und Prävention S. 11, 17f
[173] Siehe Luhmann Ausdifferenzierung des Rechts S. 73ff; ders. Positivität des Rechts als Voraussetzung einer modernen Gesellschaft S. 179
[174] Weiterführend Jakobs Schuld und Prävention S. 10
[175] So Sessar a. a. O. S. 236
[176] Vertiefend dazu Jakobs a. a. O. 1/13ff, 13b

6.1 Rechtstheorie: Aufgabe des {Straf-}Rechts

Zunächst stellt die positive Generalprävention in den Varianten der Wiederherstellung des Normvertrauens, des Erlernens von Rechtstreue und der Akzeptanz der Konsequenzen eines Normbruchs keine tragfähige Begründung der Strafe und keine zulässige Funktion der Bestrafung dar, wie unten noch auszuführen sein wird[177]. Hinzu kommt, dass die positive Generalprävention auch mit sozialethisch wertwidrigen Mitteln wie beispielsweise einem terrorisierenden Strafrecht erstrebt werden kann, das die Freiheit der Person und deren Rechte sowie die Menschenwürde missachtet, um die Kriminalitätsrate zu senken[178]. Eine Beschränkung auf rechtsstaatlich zulässige Mittel enthält diese Theorie nämlich nicht, sodass sie abzulehnen ist.

Anhand der allgemein gehaltenen Systemtheorie lässt sich darüber hinaus nicht erklären, wann eine Strafe erforderlich ist und wann es ausreicht, die normative Erwartung in eine kognitive umzuwandeln. Es stellt sich die Frage, wie schwerwiegend der strafrechtliche Eingriff sein darf, ob also in jedem Einzelfall mit einer Verhängung einer strafrechtlichen Sanktion ein wirksamer Rechtsgüterschutz gewährleistet sein darf bzw. muss. Da die Wiederherstellung der Normanerkennung in der Bevölkerung empirisch nicht messbar sein dürfte, sind anhand der Systemtheorie keinerlei Anhaltspunkte für Strafhöhe und Wahl der Sanktionsart abzuleiten. Insofern wird von den konsequent verstandenen funktionalistischen Straftheorien eine fortwährende Suche nach eingriffsschwächeren Reaktionsformen ausgelöst, da davon ausgegangen wird, dass diese die Strafe grundsätzlich ersetzen können[179]. Es sei falsch, eine Legitimation für die Vermeidung des Strafverfahrens zu fordern, sondern eine strafrechtliche Verurteilung dürfe nur erfolgen, wenn es keine Alternative gäbe[180]. Das Strafrecht sei nicht der Inbegriff sozialer Normen und Strafe nicht die wirkungsvollste Garantiefunktion für soziale Ordnung[181]. Ausgleich und Anpassung würden von anderen Normensystemen wie Sitte, Brauch, Kon-

---

[177] Siehe unter 6.4.2.; bereits an dieser Stelle ist darauf hinzuweisen, dass die generalpräventive Wirkung von Sanktionen empirisch und methodologisch nicht belegt ist, da die vielfältigen Wechselwirkungen noch weitgehend ungeklärt sind. Insbesondere wenn auf die positive Generalprävention als Strafzweck abgestellt wird, kann eine Widerlegung der Wirksamkeit der Bestrafung nicht gelingen, da die gesellschaftlichen Bedingungen sich nicht experimentell nachstellen lassen.
[178] Ebenso Nomos-Kommentar-Hassemer vor §1 Rn. 254
[179] Näher dazu A. Hartmann a. a. O. S 103 m. w. N.
[180] So statt vieler M. Walter Über Alternativen zum Strafrecht S. 557f
[181] Dieser Gedanke wird vor allem bei Sessar a. a. O. S. 21 m. w. N. ausgeführt.

6 Täter-Opfer-Ausgleich und Rechtsstaat

vention und Zivilrecht ebenso und möglicherweise funktionaler angestrebt[182]. Sozialer Frieden und Ausgleich würden am ehesten erreicht, wenn Probleme dort belassen würden, wo sie entstanden seien, um dort interpersonell nach Lösungen zu suchen. Habe dieses Bemühen Erfolg und sei die Gesellschaft damit einverstanden, bedürfe es keiner weiteren strafrechtlichen Konsequenzen bzw. könne sich das Strafrecht darauf beschränken, eine Art Ausfallbürgschaft zu übernehmen[183]. In diesem Fall sei das Strafrecht gegenüber der im Wege des Schlichtungsverfahrens gefundenen Lösung subsidiär.

Unrichtig ist bereits, dass die Herstellung des sozialen Friedens und der Ausgleich zwischen den Betroffenen primäre Aufgabe des Strafrechtes sei[184]. Diese liegt, wie oben ausgeführt, auf dem Gebiet des Rechtsgüterschutzes im Sinne der Bewahrung der Existenzbedingungen und Entfaltungsmöglichkeiten der Gesellschaft und ihrer Mitglieder. Handelt es sich bei den Zielen des Verfahrens nicht um genuin strafrechtliche Aufgaben, so ist irrelevant, ob diese durch andere Normsysteme ebenfalls angestrebt und möglicherweise auch erreicht werden. Nach wie vor ist das Strafrecht unersetzbar und sind die Folgen seiner Abschaffung unabsehbar, wahrscheinlich jedoch katastrophal. Die Subsidiarität des Strafrechtes darf daher nicht dazu missbraucht werden, dem Abolitionismus das Wort zu reden. Dennoch ist unter dem Gesichtspunkt der *ultima-ratio-Natur* des Strafrechts stets nach Alternativen zu einer Strafverhängung im Einzelfall zu suchen. Es darf jedoch nur dann von Strafe abgesehen werden, wenn die Strafzwecke dadurch nicht beeinträchtigt werden.

Zusammenfassung: Nach der Systemtheorie liegt die Aufgabe des Rechts in der Erhaltung der Systemstabilität, der Bestätigung der Normgeltung und der Erhaltung von deren Enttäuschungsfestigkeit. Nicht in jedem Fall strafrechtlich relevanten Verhaltens sei daher eine Strafe erforderlich, oft könne diese beispielsweise durch Wiedergutmachung und Täter-Opfer-Ausgleich als funktionale Äquivalente ersetzt werden.

So verführerisch die Systemtheorie mit ihrem universalistischen Anspruch auch erscheint, so ist doch bereits der Ansatz verfehlt. Entscheidend kann nicht sein, was Recht oder Schlichtungsverfahren leisten können, sondern

---

[182] Vergleiche Sessar a. a. O. S. 21 m. w. N.
[183] Siehe Sessar a. a. O. S. 21 m. w. N.
[184] So aber S. Walther Vom Rechtsbruch zum Realkonflikt S. 214ff

6.1 Rechtstheorie: Aufgabe des {Straf-}Rechts

entscheidend ist, wie viel Recht zur Sicherstellung von Gerechtigkeit, Freiheit und Gleichheit erforderlich ist. Insbesondere das Problem der Gerechtigkeit von Entscheidungen wird von LUHMANN lediglich formalisiert eingeführt, indem nur danach gefragt wird, ob eine Verurteilung zur Normstabilisierung erforderlich sei. Die aus juristischer Sicht einzig entscheidende Frage, wann die Gerechtigkeit eine Bestrafung erfordert, wird nicht erörtert. Die Systemtheorie rekurriert letztlich auf die positive Generalprävention als Strafzweck und ist den gegen diese erhobenen Einwänden ausgesetzt, die unten noch näher erörtert werden[185]. So bleiben viele Fragen offen, die jedoch zur Legitimierung der Strafe geklärt werden müssen. Kann die Systemtheorie auf diese keine Antwort geben, eignet sie sich nicht als Strafrechtstheorie. Sie ist daher abzulehnen.

6.1.4 Handlungstheoretische Aspekte

Aus handlungstheoretischer Sicht erfolge eine Verrechtlichung, die sich in der zunehmenden Reglementierung des täglichen Lebens der Einzelnen ebenso ausdrücke wie in der Bürokratisierung aller Vorgänge[186]. Die Juridifizierung sozialer Konflikte könne als Überbeanspruchung und Selbstüberforderung des politischen Systems gedeutet werden[187] oder als Kolonialisierung von Lebenswelten durch fortschreitende Strukturierung immer weiterer Lebensbereiche[188]. Durch die Verrechtlichung bislang ungeregelter Sphären der Lebenswelt verschwänden die zuvor bestehenden Normen und Handlungskontexte, die auf Verständigung als Mechanismus zur Handlungskoordination ausgelegt gewesen wären[189]. Die Lebenssituation der Beteiligten werde dadurch nicht verbessert, es komme zu einer Verarmung, Verfremdung und schließlich Zerstörung lebensweltlicher Ausdrucks- und Kommunikationsmöglichkeiten[190]. Gefordert werden deshalb eine Beschneidung der richterlichen Entscheidungsmöglichkeiten und der Ausbau konsensualer Konfliktregelungs-

---

[185]Unter 6.4.2 und 6.4.2 werden positive und negative Generalprävention als Strafzwecke erörtert und zu Täter-Opfer-Ausgleich und Wiedergutmachung in Beziehung gesetzt.
[186]Siehe Beste Informalisierung sozialer Kontrolle als Alternative zur Strafjustiz? S. 82f
[187]So auch von der Systemtheorie ausgehend Luhmann Ausdifferenzierung des Rechts S. 94ff, 152ff
[188]Vertiefend dazu Habermas Theorie des kommunikativen Handelns Band II S. 522ff
[189]Vergleiche Habermas a. a. O. S. 540
[190]Näher dazu Habermas a. a. O. S. 540

6 Täter-Opfer-Ausgleich und Rechtsstaat

verfahren, da nur so eine Erhaltung der Eigenverantwortlichkeit der Bürger erreicht werden könne[191].

Die Verrechtlichung sozialer Konflikte bekomme dadurch eine hegemoniale Wendung, dass der Delinquent eine zweite soziale Identität durch Stigmatisierung und Ausgrenzung erhalte, die in scharfem Kontrast zum Bild des anständigen Bürgers stehe[192]. Der Steuerungs- und Präventionsanspruch des Rechts führe zu einer Vorverlagerung sozialer Kontrolle und resultiere schließlich in dem Bemühen, alle kriminalisierbaren Formen abweichenden Verhaltens zu kontrollieren[193]. Der wachsende Zusammenhang der Gesellschaft durch Arbeitsteilung und zunehmende Spezialisierung schüfen gegenseitige Abhängigkeiten, die durch gesellschaftliche Kooperation nicht mehr zu überwinden seien. Es werde der Anschein politischer Macht und Problemlösungsfähigkeit erweckt, welche sich jedoch als Täuschung entpuppten. So komme es in der Bevölkerung zu einer Enttäuschung über die mangelnde Leistungsfähigkeit des Rechts, eine Informalisierung sei anzustreben, wenn auch in Grenzen[194]. Das Recht bleibe nämlich einziger Garant individueller Freiheiten und Interessen bei der Lösung sozialer und gesellschaftlicher Konflikte[195].

Tatsächlich ist die gesetzliche Fassung des Strafrechts bereits im Hinblick auf die von Verfassung wegen anzustrebende Rechtssicherheit wünschenswert. Es liegt in der Natur der Sache, dass bei gesetzlich gefassten Rechtsnormen ein gewisses Maß an Abstraktion erforderlich ist, da eine allgemeine Regel losgelöst von den Besonderheiten des Einzelfalles festgehalten werden soll. Eine Regelung aller denkbaren Einzelfälle ist wegen des Verbots der Einzelfallgesetze sowie wegen der dadurch bedingten, nicht mehr überschaubaren Fülle von Normen nicht möglich, so dass gewisse Verallgemeinerungen erforderlich werden. Trotz der notwendigen Abstraktion wird mit der Fassung der Tatbestände des StGB auf die gewachsene Rechtsauffassung Rücksicht genommen, indem der entsprechende Begriff der Alltagssprache übernommen und juristisch exakt umschrieben wird. So wird beispielsweise die Unterscheidung

---

[191] So unter anderem Beste a. a. O. S. 88ff; Habermas a. a. O. S. 544
[192] Siehe Beste a. a. O. S 82f
[193] So statt vieler Beste a. a. O. S. 84f
[194] Vergleiche Beste a. a. O. S. 84f
[195] Instruktiv Beste a. a. O. S. 85f

6.1 Rechtstheorie: Aufgabe des {Straf-}Rechts

von Raub, Diebstahl und Unterschlagung, die im Rechtsbewusstsein besteht, durch die unterschiedliche Fassung der verschiedenen Tatbestände anstelle der Schaffung eines gemeinschaftlichen Tatbestandes der Sachentziehung berücksichtigt. Dadurch bleibt das Strafrecht so lebensnah und anschaulich, wie dies möglich ist[196].

Die Entwicklung gehe, so die Handlungstheorie weiter, zu zunehmender Verschränkung von rechtlicher und gesellschaftlicher Konfliktlösung[197]: Zunächst erfolge eine Entjuridifizierung gesellschaftlicher Beziehungen als negative Reaktion auf die Ausdehnung des Rechts in der postindustriellen Gesellschaft[198], dann komme es zu einer Reprivatisierung und Vergesellschaftung sozialer Konfliktlösungen, wobei dies als Absage an das Recht als Form- und Gestaltungsprinzip sozialer Beziehungen zu verstehen sei[199]. Schließlich entstehe eine Tendenz zur konsensualen Konfliktlösung und sozialer Befriedung, weil erkannt worden sei, dass die gerechte Entscheidung kaum zu treffen sei[200]. Gehe es aber nur um das Finden einer akzeptablen und akzeptierten Entscheidung, so werde dies durch die Beteiligung und das Aushandeln der Parteien erleichtert[201]. Dennoch sei nicht zu verkennen, dass erst das Recht die Entscheidung aus einer Beliebigkeit heraushebe und Strukturen zur Konfliktlösung schaffe[202]. Es sei daher keinesfalls verzichtbar[203] und habe in erheblichem Umfang gesellschaftliche Gestaltungsfunktionen übernommen; die Beschränkung auf bloße gesellschaftliche Kontrollaufgaben, ein Wächteramt bezüglich der Konfliktschlichtung in weitgehender Parteiautonomie, sei jedenfalls problembehaftet, wenn sie überhaupt möglich sei[204].

Soweit ausgeführt wird, eine gerechte Entscheidung sei nicht zu treffen, ist zu entgegnen, dass - wäre dies so - die Strafe jede Legitimität verlöre. Nach den obigen Erörterungen ist die Strafe nur als gerechter Unrechtsausgleich legitim; wäre das Urteil nicht gerecht, so dürfte nicht gestraft werden.

---

[196] So auch zu Recht Baumann/Weber/Mitsch Strafrecht AT S. 32f
[197] Siehe Müller-Dietz Einführung in die Thematik S. 23
[198] So insbesondere Müller-Dietz a. a. O. S. 15
[199] Siehe Müller-Dietz a. a. O. S. 16
[200] Vertiefend dazu Müller-Dietz a. a. O. S. 16ff
[201] Näher dazu Müller-Dietz a. a. O. S. 17ff
[202] Ebenso Müller-Dietz a. a. O. S. 13f
[203] Siehe Müller-Dietz a. a. O. S. 13f
[204] Vergleiche Müller-Dietz a. a. O. S. 23f

6 Täter-Opfer-Ausgleich und Rechtsstaat

Denkt man theorieimmanent den Ansatz weiter, so wird die Abschaffung des Strafrechts im Sinne des Abolitionismus unausweichlich – diese Konsequenz besitzen die Vertreter dieser Ansicht jedoch nicht. Wie von den Handlungstheoretikern selbst festgestellt wird, hebt erst das Recht die Entscheidung aus der Beliebigkeit. Dies ist nicht anders zu interpretieren, als dass eine gerechte statt eine beliebige Entscheidung getroffen werden kann, wenn das Recht angewendet wird.

Derzeitiges Problem sei die Materialisierung des Strafrechts bei gleichzeitiger Freistellung von Ermessenskontrollen[205]. Der Strafrichter solle, wenn mit den Sanktionsentscheidungen eine Einwirkung auf die Gesellschaft und den Täter bezweckt wird, Aufgaben der Exekutive wahrnehmen, bei denen die Einräumung von Ermessen erforderlich sei, weil die Auswahl der bestgeeigneten Sanktion nicht nach Art eines Handlungsprogramms im Gesetz vorgeschrieben werden könne[206]. Weder die zu beachtenden Gesichtspunkte noch ihre Gewichtung im Einzelfall könnten gesetzlich geregelt werden, da die Wirkung der Sanktion auf den einzelnen Menschen individuell unterschiedlich sei[207]. Die Sanktionsentscheidung werde daher durch den Richter konkretisiert, während seine Entscheidung durch Generalklauseln angedeutet und nur auf Ermessensfehler im Instanzenzug, also innerhalb derselben Gewalt, überprüfbar sei[208]. Anstatt mit exakt definierten Rechtsnormen Konditionalprogramme anzuwenden, habe der Strafrichter über Zweckprogramme zu entscheiden, eine Umstellung vom formalen zu einem Zweckstrafrecht sei die Folge[209]. Hier bestünden erhebliche Legitimationsprobleme, wenn die Gestaltungsspielräume von den einzelnen Richtern unterschiedlich genutzt würden.

Entgegen der oben dargestellten Rechtsauffassung bestünden erhebliche Legitimationsprobleme, wenn die Strafandrohung konkreter im Gesetz stünde. Um eine gerechte Entscheidung treffen zu können, muss der Strafrichter alle Besonderheiten des jeweiligen Einzelfalles würdigen. Dies kann vom Gesetz nicht im Sinne eines Konditionalprogramms vorgeschrieben werden, so dass die im Gesetz angegebene konkrete Strafe oft ungerecht und illegitim

---

[205] Diesen Gedanken weiterführend Teubner Recht als autopoietisches System S. 140; A. Hartmann Schlichten oder Richten S. 121ff
[206] Vertiefend dazu A. Hartmann a. a. O. S. 121ff
[207] Näher dazu A. Hartmann a. a. O. S. 121f
[208] So unter anderem A. Hartmann a. a. O. S. 121f
[209] Vergleiche A. Hartmann a. a. O. S. 123f

6.1 Rechtstheorie: Aufgabe des {Straf-}Rechts

wäre, denn nur eine gerechte Strafe ist der Täter anzunehmen verpflichtet. Es käme dadurch zwar zur Gleichheit der Sanktionsentscheidung; geschaffen würde aber eine Gleichheit im Unrecht[210], die nicht anzustreben ist.

Im Übrigen wird der Strafrichter nicht von Ermessenskontrollen freigestellt; seine Entscheidung ist vielmehr sowohl im Instanzenzug als auch im Falle von Grundrechtsverletzungen, die in einer ungerechten Strafe stets liegen, im Wege der Verfassungsbeschwerde vor einem anderen Gerichtszweig überprüfbar. Eine weitergehende Kontrolle wäre aufgrund der Gefahr einer Einflussnahme durch die Exekutive nicht wünschenswert, handelt es sich doch beim Institut der richterlichen Unabhängigkeit um eine wichtige rechtsstaatliche Errungenschaft. Die Exekutive könnte ansonsten versuchen, demokratisch nicht erreichbare Gesetzesänderungen durchzusetzen, was es zu verhindern gilt.

Soweit ferner befürchtet wird, eine unterschiedliche Sanktionspraxis könnte Legitimationsprobleme verursachen, ist dazu auszuführen, dass es in der Rechtspraxis sowohl bundes- als auch landesweit als auch unter den verschiedenen Kammern eines Gerichts eine unterschiedliche Ausfüllung der Ermessensspielräume gibt. Dies ist solange unbedenklich, ein Verstoß gegen den Gleichheitsgrundsatz liegt also nicht vor, wie gleiche Fälle nicht ohne sachliches Kriterium ungleich behandelt werden. Da es zum einen kaum jemals zwei exakt gleich gelagerte Fälle geben wird, zum anderen aber Willkür – sollte sie vorliegen – im Wege der Verfassungsbeschwerde zu einer Aufhebung des Urteils führt, bestehen in unserem Rechtssystem hinreichende Sicherungen gegen ungleiche Sanktionierung. Solange die Ermessensspielräume nicht überschritten werden, ist die Praxis nicht illegitim.

Die offizielle Funktion des Rechts, Verhaltensänderungen anzuordnen, wird nach HARTMANN immer unwichtiger, während seine unterschwellige Funktion, Verhandlungssysteme zu steuern, entscheidender werde, so dass man davon sprechen könne, dass das regulative Recht seine Funktion ändere[211]. Dieser Funktionswandel sei normativ aufzuarbeiten, indem das Recht von unmittelbar verhaltenssteuernden Funktionen freigestellt werde und die Rolle des Strafrichters auf rechtliche Kontrolle von Exekutiventscheidungen beschränkt werde, während die auf Zweckerreichung gerichteten eigenen Ent-

---
[210]So auch Henkel Einführung in die Rechtsphilosophie S. 440
[211]Weiterführend A. Hartmann a. a. O. S. 121ff unter Berufung auf Teubner

6 Täter-Opfer-Ausgleich und Rechtsstaat

scheidungen des Richters zumindest stark eingeschränkt werden[212]. Eine Beschränkung der Rolle des Strafrichters auf die bloße Überprüfung der Exekutiventscheidungen ist in unserem Rechtssystem entgegen der Ansicht HARTMANNs nicht vorgesehen. Die Verwaltungsgerichtsbarkeit stellt die Instanz zur Überprüfung der Exekutiventscheidungen dar, nicht das Strafgericht. Ist bereits die Prämisse unrichtig, kann auch die Forderung nicht gehört werden, das Recht von verhaltenssteuernden Aufgaben freizustellen. Hierbei handelt es sich nach den obigen Ausführungen um dessen wesentliche Aufgabe. Es wird bei HARTMANN nicht hinreichend deutlich, inwiefern sich die Kontrolle der Exekutiventscheidungen von den auf Zweckerreichung gerichteten Entscheidungen unterscheiden sollen. Selbst bei einer solchen Kontrolltätigkeit wird eine Linie verfolgt, sollen verschiedene Zwecke erreicht werden. Wenn HARTMANN keine eindeutige Unterscheidung vornehmen kann, so erscheint seine Forderung widersprüchlich.

Weiter behaupten die Vertreter der Handlungstheorie, dass das von den Beteiligten als zu abstrakt beurteilte Recht eine Akzeptanz der Entsühnung durch die Strafverbüßung nicht vermitteln könne, weil eine Versöhnung zwischen Täter und Opfer nicht angestrebt werde sowie die Täter für die Richter anonym blieben und nach der Urteilsfällung nicht weiter beachtet würden[213]. Tatsächlich ist festzustellen, dass die Verbüßung einer Strafe den Täter oft in den Augen der Gesellschaft stigmatisiert[214]; er wird nicht anschließend als rehabilitiert betrachtet, sondern ausgegrenzt, weil man seine Rückfälligkeit befürchtet[215]. Der Täter wird oft weniger durch die Tat und mehr durch die Strafe als gebrandmarkt angesehen, er hat geringe Chancen, sich vom Makel der verbüßten Strafe zu befreien[216]. Zu einer Versöhnung mit der Rechtsgemeinschaft kommt es daher häufig nicht[217]. Dies wird kritisiert und darauf hingewiesen, dass hier der Vorteil und Anwendungsbereich des Täter-Opfer-Ausgleichs liege.

Tatsächlich ist jedoch vollkommen ungeklärt, ob der Täter-Opfer-

---
[212] Dies fordert insbesondere A. Hartmann a. a. O. S. 121ff.
[213] So schon Brauneck Allgemeine Kriminologie S. 101f
[214] Vergleiche insbesondere Noll Ethische Begründung des Strafens S. 8; Hauschild Die positive Generalprävention und das Strafverfahren S. 35
[215] Siehe Brauneck a. a. O. S. 101f sowie Naegeli Aspekte des Strafens S. 36
[216] So auch Hauschild a. a. O. S. 34f
[217] Vertiefend dazu Neumann/Schroth Neuere Theorien von Kriminalität und Strafe S. 17ff

6.1 Rechtstheorie: Aufgabe des {Straf-}Rechts

Ausgleich weniger stigmatisierend wirkt als eine konventionelle Strafe, ob eine Entsühnung der Betroffenen in der Bevölkerung eher akzeptiert wird, wenn ein Täter-Opfer-Ausgleich durchgeführt wurde als wenn der Täter durch Strafverbüßung gesühnt hat. Auch kommt es möglicherweise durch die vermehrte Durchführung des Schlichtungsverfahrens dazu, dass Täter, denen diese Möglichkeit nicht eingeräumt wird, bereits dadurch stigmatisiert werden.

Zu beachten ist ferner, dass die Aufnahme des Delinquenten in die Gesellschaft nach Sanktionierung seines unrechten Verhaltens besser gelingt als wenn diese unterbleibt. Erst die nach außen erkennbare Sühneleistung ermöglicht es der Gesellschaft, Frieden mit dem Rechtsbrecher zu schließen und diesen aufzunehmen[218]. Tatsächlich stellt die Integration des Straftäters in die Gemeinschaft nach Verbüßung seiner Strafe eine Voraussetzung der sinnvollen und legitimen Bestrafung dar. Nur dann, wenn gewährleistet ist, dass es anschließend zu einer Versöhnung von Täter und Rechtsgemeinschaft kommt, kann der Rechtsfrieden als wiederhergestellt und die Strafe als abschließender Ausgleich des Unrechts betrachtet werden. Wenn hier zwischen Sein und Sollen eine Lücke klafft, so ist diese zu schließen; es handelt sich dabei jedoch nicht um ein Rechtsproblem, sondern um ein solches der Sozialpädagogik[219].

Eine bloße Delegalisierung scheide als Möglichkeit zur Lösung des Problems der Abstrahierung des Rechts von der Lebenswelt aus, da das Recht sowohl aus handlungstheoretischer als auch aus systemtheoretischer und juristischer Sicht spezifische Vorteile gegenüber dem Schlichtungsverfahren besitze[220]. Eine mögliche Lösung könnte daher nicht über eine Deregulierung, sondern über eine Steuerung von Selbstregulierung durch Recht erfolgen, d. h. eine private Einigung der Parteien oder Schlichtung[221]. Ein Konfliktregelungsverfahren, das die Mündigkeit und Eigenverantwortlichkeit der Parteien anerkenne, gegenüber dem Strafverfahren abgesichert durch rechtliche Garantien sei daher anzustreben[222].

---

[218] Weitere Nachweise bei Lampe a. a. O. S. 212
[219] Ebenso Lampe Strafphilosophie S. 195 f
[220] Insoweit zutreffend A. Hartmann a. a. O. S. 114ff
[221] So unter anderem Teubner Recht als autopoietisches System S. 134; A. Hartmann a. a. O. S. 123f
[222] Vergleiche A. Hartmann a. a. O. S. 124f m. w. N

6 Täter-Opfer-Ausgleich und Rechtsstaat

Diesem Vorschlag ist zuzubilligen, dass auf diese Art die Vorteile des Rechts und des Schlichtungsverfahrens kombiniert werden können. Einer Entfremdung des Rechts von der Lebenswirklichkeit der Bürger würde durch das einzelfallbezogene Schlichtungsverfahren entgegengewirkt, während gleichzeitig das Recht die Maßstäbe der Entscheidung vorgibt. In der Sache besagt diese Idee jedoch nichts anderes, als dass das außerrechtliche Schlichtungsverfahren abzulehnen ist. Dies sollte sich aber bereits von selbst verstehen: Ohne klare rechtliche Maßstäbe besteht die Gefahr der Einseitigkeit und Ungerechtigkeit[223]. Die rechtsstaatlichen Verfahrensgarantien, die den Schutz des Angeklagten bezwecken, können nur so gewährleistet werden; auch wird der Täter unter dem Druck des ansonsten durchzuführenden Strafverfahrens zur Teilnahme eher zu motivieren sein. Ein justizinterner Täter-Opfer-Ausgleich, nach dessen Durchführung vor einem Schlichter die Staatsanwaltschaft über die verfahrensrechtliche Berücksichtigung zu entscheiden hat, ist demgegenüber vorzugswürdig.

Zusammenfassung: Nach der Handlungstheorie wird die offizielle Funktion des Rechts, Verhaltensänderungen anzuordnen, immer unwichtiger, während seine unterschwellige Funktion, Verhandlungssysteme zu steuern, entscheidender werde. Dieser Funktionswandel des regulativen Rechts sei normativ aufzuarbeiten, indem das Recht von unmittelbar verhaltenssteuernden Funktionen freigestellt werde und die Rolle des Strafrichters wieder auf rechtliche Kontrolle von Exekutiventscheidungen beschränkt werde. Die Wiedergutmachung und der Täter-Opfer-Ausgleich könnten als informelle Verfahren, wenn sie rechtliche Garantien beinhalteten, eine Lösung des „regulativen Trilemmas" darstellen.

Auch die Handlungstheorie konzediert damit, bei aller Kritik an der zunehmenden Formalisierung, dass allein das Recht Freiheit, Gleichheit und Gerechtigkeit garantieren kann. Die Kritik an der zunehmenden Verrechtlichung ist nicht ganz unberechtigt; die von der Handlungstheorie konstatierte Gefahr einer Vorverlagerung auch der sozialen Kontrolle besteht durchaus. Gerade seit dem 11. September 2001 sind nicht nur in Deutschland die Grundrechte in eklatanter Weise eingeschränkt worden, jeweils unter Berufung auf Terrorismusgefahren. Beispielhaft sei hier das Gesetz zur Be-

---
[223] Ebenso Roxin Wiedergutmachung im System der Strafzwecke S. 43f

6.1 Rechtstheorie: Aufgabe des {Straf-}Rechts

kämpfung des internationalen Terrorismus vom 9. Januar 2002 genannt, mit dem umfangreiche Änderungen an BVerfG, MAD-Gesetz, BND-Gesetz und BKA-Gesetz vorgenommen wurden, die die jeweiligen Institutionen ermächtigen, Daten über Zahlungsverkehr und Telekommunikation einzuholen. Das Bundesgrenzschutz-Gesetz wurde dahingehend modifiziert, dass der BGS weitergehende Befugnisse an Bord von Luftfahrzeugen erhielt. Durch Änderungen in Personalausweis- und Pass-Gesetz wurde die Aufnahme biometrischer Daten vorgesehen. Hinzu kamen Modifikationen des Vereinsgesetzes, nach denen Vereine, deren Mitglieder überwiegend Ausländer sind, unter geringeren Voraussetzungen verboten werden können als Vereine mit überwiegend deutschen Mitgliedern. Der öffentlichkeit wird dabei verschwiegen, dass weder die Aufnahme von biometrischen Daten in den Pass noch die Ausweitung der bestehenden Kontrollmöglichkeiten dazu geeignet sind, terroristische Zellen und Schläfer aufzudecken oder Anschläge wie den vom 11. September 2001 zu verhindern. Diese Aktivitäten des Gesetzgebers und der Regierung sollen ein Gefühl der Sicherheit vermitteln; dieses Gefühl ist jedoch trügerisch, denn in Wahrheit werden die Gefahren des Terrorismus durch diese Maßnahmen nicht entschärft. Dennoch besteht in der Bevölkerung Zustimmung zu den erheblichen Beeinträchtigungen der Grundrechte und zu jener Ausweitung und Vorverlagerung der Kontrolle der Bürger, da man meint, dies sei der Preis, den man für die Sicherheit zahlen müsse. Die Angst der Bürger vor möglichen Terrorismusgefahren wird dabei von manchen Politikern ausgenutzt, um seit langem bestehende Pläne endlich in die Tat umzusetzen. Dabei wird – leider wohl zu Recht – angenommen, der Widerstand gegen Einschränkungen der Bürgerrechte sei derzeit geringer, so dass die Änderungen umgesetzt werden können. Besonders eklatant wird die Einschränkung der Rechte der Beschuldigten am Beispiel von Guantanamo Bay, wo bis zum heutigen Tage von den USA Kriegsgefangene festgehalten werden, denen der Status als Kriegsgefangener verweigert wird, während eine Anklageerhebung und sogar eine offizielle Beschuldigung unterbleibt, wobei die Gefangenen rechtlos gestellt werden. Die Bevölkerung nimmt dies im Hinblick auf die angeblichen Terrorismusgefahren relativ widerstandslos hin.

Trotz der Gefahren einer fortschreitenden Verrechtlichung stellt diese gleichzeitig die einzige Möglichkeit für den Bürger dar, seine Rechte zu wahren. Allein das Recht garantiert Gleichbehandlung, Freiheit und deren

Durchsetzung auf dem Rechtswege sowie gerechte Strafen für diejenigen, die sich über die Rechte der Schwachen hinweggesetzt haben. Dadurch wird der Rechtsfrieden gewährleistet und die Ordnung des menschlichen Zusammenlebens in einer immer undurchschaubareren Welt. Wir benötigen das Recht daher, es ist unverzichtbar.

Da unser Rechtssystem auf dem kodifizierten Recht beruht, lässt sich eine gewisse Verallgemeinerung und damit auch Abstrahierung nicht vermeiden, besteht doch das Verbot des einschränkenden Einzelfallgesetzes. Dennoch bleiben die Tatbestände speziell unseres StGB möglichst nahe an der Rechtsauffassung und der Alltagssprache der Bevölkerung, so dass ein zu hohes Maß an Abstrahierung vermieden wird.

6.1.5 Eigener Standpunkt und Ergebnis:

Das Recht hat, wie in den obigen Abschnitten gezeigt, die Funktion, die menschlichen Beziehungen zu regeln und das Sozialgebilde zu ordnen, wobei der öffentliche Frieden gesichert und die Handlungsfreiheit des Einzelnen geachtet und gegen rechtswidrigen Zwang verteidigt werden soll. Recht gewährleistet Gerechtigkeit, gleicht bestehende Machtgefälle aus und behandelt alle Betroffenen gleich. Weil das Recht Sozialgebilde ordnen soll, was im Übrigen auch die wichtigste Aufgabe des Staates darstellt, müssen alle Rechtsnormen dem menschlichen Zusammenleben dienen, um nicht sozial und rechtlich sinnlos zu sein.

Die Aufgabe des Strafrechtes als Teilbereich des Rechts bildet die sozial zweckmäßige Ordnung des menschlichen Zusammenlebens, wobei speziell die wichtigsten Bereiche des sozialen Zusammenlebens durch das harte Übel der Strafe besonders geschützt werden sollen. Beabsichtigt wird der Rechtsgüterschutz im Sinne der Bewahrung der Existenzbedingungen und Entfaltungsmöglichkeiten der Gesellschaft und ihrer Mitglieder oder, anders ausgedrückt, die grenzüberschreitende Konfliktkontrolle, die Freiheitssicherung sowie der Schutz der Schutzbedürftigen.

Das Recht unterdrückt jedoch, bei allen Vorzügen, die subjektive Betroffenheit und reduziert die Chancen der Parteien auf eine eigenverantwortliche Konfliktlösung. Hier liegt die große Chance des Schlichtungsverfahrens, das jedoch stets nur im Schatten des Rechts stattfinden kann und darf. Der

6.2 Abgrenzung von Strafrecht und Zivilrecht

Täter-Opfer-Ausgleich vermag ebenfalls den Rechtsgüterschutz zu gewährleisten und dient so der Aufgabe des Strafrechts. Wenn allerdings die Aufgabe des Strafrechts auf die Konfliktregulierung zwischen Täter und Opfer und den Schadensersatz ausgeweitet wird, kommt es möglicherweise zu einer Wahrnehmung genuin zivilrechtlicher Aufgaben mit Mitteln des Strafrechtes. Wäre dies so, würden in nicht mehr zu legitimierender Weise die Grundrechte des Täters, die von der Strafe betroffen sind, insbesondere also Art. 1 I, 2 I und II sowie 3 I GG, eingeschränkt. Die Strafe kann stets nur mit der Wahrnehmung strafrechtlicher Aufgaben gerechtfertigt werden, wenn der Schutz der Schwachen durch mildere Maßnahmen nicht mehr zu gewährleisten ist. Rechtsfolgen des Strafrechts können insofern stets Reaktionen sein, die sich aus den spezifischen strafrechtlichen Aufgaben ableiten lassen[224]. Es ist jedoch unzulässig, dem Strafrecht eine umfassende Befriedungsaufgabe zuzuschreiben, die auch den konkreten Schadensausgleich einbezieht[225]. Soweit also zivilrechtliche Ziele mit strafrechtlichen Mitteln durchgesetzt werden sollen, handelt es sich um eine illegitime Vorgehensweise. Im Folgenden ist daher zu untersuchen, wie sich Strafrecht und Zivilrecht voneinander unterscheiden und insbesondere, was Strafen sind sowie wie sie sich von anderen Rechtsfolgen unterscheiden. Im Anschluss daran kann dann die Frage beantwortet werden, ob die Konfliktregulierung Aufgabe des Strafrechtes sein bzw. werden kann.

6.2 Die Abgrenzung von Strafrecht und Zivilrecht unter Berücksichtigung der unterschiedlichen Aufgaben und Ziele der Rechtsgebiete

6.2.1 Das Strafrecht und die Wiedergutmachung

Das materielle Strafrecht wird definiert als Summe der Rechtsnormen, welche die Voraussetzungen der Strafbarkeit sowie die einzelnen Merkmale des strafwürdigen Verhaltens festlegen und für eine bestimmte Tat eine bestimmte Strafe oder Maßregel der Besserung und Sicherung als Rechtsfolge vorse-

---

[224]Ebenso Hirsch ZStW 102, S. 546ff
[225]Näher dazu Hirsch a. a. O. S. 546ff

hen[226]. Mit dieser Definition ist für die Frage, ob sich Wiedergutmachung und Täter-Opfer-Ausgleich als strafrechtliche oder zivilrechtliche Regelung darstellen, nichts gewonnen. Ursprünglich erfasste die zu verhängende Strafe auch die Privatstrafe und die Wiedergutmachung des dem Verletzten entstandenen Schadens, so dass diese dem Strafrecht jedenfalls nicht wesensfremd ist[227]. Danach käme es lediglich auf die konkrete Ausgestaltung an, sowohl eine zivilrechtliche als auch eine strafrechtliche Regelung wäre möglich. Um die Frage zu klären, ob Wiedergutmachung genuin dem Strafrecht oder dem Zivilrecht zuzurechnen ist, ist daher eine Abgrenzung zwischen den Rechtsgebieten vorzunehmen.

Im deutschen Recht gilt das Trennungsprinzip, das von einer strikten Trennung von Straf- und Zivilrecht ausgeht und auf BINDINGs Lehre basiert (dazu sogleich). Das Strafrecht wird traditionell dem öffentlichen Recht zugerechnet, denn es beruht auf dem Prinzip der Unterordnung des Einzelnen unter das Gewalt- und Strafmonopol des Staates, woraus die Durchsetzbarkeit des Strafanspruchs gegenüber den Privatbelangen von Schädiger und Verletztem folgt[228]. Diese Zuordnung ist noch heute gerechtfertigt, denn der Staat verfolgt mit den Strafrechtsnormen Belange der Öffentlichkeit wie die Erhaltung von Rechtsfrieden, Freiheit und Rechtssicherheit durch den Rechtsgüterschutz, den Schutz der Grundwerte des Zusammenlebens in der Gemeinschaft[229].

Eine scharfe Abgrenzung der Rechtsgebiete ist erforderlich; Straf- und Zivilrecht sollen sich nach dieser Lehre bezüglich des Nutznießers der Leistung und bezüglich des Leistungszwecks unterscheiden: Das Strafrecht stellt auf die Leistungspflicht des Täters und die öffentlich-rechtliche Missbilligung von dessen Verhalten ab[230]; Rechtsgrund der Strafe ist das Unrecht voraussetzende Delikt, welches durch die Verletzung von Gemeinschaftsrechtsgütern der Gemeinschaft als Ganzer Schaden zufügt[231]. Den Grund der Strafe bildet dabei nach BINDING der Ungehorsam gegen die Norm und die darin lie-

---
[226]So z. B. Baumann/Weber/Mitsch Strafrecht AT S. 7; Hauschild a. a. O. S. 23; Cornel Strafrecht und seine Alternativen S. 169
[227]Siehe oben unter 3 zur Rechtsgeschichte
[228]Siehe statt vieler Roxin Strafrecht AT § 1 Rn. 5; Baumann/Weber/Mitsch a. a. O. S. 27
[229]Weitere Nachweise bei Lampe Strafphilosophie S. 114
[230]Ebenso Frehsee Schadenswiedergutmachung als Instrument strafrechtlicher Sozialkontrolle S. 29
[231]So schon Binding Die Normen und ihre Übertretung S. 335, 358

6.2 Abgrenzung von Strafrecht und Zivilrecht

gende Auflehnung gegen das Gehorsamsrecht des Staates[232], die mittels der Rechtgutsverletzung begangen werde. Die Strafe werde zugunsten des Staates geleistet; der Schutz von Einzelnen sowie deren Rechtsgütern sei ein bloßer Reflex der Norm[233]. Der Bestrafte könne und solle durch sein Leiden unter der Strafsanktion den widerrechtlichen Zustand nicht mehr korrigieren, da die Rechtsordnung unwiederbringlich verletzt sei.

Zwar trifft es zu, dass die Strafe zu Gunsten des Staates geleistet wird; unrichtig ist jedoch, dass der Schutz von Einzelnen einen bloßen Reflex der Norm darstellt. Zentrale Aufgaben des Strafrechts sind, wie oben bereits dargelegt, die Sicherung von Freiheit und Gerechtigkeit sowie der Rechtsgüterschutz im Sinne der Bewahrung der Existenzbedingungen der Rechtsgemeinschaft. Eine Normverletzung ist nur dann als vom Einzelnen ausgehende Freiheitsverletzung zu bestrafen, wenn nach dem vernünftigen Willen des Täters die Erhaltung des Rechtsguts für den Staat konstitutiv erscheint[234]. Nur insoweit schuldet der Bürger Befolgung der Gesetze, als sich diese Normen als erforderliche, legitime Einschränkungen seiner Freiheit darstellen, also zur Erhaltung der Gegenstände dienen, die zur freien Entfaltung des Menschen als Individuum und als Gemeinschaftswesen erforderlich sind[235]. Wenn dies der Fall ist, stellt jedoch – insofern ist BINDING wieder zu folgen – das freiheitsverletzende Unrecht des Täters den Grund für dessen Bestrafung dar.

BINDING betrachtet die Strafe als ursprüngliche Reaktion des Staates auf begangenes Unrecht, nicht aber die Wiedergutmachung, da letztere in der Verursachung eines Schadens begründet sei und nicht in der deliktischen schuldhaften Handlung[236]. Dabei geht BINDING ersichtlich nicht von der heutigen Wiedergutmachungsauflage oder dem Täter-Opfer-Ausgleich aus, sondern vom (zivilrechtlichen) Schadensersatz. Die Auflagen des § 153a I 2 StPO sind nämlich nicht in der Verursachung eines Schadens begründet, sondern können auch ohne vermögensrechtliche Einbuße angeordnet werden und ermöglichen eine konsensuale Verfahrensbeendigung nach einer vermuteten Straftat. Über die heutigen Auflagen nach § 153a I 2 StPO ist damit noch

---

[232] Binding a. a. O. S. 300ff, 304
[233] Instruktiv bereits Binding a. a. O. S. 358ff, 360
[234] Vergleiche E. Wolff a. a. O. S. 149
[235] Siehe oben unter 6.1, wo bereits erläutert wurde, dass die Rechtsgüter des Staates nur insofern geschützt sind, als dahinterstehende Interessen der Rechtsgemeinschaft dies rechtfertigen.
[236] Binding a. a. O. S. 300ff, 304, 447

6 Täter-Opfer-Ausgleich und Rechtsstaat

keine Aussage getroffen; im folgenden ist daher zu untersuchen, wie diese nach der BINDING'schen Lehre einzuordnen wären. Wiedergutmachung und Täter-Opfer-Ausgleich erfordern Leistungen des Täters an das Opfer oder die Rechtsgemeinschaft. Abgestellt wird bei der Bemessung auf das Schuld voraussetzende Delikt, also die Rechtsverletzung sowie die Leistungspflicht des Täters. Auch die Vermögensverhältnisse des Delinquenten sind dabei zu berücksichtigen und dessen Belastung durch die Auflage[237]. Dabei erfolgt die Zahlung im Rahmen des Täter-Opfer-Ausgleichs unmittelbar zugunsten des Opfers, so dass dieses Adressat der Leistung ist. Ziel der gesetzlichen Regelung war unter anderem der Opferschutz, was die Entschädigung des Verletzten beinhaltet. In diesem Zusammenhang davon zu sprechen, dass der mit der Zahlung verbundene Vorteil für den Geschädigten lediglich eine Nebenfolge sei, die den (strafrechtlichen) Charakter der Leistung nicht zu ändern vermöge[238], ist unverständlich und falsch – vor allem, wenn man wie FREHSEE zuvor das Ziel der Schadloshaltung des Verletzten und dessen positive Wirkungen ausführlich beschrieben hat. Sicher erfolgt die Zahlung im Rahmen des § 153a I 2 StPO auch zur Beseitigung des der Einstellung des Verfahrens entgegenstehenden öffentlichen Interesses, d. h. aus einem strafrechtlichen Leistungszweck[239]. Die Leistung dient der Genugtuung für begangenes Unrecht[240], der Verletzung der Rechtsordnung und der Rechte des Geschädigten. Es bestehen also nach BINDINGs Ansatz für die Leistung des Beschuldigten mit dem Geschädigten ein Adressat, der eine zivilrechtliche Regelung nahelegt, und mit der Beseitigung des öffentlichen Interesses ein strafrechtlicher Leistungszweck, auf den das Opfer keinen Einfluss besitzt. Anhand dieser Abgrenzung lässt sich also nicht feststellen, welchem Rechtsgebiet der Täter-Opfer-Ausgleich zuzuordnen ist. Nachdem jedoch der Opferschutz nicht bloße Nebenfolge des Strafrechts ist, wovon BINDING ausgeht, sondern der Rechtsgüterschutz und die Freiheitssicherung die zentralen Aufgaben des Strafrechts darstellen, kann für die Frage, ob eine strafrechtliche Regelung vorliegt, nicht entscheidend sein, wer Adressat der Leistung ist. Stellt man auf den dann entscheidenden Zweck der Leistung ab, so ergibt

---

[237] Vergleiche Frehsee a. a. O. S. 233f m. w. N.
[238] So aber Frehsee a. a. O. S. 233 m. w. N.
[239] Übereinstimmend LR(25)-Beulke § 153a Rn. 10; Meier JuS 1996 S. 438
[240] Übereinstimmend KMG § 153a Rn. 12

6.2 Abgrenzung von Strafrecht und Zivilrecht

sich die Zuordnung zum Strafrecht.

Ähnlich stellt sich die Situation für die Wiedergutmachung dar: Hier können Leistungen des Täters sowohl zugunsten des Opfers als auch zugunsten der Staatskasse, einer gemeinnützigen Organisation oder der Allgemeinheit erbracht werden. Es existieren also verschiedene mögliche Adressaten, so dass eine Zuordnung zu einem Rechtsgebiet nur anhand des einheitlichen Leistungszwecks erfolgen kann, für den das oben zum Täter-Opfer-Ausgleich Ausgeführte gilt. Auch die Wiedergutmachung stellt sich also in der BINDINGschen Terminologie als strafrechtliche Regelung dar.

Ferner erfolgt in beiden Fällen eine öffentlich-rechtliche Missbilligung des vom Täter gezeigten Verhaltens, wie sie nach BINDING charakteristisch ist für strafrechtliche Regelungen, denn dieser hat für seine Handlung Wiedergutmachung zu leisten. Damit übernimmt die Auflage einen Teil der Reaktion auf das Fehlverhalten[241] und verstärkt die Ausgleichsfunktion der auf den Schuld- und Strafanspruch beschränkten Bestrafung[242]. Ihm wird die Verurteilung so fühlbar gemacht[243]. Er erbringt eine Leistung wegen des von ihm begangenen Unrechts[244]. Oft erfolgt die Auflagenanordnung erst im Zuge der Hauptverhandlung; dann kommt die Missbilligung der Tat bereits im Stattfinden einer Hauptverhandlung zum Ausdruck. Auch im Falle einer Einstellung bereits im Vorverfahren wird der Verletzer von der Polizei vernommen sowie von der Staatsanwaltschaft angeschrieben. Die Auferlegung einer Geldzahlung und der persönliche Kontakt mit dem Opfer ermöglichen es dem Beschuldigten, die von ihm verursachten Einbußen des Opfers nachzuempfinden und bringen die öffentliche Missbilligung des schadenstächtigen Verhaltens hinreichend zum Ausdruck[245], so dass die Wiedergutmachung ebenso wie der Täter-Opfer-Ausgleich nach BINDING strafrechtlicher Natur ist.

BINDING kommt so zwar zum richtigen Ergebnis; sein Abgrenzungsversuch kann jedoch keine Allgemeingültigkeit beanspruchen. Er definiert das Rechtsgut als dasjenige, was nach der Auffassung des Gesetzgebers als Bedingung gesunden Lebens für diesen von Wert sei, an dessen Erhaltung die

---

[241] Siehe LK-Russ § 56b Rn.9
[242] So auch Jescheck Strafrecht S. 679; LK-Russ § 56b Rn 2
[243] Vergleiche Jescheck a. a. O. S. 679
[244] Ebenso LK-Russ § 56b Rn 2
[245] Näher dazu Grave Täter-Opfer-Ausgleich S. 67f

Gesellschaft aus der Sicht der Legislative ein Interesse habe und das deshalb durch Normen vor unerwünschter Verletzung oder Gefährdung zu sichern sei[246]. Eine Eigendynamik des Rechtsgutsbegriffs kann so nicht entstehen. Dabei geht er von einem allgemeinen Recht des Staates auf Gehorsam aus; der Einzelne wird unter Ausserachtlassung der Bindung zu den anderen auf seine Beziehung zum Staat reduziert[247]. Aufgrund der uferlosen Weite des Rechtsgutsbegriffs kann der Einzelne nicht mehr festzustellen, ob die staatliche Rechtssetzung berechtigt war[248]. Dabei wird der Delinquent nicht als der selbständige, frei verantwortlich handelnde Teil des Gemeinwesens erfasst, der er tatsächlich ist[249].

BINDING ersetzt insofern das subjektive Recht des Einzelnen, das zuvor von FEUERBACH als zentraler Begriff des strafrechtlich relevanten Unrechts gebraucht wurde, durch den objektiven, materialen Wert des Rechtsguts nach positivem Recht[250]. Wenn staatliche Rechtssetzung dabei so unabhängig von den Freiheitsrechten und Rechtsgütern der Einzelnen wäre, stünde es dem Gesetzgeber frei, eine Regelung als strafrechtliche oder zivilrechtliche auszugestalten[251]. Die Begründung der strafrechtlichen Qualität der Norm erfolgt auf diese Art unabhängig von der einzelnen, davon betroffenen Person; der in der Normierung zum Ausdruck kommende Wille des Gesetzgebers kann sich von dem des Täters unterscheiden[252]. Eine Normverletzung ist jedoch nur dann als Freiheitsverletzung und damit als vom Einzelnen ausgehend zu rechtfertigen, wenn nach dem vernünftigen Willen des Delinquenten die Erhaltung des Rechtsguts für den Staat konstitutiv erscheint[253]. Das Strafrecht sieht als Rechtsfolge die Herabsetzung des Täters in seinem Status als Gleicher vor, es greift daher wesentlich tiefer in die Sphäre der Person ein als andere Rechtsgebiete. Aus diesem Grund bedarf es einer besonderen Rechtfertigung, die BINDING nicht zu liefern vermag. Seine Ansicht ist daher abzulehnen.

---

[246]Binding Die Normen und ihre Übertretung S. 353ff
[247]Vertiefend E. Wolff Die Abgrenzung von Kriminalunrecht zu anderen Unrechtsformen S. 148f
[248]Näher dazu E. Wolff a. a. O.
[249]So auch E. Wolff a. a. O.
[250]Vergleiche E. Wolff a. a. O. S. 147f
[251]Siehe E. Wolff a. a. O. S. 148
[252]Ebenso E. Wolff a. a. O. S. 148f
[253]Übereinstimmend E. Wolff a. a. O. S. 149

6.2 Abgrenzung von Strafrecht und Zivilrecht

MERKEL geht von einem einheitlichen (zurechenbaren und schuldhaften) Unrechtsbegriff aus, schließt daraus jedoch auf originär einheitliche Unrechtsfolgen, nämlich Strafzwang und Entschädigungszwang[254]. Die Rechtsverletzung, auch wenn sie sich vordergründig in der Verletzung von Einzelinteressen darbiete, sowie die darin liegende Missachtung von Gemeininteressen an der Einhaltung der Normen bildeten das dem zivilen und dem strafbaren Unrecht Gemeinsame[255]. Strafe und Wiedergutmachung sollen einer Verpflichtung des Täters zur Aufhebung des Unrechts in den Sphären folgen, in denen dieses sich ausgewirkt hat[256]. Die Wiedergutmachung bezieht MERKEL auf die äußere, ideelle Sphäre, die Strafe auf die innere Sphäre[257]. Er stellt klar, dass das Opfer bloßer Benefiziar der Entschädigung sei und diese um der Gemeininteressen willen geleistet werde, da der Staat Individualinteressen nur schütze, soweit dies im allgemeinen Interesse liege[258]. Tatsächlich sind Allgemeininteressen jedoch nur geschützt, wenn Individualinteressen dies gebieten, wie oben bereits erläutert[259]. Damit soll die Natur des Menschen als Gemeinschaftswesen nicht verleugnet werden; wer jedoch Gemeinschafts- über Einzelinteressen stellt, läuft Gefahr, einen Volksgeist heraufzubeschwören, der unabhängig von diesen Einzelinteressen Regelungen zum vermeintlich Besten der Individuen durchsetzt und dabei deren Rechte verletzt.

Überträgt man diese Grundsätze auf Täter-Opfer-Ausgleich und Wiedergutmachung, so stellen diese strafrechtliche Regelungen dar. Obwohl unmittelbar an das Opfer zu dessen Entschädigung geleistet wird, handelt es sich dabei nach den obigen Ausführungen auch um eine Leistung an das Gemeinwesen zur Kompensation der Folgen einer unrechten schädigenden Handlung. Mit der Leistung soll seitens des Täters etwas in Bezug auf seine strafrechtliche Verantwortlichkeit bewirkt werden, so dass hier die innere Sphäre betroffen ist.

MERKEL ordnet den Entschädigungszwang bzw. die Wiedergutmachung ausschließlich dem Zivilrecht zu und schließt damit eine entsprechende straf-

---

[254]Merkel Kriminalistische Abhandlungen I. Grundeintheilungen des Unrechts S. 49ff, 59
[255]So Merkel a. a. O. S. 42f
[256]Siehe Merkel a. a. O. S. 49
[257]Merkel a. a. O. S. 57
[258]Merkel a. a. O. S. 59, 61
[259]Siehe oben unter 6.1

6 Täter-Opfer-Ausgleich und Rechtsstaat

rechtliche Regelung aus; dies ist auch theorieimmanent nicht zwingend. Bei einem Entschädigungszwang als Wiedergutmachung oder Täter-Opfer-Ausgleich handelt es sich um eine strafrechtliche Reaktion auf das Delikt, worauf bereits das Wort hindeutet: Der Zwang ist ein zentrales Element des Strafrechts, nicht des Zivilrechts, das auf Parteiautonomie ausgelegt ist[260]. Im Bereich der (zivilrechtlichen) Zwangsvollstreckung als gewaltsamer Durchsetzung der gerichtlich titulierten Ansprüche sind von dieser idealtypischen Abgrenzung zwar Abstriche zu machen; dennoch bildet das Strafrecht einen Teil des öffentlichen Rechts, in dem der Einzelne dem Staat gegenübertritt, während sich auf dem Gebiet des Zivilrechtes zwei gleichberechtigte Individuen begegnen. Eine Zwangsvollstreckungsmaßnahme bedeutet die Durchsetzung eines Anspruchs eines Einzelnen gegen einen anderen, während die strafrechtliche Sanktion dem Individuum seitens des Staates auferlegt wird und eine Herabsetzung des Einzelnen im Verhältnis zu den (an sich gleichen) anderen bedeutet. Ferner erfolgen die Leistungen auf dem Gebiet des Zivilrechts ausschließlich zugunsten des Geschädigten zur Kompensation seines Schadens, nicht aber darüber hinaus auch zur Kompensation von Staats- oder Gemeininteressen, wie dies bei den Leistungen des Beschuldigten zur Abwendung des Strafverfahrens der Fall ist. Der Entschädigungszwang und damit die Wiedergutmachung bzw. der Täter-Opfer-Ausgleich sind daher dem Strafrecht zuzuordnen.

NAUCKE, ZACZYK und WOLFF grenzen zivilrechtliches und strafrechtliches Unrecht anhand des Freiheitsbegriffes voneinander ab und berücksichtigen dabei die Natur des Menschen als Gemeinschaftswesen. NAUCKE sieht die Aufgabe des Strafrechts im Schutz der Freiheit der Person vor vorsätzlichen und gewaltsamen Übergriffen in den Bereich des Einzelnen und ordnet die übrigen Freiheitseingriffe der Zivilgerichtsbarkeit zu[261]. Er geht davon

---

[260] Rössner Autonomie und Zwang S. 269ff erläutert, dass dem Strafrecht sowohl Autonomie als auch Zwang wesensimmanent sind, weil es von der freien Verantwortlichkeit des Täters ausgeht; dabei ist die Verantwortungsfreiheit nicht mit der Tat verwirkt, sondern besteht als bleibende autonomiebezogene Aufgabe innerhalb des Strafrechts. Das Strafrecht bedroht die Selbstentfaltung der Starken und sichert zugleich Handlungsspielräume, also Freiheit der Schwachen und steht dadurch im Spannungsverhältnis von Zwang und Autonomie. Wenn auch nicht ganz klar wird, worin genau die Fortgeltung der autonomiebezogenen Aufgabe des Strafrechts bestehen soll, wird doch deutlich, dass der Täter trotz des mit der Strafe notwendig verbundenen Zwangs an der Wiederherstellung der Ordnung teilnimmt und insofern nach wie vor als Subjekt Verantwortung im menschlichen Miteinander übernimmt.

[261] Siehe Naucke Generalprävention und Grundrechte S. 27

6.2 Abgrenzung von Strafrecht und Zivilrecht

aus, dass nur dieses Verhalten *per se* strafwürdig und entsprechend eine Sanktionierung legitim sei[262]; soweit darüber hinaus menschliches Verhalten mit Strafe bedroht sei – dies betrifft die Fahrlässigkeitsdelikte -, könne die Strafdrohung als politisch unvermeidlich bezeichnet werden[263]. Sie sei aber rechtlich nur schwer unter Bezugnahme auf vorübergehende Bedürfnisse der Gemeinschaft zu begründen und zu legitimieren [264]. Unabhängig von der Tatsache, dass sich bedingt vorsätzliches Verhalten in der Rechtspraxis kaum jemals mit absoluter Sicherheit von dem Bereich der bewussten Fahrlässigkeit wird trennen lassen[265], ist auch die Strafdrohung für fahrlässiges Verhalten zu rechtfertigen. Sie ergibt sich daraus, dass bei besonders gefährdeten und in erhöhtem Maße schützenswerten Rechtsgüter/Freiheiten nicht nur die vorsätzliche Verletzung, sondern auch unachtsames Verhalten, das den tatbestandsmäßigen Erfolg herbeigeführt hat, unter Strafe gestellt werden muss, um die Freiheit der Inhaber der Rechtsgüter zu gewährleisten. Verhaltensweisen, die besondere Gefahren für die Rechte/Rechtsgüter bzw. die freie Entfaltung der Mitmenschen darstellen, müssen besonders sorgfältig vorgenommen werden, denn die ansonsten eintretenden Schäden sind oft schwerwiegend, irreparabel und finanziell nicht zu kompensieren. Hier seien beispielsweise die Straftaten gegen die Umwelt gemäß §§ 324ff StGB, fahrlässige Tötung nach § 222 StGB oder die im 28. Abschnitt des StGB geregelten gemeingefährlichen Straftaten wie Brandstiftung, §§ 306ff StGB, und Missbrauch ionisierender Strahlen nach § 309 StGB angeführt. Durch diese Verhaltensweisen wird in erheblicher und gewaltsamer Weise in Freiheitsrechte der Mitbürger dergestalt eingegriffen, dass sie sich davor nicht mit zivilrechtlichen Mitteln schützen können. Ein Strafbedürfnis besteht daher bei Fahrlässigkeitsdelikten, mag man dies auch für die leichte Fahrlässigkeit und auf dem Gebiet der Straßenverkehrsdelikte bezweifeln[266].

---

[262] So Naucke a. a. O. S. 28
[263] Vergleiche Naucke a. a. O. S. 28
[264] Naucke a. a. O. S. 28
[265] Die Abgrenzung muss notwendig auf innere Einstellungen des Delinquenten zurückgehen, ob dieser nämlich hoffte, der Tatbestand werde nicht verwirklicht, oder den Eintritt des Erfolges billigend in Kauf nahm, vgl. D-T § 15 Rn.9, 13. Rückschlüsse auf die Gedanken des Angeklagten erlaubt vor allem seine Einlassung, so dass es letztlich von dessen Geschick abhängt, ob er wegen vorsätzlicher oder fahrlässiger Tatbegehung verurteilt wird.
[266] So unter anderem D/T § 15 Rn. 21 m. w. N.

6 Täter-Opfer-Ausgleich und Rechtsstaat

Ähnlich geht ZACZYK davon aus, dass strafrechtlich relevantes Unrecht eine Rechts- oder Freiheitsverletzung darstellt, auf die sich der Einzelne nicht einstellen kann und muss, weil er auf das richtige Verhalten der anderen vertrauen darf[267]. Da der Mensch kein alleinstehendes Individuum, sondern ein Gemeinschaftswesen ist, kann er nur in seinem Rechtsverhältnis zu den anderen existieren[268]. Dabei muss jeder auf die Vernunft der anderen vertrauen, d. h. darauf, dass die im Strafgesetz normierten Handlungen unterbleiben, weil der jeweils andere als ebenso vernünftiges, gleichwertiges Wesen anerkannt werde[269]. In diesem Vertrauen werden Schutz- und Gegenmaßnahmen unterlassen, was im Falle einer Enttäuschung zumindest zu finanziellen Schäden führt. Beispielsweise werden Geschäfte mit anderen geschlossen, man tritt miteinander ungeschützt und offen in Kontakt, kann dann aber auch betrogen werden. Ähnlich begegnet der Einzelne dem anderen in der Überzeugung, dass dieser ihn weder bedrohen noch töten oder verletzen werde, sondern dass seine körperliche Integrität nicht angetastet werde. Entscheidend ist dabei, dass die Erwartung allgemein anerkannt und gesetzlich normiert ist, also keine Einzelmeinung des Verletzten darstellt[270]. Insofern erhält das strafrechtliche Unrecht einen materiellen Gehalt, nämlich die aktive Verletzung der Freiheit eines anderen[271].

Auch WOLFF definiert das Verbrechen als die Verletzung des durch Zuordnungen konstituierten Anerkennungsverhältnisses zwischen den Menschen, das unter Geltung der Rechtsordnung eines Staates besteht, auf die der Einzelne sich nicht in einer Weise vorbereiten kann, dass er sie aus eigener Kraft bewältigt[272]. Er nimmt dabei ebenfalls Bezug auf das rechtlich konstituierte Basisvertrauen, das den Rechtsverkehr erst ermöglicht und den Einzelnen wehrloser macht im Verhältnis zu den anderen[273]. Die Einzelnen als Träger der Rechtsgemeinschaft müssen auf diese Verletzung mit einer Herabsetzung des Gleichheitsverhältnisses reagieren, um dem Einzelnen in der Bewältigung

---

[267] Siehe Zaczyk Strafrechtliches Unrecht und die Selbstverantwortung des Verletzten S. 30f
[268] Vergleiche Zaczyk Das Strafrecht in der Rechtslehre Fichtes S. 99ff, 103; so auch Noll Ethische Begründung der Strafe S. 14
[269] So Zaczyk a. a. O. S. 122f
[270] Übereinstimmend Zaczyk Strafrechtliches Unrecht und die Selbstverantwortung des Verletzten S. 30f
[271] Siehe Zaczyk a. a. O. S. 30f
[272] E. Wolff Die Abgrenzung von Kriminalunrecht zu anderen Unrechtsformen S. 212
[273] Siehe E. Wolff a. a. O. S. 212f

6.2 Abgrenzung von Strafrecht und Zivilrecht

des Geschehens demonstrativ zur Seite zu stehen[274]. Dieses geschieht durch die Strafe, die eine Herabsetzung des Delinquenten beinhaltet, denn dieser wird für sein Tun (im nichtwissenschaftlichen Sinne) verurteilt. Ihm wird verdeutlicht, dass sein Verhalten für die Gemeinschaft nicht hinnehmbar ist und sich nicht wiederholen darf. Im Falle der Verurteilung zu einer Freiheitsstrafe wird dem Täter das entzogen, was in unserer Gesellschaft das wesentliche Gut ist: die persönliche Freiheit, welche die Freizeitgestaltung und die Einteilung des Tagesablaufs beinhaltet.

LAUE grenzt demgegenüber Strafrecht und Zivilrecht so voneinander ab, dass strafrechtlich nur solche Normen legitimerweise garantiert werden, deren Einhaltung über den individuellen Konflikt hinaus im allgemeinen Interesse liege. Der Rechtsbruch stelle sich daher als öffentliche Störung dar, die den Legitimationsgrund für eine strafende Reaktion liefere. Sie werde bei der Verletzung jeder legitimen Strafrechtsnorm unwiderlegbar vermutet und rechtfertige gleichzeitig die strafrechtliche Reaktion und die Qualität einer Norm als strafrechtliche[275]. Tatsächlich besteht jedoch bereits nach den obigen Ausführungen ein qualitativer Unterschied zwischen zivilrechtlichem und strafrechtlichem Unrecht, der nicht lediglich als wenig fassbare öffentliche Störung erscheint. Dieser Ausdruck deutet auf die positive Generalprävention als Strafzweck hin, die unten näher erörtert wird[276]. Bleibt die Umschreibung so unbestimmt, kann sich der Einzelne in seinem Verhalten nicht auf eine mögliche strafrechtliche Reaktion einstellen. Auch kann er nicht überprüfen, ob der Gesetzgeber willkürlich seine Interessen an die Stelle der Interessen der Allgemeinheit gesetzt hat, also keine Legitimation für die entsprechende Regelung bestand. In letzter Konsequenz entsteht so ein väterlicher Staat, denn der Souverän wird stets sein Urteil, eine strafrechtliche Regelung sei erforderlich gewesen, begründen können[277]. Da diese Auffassung kaum überprüfbar ist, läuft der Einzelne Gefahr, seine Freiheit und Selbständigkeit zu verlieren.

Dieser Gefahr kann nur dadurch wirksam begegnet werden, dass bei der Abgrenzung der Unrechtsformen bereits auf den Freiheitsbegriff und das gegenseitige Anerkennungsverhältnis abgestellt wird - wie oben dargestellt.

---

[274]Vergleiche E. Wolff a. a. O. S. 211f
[275]Laue a. a. O. S. 69
[276]In dieser Arbeit unter Kapitel 6.4.2
[277]Ebenso E. Wolff a. a. O. S. 152f

6 Täter-Opfer-Ausgleich und Rechtsstaat

Ferner ist nicht entscheidend, ob die Einhaltung der Normen im allgemeinen Interesse liegt, obwohl Überschneidungen denkbar sind. Strafrechtlich dürfen nur solche Normen legitimerweise garantiert werden, welche die für das menschliche Zusammenleben besonders wichtigen Regeln schützen. Werden sie verletzt, wird in die Freiheit des Opfers in einer Weise eingegriffen, vor der es sich in einer Rechtsgemeinschaft mit anderen nicht schützen kann. So verstanden, liegt die Einhaltung der strafrechtlich garantierten Normen im öffentlichen Interesse und garantiert das Fortbestehen der Rechtsgemeinschaft.

HIRSCH geht davon aus, dass die Strafe eine gerechte Ahndung der Tat darstelle, von welcher eine Präventionswirkung auf Täter und Allgemeinheit ausgehe[278]. Die Befriedungsaufgabe der Strafe bestünde gegenüber der Allgemeinheit in dem aus der gerechten Bestrafung resultierenden Vertrauen in die Bewährung der Rechtsordnung, während gleichzeitig dem Verletzten Genugtuung verschafft werden solle[279]. Maßregeln sollten verhindern, dass erneut ein strafrechtlicher Anspruch gegenüber dem Täter entstünde und hätten insofern einen Bezug zum Strafanspruch[280]. Die Zwecke des Strafrechts bezögen sich so auf Rechtsfolgen spezifisch strafrechtlicher Natur, denn es ginge um Instrumente der Einwirkung auf den Täter[281]. Die Wiedergutmachung stelle demgegenüber ein *aliud* dar, denn sie diene der Entschädigung des Opfers; sie stelle daher keine strafrechtliche Rechtsfolge dar[282].

Tatsächlich bilden, wie ROXIN treffend bemerkt, die §§ 153a I 2, 153b StPO, §§ 46, 46a StGB ebenfalls Instrumente zur Einwirkung auf den Delinquenten im Sinne HIRSCHs[283]. Wenn man, wie HIRSCH dies tut, die Genugtuung des Opfers als legitime strafrechtliche Folge ansieht, erscheint unverständlich, dass die dem Opfer aus der Wiedergutmachung erwachsende Genugtuung als strafrechtsfremd betrachtet wird[284]. Unklar bleibt ferner, warum die übrigen über die Person des Täters hinausreichenden Folgen der Sanktionen wie das Vertrauen der Allgemeinheit in die Bewährung der

---

[278] So Hirsch ZStW 102 (1990), S. 541
[279] Vergleiche Hirsch a. a. O. S. 541
[280] Hirsch a. a. O. S. 541
[281] So Hirsch a. a. O. S. 541
[282] Siehe Hirsch a. a. O. S. 541
[283] Roxin Zur Wiedergutmachung im Sanktionensystem S. 246
[284] Ebenso Roxin a. a. O. S. 246

6.2 Abgrenzung von Strafrecht und Zivilrecht

Rechtsordnung nicht ebenfalls außerhalb der Zwecke des Strafrechts stehen sollen[285]. Überdies erfüllt die Wiedergutmachung nicht nur eine Genugtuungsfunktion für den Verletzten, sondern vermag zusätzlich das Vertrauen der Allgemeinheit in die Bewährung der Rechtsordnung im Sinne der positiven Generalprävention – die freilich den unten noch zu erläuternden Einwänden unterliegt[286] – wiederherzustellen bzw. zu bestärken und erfüllt insofern auch die weiteren nach HIRSCH der Strafe und den Maßregeln beizulegenden Funktionen[287]. Denkt man HIRSCHs Ansatz also konsequent weiter, gelangt man zu der Auffassung, dass es sich bei der Wiedergutmachung um eine strafrechtliche Regelung handelt.

ROXIN geht davon aus, dass rechtliche Auswirkungen einer Straftat strafrechtliche Rechtsfolgen darstellen, wenn sie der Erfüllung der Strafzwecke dienen und deshalb vom Gesetzgeber in das Sanktionssystem aufgenommen werden[288]. Ob es sich danach bei der Wiedergutmachung um eine strafrechtliche Rechtsfolge handelt, kann an dieser Stelle noch nicht abschließend beurteilt werden; die Vereinbarkeit von Wiedergutmachung und Täter-Opfer-Ausgleich mit den Strafzwecken wird später in dieser Arbeit ausführlich untersucht[289], anschließend ist auf diesen Ansatz ROXINs zurückzukommen.

Nach KANT bildet das Strafrecht „das Recht des Befehlshabers gegen den Unterwürfigen, ihn wegen seines Verbrechens mit einem Schmerz zu belegen"[290]. KANT setzt dabei den Akkusationsprozess voraus[291]. Er verdeutlicht auf diese Weise, dass jede Übelszufügung seitens des Staates wegen eines schuldhaften Handelns eine Strafe bildet, mag auch die dahinterstehende Absicht eine Besserung des Täters sein[292]. Für KANT ist das Strafrecht stets mit der Ausübung von Zwang verbunden[293]. Definiert man das Strafrecht so, können die Auflagen gemäß § 153a I 2 StPO keine Strafen darstellen, weil sie nicht angeordnet, sondern konsensual angestrebt werden. Beschuldigter und

---

[285] Gleicher Ansicht ist Roxin a. a. O. S. 246.
[286] Unter 6.4.2 in dieser Arbeit
[287] Übereinstimmend Roxin a. a. O. S. 246
[288] Vergleiche Roxin a. a. O. S. 249
[289] Unter 6.4 in dieser Arbeit
[290] Kant Metaphysik der Sitten S. 158 ff
[291] Siehe Mayer a. a. O. S. 63
[292] Vergleiche Mayer a. a. O. S. 63
[293] Kant Metaphysik der Sitten S. 36

6 Täter-Opfer-Ausgleich und Rechtsstaat

Staatsanwaltschaft müssen mit diesem Vorgehen einverstanden sein. Leistet der Beschuldigte die Geldsumme nicht, so wird das Strafverfahren weitergeführt, eine Sanktionierung der Weigerung, nach § 153a I 2 StPO zu verfahren, erfolgt nicht. Bereits hieraus ergibt sich, dass nicht einseitig durch den Staat ein Übel angeordnet wird, wie dies nach KANT im Rahmen des Strafrechts erforderlich wäre. Nach der KANTianischen Strafrechtsdefinition unterfallen die Auflagen daher nicht diesem Rechtsgebiet.

KANT geht jedoch davon aus, dass derjenige, welcher dem Recht zuwider handelt, Rechtszwang erfahren muss. Für ihn ist das Recht unverletzlich; er verbindet das Recht im Allgemeinen mit der Befugnis zu zwingen[294], es besteht für ihn gerade in der Möglichkeit der Ausübung wechselseitigen Zwangs. KANT führt als Beispiel dazu einen Gläubiger an, der von seinem Schuldner die Bezahlung der Schuld fordere[295]. Damit erläutert er, dass Rechtszwang für ihn nicht bedeutet, dass ein Rechtsanspruch in jedem Fall realisiert werden müsse, sondern lediglich, dass der Schuldner im Falle der Nichtleistung mit Konsequenzen rechnen müsse. Wenn nun Täter-Opfer-Ausgleich und Wiedergutmachung als Auflage gemäß §§ 153a, b StPO nicht erzwungen werden können, so spricht diese Tatsache, das kantianische Rechtsverständnis vorausgesetzt, nicht zwangsläufig gegen ihre Einordnung in das Strafrecht. Eine Abgrenzung von Strafrecht und Zivilrecht in Bezug auf Wiedergutmachung und Täter-Opfer-Ausgleich anhand dieser Äußerung KANTs erscheint nicht möglich.

Die typische Rechtsfolge des Strafrechts ist die Strafe; diese wurde bereits oben annäherungsweise bestimmt als Regulieren des Bruchs einer Strafrechtsnorm durch eine den rechtlich Verantwortlichen treffende strafrechtliche Maßnahme[296]. Eine Strafe ist anerkanntermaßen ein Übel als Rechtsfolge der Tat, das nach formeller Unrechtsfeststellung durch ein staatliches Gericht autoritativ in Form von öffentlicher Missbilligung der inkriminierten Handlung verhängt wird[297]. Soweit ZACZYK darlegt, die Übelszufügung sei kein

---

[294]Siehe Kant a. a. O. S. 36
[295]Vergleiche Kant a. a. O. S. 37
[296]Unter 2.9; im Falle schuldloser Tatbegehung können dem Täter Maßregeln auferlegt werden.
[297]So statt vieler Hauschild Die positive Generalprävention und das Strafverfahren S. 23ff; Spendel Zur Lehre von Strafmaß S. 71ff bestimmt den Begriff der Strafe ebenso, weist jedoch darauf hin, dass dies im Hinblick auf Zweck und Grund der Strafe nicht vollständig und hinreichend sei (S. 84).

6.2 Abgrenzung von Strafrecht und Zivilrecht

Wesensmerkmal der Strafe[298], wird diese Aussage dahin relativiert, bereits in der Strafe als solcher liege eine Leidzufügung gegenüber dem Täter[299]. Zumindest erfolgt dadurch, dass der Täter einer Strafe unterworfen wird, eine Behandlung als Ungleicher im Verhältnis zu den anderen[300]. Er wird insofern nicht als gleichwertiges vernünftiges Mitglied der Gemeinschaft behandelt, sondern als Gewaltunterworfener, an dem eine Strafe vollzogen wird. Die Strafe erfüllt zumindest in dieser Hinsicht eine Missbilligungsfunktion[301], enthält einen Zwangseingriff und eine Belastung des Beschuldigten[302]. In ihr liegt ein sittliches Unwerturteil, eine Missbilligung des Verhaltens des Täters[303]. Dem Delinquenten wird seitens der Rechtsgemeinschaft ein Vorwurf gemacht, nämlich, sich nicht rechtmäßig verhalten und dadurch eine Position außerhalb der Gesellschaft eingenommen zu haben[304]. Das entsprechende gesellschaftskonforme, ethische und soziale Handeln wird also durch das Recht erzwingbar, wenn auch das Recht nicht als Kodifikation der allgemeinen Sittengesetze aufgefasst werden kann[305]. Indem dem Täter sein Fehlverhalten vorgeworfen wird, wirkt die Strafe auch sozialethisch diskriminierend[306]. Sie beinhaltet ein Element des Inkommensurablen, der Delinquent soll höchstpersönlich getroffen werden[307]. Das klassische Eingriffsobjekt der modernen Kriminalstrafe ist die persönliche Freiheit; im Bereich der Geldstrafe ist das Erfordernis der persönlichen Betroffenheit aus praktischen Gründen inzwischen abgeschwächt, denn wie will man überprüfen, ob die Geldstrafe aus

---

[298] Siehe Zaczyk Das Strafrecht in der Rechtslehre Fichtes S. 128; Lampe Strafphilosophie S. 169 ist ebenfalls der Ansicht, die Übelszufügung sei der Strafe nicht wesenseigen. Er kommt zu dem Schluss, der Täter empfinde die Strafe als Übel. Warum die Strafe dann jedoch objektiv kein Übel darstellen soll, vermag er nicht schlüssig zu begründen. Lampe nimmt Bezug auf den Ausgleichscharakter der Strafe und behauptet, sie sei Mittel zur Entstörung und insoweit ein Gut; diese Ansicht unterliegt den gegen die Sühnetheorie erhobenen Einwänden, vgl. unter 6.4.1
[299] Zaczyk a. a. O. S. 128
[300] Vergleiche Zaczyk a. a. O. S. 128
[301] Vertiefend dazu Neumann/Schroth Neuere Theorien von Kriminalität und Strafe S. 6ff m. w. N.
[302] So auch SK-Weßlau § 153a StPO Rn. 7f
[303] Siehe Benda Vom Sinn menschlichen Strafens S.17f; ähnlich geht Noll Ethische Begründung der Strafe S. 18 davon aus, dass die Strafe durch Missbilligung des Rechtsbruchs das Recht manifestiert und so eine repressive Funktion erfüllt.
[304] Vergleiche Benda a. a. O. S.17f
[305] Instruktiv Benda a. a. O. S.17f
[306] Näher dazu Stree Deliktsfolgen und Grundgesetz S. 51f m. w. N.
[307] So bereits Binding Die Normen und ihre Übertretung S. 284f

6 Täter-Opfer-Ausgleich und Rechtsstaat

persönlichen Mitteln unter Verzicht geleistet oder das Geld von einem Dritten zur Verfügung gestellt wird?!

Auflagen wie Wiedergutmachung und Täter-Opfer-Ausgleich werden vom Beschuldigten als Übel aufgrund des Tatvorwurfs empfunden und auch deshalb seitens der Strafverfolgungsbehörden angeordnet, denn letztlich können diese das öffentliche Interesse an der Strafverfolgung und der Sanktionierung beseitigen[308]. Die Wiedergutmachung deckt dabei den Bereich der quantifizierbaren, reparablen Schäden ab; im Rahmen des Täter-Opfer-Ausgleichs soll der Beschuldigte ebenso persönlich getroffen werden wie mit einer Strafe. Hier werden über den finanziellen Aspekt hinaus ein zwischenmenschlicher Ausgleich und eine Versöhnung angestrebt, die nicht erzwungen werden können und dürfen. Es handelt sich um freiwillige Ausgleichsleistungen[309], wobei es nicht darauf ankommt, aus welchem Motiv er dazu bereit ist, diese Leistungen zu erbringen[310]. Darüber hinaus stellt die Auflage ein Angebot an den Beschuldigten dar, wie er unter Vermeidung des Strafverfahrens den Konflikt bereinigen kann, so dass es hier zunächst am für eine Strafe charakteristischen Zwang fehlt.

Überdies wird kein autoritatives Unwerturteil getroffen, denn der Beschuldigte muss mit der Verfahrensweise gemäß §§ 153a, b StPO einverstanden sein und die von ihm verlangte Leistung auch tatsächlich erbringen[311]. Er hat also in jeder Verfahrenslage die Möglichkeit, sein Einverständnis mit der beabsichtigten Behandlung seines Falles zu verweigern. So wird er schon die Auflagenerteilung oder aber deren Erfüllung verhindern mit der Folge, dass das reguläre Strafverfahren mit Schuldfeststellung gegen ihn stattfindet. Es handelt sich um ein Beendigungsverfahren mit freiwilliger Selbstunterwerfung, wobei die Auflage den Charakter einer besonderen nichtstrafrechtlichen Sanktion haben soll[312]. Andere charakterisieren das Verfahren nach § 153a I 2 StPO als Verfahrenstyp mit kooperativer Verfahrensbeendigung, um zu verdeutlichen, dass es auf eine Unrechtseinsicht des Beschuldigten nicht an-

---

[308] Siehe statt vieler LR(25)-Beulke § 153a Rn. 8
[309] So auch Roxin Neue Wege der Wiedergutmachung S. 373f; BGHSt 28, 172ff, 176f m. w. N.
[310] Vergleiche LR(25)-Beulke § 153a Rn. 9
[311] So unter anderem SK-Weßlau § 153a StPO Rn. 7; BGHSt 28, 172ff, 176f m. w. N.
[312] Begrifflichkeiten bei KMG § 153a Rn 12; BGHSt 28, 172ff, 176 m. w. N.

6.2 Abgrenzung von Strafrecht und Zivilrecht

kommt; sie erblicken darin sogar vertragsähnliche Elemente[313]. Es entstehen dem Beschuldigten durch eine Verweigerung der Zustimmung keine Nachteile, das Verfahren gegen ihn wird regulär fortgesetzt[314]. Ein repressiver Sanktionsgehalt besteht nicht, so dass es sich auf den ersten Blick nicht um Strafen handelt[315].

Zu berücksichtigen ist jedoch darüber hinaus, dass der Beschuldigte sich subjektiv einem Entscheidungsdruck ausgesetzt sehen kann, wobei die Entscheidung durch den ungewissen Ausgang des Strafverfahrens erschwert wird; mag dies auch nicht mit der Ausübung von Zwang zu verwechseln sein[316], bestehen aufgrund der institutionellen Vermittlung eines Entscheidungsdrucks durchaus Zweifel an der Freiheit der Entscheidung des Beschuldigten[317]. Dieser wird von Seiten der Staatsanwaltschaft und des Gerichts oft eindringlich darauf hingewiesen, dass mit einer Verurteilung im Strafverfahren erhebliche Kosten, verursacht durch Auslagen wie Zeugengelder, aber auch Gebühren des Gerichts und eines ggf. eingeschalteten Rechtsanwalts, verbunden seien. Dem Beschuldigten kann dabei verdeutlicht werden, dass mit seiner Verurteilung zu rechnen sei und der Täter-Opfer-Ausgleich bzw. die Wiedergutmachung für ihn der kostengünstigste und vernünftigste Weg sei. Ist ein Beschuldigter nicht anwaltlich vertreten, erscheint ein subjektiv empfundener Entscheidungsdruck hinsichtlich dieser ihm vom Gericht aufgezeigten Alternative möglich. Aus diesem Grund werden Richter und Staatsanwaltschaft besonderes Augenmerk darauf legen müssen, anwaltlich nicht vertretene Beschuldigte über die Freiwilligkeit der Teilnahme und die Folgenlosigkeit der Mitwirkungsverweigerung zu belehren. Keinesfalls darf für einen Beschuldigten subjektiv der Eindruck entstehen, keine echte Wahl zu haben. Es muss stets klar sein, dass mit dem Ausgleich des verursachten Schadens Möglichkeiten bestehen, die für ein begangenes Unrecht an sich verwirkte Strafe zu verringern. Unter diesen Umständen kann davon ausgegangen werden, dass der Beschuldigte ohne Zwang entscheidet, ob er sich auf einen Täter-Opfer-Ausgleich einlassen möchte oder nicht. So handelt es sich bei den Auflagen

---

[313]So LR(25)-Beulke § 153a Rn. 10
[314]Ebenso SK-Weßlau § 153a StPO Rn. 7f
[315]Vertiefend BGHSt 28, 69ff, 70; 28, 174ff, 176; LR(25)-Beulke § 153a Rn. 8ff m. w. N.
[316]So verkürzt darstellend SK-Weßlau § 153 a StPO Rn. 7f
[317]Vergleiche zur Freiwilligkeit des Beschuldigten ausführlich unter 6.4.1 und 8.1.5

des § 153a I 2 StPO um nicht erzwungene Leistungen und damit keine Strafen. Nach WEßLAU ist bei der Bestimmung des Charakters einer staatlichen Reaktion nicht auf die körperliche oder materielle Belastung durch die jeweilige Maßnahme und das damit verbundene sozialethische Unwerturteil abzustellen, denn zirkuläre Argumentationen sind zu vermeiden[318]. Die materielle Auslegung des Art. 92 GG erfordert nämlich, dass der Gesetzgeber nicht darüber disponieren können soll, welche Entscheidungsbereiche dem Richter vorbehalten bleiben; dies wäre aber die Konsequenz, wenn man den Strafcharakter der Maßnahme an die Schuldfeststellung oder das sozialethische Unwerturteil anknüpft, denn der Gesetzgeber könnte dann durch die Ausgestaltung der staatlichen Reaktion darüber entscheiden[319]. Entscheidend ist vielmehr der mit der Maßnahme verfolgte Zweck, der nicht mit der Ahndung kriminellen Unrechts umschrieben werden kann[320]. Im Vordergrund steht dabei das Fehlen eines hoheitlichen Vorgehens gegen den Tatverdächtigen, dem sich so die Möglichkeit bietet, durch freiwillige Leistungen ein Ahndungsbedürfnis zu beseitigen und den Einsatz der Strafgewalt abzuwenden[321]. Damit stellen die Auflagen auch nach dieser Auffassung keine Kriminalstrafe dar.

Festzuhalten bleibt, dass Täter-Opfer-Ausgleich und Wiedergutmachung keine Strafe darstellen, obwohl es sich um strafrechtliche Regelungen handelt. Es wird kein autoritatives Unwerturteil getroffen, sondern eine nicht erzwungene Leistung des Beschuldigten erbracht, um das Strafverfahren zu beenden und den Rechtsfrieden wiederherzustellen.

6.2.2 Das Zivilrecht und die Wiedergutmachung

Das Zivilrecht legt im Gegensatz zum Strafrecht das Augenmerk auf den Anspruch eines individuellen Opfers sowie die Kompensation der bei diesem zurechenbar verursachten schadensgleichen Verluste[322] und stützt sich auf das Prinzip der Gleichordnung der Parteien. Der Schutz des Einzelnen ist von

---

[318] Näher dazu SK-Weßlau § 153a StPO Rn. 7f
[319] Vergleiche SK-Weßlau § 153a StPO Rn. 7f
[320] Ebenso SK-Weßlau § 153a StPO Rn. 7f
[321] Siehe SK- Weßlau § 153a StPO Rn. 7f
[322] Siehe statt vieler Binding Die Normen und ihre Übertretung S. 230; Frehsee a. a. O. S. 29

6.2 Abgrenzung von Strafrecht und Zivilrecht

den Normen des Zivilrechtes beabsichtigt[323]. Die Leistung von Schadensersatz soll den widerrechtlichen Zustand, der durch den Übergriff auf Rechte eines anderen entstanden ist, kompensieren und den rechtmäßigen Zustand wieder herstellen.

Die Wiedergutmachung stellt auch einen Ausgleich der vom Opfer erlittenen Schäden dar und könnte daher vordergründig als Privatstrafe und damit dem Zivilrecht zugehörig betrachtet werden[324]. Der Täter-Opfer-Ausgleich und die Wiedergutmachung zielen aber, wie oben bereits ausgeführt, auch auf einen Ausgleich der durch die Tat verletzten Rechtsordnung ab. Die Leistung im Rahmen der Wiedergutmachung kann ebenso gut zugunsten des Verletzten wie zugunsten einer gemeinnützigen Einrichtung erfolgen, denn entscheidend ist nicht der dem Verletzten entstandene Schaden und dessen Ausgleich, sondern die Kompensation der Verletzung der Rechtsordnung. Es wird geregelt, was der Täter zahlen kann, nicht aber, was das Opfer verlangen darf, wie dies bei zivilrechtlichen Ansprüchen der Fall ist[325]. Überdies unterschiedet sich die Wiedergutmachung von der zivilrechtlichen Verpflichtung zum Schadensersatz erheblich, denn erstere ist viel umfassender. Wiedergutmachung erstreckt sich beispielsweise auf gemeinnützige Arbeiten, Zahlungen an gemeinnützige Einrichtungen, Geschenke an den Verletzten, Entschuldigungen und Versöhnungsgespräche, alles Leistungen, die zivilrechtlich nicht geschuldet sind[326]. Es handelt sich daher nicht um zivilrechtliche Regelungen. Sie stellen insofern gegenüber der zivilrechtlichen Verpflichtung zur Herausgabe der Sache sowie der Zahlung von Schadensersatz und Schmerzensgeld ein *aliud* dar.

6.2.3 Die Wiedergutmachung und damit verbundene zivilrechtliche sowie strafrechtliche Zwecke

Gemeinsamkeiten zwischen Strafrecht und Zivilrecht bestehen dort, wo der strafrechtlichen Wiedergutmachung neben strafrechtlichen Zwecken auch bürgerlich-rechtliche Schadensausgleichsfunktionen zugewiesen werden[327].

---

[323] So bereits Von Liszt Die Deliktsobligationen im System des BGB S. 3
[324] Vergleiche Wiese Der Ersatz des immateriellen Schadens S. 56
[325] So auch Frehsee a. a. O. S. 241f
[326] Übereinstimmend Roxin Zur Wiedergutmachung im Sanktionensystem S. 248f
[327] Vertiefend Frehsee Schadenswiedergutmachung als Instrument strafrechtlicher Sozialkontrolle S. 45ff

6 Täter-Opfer-Ausgleich und Rechtsstaat

Bereits VON LISZT stellte hierzu fest, dass die strafrechtliche Verfolgung des Täters auch dem Genugtuungsinteresse des Verletzten diene[328] und umgekehrt der Schadensersatz zugleich dem Schutz der öffentlichen Rechtsordnung, so dass hier Verschränkungen der jeweiligen Rechtsfolgen bestehen[329]. VON LISZT setzt sich für die Schaffung eines einheitlichen Deliktsbegriffs ein, der in Anlehnung an das Strafrecht zu bestimmen sei[330]. Einheitliche Rechtsfolge des Unrechts soll die Genugtuung für den Eingriff in eigene Rechtsgüter sein[331]. Man könnte die Befürchtung hegen, die strafrechtliche Begriffsbestimmung des Unrechts führe zu einer Verwischung der Grenzen zwischen den Rechtsgebieten; dies beabsichtigt VON LISZT jedoch nicht. Er möchte lediglich den Begriff des Unrechts einheitlich definieren; strafrechtliche Relevanz erhält ein deliktisches Verhalten erst durch die Verletzung der im jeweiligen Tatbestand des StGB vertypten Gebote bzw. Verbote[332]. Insofern besteht nach wie vor ein Unterschied zwischen strafrechtlichem Unrecht und zivilrechtlichem deliktischen Verhalten.

BINDING geht von einem einheitlichen Deliktsbegriff aus, unter den sowohl das zivilrechtliche Delikt als auch die Straftat zu subsumieren seien[333]. Der Unterschied liege primär in der Entscheidung des Gesetzgebers, die eine Verhaltensweise unter Strafe zu stellen und die Rechtsfolgen der anderen Pflichtverletzung dem Zivilrecht zu überlassen[334]. Einen qualitativen Unterschied zwischen diesen Deliktsformen sieht BINDING nicht[335]. Daran ist zunächst richtig, dass der Gesetzgeber einen gestalterischen Spielraum hat und in gewissen Grenzen entscheiden kann, ob eine Verhaltensweise unter Strafe gestellt wird oder nicht. Er kann aus Zweckmäßigkeitserwägungen die Entscheidung treffen, von einer tatbestandsmäßigen Erfassung des Unrechts abzusehen. Bei seiner Abwägung hat der Gesetzgeber zu beachten, dass nicht

---
[328] Siehe Von Liszt Lehrbuch des Strafrechts S. 7f
[329] Vergleiche Von Liszt Die Deliktsobligationen im System des BGB S. 1ff; Frehsee a. a. O. S. 1
[330] So Von Liszt a. a. O. S. 3ff; ders. Grenzgebiete zwischen Privatrecht und Strafrecht S. 26f
[331] Von Liszt Die Deliktsobligationen im System des BGB S. 5f; anders in Grenzgebiete zwischen Privatrecht und Strafrecht S. 27, wo Von Liszt zwischen Strafe und Genugtuung einen begrifflichen Gegensatz sieht, die Begriffe aber unter die Bekämpfung des Unrechts subsumiert und so einem gemeinsamen Ziel zuführt.
[332] Von Liszt Die Deliktsobligationen im System des BGB S. 3ff
[333] Siehe Binding Die Normen und ihre Übertretung S. 259ff
[334] Vergleiche Binding a. a. O. S. 174f
[335] Binding a. a. O. S. 259ff, 264

6.2 Abgrenzung von Strafrecht und Zivilrecht

jedes Verhalten beliebig unter Strafe gestellt werden kann. Auch für die Legislative gilt das verfassungsrechtlich verankerte Übermaßverbot, aus dem sich die *ultima-ratio*-Natur des Strafrechts ableitet. Strafrechtlich geschützt werden dürfen nur diejenigen Rechtsgüter, welche die elementaren Werte und Grundlagen des Gemeinschaftslebens schützen[336]. Das Strafrecht kann und darf also nur diejenigen Rechts- sowie Freiheitsverletzungen, auf die sich der Mensch aufgrund seiner Gemeinschaftsbezogenheit nicht einstellen kann und vor denen er daher keine Vorsorge treffen kann, verbieten[337]. Voraussetzung der Schaffung einer Strafrechtsnorm ist das Vorliegen von strafbegründendem Unrecht, das nach verschiedenen Ansätzen bestimmt werden kann[338]. Soweit der Gesetzgeber sich unter Ausübung des ihm zustehenden Gestaltungsspielraumes dazu entscheidet, ein unter Zugrundelegung der obigen Definition strafwürdiges Verhalten nicht unter Strafe zu stellen, bleibt der Verhältnismäßigkeitsgrundsatz gewahrt[339]. Wenn jedoch die Legislative z. B. den Vertragsbruch pönalisierte, verstieße sie gegen ihre Bindung an Recht und Gesetz aus Art. 1 GG. Der Gesetzgeber ist also nicht völlig frei darin, Verhaltensweisen unter Strafe zu stellen. BINDING und VON LISZT ist aber beizupflichten, dass für einen einheitlichen Deliktsbegriff das Bestehen eines einheitlichen Rechtswidrigkeitsbegriffes sowie die Einheit der Rechtsordnung sprechen[340]. Damit ist jedoch keine Aussage über die Voraussetzungen strafbaren Verhaltens getroffen, die sich von denen des rechtswidrigen, strafrechtlich jedoch irrelevanten Verhaltens unterscheiden können.

Der Große Zivilsenat des BGH hat entschieden, dass der aus § 847 BGB folgende Schmerzensgeldanspruch des Opfers neben dem Schadensausgleich auch dem Genugtuungsinteresse des Verletzten diene[341]; der Anspruch aus

---

[336] Siehe statt vieler Jescheck Strafrecht AT § 3 I; BVerfGE 39, 1ff, 46; 88, 203ff, 257
[337] So auch Zaczyk Strafrechtliches Unrecht und die Selbstverantwortung des Verletzten S. 30f sowie ders. Das Strafrecht in der Rechtslehre Fichtes S. 99ff, 103
[338] Ausführlich Lampe Strafphilosophie S. 122ff m. w. N., der auf sozialpsychische, soziokulturelle und juristische Aspekten hinweist, indem er erläutert, durch Strafe werde abweichendes Verhalten den Wertvorstellungen angepasst, soweit dieses dem sozialethischen Minimum zuwiderlaufe und deshalb Strafe verdiene, strafbedürftig sowie strafwürdig sei.
[339] Zu diesem Ergebnis kommt auch Lampe a. a. O. S. 127ff, der jedoch zu Recht betont, dass der Gesetzgeber sich bei seiner Entscheidung am gemeinen Wohl orientieren und deshalb die Sicherheit der Bürger, den Schutz ihrer Rechte und die Fürsorge für ihre sozialen Belange beachten müsse.
[340] Vergleiche Jescheck a. a. O. § 31 III; T/F vor § 32 Rn. 1, 1a, 2 m. w. N.
[341] BGHZ 18, 149

6 Täter-Opfer-Ausgleich und Rechtsstaat

§ 847 BGB sei ein Anspruch eigener Art mit doppelter Funktion. Die Ausgleichsfunktion des Schmerzensgeldanspruchs könne vollends zurück treten, wenn geistige Fähigkeiten und physisches Empfinden des Verletzten ausgeschaltet seien, so dass ein Ausgleich nicht erfolgen könne; in diesem Fall werde ein Schmerzensgeldanspruch des Verletzten ausschließlich mit der Genugtuung begründet[342]. Der Begriff der Genugtuung bezeichnet in diesem Zusammenhang eine Art Buße, bei der das Verschulden des Schädigers berücksichtigt wird; insofern kann dem zivilrechtlichen Schadensersatzanspruch auch pönale Funktion zukommen.

Nach der Entscheidung des Bundesverfassungsgerichts liegt hierin kein Verstoß gegen Bestimmungen des Grundgesetzes[343]. Eine Genugtuung ist dem Geschädigten nur zuzusprechen, wenn der Schädiger schwer schuldhaft gehandelt hat oder eine erhebliche Beeinträchtigung des Persönlichkeitsrechts gegeben ist, also beispielsweise leichtfertig und aus kommerziellen Gründen in das Persönlichkeitsrecht eingegriffen worden ist[344]. Soweit aus Gründen der Genugtuung ein Ersatz immaterieller Schäden zu leisten ist, handelt es sich um eine zivilrechtliche Regelung und keine Strafe, mögen auch pönale Elemente beinhaltet sein[345].

Es liegt nahe, dass das Zivilrecht auch pönale und präventive Elemente beinhaltet, da das zivilrechtliche Deliktsrecht dem römischen Privatstrafrecht entstammt, aus dem sich in unserer Rechtsordnung das (öffentlich-rechtliche) Strafrecht und das (zivilrechtliche) Deliktsrecht entwickelt haben. Eine saubere Trennung von Strafrecht und Zivilrecht kann daher gerade im Bereich des Deliktsrechts nur schwer erfolgen. Dennoch kann anhand der oben vorgenommenen Abgrenzung zwischen den Rechtsgebieten der Schadensersatz, mag er auch aufgrund der Genugtuungsfunktion für immaterielle Schäden zu leisten sein, eindeutig dem Zivilrecht zugeordnet werden. Es handelt sich um einen Anspruch des Geschädigten auf Ausgleich der ihm entstandenen Schäden; Nutznießer der Leistung ist nicht der Staat oder die Gemeinschaft, sondern das Opfer und das Ziel der Leistung ist in erster Linie die Restitution von dessen Individualinteressen. Da jedoch im Rahmen der Genugtuung auf

---

[342] BGH in NJW 1976, 1147
[343] BVerfGE 34, 269ff
[344] BVerfGE 34, 269ff, 275
[345] BVerfGE 34, 269ff, 293

6.2 Abgrenzung von Strafrecht und Zivilrecht

das Ausmaß des Verschuldens des Täters abgestellt wird und in gewissem Umfang pönale Interessen verfolgt werden sowie die Wiederherstellung des Rechtsfriedens beabsichtigt ist, erfolgt die Leistung nicht nur zugunsten des Opfers, sondern liegt unter anderem im Interesse der Gemeinschaft, wie VON LISZT erläutert[346]. Es gibt also Leistungen, die zwar dem Zivilrecht zuzuordnen sind, als Nebenfunktion dennoch strafrechtliche Wirkung entfalten können.

HIRSCH hält diese Entscheidung des BGH unter dem Gesichtspunkt eines Verstoßes gegen die Grundsätze *nulla poena sine lege* (Keine Strafe ohne gesetzliche Bestimmung), *ne bis in idem* (Verbot der Doppelbestrafung) und wegen der zivilrechtlichen Beweislastregeln das nur im Strafrecht geltende Prinzip *in dubio pro reo* für sehr bedenklich[347]. Zu ergänzen wäre noch ein möglicher Verstoß gegen das Recht auf den gesetzlichen Richter, denn der Zivilrichter ist nicht zuständig zur Aburteilung strafrechtlich relevanten Fehlverhaltens, ebenso wenig wie umgekehrt der Strafrichter zur Entscheidung über den zivilrechtlichen Schadensersatzanspruch berufen ist. Eine Verletzung des Doppelbestrafungsverbotes durch die Verurteilung zur Leistung von zivilrechtlichem Schadensersatz neben einer strafrechtlichen Verurteilung sieht BARNSTORFF[348]. Begründet wird diese Ansicht damit, dass der Schmerzensgeldanspruch auch unter Genugtuungsaspekten und wegen seiner präventiven Wirkung verhängt werde; eine faktische Anerkennung dieses Verstoßes erfolge durch die Rechtsprechung, wenn Schmerzensgeldzahlungen und staatliche Strafe aufeinander angerechnet würden[349].

Tatsächlich führt jedoch die bloße Tatsache einer Anrechnung von Zahlungen nicht zu einer Anerkennung eines Verstoßes gegen das Doppelbestrafungsverbot. Die Anrechnung erfolgt schon im Hinblick auf § 153a I 2 StPO sowie §§ 46, 46a StGB, aus denen sich die Möglichkeit einer Strafmilderung hin zum Absehen von einer Strafe ergibt. Dies kann und darf jedoch nicht dazu führen, dass eine etwa zu verhängende Geldstrafe um den Betrag ermäßigt wird, der als Wiedergutmachung an den Verletzten geleistet wurde; die Verringerung der Strafe darf nicht derart mathematisch bestimmbar sein,

---

[346]Siehe Von Liszt Die Deliktsobligationen im System des BGB S. 3ff
[347]So Hirsch Zur Abgrenzung von Strafrecht und Zivilrecht S. 304-327
[348]Vergleiche Barnstorff NStZ 1985, S. 68
[349]Barnstorff a. a. O. S. 68 m. w. N.

6 Täter-Opfer-Ausgleich und Rechtsstaat

sondern kann nur im Wege einer doppelspurigen Indizkonstruktion Berücksichtigung finden. Das bedeutet, dass Nachtatverhalten sich nur insofern auf die Strafhöhe auswirkt, als es Rückschlüsse auf die Tat und den Gemütszustand des Beschuldigten zu diesem Zeitpunkt zulassen[350]. Zu beachten ist ferner, dass das Zivilrecht ebenso wie das Strafrecht dem Ziel einer Ordnung des Gemeinschaftslebens dient. Zivilrechtliche Regelungen sind schon aufgrund der *ultima-ratio-Natur* des Strafrechts vorrangig anzuwenden, wenn sie zur Zielerreichung genügen, da sie geringere Grundrechtseingriffe bedingen. Eine zivilrechtliche Regelung, die auch präventive Ziele verfolgt, ist also unproblematisch zulässig und wandelt sich nicht durch die Verfolgung von dem Strafrecht zugeordneten Zielen zu einer strafrechtlichen Regelung.

Weiter begründet HIRSCH seine Ansicht damit, dass die Genugtuungsfunktion des Schmerzensgeldes der Sache nach eine Privatstrafe darstelle, denn wenn es sich um einen klassischen Nachteilsausgleich oder zivilrechtlichen Schadensersatz handelte, wäre eine Erhöhung wegen des Verschuldensgrades ausgeschlossen[351]. Diese aber nimmt der BGH in der oben angegebenen Entscheidung vor; die an dieser Stelle getroffenen Überlegungen bildeten in der Sache Strafzumessungserwägungen[352]. Wenn der BGH auf die Billigkeit hinweise, die eine Erhöhung des Schmerzensgeldes bei größerem Verschulden erfordere, sei dem zu entgegnen, dass der Begriff der Billigkeit in § 847 BGB aus dem Zusammenhang der dortigen Vorschriften heraus zu interpretieren sei. Danach werde Schadensersatz geschuldet; einziger Unterschied zu anderen Schadensersatzansprüchen sei die Tatsache, dass der auszugleichende Schaden keinen Vermögensschaden darstelle. Auch die Vorschrift des § 253 BGB gehe davon aus, dass es sich bei dem Schmerzensgeldanspruch um einen echten Schadensersatzanspruch handele. Da sich der immaterielle Schaden rechnerisch schwer bestimmen lasse, könne mit dem Begriff der Billigkeit nur eine Schätzung des gerechten Schadensausgleiches gemeint sein[353].

Dabei verkennt HIRSCH, dass der Schmerzensgeldanspruch eine Sonderstellung einnimmt. Dieser befindet sich im Deliktsrecht, während das allgemeine Schadensersatzrecht in §§ 249 ff BGB geregelt ist. Grundsätzlich

---
[350]Näher dazu unter 6.4.1
[351]Siehe Hirsch a. a. O. S. 307f
[352]Vergleiche Hirsch a. a. O. S. 308
[353]So Hirsch a. a. O. S. 310f

6.2 Abgrenzung von Strafrecht und Zivilrecht

ist ein Anspruch auf den Ersatz immaterieller Schäden gemäß § 251 BGB ausgeschlossen, nach § 847 BGB aber ausnahmsweise bezüglich des Schmerzensgeldes zugelassen. Die Ausnahmevorschrift des § 847 BGB ist daher nicht einfach in einen Zusammenhang mit den §§ 249ff BGB zu stellen. Auch widerspricht die Erläuterung des Begriffs der Billigkeit nicht der vom BGH angenommenen Deutung. Natürlich ist der Schmerzensgeldanspruch als Ausgleich für immaterielle Schäden rechnerisch schwer zu bestimmen und aus diesem Grunde zu schätzen; diese Schätzung hat nicht nach freiem Belieben zu erfolgen, sondern nach dem, was billig und gerecht ist. So kann auch das größere Verschulden des Verletzens anspruchserhöhend berücksichtigt werden, soweit dies der Billigkeit entspricht.

Nach HIRSCH sei das Argument, die Sühne stelle hier ein Mittel zum Zweck dar, um den Verletzten zu besänftigen, sei also nicht Selbstzweck, nicht tragend. Es handle sich nach dieser Begründung um eine (römischrechtliche) Privatstrafe, die nicht passiv vererblich sei[354]. Wie bereits oben ausgeführt, entstammt das Deliktsrecht dem römisch-rechtlichen Privatstrafrecht; naturgemäß wird daher in einigen Begründungen des Schmerzensgeldanspruchs auf die Ursprünge und damit eben das Privatstrafrecht Bezug genommen.

Ferner wird ausgeführt, die Sühne sei vom Schadensausgleich zu trennen, da ansonsten der gesamte Schmerzensgeldanspruch *contra legem* passiv höchstpersönlich werde und im Übrigen eine Versicherung gegen Schmerzensgeldforderungen dann unmöglich werde[355]. Diese Forderung wird sich jedoch praktisch kaum jemals durchsetzen lassen. Der Richter wägt sämtliche Umstände ab und gelangt auf diesem Wege zu der Bestimmung eines im konkreten Einzelfall angemessenen Schmerzensgeldes. Berücksichtigt wird dabei auch die psychische Wirkung des Delikts auf den Geschädigten, die aus dem objektiven Erfolg und dem Verschulden des Schädigers resultiert[356]. Dieser Vorgang würde unnatürlich aufgespalten, forderte man die Bestimmung eines Schmerzensgeldes mit und ohne Berücksichtigung des Sühnegedankens, vom Arbeitsaufwand für unsere ohnehin überlastete Richterschaft ganz zu schweigen. Auch ist die Genugtuungsfunktion des Schmerzensgeldanspruchs

---
[354]Vergleiche Hirsch a. a. O. S. 308f
[355]Siehe Hirsch a. a. O. S. 312f
[356]BGH VersR 1961, 164f

6 Täter-Opfer-Ausgleich und Rechtsstaat

nicht zu trennen von dessen Entschädigungsfunktion[357], da beide aus der Gefühlswelt und dem psychischen Erleben des gesamten Vorfalles durch den Verletzten resultieren. Sind diese Teile des Schmerzensgeldes derart miteinander verwoben, muss der Anspruch grundsätzlich einheitlich beurteilt werden. Konsequent wird dann auch von der Rechtsprechung der Anspruch des Schädigers gegen den Versicherer auf Freistellung bejaht, ohne dass hier weitere Differenzierungen gemacht würden[358]. Danach ist die Versicherung gegen Schmerzensgeldforderungen nach wie vor möglich, da es sich beim Schmerzensgeld um einen einheitlichen Anspruch handelt; dieser wird auch nicht passiv höchstpersönlich und ist daher rechtens.

Daneben stelle, so HIRSCH weiter, die Abschreckung sowohl im Zivilrecht als auch im Strafrecht einen Normzweck dar, denn stets sei die Prävention deliktischen Verhaltens beabsichtigt, so dass anhand des Abschreckungsgedankens eine eindeutige Zuordnung der Regelung zu einem Rechtsgebiet unmöglich sei[359]. Weiter stelle die Tatsache einer Sühneleistung zugunsten des Geschädigten kein Argument für eine zivilrechtliche Regelung dar, weil nicht das Mittel der Genugtuung entscheidend sei, sondern die Art der vom Schädiger zu erbringenden Leistung. Vom Standpunkt des Schädigers aus sei der Adressat der Leistung irrelevant, entscheidend sei lediglich die Sühneleistung für die Verletzung von Ver- oder Geboten, also der Rechtsordnung, die an den Staat zu erfolgen habe[360].

Mit dieser Argumentation wäre allerdings jede Verpflichtung zur Zahlung aufgrund einer Gesetzesverletzung dem Strafrecht zuzuordnen, da eine Schadensersatzverpflichtung stets einen Normbruch zur Voraussetzung hat. Hätte der Schädiger sich rechtmäßig verhalten, so wäre er nicht zum Ersatz des daraus entstandenen Schadens verpflichtet; nur aufgrund seines Fehlverhaltens entsteht der Anspruch des Geschädigten. Auch ist für den Schädiger durchaus der Empfänger der Leistung relevant, denn nach den obigen Ausführungen kann eine Leistung an den Geschädigten als unmittelbaren Nutznießer der Leistung deren Zweck besser verdeutlichen als die Auflage einer Geldzahlung an den Staat.

---

[357] BGHZ 35, 363ff, 369
[358] BGHZ 18, 149ff, 165ff
[359] So Hirsch a. a. O. S. 314f
[360] So Hirsch a. a. O. S. 316f

6.2 Abgrenzung von Strafrecht und Zivilrecht

ROXIN weist zutreffend darauf hin, dass sich das Strafrecht zivilrechtlicher Mittel und deren Präventionswirkungen bedienen dürfe, um die Strafzwecke erfüllen zu können, ebenso wie es zulässig sei, dass sich das Zivilrecht die pönalen Elemente des Schadensersatzes nutzbar mache[361]. Die Mischung zivil- und strafrechtlicher Sanktionen stelle insofern keine Grenzverwischung dar, sondern eine Verzahnung der Rechtsgebiete, die ihrer gemeinsamen Aufgabe entspräche, soziale Konflikte möglichst schonend und friedensstiftend zu lösen[362]. Dass andere Rechtsgebiete wie Strafrecht und Verwaltungsrecht den Sachverhalt ebenfalls teilweise regeln, ist eine Tatsache, welche die rein strafrechtlichen Kriterien nicht beeinflussen darf. Die oben vorgenommene idealtypische Abgrenzung lässt in Grenzbereichen eine Überschneidung der Rechtsgebiete zu und bleibt dennoch gültig.

Wenn WALTHER diese Trennung in Frage stellen will mit dem Argument, diese sei weder historisch legitimierbar noch für die rechtlichen Aufgaben der Gegenwart und Zukunft zweckmäßig[363], ist dem entgegenzuhalten, dass eine trennscharfe Grenzziehung nur selten möglich ist. Die Verfolgung ähnlicher Ziele auf unterschiedlichem Wege durch die verschiedenen Rechtsgebiete ist durchaus möglich[364] und angesichts der gemeinsamen Aufgabe des Rechts, das soziale Zusammenleben der Menschen zu ordnen, sogar wahrscheinlich. Aufgrund der Einheit der Rechtsordnung dürfen die Rechtgebiete nicht vollständig voneinander isoliert werden[365]. Dennoch ist die auf BINDING zurückführbare Lehre aus den oben angeführten Gründen noch heute gültig.

6.2.4 Eigener Standpunkt und Ergebnis

Die Trennung von Strafrecht und Zivilrecht ist heute noch aktuell. Bei allen Gemeinsamkeiten zwischen strafrechtlichen Zielsetzungen und zivilrechtlichen Zwecken bleibt die Wiedergutmachung ein genuin strafrechtliches Instrument. Sie stellt ein Übel aufgrund der Tat dar, indem sie einer kollektiven sozialethischen Missbilligung des Täterverhaltens Ausdruck verleiht.

---

[361] Siehe Roxin Wiedergutmachung im System der Strafzwecke S. 39ff
[362] Vergleiche Roxin a. a. O. S. 46ff, 52
[363] S. Walther Vom Rechtsbruch zum Realkonflikt S. 218ff m. w. N. unter Berufung auf Bullinger
[364] Ebenso Roxin Neue Wege der Wiedergutmachung S. 369
[365] Übereinstimmend Roxin a. a. O. S. 369

Dem Beschuldigten wird verdeutlicht, dass er sich durch sein Fehlverhalten außerhalb der Gesellschaft gestellt hat. Da die Staatsanwaltschaft Art und Höhe der Wiedergutmachungsleistungen vorschlägt, erfolgt eine staatliche Reaktion auf die Straftat. Kompensiert werden soll nicht der dem Opfer entstandene Schaden, sondern der Bruch der Rechtsordnung. Die Zahlung des Beschuldigten im Rahmen des § 153a I 2 StPO erfolgt jedenfalls auch zur Beseitigung des der Einstellung des Verfahrens entgegenstehenden öffentlichen Interesses, also aus einem strafrechtlichen Leistungszweck, auf den der Geschädigte keinen Einfluss besitzt. Geregelt wird nicht, was das Opfer verlangen kann, sondern was der Beschuldigte leisten muss. Darüber hinaus kann die Leistung im Rahmen der Wiedergutmachung auch an gemeinnützige Einrichtungen oder den Staat erbracht werden, so dass es sich bei der Wiedergutmachung um eine strafrechtliche Regelung handelt.

Eine Strafe stellen die Auflagen gemäß § 153a I 2 StPO dennoch nicht dar, denn es fehlt am für die Strafe charakteristischen Zwang, weil jeweils freiwillig geleistet wird. Der Beschuldigte muss zunächst mit dieser Form der Verfahrensbeendigung einverstanden sein und anschließend die ihm auferlegte Leistung erbringen; zahlt er nicht, wird das Strafverfahren auf konventionellem Wege fortgeführt, nicht aber die Leistung zwangsweise beigetrieben. Daneben wird kein autoritatives Unwerturteil verhängt, da kein formeller Schuldspruch erfolgt, wenn auch mit der Verpflichtung des Beschuldigten zur Zahlung eine öffentliche Missbilligung der Tat zum Ausdruck kommt. Es handelt sich also um besondere strafrechtliche Sanktionen, ein kooperatives Beendigungsverfahren mit freiwilliger Selbstunterwerfung.

6.3 Der im Zuge der Wiedergutmachung auszugleichende Schaden

Ist die Trennung von Straf- und Zivilrecht und der jeweiligen Rechtsfolgen auch heute noch zweckmäßig, während Wiedergutmachung und Täter-Opfer-Ausgleich strafrechtliche Regelungen darstellen, stellt sich nunmehr die Frage, wie der strafrechtlich, also im Zuge der Wiedergutmachung auszugleichende Schaden zu bestimmen ist. Eine Möglichkeit wäre, diesen nach zivilrechtlichen Regeln zu bestimmen, so dass er mit dem zivilrechtlich geschuldeten

6.3 Der im Zuge der Wiedergutmachung auszugleichende Schaden

Schadensersatz identisch wäre. Eine andere Möglichkeit wäre die Suche nach genuin strafrechtlichen Maßstäben für die Schadensbestimmung. Daneben könnte man als dritte Option den Schaden im Wesentlichen nach zivilrechtlichen Kriterien bestimmen, davon jedoch aus Vereinfachungsgründen und zur Verfahrensbeschleunigung Ausnahmen zulassen.

Nach herrschender Meinung stellt der zivilrechtliche Schaden die Obergrenze des strafrechtlich auszugleichenden Schadens dar, der Schaden dürfe auch geschätzt werden[366], um den Strafrichter nicht mit den komplexen Einzelheiten des zivilrechtlichen Schadensersatzrechtes zu belasten. Durch die Verurteilung solle der Beschuldigte zur Erfüllung seiner zivilrechtlichen Verpflichtung angehalten werden, so dass das Bestehen eines zivilrechtlich einklagbaren Schadensersatzanspruches eine Voraussetzung für die Verhängung der entsprechenden strafrechtlichen Auflage darstelle[367].

Diese Begriffsbestimmung des Schadens, bei welcher der zivilrechtlich auszugleichende Schaden die Obergrenze der strafrechtlich anzuordnenden Wiedergutmachung darstellt, entlastet den Strafrichter nicht von der genauen Ermittlung der zivilrechtlichen Ausgleichsansprüche. Wenn eine Obergrenze besteht, so muss der Strafrichter diese kennen, um die Auflage bemessen zu können. Eine Arbeitsersparnis gelingt auf diese Weise nicht. Auch ist eine Anbindung an zivilrechtliche Schadensersatzansprüche nicht erforderlich, sondern der Schaden kann nach strafrechtlichen Maßstäben bestimmt werden, wie im Folgenden gezeigt werden wird.

6.3.1 Entwicklung und Begründung eines eigenständigen strafrechtlichen Schadensbegriffs

Es ist notwendig, einen eigenständigen strafrechtlichen Schadensbegriff zu entwickeln. Dabei orientiert sich der auszugleichende Schaden in erster Linie am Ausmaß des Verschuldens und der Leistungsfähigkeit des Beschuldigten und bezweckt erst in zweiter Linie einen Ausgleich der dem Opfer entstandenen Schäden[368]. Diese Begriffsbestimmung kann jedoch nur dann Bestand haben, wenn sie im Wege der Auslegung der Strafprozessordnung entnommen

---
[366]Siehe statt vieler KMG § 153a Rn 16
[367]Vergleiche Frehsee a. a. O. S. 237f m. w. N.; Frehsee selber ist jedoch anderer Ansicht!
[368]Instruktiv Frehsee a. a. O. S. 239ff, 248f m. w. N.; Meier JuS 1996, S. 437f

wird. Das Ziel einer solchen Auslegung ist das Erschließen des objektiven Sinnes des Gesetzes, soweit dieser in den Worten des Gesetzgebers Ausdruck gefunden hat[369]. Anerkannte Auslegungsmethoden sind die grammatikalische, die systematische, die historische sowie die teleologische Auslegung[370]; diese sollen nunmehr auf den strafrechtlichen Schadensbegriff angewendet werden.

Da bei einer Auslegung keinesfalls über den Wortsinn hinausgegangen werden darf, hat diese stets mit der Ermittlung der Wortbedeutung nach dem allgemeinen Sprachgebrauch zu beginnen[371]. Zunächst ist der Wortlaut des § 153a I 2 Nr. 5 StPO darauf zu überprüfen, ob eine eigenständige strafrechtliche Bestimmung des auszugleichenden Schadens möglich ist. „Der Ausgleich des durch die Tat verursachten Schadens" ist eine Regelung, die auf den ersten Blick offener und weiter gefasst zu sein scheint als die konkreten, von weiteren Voraussetzungen abhängenden zivilrechtlichen Ersatzansprüche[372]. Im Rahmen des Zivilrechts ist nämlich weniger der durch eine Tat verursachte Schaden als vielmehr der durch eine rechtswidrige Handlung zurechenbar bewirkte Schaden ausgleichspflichtig. Dahinter tritt zurück dass mit dem Schaden ein Fachterminus des bürgerlichen Rechts angesprochen wird, den die Rechtsprechung hinreichend ausgeformt hat. Ein Anknüpfen an strafrechtliche Maßstäbe zur Schadensbestimmung ist nach dem Wortsinn möglich, aber nicht zwingend. Mit der grammatikalischen Auslegung ergibt sich daher eine – wenn auch schwache - Tendenz zum eigenständig strafrechtlichen Schadensbegriff.

Nach der systematischen Auslegung kommt es entscheidend auf den Bedeutungszusammenhang des Gesetzes an, will man dessen Sinn näher bestimmen[373]. Diese Auslegung spricht unter dem Gesichtspunkt der Einheit der Strafrechtsordnung für eine genuin strafrechtliche Begriffsbestimmung. Die Vorschrift des § 153a I 2 StPO befindet sich mit der Strafprozessordnung in einem strafrechtlichen Gesetz und kann daher grundsätzlich unabhängig von den Begriffsbestimmungen anderer Rechtsgebiete gedeutet werden. Entschieden wird über die Erhebung der öffentlichen Klage, wie sich aus der

---

[369] So statt vieler Larenz Methodenlehre der Rechtswissenschaft S. 298ff, 305
[370] Siehe Larenz a. a. O. S. 302-349
[371] Übereinstimmend Larenz a. a. O. S. 307, 332
[372] Ebenso Frehsee a. a. O. S. 239f
[373] So statt vieler Larenz a. a. O. S. 311

6.3 Der im Zuge der Wiedergutmachung auszugleichende Schaden

Stellung der Vorschrift im ersten Abschnitt des zweiten Buches der StPO ergibt. Nach Nr. 93a RiStBV sollen unredliche Vermögensvorteile, die der Täter aus der Tat erzielt hat, durch diese Vorschrift abgeschöpft werden. Entscheidend ist danach nicht der dem Opfer entstandene Schaden, sondern der beim Täter aufgetretene Vermögensvorteil.

Auch die Art der vom Beschuldigten zu verlangenden Leistungen unterscheidet sich von denen des Zivilrechts: So soll im Rahmen des Täter-Opfer-Ausgleichs eine Aussöhnung stattfinden; der Beschuldigte kann sich im Rahmen der persönlichen Konfrontation mit dem Verletzten bei diesem entschuldigen oder Geschenke unterbreiten, um eine Versöhnung zu erreichen[374]. Darüber hinaus ist der Strafrichter nach § 153a I 2 StPO nicht lediglich dazu ermächtigt, dem Beschuldigten Leistungen zugunsten des Geschädigten aufzuerlegen; es besteht nach § 153 a I 2 Nr. 2 und 3 StPO auch die Möglichkeit, vom Beschuldigten Leistungen zugunsten der Staatskasse oder gemeinnütziger Organisationen zu verlangen. Es können daher ohne das Vorliegen von Schäden, für die das Zivilrecht Ersatzansprüche bereit stellt, Leistungen zugunsten von Empfängern bestimmt werden, die dem Zivilrecht unbekannt sind[375]. Damit spricht die Systematik für einen eigenständigen strafrechtlichen Schadensbegriff.

Soweit darauf verwiesen wird, unter dem Aspekt der Einheit der Rechtsordnung sei eine einheitliche Bestimmung der zur Schadenskompensation erforderlichen Wiedergutmachung notwendig[376], ist dem entgegenzuhalten, dass die Einheit der Strafrechtsordnung hier eine unterschiedliche Begriffsbestimmung rechtfertigt. Es ist nicht einzusehen, warum die oben erläuterte Trennung von Zivil- und Strafrecht nunmehr unter dem Aspekt der Einheit der Rechtsordnung aufgehoben werden sollte. Nach den obigen Ausführungen werden unterschiedliche Zwecke mit der straf- und der zivilrechtliche Reaktion auf den Normbruch verfolgt, die eine unterschiedliche Begriffsbestimmung rechtfertigen. Eine je nach Rechtsgebiet differierende Definition von gleichlautenden Begriffen ist unserer Rechtsordnung nicht fremd und findet sich beispielsweise beim Fahrlässigkeitsbegriff und der Kausalität, die von Straf- und Zivilrecht unterschiedlich bestimmt werden. Es handelt sich daher um

---
[374]Ebenso Meier JuS 1996, S. 437
[375]Auch hierauf wiest Meier a. a. O. hin
[376]Siehe Baur GA 1957, S. 340; Schall NJW 1977, S. 1045 m. w. N.

6 Täter-Opfer-Ausgleich und Rechtsstaat

eine zulässige Auslegung, die der Einheit der Rechtsordnung nicht widerspricht. Überdies können aus der Verletzung eines Strafgesetzes vielfältige Schäden entstehen, die nicht notwendig Gegenstand des zivilrechtlichen Schadensersatzanspruchs sein müssen; beispielhaft seien hier Beweisschwierigkeiten genannt, die aufgrund des Amtsermittlungsgrundsatzes im Strafverfahren nicht daran hindern, eine Wiedergutmachungsauflage zu verhängen[377]. Ebenso besteht nach zivilrechtlichen Haftungsregeln eine Schadensersatzpflicht nur für das negative Interesse, während strafrechtlich beispielsweise bei Betrugsfällen durchaus das positive Interesse ausgeglichen werden muss[378]. Ferner besteht bei Gefährdungsdelikten und Versuchstaten eine strafrechtliche Verantwortlichkeit des Täters, während eine zivilrechtlich relevante Rechtsgutsverletzung in der Regel noch nicht eingetreten sein wird. Daraus folgt, dass dort, wo kein Schaden an Leib oder Eigentum eingetreten sei, die Strafwürdigkeit nicht entfällt. § 823 II BGB rechtfertigt hier keine andere Betrachtungsweise, da mit dieser Vorschrift lediglich die bestehende strafrechtliche Haftung ins Zivilrecht transformiert und keine eigene Haftungsgrundlage geschaffen wird. Strafrechtliche und zivilrechtliche Unrechtshaftung decken sich also nicht; erstere kann über letztere hinausgehen. Danach kommt die systematische Auslegung zu dem Ergebnis, dass ein eigenständiger strafrechtlicher Schadensersatzbegriff anzuwenden ist. Die Bestimmung des strafrechtlich auszugleichenden Schadens kann also unabhängig von zivilrechtlichen Maßstäben erfolgen.

Die historische Auslegung knüpft an die Regelungsabsicht, Zwecke und Normvorstellungen des historischen Gesetzgebers an[379]. Eine solche Auslegungsmethode bietet sich deshalb an, weil es angesichts der Vielzahl möglicher Wortbedeutungen einen Anhaltspunkt für die vorzunehmende Auslegung bieten kann, welche Vorstellung den damaligen Gesetzgeber zur Schaffung der Norm bewogen hatte[380]. Als im Jahr 1973 die Auflage gemäß § 153a I 2 Nr. 1 StPO, den Schaden wieder gutzumachen, eingefügt wurde, sollten

---
[377] Vergleiche Grave a. a. O. S. 67f; Frehsee Schadenswiedergutmachung als Instrument strafrechtlicher Sozialkontrolle S. 241ff
[378] So auch Frehsee a. a. O. S. 242f
[379] Siehe Larenz a. a. O. S. 315ff
[380] So statt vieler Larenz a. a. O. S. 315

6.3 Der im Zuge der Wiedergutmachung auszugleichende Schaden

Gericht bzw. Staatsanwaltschaft noch die vom Beschuldigten zu erbringende Leistung festsetzen[381]. Damit stand nicht fest, dass diese Leistung an den Geschädigten zu erbringen war; die Auflage hatte eindeutigen Strafcharakter[382]. Hier spricht also auch die historische Auslegung zunächst für einen eher strafrechtlich geprägten Schadensbegriff als für einen zivilrechtlich zu bestimmenden. 1994 wurde der Täter-Opfer-Ausgleich nach § 153a I 2 Nr. 5 StPO durch das Verbrechensbekämpfungsgesetz in die StPO übernommen. Beabsichtigt war eine Stärkung der Belange des Opfers[383], ohne dass auf die Art der Ausgleichsleistungen oder ihre Rechtsnatur eingegangen wurde. Aufschlussreich ist jedoch die Gesetzesbegründung zu § 46a StGB, wonach dem Opfer sinnvolle materielle und immaterielle Hilfen durch Schadenskompensation und Wiedergutmachung angeboten werden sollen[384]. Hier wird ein Bezug zu Vermögenswerten des Opfers hergestellt, der auf einen nach zivilrechtlichen Maßstäben auszugleichenden Schaden hindeutet[385]. Auch die Neufassung von § 56b II StGB, die ebenfalls mit dem Verbrechensbekämpfungsgesetz erfolgte und der Wiedergutmachung grundsätzlich Vorrang vor der Geldauflage einräumt, deutet auf einen zivilrechtlichen Schadensbegriff hin. Aufgrund besonderer Umstände soll nämlich eine Geldauflage zugunsten einer gemeinnützigen Einrichtung trotz Bestehen eines materiellen Schadens erfolgen, wenn z. B. der Beschuldigte aufgrund seiner günstigen finanziellen Situation die Schadensersatzverpflichtung ohne weiteres erfüllen kann[386]. Hier soll dann zusätzlich zum (ohnehin geschuldeten) Schadensausgleich eine weitere Sanktionierung durch die Geldauflage erfolgen[387]. Danach ging der historische Gesetzgeber grundsätzlich davon aus, dass die (strafrechtliche) Wiedergutmachung der Erfüllung von (zivilrechtlichen) Schadensersatzverpflichtungen entspricht; die Wiedergutmachungsauflage sollte zur Durchsetzung zivilrechtlich bestehender Ansprüche eingesetzt werden[388]. Diese historische Auslegung spricht für eine Anbindung des strafrechtlichen Schadens-

---

[381] Siehe BT-Drucksache 7/5550, S. 298
[382] Ebenso Oehlmann Die Anrechnung von Wiedergutmachungsleistungen S. 59f
[383] Vergleiche BT-Drucksache 12/6853, S. 19, 1. Spalte
[384] BT-Drucksache 12/6853, S. 21
[385] Ebenso Oehlmann a. a. O. S. 63f
[386] BT-Drucksache 12/6853, S. 22
[387] BT-Drucksache 12/6853, S. 22
[388] Vertiefend dazu Frehsee a. a. O. S. 239 m. w. N.

6 Täter-Opfer-Ausgleich und Rechtsstaat

begriffes an denjenigen des Zivilrechts und damit gegen die Schaffung eines eigenständigen strafrechtlichen Schadensbegriffs.

Sinn und Zweck der Norm, die nach der teleologischen Auslegung entscheidend sind[389], sprechen für einen vom Zivilrecht unabhängigen Schadensbegriff. Nach der vorab erläuterten Differenzierung von strafbarem Unrecht und zivilrechtlichem Deliktsunrecht bestehen unterschiedliche Zwecke des Schadensausgleichs, die hier eine unterschiedliche Begriffsbestimmung erfordern. Die Sanktionsnatur der Auflage jenseits des Zivilrechts deutet darauf hin, dass eine Abhängigkeit hier nicht erforderlich ist[390]. Die besondere Missbilligungswirkung entfaltet die Wiedergutmachungsauflage unter Umständen erst jenseits des zivilrechtlich auszugleichenden Schadens; es kann sinnvoll sein, den Beschuldigten das von ihm verursachte Unrecht über das zivilrechtlich geschuldete Maß hinaus spüren zu lassen[391], damit er die öffentliche Missbilligung der Tat nachempfindet[392].

Hinzu kommt, dass ein die Wiedergutmachung anordnender Auflagenbeschluss anerkanntermaßen keine Entscheidung über die zivile Rechtslage darstellt[393]. Das Opfer kann eine vollstreckungsfähige Entscheidung auf dem Zivilrechtswege herbeiführen, da die Auflage den Schadensersatzanspruch nur entfallen lässt, wenn sie vom Opfer an Erfüllungs statt angenommen wird[394]. Es ist möglich, dass der zivilrechtliche Schadensersatzanspruch über den strafrechtlichen Wiedergutmachungsanspruch hinausgeht, z. B. bei der fahrlässigen Eigentumsverletzung. Darüber hinaus besteht keine Verpflichtung zur Annahme von Teilleistungen aus einer strafrechtlichen Ratenzahlungsvereinbarung und zur Anrechnung dieser Zahlungen auf den zivilrechtlichen Schadensersatzanspruch[395]. Ferner hat der zivilrechtliche Schadensersatzanspruch nur dann praktische Bedeutung, wenn der Beschuldigte unter Berücksichtigung der zivilrechtlichen Pfändungsschutzgrenzen zahlungsfähig ist[396].

---

[389] Übereinstimmend Larenz a. a. O. S. 321ff
[390] Näher dazu Grave Täter-Opfer-Ausgleich S. 66ff; Frehsee a. a. O. S. 240
[391] Siehe Frehsee Schadenswiedergutmachung als Instrument strafrechtlicher Sozialkontrolle S. 240
[392] Ebenso Grave a. a. O. S. 68f
[393] So statt vieler Baur GA 1957 S. 341; es dürfte sich dabei um eine fast einhellige Ansicht handeln.
[394] Vergleiche Grave a. a. O. S. 68f
[395] Ebenso Baur a. a. O. S. 341; Grave a. a. O. S. 68f
[396] Darauf weisen auch Kreutz Der Täter-Opfer-Ausgleich aus der Sicht von Rechtsanwälten S. 22; Grave a. a. O. S. 69f zu Recht hin.

6.3 Der im Zuge der Wiedergutmachung auszugleichende Schaden

Auch hier bestehen in zivilrechtlicher und strafrechtlicher Haftung Unterschiede, die dazu führen können, dass erstere letztere übersteigt[397]. Insofern kann der strafrechtliche Schadensbegriff unabhängig von dem des Zivilrechts bestimmt werden und sowohl über diesen hinausgehen als auch hinter ihm zurückbleiben. Die teleologische Auslegung verstärkt daher die Tendenz zum eigenständigen Schadensbegriff des Strafrechts, die nach den bisherigen Auslegungsmethoden festzustellen war.

Danach kommt man lediglich mit der historischen Auslegung zu dem Ergebnis, dass der im Rahmen des § 153a I 2 Nr. 1 StPO auszugleichende Schaden nach zivilrechtlichen Maßstäben zu bestimmen ist. Die grammatikalische, die systematische und die teleologische Auslegung stützen dagegen einen genuin strafrechtlichen Schadensbegriff, der sich weniger am Ausmaß des Schadens für den Verletzten und mehr am Täter, dessen Schuld und Vermögensverhältnissen orientiert. Diese historische Auslegung kann jedoch nach ganz herrschender Auffassung nur einen Anhaltspunkt für die Auslegung der Norm liefern, da ein Gesetz in seiner Wirksamkeit, die sich erst im Laufe der Zeit entfaltet, durchaus über die Vorstellungen des historischen Gesetzgebers hinausgehen, dahinter jedoch auch zurückbleiben kann[398]. Nur dann, wenn nach Anwendung der grammatikalischen und der systematischen Auslegung noch verschiedene Deutungsmöglichkeiten bestehen, ist diejenige Auslegung vorzuziehen, die der Regelungsabsicht und den Zwecken des historischen Gesetzgebers eher entspricht[399]. So liegt der Fall jedoch nicht: Nach der grammatikalischen und der systematischen Auslegung steht fest, dass der im Rahmen von § 153a I 2 StPO auszugleichende Schaden jedenfalls heute nach genuin strafrechtlichen Gesichtspunkten zu bestimmen ist. Ein Zweifelsfall, in dem den Vorstellungen des historischen Gesetzgebers Rechnung zu tragen wäre, ist damit nicht gegeben. Dieses Ergebnis wird noch von der teleologischen Auslegung gestützt und dadurch verstärkt. Ein eigenständig strafrechtlicher Schadensbegriff ist danach im Wege der Auslegung aus der StPO zu entnehmen, der dort auszugleichende Schaden ist also nicht in erster Linie nach zivilrechtlichen Kriterien zu bestimmen. Wenn auch zivilrechtlicher Schadensersatz und strafrechtlicher Tatfolgenausgleich im Ein-

---
[397]So mit weiteren Beispielen Frehsee a. a. O. S. 255
[398]Vertiefend Larenz a. a. O. S. 303ff
[399]Siehe Larenz a. a. O. S. 333

zelfall zusammenfallen mögen, handelt es sich dennoch um ihrer Art nach unterschiedliche Leistungen.

Im Übrigen entnimmt die herrschende Ansicht dem Schadensbegriff des § 153a I 2 Nr. 1 StPO lediglich eine Obergrenze des Schadensersatzanspruches[400], wobei dessen eventuelle Verjährung irrelevant sein soll[401]. Ein Anknüpfen an die zivilrechtliche Regelung lediglich als Obergrenze erscheint jedoch willkürlich, es bleibt unklar, warum nicht vollständig an den zivilrechtlichen Schadensersatzbegriff angeknüpft werden soll[402]. Soweit angeführt wird, der Strafrichter solle die schwierigen zivilrechtlichen Fragen nicht bis in die letzte Verästelung prüfen müssen, wodurch das Strafverfahren verzögert werde, kann dies keinen tragfähigen Grund darstellen. Auch das Ersparen einer Befassung mit komplizierten Rechtsfragen kann nicht ernsthaft zur Begründung dienen, da die Klärung von Rechtsfragen, seien sie noch so kompliziert, die zentrale Aufgabe der Gerichte ist, die ihnen keinesfalls erspart werden darf. Der Staat wäre ggf. verpflichtet, zusätzliche Richter einzustellen, wenn mit den vorhandenen Richtern die erforderlichen Ermittlungen nicht durchgeführt werden können. Im Übrigen ist nicht ersichtlich, bis zu welchem Grad der Richter in die zivilrechtlichen Fragen eindringen und ab welchem Punkt er zivilrechtliche Feinheiten unbeachtet lassen soll. Besteht jedoch keine klare Regelung, wie weit der Strafrichter diese Fragen prüfen muss, so wird dieser im verständlichen Bemühen, schwierigen Fragen auszuweichen, die Rechtslage nur vollständig klären, wenn dies einfach ist und sich in komplizierten Fällen auf eine einfachere Berechnung bzw. Schätzung zurückziehen. Willkür wären so Tür und Tor geöffnet, es würden in vergleichbaren Fällen mit vergleichbarer Schuld unterschiedliche Entscheidungen getroffen, je nachdem, wie schwierig die Ermittlung der zivilrechtlichen Rechtslage ist. Dass hierdurch das Rechtsstaatsprinzip verletzt wäre, ist offensichtlich.

Auch kommt es zu keiner Zeitersparnis, wenn der zivilrechtlich auszugleichende Schaden die Obergrenze der strafrechtlichen Wiedergutmachung darstellt, denn diese muss zur Strafbemessung bekannt, also vorher ermittelt sein. Die herrschende Meinung erscheint daher inkonsequent und widersprüchlich und ist deshalb abzulehnen.

---
[400] Beispielsweise statt vieler Baur a. a. O. S. 344 ohne jede Begründung
[401] Vergleiche KMR § 153a Rn. 16; Hirsch ZStW 102, S. 539; Schall NJW 1977, S. 1045 m. w. N.
[402] So auch Frehsee a. a. O. S. 246

6.3 Der im Zuge der Wiedergutmachung auszugleichende Schaden

Insbesondere kann das Außerachtlassen lediglich der zivilrechtlichen Verjährung entgegen SCHALL nicht überzeugen[403]. Soweit auf die unterschiedlichen Zwecke von Strafrecht und bürgerlichem Recht verwiesen wird, rechtfertigen diese nach den obigen Ausführungen die Lösung des strafrechtlichen Schadensbegriffs von demjenigen des Zivilrechts. Warum jedoch lediglich bei der Verjährung eine eigenständige strafrechtliche Lösung möglich sein soll, vermag SCHALL nicht zu erklären. Bei lange zurückliegenden Taten, wenn also Strafverfahren bzw. Sanktionsverhängung in großem zeitlichen Abstand zum Fehlverhalten erfolgen, wird teilweise sogar ein Strafverfolgungshindernis für möglich gehalten, zumindest ist die Sanktion aber zu mildern (e.g. statt einer Geldstrafe Einstellung nach § 153a I 2 StPO oder sogar nach § 153 StPO). Schließlich existiert auch im Strafrecht das Rechtsinstitut der Verjährung, so dass die von SCHALL angestellten Erwägungen nicht tragen. Diese Differenzierung nach relevanten und unwichtigen zivilrechtlichen Regelungen zur Schadensbestimmung erscheint willkürlich und unschlüssig; sie ist daher abzulehnen.

Besteht nach dem oben Ausgeführten ein eigenständiger strafrechtlicher Schadensbegriff, der von der zivilrechtlichen Haftung des Täters unabhängig ist, so stellt die Wiedergutmachung objektiv ein Übel aufgrund der Tat dar. Sie wird nach verschiedenen Befragungen vom Täter ebenso als Übel empfunden und ist daher auch aus diesem Grunde als strafrechtliche Regelung zu klassifizieren, ohne jedoch eine Strafe darzustellen.

6.3.2 Schadenseinteilung und Klassifizierung der jeweiligen Wiedergutmachungsleistungen

WELCKER postuliert, dass Verbrechen neben dem materiellen Schaden, der zivilrechtlich auszugleichen sei, einen intellektuellen Schaden verursachten, der Gegenstand des Strafrechts sei. Letzterer erscheine bei Geschädigten, Täter und Rechtsgemeinschaft in unterschiedlichen Formen und bedürfe daher unterschiedlicher Strafen zur Aufhebung[404]. Dies deckt sich mit der hier vorgenommenen Einteilung in materielle, immaterielle und symbolische Wie-

---
[403]Schall a. a. O. S. 1045f
[404]Welcker Über die letzten Gründe von Recht, Staat und Strafe S. 252ff

6 Täter-Opfer-Ausgleich und Rechtsstaat

dergutmachung[405]. Dabei ergeben sich für das Spektrum der vom Täter zu erbringenden Leistungen aus dem Zivilrecht allenfalls Anhaltspunkte, denn beabsichtigt ist eine kontrollierte Wiederherstellung des Rechtsfriedens, die Rechtsgemeinschaft soll sich angesichts des Tatfolgenausgleichs über den Verdacht der Straftat beruhigen können – dieses Ziel geht wesentlich über das Ziel eines Zivilprozesses hinaus[406].

Materielle Wiedergutmachung

Die materielle Wiedergutmachung umfasst alle Leistungen des Beschuldigten, die auf den Ausgleich der aus der Straftat entstandenen vermögenswerten Einbußen zielen[407]. In ihrer derzeitigen Ausgestaltung als Auflage nach § 153a I 2 Nr. 1 StPO ist die Erzwingbarkeit ausgeschlossen, da ansonsten an eine vermutete Schuld eine strafrechtliche Sanktion anknüpfen würde. Auch nach richterlicher Schuldfeststellung bestehen jedoch entgegen LAUE Bedenken gegen eine Ausgestaltung der materiellen Wiedergutmachung als strafrechtlich erzwingbare Leistung. Würde der Geschädigte hier die Möglichkeit erhalten, den Beschuldigten in Zwangshaft nehmen oder eine Ersatzfreiheitsstrafe antreten zu lassen, so würde auf diese Art der Schuldturm wiedereingeführt. Da die Wiedergutmachung unmittelbar dem Opfer zugute kommt, ist sie mit der Geldstrafe nicht vergleichbar. Auch die materielle Wiedergutmachung muss daher freiwillig erfolgen.

Immaterielle Wiedergutmachung

Die immaterielle Wiedergutmachung umfasst den Ausgleich immaterieller Straftatfolgen, also der Nicht-Vermögensschäden, die aus einem Delikt herrühren[408]. Dies sind vor allem psychische Beeinträchtigungen individueller Straftatopfer wie Schmerzen, Angst, Schock, Schrecken, Enttäuschung, Wut usw. Auch bei Versuchstaten, bei denen keine auszugleichende Rechtsgutsverletzung eingetreten ist, kann Wiedergutmachung geleistet werden. Die im-

---

[405] Näher erläutert oben unter 2.6 Wiedergutmachung
[406] Vergleiche Meier GA 99, S. 7
[407] Siehe Laue Symbolische Wiedergutmachung S. 44ff
[408] Laue a. a. O. S. 52ff verwendet den irreführenden Begriff der ideellen Wiedergutmachung, den er ebenso definiert wie hier die immaterielle. Der Begriff „ideell" ist damit jedoch nicht erschöpft.

6.3 Der im Zuge der Wiedergutmachung auszugleichende Schaden

materielle Wiedergutmachung kann z. B. in einer Entschuldigung oder der Erbringung von Dienstleistungen für das Opfer bestehen. Bereits aus praktischen Gründen ist sie daher nicht erzwingbar, von rechtsstaatlichen Gesichtspunkten ganz zu schweigen. Hier fehlt es oftmals an einer Quantifizierbarkeit, so dass die dem Beschuldigten abzuverlangende Leistung schwer bestimmbar ist[409]. Darüber hinaus existiert kein schematischer Zusammenhang zwischen der Leistung und deren Wirkung auf das Opfer, da der Ausgleich nur in einem emotionalen Austausch erfolgen kann. Eine Erzwingung dieser Verständigung im Strafverfahren ist wegen deren Unsteuerbarkeit unmöglich; dennoch kann und sollte ein Rahmen für das Ingangkommen des Prozesses geschaffen werden, damit der Ausgleich nicht verhindert wird[410].

Soweit LAUE darauf abstellt, von echter Freiwilligkeit könne nur vor der Eröffnung der Hauptverhandlung gesprochen werden, weil zu diesem Zeitpunkt noch davon auszugehen sei, dass die Erklärung des Beschuldigten nicht nur nach einer Kosten-Nutzen-Analyse angesichts einer möglichen Verurteilung erfolge[411], ist dem zu entgegnen, dass die Freiwilligkeit auch im Rahmen des Rücktritts vom Versuch wesentlich weiter gefasst ist. Unabhängig von der Wahl des Zeitpunktes ist nicht auszuschließen, dass sich Beschuldigte am Täter-Opfer-Ausgleich aus Kalkül beteiligen, ohne echte Reue zu spüren. Die symbolische Außenwirkung des Täter-Opfer-Ausgleichs erfordert, dass eine autonome Entscheidung des vermeintlichen Schädigers getroffen wird. Die Maßstäbe, die sich der Beschuldigte für seine Wahl setzt, bleiben im Dunkeln bzw. hängen von dessen Einlassungsgeschick ab. Unabhängig vom Zeitpunkt, zu dem die Wiedergutmachung erbracht oder die Zustimmung zur beabsichtigten Einstellung nach § 153a I 2 Nr. 1 und 5 StPO erklärt wird, ist die Motivation des mutmaßlichen Täters daher nie vollständig aufklärbar. Mangels empirischer Beweise wäre die Wahl irgendeines Zeitpunktes, bis zu dem die Wiedergutmachung erbracht werden muss, ungerecht und würde gleiche Sachverhalte ungleich behandeln. Wie auch beim Rücktritt vom Versuch sprechen Opferschutzgesichtspunkte dafür, den Begriff der Freiwilligkeit möglichst weit zu fassen. Freiwillige Wiedergutmachungsleistungen sollen daher zu jedem Zeitpunkt vor Verkündung des verfahrensabschließenden Urteils

---
[409]Vertiefend dazu Laue a. a. O. S. 53ff
[410]So auch Laue a. a. O. S. 56f
[411]Laue a. a. O. S. 107ff

möglich sein und strafmildernd berücksichtigt werden können.

Symbolische Wiedergutmachung

Der symbolischen Wiedergutmachung unterfallen zwei Arten von Wiedergutmachung: So ermöglicht die symbolische Wiedergutmachung den Ausgleich immaterieller Gemeinschaftsschäden durch eine Leistung des Täters zur Kompensation der Verletzung von universalen Rechtsgütern, die nicht in geldwerten Beeinträchtigungen liegt[412]. Darüber hinaus kann durch symbolische Wiedergutmachung ein Ausgleich der hinter jedem Rechtsbruch stehenden überindividuellen Störung erfolgen, welche nach der Strafzwecktheorie der positiven Generalprävention in der Verletzung der strafrechtlichen Norm liegt und das Normvertrauen der Allgemeinheit erschüttert hat[413]. Diese überindividuelle Störung liegt in der Verletzung des Basisvertrauens, auf das unsere Rechtsgemeinschaft angewiesen ist. Der Mensch ist als Gemeinschaftswesen denknotwendig auf den engen Kontakt mit den anderen angewiesen. Rechtsgeschäfte und der tägliche Umgang mit den Mitmenschen sind nur möglich, weil ein Konsens dahingehend besteht, dass der andere auch ein Vernünftiger ist und das Individuum nicht in seiner Freiheit oder seinen Rechten verletzt. In diesem Vertrauen stellt sich der Einzelne dem anderen schutz- und wehrlos gegenüber, er macht sich angreifbar. Wird nun die Freiheit oder das Recht des Einzelnen in einer Weise eingeschränkt, auf die sich das Individuum wegen seiner Gemeinschaftsbezogenheit nicht einstellen konnte und wird dadurch das allgemeine Vertrauen verletzt, liegt eine strafrechtlich relevante Handlung vor. In dieser Situation darf das Opfer nicht allein gelassen werden, sondern die Rechtsgemeinschaft muss sich mit diesem solidarisieren, indem eine Sanktionierung des Täterverhaltens durch die Rechtsgemeinschaft als Ganze erfolgt. Dieser Schaden kann durch symbolische Wiedergutmachung ausgeglichen werden.

Symbolische Wiedergutmachung in der Variante des Ausgleiches der überindividuellen Störung Neben der materiellen und der immateriellen Wiedergutmachung, mit welcher der dem konkreten Opfer entstande-

---

[412]So auch Laue SymbolischeWiedergutmachung. S. 57ff, 80ff
[413]Siehe Laue a. a. O. S. 59ff

6.3 Der im Zuge der Wiedergutmachung auszugleichende Schaden

ne Schaden ausgeglichen werden soll, kann nach LAUE eine überindividuelle Störung, die in der Verletzung einer strafrechtlichen Norm besteht, auszugleichen sein. Dies sei nicht erforderlich, soweit der Täter materielle und immaterielle Wiedergutmachung freiwillig geleistet habe, da die Wiederherstellung des verletzten Rechtsgutes die Bekräftigung der gefährdeten Verhaltensnorm beinhalte; wesentliche Funktion des Strafrechts sei nämlich der Schutz dieses Rechtsguts und seines Trägers[414].

LAUE stellt damit auf die positive Generalprävention als Strafzweck ab, die unten näher beleuchtet wird[415]. Die wesentliche Aufgabe des Strafrechtes ist jedoch tatsächlich, wie oben bereits ausgeführt, der Rechtsgüterschutz. Diese Aufgabe kann auch durch Wiedergutmachung und Täter-Opfer-Ausgleich erfüllt werden, insofern ist LAUE also zuzustimmen. Eine vollständige Wiederherstellung des verletzten Rechtsguts, wie sie diesem vorschwebt, ist dagegen kaum möglich. Zwar kann ein Ausgleich des Schadens erfolgen, der dem Opfer entstanden ist; diese Kompensation vermag jedoch nicht den Zustand vor der Rechtsverletzung wieder herzustellen. Das Opfer leidet möglicherweise in Folge der Tat unter Angstzuständen, hat vielleicht zur Durchsetzung seines Rechts finanzielle Einbußen hinnehmen müssen, die nicht entschädigungsfähig sind oder der Geschädigte ist durch den Verlust eines Gegenstandes beschwert, an dem er ein großes Affektionsinteresse besaß. Eine materielle oder immaterielle Leistung des Täters kann dies weder für die Vergangenheit ungeschehen machen noch für die Zukunft verhindern. Sowohl der dem Opfer als auch ein der Rechtsgemeinschaft entstandene Schaden lassen sich durch eine Leistung des Täters wohl in gewissem Umfang entschädigen, dennoch bleibt etwas zurück. Dies gilt natürlich nicht nur für die Wiedergutmachung, sondern auch für die konventionelle Strafe. Bereits die Prämisse LAUEs ist damit unrichtig.

Im Übrigen wäre, so LAUE weiter, zur Wiedergutmachung ein Akt der Identifikation mit der Gemeinschaft, der die Akzeptanz der entsprechenden Regeln bekräftige, erforderlich[416], da die überindividuelle Störung aus der Beeinträchtigung des Geltungsanspruchs einer unverzichtbaren, vom Täter verletzten Regel resultiere. Diese Leistung solle gemeinnützig sein; eine ver-

---
[414] Siehe Laue Symbolische Wiedergutmachung S. 72ff
[415] Unter 6.4.2
[416] So Laue a. a. O. S. 78f

gegenwärtigende Darstellung der Tat sei, weil die Wiedergutmachung nur in Frage komme, wenn der Beschuldigte zur Wiederherstellung des Rechtsgutes bereit sei, entbehrlich[417]. Möglich sei insofern die Erbringung gemeinnütziger Arbeit oder die Leistung von Zahlungen an gemeinnützige Einrichtungen, wenn das Opfer zur Mitwirkung nicht bereit sei. Der Wiedergutmachung fehle dann zwar der Erfolgswert, denn durch Leistungen des Täters könnten die Tatfolgen nicht ausgeglichen werden; habe der Täter aber seine freiwillige Wiedergutmachungsbereitschaft bekundet, sei der Ausgleich der überindividuellen Störung bewirkt. Sei der Geschädigte nach eigenem Wunsch aus dem Vorgang ausgeschieden, könne der Täter seine Leistung nur noch im Verhältnis zur Rechtsgemeinschaft in Bezug auf die Wiederherstellung des Normvertrauens erbringen.

Mit diesen Ausführungen verdeutlicht LAUE, dass er der Theorie der positiven Generalprävention anhängt. Diese wird unten noch näher erläutert[418]; bereits an dieser Stelle ist jedoch darauf hinzuweisen, dass anhand dieser Theorie kein Maßstab für die Art und die Höhe der vom Beschuldigten zu erbringenden Leistung auszumachen ist. Der einer konkreten Tat zuzurechnende Teil des Verlustes an Normvertrauen wird kaum bestimmbar sein. Hinzu kommt, dass das Ausmaß der Störung in hohem Maße zufällig ist, weil es davon abhängt, wie öffentlich die Empörung über den Normbruch ist. Dieses differiert häufig je nach Medieninteresse, so dass unterschiedliche Wiedergutmachungsleistungen zu erbringen wären. Es widerspricht aber Gleichheitssatz und Schuldprinzip, bei vergleichbarem Unrecht und vergleichbarer Schuld unterschiedliche Leistungen vom mutmaßlichen Täter zu fordern.

Die Art und die Höhe der Wiedergutmachungsleistungen sollte sich daher an der Schuld und an der dem Opfer in vergleichbaren Fällen erbrachten Leistung orientieren, um das Verdikt der Verfassungswidrigkeit zu vermeiden. Die Schuld liefert einen Maßstab für die Bestimmung der Höhe der vom Beschuldigten zu erbringenden Leistung. Ist das Opfer nicht mitwirkungsbereit, könnte sich der Beschuldigte zur Erbringung einer Ausgleichszahlung an eine gemeinnützige Einrichtung verpflichten. Hierbei handelt es sich weder um Täter-Opfer-Ausgleich noch um Wiedergutmachung i. e. S.; die entsprechende Auflage ließe sich jedoch unter § 153a I 2 Nr. 2 StPO subsumieren.

---

[417] Vergleiche Laue a. a. O. S. 79
[418] Unter 6.4.2

6.3 Der im Zuge der Wiedergutmachung auszugleichende Schaden

Ein Ausgleich ist nur möglich, wenn Mitwirkungsbereitschaft auf beiden Seiten besteht. Hierdurch entsteht keine Ungleichbehandlung der Beschuldigten mit ausgleichsbereiten Geschädigten gegenüber denen ohne solche, weil im Rahmen des § 153a I 2 Nr. 2 StPO dieselben Rechtsfolgen eintreten wie bei § 153a I 2 Nr. 1, 5 StPO. Da die strafmildernde Berücksichtigung des Täter-Opfer-Ausgleichs nach § 46a Nr. 1 StGB lediglich das ernsthafte Bemühen um einen Ausgleich durch den Beschuldigten voraussetzt, kommt es auf den Erfolg der Bemühungen und die Mitwirkungsbereitschaft des Opfers nicht an[419]; auch liegt keine Ungleichbehandlung der Beschuldigten mit und ohne ausgleichsbereite Opfer vor.

Symbolische Wiedergutmachung bei der immateriellen Verletzung von Rechtsgütern der Allgemeinheit Diese Form der Wiedergutmachung kommt nur in Betracht, wenn durch die Straftat ausschließlich Universalrechtsgüter betroffen sind. Sie ist gegenüber dem Ausgleich materieller Individualschäden weniger präventiv wirksam, weil es schwierig ist, Rechtsgutsverletzungen zu verdeutlichen, wenn die Schäden niemanden konkret betreffen und ausschließlich immaterielle Schäden entstanden sind[420].

Vergleichsweise gut gelingt symbolische Wiedergutmachung, wenn das Universalrechtsgut den Schutz von Individualrechtsgütern vorverlagert wie bei den Gefährdungsdelikten im Straßenverkehr. Rechtsgutsverdeutlichend und gemeinnützig wäre hier die Übernahme von Leistungen, welche die Allgemeinheit zur Vorbeugung vor Gefahren zu erbringen hat, z. B. Arbeiten bei der Verkehrswacht oder in Unfallkrankenhäusern[421].

Unmöglich wird die symbolische Wiedergutmachung, wenn Universalrechtsgüter zum Schutze gesellschaftlicher Systeme betroffen sind wie bei den Staatsschutz- und Aussagedelikten sowie der Urkundenfälschung[422]. Konkrete materielle Beeinträchtigungen, die ein individuelles Opfer durch diese Straftaten erleiden könnte, sind bereits durch andere Delikte wie § 263 StGB erfasst und scheiden daher als Ansatzpunkt der Wiedergutmachung aus. Im Regelfall sind diese Tatbestände als abstrakte Gefährdungs- oder schlichte

---
[419] Ebenso T/F § 46a Rn. 2
[420] Näher dazu Laue Symbolische Wiedergutmachung S. 82ff
[421] Vergleiche Laue a. a. O. S. 86f
[422] Vertiefend dazu Laue a. a. O. S. 89ff

Tätigkeitsdelikte ausgestaltet, so dass der Schutz der einzelnen Teilhandlung nur als Reflex gewährt wird. Geschützt wird die Sicherheit und Funktionsfähigkeit des gesamten Systems, so dass die auszugleichenden Tatfolgen eine theoretische Gefährdung des Systems darstellen[423]. Konkretisierbare Tatfolgen sind - bezogen auf den Einzelfall - nicht ersichtlich, da erst die wiederholte Verletzung der Rechtsgüter, die einer Normalität des Normbruchs gleichkäme, das System in seiner Gesamtheit gefährdet[424]. Die Bestimmung der Straftatfolgen muss aber anhand der einzelnen Tat erfolgen, was hier ebenso wenig möglich ist wie eine tatbezogene Rechtsgutsverdeutlichung.

Hinzu kommen praktische Probleme mit der Qualifizierung und der Quantifizierung der zur Wiedergutmachung erforderlichen Leistung sowie deren fehlender Vergleichbarkeit[425], welche die bisherigen Schwierigkeiten bei der Strafzumessung erheblich übersteigen und zu einer Verletzung des Gleichheitsgrundsatzes führen. Insofern ist symbolische Wiedergutmachung bei Verletzung von Universalrechtsgütern als zu unbestimmt und ungleich rechtsstaatlich unzulässig.

Zusammenfassung

Insgesamt wäre die materielle Wiedergutmachung des aus der Straftat entstandenen kommerzialisierbaren Schadens zwar theoretisch erzwingbar, da die zu erbringende Leistung sich eindeutig bestimmen lässt; praktisch käme es so jedoch zu einer Wiederbelebung des vergessen geglaubten Schuldturms, die nicht ernsthaft befürwortet werden kann. Darüber hinaus bestehen im Hinblick darauf, dass die Auflagen des § 153 a I 2 StPO einem Beschuldigten und damit – im Zweifel für den Angeklagten – möglicherweise Unschuldigen auferlegt werden, erhebliche rechtsstaatliche Bedenken gegen eine solche Erzwingbarkeit. Immaterielle Wiedergutmachung durch eine nicht geldwerte Leistung kann nicht erzwungen, aber bestimmt werden, und sollte dem Beschuldigten ermöglicht werden. Symbolische Wiedergutmachung ist in der Regel nicht erforderlich, wenn bereits materielle und immaterielle Wiedergutmachung geleistet wurden. Soweit das Opfer aus eigenem Wunsch aus dem

---

[423] Ebenso Laue a. a. O. S. 90f
[424] Siehe auch Laue a. a. O. S. 93f
[425] Weiterführend Laue a. a. O. S. 96ff

6.3 Der im Zuge der Wiedergutmachung auszugleichende Schaden

Ausgleichsvorgang ausgeschieden ist, muss sie dem Beschuldigten ermöglicht werden, um diesen nicht schlechter zu stellen als mutmaßliche Täter mit ausgleichsbereitem Opfer. Hierbei handelt es sich allerdings nicht um einen Täter-Opfer-Ausgleich i. e. S.; strafmildernd berücksichtigt wird das Bemühen des Beschuldigten um einen solchen Ausgleich, im Bereich der Vergehen kann die Erbringung von Leistungen an gemeinnützige Einrichtungen oder die Staatskasse nach § 153a I 2 Nr. 2 StPO auferlegt und nach Erfüllung der Auflage das Verfahren eingestellt werden. Wenn jedoch immaterielle Schäden an Rechtsgütern der Allgemeinheit betroffen sind, ist ein solcher Ausgleich mangels Qualifizierbarkeit und Quantifizierbarkeit der zu erbringenden Leistung nicht möglich. Erforderlich ist insofern ein personifizierbares Opfer.

6.3.3 Eigener Standpunkt und Ergebnis

Ein eigenständiger strafrechtlicher Schadensbegriff vermag zu überzeugen, denn er kann im Wege der Auslegung der StPO entnommen werden. Dabei soll sich der auszugleichende Schaden in erster Linie am Ausmaß des Verschuldens und der Leistungsfähigkeit des Beschuldigten orientieren und erst in zweiter Linie einen Ausgleich der dem Opfer entstandenen Schäden bezwecken. Anerkannte Auslegungsmethoden sind die historische, die grammatikalische, teleologische und die systematische Auslegung, wobei die historische Auslegung das schwächste Argument an die Hand gibt. Lediglich nach der historischen Auslegung ist der zivilrechtliche Schadensbegriff insofern für den strafrechtlich auszugleichenden Schaden entscheidend, als er eine Obergrenze bildet, über die nicht hinausgegangen werden darf. Die übrigen Auslegungsmethoden kommen anhand des Wortlautes, der auf einen weiter zu bestimmenden Schadensbegriff hindeutet, zu einem eigenständigen strafrechtlichen Schadensbegriff. Auch Sinn und Zweck des § 153a I 2 Nr. 1 StPO deuten wegen der Sanktionsnatur der Auflage, die jenseits der zivilrechtlichen Ziele liegt, auf einen selbständigen Begriff hin. Die Auslegung nach der Systematik stützt dieses Ergebnis, denn aus der Verletzung eines Strafgesetzes können verschiedene Schäden entstehen, die nicht notwendig auch Gegenstand des zivilrechtlichen Schadensersatzanspruches sein müssen. Dort, wo kein Schaden an Leib oder Eigentum eingetreten ist, entfällt die Strafwürdigkeit jedenfalls nicht zwangsweise. Strafrechtliche und zivilrechtliche Unrechtshaftung decken sich also nicht, ein eigenständiger strafrechtlicher Schadensbegriff ist erforderlich. Auch aus diesem Grund kann es sich bei der Wiedergutmachung nicht um eine zivilrechtliche Regelung handeln.

Strafrechtlich ausgleichbar sind im Wege der materiellen Wiedergutmachung kommerzialisierbare Straftatfolgen, im Wege der immateriellen Wiedergutmachung kann durch nicht geldwerte Leistungen des Beschuldigten ein Ausgleich erfolgen. Symbolische Wiedergutmachung kommt dort in Betracht, wo kein ausgleichsbereites Opfer gegeben ist; sie kann als ernsthaftes Bemühen um einen Täter-Opfer-Ausgleich nach § 46a Nr. 1 StGB strafmildernd berücksichtigt werden oder als Auflage der Geldleistung an eine gemeinnützige Einrichtung oder die Staatskasse gemäß § 153a I 2 Nr. 2 StPO nach Erfüllung zu einer Einstellung des Verfahrens führen. Bei Straftaten gegen die Allgemeinheit kommt die symbolische Wiedergutmachung mangels Bestimmbarkeit der zu erbringenden Leistung nicht in Betracht; erforderlich sind stets Delikte mit einem personifizierbaren Opfer. Dabei ist es denkbar, die Erbringung von materiellen Leistungen zur Wiedergutmachung zu erzwingen; immaterielle Leistungen können dagegen nicht als erzwingbare Pflichten ausgestaltet werden. Nach der derzeitigen gesetzlichen Fassung ist die Wiedergutmachung ausnahmslos freiwillig. Dabei muss es jedenfalls solange bleiben, wie Täter-Opfer-Ausgleich und Wiedergutmachung durch die Staatsanwaltschaft im Falle bloßen Tatverdachts angeregt werden. Wollte man diese Leistungen erzwingen, wäre eine rechtskräftige Verurteilung des Täters unabdingbare Voraussetzung, von den oben skizzierten Bedenken gegen eine Wiedereinführung des Schuldturms ganz zu schweigen.

6.4 Vereinbarkeit der Wiedergutmachung mit der Funktion der Strafe bzw. mit den Zwecken der Bestrafung

6.4.1 Absolute Straftheorien

Die absoluten Straftheorien gehen mit unterschiedlichen Begründungen davon aus, dass die vom Täter verschuldete Tat Anlass und Grund der Sanktionierung bildet und die Strafe absolut ist, also losgelöst von verbrechen-

6.4 Wiedergutmachung und Straffunktion bzw. Bestrafungszwecke

sprophylaktischen Zweckerwägungen. Die Beschränkung der Rechtsfolge auf bloße Vergeltung des Tatunrechts stellte gegenüber der Friedloserklärung des Verbrechers einen wesentlichen Fortschritt in Sachen humaner Strafe dar. Die absoluten Theorien lassen sich mit dem Grundsatz: *Punitur, quia peccatum est* beschreiben[426]. Sie beantworten im Wesentlichen die Frage nach der Rechtfertigung und der Funktion der Strafe, die grundsätzlich von den Bestrafungszwecken zu unterscheiden ist. Für eine instrumental denkende Gesellschaft wie die unsere decken sich diese Fragen nahezu vollständig. Das Recht des Staates zu strafen wird dabei nicht mehr bezweifelt, sondern die Berechtigung des Staates zur sittlichen Missbilligung wird zunehmend kritisch hinterfragt[427].

Sogenannte Vergeltungstheorie

Darstellung von Kants Strafzwecktheorie KANT entwickelte seine Rechtslehre in der Metaphysik der Sitten, die Metaphysik aus dem Grund genannt wurde, weil sie eine Wissenschaft darstellt, die über die Grenzen der Natur als Inbegriff der Gegenstände der Erfahrung hinausgeht[428]. Der Ausdruck Metaphysik ist mitnichten auf die Metaphysik im Sinne einer Über- oder Hinterwelt bezogen[429]. Beabsichtigt ist ein Erkennen *a priori* aus reiner Vernunft[430], wobei im Gegensatz zu auf Erfahrung gegründeter Kenntnis ein Wissen um die Ausnahmslosigkeit und damit Notwendigkeit der gezogenen Schlüsse entsteht[431]. Da aber die Erkenntnis von Gegenständen außerhalb der Erfahrung wie des Übersinnlichen mit Hilfe der Vernunft unmöglich ist[432], muss sich die Metaphysik auf diejenigen Erkenntnisse beschranken, welche wir aus reiner Vernunft von den Gegenständen möglicher Erfahrung erhalten[433]. Der Begriff der Metaphysik wird im Gegensatz zu der von KANT abgelehnten empirischen Rechtslehre gebraucht und ist ein säkularisierter, wis-

---

[426] Wobei Spendel in Zur Lehre vom Strafmaß S. 75 zutreffend darauf hinweist, dass diese Wendung am ehesten mit "es wird gestraft, weil (die Tat) verbrochen worden ist" zu übersetzen ist.
[427] Insbesondere bei Neumann/Schroth Neuere Theorien von Kriminalität und Strafe S. 10f
[428] Vertiefend dazu Naucke Kant und die psychologische Zwangstheorie Feuerbachs S. 14 m. w. N.
[429] So auch Mayer a. a. O. S. 58
[430] Kant Prolegomena S. 13f (§1)
[431] Vergleiche Kant Kritik der reinen Vernunft S. 39f
[432] Siehe Kant Prolegomena S. 115ff (§57)
[433] Näher dazu Naucke a. a. O. S. 15

senschaftstheoretisch begründeter[434]. Eine bloß empirische Rechtslehre wird als hirnlos abgelehnt[435]; es wird definiert als dasjenige, was die Gesetze an einem bestimmten Ort zu einer bestimmten Zeit sagen (wollen)[436]. Dieses empirische Recht lässt sich umschreiben als der zweckmäßige positive Gesetzesinhalt, der gilt, weil der jeweilige Souverän dies festgelegt hat. KANTs Rechtslehre behandelt dagegen allgemeine Kriterien zur Unterscheidung von Recht und Unrecht und wird mit der Erkenntnis aus bloßer Vernunft verbunden[437]. Das positive Recht ist nach KANT stets auf seine Berechtigung zu prüfen, die nur dann gegeben ist, wenn es sich um nicht-empirisches, zweckfreies, reines Recht handelt; anderenfalls handelt es sich um gesetzliches Unrecht[438]. Wenn man das Werk KANTs auf eine transzendente Realität bezieht und als unwissenschaftlich sowie mystisch ablehnt, verkennt man den Wert, den dessen philosophische Gedanken auch heute noch besitzen, und nimmt die Argumentation nicht ernst[439]. Die Ablehnung KANTs bleibt so oberflächlich und verfehlt dessen Argumentationsniveau.

Entscheidend für das Verständnis der kantianischen Rechtslehre ist, dass diese nicht abschließend ist. Insbesondere das öffentliche Recht und damit auch das Strafrecht wurden von KANT nur insofern angesprochen, als dies zur Verdeutlichung seiner allgemeinen Prinzipien erforderlich wurde[440].

KANT ordnet dem Recht die äußeren Handlungen zu. Das Recht muss danach so beschaffen sein, dass jedem ein Leben gemäß dem kategorischen Imperativ möglich ist[441]. Insofern stellen die Rechtsgebote diejenigen sittlichen Gebote dar, die um der allgemeinen sittlichen Freiheit willen notwendig sind[442]. Recht und Sittlichkeit unterscheidet er nach dem Beweggrund: Für rechtliches Handeln genügt äußerer Gehorsam, gleichgültig aus welchem inneren Motiv, während die Voraussetzung sittlichen Handelns ein Tätigwer-

---

[434] Ebenso Naucke Kants Kritik der empirischen Rechtslehre S. 186
[435] Kant Metaphysik der Sitten S. 34; ausführlich Naucke a. a. O. S. 186ff
[436] Siehe Kant a. a. O. S. 33f
[437] Kant a. a. O. S. 34
[438] Ähnlich Naucke a. a. O. S. 186ff
[439] Ebenso Neumann/Schroth Neuere Theorien von Kriminalität und Strafe S. 12ff
[440] Vergleiche Mayer Kant, Hegel und das Strafrecht S. 61 m. w. N.
[441] „Handle so, dass die Maxime Deines Willens jederzeit zugleich als Prinzip der allgemeinen Gesetzgebung gelten könnte", Kant Kritik der praktischen Vernunft S. 34 sowie zu weiteren Formen H. J. Paton Der kategorische Imperativ S. 70ff
[442] Siehe Kant Metaphysik der Sitten S. 231

6.4 Wiedergutmachung und Straffunktion bzw. Bestrafungszwecke

den aufgrund der Pflicht ist[443]. Diese Unterscheidung von Recht und Moral ist heute noch so gültig wie damals: Wer legal handelt, bleibt straflos, mag er noch so ablehnenswerte Beweggründe dafür haben. Voraussetzung einer strafbaren Handlung ist jedoch neben der fehlerhaften Handlung eine fehlerhafte Gesinnung. Die Frage, ob eine Handlung sittlich gut ist, stellt sich erst, wenn sie ihrem Erfolg nach gut ist. Zu untersuchen ist dann in einem zweiten Schritt, ob aus sittlicher Gesinnung, also aus Pflicht, gehandelt worden ist[444].

KANT betrachtet das Strafgesetz als Ausprägung des kategorischen Imperativs, denn es enthält eine positiv rechtliche Fassung des allgemeinen Rechtsprinzips[445]. Die Freiheit des Einzelnen ist soweit einzuschränken, dass er nicht die Freiheit der anderen beeinträchtigt[446]. Damit stellt das Strafgesetz ein von Zweck- und Nützlichkeitserwägungen befreites Gerechtigkeitsgebot dar, denn es entsteht ebenfalls *a priori* aus reiner Vernunft[447]. So ergibt sich bereits aus dem Bruch einer Norm dessen Strafwürdigkeit, der Verbrecher soll bestraft werden, weil er eine unerlässliche Pflicht verletzt hat[448].

Die Strafe müsse nicht nützlich, sondern gerecht sein. Würde die Strafe zweckbedingt bestimmt, könnte der Staat von der Strafverhängung absehen, wenn diese zum erklärten Zweck nicht notwendig wäre. Reine Gerechtigkeit bestehe jedoch darin, dass jeder das erhalte, was seine Taten wert seien[449]. Werde vom verdienten Strafmaß abgewichen, werde die Gerechtigkeit aufgehoben, wozu der Staat keine Macht habe, so dass eine zweckabhängige Strafe unmöglich sei[450]. Der Staat würde nämlich mit einem Abweichen vom gerechten Strafmaß in Widerspruch zum kategorischen Imperativ und damit dem *a priori* geltenden Rechtsgesetz geraten[451].

Die Ablehnung einer Bestrafung um eines bestimmten Zweckes willen ergibt sich noch aus einer weiteren Erwägung heraus: Nach der kantianischen

---
[443] Vergleiche Kant a. a. O. S. 21, 231f
[444] Weitere Nachweise bei Schmidhäuser Gesinnungsethik und Gesinnungsstrafrecht S. 94, 82f. Hier ist Kant oft missverstanden worden, er vertritt mitnichten eine reine Gesinnungsethik, wie sie der Verantwortungsethik bspw. von Scheler gegenüber gestellt worden ist.
[445] Siehe Kant a. a. O. S. 159, 165
[446] So Kant a. a. O. S. 34
[447] Vergleiche Kant a. a. O. S. 162, 159
[448] Siehe Kant Kritik der praktischen Vernunft S. 44f
[449] Vergleiche Kant Metaphysik der Sitten S. 159f
[450] Kant a. a. O. S. 158ff
[451] Ebenso Naucke Kant und die psychologische Zwangstheorie Feuerbachs S. 33f

Freiheitslehre ist der Mensch das einzige Wesen, das Selbstzweck sei, weil er subjektive Vernunft besitze und sich so seine Zwecke autonom setzen könne[452]. Aus diesem Grund könne und dürfe er nie als Mittel genutzt werden, sondern müsse sich seine Zwecke stets selbst setzen[453]. Werde der Mensch daran gehindert, sich seine Zwecke autonom zu setzen, so werde er als Mittel behandelt, denn ihm würden fremde Zwecke oktroyiert. Die relativen Strafzwecktheorien drängen dem Bestraften jedoch weitere Zwecke auf, die er sich nicht autonom setzen kann. Sie behandeln den Menschen daher unrechtmäßig als Sache, instrumentalisieren und missbrauchen ihn[454]. Die Strafe darf daher nach KANT ausschließlich wegen der Tat zur Durchsetzung von Gerechtigkeit verhängt werden, ohne dass damit weitere gesellschaftliche Ziele verfolgt werden dürften[455].

KANT strebte danach, die rechtliche Freiheit, die er als höchstes Gut betrachtete, gegen kollektivistische Wohlfahrtsbemühungen des Staates zu schützen[456]. In seiner Ablehnung der relativen Straftheorien erläutert er, diese verfolgten in der Sache die Maxime der Staatsräson. In diesen Zusammenhang stellt er den Satz, das menschliche Leben habe keinen Wert mehr, wenn die Gerechtigkeit untergehe[457]. KANT benutzt das berühmte Inselbeispiel einer einverständlichen Gesellschaftsauflösung, um seine Ablehnung der relativen Strafzwecke zu verdeutlichen. Selbst wenn sich eine Gesellschaft auflöste, müsste der letzte im Gefängnis befindliche Mörder hingerichtet werden, damit Gerechtigkeit herrsche bzw. deren Verletzung durch die Freilassung des Straftäters nicht dem Volk angelastet werden könne, das auf eine Strafe nicht gedrungen habe[458]. Zunächst bestätigt dieses Beispiel KANTs Auffassung von der Unverletzlichkeit des Rechts. Die Vergeltung wird damit ausdrücklich als Maßprinzip, nicht als Grund der Bestrafung genannt, so dass KANT keine apriorische Notwendigkeit der strafrechtlichen Sanktion behauptet, wie ihm oft fälschlich unterstellt wird. Das *ius talionis* (Talionsprinzip) soll dabei das Maß der Bestrafung bestimmen; Surrogate zur Befriedigung der Gerechtigkeit

---
[452]Siehe Kant a. a. O. S. 233
[453]So Kant a. a. O. S. 219f
[454]Vergleiche Kant a. a. O. S. 158
[455]Kant a. a. O. S. 158
[456]Ebenso Mayer Kant, Hegel und das Strafrecht S. 64f m. w. N.
[457]Siehe Kant a. a. O. S. 159
[458]So Kant a. a. O. S. 161

6.4 Wiedergutmachung und Straffunktion bzw. Bestrafungszwecke

existieren nach KANT nicht[459]. Er betrachtet das Talionspinzip als einziges Strafzumessungsprinzip, das vor richterlicher Willkür schütze[460]. KANT hat nie die Auffassung vertreten, jede Übertretung des öffentlichen Gesetzes solle eine öffentliche Strafe nach sich ziehen. Das anderslautende Missverständnis ist aufgetreten, weil zur Zeit der Entwicklung der kantianischen Lehre der Kriminalitätsbegriff lediglich die Schwerkriminalität umfasste, das sogenannte bürgerliche und polizeiliche Unrecht wurden als gesonderte Rechtsgebiete betrachtet[461]. So vertritt denn auch KANT die Auffassung, Veruntreuung und schlichter Betrug sollten straflos bleiben[462]. Diese Inbezugnahme der Verbrechen, nicht aber der Vergehen, erklärt die gefühlsmäßige Argumentation KANTs, seine Ausdrucksweise wird erst dadurch verständlich. Er erkennt die fragmentarische Natur des Strafrechts an und kann schon aus diesem Grund nicht, wie oft missverstanden, ein reines Vergeltungsstrafrecht fordern.

KANT unterscheidet nach der von Gott und moralischen Prinzipien regierten Welt, in der Strafen kategorisch notwendig seien, und der von Menschen regierten Welt, in der zur Frage der Strafgerechtigkeit, also der Legitimation des Staates bezüglich einer Strafverhängung, die Frage der Strafklugheit hinzukomme[463]. Die Strafgerechtigkeit bezieht sich dabei auf das moralische *quia peccatum est*, sie rechtfertigt die Strafwürdigkeit des Deliktes gegenüber dem Betroffenen. Die pragmatische Strafklugheit gründet sich demgegenüber darauf, was nach der Erfahrung am stärksten wirkt, Verbrechen abzuhalten, also auf das *ne peccetur*[464]. Sie dient dem Regenten zur Vorschrift in seinen Entscheidungen. Für die irdische, menschliche Strafrechtspflege ist also sowohl Strafgerechtigkeit bezüglich der Tat als auch Vernünftigkeit zwecks Prävention anzustreben.

KANT postuliert jedoch, dass der Verbrecher zunächst eine Strafe verwirkt haben müsse, bevor darüber entschieden werden könne, welchen Nutzen man aus seiner Bestrafung ziehen könne[465]. Selbst Gnade sei zulässig, wenn dem

---

[459]Siehe Kant a. a. O. S. 159f
[460]So Kant a. a. O. S. 159
[461]Vertiefend dazu Mayer Kant, Hegel und das Strafrecht S. 61f m. w. N.
[462]Vergleiche Kant Metaphysik der Sitten S. 158
[463]So Kant Sämtliche Werke, Band IX, Briefwechsel, Brief an Johann Benjamin Ehrhard, S. 613f
[464]Siehe Kant Metaphysik der Sitten S. 159, 195f (Fußnote)
[465]Kant Metaphysik der Sitten S. 195f (Fußnote)

6 Täter-Opfer-Ausgleich und Rechtsstaat

Volk keine Gefahr für die Sicherheit daraus entstehe, jedoch nur bei Delikten, die sich gegen den Gnade ausübenden Souverän richten[466]. KANT postuliert damit durchaus keine reine Vergeltungstheorie, sondern will im Rahmen gerechter Vergeltung auch weitere Strafzwecke zulassen. Diese stellen jedoch stets ein – wenn auch willkommenes – Nebenprodukt einer gerechten Strafe dar[467]. Die Frage nach dem (relativen) Strafzweck innerhalb des gerechten Strafrahmens ist für KANT jedoch zweitrangig, da es sich um keine philosophische Problemstellung, sondern um eine Frage praktischer Erfahrung und empirischer Betrachtung handelt[468].

Vereinbarkeit von Täter-Opfer-Ausgleich und Wiedergutmachung mit dieser Auffassung Kants Die Wiedergutmachung und der Täter-Opfer-Ausgleich stellen nach den obigen Ausführungen strafrechtliche Sanktionen eigener Art dar und sind somit keine Strafen im eigentlichen Sinn. Wäre die Strafe die einzig mögliche Reaktion auf den Bruch strafrechtlicher Normen, so käme die Verhängung von Auflagen wie Täter-Opfer-Ausgleich und Wiedergutmachung nicht in Betracht. Dies ist jedoch nicht der Fall: Zwar geht KANT davon aus, dass die Begehung eines Verbrechens die Strafverhängung gegenüber dem Delinquenten erfordere, der Anwendungsbereich von Wiedergutmachung und Täter-Opfer-Ausgleich in seiner jetzigen Form gemäß § 153a I 2 Nr. 1 und 5 StPO ist jedoch die kleinere und mittlere Kriminalität, sind die Vergehen anstelle der Verbrechen. Aus dem Bruch der strafrechtlichen Norm ergibt sich die Strafwürdigkeit und grundsätzliche Strafbarkeit des Fehlverhaltens des Täters, wie KANT dies fordert. Aufgrund des Bagatellcharakters der nach § 153a I 2 StPO sanktionierten Delikte kann hier trotz der grundsätzlichen Strafwürdigkeit der mit Täter-Opfer-Ausgleich und Wiedergutmachung geahndeten Taten das öffentliche Interesse an der Strafverfolgung anders als durch Strafe abgegolten werden. Es ist daher möglich, diese Konzepte mit der Strafzwecktheorie KANTs zu vereinbaren, denn bereits das bürgerliche und polizeiliche Unrecht sollten, wie oben ausgeführt, nicht bestraft werden.

Auch wird man nach dem natürlichen Sprachempfinden zwanglos zu der

---
[466]Vergleiche Kant Metaphysik der Sitten, S. 166
[467]Ebenso Naucke Kant und die psychologische Zwangstheorie Feuerbachs S. 36
[468]Näher dazu Mayer Kant, Hegel und das Strafrecht S. 78

6.4 Wiedergutmachung und Straffunktion bzw. Bestrafungszwecke

Auffassung gelangen, dass der Delinquent Wiedergutmachung verdient hat. Indem er die negativen Straftatfolgen für das Opfer ausgleicht, wird diesem der erlittene Schaden vergolten, während andererseits dem Täter die positiven Folgen der Straftat, also der Gewinn, entzogen werden. Insofern kann in gewissem Umfang durchaus von einer konkreten Vergeltung der Tat gesprochen werden[469], wenn diese auch im Bereich der schwereren Straftaten nicht ausschließlich durch Wiedergutmachung geleistet werden kann. Dort wird regelmäßig der Ausgleich der Tatfolgen für das Opfer zur Wiederherstellung des Rechtsfriedens nicht ausreichen, sondern darüber hinaus eine Bestrafung des Täters erforderlich sein – dennoch können Täter-Opfer-Ausgleich und Wiedergutmachung dann strafmildernd berücksichtigt werden, wenn ihnen auch keine strafbefreiende Wirkung zukommt.

Hinzu kommt, dass dem Beschuldigten mit der Auflage gerade keine fremden Zwecke gesetzt werden: Ihm wird ein nicht verpflichtendes Angebot gemacht, über das er nach seinen eigenen Maßstäben und Zwecken entscheiden kann. Er wird trotz der Straftat grundsätzlich als Vernünftiger anerkannt, indem man ihm zutraut, selbständig die Entscheidung zu treffen, ob er das Angebot der Staatsanwaltschaft bzw. des Gerichts annehmen möchte oder nicht.

Wie oben bereits ausgeführt, wird jedoch der Beschuldigte in der Rechtswirklichkeit häufig von Seiten der Staatsanwaltschaft und des Gerichts derart eindringlich auf die Möglichkeit eines Täter-Opfer-Ausgleichs bzw. einer Wiedergutmachung hingewiesen, dass er sich subjektiv unter Druck gesetzt fühlen kann, eine Wahl zu treffen, die er aus eigenem Antrieb so nicht getroffen hätte. Besonders bei Beschuldigten, die nicht anwaltlich vertreten sind, besteht die Gefahr, dass diese nicht ausreichend über ihre Rechte informiert sind und bei diesen der Eindruck entsteht, eine Verurteilung sei ohnehin nicht abzuwenden und der Täter-Opfer-Ausgleich bzw. die Wiedergutmachung stellten daher die einzige Möglichkeit der Schadensbegrenzung dar[470]. Aus dieser subjektiv empfundenen Zwangslage heraus kann jedoch kein freies Einverständnis mit der Auflage nach § 153a I 2 StPO erklärt werden. Es muss daher, wie oben bereits erläutert, in Zukunft deutlicher darauf hingewiesen

---

[469]Ebenso für die amerikanischen Vergeltungstheorien Dohr Berücksichtigung freiwillig geleisteter Wiedergutmachung des Täters S. 63ff
[470]So insbesondere Loos ZRP 1993, S. 51ff, 55

6 Täter-Opfer-Ausgleich und Rechtsstaat

werden, dass die Entscheidung für oder gegen Täter-Opfer-Ausgleich oder Wiedergutmachung ausschließlich beim Beschuldigten liegt und dass diesem durch die Verweigerung der Zustimmung keine Nachteile entstehen, sondern ein reguläres Strafverfahren mit Freispruch oder Schuldspruch durchgeführt wird[471].

Da ein solches reguläres Strafverfahren jedoch bedeutet, dass der Strafzwang im Hintergrund bereit steht, könnte man der Ansicht sein, dass der Beschuldigte nicht in ausreichendem Maße frei entscheiden kann, sondern sich in einer von Staatsanwaltschaft oder Gericht institutionell vermittelten Drucksituation befindet. Auch ist der Ausgang des Strafverfahrens für den Beschuldigten nicht sicher prognostizierbar und der gesamte Verfahrensablauf für diesen nicht überschaubar, so dass er bei seiner Entscheidung verschiedene Unwägbarkeiten zu bedenken hat[472]. Zumindest das letztere Argument lässt sich jedoch durch anwaltliche Beratung des mutmaßlichen Täters entkräften. Der Beschuldigte hat in jeder Lage des Verfahrens das Recht, sich eines Anwalts zu bedienen; auf dieses Recht ist er in geeigneter Form hinzuweisen und ggf. bei der Suche nach einem Verteidiger zu unterstützen, vgl. § 136 I 2 StPO. Wenn er einen Anwalt zu Rate zieht, kann dieser ihm seine Rechte erläutern und den Gang des Verfahrens erklären. Auch der Ausgang des Strafverfahrens wird durch einen Verteidiger in aller Regel vorhersagbar sein. Problematischer ist aber, dass bei der Entscheidung des Beschuldigten stets der Strafzwang im Hintergrund bereit steht. Zwar entsteht dieser Druck bereits mit Begehung der Tat, denn ab diesem Zeitpunkt kann der mutmaßliche Täter sich eine mildere Strafe verdienen, wenn er den Schaden wieder

---

[471] Näheres dazu unter 13. Eigenes Wiedergutmachungsmodell

[472] Worauf Weigend KrimJournal 1984, S.28 zu Recht hinweist; seine weiter gezogene Schlussfolgerung, es sei eines Rechtsstaates unwürdig, sich der unvermeidlichen Tatsache zu bedienen, dass in einem von ihm zu verantwortenden Prozess alles möglich sei, um den Beschuldigten gefügig zu machen, ist jedoch unzutreffend. Zunächst ist das Streben nach richtigen Entscheidungen Legitimationsgrundlage für den Verurteilten treffende Grundrechtseingriffe durch Strafen. Sodann gewährleistet die Strafprozessordnung durch Verfahrensregeln ein gerechtes Verfahren mit sachlich richtigem Ausgang. Dies ist auch in der Bevölkerung anerkannt, die auf die Richtigkeit der juristischen Entscheidungen vertraut. Dass ein Schuldiger nicht sicher sein kann, ob ihm die Schuld nachgewiesen werden wird, also im Einzelfall trotz Schuld ein Freispruch erfolgt, liegt an den Verfahrensregeln, die Wahrheitsermittlung nicht um jeden Preis zulassen. Dennoch kann ein Unschuldiger auf eine Verfahrenseinstellung vertrauen. Wenn der Beschuldigte jedoch, weil er Kosten, Mühen und Belastungen durch ein Strafverfahren scheut, einen Weg sucht, dieses zu vermeiden, so ist nicht einzusehen, inwiefern das eines Rechtsstaat nicht würdig sein sollte – zumal dies nur für Vergehen mit geringem Unrechts- und Schuldgehalt gilt.

6.4 Wiedergutmachung und Straffunktion bzw. Bestrafungszwecke

gutmacht oder sich ernsthaft um einen Ausgleich mit dem Verletzten bemüht; eine institutionelle Vermittlung dieser Zwangslage erfolgt jedoch erst mit Auflagenerteilung. Diese Frage, wie dies im Hinblick auf die Freiwilligkeit des Beschuldigten zu werten ist, kann an dieser Stelle noch dahinstehen[473]: Dem mutmaßlichen Täter werden jedenfalls im kantianischen Sinne keine fremden Zwecke für sein Handeln gesetzt, sondern er erhält mit dem Täter-Opfer-Ausgleich und der Wiedergutmachung eine zusätzliche Option, wie er sich Straffreiheit bzw. -milderung verdienen kann. Mag der Beschuldigte dieses Angebot auch in erster Linie wegen der ansonsten drohenden Strafe wählen, so handelt es sich doch nicht um ein Setzen fremder Zwecke in diesem Sinne. Er kann seine Entscheidung in freier Abwägung treffen, wobei mit einer Verweigerung der Zustimmung keine Nachteile für ihn verbunden sind. Die Auflagen gemäß § 153a I 2 StPO sind daher mit der kantianischen Rechtslehre zu vereinbaren.

Der Anwendungsbereich von Täter-Opfer-Ausgleich und Wiedergutmachung ist schon in der heutigen Gesetzesfassung nicht auf § 153a I 2 Nr. 1 und 5 StPO beschränkt. Diese können gemäß §§ 46 II, 46a StGB bei allen Delikten strafmildernd berücksichtigt werden. Hier wird das Maß der gerechten Bestrafung nach der Schuld des Täters bestimmt und diese vergolten. Täter-Opfer-Ausgleich und Wiedergutmachung bewirken aber eine Verringerung der auszugleichenden Schuld und damit auch der zu erwartenden Strafe, wie sich aus § 46 II StGB ergibt. Zwar ist dabei zu berücksichtigen, dass Unrecht und Schuld des Täters im Allgemeinen mit der Beendigung der strafbaren Handlung abgeschlossen sind[474]. Bei der Bestimmung der Tatschuld ist jedoch nicht nur das Verhalten des Täters vor und während der Tat, sondern auch das Nachtatverhalten zu berücksichtigen, soweit sich daraus ein Indiz für die Tatschuld ergibt[475]. So kann die Bewertung der Tat durch ihr zeitlich nachfolgende Umstände verändert werden, wie sich bereits aus der Existenz von strafschärfenden schweren Folgen der Tat ergibt[476]. Das Maß der Pflichtwidrigkeit, die aus der Tat ableitbare Gesinnung und der Täterwille, also das dem Täter vorwerfbare Unrecht, ergeben sich deshalb auch aus

---
[473] Näheres dazu unter 8.1.5 in dieser Arbeit
[474] Weiterführend Bruns Strafzumessungsrecht S. 563 m. w. N.
[475] Ebenso LK-Gribbohm § 46 Rn. 186ff m. w. N.
[476] Näher dazu Bruns a. a. O. S. 564 m. w. N.

6 Täter-Opfer-Ausgleich und Rechtsstaat

dem Nachtatverhalten[477]. Dieses muss daher berücksichtigt werden, wenn es Rückschlüsse auf den Unrechtsgehalt der Tat und die Einstellung des Täters zur Tat zulässt, und zwar sogar dann, wenn es mit der Tat nicht mehr in unmittelbarem Zusammenhang steht[478]. Das Nachtatverhalten ist dabei nicht von eigenständiger Bedeutung, sondern nur insoweit, als sich daraus Indizien für Rückschlüsse auf den Unrechtsgehalt der Tat und die dem Täter vorzuwerfende Schuld ergeben (sog. doppelspurige Indizkonstruktion)[479]. Bestraft wird also nur die Tat, wobei die Strafe dem besonderen Unrecht und der Täterpersönlichkeit angepasst wird, wie sie im Verhalten des Angeklagten zum Ausdruck gekommen sind[480]. Dieser Ansatz ermöglicht eine hinreichend konkrete Bestimmung der Tatsachen, die für die Strafzumessung von Bedeutung sein sollen und ist daher zu bevorzugen[481].

Eine selbständige Bedeutung des Nachtatverhaltens als Strafzumessungsgrund kommt demgegenüber trotz der gesetzlichen Regelung in § 46 StGB nicht in Betracht. Es verstieße gegen das Tatschuldprinzip, weitere schuldfremde Gründe für die Strafbemessung zuzulassen[482]. So käme es entgegen des Grundsatzes *nullum crimen sine lege* zu einer Pönalisierung nicht tatbestandsmäßigen Verhaltens[483]. Der Täter würde für sein unsittliches Leben bestraft, nicht für die Begehung der Tat, die zum bloßen Anknüpfungspunkt strafrechtlicher Rechtsfolgen würde. Auch eine Erweiterung des Tatbegriffs dergestalt, dass für die Strafzumessung ein anderer, weiterer Tatbegriff gilt als für die Frage der Tatbestandsverwirklichung[484], ist kein gangbarer Weg. Zunächst wird mit der Bestimmung dieses erweiterten Tatbegriffs keine Aussage über das Gewicht von Vor- und Nachtatverhalten getroffen, so dass die

---
[477] So auch LK-Gribbohm § 46 Rn. 186
[478] Vergleiche T/F § 46 Rn. 47ff m. w. N., 49ff m. w. N.; LK-Gribbohm § 46 Rn 5 m. w. N., Rn. 186
[479] Vertiefend dazu Bruns a. a. O. S. 565ff, insbes. S. 575f
[480] Instruktiv Bruns a. a. O. S. 577f, 592 m. w. N.
[481] Anderer Ansicht Schaffstein Spielraum-Theorie, Schuldbegriff und Strafzumessung S. 112ff m. w. N.
[482] Ebenso Bruns a. a. O. S. 575 m. w. N.
[483] Weitere Nachweise bei Baumann NJW 62, 1793ff
[484] So aber Lang-Hinrichsen Bemerkungen zum Begriff der „Tat" im Strafrecht, S. 359ff. Er führt aus, ein normativer Tatbegriff sei erforderlich, um ein vollständiges Wertbild vom Verhalten des Täters zu zeichnen. Diese Tat umfasse alle für die Strafzumessung relevanten Umstände des Täterverhaltens, unabhängig von ihrem zeitlichen und inneren Zusammenhang zur im Tatbestand umschriebenen Tat i. e. S.. Lang-Hinrichsen räumt selbst ein, dass es sich dabei um richtlinienartige Umschreibungen handele, denen etwas Vages anhafte; die logische Schlussfolgerung, dass eine derart unpräzise Umschreibung strafwürdigen Verhaltens gegen das Bestimmtheitsgebot verstößt, zieht er nicht.

6.4 Wiedergutmachung und Straffunktion bzw. Bestrafungszwecke

Frage offen bleibt, ob diese ebenso schwer wiegen sollen wie die Merkmale des gesetzlichen Tatbestandes[485]. Daneben ist zu prüfen, ob es durch die unterschiedliche Ausfüllung des Begriffs der Tat nicht zu Friktionen kommt, insbesondere unter dem Gesichtspunkt der Einheit der (Straf-)Rechtsordnung. Zwar ist es durchaus möglich, in Gesetzen Begriffe zu verwenden, die in unterschiedlichen Zusammenhängen verschieden gedeutet werden; hier sei nur auf den Begriff der Fahrlässigkeit hingewiesen, die im Strafrecht andere Voraussetzungen hat als im Zivilrecht. Derartige Unterschiede ergeben sich aber aus den unterschiedlichen Zielen der Rechtsgebiete und stehen der Einheit der Strafrechtsordnung nicht entgegen. Im vorliegenden Fall soll jedoch ein Terminus innerhalb eines Gesetzes, nämlich des StGB, verschieden gedeutet werden. Die Funktion des gesetzlichen Tatbestandes ist die Vertypung des Unrechts, um dem Grundsatz *nullum crimen sine lege* zu genügen[486]. Bei der Strafzumessung soll der Unrechts- und Schuldgehalt des verbrecherischen Handelns, also der Tat, erfasst werden[487]. Daher verstößt ein Anknüpfen an zwei unterschiedliche Tatbegriffe für Strafbegründung und -zumessung gegen den Grundsatz der Einzeltatschuld und ist deshalb abzulehnen.

Hinzu kommt die Unmöglichkeit einer exakten Abgrenzung, welches Verhalten des Täters im Rahmen der Strafzumessung von Bedeutung sein soll und wie dieses zu gewichten ist. Es bleibt unklar, welcher Teil der Lebensführung des Täters strafschärfend gewertet werden und welcher Teil irrelevant sein soll. Die Anerkennung einer Lebensführungsschuld, welche die Berücksichtigung sowohl des Vor- als auch des Nachtatverhaltens ermöglicht, ist nach einhelliger Auffassung unzulässig, denn sie ist nicht mit der Aburteilung der Einzeltatschuld in Einklang zu bringen und verstößt deshalb gegen den Grundsatz *nullum crimen sine lege*[488]. Der Täter würde nicht für sein strafbares Verhalten, sondern für sein (möglicherweise) sittlich zu missbilligendes, vom Strafgesetzbuch jedoch nicht erfasstes Verhalten verurteilt. Bleibt die Abgrenzung zur Lebensführungsschuld im Dunkeln, so kann diese Theorie – von Bedenken aufgrund mangelnder Bestimmtheit ganz zu schweigen - nicht zur Strafzumessung eingesetzt werden und ist daher abzulehnen.

---

[485] Ebenso Bruns Strafzumessungsrecht S. 574
[486] So auch Lang-Hinrichsen a. a. O. S. 359f
[487] Siehe Lang-Hinrichsen a. a. O. S. 359f
[488] Instruktiv Baumann NJW 62, 1793

6 Täter-Opfer-Ausgleich und Rechtsstaat

Die Berücksichtigung einer Indizwirkung insbesondere des Nachtatverhaltens ist dagegen sachgerecht, denn oft kommt es durch die Art der Zeugenbefragung im Prozess, die der Täter sowohl erschweren als auch durch ein Geständnis sich ersparen kann, zu Sekundär- oder Tertiärviktimisierung. Diese stellt ebenso wie die unmittelbar aus der Straftat resultierenden Belastung eine Beeinträchtigung des Opfers dar, die als Auswirkung der Tat deren Unrechtsgehalt beeinflusst. Opferschonendes Verhalten des Täters im Prozess ist daher ein anerkannter Strafmilderungsgrund[489]. Der erfolgreich verlaufende Täter-Opfer-Ausgleich vermag dem Opfer die Verarbeitung der Tat erheblich zu erleichtern und stellt daher ein opferschonendes Verhalten dar. Die vom Beschuldigten im Rahmen des Schlichtungsverfahrens zur Wiedergutmachung erbrachten Leistungen bilden einen Erfolgswert, der dem Erfolgsunwert der Tat entgegengesetzt werden kann[490]. Die äußeren und inneren Begleitumstände der Leistungserbringung wie beispielsweise Grad und Ausmaß des Bemühens des Beschuldigten bilden den Handlungswert, der dem Handlungsunwert der Straftat entspricht und diesen zu kompensieren vermag[491]. Der Beschuldigte zeigt echte Reue und demonstriert seine Unrechtseinsicht[492]. Er macht zumindest einen Teil des materiellen Schadens wieder gut und verringert so die Auswirkungen auf das Opfer. Die Anerkennung der Rechtsordnung wird verdeutlicht; es ist kein Dauerschaden geblieben[493]. Es kommt also zu einer Verringerung des Unrechts und der Tatschuld. Daher wird nicht von den kantianischen Grundsätzen einer gerechten Strafbemessung abgewichen, wenn Täter-Opfer-Ausgleich und Wiedergutmachung strafmildernd berücksichtigt werden.

Zusammenfassung Täter-Opfer-Ausgleich und Wiedergutmachung als Auflagen gemäß § 153a I 2 Nr. 1, 5 StPO lassen sich ebenso mit der kantianischen Rechtsauffassung vereinbaren wie deren strafmildernde Berücksichtigung nach § 46a StGB. Zunächst ist KANT nie der Auffassung gewesen, jede Gesetzesübertretung müsse eine Strafe nach sich ziehen. Oben ist dazu

---

[489] Vergleiche T/F § 46 Rn. 54
[490] Siehe auch Oehlmann Die Anrechnung von Wiedergutmachungsleistungen S. 28 f m. w. N.
[491] Übereinstimmend Oehlmann a. a. O.; Meier GA 99, S. 12 m. w. N.
[492] Ebenso Bruns Strafzumessungsrecht S. 608f
[493] So auch Bruns a. a. O. S. 608f

6.4 Wiedergutmachung und Straffunktion bzw. Bestrafungszwecke

bereits auf das (straflose) bürgerliche und das Polizei-Unrecht hingewiesen worden. Es ist danach möglich, einen Delinquenten nicht zu bestrafen. Im Rahmen des Täter-Opfer-Ausgleiches und der Wiedergutmachung erfolgt ebenso wie bei der Verurteilung zur konventionellen Strafe eine Vergeltung der Tat. Wenn sich der Beschuldigte um einen Ausgleich mit dem Verletzten bemüht, so mindert das sein abzuurteilendes Unrecht. Das von ihm gezeigte Nachtatverhalten (Anerkennung der Rechtsordnung, Unrechtseinsicht, echte Reue, Verringerung der Tatfolgen) lässt als Indiz Rückschlüsse auf ein geringeres Unrecht und damit eine verminderte Schuld zu. Eine unmittelbare Berücksichtigung des Nachtatverhaltens als Strafzumessungsgrund kommt demgegenüber nicht in Betracht, weil dadurch gegen das Tatschuldprinzip und den Grundsatz *nullum crimen sine lege* verstoßen würde. Auch bliebe die Abgrenzung zur Lebensführungsschuld, die unstreitig bei der Strafbemessung nicht berücksichtigt werden darf, im Dunkeln.

Dieses nach Täter-Opfer-Ausgleich und Wiedergutmachung gegebenenfalls noch verbleibende, geringere auszugleichende Unrecht erlaubt eine Strafmilderung gegenüber dem ansonsten verwirkten Strafmaß, die bis zu einem Absehen von Strafe reichen kann.

Heilungstheorie Hegels

Darstellung von Hegels Theorie Auch HEGEL geht von der fragmentarischen Natur des Strafrechts aus; von der Strafbarkeit nimmt er beispielsweise das unbefangene Unrecht, die Fahrlässigkeit und den Betrug, aus[494]. Ebenso wie KANT bezieht er sich auf das peinliche Recht, das lediglich die Schwerkriminalität erfasste.

HEGEL betrachtet das Verbrechen als willkürliche Entscheidung und führt es auf die Unbestimmtheit des Einzelwillens zurück[495]. Insofern sei die Straftat äußerliche Zufälligkeit und als solche trotz ihrer äußerlichen Existenz im Willen des Täters und im irreparablen Schaden nichtig[496]. Da das Verbrechen jedoch seine ideelle Macht behalte, wenn es nicht verneint werde, müsse durch die Bestrafung des Rechtsbrechers die Nichtigkeit des Verbrechens manifes-

---

[494] Hegel Grundlinien der Rechtsphilosophie §§ 87 - 89
[495] Siehe Hegel Grundlinien der Rechtsphilosophie § 5
[496] Vergleiche Hegel a. a. O. § 97

tiert werden[497]. Die in der Straftat liegende Negation des Rechts müsse durch eine neue Negation, nämlich vergeltende Strafe, getilgt werden[498]. Weil das Verbrechen seine äußere Existenz aber im Wesentlichen aus dem Willen des Delinquenten beziehe, müsse dieser gebeugt werden, indem der Täter Zwang erleide; so werde die Geltung des Rechts wiederhergestellt[499].

Die Vergeltung als Strafgrund lehnt HEGEL ausdrücklich ab; wie KANT entnimmt er der Vergeltung jedoch das Maßprinzip der Strafe[500]. Die Strafe solle den Verbrecher als vernünftiges Wesen ehren und dürfe nicht versuchen, ihn wie einen Hund, gegen den man den Stock erhebt, zu erziehen[501]. Insofern bilde sie ein Recht des Verbrechers, das ihm genommen werde, wenn deren Bemessung nicht allein der Tat entnommen werde[502]. HEGEL lehnt daher die relativen Strafzwecktheorien ab und postuliert ebenso wie KANT, die Strafe müsse ausschließlich gerecht sein[503].

Er führt weiter aus, die Strafe stelle als Reaktion auf die Tat die Geltung des allgemeinen Willens, der in der Rechtsordnung verkörpert sei, wieder her[504]. Wenn er so auf die Gefährlichkeit der Handlung für die Allgemeinheit Bezug nimmt[505], kann dies als Hinweis auf die Wiederherstellung der Normgeltung und Normbestätigung und damit die positive Generalprävention als Strafzweck interpretiert werden. Tatsächlich vertritt auch HEGEL damit keine absolute Straftheorie, sondern akzeptiert im Rahmen gerechter Vergeltung die Verfolgung generalpräventiver Zwecke mit der Verhängung einer strafrechtlichen Sanktion. Ebenso wie KANT ist HEGEL bereit, im Rahmen der gerechten, schuldangemessenen Strafe die Verfolgung weiterer Zwecke zuzulassen. Diese Zweckfrage ist jedoch für HEGEL als Philosophen sekundär, da sie sich nach der Erfahrung und Empirie beantworten lässt[506].

Bereits aus der Rechtsgeschichte und der Entwicklung des Bildes vom Ver-

---

[497] Hegel a. a. O. § 97
[498] So Hegel a. a. O. § 97 Zusatz
[499] Siehe Hegel a. a. O. § 99
[500] Hegel a. a. O. §§ 99f
[501] Vergleiche Hegel a. a. O. §§ 99f
[502] Hegel a. a. O. §§ 99f
[503] So Hegel a. a. O. §§ 99f
[504] Siehe Hegel a. a. O. §§ 99ff, 218, 220
[505] Hegel a. a. O. §§ 218, 220
[506] Ebenso Mayer Kant, Hegel und das Strafrecht S. 78

6.4 Wiedergutmachung und Straffunktion bzw. Bestrafungszwecke

brecher lässt sich die Hegelianische Straftheorie erläutern: Im 17. Jahrhundert erschien der Straftäter als Werkzeug des Teufels und Gefäß der Schlechtigkeit; er konnte nicht bestraft werden, sondern er, bzw. das Böse in ihm, musste vernichtet werden, was im Extremfall durch seine Tötung erfolgen musste[507]. Die Vorstellung des Delinquenten, der aus eigenem Willen, weil er ein böser Mensch war, einen Pakt mit dem Teufel einging, hat eine Wandlung bewirkt[508]. Dieser erschien jetzt selbst verantwortlich und sollte für die Verletzung der göttlichen Ordnung sühnen; seine Tötung stellte nun eine Bestrafung dar[509]. Die konkrete Schädigung und der Bruch der menschlichen Rechtsordnung traten in den Vordergrund und haben die Verletzung der göttlichen Gebote verdrängt[510]. Es kam zu einer Trennung von weltlicher und geistlicher Buße, der Delinquent konnte von seiner individuellen Schuld vor Gott befreit werden, wenn er Reue zeigte und bußfertig war[511]. Er durfte dann in der kirchlichen Gemeinschaft bleiben; sogar ein Schwerverbrecher erhielt vor seiner Hinrichtung die Sterbesakramente[512]. Die Hinrichtung erschien jetzt als Vergeltung für die Störung der menschlichen und göttlichen Ordnung, sie sollte den Zorn Gottes besänftigen[513]. Insofern ist der Täter für die Menschen, die von Gottes Zorn verschont weiterleben durften, gestorben und auf diese Art Teil der Gemeinschaft geblieben[514]. So ist auch der Weg zur Verweltlichung der Gnade eröffnet worden, denn die Tötung des Delinquenten war nicht mehr zur Wiederherstellung der Ordnung erforderlich[515]. Entscheidend war in diesem Zusammenhang die Herausbildung des Bewusstseins, dass der Täter Mensch bleibt, die Tat die Rechtsordnung stört und die Strafe um der Gemeinschaft willen verhängt wird[516]. Er konnte zeigen, dass er zwar ein Verbrechen begangen hatte, aber kein Verbrecher war und sich so von seiner Tat distanzieren[517]. Strafe kann daher nur Sozialisierungsstrafe

---

[507] So auch Schild Schweizerische Zeitschrift für Strafrecht 1982, S. 373
[508] Vergleiche Schild a. a. O. S. 374
[509] Siehe Schild a. a. O. S. 374
[510] So auch Schild a. a. O. S. 375
[511] Näheres bei Schild a. a. O. S. 375f
[512] Vergleiche Schild a. a. O. S. 376
[513] Ebenso Schild a. a. O. S. 376f
[514] Siehe Schild a. a. O. S. 377
[515] Ergänzend Schild a. a. O. S. 377
[516] Vergleiche Schild a. a. O. S. 377f
[517] Vertiefend dazu Schild a. a. O. S. 377ff

6 Täter-Opfer-Ausgleich und Rechtsstaat

sein und zielt auf die Wiederherstellung der Interaktion zwischen Täter und Gemeinschaft, auf deren Versöhnung[518].

Vereinbarkeit von Täter-Opfer-Ausgleich und Wiedergutmachung mit dieser Auffassung Hegels Auch mit dieser Straftheorie sind sowohl die Verhängung von Auflagen der Wiedergutmachung und des Täter-Opfer-Ausgleichs als auch deren strafmildernde Berücksichtigung im Falle freiwilliger Erbringung möglich. Hier gelten dieselben Grundsätze wie oben zu KANTs Strafrechtslehre beschrieben; auf diese sei hier verwiesen.

Soweit HEGEL darüber hinaus postuliert, die Geltung des Rechts könne – weil das Verbrechen seine äußere Existenz aus dem Willen des Täters beziehe - nur wiederhergestellt werden, indem dieser durch Zwang gebeugt werde, ist dem zu widersprechen. Erforderlich, aber auch ausreichend ist eine Demonstration des geänderten Willens des Delinquenten. Wenn nach außen zum Ausdruck kommt, dass die Tat bereut und das Unrecht eingesehen wird, während gleichzeitig zumindest ein Teil des materiellen Schadens wiedergutgemacht und die Auswirkung der Tat auf das Opfer verringert wird, verdeutlicht der Schädiger, dass er die Rechtsordnung anerkennt und kein Dauerschaden geblieben ist. Die weitere Ausübung von Zwang ist dann zur Wiederherstellung des Rechts nicht erforderlich, denn dessen Ziel ist bereits zwanglos durch freiwillige Leistungen erreicht worden. Täter-Opfer-Ausgleich und Wiedergutmachung lassen sich daher mit der Auffassung HEGELs vereinbaren.

Sühnetheorie

Darstellung der Auffassung der Sühnetheorie vom Strafzweck Diese verlangt, dass der Schuldige eine Möglichkeit zur innerpsychischen Schuldverarbeitung erhalten müsse[519]. Ziel sei es, einen gerechten Schuldausgleich für schuldhaft begangenes Unrecht zu schaffen. Der Täter solle durch die Strafe zugleich das Unrecht einsehen, die Bestrafung als gerechten Schuldausgleich innerlich annehmen und durch diese Sühne seine Integrität zurück-

---

[518] So auch Schild a. a. O. S. 380
[519] So insbesondere Kaufmann Das Schuldprinzip S. 272ff; Baumann/Weber/Mitsch Strafrecht AT S. 24

6.4 Wiedergutmachung und Straffunktion bzw. Bestrafungszwecke

gewinnen[520]. Die strafrechtliche Sanktion könne und solle Versöhnung des Täters mit der Rechtsgemeinschaft, sich selbst und dem Opfer bewirken als freiwillige Leistung des Beschuldigten[521]. Sie wird als notwendiges Übel betrachtet, das nicht notwendig auch ein Übel darstellt[522].

Die Gegner dieser Theorie führen aus, dass Bestrafung keine Schuldbewältigung leisten könne, weil sie Übles mit Üblem vergelte[523]. Es sei nicht zu erwarten, dass es durch das Leiden des Täters unter der Strafverbüßung bei diesem zu einem Einsichtsprozess komme, der letztlich dazu führe, dass er sich mit dem Opfer und der Rechtsgemeinschaft solidarisiere[524]. Tatsächlich dürften die Möglichkeiten, einen Delinquenten durch die Bestrafung zur Einsicht in sein Fehlverhalten und zur Reue zu bewegen, begrenzt sein[525]; selbst unter dieser Voraussetzung ist jedoch dem Täter die Möglichkeit zur Sühne zu bieten, und diese ist, wenn auch deren Voraussetzungen zwangsweise geschaffen werden, in jedem Fall als Chance für den Delinquenten zur Versöhnung anzustreben[526]. Zwar stellt eine Bestrafung ein Übel für den Delinquenten dar, denn er wird als Ungleicher behandelt und in seinem Verhältnis zu Rechtsgemeinschaft herabgesetzt; nur durch die Bestrafung kann jedoch die Gerechtigkeit wiederhergestellt werden, sodass die Strafe erforderlich ist. Wenn es darüber hinaus noch gelingt, den Täter zur Unrechtseinsicht und Reue zu bewegen, so wäre dies sowohl im Hinblick auf die Reintegration des Schädigers in die Rechtsgemeinschaft nach Strafverbüßung als auch im Hinblick auf die Bewältigung des Geschehens für das Opfer und die Rechtsgemeinschaft von Vorteil und ist deshalb anzustreben.

Eine Versöhnung mit der Rechtsgemeinschaft setzt überdies voraus, dass die Gesellschaft die Tilgung der Schuld anerkennt. Dies ist jedoch, wie oben bereits ausgeführt, oftmals nicht der Fall, was als Argument gegen die Sühnetheorie angeführt wird[527]. Dieses Argument ist jedoch nicht tragfähig, denn

---

[520] Vergleiche Baumann/Weber/Mitsch a. a. O. S. 24
[521] Vertiefend Neumann/Schroth Neuere Theorien von Kriminalität und Strafe S. 16ff; Baumann/Weber/Mitsch a. a. O. S. 24
[522] So Noll Ethische Begründung der Strafe S. 17
[523] Ebenso Naegeli Aspekte des Strafens S. 32
[524] Näher dazu Naegeli a. a. O. S. 37f
[525] So Kaufmann Das Schuldprinzip S. 272
[526] Instruktiv Kaufmann a. a. O. S. 272ff
[527] Oben unter 6.1.4

eine Schuldtilgung und Aufnahme des Delinquenten in die Rechtsgemeinschaft kann jedenfalls leichter nach Zufügung eines Übels gegenüber dem Schädiger erfolgen als wenn diese unterbleibt. Erst die nach außen erkennbare Sühneleistung ermöglicht es der Gesellschaft, wieder Frieden mit dem Rechtsbrecher zu schließen[528]. Die Integration des Straftäters in die Gemeinschaft nach Verbüßung seiner Strafe stellt eine wesentliche Voraussetzung der sinnvollen und legitimen Bestrafung dar. Nur dann, wenn gewährleistet ist, dass es zu einer Versöhnung von Täter und Rechtsgemeinschaft kommt, kann der Rechtsfrieden als wiederhergestellt und die Strafe als abschließender Ausgleich des Unrechts betrachtet werden. Wenn hier zwischen Sein und Sollen eine Lücke klafft, so ist diese zu schließen; es handelt sich dabei jedoch nicht um ein Rechtsproblem, sondern um ein solches der Sozialpädagogik[529]. Die Sühnetheorie kann jedenfalls mit diesem Argument nicht abgelehnt werden.

Weiter wird gegen die Sühnetheorie angeführt, dass die Strafanzeige ein Freundschaftsdienst wäre, wenn die Entsühnung durch die Bestrafung eine Wohltat darstelle. Dies widerspräche der Rechtsauffassung der Gegenwart, denn die persönliche Begünstigung eines Angehörigen werde nicht bestraft[530]. Die Sühnetheorie entspräche daher nicht der Rechtswirklichkeit und könne schon aus diesem Grund keine tragfähige Begründung für die Bestrafung im Einzelfall liefern.

Tatsächlich stellt die Begünstigung eines Angehörigen einen persönlichen Strafausschließungsgrund dar, was bedeutet, dass die Tat des Angehörigen tatbestandsmäßig, rechtswidrig und schuldhaft ist und bleibt. Um jedoch der notstandsähnlichen Situation des Angehörigen Rechnung zu tragen, die sich daraus ergibt, dass er ein Familienmitglied nicht verraten möchte, bleibt dieser hier straffrei. Die Angehörigen bemühen sich dabei, bereits das Bekanntwerden des schuldhaften rechtswidrigen Verhaltens ihres Familienmitglieds und dessen sowie ihre eigene Stigmatisierung zu verhindern. Nach Entdeckung der Tat allerdings können Sühne und Reintegration eines Rechtsbrechers in die Gemeinschaft erst nach Verbüßung einer Strafe erfolgen. Das Verhalten der Angehörigen ist der Entdeckung der Tat vorgelagert, so dass auch dieses Argument nicht zwingend gegen die Sühnetheorie spricht.

---

[528]Weitere Nachweise bei Lampe Strafphilosophie S. 212
[529]Ebenso Lampe a. a. O. S. 195 f
[530]Ebenso Schmidhäuser Vom Sinn der Strafe S. 51

6.4 Wiedergutmachung und Straffunktion bzw. Bestrafungszwecke

Ferner wird behauptet, eine Verurteilung zu konventioneller Strafe mit dem Zweck der Sühne dürfe nur dann erfolgen, wenn der Täter sie begehre[531]. Dieses sei kaum jemals der Fall, so dass eine allgemeine Begründung der Strafe auf diese Art nicht gefunden werden könne. Selbst, wenn man in Erweiterung der dem Täter zu bietenden Sühnemöglichkeit diesen – möglicherweise gegen seinen erklärten Willen - in eine Lage versetze, in der er die Sühne annehmen könne, so sei zu beachten, dass die innere Einstellung des Täters zur Strafe und zur Tat nicht erzwungen werden könne und dies im Hinblick auf die Grundrechte der Meinungs-, Glaubens- und Gewissensfreiheit auch nicht angestrebt werden dürfe[532]! Der Staat könne und dürfe diese sittliche Entscheidung nicht für den einzelnen Bürger treffen, sondern müsse sie jedem selbst überlassen[533].

Tatsächlich wird der Rechtsbrecher, der als Gemeinschaftswesen nur in der Rechtsgemeinschaft mit den anderen existieren kann, mit seinem vernunftgemäßen Wollen[534] die Wiederaufnahme in die Gesellschaft anstreben. Ihm ist sein Fehlverhalten bewusst, denn er will weiterhin als Vernünftiger gelten und Teil der Gemeinschaft sein. Er wird daher bereit sein, seine Herabsetzung durch die Strafe zu akzeptieren und diese sogar begehren. Soweit der Täter sich gegen eine Strafe zur Wehr setzt und diese innerlich ablehnt, beruht diese Haltung auf sinnlicher Willkür und damit einem pathologischen Bestimmungsgrund, der seinerseits auf der tierischen Natur des Menschen beruht[535]. Neben diesem empirischen Charakter besteht der Mensch als Vernunftwesen jedoch noch aus einem intelligiblen Charakter, der ihm eine Einsicht ermöglicht und ihn die Strafe fordern lässt. Auch dieses Argument spricht also nicht gegen die Sühnetheorie.

Manche wenden gegen die Sühnetheorie ein, wenn mit der Bestrafung die Versöhnung des Täters mit sich selbst durch Verarbeitung der Tat beabsichtigt sei, werde deren Zweck davon abhängig gemacht, dass der Verletzer Schuldgefühle habe und zeige[536]. Beim uneinsichtigen Täter würde die Stra-

---

[531]So zu Recht Schmidhäuser a. a. O. S. 50
[532]Instruktiv Weigend Freiwilligkeit als Voraussetzung alternativer Konfliktregelung S 149ff; Benda Vom Sinn menschlichen Strafens S. 24
[533]Vergleiche Schmidhäuser a. a. O. S. 50; Benda a. a. O. S. 24
[534]Zu dem Begriff siehe oben 6.1.1 die Erläuterungen zur kantianischen Terminologie m. w. N.
[535]Siehe oben unter 6.1.1 die Erläuterungen zur kantianischen Terminologie m. w. N.
[536]So auch Neumann/Schroth Neuere Theorien von Kriminalität und Strafe S. 18f

6 Täter-Opfer-Ausgleich und Rechtsstaat

fe ihre Funktion verfehlen und dürfte daher nicht verhängt werden. Dass diese Folge nicht richtig sein kann, liegt auf der Hand, wenn man bedenkt, dass ein Geständnis und die Einsicht in das Unrecht Strafmilderungsgründe darstellen. Auch dieses Argument ist jedoch nicht zwingend, denn in erster Linie wird nach der Sühnetheorie mit der Bestrafung des Täters die Wiederherstellung der Gerechtigkeit beabsichtigt, um so die Voraussetzung für eine Versöhnung des Täters mit der Rechtsgemeinschaft und dessen Reintegration zu schaffen. Diese Funktion kann jedoch auch beim uneinsichtigen Täter erfüllt werden, sodass auch dieser seine Strafe erhalten kann, darf und muss.

Zwar stellt die Sühne einen metaphysischen Prozess dar, der empirisch nicht nachweisbar ist, so dass ein säkularisierter Staat wie der unsere seine Rechtfertigung für die Strafe nicht aus der Sühne beziehen darf[537]; die Sühnetheorie will durch die Bestrafung des Täters in erster Linie die Gerechtigkeit wiederherstellen und so die Voraussetzung für eine Sühne schaffen. Zwar kann die Aufgabe des Strafrechts nicht die sittlich-moralische Läuterung des Täters sein, das Strafrecht darf diese aber auch nicht verhindern. Die Sühnetheorie vermag daher zu überzeugen.

Vereinbarkeit von Täter-Opfer-Ausgleich und Wiedergutmachung mit der Sühnetheorie Die Auflagen gemäß § 153a I 2 StPO sind mit der Konzeption der Sühnetheorie zu vereinbaren. Theorieimmanent konsequent wäre sogar die möglichst weitgehende Einsetzung der Wiedergutmachung als eine auf Versöhnung gerichtete Sanktion[538]. Hier wird dem Beschuldigten die Möglichkeit zur innerpsychischen Schuldverarbeitung in größerem Maße geboten als mit einer Strafe. Sühne und Reue kommen in freiwilligen Leistungen in besonders starkem Maße zum Ausdruck, so dass deren strafmildernde Berücksichtigung von der Sühnetheorie geradezu verlangt wird. Täter-Opfer-Ausgleich und Wiedergutmachung sind daher in ihrer derzeitigen gesetzlichen Fassung mit der Sühnetheorie vereinbar.

---

[537]Insofern zutreffend Benda a. a. O. S. 24
[538]Siehe Frühauf Wiedergutmachung zwischen Täter und Opfer S. 131; Benda a. a. O. S. 22f

6.4 Wiedergutmachung und Straffunktion bzw. Bestrafungszwecke

Gerechtigkeitstheorie

Darstellung und Diskussion der Gerechtigkeitstheorie SPENDEL zielt darauf ab, dass die Gerechtigkeit gegenüber den Mitbürgern es gebiete, gleiches Verhalten gleich, ungleiches ungleich zu behandeln[539]. So gebühre demjenigen, der Gutes getan habe, Lob und Dank, während andererseits der verbrecherischen Handlung die Zufügung eines Übels, nämlich der Strafe, entspreche[540]. Er leitet den Vergeltungsgedanken aus der Gerechtigkeit ab und begründet ihn so deduktiv. SPENDEL betrachtet die Vergeltung als Idee der Strafe und damit als beherrschenden Zweck[541]. Weil verbrochen worden sei, werde die Strafe als Übel verhängt. Ein Übel werde dem Verbrecher zugefügt, um an ihm die Tat zu vergelten. Die Vergeltung erfolge, damit Gerechtigkeit geübt und die Rechtsordnung aufrechterhalten werde[542]. So erscheint die Vergeltung als Teil eines übergeordneten Gerechtigkeitsprinzips. Er erläutert, dass Zweck und Mittel sich gegenseitig bedingten, ebenso wie Sein und Sollen oder Stoff und Idee[543]. Ein Zweck werde dann am besten erreicht, wenn ihm das Mittel entspräche und zu seiner Erreichung geeignet sei, während aus der Wahl des Mittels anhand der üblicherweise damit verbundenen Wirkungen auf den damit erstrebten Zweck geschlossen werden könne[544]. Der Täter müsse dafür, dass er sich im Gegensatz zu anderen über eine Norm hinweggesetzt habe, einen Ausgleich erbringen. Seine Nichtbestrafung wäre ungerecht gegenüber denjenigen, welche die Norm nicht übertreten hätten[545].

Teilweise wird gegen die Gerechtigkeitstheorie angeführt, dass eine höhere Gerechtigkeit es verbiete, aus Gründen der Gleichbehandlung einen Schaden zuzufügen, dem kein gleichwertiger Nutzen gegenüberstehe[546]. Wenn man zur Entkräftung der Kritik einen sozialen Nutzen der Bestrafung des Täters konstruierte, befände man sich im Bereich der relativen Strafzwecktheorien. Die Gerechtigkeitstheorie selbst liefert keine Antwort auf die Frage nach dem

---
[539] Spendel Zur Lehre vom Strafmaß S. 97
[540] Vergleiche Spendel a. a. O. S. 97
[541] Siehe Spendel a. a. O. S. 86, 87ff
[542] Spendel a. a. O. S. 86
[543] So Spendel a. a. O. S. 88ff
[544] Spendel a. a. O. S. 90
[545] Weitere Nachweise bei Neumann/Schroth a. a. O. S. 15f
[546] So Neumann/Schroth a. a. O. S. 16

6 Täter-Opfer-Ausgleich und Rechtsstaat

konkreten Nutzen der Bestrafung; dies ist auch nicht beabsichtigt, da die Gerechtigkeit als solche einen erstrebenswerten Zustand darstellt und die Strafe zu legitimieren vermag. Gerechtigkeit wird seit Menschengedenken von den Menschen angestrebt; der Ursprung dieses Bedarfs an Gerechtigkeit liegt wohl in der Vernunftnatur der Menschen[547].

Ferner wird eingewendet, die fragmentarische Natur des Strafrechtes verhindere angesichts des bestehenden Dunkelfeldes die umfassende Ahndung schuldhaften Unrechts, so dass Gerechtigkeit durch Strafen allenfalls relativ sein könne[548]. Die von den absoluten Theorien angestrebte vollständige Gerechtigkeit könne sich daher nur auf die Täter beziehen, deren die Gesellschaft habhaft werden konnte, vollkommene Gerechtigkeit sei eine Illusion. Diese Ausführungen sind so richtig wie für die Problemlösung irrelevant. Mit der Verurteilung kann natürlich nur retributive, d. h. ausgleichende, Gerechtigkeit erreicht werden[549]. Vollkommene distributive Gerechtigkeit, nämlich die gleichmäßige Aburteilung jeden Rechtsbrechers, setzte eine Aufklärungsquote von 100% voraus. Diese ist aus praktischen Gründen nicht zu erreichen, im Interesse an der Vermeidung eines ORWELLschen Überwachungsstaates auch nicht anzustreben. Die tatsächlich existenten und teilweise erschreckend hohen Dunkelziffern widerlegen die Gerechtigkeitstheorie keinesfalls, denn diese Straftäter können sich einer Verurteilung lediglich durch die fehlende Nachweisbarkeit bzw. die fehlende Kenntnis der Strafverfolgungsbehörden entziehen und damit aus Gründen, die aus der Fehlerhaftigkeit des menschlichen Erkenntnisvermögens resultieren. Wenn Ungerechtigkeiten dadurch auftreten, dass einigen Rechtsverletzern ihre Tat nachgewiesen werden kann, anderen aber nicht, so besagt dies nichts bezüglich der Verfolgung des Ideals

---

[547] Vergleiche Lampe Strafphilosophie S. 130ff, 153f m. w. N., der ausführt, der Sollenscharakter der Gerechtigkeit beruhe auf vernünftigen Erwägungen, sinnlichen Eindrücken und deren sozialem Bedeutungsgehalt sowie dessen Wertgehalt. Dabei wirken emotionale Aspekte mit, präreflexive Vorgänge im limbischen System des Paläokortex steuern Wertungen maßgeblich und verursachen Erregung und Beruhigung als Ausprägungen des Wertgefühls. Auch die Bewertung von Unrechtsgehalt und Strafhöhe erfolgt im emotionalen Bereich, wird jedoch unterstützt vom rationalen Urteil.

[548] Instruktiv Maiwald Zum fragmentarischen Charakter des Strafrechts insbesondere S. 21f: Gerade vor dem Hintergrund des beschränkten menschlichen Erkenntnisvermögens maße sich der Staat keine Berechtigung an (und dürfe dies auch nicht), bei Vorliegen von Schuld immer zu bestrafen. Aus der Menschenwürde ergebe sich die Forderung, die Anzahl der strafenden Eingriffe möglichst gering zu halten, auf das Notwendigste zu beschränken. Aufgabe des Staates könne es daher nur sein, die soziale Ordnung aufrechtzuerhalten, nicht aber, Gerechtigkeit auf Erden zu realisieren.

[549] Vergleiche Lampe Strafphilosophie S. 14f

6.4 Wiedergutmachung und Straffunktion bzw. Bestrafungszwecke

der Gerechtigkeit. Gerechtigkeit kann aus Rechtsgründen nur Gleichbehandlung im Recht, nicht aber Gleichheit im Unrecht bedeuten[550]. Das Ideal der vollkommenen Gerechtigkeit kann und muss selbst dann angestrebt werden, wenn es aus praktischen Gründen nicht erreicht zu werden vermag[551], wenn also retributive Gerechtigkeit nur auf Kosten der distributiven Gerechtigkeit erreicht werden kann[552]. Es ist einleuchtend, dass der Staat nicht vollständig auf die Strafe verzichten kann, wenn diese flächendeckend durchzusetzen unmöglich ist. Voraussetzung ist jedoch, dass alle Straftäter möglichst gleichmäßig zur Verantwortung gezogen werden, der Staat also alle organisatorischen Maßnahmen trifft, um Gleichheit im Recht herzustellen[553]. Da eine Strafe nur dann gerecht sein kann, wenn wir als Menschen sie als gerecht empfinden, stellt die Gerechtigkeit stets eine „Menschengerechtigkeit" dar[554]. Nur in diesem Rahmen kann objektive Sachgerechtigkeit von uns erreicht werden, im Übrigen handelt es sich bei der Suche nach Gerechtigkeit um eine über den Menschen hinausweisende Aufgabe[555].

Manche führen gegen die Gerechtigkeitstheorie an, der Staat verzichte vielfach darauf, strafwürdiges Verhalten unter Strafe zu stellen[556]. Als Beispiele werden die Versuche der Vergehen genannt, soweit deren Strafbarkeit nicht normiert ist, sowie die Antragsdelikte, bei denen die Strafverhängung von einem entsprechenden Antrag des Opfers abhängt[557]. Wenn der Staat hier nicht auf Gerechtigkeit abziele, könnte diese nicht den Sinn staatlichen Stra-

---

[550]So auch Lampe a. a. O. S. 191
[551]Ebenso Schmidhäuser Vom Sinn der Strafe S. 45f, der jedoch die Verfolgung des Ideals der Gerechtigkeit bei der Bestrafung verneint, da sich das Gemeinwesen zuvor entschlossen haben müsse, auf den Rechtsbruch mit Strafe zu reagieren. Dieser Entschluss beruhe nicht auf Gerechtigkeit (Antragsdelikte, Straflosigkeit des Vertragsbruchs). Das spricht jedoch nicht gegen das Erstreben von Gerechtigkeit durch die Judikative, nachdem die Entscheidung über das Ob der Strafbarkeit durch die Legislative getroffen wurde, und kann daher die Gerechtigkeitstheorie nicht widerlegen.
[552]Lampe Strafphilosophie S. 16f erläutert, zur austeilenden und ausgleichenden Gerechtigkeit müsse die vorsorgende Gerechtigkeit hinzukommen, die sich aus der Natur der Menschen ergebe und verlange, dass der Staat Daseinsvorsorge in Form einer gerechten Vorbeugung vor Normverletzungen betreibe. Er geht davon aus, dass nicht alle drei Formen der Gerechtigkeit stets erreicht werden müssen, sondern lässt u. U. das Bemühen darum genügen.
[553]Ebenso Lampe a. a. O. S. 17, 192f
[554]Vergleiche Lampe a. a. O. S. 33f
[555]Siehe auch Lampe a. a. O. S. 34, 157ff, der postuliert, „Der Mensch muß, um im Recht das zu sein, was er ist, mehr sein wollen als das, was er ist.".
[556]So unter anderem Benda Vom Sinn menschlichen Strafens S. 23
[557]Diese und weitere Beispiele bei Benda a. a. O. S. 23

6 Täter-Opfer-Ausgleich und Rechtsstaat

fens bilden[558].

Vergehen als Delikte mit geringerem Schuldgehalt, der in der geringeren Strafdrohung gegenüber Verbrechen zum Ausdruck kommt, stehen in der Begehungsweise des Versuchs nur dann unter Strafe, wenn dies im jeweiligen Vergehenstatbestand so bestimmt wird. Vom Grundsatz her sind damit Vergehen in der Begehungsweise des Versuchs nur ausnahmsweise unter Strafe gestellt[559]. Dies hat seinen Grund darin, dass – bei vollständigem Vorliegen des subjektiven Tatbestandes – der objektive Tatbestand nur teilweise verwirklicht wurde bzw. dazu lediglich unmittelbar angesetzt wurde[560]. Die Strafwürdigkeit besteht in der Auflehnung gegen die Rechtsordnung, soweit diese Missachtung des Normbefehls objektiv betätigt wurde[561], und ist daher geringer einzustufen, als wenn die Tat unter Erfüllung des objektiven Tatbestandes zum Erfolg geführt hätte. Aus diesem Grund kann gemäß § 23 II StGB der Versuch milder bestraft werden als die vollendete Tat.

Der Versuch eines Vergehens ist also aus zwei Gründen gering zu bestrafen: Zum einen, weil es sich lediglich um ein Vergehen handelt, und zum anderen, weil der tatbestandsmäßige Erfolg ausgeblieben ist. Es ist daher sachgerecht, grundsätzlich von Straflosigkeit auszugehen, es sei denn, der entsprechende Tatbestand schützt besonders wichtige, gefährdete Rechtsgüter oder Freiheiten. In diesen Fällen ist eine Strafbarkeit des Versuchs normiert, obwohl es sich lediglich um ein Vergehen handelt. Beispiele hierfür sind die Körperverletzung gemäß § 223 StGB, welche die körperliche Integrität in den Varianten des körperlichen Wohlbefindens, der körperlichen Unversehrtheit sowie der Gesundheit schützt[562]. Die Bedeutung dieser Rechtsgüter wird heute dadurch unterstrichen, dass sie als Art. 2 II 1 GG unter verfassungsrechtlichem Schutz stehen; hieraus ergibt sich die Versuchsstrafbarkeit. Auch die Freiheitsberaubung nach § 239 StGB schützt mit der Fortbewegungsfreiheit und dem Selbstbestimmungsrecht der Person über ihren Aufenthalt derart wichtige Güter, dass diese heute als Grundrechte anerkannt sind, nämlich die aus Art. 11 GG folgende Freizügigkeit und (subsidiär) das aus Art. 2 I, 1 I GG

---
[558]Benda a. a. O. S. 23f
[559], wenn der Gesetzgeber auch inzwischen bei nahezu jedem Vergehenstatbestand eine entsprechende Strafbarkeit normiert hat....
[560]Ebenso T/F § 22 Rn. 2
[561]Übereinstimmend T/F § 22 Rn. 40
[562]Näher dazu T/F § 223 Rn. 4-6

6.4 Wiedergutmachung und Straffunktion bzw. Bestrafungszwecke

folgende allgemeine Persönlichkeitsrecht. Aus der Grundrechtsrelevanz des inkriminierten Verhaltens ergibt sich dabei die Versuchsstrafbarkeit, wobei sich jedoch aus dem Schutz der Grundrechte kein Kriminalisierungsgebot ableiten lässt[563]. Dem Gesetzgeber steht vielmehr ein Entscheidungsermessen bezüglich Auswahl und Ausgestaltung der Straftatbestände zu, wobei neben der Grundrechtsrelevanz der Gerechtigkeit, der Sozialschädlichkeit, der Bedrohungsintensität und der Zweckmäßigkeit eine Bedeutung zukommt[564]. Die Entscheidung über die Pönalisierung ist auch wertender Natur, denn es muss abgewogen werden, ob sich die Norm in das bestehende System der Strafrechtsnormen einfügt[565]. Die Grundrechte stellen jedoch ein gewichtiges Merkmal dar und liefern insofern ein Indiz für die Strafwürdigkeit des betreffenden Verhaltens.

Speziell die Strafbarkeit des Versuchs der einfachen Körperverletzung und der Freiheitsberaubung besteht erst seit dem 6. Strafrechtsreformgesetz vom 26. 1. 1998. Mit dieser Reform sollten der Strafrechtsschutz verbessert und die Rechtsanwendung erleichtert werden[566]. Ziel war es, den strafrechtlichen Schutz der körperlichen Unversehrtheit entsprechend der Wertordnung des Grundgesetzes vorzuverlagern, um so Wertungswidersprüche zu Vergehen mit Versuchsstrafbarkeit, die keine höchstpersönlichen Rechtsgüter schützen, aufzulösen[567]. Bereits seit 1871 sind beispielsweise der Versuch des Diebstahls nach § 242 RStGB und der Versuch eines Betruges nach § 263 RStGB unter Strafe gestellt; bestimmend dafür dürfte die heute aus dem Grundgesetz ersichtliche Wertschätzung des Eigentums sein. Da überdies der Mensch nur als Sozialwesen in seinem Bezug zu den anderen existieren kann, muss er vertrauensvoll auf diese zugehen und mit ihnen Rechtsgeschäfte abschließen können[568]. Im Vertrauen darauf, dass ihn die anderen weder an Leib und Leben verletzen noch ihn bestehlen oder betrügen, also ihn und seine Rechtsgüter achten, lässt er sich auf offene, ungeschützte Kontakte ein. Um die freien Kontakte der Individuen zu ermöglichen, ihnen zu verdeutlichen,

---
[563] Vergleiche dazu BVerfGE 39, 1ff, 46ff zum Schwangerschaftsabbruch
[564] Ebenso Nomos-Kommentar-Hassemer vor §1 Rn. 183ff m. w. N.
[565] Siehe Nomos-Kommentar-Hassemer vor §1 Rn.199 m. w. N.
[566] BT-Drucksache 13/8587, S. 18
[567] BT-Drucksache 13/8587, S. 36; dies betrifft vor allem den Diebstahl gemäß § 242 StGB und die Sachbeschädigung nach § 303 StGB, deren Versuch strafbar ist.
[568] Vergleiche dazu oben unter 6.2.1

6 Täter-Opfer-Ausgleich und Rechtsstaat

dass sie Schutzmaßnahmen unterlassen und sich auf die Gemeinschaft mit anderen einlassen können, muss der Staat in besonders sensiblen Bereichen die Strafbarkeit vorverlagern. Die vom Gesetzgeber getroffene Entscheidung, trotz grundsätzlicher Straflosigkeit des Versuchs von Vergehen in manchen Fällen eine entsprechende Strafbarkeit zu normieren, ist deshalb nicht ungerecht und willkürlich.

Vergehen bilden, wie oben bereits ausgeführt, weniger schwerwiegende Delikte. Oft handelt es sich um Taten zwischen Familienangehörigen und Hausgenossen (Diebstahl gemäß § 242 StGB bedarf unter dieser Voraussetzung nach § 248 StGB eines Strafantrages) oder unter guten Bekannten (Hausfriedensbruch nach § 123 StGB), die man lieber untereinander in einem persönlichen Gespräch klärt. Häufig liegen Alltagsdelikte vor, bei denen der Verletzte auf eine öffentliche Strafverfolgung keinen Wert legt (§§ 185ff StGB). Hier erschiene eine Strafverfolgung als den Interessen des Verletzten, die ursprünglich durch das öffentliche Strafverfahren abgegolten werden sollten, entgegengesetzt. Oftmals handelt es sich um höchstpersönliche Angelegenheiten, die der Verletzte aus Schamgefühlen nicht in einem Strafverfahren erörtert wissen möchte. Aufgrund des Bagatellcharakters der Delikte besteht kein öffentliches Interesse an einer Ahndung, so dass diese unterbleiben kann, wenn der Verletzte keinen entsprechenden Antrag stellt. Auch diese Regelung lässt sich also als gerecht begründen, sodass die Gerechtigkeit als Straffunktion nicht in Frage gestellt wird.

Ähnliches gilt für die weiteren Einwände aus prozessualer Hinsicht, die sich auf die Verjährung, die Aussetzung der Strafe zur Bewährung sowie die Verwarnung mit Strafvorbehalt beziehen[569]. Die Verjährung beruht beispielsweise darauf, dass nach einem gewissen Zeitablauf der Rechtsfrieden wiederhergestellt ist, ohne dass dafür die Aburteilung der Tat erforderlich wäre. Sie hat damit einen tragfähigen, logischen Grund, der in der Verwirklichung eines der Gerechtigkeit gleichrangigen Prinzips besteht. Diese Prinzipien sind in praktische Konkordanz zu bringen, um sie möglichst zu maximaler Entfaltung gelangen zu lassen.

Die Möglichkeit der Strafaussetzung zur Bewährung und der Verwarnung mit Strafvorbehalt besteht, um bei resozialisierungsfähigen Delinquenten den

---

[569] Beispiele bei Benda a. a. O. S. 23f

6.4 Wiedergutmachung und Straffunktion bzw. Bestrafungszwecke

Eintritt nachteiliger Wirkungen durch die Vollziehung kurzer Freiheitsstrafen zu verhindern[570]. Die Täter sollen die besseren Resozialisierungschancen, welche sich ihnen in Freiheit unter Überwachung bieten, nutzen können, wenn die Vollziehung der Strafe nicht erforderlich erscheint[571]. Die Rechtsnatur dieses Instituts ist nach wie vor umstritten; es soll sich inhaltlich um ein Reaktionsmittel eigener Art handeln, das je nach seiner konkreten Ausgestaltung den Strafen oder den Maßregeln näher steht[572]. Jedenfalls ist diese Regelung sachgerecht, um den Folgen der Deprivation durch die Inhaftierung zu begegnen. Sie lässt sich auch mit dem Gleichheitsgrundsatz in Einklang bringen, denn in jedem geeigneten und damit vergleichbaren Fall wird die Vollziehung der Strafe ausgesetzt. Kann dies nicht erfolgen, liegt eine andere Sachlage vor, die eine ungleiche Behandlung nicht nur rechtfertigt, sondern sogar erfordert. Auch diese Regelung ist daher gerecht.

Im Gegenzug lassen sich jedoch Beispiele dafür finden, dass die Strafverfolgung ausschließlich auf Gründen der Gerechtigkeit beruht. Hier ist nur auf die Verlängerung der Verjährungsfristen für die NS-Kriegsverbrechen und der Aburteilung nach jahrelangem legalem und sozialintegriertem Leben hinzuweisen[573]. Diese lassen sich unter keinem anderen Gesichtspunkt erklären als dadurch, dass so jeder das erhalte, was seine Taten wert seien. Jedenfalls stellt die Gerechtigkeit ein tragendes Prinzip unseres Rechtssystems dar[574]. Wenn sie sich auch nicht vollkommen verwirklichen lässt, so ist sie doch so weit als möglich anzustreben. Sie vermag daher die Strafe zu rechtfertigen.

---

[570] Siehe T/F vor § 56 Rn. 1
[571] So auch T/F vor § 56 Rn. 1
[572] Ebenso T/F § 56 Rn. 1a
[573] So zutreffend Benda a. a. O. S. 23f
[574] Mit anderem Akzent Maiwald Zum fragmentarischen Charakter des Strafrechts S. 21ff, der ausführt, der Staat dürfe durch das Strafrecht aufgrund der vorrangig zu achtenden Menschenwürde nur die Aufrechterhaltung der sozialen Ordnung beabsichtigen, nicht aber Gerechtigkeit verwirklichen. Die Forderung nach Gerechtigkeit beinhaltet jedoch auch, dass nur bestraft wird, wenn dies unerlässlich ist. Die Menschenwürde und die sonstigen Rechte der Menschen sind also Teil des Gerechtigkeitsprinzips, nicht diesem entgegengesetzt. Maiwald selbst führt aus, die Aufrechterhaltung der sozialen Ordnung müsse mit Mitteln und in einem Maße erfolgen, die als verdient erkannt werden, und erkennt insofern das Streben nach gerechter Vergeltung an.

6 Täter-Opfer-Ausgleich und Rechtsstaat

Vereinbarkeit von Täter-Opfer-Ausgleich und Wiedergutmachung mit dieser Auffassung Spendels Mit der Feststellung, ein Täter müsse dafür, dass er sich im Gegensatz zu anderen über eine Norm hinweggesetzt habe, einen Ausgleich erbringen, ist noch keine Aussage über die Art des Ausgleichs getroffen; Wiedergutmachung und Täter-Opfer-Ausgleich statt Strafe sind durchaus möglich. Nach der oben getroffenen Bestimmung des Schadensbegriffs ist dabei in erster Linie auf das Verschulden des Täters und dessen Leistungsfähigkeit abzustellen; eine Kompensation der dem Opfer entstandenen Schäden wird erst in zweiter Linie beabsichtigt. Der Schadensbegriff ist daher unabhängig von demjenigen des Zivilrechts und kann sowohl über diesen hinausgehen als auch dahinter zurückbleiben. Der Ausgleich dafür, dass sich der Täter im Gegensatz zu anderen über eine strafrechtliche Norm hinweggesetzt hat, kann sowohl durch Wiedergutmachung und Täter-Opfer-Ausgleich als auch durch Strafverhängung erfolgen. Wichtig ist nur, dass eine Reaktion der Gemeinschaft erfolgt, die den Täter belastet und eine Leistung von ihm verlangt. Sowohl die Anordnung einer Auflage des Täter-Opfer-Ausgleichs bzw. der Wiedergutmachung gemäß § 153a I 2 Nr. 1 und 5 StPO als auch deren strafmildernde Berücksichtigung nach §§ 46 II, 46a StGB stehen mit der Gerechtigkeitstheorie in Einklang.

Eigener Standpunkt und Ergebnis

Der Vorteil der absoluten Straftheorien liegt darin, dass die Strafe in der individuellen Schuld des Täters ihre Begrenzung findet. Die Strafe, die gegenüber dem Täter, dem Opfer und der Gesellschaft gerecht ist, hat danach ein genau zu ermittelndes, aber auch ermittelbares Maß, nämlich das vom Täter verwirklichte Unrecht[575]. Durch diesen Maßstab wird verhindert, dass der Täter in einer gegen die Menschenwürde verstoßenden Weise zum Objekt herabgewürdigt wird, indem mit seiner Bestrafung darüber hinausgehende Zwecke in Bezug auf die Gesellschaft wie beispielsweise Abschreckung verfolgt werden. Erforderlich ist eine Strafe nach dem Maß des Tatunrechts, d. h. diesem entsprechend. Eine Gleichförmigkeit von Tat und Strafe im Sinne des Talion soll dabei nicht angestrebt werden, denn das Recht generalisiert und abstrahiert den Einzelfall. Dabei wird vor allem auf die im Einzelgeschehen zum

---
[575]Vergleiche Zaczyk Das Strafrecht in der Rechtslehre Fichtes S. 128f

6.4 Wiedergutmachung und Straffunktion bzw. Bestrafungszwecke

Ausdruck kommende Allgemeinerscheinung sowie die soziale Bedeutung im Rechtsganzen abgestellt, ohne dass aber der Mensch in seiner Individualität aus den Augen verloren werden darf[576].

Teilweise wird gegen den Ansatz der sogenannten absoluten Theorien eingewendet, die Verletzung sittlicher Werte erfordere keine Strafe, sondern löse Trauer und den Willen zur Besserung aus[577]. Zwischen Schuld und Strafe existiere kein gemeinsamer Nenner, denn Tugend sei nicht mit Glück und Böses nicht mit Unglück verknüpft. Insbesondere sei der Staat nicht dazu berufen, diesen Zusammenhang herzustellen, da er bereits aus Gründen der ansonsten uferlosen Strafgewalt sowie einem Verfolgungszwang bezüglich jeglichen unsittlichen Verhaltens nicht über die Sittlichkeit auf Erden zu wachen habe. Die Strafe als Übelszufügung für den Rechtsbrecher nütze dem Verletzten nichts und sei daher auch nicht aus der (ausgleichenden) Gerechtigkeit abzuleiten. Die Strafe könne nur dann sittlich gerechtfertigt sein, wenn sie vom Schädiger als Entsühnung innerlich angenommen werde, was sich jedoch im Strafverfahren weder hinreichend überprüfen noch gewährleisten lasse[578]. Im Rahmen der Strafzumessung sei daher mangels Relation von Unrecht und Strafe lediglich die Wahl einer leichteren oder einer schwereren Strafe je nach dem Grad der sittlichen Verwerflichkeit möglich[579].

Hierzu ist auszuführen, dass KANT den ihm im obigen Absatz unterstellten Zusammenhang von moralischem Gesetz und Glück so nicht hergestellt hat. Er geht davon aus, dass diese lediglich über die subjektive Bedingung der vermittelnden Vernunft miteinander im höchsten Gut verbunden sind[580]. Das moralische Gesetz und das Streben nach Glückseligkeit stehen in Widerspruch, werden aber beide notwendig vom vollkommenen Wollen erstrebt[581]. Die Dialektik der Vernunft verweist insofern auf vermittelnde Gegebenheiten[582]. Es ergibt sich für KANT bereits aus dem kategorischen Imperativ, dass kein Dritter, also auch nicht der Staat, Glückswürdigkeit und Glück in ein für richtig erachtetes Gleichgewicht und Übereinstimmung bringen

---

[576]Ebenso Spendel Zur Lehre vom Strafmaß S. 146f
[577]Näher dazu Coing Grundzüge der Rechtsphilosophie S. 239ff
[578]So Coing Grundzüge der Rechtsphilosophie S. 239ff
[579]Siehe Coing a. a. O. S. 242f
[580]Kant Kritik der praktischen Vernunft S. 107ff, 132f
[581]Siehe Kant a. a. O. S. 127f, 130
[582]So Kant a. a. O. S. 132f

darf[583]. Wenn man nämlich durch Leidzufügung eigener Ansicht nach unverdientes Glück bei einem anderen zu kompensieren versucht, um einen vermeintlich gerechten Zustand herzustellen, so verstößt man gegen den kategorischen Imperativ, denn man hebt die Autonomie des anderen auf. Die Strafe soll nach KANT diesen Zusammenhang nicht herstellen, so dass diese Kritik ins Leere geht.

Unrichtig ist ferner, dass die absoluten Straftheorien eine absolute Staatstheorie voraussetzten, die nicht mehr gegeben ist[584]. Dieses werde bereits daraus ersichtlich, dass Urteile heutzutage im Namen des Volkes, nicht des Herrschers ergehen. Als die absoluten Straftheorien entwickelt worden seien, herrschte jedoch in Europa der Absolutismus. Vor diesem theoretischen und zeitgeschichtlichen Hintergrund sei die absolute Straftheorie folgerichtig; sie habe seinerzeit zum Schutze der Untertanen vor einer Instrumentalisierung und einem Missbrauch durch den Souverän gedient, der damals angesichts der Machtfülle des Herrschers überaus wichtig gewesen sei. Ein von Nützlichkeitserwägungen befreites Strafrecht sollte dem absoluten Staat die Grundlage der Bestrafungsmethoden und -zwecke entziehen, sei heute jedoch nicht mehr zeitgemäß.

In der heutigen Demokratie ebenso wie in der damaligen Zeit ist eine wie auch immer geartete Instrumentalisierung von Personen unzulässig. Dabei kommt es nicht darauf an, ob die mit dieser Nutzbarmachung verfolgten Ziele mehr oder weniger lobenswert sind. Es stehen die Menschenrechte, und zwar insbesondere das Freiheitsgrundrecht, die allgemeine Handlungsfreiheit und nicht zuletzt die Menschenwürde, entgegen. Entscheidend ist nicht die Staatsform, sondern die Rechte des als Objekt missbrauchten Individuums. In der heutigen Demokratie ist der Schutz der Rechte des Täters zwar möglicherweise nicht mehr in dem Maße erforderlich, wie dies damals der Fall war. Schließlich besteht mit dem Bundesverfassungsgericht eine Kontrollmöglichkeit für Entscheidungen von Exekutive, Judikative und Legislative; soweit diese auf Willkür beruhen, werden sie aufgehoben. Eine solche externe Kontrolle bestand zu Zeiten des Absolutismus nicht. Dennoch kann jegliche Kontrolle erst nach einer Rechtsverletzung erfolgen und für diesen Fall anordnen,

---

[583]Kant a. a. O. S. 44f; so auch E. Wolff ZStW 85, S. 789
[584]Vergleiche Frehsee Schadenswiedergutmachung als Instrument strafrechtlicher Sozialkontrolle S. 58f m. w. N.

6.4 Wiedergutmachung und Straffunktion bzw. Bestrafungszwecke

dass dieses Unrecht beendet werden muss; unter Umständen erhält der Täter für seine Rechtsverletzung eine finanzielle Entschädigung. Das Unrecht selbst kann aber nicht ungeschehen gemacht werden. Der Schutz des Individuums vor Missbrauch ist daher nach wie vor zeitgemäß und nicht etwa veraltet.

Ferner wird gegen die absoluten Straftheorien angeführt, dass es nicht Aufgabe des säkularen Staates sein könne, tiefer in die Rechte der Betroffenen einzugreifen, als es der Schutz des friedlichen Zusammenlebens in der Gesellschaft erfordert[585]. Aus diesem Grund habe die Strafe nicht Gerechtigkeit schlechthin zu verwirklichen, sondern sich auf den Schutz der Gesellschaft, das heißt die Verhütung weiterer Straftaten, zu beschränken.

Hier ist offensichtlich ein Missverständnis aufgetreten: Im Rahmen gerechten Schuldausgleichs sollen mit der Bestrafung weitere Zwecke verfolgt werden dürfen, wie oben bereits erläutert. Die Strafe selbst muss jedoch gegenüber dem davon Betroffenen zu legitimieren sein, und dies ist sie nur dann, wenn sie den gerechten Ausgleich für das Tatunrecht darstellt. Nicht entscheidend ist insofern die konkrete Zwecksetzung, sondern die Legitimation des Grundrechteingriffs, der gegenüber dem Täter erfolgt. Anderenfalls wäre die Strafe illegitim, wie oben bereits ausgeführt, und müsste unterbleiben, mag eine strafrechtliche Verurteilung auch für den Schutz des friedlichen Zusammenlebens wünschenswert erscheinen.

Dennoch ist zu beachten, dass, wie im vorigen Abschnitt ausgeführt, Aufgabe des Strafrechts der Rechtsgüterschutz ist. Die Strafe kann daher nicht losgelöst von allen sozialen Zwecken betrachtet werden. Sie ist zukunftsorientiert, denn der Rechtsgüterschutz soll in der Zukunft erreicht werden, und zweckgerichtet, denn der Rechtsgüterschutz stellt einen solchen Zweck dar. Diese Zwecke sind jedoch zweitrangig gegenüber dem Schuldprinzip, das die Legitimationsgrundlage der Strafe darstellt. Die Bestrafung ist nur im Rahmen gerechten Schuldausgleichs auf weitere Zwecke zu beziehen. Eine Erhöhung des gerechten Strafmaßes aus Gründen der Generalprävention scheidet danach als illegitim aus[586].

Soweit die Idee der gerechten Vergeltung auch dort eine Strafverhängung verlangt, wo dies aus dem Prinzip des Rechtsgüterschutzes nicht abzuleiten ist, muss grundsätzlich eine strafrechtliche Verurteilung erfolgen. Das tatbe-

---
[585]Insbesondere Seelmann Strafzwecke und Wiedergutmachung S. 149
[586]Ebenso statt vieler Zaczyk Das Strafrecht in der Rechtslehre Fichtes S. 129

standliche Unrecht, das der Täter verwirklicht hat, ist auszugleichen, will man nicht vom Grundsatz der gleichmäßigen und gerechten Strafe abweichen. Ein Beispiel für diesen praktisch nur seltenen Fall ist der untaugliche Versuch; § 23 III StGB ermöglicht es dem Richter hier, von Strafe abzusehen oder die Strafe nach seinem Ermessen zu mildern. Ein Schuldspruch hat jedoch auch hier zu erfolgen, nur dann sind Gerechtigkeit und Vergeltung hinreichend beachtet. Akzeptiert man das Schuldmaß als Ober- und Untergrenze der Bestrafung, treten keine Legitimationsprobleme auf.

Insgesamt liefern danach die oben geschilderten „absoluten" Theorien ein überzeugendes Strafmaß und eine einleuchtende Legitimation für die Strafe. Vieles, was an diesen Theorien kritisiert wurde, beruhte auf Missverständnissen. Die sogenannte absolute Theorie, welche die fragmentarische Natur des Strafrechtes verneint, wird jedenfalls heute von niemandem ernsthaft vertreten. Die richtig verstandenen „absoluten" Straftheorien sind hingegen überzeugend.

Vereinbarkeit von Täter-Opfer-Ausgleich und Wiedergutmachung mit den absoluten Theorien

Täter-Opfer-Ausgleich und Wiedergutmachung dürfen auch nach den absoluten Theorien strafmildernd berücksichtigt werden. Sie verringern nämlich das verwirklichte Unrecht, nach dem sich die Strafe bemisst. Dabei wird das Nachtatverhalten nicht unmittelbar als Strafzumessungsgrund betrachtet, sondern entfaltet seine Wirkung über eine doppelspurige Indizkonstruktion. Nur insoweit, als sich aus dem gezeigten Nachtatverhalten Rückschlüsse auf die Einstellung des Täters zur Tat ziehen lassen, ist dieses für die Strafzumessung von Bedeutung. Auch die Anordnung der Wiedergutmachung und des Täter-Opfer-Ausgleichs als Auflagen gemäß § 153a I 2 Nr. 1 und 5 StPO ist möglich, denn diese Vorschrift kommt nur im Bereich der kleineren und mittleren Kriminalität zum Einsatz. Dieser Bereich ist von den absoluten Theorien, die auf dem Gebiet des Strafrechtes von Verbrechen, nicht von Vergehen ausgehen, nicht erfasst. Bereits die Anerkennung von bürgerlichem und polizeilichem Unrecht neben dem strafrechtlich relevanten Unrecht verdeutlicht, dass nicht der Bruch jeder Rechtsnorm eine Strafe nach sich ziehen sollte. Die Wiedergutmachung und der Täter-Opfer-Ausgleich sind also mit den sogenannten absoluten Theorien vereinbar.

6.4 Wiedergutmachung und Straffunktion bzw. Bestrafungszwecke

6.4.2 Relative Straftheorien

Im Gegensatz zu den absoluten Straftheorien, nach denen die Strafe losgelöst von Nützlichkeitserwägungen sein soll, ist nach den relativen Strafzwecktheorien mit der Bestrafung ein präventiver Zweck verbunden. Dieser kann mit dem Grundsatz: *Punitur, sed ne peccetur* umschrieben werden. Der Gedanke des Zweckstrafrechtes ist bereits von SENECA verfolgt worden[587]. Da das Geschehene nicht ungeschehen gemacht werden könne, sei der Bestrafung ein Zukunftsbezug immanent anstelle des auf die Tat bezogenen, vergangenheitsorientierten Ansatzes der absoluten Strafzwecktheorien.

Das hinter diesen Theorien stehende Menschenbild unterscheidet sich wesentlich von dem der Vertreter der absoluten Theorien: Das Verbrechen wird als Ergebnis von Anlagen und Umweltfaktoren betrachtet, nicht als auf dem freien Willen beruhend, die vergeltende Übelszufügung wird damit entbehrlich[588].

Im Gegensatz zu den absoluten Theorien, welche die Frage nach der Rechtfertigung der Strafe beantworten, beziehen sich die relativen Theorien auf den Zweck einer Bestrafung. Hat eine Bestrafung praktisch einen Zweck, so besagt dies nicht, dass sie ihn auch theoretisch erreichen soll. Wird mit der Bestrafung ein Zweck erreicht, so kann dies die Bestrafung lediglich als zweckmäßig, nicht aber als erforderlich erscheinen lassen[589]. Selbst, wenn ein Nutzen der Bestrafung festzustellen ist, so erfordert die Rechtfertigung der Strafe über ihre Nützlichkeit für etwas oder jemanden über den bloßen Nutzen hinaus, dass dieser ein legitimer ist[590]. Aus ihrem Zweck heraus lässt sich die Bestrafung daher nicht legitimieren. Dennoch sollen diese Theorien im Folgenden erörtert werden, da sie im Rahmen gerechten Schuldausgleichs durchaus ihre Berechtigung haben.

---

[587]Seneca: De Ira I, Rn. 19. Plato, auf den sich Seneca bezieht, hat eher eine absolute Straftheorie vertreten, denn er betrachtete Sühne und Gerechtigkeit als zentrale Zwecke der Strafe. Dabei ging er davon aus, dass sich diese über Abschreckung und Besserung der Straftäter realisieren ließen, vgl. Noll Ethische Begründung der Strafe S. 4 m. w. N..
[588]Instruktiv dazu Neumann/Schroth Neuere Theorien von Kriminalität und Strafe S. 20ff
[589]Ebenso Lampe Strafphilosophie S. 4ff m. w. N.
[590]Weitere Nachweise bei Lampe a. a. O. S. 4ff

6 Täter-Opfer-Ausgleich und Rechtsstaat

Positive Generalprävention

Darstellung und Erörterung der Theorie Der im Verbrechen liegende Normbruch hat nach dieser Theorie eine vertrauenszersetzende Wirkung auf die Allgemeinheit, er soll die Geltung der Norm angreifen. Weil die Allgemeinheit nicht mehr an die Norm glaube, müsse auf den Normbruch reagiert werden, um die „Geborgenheit im Recht" wieder herzustellen[591]. Eine kontrafaktische Bestätigung durch den Normbruch enttäuschter Erwartungen im Sinne der Systemtheorie sei erforderlich[592]. Das BVerfG betrachtet als Ziel des Strafens das Bewahren der Gesellschaft vor sozialschädlichem Verhalten bei gleichzeitigem Schutz der elementaren Werte des Gemeinschaftslebens[593]. Die Erhaltung und Stärkung des Vertrauens in die Rechtsordnung sowie die Stärkung der Rechtstreue in der Bevölkerung stellten die maßgeblichen Strafzwecke dar[594]. Insofern handelt es sich hierbei in erster Linie um eine Strafrechtstheorie, welche die Funktion des Strafrechts und der damit verbundenen Sanktionen in der Gesellschaft erklärt, nicht um einen Bestrafungszweck, denn mit der Bestrafung im konkreten Einzelfall dürfte diese Wirkung nicht zu erzielen sein[595]. Aus der Forderung nach Generalprävention lassen sich daher kaum Kriterien für eine (Teil-)Ersetzbarkeit der Strafe ableiten[596]. Weder Sanktionsbedürfnisse in der Bevölkerung noch die Sanktionswahl können mit der positiven Generalprävention erklärt werden[597]; diese Entscheidung obliegt dem Gesetzgeber.

Die **Tiefenpsychologie** stützt die These von der positiven Generalprävention:

Zum einen geht sie davon aus, dass der Mensch als ursprünglich asoziales Wesen erst im Zuge der Sozialisation die Befolgung von Regeln erlernt[598]. Da unsere Sozialisationstechniken unvollkommen sind, bleibt die freiwillige Befolgung der Ge- und Verbote instabil; die Es-Impulse werden nicht verarbei-

---

[591] Vergleiche Lampe a. a. O. S. 141
[592] So als Vertreter der Systemtheorie vor allem Jakobs Strafrecht AT S. 6, 9
[593] BVerfGE 45, 187ff, 255ff
[594] BVerfGE 45, 187 ff, 255ff
[595] Schöch Empirische Grundlagen der Generalprävention S. 1083f
[596] Vertiefend dazu S. Walther Vom Rechtsbruch zum Realkonflikt S. 123ff
[597] Übereinstimmend S. Walther a. a. O. S. 123ff
[598] So Haffke Tiefenpsychologie und Generalprävention S. 163ff unter Berufung auf das Freud'sche Schichtenmodell der psychischen Persönlichkeitsstruktur

6.4 Wiedergutmachung und Straffunktion bzw. Bestrafungszwecke

tet, sondern durch ein falsch sozialisiertes Über-Ich verdrängt[599]. So kommt es zu einer Vergiftung der sozialen Leistungen des Ich[600]. Das abweichende Verhalten eines Menschen weckt bei den dies beobachtenden anderen eigene Begehrlichkeiten, so dass die Bestrafung des Rechtsbrechers erforderlich wird, um die verdrängten Es-Impulse zu befriedigen und diese „Infektionsgefahr" einzudämmen[601]. Gleichzeitig erfolgt eine kollektive Aggressionsabfuhr über das Strafrecht, wodurch die Verdrängung der Aggression erleichtert wird, während sich die „Rechtschaffenen" von den „Bösen" abgrenzen können[602]. Ein tugendsames Leben müsse sich auszahlen, indem deutlich werde, das unrecht Gut nicht gedeihen könne, wie ein deutsches Rechtssprichwort sagt.

Zum anderen entspringt nach der Sündenbocktheorie das öffentliche Strafbedürfnis der Frustration, die für den Rechtstreuen bei der Niederhaltung seiner Triebe entsteht sowie den unbewussten Schuldgefühlen, die sich bei der Wahrnehmung von Kriminalität einstellen. Auf den Abweichenden werden die Schuldgefühle projiziert, er wird stellvertretend bestraft. Insofern erfolgt eine externalisierte Selbstbestrafung. Dies wird nötig, damit sich die Versagungen, welche die Rechtstreue mit sich bringt, gelohnt haben und keinen sinnlosen Verzicht darstellen[603].

Problematisch erscheint in diesem Zusammenhang, dass das Strafbedürfnis der in der Strafrechtspflege Beschäftigten möglicherweise überdurchschnittlich groß ist[604]. Hier könnten der Bevölkerung eigene Strafbedürfnisse unterstellt werden, möglicherweise auch zur Selbstlegitimation und zur Rechtfertigung des eigenen Arbeitsplatzes[605]. Die Rechtsprechung lehnt entsprechende Umfragen unter der Bevölkerung zu bestehenden Strafbedürfnissen ab und orientiert sich an einer selbst entwickelten Grundvorstellung dessen, was im Einzelfall noch erträglich erscheint. Es besteht eine Diskrepanz zwischen dem staatlichen Strafanspruch und den gesellschaftlichen Bedürfnissen, denn letztere scheinen nach den bisherigen Untersuchungen eher auf ein Wiedergut-

---

[599] Vertiefend Haffke a. a. O. S. 163ff
[600] Näher dazu Haffke a. a. O. S. 163ff
[601] Siehe auch Neumann/Schroth Neuere Theorien von Kriminalität und Strafe S. 88f m. w. N.
[602] Weiterführend Haffke a. a. O. S. 92ff
[603] Weitere Nachweise bei Neumann/Schroth a. a. O. S. 89
[604] Vergleiche Sessar Wiedergutmachen oder strafen S. 231
[605] Ebenso Frehsee a. a. O. S.103ff m. w. N.

machungsbedürfnis als auf ein Strafbedürfnis hinzudeuten[606]. In eine ähnliche Richtung wie die Sündenbocktheorie geht die Anomietheorie DURKHEIMs, die darauf abstellt, dass das normtreue Verhalten durch die Bestrafung der Abweichenden und die Projektion der kriminellen Wünsche auf diese bestätigt werde[607]. DURKHEIM behauptet, die Kriminalität stelle ein nützliches, gesellschaftserhaltendes Element dar[608]. Sie dürfe nicht als ein in enge Grenzen einzuschränkendes Übel aufgefasst werden, weil das Sinken der Kriminalitätsrate unter ihr gewöhnliches Niveau zugleich mit einer sozialen Störung auftrete und mit ihr zusammenhänge[609]. Verbrechen dürfe daher nicht zum Zwecke vollkommener Aussöhnung mit Recht und Moral bekämpft werden, weil dafür eine Verschiebung des Wertebewusstseins erforderlich sei, die wiederum eine Eigendynamik entwickele[610]. Durch diese Gegenbewegung werde das gewünschte Resultat unterlaufen, denn es entständen neue Anlässe für Rechtsbrüche[611]. Die kollektiven Gefühle dürften daher nur eine mäßige Energie in der Abwehr des Verbrechens entfalten[612]. Hierzu verweist DURKHEIM auf die innovatorische Kraft der Normverstöße, die zukünftige Moralvorstellungen antizipieren und auf diese vorbereiten könnte[613]. Das Verbrechen könne insofern Hinweis und Auslöser für sozialen Wandel sein. Zugleich soll Kriminalität eine gesellschaftserhaltende Funktion dergestalt besitzen, dass sich die Gesellschaft gegenüber dem Normverletzer solidarisiere und der Rechtsbruch so integrierend wirke[614]. Diese beiden positiven Funktionen von Kriminalität sind gegenläufig, schließen sich also aus, ohne dass ihr Verhältnis näher erläutert würde[615]. Ohnehin ist die Frage nach der Natur der Funktionalität schwer zu beantworten, denn sie setzt eine homogene Gesellschaft mit konkordanten Interessen voraus, die jeden-

---

[606]Siehe insbesondere Schädler Den Geschädigten nicht nochmals schädigen S. 25-34 m. w. N. und Sessar Wiedergutmachen oder strafen.
[607]Durkheim Erziehung, Moral und Gesellschaft S. 206f
[608]Siehe Durkheim Die Regeln der soziologischen Methode S. 159ff
[609]Vergleiche Durkheim a. a. O. S. 84
[610]Durkheim a. a. O. S. 84
[611]So Durkheim a. a. O. S. 84
[612]Durkheim a. a. O. S. 159
[613]Siehe Durkheim a. a. O. S. 160
[614]Vergleiche Durkheim Über soziale Arbeitsteilung S. 152f
[615]Ebenso Neumann/Schroth Neuere Theorien von Kriminalität und Strafe S. 110f

6.4 Wiedergutmachung und Straffunktion bzw. Bestrafungszwecke

falls bislang nicht existiert[616]. Schon aus diesem Grund ist die Anomietheorie abzulehnen.

Hinzu kommt, dass diese Theorie in hohem Maße widersprüchlich ist, denn Kriminalität, die ein nützliches Element darstellt, darf nicht bestraft werden. Grund der Strafe ist, wie oben ausgeführt, das vom Täter gezeigte sozialschädliche, disfunktionale Verhalten, mit dem der Delinquent demonstriert hat, sich an gesetzte Grenzen nicht halten zu wollen. Zur Sicherung der Freiheit, die vor allem eine solche der Schwachen darstellt, ist eine strafrechtliche Verurteilung des Täters erforderlich. Wird Kriminalität als gesellschaftserhaltend und nützlich betrachtet, entfällt der Grund einer Strafe und damit auch deren angeblicher positiver Effekt. Eine Verurteilung des sozial nützliches Verhalten zeigenden Täters wäre widersprüchlich und verbietet sich daher von selbst[617]. DURKHEIM versucht, diese Konsequenz zu umgehen, indem er das Verbrechen als eine Verletzung von Kollektivgefühlen, nicht als sozialschädliches Verhalten definiert[618]. Soweit eine inkriminierte Handlung wie beispielsweise die Jagd während der Schonzeit Kollektivgefühle nicht direkt und unmittelbar verletzt, arbeitet DURKHEIM mit einer Konstruktion der indirekten Verletzung von Kollektivgefühlen: Die Regierungsmacht wird als aus dem Kollektivbewusstsein abgeleitet betrachtet[619] und soll gleichzeitig dazu dienen, dieses aufrechtzuerhalten[620]. Auf diese Art gelingt es DURKHEIM, die Strafbarkeit aller Handlungen, welche die Regierungsgewalt durch das Brechen von Normen verletzen, zu rechtfertigen[621]. Selbst, wenn man diese gewagte Konstruktion akzeptiert, liefert die Anomietheorie dennoch keine Erklärung dafür, warum sozial nützliches Verhalten wie der Normbruch überhaupt bestraft werden soll, setzt dies aber implizit voraus. Sie ist deshalb abzulehnen.

An der Generalprävention als Strafzweck wird vor allem kritisiert, dass der Täter für Zwecke der Allgemeinheit instrumentalisiert wird[622]. Die Ge-

---

[616]Siehe Neumann/Schroth a. a. O. S. 110f
[617]So auch Neumann/Schroth a. a. O. S. 98ff
[618]Durkheim a. a. O. S. 122, 128ff
[619]Siehe Durkheim a. a. O. S. 132f
[620]So Durkheim a. a. O. S. 132ff
[621]Vergleiche Durkheim a. a. O. S. 132ff, 157
[622]So schon Kant Metaphysik der Sitten S. 158; heute beispielsweise Hauschild Die positive Generalprävention und das Strafverfahren S. 39

neralprävention zielt nicht auf Individuen, sondern auf die Gesellschaft als Ganzes und instrumentalisiert und objektiviert den Täter dazu[623]. Er wird zur Aufrechterhaltung der öffentlichen Sicherheit und Ordnung benutzt, ohne dass diese Inanspruchnahme durch den Staat seiner Verantwortung für die Tat entspringt[624]. Durch einen Zufall ist er in eine besondere Gefährdungslage geraten, in der sein Menschsein nicht beeinträchtigt ist, denn trotz seiner Handlung bleibt er menschliches Wesen mit einem eigenen Wert an sich[625]. Die Schwäche, die sich aus seiner Gewaltunterworfenheit infolge der Tat ergibt, wird vom Staat ausgenutzt, wenn der Delinquent einer sein Schuldmaß überschreitenden Bestrafung unterworfen wird[626]. Das Recht auf Menschenwürde aus Art. 1 I GG soll gerade die Individuen schützen, die sich in einer besonderen Schwächeposition befinden und ihre Rechte daher nicht ausreichend verteidigen können. Da dies auf den Straftäter zutrifft, der zu Zwecken der Generalprävention einer härteren Bestrafung unterzogen wird, als sein Schuldmaß zulässt, verstößt diese Behandlung gegen Art. 1 I GG[627].

Diese menschenunwürdige Verobjektivierung wird daran deutlich, dass es in letzter Konsequenz nicht darauf ankommt, ob der Täter die ihm zur Last gelegte Tat begangen hat, sondern lediglich darauf, ob es so erscheint, als habe er sie begangen[628]. Ein solcher Eingriff in Grundrechte des Verurteilten bedarf der Rechtfertigung, die nur über die Schrankentrias des Grundgesetzes erfolgen kann. Der Eingriff in Freiheitsrechte und Menschenwürde muss im Hinblick auf ein höheres Rechtsgut zu dessen Schutz geeignet, erforderlich und angemessen sein. Der Eintritt einer generalpräventiven Wirkung muss danach mit hinreichender Wahrscheinlichkeit für den konkreten Einzelfall erwartet werden können, was nach den obigen Ausführungen nicht der Fall ist. Die Theorie der Generalprävention ist daher schon aus diesem Grund fragwürdig.

Insgesamt ist die generalpräventive Wirkung von Sanktionen empirisch nicht belegt sowie empirisch und methodologisch nicht belegbar, da die viel-

---

[623] Worauf unter anderem U. Hartmann Täter-Opfer-Ausgleich im Spannungsfeld von Anspruch und Wirklichkeit S. 7 hinweist. Weitere Nachweise bei Badura JZ 1964, S. 338, 343
[624] Instruktiv Badura a. a. O. S. 343f
[625] Vergleiche Badura a. a. O. S. 344
[626] Siehe auch Badura a. a. O. S. 344
[627] Ebenso Badura a. a. O. S. 344
[628] 881 Worauf E. Wolff a. a. O. S. 786ff, 797 zutreffend hinweist.

6.4 Wiedergutmachung und Straffunktion bzw. Bestrafungszwecke

fältigen Wechselwirkungen noch weitgehend ungeklärt sind[629]. Eine Widerlegung der Wirksamkeit der Bestrafung kann insbesondere bei der positiven Generalprävention nicht gelingen, da die gesellschaftlichen Bedingungen sich nicht experimentell nachstellen lassen[630]. Die Auswirkungen einer Bestrafung auf das normtreue Sozialverhalten der Bevölkerung sind nicht messbar und daher auch nicht nachweisbar[631]. Die Untersuchung von SCHöCH, die sich mit generalpräventiven Effekten der Bestrafung beschäftigt, kommt zwar zu dem Ergebnis, dass sich diese empirisch belegen ließen[632]; sie ist jedoch aus verschiedenen Gründen kritisch zu hinterfragen. Als Erhebungsinstrument wird die Befragung benutzt; abgefragt wird, ob in der Vergangenheit durch den Probanden deliktisches Verhalten an den Tag gelegt wurde[633]. Anschließend wird um eine Selbsteinschätzung der Begehungswahrscheinlichkeit in Zukunft gebeten[634]. Bereits die Erhebung mittels der Befragung nach eigenen Straftaten birgt erhebliche Risiken; so könnten die Probanden übertreiben oder Straftaten verschweigen. Die Ergebnisse müssen also bereits wegen der gewählten Methode kritisch betrachtet werden. SCHöCH räumt selber ein, dass die Relevanz der subjektiven Einstellungen für später gezeigtes Verhalten in keiner Weise nachgewiesen wurde[635]. Die Erhebung einer Selbsteinschätzung der Begehungswahrscheinlichkeit in Zukunft begegnet daher erheblichen Bedenken. Selbst, wenn man unterstellt, die Probanden hätten ehrlich geantwortet, so lässt diese Variable allenfalls eine wissenschaftlich nicht belegbare Vermutung bezüglich des in Zukunft gezeigten Verhaltens der Probanden zu. Derartige Vermutungen sind jedoch nicht geeignet, die Wirkung von Sanktionen wissenschaftlich zu belegen.

Ist der Nachweis generalpräventiver Wirksamkeit strafrechtlicher Reaktionen nicht möglich, so entsteht erhebliche Erklärungsnot für eine Theorie, die

---

[629] Instruktiv Lamp Probleme der theoretischen Analyse von Diversionsprogrammen S. 680f; W. Hassemer Generalprävention und Strafzumessung S. 42f, 46f; Schöch Empirische Grundlagen der Generalprävention S. 1083
[630] Näher dazu W. Hassemer a. a. O. S. 35f, 42f
[631] Ebenso Lampe Strafphilosophie S. 209f m. w. N.
[632] Siehe Schöch a. a. O. S. 1083ff, 1104
[633] Schöch a. a. O. S. 1087
[634] Vergleiche Schöch a. a. O. S. 1087
[635] So Schöch a. a. O. S. 1093

sich in ihrer Begründung ausschließlich auf diesen Effekt stützt[636]. Im Falle faktischer generalpräventiver Wirkungslosigkeit, d. h. wenn empirisch das Fehlen einer generalpräventiven Wirksamkeit der Strafe nachgewiesen würde, ließe sich diese nicht legitimieren[637]. Derzeit wird bei der (vermeintlich empirischen) Begründung der generalpräventiven Strafzwecktheorien also auf eine methodologisch nicht belegbare, jedoch auch nicht falsifizierbare Tatsachenbehauptung abgestellt, wodurch es zu einer so nicht zu rechtfertigenden Strafe kommt[638]. Soweit seitens der Strafrichter auf die symbolische Wirkung harter Strafen abgestellt wird, weil damit zum Ausdruck komme, dass das Strafrechtssystem präsent sei und „die Situation im Griff habe", vermag dies die Legitimationskrise der generalpräventiven Strafzwecke nicht zu beheben[639]. Festzuhalten bleibt, dass die Erreichung der mit der Bestrafung verfolgten Zwecke nicht nachweisbar ist und dass daher gegen die Generalprävention erhebliche ethische und verfassungsrechtliche Einwände bestehen[640].

Jedenfalls kann die Wiedergutmachung nicht wegen des fehlenden Nachweises dieser (generalpräventiven) Wirkungen abgelehnt werden, da diese auch bei der konventionellen Strafe nicht nachweisbar sind. Es ist in jedem Fall unbillig, einen wie auch immer gearteten Erfolgsnachweis ausschließlich bei der Wiedergutmachung zu fordern, nicht aber bei den traditionellen Sanktionen[641]. Dennoch soll im Folgenden untersucht werden, inwiefern sich der Täter-Opfer-Ausgleich mit der Generalprävention vereinbaren lässt, denn es handelt sich dabei um eine anerkannte Straf(-rechts-)theorie – wenn und soweit das Strafmaß der gerechten Vergeltung eingehalten wird.

Vereinbarkeit von Täter-Opfer-Ausgleich und Wiedergutmachung mit der positiven Generalprävention Im Rahmen der Wiedergutmachung wird die Verantwortungsauferlegung, die durch die strafrechtliche Sanktionierung erfolgt, durch eine freiwillige Verantwortungsübernahme ersetzt. Normverdeutlichung und Rechtsfrieden werden durch Täter-Opfer-

---

[636] Instruktiv W. Hassemer a. a. O. S. 39
[637] Ebenso W. Hassemer a. a. O. S. 39
[638] Vergleiche W. Hassemer a. a. O. S. 47
[639] Näher dazu W. Hassemer a. a. O. S. 50f m. w. N.
[640] Weitere Nachweise bei W. Hassemer a. a. O. S. 50f
[641] So auch Trenczek Vermittelnder Ausgleich strafrechtlich relevanter Konflikte S. 483

6.4 Wiedergutmachung und Straffunktion bzw. Bestrafungszwecke

Ausgleich und Wiedergutmachung eher erreicht als durch Geld- oder Freiheitsstrafe, weil letzteren ein Bezug zur konkreten Tat fehlt. Dabei sind Verhaltensnormen von Sanktionsnormen zu unterscheiden: Verhaltensnormen bestimmen, welche Verhaltensweisen zum Schutz bestimmter Rechtsgüter verboten sind, Sanktionsnormen legen fest, unter welchen Umständen die Verletzung einer Verhaltensnorm bestraft wird[642]. Die Frage, welche Verhaltensweisen verboten und deshalb strafwürdig sind, ist dem Strafrecht also vorgelagert[643]. Unrecht ist nicht deshalb Unrecht, weil es verboten ist, sondern es ist aus dem Grund verboten, dass es Unrecht darstellt[644]. Die Verhaltensnorm, also der Tatbestand des Strafgesetzes, umschreibt das historisch gewachsene Unrechtsverständnis[645]. Erst die Verknüpfung mit einer strafrechtlichen Sanktionsnorm verbindet mit der unerwünschten Verhaltensweise ein sozialethisches Unwerturteil[646]. Die taxmäßige Strafbemessung verdeutlicht nur, dass mit dem Bruch einer Verhaltensnorm dieses Sicherungsmittel seine Verlässlichkeit verloren hat. Die Strafverhängung als Anwendung der entsprechenden Sanktionsnorm wird erforderlich, um die Geltung der Verhaltensnorm zu bekräftigen; es wird aber nicht deutlich, um welches Rechtsgut welchen Trägers es sich handelt[647]. Bei Wiedergutmachung und Täter-Opfer-Ausgleich hingegen erfolgt ein Ausgleich der im konkreten Fall eingetretenen Unrechtsfolgen gegenüber dem Rechtsgutsträger[648]. Dadurch wird nach außen nicht nur die Anerkennung des Rechtsguts durch den Täter, sondern gleichzeitig die Geltung der Sicherungen zum Ausdruck gebracht.

Der Täter distanziert sich öffentlich und aktiv von seiner Tat und erbringt eine sozialkonstruktive Leistung, die von der Gemeinschaft als sinnvoll erlebt wird[649], weil sie unmittelbar und konkret eine Kompensation der beim Op-

---

[642] Näher dazu Henkel Einführung in die Rechtsphilosophie S. 42; Laue Symbolische Wiedergutmachung S. 61ff; unrichtiger Ansicht Kelsens Sanktionstheorie, vgl. die überzeugende Ablehnung bei Weinberger Der Begriff der Sanktion und seine Rolle in der Normenlogik S. 102ff
[643] So bereits Binding Die Normen und ihre Übertretung S. 6
[644] Ebenso Kaufmann Das Schuldprinzip S. 130f m. w. N.
[645] Siehe Zaczyk Das Strafrecht in der Rechtslehre Fichtes S. 122f; der Gesetzgeber ist daher nicht autochthon bei der Setzung von Strafnormen, vgl. Lampe Strafphilosophie S. 50f.
[646] Vergleiche Laue a. a. O. S. 62f; Henkel a. a. O. S. 42
[647] Siehe insbesondere Laue Symbolische Wiedergutmachung S. 74f
[648] Ebenso Laue a. a. O. S. 76ff
[649] Übereinstimmend Arbeitskreis deutscher, österreichischer und schweizerischer Strafrechtslehrer Alternativ-Entwurf S. 25

6 Täter-Opfer-Ausgleich und Rechtsstaat

fer aufgetretenen Schäden unter Inkaufnahme von Nachteilen für den Täter bewirkt. Es kommt so zu einer Normverdeutlichung gegenüber der Allgemeinheit, die der bei einer Bestrafung des Täters überlegen ist. Die Wiedergutmachung gewährleistet eine stabile Normgeltung, der Bevölkerung wird das Strafrecht in seinen Anforderungen plausibel gemacht, weil eine tatbezogene Reaktion erfolgt[650].

ROXIN betrachtet die Integrationsprävention als einen Teil des Strafzwecks der positiven Generalprävention mit drei Wirkungen: einem Lerneffekt, welcher die Einübung der Rechtstreue herbeiführt, einem Vertrauenseffekt, der sich ergibt, wenn der Bürger die Rechtsdurchsetzung erkennt, und einem Befriedungseffekt, wenn der Delinquent durch sein Handeln eine Beruhigung des allgemeinen Rechtsbewusstseins herbeigeführt und den Konflikt mit dem Opfer erledigt hat[651]. Da Wiedergutmachung und Schlichtungsverfahren zur Erreichung der Integrationsprävention ersichtlich besser geeignet ist als Strafe, sind diese auch vorrangig anzuwenden[652].

An der strafrechtlichen und sozialethischen Missbilligung des Verhaltens des Täters ändert sich durch Wiedergutmachung und Schlichtungsverfahren nichts, es wird nur eine andere Sanktionsform gewählt[653]. Auch macht sich ein System, das im Namen des Opfers dessen Vollstreckungsmöglichkeiten durch Verhängung von Geld- und Freiheitsstrafen behindert, selbst unglaubwürdig, da die Sorge für das Tatopfer eine Voraussetzung der Normbestätigung darstellt. Die vorrangige finanzielle Belastung des Täters durch das Strafverfahren und die damit verbundenen Kosten erschweren nämlich die Durchsetzung von Schadensersatzansprüchen für das Opfer[654]. Tatsächlich wird dieses Argument jedoch durch § 459a I 2 StPO entkräftet, der die Möglichkeit einer Bewilligung von Zahlungserleichterungen für die Geldstrafe vorsieht, wenn anderenfalls die Realisierung von Schadensersatzansprüchen des Verletzten erschwert wäre. Danach dürfte es nur noch in seltenen Ausnahmefällen deshalb nicht zu einer Entschädigung des Opfers kommen, weil der Schädiger vorrangig eine Geldstrafe zahlt. Jedenfalls kann dieser bei ernsthaftem Bemü-

---

[650] Vergleiche Gülck Wiedergutmachung als dritte Spur neben Strafen und Maßregeln S. 162
[651] Roxin Strafrecht S. 50f
[652] Siehe Roxin a. a. O. S. 68
[653] Ebenso Bannenberg Wiedergutmachung in der Strafrechtspraxis S. 69
[654] So auch Meier ZRP 1991, S. 68

6.4 Wiedergutmachung und Straffunktion bzw. Bestrafungszwecke

hen um eine Entschädigung, mit Zahlungserleichterungen rechnen – nebenbei bemerkt, gilt dies stets im Falle desolater finanzieller Verhältnisse des Täters. Der Verletzte ist dadurch hinreichend geschützt.

Freiwillige Leistungsbereitschaft des Täters in Bezug auf aus der Tat resultierende Schadensersatzansprüche dürfte kaum über das gesetzliche geforderte Maß hinaus zu finden sein, da der Bevölkerung die Trennung von Zivil- und Strafrecht und die unter Umständen doppelte Verurteilung zu Geldzahlungen, einmal als Schadensersatz, einmal als Geldstrafe, nicht verständlich ist. Bereits aus diesem Grund ist der Täter-Opfer-Ausgleich sinnvoll und für das Opfer von Vorteil, denn der von der Durchführung des Strafverfahrens bedrohte Beschuldigte wird notfalls über die gesetzliche Leistungsgrenze hinaus zu Zahlungen bereit sein. Auch kann eine umfassende, schnelle, unbürokratische und kostengünstige Regelung der Schadensersatzverpflichtungen erfolgen, also mit genau den Maßgaben, die das Opfer zur Mitwirkung am Schlichtungsverfahren bewogen haben. Daher ist die Wiedergutmachung die konsequentere Sanktionsform, weil die zu leistende Buße dem Opfer, dessen Rechtsgüter verletzt wurden, unmittelbar zu Gute kommt[655]. Der Rechtsgemeinschaft wird so die Wertigkeit des verletzten Rechtsguts verdeutlicht.

Ferner ist zur Wiedergutmachung erforderlich, dass der Täter erhebliche persönliche Leistungen erbringt bzw. unter persönlichem Verzicht an das Opfer leistet (§ 46a StGB), so dass ihm besondere Anstrengungen abverlangt werden. Von einem Freikauf kann schon deshalb nicht gesprochen werden; auch kommt der Delinquent angesichts der erheblichen emotionalen Belastungen, die der unmittelbare Kontakt mit dem Opfer und dessen Fragen mit sich bringt, keinesfalls billig davon[656]. Weiter zielt der Täter-Opfer-Ausgleich nicht nur auf einen materiellen Tatfolgenausgleich, sondern auf eine umfassende Lösung des Konflikts, was für den Täter finanziell aufwendig und emotional belastend ist[657]. Danach stellt er keinesfalls den im Vergleich zum Strafverfahren einfacheren Weg dar, mit Fehlverhalten umzugehen.

Scheitert der Täter-Opfer-Ausgleich, kommt es also im Rahmen des Schlichtungsverfahrens nicht zu der angestrebten Einigung über vom Beschuldigten zu erbringende Kompensationsleistungen finanzieller und/oder

---
[655]Näher dazu Meier a. a. O. S. 68ff
[656]Siehe Trenczek Vermittelnder Ausgleich strafrechtlich relevanter Konflikte S. 486
[657]Vergleiche Trenczek a. a. O. S. 486

immaterieller Art, so erfolgt unmittelbar keine sozialkonstruktive Leistung, sondern es wird im regulären Strafverfahren festgestellt, ob der Beschuldigte für die ihm zur Last gelegte Tat verantwortlich ist und wie diese zu sanktionieren ist. Wenn der Fehlschlag einer Einigung dabei der geringen Mitwirkungsbereitschaft des Opfers zuzurechnen ist, während der Beschuldigte sich nach Kräften um einen Ausgleich bemüht hat, kann nach § 46a StGB die Strafe gemildert oder aber von einer Bestrafung abgesehen werden. Scheitert das Schlichtungsverfahren dagegen aufgrund der geringen Kooperationsbereitschaft des Beschuldigten, so hat sich dieser im regulären Strafverfahren ebenso zu verantworten, wie wenn der Ausgleichsversuch nie stattgefunden hätte, Nachteile entstehen ihm dabei nicht. Die Normbestätigung wird dann im Strafverfahren geleistet. Wie oben bereits ausgeführt, kann die Wiederherstellung des Rechtsfriedens jedoch durch einen vorherigen fehlgeschlagenen Schlichtungsversuch erschwert werden, wenn dessen Scheitern der jeweils anderen Partei angelastet wird[658]. Dem kann durch eine sorgfältige Auswahl der für einen Schlichtungsversuch geeigneten Fälle begegnet werden; jedenfalls stellt dies keinen Grund dar, den Täter-Opfer-Ausgleich überhaupt nicht in Betracht zu ziehen. Eine Beendigung des Konfliktes erfolgt schließlich durch autoritatives Urteil des Richters, wenn auch möglicherweise nicht die Lösung des Konfliktes, dessen Chance der Täter-Opfer-Ausgleich bietet.

Täter-Opfer-Ausgleich und Wiedergutmachung entfalten ebenso wie das Strafverfahren positiv generalpräventive Wirkungen. Fraglich ist jedoch, ob darüber hinaus ein Bedürfnis in der Bevölkerung besteht, Wiedergutmachung statt Strafe anzuwenden. In diesem Fall könnte der von den Gegnern der Wiedergutmachung befürchtete Wirkungsverlust der strafrechtlichen Normen nahezu ausgeschlossen werden.

Empirische Untersuchungen zum Wiedergutmachungsbedürfnis in der Bevölkerung Bereits das Anzeigeverhalten des Opfers wird oft vom Wunsch nach Wiedergutmachung bestimmt: 40% der Befragten befürworteten eine Konfliktlösung ohne Beteiligung der Strafjustiz, während 62% Konfliktlösungen unter Einbeziehung der Strafjustiz favorisierten, wobei sich etwa

---

[658]Siehe oben unter 6.1.2

6.4 Wiedergutmachung und Straffunktion bzw. Bestrafungszwecke

25% für eine reine Bestrafung des Täters aussprachen[659]. Eine Strafanzeige bildet danach oft keine Aufforderung an den Staat, ein Strafverfahren durchzuführen, sondern eine Bitte, dem Täter einen Denkzettel zu verpassen. Auch haben Opfer ein geringeres Strafbedürfnis als Nichtopfer, was darauf zurückzuführen sein könnte, dass die Opferwerdung sich retrospektiv als weniger gravierend herausstellt, als vorher aufgrund der Darstellung u. a. in den Medien antizipiert.

Gegen eine Verallgemeinerung dieser Untersuchungsergebnisse von SESSAR bestehen Bedenken, weil die Befunde in einer Großstadt (Hamburg) erhoben wurden und die Befürwortung der Wiedergutmachung im eher konservativen Milieu von Mittel- und Kleinstädten möglicherweise geringer ausgeprägt ist[660]. Auch hat sich zugunsten der Befürwortung der Wiedergutmachung ausgewirkt, dass die vier der fünf Antwortvorgaben, die eine Wiedergutmachung neben oder statt der Strafe zulassen, der herkömmlichen Strafreaktion vorangestellt sind und diese Bevorzugung der Wiedergutmachungsperspektive die Probanden möglicherweise beeinflusst hat[661]. Die Fragestellung, wie das durch die Straftat verursachte Problem am besten aus der Welt zu schaffen sei, zielt auf die Opferperspektive und auf über das Strafverfahren hinausgehende Interessen ab[662]. Auch kann lediglich eine Rücklaufquote von 44% erzielt werden[663]. Dennoch geben diese Befunde – bei allen Bedenken – Anlass zu der Vermutung, dass das Strafbedürfnis der Bevölkerung bislang überschätzt und deren Wunsch nach Wiedergutmachung unterschätzt wurde.

Eine Untersuchung von BILSKY/PFEIFFER/WELTZELS, die eine repräsentative Bevölkerungsstichprobe ziehen und in ihrer Befragung Fälle mit und ohne Wiedergutmachung zur Entscheidung durch die Befragten in der Position des Richters stellen, kommt zu dem Ergebnis, dass 1/4 der Befragten eine Strafe nach erfolgter Wiedergutmachung nicht für erforderlich hält und mehr als die Hälfte die von ihnen gewählte Sanktion um eine Stufe

---

[659]Empirische Daten bei Sessar a. a. O. S. 180
[660]So auch Pfeiffer Wiedergutmachung und Strafe S. 92
[661]Siehe Pfeiffer a. a. O. S. 92
[662]Übereinstimmend Pfeiffer a. a. O. S. 106
[663]Ebenso Pfeiffer a. a. O. S. 106

6 Täter-Opfer-Ausgleich und Rechtsstaat

mildern, wenn Wiedergutmachung geleistet wird[664]. Die Opferbefragung, die nicht nach dem zeitlichen Abstand zur Opferwerdung differenziert, kommt zu dem Ergebnis, dass Opfer restitutiver eingestellt sind als die Restbevölkerung: Sie wünschen sich am häufigsten eine Wiedergutmachung bei den erhobenen Delikten Handtaschenraub (51,6% gegenüber 35,8% für Freiheitsstrafe) und gefährliche Körperverletzung (44,5% gegenüber 17,4% für Freiheitsstrafe sowie 15,4% für Einstellung des Verfahrens)[665].

Nach BAURMANN/SCHÄDLER stehen 2/3 aller befragten Opfer, bei Eigentumsdelikten sogar 80%, einer Wiedergutmachung positiv gegenüber und nennen diese von sich aus gegenüber dem Interviewer, 2/3 aller Gewaltopfer und 15% der Eigentumsdeliktsopfer lehnen sie ab[666]. Dennoch fordern lediglich 13–21% (je nach Deliktsart) eine härtere Strafe für ihren Täter; gewünscht wird vor allem ein Ausgleich des Schadens und ein erzieherisches Einwirken auf den Täter im Sinne einer milden Strafe oder eines Denkzettels[667]. 1/3 aller Opfer wünscht sich für ihren Täter eine mildere Form der Sanktion[668]. Festzuhalten ist, dass mit zunehmender zeitlicher Distanz mehr Opfer bereit sind, an Wiedergutmachungsvereinbarungen teilzunehmen; die Quote der diese ablehnenden Opfer sinkt etwa 2,5 Jahre nach der Viktimisierung auf 46,2% bei den Gewaltopfern[669].

Eine Untersuchung von VOß u.a. kommt zu etwas schlechteren Ergebnissen bzgl. der Akzeptanz des Täter-Opfer-Ausgleichs: Danach sei nur etwa die Hälfte der befragten Opfer in einem städtischen Lebensraum dazu bereit, an einer informellen Regelung des Konflikts teilzunehmen[670]. Die Zustimmung sinke auf 34%, wenn versucht werde, eine Verabredung zu einem Ausgleichsgespräch zu treffen[671]. Beabsichtigt werde die Abwicklung anonymer Schadensereignisse und deren ärgerlicher Folgen, während der interpersonelle

---

[664] So auch Pfeiffer a. a. O. S. 104
[665] Näheres bei Pfeiffer a. a. O. S. 109ff
[666] Baurmann/Schädler Das Opfer nach der Straftat S. 122ff; Baurmann/Schädler Opferbedürfnisse und Opfererwartungen S. 76f
[667] Siehe Baurmann/Schädler Das Opfer nach der Straftat S. 119
[668] Baurmann/Schädler a. a. O. S. 120
[669] Vergleiche Baurmann/Schädler a. a. O. S. 124
[670] Voß e.a. MSchrKrim 1989, S. 43
[671] So Voß e.a. a. a. O. S. 43ff

6.4 Wiedergutmachung und Straffunktion bzw. Bestrafungszwecke

Primärkonflikt dabei von geringem Interesse sei[672]. Lägen derartige Konflikte vor, bestehe keine Bereitschaft zur Teilnahme, denn die Strafanzeige stelle in diesen Fällen einen Schlussstrich unter die Beziehung dar[673].

Gegen die Verallgemeinerung dieses Untersuchungsergebnisses bestehen jedoch wegen der wenig wissenschaftlichen Vermutungen bezüglich der Empfindungen von Täter und Opfer, die als Forschungsergebnisse bezeichnet werden, erhebliche Bedenken[674]. Hinzu kommt, dass mit dem Begriff Strafe bisweilen eine Reaktionsform assoziiert wird, die außerhalb des Strafrechts angesiedelt und eher dem Verwaltungs- oder Disziplinarrecht zuzuordnen ist. Die Mehrheit der Opfer hält den Strafvollzug für zur Resozialisierung ungeeignet, so dass sich Kriminalität mehr als soziales denn als rechtliches Problem darstellt, auf das deshalb mit sozial sinnvollen Maßnahmen reagiert werden sollte. Die Erwartung hinsichtlich Konfliktlösung überwiegt danach[675].

Auch die Untersuchung von KILCHLING ergibt zwar, dass die Opfer die Strafanzeige zu 42,6% aus materiellen Motiven, zu 9,2% aus einem Wunsch nach Hilfe heraus, zu 30,5% sowohl aus Ersatz- als auch aus Strafmotiven und zu 17,4% ausschließlich aufgrund eines Strafbegehrens erstatten[676]. Auf direkte Befragung nach einem Bestrafungswunsch äußern sich 73,9% aller Opfer zustimmend, 10,2% ist die Strafverhängung gegenüber ihrem Täter gleichgültig und 15,9% verneinen ein entsprechendes Interesse[677]. Dennoch können sich 54,3% der Opfer eine informelle Erledigung ihres Falles durchaus vorstellen, 45,5% der Opfer sind zu einem Treffen mit dem Täter bereit und für fast 40% der zuvor negativ eingestellten Opfer wäre eine Übereinkunft mit dem Täter ohne entsprechendes Treffen denkbar[678].

Diese Ergebnisse zeigen vor allem, dass die Resultate derartiger Untersuchungen stark von der jeweiligen Fragestellung und dem aktuellen Situations- und Fragekontext, also dem Zeitablauf seit der Viktimisierung[679], dem Verfahrensstand und der Art des Delikts, d. h. Gewaltdelikt, Eigentumsdelikt,

---

[672] Siehe Voß e.a. a. a. O. S. 43ff
[673] Voß e.a. a. a. O. S. 48
[674] Instruktiv A. Hartmann Schlichten oder Richten 140f
[675] So auch A. Hartmann a. a. O. 140f
[676] Kilchling Opferinteressen und Strafverfolgung S. 220f, 638f
[677] Siehe Kilchling a. a. O. S. 332ff, 345, 655
[678] Zahlen bei Kilchling a. a. O. S. 557ff, 686ff
[679] Zu dessen Wichtigkeit Sessar Täter-Opfer-Ausgleich aus der Perspektive des Opfers S. 16ff, 19

6 Täter-Opfer-Ausgleich und Rechtsstaat

sonstige Delikte, abhängen. Jedenfalls kommen alle Untersuchungen zu dem Ergebnis, dass ein großer Teil der Bevölkerung mit einer Strafanzeige den Wunsch nach Wiedergutmachung verknüpft[680]. Dieser wird im Strafverfahren, das nicht auf Wahrung der Opferinteressen, sondern auf Wahrheitsfindung unter Instrumentalisierung des Opfers als Zeuge und Übelzufügung beim Täter ausgelegt ist, in aller Regel enttäuscht. Soweit behauptet wird, die Strafanzeige sei eine Aufforderung an den Staat, der eine entsprechende Verpflichtung zur Durchsetzung des Strafanspruches entspreche und die es verbiete, die Beteiligten auf eine private Konfliktlösung zu verweisen[681], ist dem zu entgegnen, dass die Teilnahme freiwillig ist. Wenn das Opfer sich weigert, wird das Strafverfahren entweder durchgeführt oder im Hinblick auf die Ausgleichsbemühungen des Beschuldigten eingestellt werden; beides zwingt das Opfer nicht zur Teilnahme.

Im Übrigen unterscheiden sich Opfer in ihren restitutiven Einstellungen nicht wesentlich von Nichtopfern, was sich unter anderem aus der Schwierigkeit der Opferbestimmung ergibt[682]. Viktimisierung wird vergessen, verdrängt, bagatellisiert und deshalb nicht angegeben, so dass Opfer als Nichtopfer gewertet werden[683]. Wenn Unterschiede feststellbar sind, so werden die Opfer durch die Erfahrung der Viktimisierung und die Reflexion darüber eher restitutiver[684], verlangen also eine mildere Strafe für „ihren" Täter. Dies dürfte an einer irrationalen Verbrechensfurcht und einer von den Medien geschürten Vorstellung des Täters an sich liegen, welche durch die reale Opferwerdung entkräftet wird. Verbrechensfurcht und Risikoeinschätzung, die bei älteren Frauen am stärksten ausgeprägt sind, wirken sich bei diesen jedoch nicht auf deren Forderung nach Strafhärte aus[685]. Männer werden durch derartige Ängste punitiver[686]. Am stärksten restitutiv eingestellt sind jüngere Frauen, die besser ausgebildet sind und sozial höheren Schichten angehö-

---

[680]Ebenso Kreutz Der Täter-Opfer-Ausgleich aus der Sicht von Rechtsanwälten S. 34; Bannenberg Wiedergutmachung in der Strafrechtspraxis S. 46-56

[681]So Schöch Staatliches Restitutionsverfahren und außerjustizielle Konfliktregelung S. 130

[682]Dies hat v. a. Sessar Wiedergutmachen oder strafen S. 150, 168ff herausgearbeitet und auf die Fehler der anderen Untersuchungen hingewiesen.

[683]Instruktiv Sessar a. a. O. S. 150ff, 163f; ders. Täter-Opfer-Ausgleich aus der Perspektive des Opfers S. 16ff

[684]Vergleiche Sessar Wiedergutmachen oder strafen S. 150ff, 163f

[685]Ebenso Sessar a. a. O. S. 148

[686]Siehe Sessar a. a. O. S. 148

6.4 Wiedergutmachung und Straffunktion bzw. Bestrafungszwecke

ren[687].

Zusammenfassung Ein Strafbedürfnis scheint daher in der Bevölkerung kaum dergestalt vorhanden zu sein, dass die Verhängung einer konventionellen Strafe anstelle des Täter-Opfer-Ausgleichs gewünscht wird[688]. Das vermeintliche Strafbedürfnis dürfte eher ein Sicherheitsbedürfnis darstellen und insofern die Theorie der positiven Generalprävention nicht stützen. Daher bleibt im Falle der Wiedergutmachung oder des Täter-Opfer-Ausgleichs die staatliche Reaktion nicht hinter den Bedürfnissen der Bevölkerung nach einer strafrechtlichen Verantwortlichkeit des Täters zurück, eine stabile Normgeltung kann auch auf diese Art erzielt werden[689]. Die positive Generalprävention steht der Anwendung der Wiedergutmachung nicht entgegen, selbst wenn man davon ausgeht, dass das Vertrauen der Bevölkerung in die Funktion der Strafe erschüttert wird, wenn die Sanktion allzu weit hinter den durchschnittlichen Straferwartungen zurückbleibt. Wie weit eine Abweichung schadlos möglich ist, lässt sich nach heutigen sozialwissenschaftlichen Erkenntnissen nicht feststellen[690]. Welche Strafhöhe erforderlich ist, um die Vorherrschaft des Rechts über das Unrecht zu demonstrieren, unterliegt anscheinend den unterschiedlichsten veränderlichen Faktoren wie kultureller Tradition, Erziehung und Gewöhnung[691]. Entsprechende Verhaltensprognosen sind aufgrund vielfältiger, nicht erforschter Wechselwirkungen unsicher; nach derzeitigem Erkenntnisstand existieren wohl keine Kriterien, die sich eindeutig und allein auf die kriminelle Karriere auswirken.

Negative Generalprävention

Darstellung und Diskussion der Theorie Nach dieser Theorie zielt die Bestrafung auf die Abschreckung anderer Täter; sie geht auf FEUERBACH zurück, der sie aufgrund der Theorie des psychologischen Zwangs

---

[687] Ausführlich Sessar a. a. O. S. 136, 139, 141, 143, der dieses Phänomen jedoch lediglich beschreibt, ohne dafür eine Erklärung anzubieten.
[688] Näher dazu Sessar a. a. O. S. 242ff
[689] So auch Schädler Den Geschädigten nicht nochmals schädigen S. 27
[690] Ebenso Kley-Struller Wiedergutmachung im Strafrecht S. 56f
[691] Übereinstimmend Lampe Strafphilosophie S. 187f

entwickelt[692]. Der Staat müsse – dies sei seine wesentliche Aufgabe - Rechtsverletzungen verhindern; eine psychologische Einwirkung auf die Bürger sei daher rechtmäßig, denn der Staat habe ein Recht zur Anwendung der dazu dienenden Mittel[693]. Die Androhung von Strafe soll den Reiz des Verbrechens beseitigen, da der Täter zwischen den Vorteilen des beabsichtigten Verbrechens und den Nachteilen in Form einer Strafe abwäge[694]. Die angedrohte Strafe müsse so bemessen sein, dass das angedrohte Übel größer sei als der Antrieb zur Begehung der Straftat[695]. FEUERBACH unterscheidet dabei zwischen dem Zweck der Strafandrohung, der in der negativen Generalprävention liege[696], und der Begründung der Strafe - Gerechtigkeit -[697], und vertritt damit in der Sache eine absolute Straftheorie[698]. Der Strafausspruch oder der Strafvollzug dienen bei FEUERBACH der Bekräftigung der im Straftatbestand liegenden Drohung[699]. Gerechtfertigt wird die Strafe im Einzelfall über die Einwilligung: Wer eine unter Strafe gestellte Tat begehe, willige damit im Falle seiner Verurteilung in die Strafverhängung ein[700].

Hier wird der Rechtsgüterschutz als Zweck genutzt, während die Furcht der Bevölkerung das Mittel zur Zweckerreichung darstelle[701]. Diese Furcht werde bezweckt und durch das Androhen und gegebenenfalls auch Verhängen der Strafe erstrebt[702]. Missachtet wird bei dieser Konstruktion, dass die Drohung mit Konsequenzen beim Straftäter nicht gewirkt hat, sonst hätte er das Verbrechen unterlassen. Wird nun die Drohung durch Verhängung und Vollstreckung der Strafe bekräftigt, ist dies für den Bestraften, bei dem der Willenszwang nicht wirksam wurde, sinnlos. Eine Wirkung kann allenfalls auf bislang nicht straffällig Gewordene erzielt werden; der Adressat der Dro-

---

[692] Feuerbach Revision der Grundsätze und Grundbegriffe S. 40; aus der neueren Literatur z. B. Maurach/Zipf/Gössel Strafrecht AT S. 47
[693] Siehe Feuerbach Anti-Hobbes S. 23ff, 210f
[694] Vergleiche Feuerbach Revision der Grundsätze und Grundbegriffe, S. 40ff; ders. Lehrbuch, S. 12, 15f
[695] Feuerbach Revision der Grundsätze und Grundbegriffe S. 43ff; Lehrbuch S. 15f
[696] So Feuerbach Revision der Grundsätze und Grundbegriffe S. 57, 162
[697] Feuerbach a. a. O. S. 9, 55, 66, 149
[698] Siehe Feuerbach a. a. O. S. 61
[699] Feuerbach Anti-Hobbes S. 226; ders. Revision der Grundsätze und Grundbegriffe S. 52, 57
[700] Vergleiche Feuerbach Anti-Hobbes S. 222f; Neumann/Schroth Neuere Theorien von Kriminalität und Strafe S. 35 m. w. N.
[701] Instruktiv E. Wolff ZStW 1985, S. 792
[702] Übereinstimmend E. Wolff a. a. O. S. 792

6.4 Wiedergutmachung und Straffunktion bzw. Bestrafungszwecke

hung unterscheidet sich damit vom Adressaten der Strafverhängung[703]. Die Vollstreckung der Strafe kann auf diese Art jedenfalls nicht gegenüber dem Straftäter gerechtfertigt werden.

Wird die abzuurteilende Tat lediglich zum Anlass genommen, mit einem erhöhten Strafmaß Dritte von der Begehung von Straftaten abzuschrecken, wird der Verurteilte als Mittel, als abschreckendes Beispiel für fremde Zwecke benutzt[704]. Der Delinquent wird ausschließlich als Teil eines naturhaften Zusammenhangs anerkannt[705], wenn er deswegen bestraft wird, weil dies geeignet ist, eine Abschreckungswirkung auf andere hervorzurufen. Insofern kann man von einem stellvertretenden Leiden des Täters sprechen; dieser wird im Verhältnis zu seiner Tatschuld übermäßig hart bestraft.

Teilweise wird ausgeführt, der Mensch als soziales Gemeinschaftswesen sei für den Zustand der Gemeinschaft verantwortlich und werde als verantwortliches Mitglied der Rechtsgemeinschaft anerkannt, wenn ihm eine das von ihm verwirklichte Unrecht übersteigende Strafe aus Gründen der Erforderlichkeit für die Gemeinschaft auferlegt werde[706]. Diese Argumentation überzeugt jedoch nicht, denn sie vermag keine Begründung dafür zu liefern, dass der Täter sich für die Gemeinschaft aufopfern soll[707]. In dieser Funktion ist der Täter beliebig austauschbar, weil die Aburteilung irgendeiner Tat irgendeines Delinquenten auf Personen, die zu ähnlichen Straftaten neigen, dieselbe abschreckende Wirkung hätte[708]; ein Eigenwert als Mensch wird ihm aberkannt[709]. Die Verantwortlichkeit des Täters als sozialem Wesen für die Aufrechterhaltung der Gemeinschafts- und Rechtsordnung geht jedoch keinesfalls so weit, dass er sich zur Abschreckung Dritter als vertretbares Mittel zur Verfügung zu stellen und eine menschenunwürdige Bestrafung hinzunehmen hätte[710]. Die Berücksichtigung generalpräventiver Aspekte ist daher nur im Rahmen des schuldangemessenen Strafmaßes zulässig.

---

[703]Ebenso Zaczyk Das Strafrecht in der Rechtslehre Fichtes S. 105
[704]So auch Stree Deliktsfolgen und Grundgesetz S. 39f; Ebenso Lüderssen Freiheitsstrafe ohne Funktion S. 48f; U. Hartmann Täter-Opfer-Ausgleich im Spannungsfeld von Anspruch und Wirklichkeit S.7
[705]912 So auch E. Wolff ZStW 1985, S. 786ff, 796
[706]Weitere Nachweise bei Stree Deliktsfolgen und Grundgesetz S. 40
[707]Ebenso Stree a. a. O. S. 40
[708]Vergleiche Stree a. a. O. S. 40
[709]Siehe Stree a. a. O. S. 39f
[710]Siehe auch Stree a. a. O. S. 40

6 Täter-Opfer-Ausgleich und Rechtsstaat

Der Mensch wird von den Vertretern der Theorie der negativen Generalprävention unzutreffenderweise als Naturwesen begriffen, denn der Mensch ist mehr als ein kluges Tier und Triebwesen[711]. Er unterscheidet beispielsweise zwischen berechtigter und unberechtigter Verurteilung, wobei diese Unterschiedliches bei ihm bewirken[712]. Der von den Vertretern dieser Theorie angenommene Mechanismus von Strafandrohung und Abschreckung ist daher vereinfacht und unzutreffend dargestellt[713].

Es wird davon ausgegangen, dass eine harte Strafe weitere Tatbegehungen anderer Täter unterbinde, weil diese ihre Verurteilung fürchteten. Dies wird jedoch bereits durch die Tatbegehung, die der Strafverhängung vorausgeht, falsifiziert[714]. Im Übrigen ist dieser Ansatz aus empirischen Gründen fragwürdig, denn Anhaltspunkte für eine Abschreckungswirkung von Strafen haben sich in deutschsprachigen Studien nicht ergeben[715]. Auch Zusammenstellungen ausländischer Studien zu diesem Thema lässt sich entnehmen, dass Sanktionshöhe und Sanktionsrisiko allenfalls eine delikts- und situationsspezifische generalpräventive Wirkung entfalten, so dass eine Abschreckungswirkung von Sanktionen empirisch nicht nachweisbar ist[716]. Ein solcher empirischer Nachweis wird auch nicht zu führen sein, denn es existieren nur Statistiken über die Anzahl der begangenen Straftaten, nicht aber solche über die Anzahl der potentiellen Straftäter, die von einer Tatbegehung abgeschreckt wurden[717]. Aufgrund der Vielzahl von Faktoren, die eine Kriminalisierung beeinflussen, ist dieser empirische Beweis selbst im Falle des Anlegens einer solchen Statistik nicht denkbar.

Im Übrigen werden die in den Strafrechtsnormen enthaltenen Verbote und Gebote von der Bevölkerung als in so hohem Maße verbindlich eingestuft, dass sie selbst bei denkbar geringem Entdeckungsrisiko und unter der Vor-

---

[711] Näher dazu E.Wolff ZStW 1985, S. 792
[712] Ebenso E. Wolff a. a. O. S. 786ff, 792
[713] Siehe auch E. Wolff a. a. O. S. 786ff, 792
[714] Übereinstimmend Bannenberg Wiedergutmachung in der Strafrechtspraxis S. 68
[715] Näher W. Hassemer Generalprävention und Strafzumessung S. 45 m. w. N.; A. Hartmann Schlichten oder Richten S. 100 m. w. N.
[716] Siehe auch A. Hartmann a. a. O. S. 101 m. w. N.
[717] Worauf Dohr Die Berücksichtigung freiwillig geleisteter Wiedergutmachung des Täters S. 67 m. w. N. für das amerikanische Recht hinweist.

6.4 Wiedergutmachung und Straffunktion bzw. Bestrafungszwecke

aussetzung einer außerordentlich milden Bestrafung befolgt würden[718]. Wenn Strafrechtsnormen jedoch bereits unter diesen Umständen als moralisch verbindlich anerkannt werden, so kann der Strafdrohung keine relevante Abschreckungswirkung mehr zukommen.

Zusätzlich fällt ins Gewicht, dass es nach der Logik dieser Theorie irrelevant ist, ob der Täter die ihm zur Last gelegte Tat wirklich begangen hat[719]. Für die Abschreckungswirkung ist nämlich ausreichend, dass er schuldig erscheint[720]. Dass eine Bestrafung Unschuldiger gegen rechtsstaatliche Grundsätze verstößt und nicht zu rechtfertigen ist, bedarf keiner weiteren Diskussion.

Gegen die Abschreckungswirkung der Strafe ist weiter einzuwenden, dass diese mit zunehmendem Gewicht der Straftaten gegen Null geht. Auch existieren präventionsresistente Delikts- und Tätergruppen (beispielsweise Trieb- und Affekttäter), so dass die These FEUERBACHs dahingehend zu modifizieren ist, dass es einige Menschen gibt, die lediglich aufgrund der Strafdrohung von der Begehung der inkriminierten Handlungen Abstand nehmen, im Falle des Erlaubtseins der Handlung diese aber vornehmen würden[721]. Problematisch erscheint hier, dass die Strafdrohungen für die schwereren Delikte so nicht zu rechtfertigen sind, lediglich die leichteren Delikte können unter Strafe gestellt werden. SCHUMANN führt unter Berufung auf HAFFKE aus, nach dem tiefenpsychologischen Modell sei bei Schwerkriminalität eine strafrechtliche Verurteilung des Täters nicht erforderlich, da das Über-Ich in diesem Bereich stabil sei, eine zusätzliche Abschreckung anderer Täter daher nicht erforderlich sei[722]. Bei Kriminalität im mittleren und kleinen Bereich hingegen fehle es an der entsprechenden Internalisierung der Ge- und Verbote, weil eine heteronome Kontrolle des Über-Ichs vorherrschend sei[723]. Diese Delikte müssten aus Gründen negativer Generalprävention geahndet werden[724]. Eine derart gestaltete Kriminalpolitik entspräche zwar der Theorie der negativen Generalprävention, wäre jedoch in höchstem Maße ungerecht

---

[718] Vergleiche Lampe Strafphilosophie S. 210f m. w. N.
[719] Worauf E. Wolff a. a. O. S. 797 zutreffend hinweist.
[720] Erläuternd E. Wolff a. a. O. S. 797
[721] Näheres dazu Neumann/Schroth a. a. O. S. 36f
[722] Schumann Jugendkriminalität und die Grenzen der Generalprävention S. 168
[723] Siehe Schumann a. a. O. S. 168
[724] 977 Vergleiche Schumann a. a. O. S. 168

6 Täter-Opfer-Ausgleich und Rechtsstaat

und widerspräche dem Schuldprinzip und dem Verhältnismäßigkeitsgrundsatz. Dadurch entstehen erhebliche Legitimationsprobleme der generalpräventiven Strafbegründung, die auch durch das Rekurrieren auf ein Gerechtigkeitsgebot, welches die Strafbarkeit und die strafrechtliche Verfolgung auch der schwereren Delikte gebiete, nicht gelöst werden können. Letztlich erfolgt so eine Verurteilung, obwohl diese den Zweck der Bestrafung nicht erfüllen kann; dieses Vorgehen kann nicht als gerecht betrachtet werden[725].

Die auf Abschreckung zielende negative Generalprävention ist überdies aus rechtsstaatlichen Gesichtspunkten abzulehnen. Unabhängig vom konkreten Anlass könnte man nämlich aus generalpräventiven Gründen eine besonders harte Strafe verlangen, da diese mehr abschrecken müsste als eine milde Strafe[726]; ein Anknüpfen an die schuldangemessene Bestrafung wäre nicht geboten[727]. Da diese Logik nicht mit der Menschenwürde in Einklang zu bringen ist, gerät die Generalprävention unter Legitimationsdruck. Auch enthält diese Theorie keinen Maßstab für die Bemessung der Strafdauer, während die Idee, dass härtere oder längere Strafen stärker wirken müssten, trotz ihrer empirisch nachweisbaren Unrichtigkeit eine häufige Ursache für maßlose Strafen in der Geschichte darstellte[728]. Überhaupt lässt sich anhand der negativen Generalprävention ein Strafmaß nicht bestimmen, und zwar weder für das gesetzliche Strafmaß noch für die richterliche Strafzumessung. Konsequenterweise würde jede von einem anderen begangene Straftat zu einer Verschärfung der zu verhängenden Strafe führen, da die bisherige Höhe der Strafe offensichtlich zur Abschreckung nicht ausreichte[729]. Auch würde aufgrund der größeren Gefahr einer Identifizierung anderer mit dem Täter die Strafe umso höher ausfallen müssen, je eher die Tat entschuldbar erscheint[730].

---

[725] So unter anderem auch Neumann/Schroth a. a. O. S. 36f m. w. N.
[726] Instruktiv Noll Schuld und Prävention unter dem Gesichtspunkt der Rationalisierung des Strafrechts S. 219ff, 224
[727] Ebenso U. Hartmann Täter-Opfer-Ausgleich im Spannungsfeld von Anspruch und Wirklichkeit S.7f
[728] Näher dazu Noll a. a. O. S. 219ff, 224
[729] So insbesondere Noll a. a. O. S. 219ff, 227f m. w. N.; er geht jedoch ohne Begründung davon aus, dass die Häufigkeit der Tatbegehung keine Auswirkungen auf die Stärke der Motivation zu delinquentem Verhalten habe und die Generalprävention ins Verhältnis zu anderen, nicht näher bezeichneten Strafzwecken gesetzt werden müsse. Hier ist bereits der Ansatz Nolls unrichtig, denn die Häufung von strafbarem Verhalten in einer delinquenten Subkultur ist empirisch hinlänglich nachgewiesen. Sie ist auch theoretisch begründbar, vergleiche die Erörterungen zur Lerntheorie unter 6.4.2
[730] 983 Worauf E. Wolff ZStW 1985, S. 786ff, 799 zu Recht hinweist.

6.4 Wiedergutmachung und Straffunktion bzw. Bestrafungszwecke

Da hiermit das Schuldprinzip sowie der Grundsatz der Verhältnismäßigkeit verletzt würden, kann diese Theorie keinen tragfähigen Strafzweck darstellen. Ihr kommt lediglich im Rahmen der angemessenen Vergeltung des verwirklichten Unrechts insofern eine Bedeutung zu, als dieser gerechten Bestrafung ein abschreckender Nebeneffekt zukommen kann. Deshalb ist im Folgenden zu untersuchen, ob Täter-Opfer-Ausgleich und Wiedergutmachung ebenfalls abschreckende Wirkung entfalten.

Vereinbarkeit von Täter-Opfer-Ausgleich und Wiedergutmachung mit der negativen Generalprävention Nach den obigen Ausführungen scheint die abschreckende Wirkung der Strafe sich empirisch nicht nachweisen zu lassen. Auch theoretisch lässt sich eine solche Abschreckungswirkung nicht konstruieren, denn sie setzt einen überlegt handelnden Täter voraus, den es so kaum gibt[731]. Tatsächlich erfolgt die Tatbegehung häufig aus Affektsituationen heraus, unkalkuliert, so dass eine etwaige Abschreckungswirkung erst im Anschluss an die Tat bedacht wird[732]. Selbst beim idealtypischen Täter erfolgt eine Tatbegehung nur dann, wenn er glaubt, nicht zur Verantwortung gezogen zu werden. Auch hier wirkt nicht die Strafdrohung abschreckend, sondern allenfalls das Entdeckungsrisiko[733]. Dieses ist maßgeblich abhängig vom Anzeigeverhalten der Bevölkerung, das u. a. durch die positive Generalprävention beeinflusst wird[734]. Es wird ebenfalls bestimmt von der Verfolgungsintensität der Polizei[735], die von Sachzwängen und Medieninteresse geprägt ist. Da die Abschreckungswirkung durch das Entdeckungsrisiko von der verhangenen Sanktion kaum beeinflusst wird, kann diese sowohl bei der Strafe als auch beim Täter-Opfer-Ausgleich vorliegen.

Teilweise wird angeführt, eine gewisse Abschreckungswirkung sei mit der Strafandrohung verbunden – demzufolge würde der Täter-Opfer-Ausgleich eine geringere abschreckende Wirkung erzielen. Begründet wird dies damit, dass in Zeiten, in denen eine Strafverfolgung nicht befürchtet werden müsste,

---

[731] Vergleiche Heinz ZStW 104 (1992), S. 623f; Bannenberg a. a. O. S. 68
[732] Ebenso Neumann/Schroth Neuere Theorien von Kriminalität und Strafe S. 35f
[733] Näher Schumann Jugendkriminalität und die Grenzen der Generalprävention S. 161ff; Heinz a. a. O. S. 623f m. w. N. ; Van Den Woldenberg Diversion im Spannungsfeld zwischen Betreuungsjustiz und Rechtsstaatlichkeit S. 67f; Schmidhäuser Vom Sinn der Strafe S. 55; Meier JuS 1996, S. 438f m. w. N.
[734] So auch Schöch Empirische Grundlagen der Generalprävention S. 1085
[735] Siehe Schöch a. a. O. S. 1085

6 Täter-Opfer-Ausgleich und Rechtsstaat

sich Deliktsbegehungen derart häuften, dass sie als ubiquitär zu betrachten seien[736]. Als Beispiel werden Streiks von Polizei und Feuerwehr in Montreal im Jahre 1969 angeführt, die zu den schwersten Unruhen in der Geschichte der Stadt geführt hätten[737]. Dies stellt jedoch kein Beispiel für die Abschreckungswirkung der Strafe dar, denn die Handlungen blieben strafbar. Die Plünderer mussten damit rechnen, dass nachträglich Maßnahmen gegen sie eingeleitet würden, sollte ihre Täterschaft ermittelt werden. Sie hatten jedoch die Hoffnung, dass sie aufgrund des Streiks aus praktischen Gründen nicht verfolgt werden würden. Das Entdeckungsrisiko war daher erheblich verringert, nicht aber eine Amnestie ausgerufen oder das Strafgesetzbuch geändert worden. Dieses Beispiel besagt also nichts bezüglich der Relevanz der Abschreckungswirkung von Sanktionen, sondern allenfalls bezüglich der Erheblichkeit des Entdeckungsrisikos[738]. Dieses ändert sich jedoch mit der Anordnung des Täter-Opfer-Ausgleichs anstelle der konventionellen Strafe nicht.

Die geringe Abschreckungswirkung der Sanktionen lässt sich lerntheoretisch damit erklären, dass eine Strafe als aversiver Reiz die verbotene Verhaltensweise nicht löscht, sondern lediglich unterdrückt[739]. In einer erneuten Anreizsituation kann daher die inkriminierte Verhaltensweise wieder aufflackern. Eine negative Verstärkung des verbotenen Verhaltens durch Bestrafung ist insofern weniger wirksam als eine positive Verstärkung nach Zeigen des gewünschten Verhaltens. Im Rahmen des Täter-Opfer-Ausgleichs werden dem Beschuldigten dagegen alternative Verhaltensmuster aufgezeigt, durch deren Anwendung er zukünftig straffrei leben kann. Es wird also nicht versucht, eine Verhaltensweise zu unterdrücken, wie dies im Rahmen des Strafverfahrens geschieht. Da es sich hierbei um einen Aspekt der Spezialprävention handelt, sei im Übrigen auf die Ausführungen unten verwiesen[740]. Festzuhalten bleibt jedoch bereits an dieser Stelle, dass der Täter-Opfer-Ausgleich lerntheore-

---

[736] So Schmidhäuser Vom Sinn der Strafe S. 57f
[737] Beispiele bei Schmidhäuser a. a. O. S. 57f
[738] Auch Dohr Die Berücksichtigung freiwillig geleisteter Wiedergutmachung des Täters S. 68 geht bei einem ähnlichen Beispiel (Aufstände in Los Angeles im Frühjahr 1992 nach der Verhaftung von Rodney King) davon aus, dass die Abschreckungswirkung nur einem wirksamen Strafverfolgungssystem zukommt, also nicht aus der Strafandrohung als solcher resultiert.
[739] Vergleiche Neumann/Schroth a. a. O. S. 20f
[740] Unter 6.4.2 im Rahmen der Erörterung der Spezialprävention

6.4 Wiedergutmachung und Straffunktion bzw. Bestrafungszwecke

tisch eine größere Wirkung auf den Täter zu entfalten verspricht als eine konventionelle Strafe.

Zusammenfassung Nach all dem vermag die Strafe nicht allein auf die negative Generalprävention gestützt zu werden; der einzelne würde ansonsten in einer seiner Menschenwürde widersprechenden Weise für fremde Zwecke instrumentalisiert und einer unverhältnismäßigen und daher rechtswidrigen Strafe unterworfen. Hinzu kommt, dass die negative Generalprävention keine zuverlässige, einheitliche Bemessung der Strafart und -dauer ermöglicht, so dass das gerechte Strafmaß unbestimmbar bleibt. Es entspräche jedoch der Logik dieser Theorie, möglichst hohe und harte Strafen zu verhängen, und zwar umso mehr, je öfter das entsprechende Delikt begangen worden ist. Je sicherer also die Abschreckungswirkung durch erneute Rechtsverletzung falsifiziert wäre, umso härter müsste die Strafe ausfallen. Da jedoch der Einzelne nicht dafür verantwortlich gemacht werden kann, dass seine Mitbürger straffällig werden, verdeutlicht diese Forderung der negativen Generalprävention deren mangelnde Tragfähigkeit. Allenfalls kann einer Strafe, die das Maß der gerechten Vergeltung einhält, als Nebeneffekt eine derartige Abschreckungswirkung zukommen. Hier fehlt jedoch bislang, wie oben bereits ausgeführt, jeglicher Nachweis von entsprechenden Wirkungen. Geht man ohne einen empirischen Beleg davon aus, dass Strafen eine Abschreckungswirkung zukommt, so kann man auch ohne Nachweis davon ausgehen, dass der Täter-Opfer-Ausgleich einen ähnlichen Effekt erzeugt.

Nach den obigen Ausführungen scheint das Entdeckungsrisiko der entscheidende Faktor einer Abschreckungswirkung zu sein; dieses besteht unabhängig von der Wahl der Sanktion. Danach lässt sich weder eine Überlegenheit der Abschreckungswirkung der Strafe gegenüber dem Täter-Opfer-Ausgleich nachweisen noch umgekehrt; die Abschreckungswirkung scheint vielmehr eine ähnliche zu sein.

Spezialprävention

Darstellung und Erörterung der Theorie Abgezielt wird im Rahmen dieser Strafzwecktheorie auf die Täterpersönlichkeit, nicht die Tat. Bekanntester Vertreter ist VON LISZT, der eine Dreiteilung der spezialpräventi-

6 Täter-Opfer-Ausgleich und Rechtsstaat

ven Bestrafungszwecke postuliert: Besserung der Besserungsfähigen und - bedürftigen, Abschreckung der nicht Besserungsbedürftigen sowie Unschädlichmachung der nicht Besserungsfähigen[741]. Die einzelne Tat stellt danach nur die auslösende Bedingung für die Bestrafung dar. Ihre Rechtfertigung erhält die Bestrafung nicht über die Tat, sondern über davon unabhängige, täterbezogene Kriterien[742]. Bereits diese Abstufung lässt sich daher mit dem bei uns geltenden Tatstrafrecht nicht vereinbaren.

Beabsichtigt wird die Behandlung, Besserung und Resozialisierung des Täters, wobei diesem ein persönlicher Sozialisationsmangel unterstellt werde, was empirisch angesichts der durch die Dunkelfeldforschung erwiesenen Ubiquität von Delinquenz zweifelhaft ist[743]. Auch besteht eine nicht zu unterschätzende Selektivität bei der Straftatenregistrierung und -verfolgung, denn Straftaten von Wirtschaftsstraftätern mit großen sozialen Schäden werden oft nicht ermittelt. Die Gründe dafür sind der Umfang und die Komplexität der zugrundeliegenden Sachverhalte; deshalb besteht hier eine hohe Bereitschaft zu verfahrensbeendenden Absprachen, während die Routinekriminalität eine kontinuierliche Vollbeschäftigung garantiert und einer aktenmäßig-bürokratischen Arbeitsweise zugänglich ist[744]. Dort werden daher häufiger Ermittlungen und Strafverfahren durchgeführt als bei Wirtschaftsstraftaten[745]. Um für ausgleichende Gerechtigkeit zu sorgen, ist daher gerade bei der Routinekriminalität die Möglichkeit des Täter-Opfer-Ausgleichs zu eröffnen, um diese Straftäter nicht zu benachteiligen[746].

Aufgrund des Fehlens einer die Ursachen der Begehung von Straftaten schlüssig und empirisch nachweisbar darlegenden Kriminalitätstheorie muss die Möglichkeit einer erzieherischen Einwirkung auf Bewusstsein und Einstellungen des Täters bezweifelt werden[747]. Bislang scheint sich abzuzeichnen, dass abweichendes Verhalten nicht wesentlich auf Defizite in der individuellen

---

[741] 994 Von Liszt Der Zweckgedanke im Strafrecht S. 29ff und Lehrbuch des Strafrechts S. 7f, 32
[742] Ebenso Lampe Strafphilosophie S. 7f
[743] So insbesondere M. Walter Über Alternativen zum Strafrecht S. 568
[744] Näher M. Walter Über das Verhältnis des Täter-Opfer-Ausgleichs zum Kriminalrechtssystem S. 42f
[745] Vertiefend dazu M. Walter a. a. O. S. 44
[746] Übereinstimmend M. Walter a. a. O. S. 60f
[747] Vergleiche dazu Lamp Probleme der theoretischen Analyse von Diversionsprogrammen S. 680f sowie Dohr Die Berücksichtigung freiwillig geleisteter Wiedergutmachung des Täters S. 74f m. w. N.

6.4 Wiedergutmachung und Straffunktion bzw. Bestrafungszwecke

Normakzeptanz zurückzuführen ist[748]. Wenn aber Kriminalität auf Stressfaktoren, ökonomischen Faktoren oder sozialem Bindungsverlust beruht, wird diese auch in Zukunft weder durch Strafe noch durch Täter-Opfer-Ausgleich wirksam bekämpft werden können[749].

Der spezialpräventive Ansatz der Strafzweckbegründung begegnet überdies ethischen Bedenken, weil der Staat nur dann die Aufgabe hat, seine Bürger zu erziehen, zu behandeln und zu bessern, wenn dies zur Minderung ihrer Gefährlichkeit erforderlich ist[750]. Vom spezialpräventiven Ansatz ausgehend, kann es aber bereits erforderlich werden, einen Menschen zu behandeln, wenn er sich als kriminalitätsgefährdet erweist, ohne aber bislang nachweisbar straffällig geworden zu sein[751]. Andererseits kann es geschehen, dass ein Mensch wegen eines geringfügigen Deliktes, das Symptom einer tiefgreifenden Persönlichkeitsstörung ist, zu einer langjährigen Freiheitsstrafe verurteilt wird. Dass jedoch der potentielle Täter, der sich bislang nichts hat zuschulden kommen lassen, nicht prophylaktisch bestraft werden kann, bedarf keiner weiteren Erörterung[752].

Erhebliche Probleme tauchen für die spezialpräventive Strafbegründung bei nicht resozialisierungsbedürftigen Tätern auf. Beispiele dafür sind Fahrlässigkeitstaten und kleine Gelegenheitsdelikte, aber auch schwere Delikte, die von sozial integrierten Tätern in einer einmaligen Konfliktsituation begangen wurden und bei denen deshalb keine Wiederholungsgefahr besteht[753]. Aus spezialpräventiven Gründen wäre eine Bestrafung dieser Täter nicht erforderlich[754], während sowohl die Generalprävention als auch die Vergeltung eine Verurteilung verlangen. Die spezialpräventive Strafbegründung zielt daher eher auf nicht sozial integrierte Täter aus der Unterschicht ab. Diese sollen durch Anpassung an die sozialen Erwartungen der herrschenden Mittelschicht in die Gesellschaft wieder eingegliedert werden[755]. Daneben exis-

---
[748] Weiteres dazu bei M. Walter Über Alternativen zum Strafrecht S. 121, 564f
[749] So auch Lamp a. a. O. S. 680ff
[750] BVerfGE 22, 180ff, 219; Frehsee Schadenswiedergutmachung als Instrument strafrechtlicher Sozialkontrolle S. 74
[751] So bereits Von Liszt Strafrechtliche Vorträge und Aufsätze S. 16
[752] Weitere Nachweise bei Spendel Zur Lehre vom Strafmaß S. 142
[753] Ebenso Schmidhäuser Vom Sinn der Strafe S. 59f
[754] Siehe dazu Schmidhäuser a. a. O. S. 59f
[755] Näher dazu Neumann/Schroth Neuere Theorien von Kriminalität und Strafe S. 24ff

tieren jedoch weitere Tätergruppen, so dass die Spezialprävention jedenfalls keine Strafbegründung für alle Täter zu liefern vermag. Oft wird hier das Beispiel von Gewaltverbrechern während der NS-Zeit angeführt, deren Taten erst nach Jahren oder Jahrzehnten des unauffälligen, sozial integrierten Lebens der Delinquenten vollständig aufgeklärt und abgeurteilt wurden[756]. Aus Gründen der Spezial-, aber auch der Generalprävention erscheint eine Bestrafung nicht erforderlich, denn weder ist eine Resozialisierung notwendig noch besteht eine Wiederholungsgefahr noch erscheint eine Abschreckung vor derartigen brutalen Greueltaten durch Strafe überhaupt möglich, geschweige denn nötig[757]. Es ergibt sich im Übrigen bereits aus dem Gesetz, dass auch einmalige Fahrlässigkeitsdelikte zu bestrafen sind, obwohl die Spezialprävention keine Begründung für die Strafverhängung liefert.

Überdies kann eine Resozialisierung des Täters nur dann gelingen, wenn auf dessen Lebenseinstellungen und Grundhaltungen abgezielt wird. Der Täter wird heteronomen Verhaltensstandards angepasst, was in einer Gesellschaft, die wie die unsere die Autonomie der Persönlichkeit zu den Grundrechten zählt, nicht tragbar ist[758]. Hier besteht die nicht zu unterschätzende Gefahr, dass eine Vereinheitlichung von Lebensstilen betrieben wird, die über das eigentliche Ziel der Verbrechensbekämpfung weit hinausschießt und rechtsstaatlich nicht zulässig ist[759]. Neben einem Verstoß gegen die in Art. 1 GG garantierte Menschenwürde des Individuums bestehen Bedenken wegen des Verhältnismäßigkeitsprinzips. Auch der Grundsatz der Subsidiarität des Strafrechts wird verletzt, da das Strafrecht anders als das Polizeirecht nur eingreifen darf, wenn eine Einwirkung auf das Individuum wegen einer bereits begangenen Tat notwendig geworden ist, und nur insoweit, als dies unbedingt erforderlich ist. Dahinter steht ein Bild der Gesellschaft als ein nach Plan zu gestaltender Garten, der Nutzpflanzen an den dafür vorgesehenen Stellen hervorbringen soll und in dem weder Unkräuter noch Gewächse im falschen Beet noch ungeplante Wucherungen noch ungestutztes Wachstum geduldet werden. Diese werden im Zuge der Gartenpflege entfernt. Die

---

[756] Übereinstimmend Kaufmann Das Schuldprinzip S. 275f
[757] Ebenso Kaufmann a. a. O. S. 275f
[758] Vertiefend dazu Neumann/Schroth a. a. O. S. 28ff
[759] Weitere Nachweise bei Dohr Die Berücksichtigung freiwillig geleisteter Wiedergutmachung des Täters S. 75

6.4 Wiedergutmachung und Straffunktion bzw. Bestrafungszwecke

Gesellschaft soll entsprechend diesem Bild Menschen hervorbringen, die Regeln und Disziplin einhalten sowie nützlich und tragbar für die Gemeinschaft sind[760]. Das Bemühen, Risikokandidaten rechtzeitig zu erkennen, erinnert an eine total verwaltete Welt und den eindimensionalen Menschen der Frankfurter Schule[761] und ist ethisch stark bedenklich. Der Menschenwürdegehalt der Grundrechte steht hier entgegen, so dass es verfassungswidrig wäre, auf einen Menschen einzuwirken, in dessen Tat kein Sozialisationsmangel zum Ausdruck gekommen ist.

Die Bedenken gegen die Manipulation des Täters durch die Resozialisierungsstrafe ließen sich unter zwei Gesichtspunkten ausräumen: Zum einen, indem man den Täter als Kranken betrachtet und durch die Bestrafung dessen Heilung anstrebt; dies ist jedoch nicht richtig, da einerseits der herrschende somatologische Krankheitsbegriff SCHNEIDERs eine solche Herangehensweise verbietet und andererseits die erhebliche Befürchtung einer universellen Stigmatisierung der Straftäter unter Missachtung der gesellschaftlichen Kriminalitätsursachen besteht[762]. Zum anderen könnte man den Staat als dem Rechtsbrecher grundsätzlich sittlich überlegen ansehen; dies ist jedoch vor dem Hintergrund der in den 30er Jahren des 20. Jahrhunderts in Deutschland gemachten Erfahrungen mit einem Unrechtsstaat keine tragfähige Überlegung[763]. Die ethischen Bedenken bleiben daher bestehen.

Soweit ausschließlich eine Relegalisierung des Täters durch Motivation zu zweckrationalem Verhalten in der Zukunft beabsichtigt wird, ohne diesen zu einem sittlichen Wesen umzuwandeln[764], besitzt dieser Ansatz ebenfalls geringe Erfolgsaussichten. Er setzt nämlich voraus, dass eine entsprechende Motivation des Täters möglich ist und dass dieses kalkulierende Verhalten legales Verhalten ist. Ist schon die erste Prämisse zweifelhaft, so ist die zweite utopisch: Wie bereits oben ausgeführt, sind Aufklärungs- und Verurteilungsquote weit von der 100%-Marke entfernt. Rechnerisch betrachtet, kann sich die Begehung von Straftaten daher durchaus als vorteilhaft darstellen[765]. Dar-

---
[760] Kritik dazu insbesondere bei Cremer-Schäfer Konfliktregelung und Prävention S. 332 m. w. N.
[761] Ablehnend Cremer-Schäfer a. a. O. S. 322
[762] Näher dazu Neumann/Schroth a. a. O. S. 28ff
[763] Ebenso Neumann/Schroth a. a. O. S. 28ff
[764] So Maihofer Menschenwürde im Rechtsstaat S. 146
[765] Worauf Neumann/Schroth a. a. O. S. 30ff zutreffend hinweist.

6 Täter-Opfer-Ausgleich und Rechtsstaat

auf hat bereits HOBBES hingewiesen mit den Worten: „die Furcht, welche die Menschen von dem Unrechttun abschreckt, hängt nicht davon ab, dass Strafen festgesetzt sind, sondern dass sie auch vollstreckt werden. Das Kommende nämlich schätzt man nach dem Vergangenen, und was nur selten geschieht, erwartet man auch selten"[766]. Auf diese Art lässt sich also eine Erziehung zu legalem Verhalten nicht erreichen; erforderlich ist eine moralisierende Erziehung zu ethischem, sittlichem Verhalten. Dieses Ziel einer Bestrafung ist jedoch den oben skizzierten ethischen Bedenken ausgesetzt.

Daneben bestehen gegen den Ansatz der Spezialprävention rechtsstaatliche Bedenken, wenn eine nicht unrechtsangemessene Strafe verhängt wird, um den Täter in die Gemeinschaft wiedereinzugliedern und diese vor dem Täter zu schützen[767]. Zwar ist die Menschenwürde noch nicht missachtet, wenn eine soziale Zwangsreaktion an die Gefährlichkeit des Täters für die Gemeinschaft anknüpft; der Täter wird jedenfalls nicht zwangsläufig als Objekt einer staatlichen Maßnahme erscheinen, sondern abhängig von der Art der verhängten Zwangsreaktion[768]. Der Mensch ist nämlich ein gemeinschaftsgebundenes, soziales Wesen, das nur in diesem Rahmen als frei zu betrachten ist[769]. Wird er dazu veranlasst, gemeinschaftsbezogen zu handeln, so wird er dadurch in seinem Menschsein akzeptiert und nicht als bloßes Mittel benutzt[770]. Die Menschenwürde des Betroffenen wird also nicht stets durch staatliche Einwirkungen mit dem Ziel eines sozialgebundenen Lebens beeinträchtigt, sondern abhängig von Art und Ausgestaltung der Lenkungsmaßnahme[771]. Da es sich bei der Strafe, wie oben bereits ausgeführt, um eine staatliche Reaktion mit sittlicher Missbilligungsfunktion handelt, darf sie nur dem Täter auferlegt werden, der für sein Verhalten verantwortlich ist, d. h. schuldhaft gehandelt hat[772]. Bei einer Bestrafung über das Maß des Schuldangemessenen hinaus würde die Persönlichkeit des Täters missachtet und der Täter in menschenunwürdiger Weise als austauschbare Größe behandelt[773]. Wird

---

[766] So bereits Hobbes Vom Bürger S. 216
[767] Erläuternd Stree Deliktsfolgen und Grundgesetz S. 49ff m. w. N.
[768] Weitere Nachweise bei Stree a. a. O. S. 49f
[769] Ebenso Stree a. a. O. S. 49f m. w. N.
[770] Instruktiv dazu Stree a. a. O. S. 50
[771] Näher dazu Stree a. a. O. S. 50f m. w. N.
[772] So auch Stree Deliktsfolgen und Grundgesetz S. 52f
[773] Vergleiche dazu Stree a. a. O. S. 52f

6.4 Wiedergutmachung und Straffunktion bzw. Bestrafungszwecke

bei der Strafbemessung auf die Gefahr der Begehung weiterer Straftaten des Täters abgestellt, ohne dass die konkrete Tat dem Täter sittlich vorwerfbar wäre, bildet mit der Gefährlichkeit des Täters ein Teil von dessen Persönlichkeit den alleinigen Anlass und Grund der Strafe[774]. Diese Gefährlichkeit ist mangels vorwerfbarer Handlung nicht in einer Rechtsverletzung zum Ausdruck gekommen; letztlich würde so eine Person ausschließlich präventiv wegen ihrer (möglichen) Gefährlichkeit in Zukunft bestraft, was evident gegen die Menschenwürde verstößt[775]. Lediglich die Verhängung von Maßregeln der Besserung und Sicherung sowie Maßnahmen als sittlich farblose Reaktionen des Staates auf die Tat dürfen im Fall bloßer Sozialgefährlichkeit erfolgen[776].

Auch tatsächliche Gründe sprechen gegen den Strafzweck der Spezialprävention: Die Möglichkeiten des Strafrechts, Personen durch gezielte therapeutische Interventionen zu ändern, dürften insgesamt überschätzt sein[777]. Behandlungsanstrengungen im Strafvollzug haben nach verschiedenen Untersuchungen im In- und Ausland keine nennenswerten Auswirkungen auf die Rückfälligkeit gehabt, oft hat sogar die Bestrafung eine Verstärkung der Neigung zur Kriminalität bewirkt[778]. Die Gründe dafür sind vielfältig und vor allem in der derzeitigen Ausgestaltung des Strafvollzuges zu finden – hier sei nur auf sinnlose oder fehlende Beschäftigung während der Inhaftierung und die Gefahr einer Ausbildung weiterer krimineller Fähigkeiten unter Anleitung der Mithäftlinge hingewiesen[779].

Überdies ist die Wirksamkeit einer unter Zwang durchgeführten Psychotherapie mehr als zweifelhaft, es besteht ein Zielkonflikt zwischen therapeutischer Hilfe und gleichzeitig notwendiger Strafe. Hinzu kommt, dass soziales Fehlverhalten nur dort abgebaut werden kann, wo es entstanden ist, nicht in der totalen Institution des Gefängnisses mit gänzlich anderen Anforderungen als sie das tägliche Leben mit seinen Zwängen, Konflikten und Verlockungen

---

[774]Instruktiv dazu Stree a. a. O. S. 53
[775]Siehe dazu Stree a. a. O. S. 53
[776]Zu diesem Schluss kommt auch Stree a. a. O. S. 54.
[777]Ebenso W. Hassemer Generalprävention und Strafzumessung S. 34; U. Hartmann Täter-Opfer-Ausgleich im Spannungsfeld von Anspruch und Wirklichkeit S. 6f; Dohr Die Berücksichtigung freiwillig geleisteter Wiedergutmachung des Täters S. 75 m. w. N.
[778]Weitere Nachweise bei Lampe Strafphilosophie S. 211
[779]Lampe a. a. O. S. 266 m. w. N. vertritt die Meinung, zu korrigieren sei die Realität der Bestrafung, nicht ihr Ideal. Die Besserungsintention sei erfolgversprechend, obwohl die Ergebnisse der Sanktionsforschung pessimistisch stimmten.... Dies erscheint als unangebrachter Optimismus!

darstellt. Das Behandlungskonzept ist darüber hinaus unter lerntheoretischen Gesichtspunkten zweifelhaft: Eine Bestrafung kann nur dann wirken, wenn sie systematisch, konsistent (für jedes Fehlverhalten) und mit Kontiguität (zeitlich unmittelbar angrenzend) erfolgt. Dies ist aus rechtsstaatlichen Gründen unmöglich, weil zum einen die Kontrolldichte zu gering ist und zum anderen das Strafverfahren zu lange dauert. Insofern besteht die Gefahr der intermittierenden Verstärkung, wenn der Täter durch das Behaltendürfen der Beute für seine Tat wiederholt belohnt wird. Die Konsequenz der strafrechtlichen Reaktion ist aus diesem Grund wichtiger als deren Härte[780]. Kann die Bestrafung aber nicht konsistent, konsequent und im zeitlichen Zusammenhang mit der Tat erfolgen, so steht zu befürchten, dass der Täter lernt, dass sich Straftaten lohnen.

Selbst bei einer effektiven Anwendung der operanten Konditionierung kann jedoch nur eine einzelne Verhaltensweise unterdrückt werden[781]. Rechtstreues Verhalten setzt aber wesentlich mehr voraus als lediglich das Unterlassen eines Verhaltens: Der Täter muss befähigt werden, die Probleme der Alltagsrealität künftig mit sozialadäquaten Mitteln zu lösen! Wird lediglich eine Verhaltensweise unterdrückt, so bricht diese in dem Moment wieder hervor, in dem der Täter sich ausrechnet, dass er nicht bestraft werden wird[782]. Da eine flächendeckende Aburteilung sämtlicher Straftaten nicht möglich ist, kann die inkriminierte Verhaltensweise nicht effektiv unterdrückt oder gelöscht werden. Voraussetzung des Lernens ist neben der konsequenten Setzung von negativen, aversiven Stimuli wie der Strafe das Anbieten von erfolgversprechendem prosozialen Verhalten[783]. Das Verhalten wird nicht durch die Verbüßung einer Strafe, sondern vor allem durch das Anbieten von Alternativverhaltensweisen geformt, wie die Theorie der Nachahmung von TARDE erläutert[784]: Danach entsteht Kriminalität, wenn enger Kontakt zu Devianten besteht, wobei Menschen mit höherem Status eher imitiert werden als Menschen mit niedrigerem Status. Bei Bestehen zweier Handlungsalternati-

---

[780] So insbesondere Lee Symbolische Wiedergutmachung im strafrechtlichen Sanktionensystem S. 20
[781] Instruktiv dazu Breland ZRP 1972, S. 183ff
[782] Näher dazu Breland a. a. O. S. 183ff m. w. N.
[783] Weitere Nachweise bei Breland a. a. O. S. 183ff
[784] Tarde Les lois de l'imitation. Etude sociologique.

6.4 Wiedergutmachung und Straffunktion bzw. Bestrafungszwecke

ven entscheide man sich für das Neuere, was im Zweifelsfall das Kriminelle sei. Wenn der sozial höher gestellte Schlichter den Beschuldigten beim Täter-Opfer-Ausgleich neue, legale Verhaltensweisen anbietet, besteht danach eine bessere Chance, dass diese auch angenommen werden, als wenn im Rahmen des Strafverfahrens eine bloße Sanktionierung des unerwünschten Verhaltens erfolgt, ohne dass Handlungsalternativen aufgezeigt werden.

Die Möglichkeit, gezielte Verhaltensänderungen beim Straftäter zu erreichen, besteht nach derzeitigen theoretischen Erkenntnissen allenfalls in begrenztem Umfang[785]. Problematisch ist dabei, dass sich die Rückführbarkeit der Verhaltensänderung auf die konkret durchgeführte strafrechtliche Maßnahme kaum jemals beweisen lässt[786]. Es bestehen Wechselwirkungen zwischen den verschiedenen soziobiographischen Merkmalen wie Alter, Persönlichkeit, beruflichem Werdegang und persönlicher Situation. Da diese Kriterien teilweise begünstigenden, teilweise belastenden Einfluss auf die Legalbewährung des Täters haben und die Bildung homogener Vergleichsgruppen aufgrund der Vielzahl und der Verschiedenartigkeit der Ausprägung der Merkmale nicht möglich ist, konnte der schlüssige Nachweis des alleinigen Einflusses der gewählten Sanktionsart auf die Rückfallwahrscheinlichkeit bislang nicht geführt werden[787]. Auch fehlt eine umfassende, methodologisch überzeugende Kriminalitätstheorie. Möglicherweise tritt eine Legalbewährung in einigen Fällen trotz der Behandlung ein, nicht ihretwegen. Ein solcher Nachweis dürfte angesichts der vorstehend geschilderten Umstände nicht möglich sein.

Ist aber der Nachweis einer spezialpräventiven Wirksamkeit von Sanktionen nicht zu führen, so gerät die ausschließlich auf diese abzielende Begründung der Strafe unter erheblichen Legitimationsdruck[788]. Wenn die Verhängung einer strafrechtlichen Sanktion nicht mit der spezialpräventiven Einwirkung auf den Täter begründet werden kann, so ist nicht einzusehen, dass der Täter-Opfer-Ausgleich solche Wirkungen entfalten muss. Im Übrigen wird die Spezialprävention nur bei ambulanten Sanktionen als Erfolgskriterium

---

[785] So auch W. Hassemer a. a. O. S. 34
[786] Näher dazu die Untersuchung von Keudel Die Effizienz des Täter-Opfer-Ausgleichs S. 109
[787] Vergleiche Keudel a. a. O. S. 109
[788] Siehe dazu W. Hassemer a. a. O. S. 34

6 Täter-Opfer-Ausgleich und Rechtsstaat

gefordert, ein Erfolg als solcher ist dem Strafrecht ansonsten fremd[789]. Es wird also von der Wiedergutmachung mehr gefordert, als Strafe leisten kann. Erforderlich, aber auch ausreichend dürfte der Vergleich der Wirksamkeit von Strafe und Wiedergutmachung sein. Die Spezialprävention als Strafzweck liefert weder einen Maßstab für die Qualität noch für die Quantität der zu verhängenden Sanktion; da darüber hinaus die Erziehung, Behandlung und Besserung erwachsener Bürger unter grundrechtlichen und ethischen Gesichtspunkten stark zweifelhaft ist, stellt die Spezialprävention keinen tragfähigen Strafzweck dar. Dennoch soll aufgrund der Tatsache, dass dieser Strafzweck jedenfalls im Rahmen gerechten Unrechtsausgleichs als Ziel und sinngebender Inhalt einer Bestrafung bzw. Strafverbüßung anerkannt ist, im Folgenden untersucht werden, ob die Wiedergutmachung ebenso gut wie die konventionelle Strafe dazu geeignet ist, Spezialprävention zu bewirken.

Vereinbarkeit von Täter-Opfer-Ausgleich und Wiedergutmachung mit der Spezialprävention Es muss nach den obigen Ausführungen auf theoretisch begründete Vermutungen und Teiluntersuchungen zurückgegriffen werden, um herauszufinden, welche Sanktion welche Legalbewährung zur Folge hat und inwiefern sich Täter-Opfer-Ausgleich und Strafe diesbezüglich unterscheiden. Empirische Nachweise der resozialisierungsfördernden Wirkung von Sanktionen unter Ausschluss anderer Ursachen der Legalbewährung konnten bislang nicht mit letzter Gewissheit geführt werden.

Theoretisch begründete Vermutung hinsichtlich der resozialisierenden Wirkung von Strafe und Täter-Opfer-Ausgleich

Nach der Theorie der differentiellen Assoziation von SUTHERLAND wird kriminelles Verhalten in Interaktion mit anderen Personen in einem Kommunikationsprozess gelernt, und zwar hauptsächlich in intimen persönlichen Gruppen[790]. Gelernt werden dabei die Techniken und das Richten von Motiven und Trieben, indem gesetzliche Regeln positiv oder negativ definiert werden[791]. Ein Mensch wird kriminell, wenn die positiven Definitionen von Gesetzesverletzungen gegenüber den negativen Definitionen überwiegen; die-

---
[789]So auch Zwinger Bedingungen erfolgreicher Konfliktschlichtung aus der Sicht der Praxis S. 135
[790]Sutherland/Cressey Criminology S. 75ff
[791]Vergleiche Sutherland/Cressey a. a. O. S. 75ff

6.4 Wiedergutmachung und Straffunktion bzw. Bestrafungszwecke

ser Prozess kann und muss umgekehrt werden[792], wozu Wiedergutmachung bzw. Täter-Opfer-Ausgleich besser geeignet sind als Strafe oder Maßregeln, die in wesentlich geringerem Maße Lernprozesse auslösen.

Die Forschung hat nämlich ergeben, dass Lernvorgänge eher durch positive Verstärkung bewirkt werden als durch negative Reaktionen wie die Strafe sie darstellt[793]. Demgegenüber ist die pädagogische Wirkung der Wiedergutmachung in bezug auf soziales Lernen am Konflikt sowie Verantwortungsübernahme unbestritten[794], wenn auch angesichts des erheblichen Dunkelfeldes formelle Rückfalluntersuchungen ein invalides Erfolgskriterium darstellen. Die Konfliktregelung im Rahmen des Täter-Opfer-Ausgleichs kann als Orientierung für künftiges Verhalten dienen; eine solche Orientierung wird im Strafverfahren nicht gegeben[795]. Auch können im Rahmen des Schlichtungsverfahrens im Gegensatz zum Strafverfahren Lernprozesse ausgelöst werden, ohne dass der Beschuldigte stigmatisiert oder desintegriert würde[796]. Auch BRAITHWAITEs Theorie des *reintegrative shaming*, nach der eine freiwillige Abgrenzung des Täters von der Tat die besten Erfolgsaussichten hinsichtlich eines möglichen Rückfalls verspricht, gelangt zu demselben Ergebnis[797].

Weiter sprechen emotionale Faktoren gegen eine spezialpräventive Wirksamkeit der Strafe, weil diese als Übelzufügung und Aggression empfunden wird. Als solche erzeugt sie auf Seiten des Betroffenen unter den Gesichtspunkten der Vergeltung und des Gewaltkreislaufs Gegenaggressionen; Selbstentschuldigungsmechanismen werden ausgeprägt[798].

Der Täter-Opfer-Ausgleich hat ein erhebliches rehabilitatives und therapeutisches Potential, wenn auch nicht zu verkennen ist, dass es sich konzeptionell um eine Kurzintervention handelt. Er eignet sich daher nicht als Therapieersatz und darf deshalb nicht als solcher eingesetzt werden[799]. Er-

---
[792]Siehe dazu Sutherland/Cressey a. a. O. S. 75ff
[793]Vergleiche Bannenberg/Uhlmann Die Konzeption des Täter-Opfer-Ausgleichs in Wissenschaft und Kriminalpolitik S. 4
[794]Siehe z. B. Arbeitskreis deutscher, österreichischer und schweizerischer Strafrechtslehrer Alternativ-Entwurf S. 26; Frehsee Schadenswiedergutmachung als Instrument strafrechtlicher Sozialkontrolle S. 94ff; S. Walther Vom Rechtsbruch zum Realkonflikt S. 116
[795]Ebenso Trenczek Vermittelnder Ausgleich strafrechtlich relevanter Konflikte S. 493
[796]Vergleiche Meier GA 99, S. 15 m. w. N.
[797]Weitere Nachweise bei Meier GA 99, S. 15
[798]Worauf Frehsee a. a. O. S. 180 sowie Naegeli Aspekte des Strafens S. 37f hinweisen.
[799]So auch Delattre Falleignungskriterien aus der Sicht der Ausgleichspraxis S. 139

6 Täter-Opfer-Ausgleich und Rechtsstaat

wartbar ist eine Resozialisierung des Täters durch soziales Lernen und die Entwicklung sozialer Sensibilität am konkreten Fall, wodurch es zu einem Erlernen von Konfliktlösungsstrategien für die Zukunft kommt[800]. Beim Schlichtungsverfahren arbeitet der Täter aktiv an der Kompensation seines Rechtsbruchs mit[801]. So werden seine Verantwortung und sein Selbstwertgefühl gestärkt, er erhält die Möglichkeit, sich aktiv vom Unrecht zu distanzieren[802]. Die Wiedergutmachung ermöglicht dem Täter also die Verantwortungsübernahme für das geschehene Unrecht, es kann ein freiwilliger Schuldausgleich unter Anerkennung der Autonomie des Täters gelingen[803]. Mit dem Schlichtungsverfahren erfolgt eine Missbilligung der Tat durch die Rechtsgemeinschaft anstelle einer Missbilligung des Täters, wie sie die Strafe darstellt (*integrative shaming*)[804]. Es wird eine positive Verhaltenserwartung an den Delinquenten herangetragen, der so einen Vertrauensvorschuss erhält anstelle der Erwartung erneuter Auffälligkeit und des konzeptionellen Misstrauens, die von einer Strafe als auferlegter Verantwortung und Gegenschlag ausgehen[805].

Während mit dem Urteilsspruch im Rahmen des Strafverfahrens ein geschehenes Unrecht durch die Strafe ausgeglichen werden soll und dieser daher vergangenheitsorientiert ist[806], wird beim Täter-Opfer-Ausgleich eine zukunftsorientierte Konfliktlösung angestrebt. Es soll ein *modus vivendi* für weitere Begegnungen zwischen Beschuldigtem und Opfer entwickelt werden[807]. Hier wird nicht nur die Störung des Rechtsfriedens ausgeglichen, sondern auch die soziale Störung im Verhältnis von Beschuldigtem und Geschädigtem behoben. Die Tatverarbeitung wird gefördert, eine weitere Eskalation des Konfliktes wird vermieden, wobei jedoch Abstriche zu machen sind, wenn kein gemeinsames Gespräch stattgefunden hat. Insofern ist der Täter-Opfer-Ausgleich besser als das Strafverfahren in der Lage, eine Befriedung über den konkreten Anlass hinaus zu schaffen.

---

[800] Siehe U. Hartmann Täter-Opfer-Ausgleich im Spannungsfeld von Anspruch und Wirklichkeit S. 27
[801] Vergleiche Kuhn Täter-Opfer-Ausgleich im Spiegel theoretischer Überlegungen S. 40
[802] Erläuternd Frehsee a. a. O. S. 115
[803] Ebenso Frehsee a. a. O. S. 115
[804] Näher dazu Rössner Mediation und Strafrecht S. 47ff
[805] Ausführlich Rössner a. a. O. S. 47ff; Frehsee a. a. O. S. 115
[806] So unter anderem Grave Täter-Opfer-Ausgleich S. 39
[807] Siehe dazu Pelikan/Stangl „Private Gewalt" S. 68

6.4 Wiedergutmachung und Straffunktion bzw. Bestrafungszwecke

Genau diese Zukunftsorientierung erscheint jedoch bedenklich, denn die Straftat als Anlass des Verfahrens stellt das mit der strafrechtlichen Reaktion zu ahndende Fehlverhalten dar. Geht man darüber hinaus und oktroyiert den Beteiligten eine Konfliktvermeidungsstrategie für die Zukunft, so wird nicht nur in Grundrechte des Beschuldigten, sondern auch in solche des Opfers eingegriffen. Nun lässt sich dieses Argument jedoch dadurch entkräften, dass man die Parteien wählen lässt, ob sie mit dieser Verfahrensweise einverstanden sind. Sind sie es nicht, haben sie stets die Möglichkeit, im Rahmen des Strafverfahrens eine gerechte, schuldangemessene strafrechtliche Reaktion zu erlangen. Das Ergebnis des Schlichtungsverfahrens bedarf zu seiner Wirksamkeit immer der Zustimmung von Beschuldigtem und Opfer, so dass schon aus diesem Grund nicht Verhaltensweisen für die Zukunft von diesen verlangt werden, die sie nicht zeigen wollen. Soweit Lösungsstrategien für die Zukunft unter Loslösung des Problems vom Fehlverhalten des Beschuldigten gesucht werden, stellt sich die Frage, ob dies noch von der Aufgabe des Strafrechts gedeckt ist. So wünschenswert eine umfassende Befriedung zwischen den Parteien sein mag, so besitzt das Strafrecht doch eine *ultima-ratio*-Natur, darf also nur zur Anwendung gelangen, wenn die Mittel anderer Rechtsgebiete zur Verhaltenskontrolle nicht ausreichen. Aus diesem Grund ist das Ziel des Schlichtungsverfahrens, die Parteien umfassend zu befrieden, mit der Aufgabe des Strafrechts und dessen Rechtsnatur nur schwer zu vereinbaren. Hier muss eine Beschränkung auf den strafrechtlich relevanten Konflikt erfolgen, will man nicht gegen den *ultima-ratio*-Grundsatz der Strafe verstoßen. Im Rahmen dieser Beschränkung vermag der Täter-Opfer-Ausgleich nach den bisherigen theoretischen Erkenntnissen zumindest ebensogut wie die Strafe spezialpräventive Wirkungen auszulösen.

Hinzu kommt, dass im Rahmen des Schlichtungsverfahrens eine Ausschaltung von Neutralisierungstechniken, welche die allgemeinen Moralvorschriften durch situative Ethiken außer Kraft setzen, erfolgen und der Täter so dazu bestimmt werden kann, seine Verantwortung für das Geschehene anzuerkennen[808]. Diese Neutralisierungstechniken haben SYKES und MATZA als einen Weg beschrieben, sich den Zwängen der Gesellschaft zu entziehen. Hierfür schafft sich der Täter entweder eine konkurrierende Konfliktversi-

---

[808] Näher dazu E. Hassemer Praktische Erfahrungen mit dem Täter-Opfer-Ausgleich S. 423f; Bannenberg Wiedergutmachung in der Strafrechtspraxis S. 61f

6 Täter-Opfer-Ausgleich und Rechtsstaat

on, indem er behauptet, das Opfer habe ihn provoziert[809], oder er legt dar, das Opfer habe unehrenhaft gehandelt und beruft sich so auf ein konkurrierendes Normkonzept[810]. Weiter äußert er Zweifel über die Folgen der Tat und verneint den Schaden, indem er andere Maßstäbe anlegt oder Verharmlosung betreibt[811]. Der Täter kann auch negative Charakterisierungen der anderen Partei konstruieren, die sein Handeln dann gerechtfertigt erscheinen lassen[812], oder er lehnt das Unrecht, das Opfer oder seine Verantwortung für das Geschehene ab, beruft sich auf höhere Instanzen und verdammt die Verdammenden[813]. Auf diese Techniken einzugehen und sie zu überwinden, setzt voraus, dass der Schlichter ausreichend Zeit zur Verfügung hat und entsprechend ausgebildet ist. Auch die direkte Konfrontation mit dem Opfer hilft dabei, die Rechtfertigungstechniken des Täters zu durchbrechen[814]. Im Wege des Strafverfahrens kommt es hingegen nicht zu einem direkten verbalen Kontakt zwischen Täter und Opfer, zu Rede und Gegenrede, die hier erforderlich sind. Auch ist der zeitliche Rahmen der Hauptverhandlung eng gesteckt, ein ausführliches Eingehen auf Opfer und Täter schon deshalb nicht möglich. Demgegenüber bilden die Tat sowie ihre Ursachen und Folgen den wesentlichen Inhalt des Aussöhnungsgespräches im Rahmen des Täter-Opfer-Ausgleichs, das einen unmittelbaren Kontakt zwischen Beschuldigtem und Opfer herstellt[815]. Eine Relativierung der Tat, die Entpersonalisierung des Opfers und das Abschieben der Verantwortlichkeit können so nicht gelingen[816].

Ferner hat die persönliche Beteiligung am Aushandlungsprozess eine höhere Akzeptanz des Ergebnisses zur Folge. Die entscheidenden Faktoren dafür sind Transparenz und Überschaubarkeit des Verfahrens[817]. Dadurch, dass die Beteiligten die Inhalte sowie die Ergebnisse des Täter-Opfer-Ausgleichs selbst festlegen, erfahren sie Gerechtigkeit als Ergebnis ihrer eigenen Handlungen

---

[809]Erläuternd Messmer Zwischen Parteiautonomie und Kontrolle S. 123f
[810]So auch Messmer a. a. O. S. 124f
[811]Vertiefend dazu E. Hassemer a. a. O. S. 423f; Messmer a. a. O. S. 125f
[812]Ergänzend Messmer a. a. O. S. 126
[813]Vergleiche dazu E. Hassemer a. a. O. S. 423f
[814]Ebenso E. Hassemer a. a. O. S. 423f
[815]Siehe U. Hartmann Täter-Opfer-Ausgleich im Spannungsfeld von Anspruch und Wirklichkeit S. 24
[816]So auch U. Hartmann a. a. O. S. 24
[817]Vergleiche Netzig Brauchbare Gerechtigkeit S. 109f

6.4 Wiedergutmachung und Straffunktion bzw. Bestrafungszwecke

und Entscheidungen anstatt als hinzunehmendes, unveränderliches Schicksal[818]. So wird eine Identifikation mit dem Ergebnis erreicht, die im Strafprozess nicht erzielbar ist. Emotionalität sowie Partizipationschancen von Täter und Opfer werden im Strafverfahren unterdrückt, eine eigenverantwortliche Konfliktbewältigung wird ihnen unmöglich gemacht[819]. Die Anerkennung der Verantwortung für das geschehene Unrecht ist Grundvoraussetzung für eine läuternde Annahme der Strafe durch den Täter und dessen Resozialisierung, so dass hier eine Überlegenheit des Schlichtungsverfahrens festzuhalten ist.

Auch die Subkulturtheorie deutet auf eine spezialpräventiv überlegene Wirkung des Täter-Opfer-Ausgleichs hin. Diese Theorie geht davon aus, dass die Verfügbarkeit illegitimer Mittel begrenzt ist[820]. Es gibt eine geeignete Umwelt für das Aneignen von Werten und Fertigkeiten, also günstige Lernstrukturen, und der Einzelne muss die Möglichkeit haben, seine Rolle zu spielen, sobald er vorbereitet ist, das bedeutet, dass passende Strukturen von Zugangschancen bestehen müssen[821]. Durch Wiedergutmachung werden Lernstrukturen geschaffen, um legitime Mittel zukünftig vorrangig zu wählen. Den Tätern werden möglicherweise erstmalig Wege aufgezeigt, die erstrebten Ziele im Einklang mit der Rechtsordnung zu erreichen; ihnen werden so beispielsweise gewaltfreie Konfliktlösungsstrategien angeboten. Der Täter-Opfer-Ausgleich ist daher geeignet, kriminelles Verhalten zukünftig zu verhindern. Ähnliche Wirkungen sind nach dieser Theorie von der Strafe nicht zu erwarten, da durch eine Verurteilung zu Geld- oder Gefängnisstrafe und deren Verbüßung ein Lerneffekt kaum zu erwarten ist. Es erfolgt keinerlei Hilfestellung bei der Suche nach legitimen Mitteln zur Zielerreichung. Hinzu kommt der Kontakt mit anderen Delinquenten, der dazu geeignet ist, Lern- und Zugangsstrukturen zu illegitimen Mitteln herzustellen. In spezialpräventiver Hinsicht ist der Täter-Opfer-Ausgleich also wirksamer als die konventionellen Strafen.

Nach der Halttheorie von RECKLESS entsteht Kriminalität, wenn soziale Desorganisation vorliegt und geringe Kontrollmechanismen vorhanden

---

[818]Siehe Netzig a. a. O. S. 116
[819]Ebenso Netzig a. a. O. S. 37
[820]Cloward Illegitime Mittel, Anomie und abweichendes Verhalten S. 320
[821]Sieh dazu Cloward a. a. O. S. 320ff

6 Täter-Opfer-Ausgleich und Rechtsstaat

sind[822]. Ein positives Selbstbild und Egostärke bilden dabei innere Hemmungen, während diejenigen Gruppen, welche positive soziale Werte vermitteln, äußere Eindämmungsmechanismen darstellen[823]. Vorrangig vor der Strafe ist daher die Förderung der entsprechenden Kontrollmechanismen, welche durch Wiedergutmachung aufgrund der höheren gesellschaftlichen Integration eher geleistet wird als durch Strafe.

Darüber hinaus tritt im Rahmen des Schlichtungsverfahrens ein im Vergleich zur Strafe geringerer Stigmatisierungseffekt auf, welcher auch nach dem *Labeling-Approach* zur Rückfallwahrscheinlichkeit des Täters maßgeblich beiträgt. Nach Strafverbüßung sollte der Täter mit der Gesellschaft versöhnt und die Tat abgegolten sein[824]. Diese Entsühnung durch das Verbüßen der Strafe ist jedoch, wie oben bereits ausgeführt, in der Bevölkerung nicht akzeptiert, so dass das Stigma der Tat und der Strafe oft bleiben[825]. Anders verhält es sich hingegen beim Täter-Opfer-Ausgleich, so dass diesem bessere Resozialisierungschancen eingeräumt werden können.

Nach der Kontrolltheorie entsteht Kriminalität, wenn das Band zwischen Mensch und Gesellschaft geschwächt oder gerissen ist[826]. Eine Aufrechterhaltung des Bandes ist möglich durch Bindung an Eltern, Schule, *peers*, konventionelle Handlungsorientierungen, Einbindung in konventionelle Aktivitäten und Glauben an traditionelle Werte[827]. Wiedergutmachung ist dazu besser geeignet als Strafe, denn durch eine stigmatisierende Strafe gerät das Band zwischen Mensch und Gesellschaft in Gefahr. Es kann zu einer Identifikation mit der Subkultur der Straftäter kommen, wenn der Delinquent sich als solcher behandelt fühlt. Auch werden im Rahmen des Täter-Opfer-Ausgleichs positive Werte und Konfliktlösungsstrukturen für die Zukunft vermittelt, nicht aber durch das Strafverfahren. Danach entfaltet das Schlichtungsverfahren auch nach diesem theoretischen Ansatz eher spezialpräventive Wirkungen als die konventionelle Strafe.

Glücklicherweise erfolgt langsam ein Umdenken, ein Abwenden von der

---

[822] Reckless American Criminology S. 142f
[823] Vergleiche Reckless a. a. O. S. 142f
[824] Instruktiv dazu Brauneck Allgemeine Kriminologie S. 101ff
[825] Näher Brauneck a. a. O. S. 101ff; siehe oben im Text unter 6.4.1
[826] Siehe Hirschi Causes of Delinquency
[827] Hirschi a. a. O. S. 83, 162, 187, 197

6.4 Wiedergutmachung und Straffunktion bzw. Bestrafungszwecke

Vorstellung eines defizitären Individuums, das nach vorgegebenen Werten und Zielen geformt werden muss[828]. Der Mensch wird zunehmend als lernendes Wesen begriffen, das Kommunikationsmöglichkeiten und Spielregeln lernen soll[829]. In der Sozialarbeit wird eine klientenzentrierte Orientierung an persönlichen Empfindungen und selbstgesteuertes Lernen angestrebt[830]. Der Mensch soll sich nicht mehr unreflektiert vorgegebenen Normen unterwerfen, sondern befähigt werden, Normen autonom zu beurteilen, Einsicht zu entwickeln und soziale Verantwortung für die Folgen seines Handelns übernehmen[831]. Hierfür ist der Täter-Opfer-Ausgleich besser geeignet als Strafe, weil durch die Konfrontation mit den konkreten Tatauswirkungen und dem Opfer resozialisierungsfördernde Betroffenheit hergestellt wird[832].

Selbst, wenn der Schlichtungsversuch scheitert, ist dies spezialpräventiv nicht nachteilig zu werten: Zwar können dann nicht in stärkerem Maße als beim regulären Strafverfahren Lernvorgänge ausgelöst werden; da jedoch das normale Strafverfahren nachfolgt, wird dem Täter hierüber jedenfalls sein Fehlverhalten bewusst gemacht und sanktioniert.

Teiluntersuchungen hinsichtlich der spezialpräventiven Wirkung von Täter-Opfer-Ausgleich und Strafe

Nach der Rückfallforschung von MATHEIS bei deutschen Jugendlichen im Landgerichtsbezirk Kaiserslautern ist eine maßvolle, deutliche Reaktion mit Bezug auf die Straftat und ihre Folgen in einem informellen Verfahren am ehesten geeignet, Rückfallhäufigkeit und -geschwindigkeit zu verringern, weil Stigmatisierungseffekte sowie eine negative Identifikation im Strafverfahren vermieden werden[833]. Außerdem sollte nach lerntheoretischen Erkenntnissen das Reiz-Reaktions-Schema möglichst unmittelbar ansetzen, weil sonst Neutralisierungseffekte auftreten, die den Zugang zum Beschuldigten erschweren[834]. Eine Strafe, die als ungerecht empfunden wird, ist weniger geeignet, das Verhalten positiv zu beeinflussen, als das sozialintegrative Angebot von Handlungsalternativen, wenn es mit der Bestärkung in diesem Verhalten ver-

---
[828]Worauf Frehsee a. a. O. S. 111 zutreffend hinweist.
[829]Näher Frehsee a. a. O. S. 111
[830]Vergleiche Frehsee a. a. O. S. 111
[831]Ebenso Frehsee a. a. O. S. 112
[832]Siehe dazu Frehsee a. a. O. S. 112
[833]Matheis Intervenierende Diversion S. 120
[834]Siehe Matheis a. a. O. S. 159f

6 Täter-Opfer-Ausgleich und Rechtsstaat

bunden ist[835]. Insofern zieht die Arbeit von MATTHEIS den Schluss, dass der Täter-Opfer-Ausgleich bei Jugendlichen eine bessere Legalbewährung ermöglicht als die konventionelle Strafe[836]. Möglicherweise stellt jedoch die Rückfallhäufigkeit kein valides Erfolgskriterium strafrechtlicher Sanktionen dar, weil hiermit lediglich die Hellfeldkriminalität erfasst wird. Auch bleibt die Befriedungswirkung beim Opfer ebenso unberücksichtigt wie das Vertrauen der Rechtsgemeinschaft auf die Gerechtigkeit. Dennoch kann eine Rückfalluntersuchung Aufschlüsse über die Effizienz einer Sanktion liefern. Sie ist daher sinnvoll, darf aber nicht als alleiniges Kriterium zur Bewertung einer Sanktion fungieren.

Zu ähnlichen Ergebnissen kommt VAN DEN WOLDENBERG bei einem Vergleich informeller und formeller Verfahrensbeendigung bei jugendlichen Straftätern. Sie stellt dabei fest, dass die Rückfallquote der informell Sanktionierten sowohl bei bestehender Vorbelastung als auch bei Ersttätern geringer ist[837]. Diese Ergebnisse können sicherlich nicht ohne weiteres auf den Erwachsenenbereich übertragen werden. Ferner ist nicht zu verkennen, dass es sich beim Täter-Opfer-Ausgleich um eine Kurzintervention handelt, von der eine nachhaltige Änderung in den Einstellungen und im Verhalten des Täters nicht erwartet werden kann[838]. Er zielt nur auf eine Beilegung des Konfliktes zwischen den Beteiligten in der Gegenwart und nahen Zukunft ab[839]. Der Erfolg des Täter-Opfer-Ausgleichs wird deshalb konsequenterweise nicht an der Legalbewährung der Täter gemessen, sondern an der Zufriedenheit der Beteiligten[840].

Im Rahmen der Rückfalluntersuchung KEUDELs erfolgt ein Vergleich der Auszüge aus dem Bundeszentralregister nach Täter-Opfer-Ausgleich. Dabei ergibt sich, dass Vorbelastungen, Alkoholkonsum während der Anlasstat und deren Deliktsschwere negative Einflussfaktoren bezüglich der Legalbewäh-

---

[835] Vergleiche Matheis a. a. O. S. 126f; ebenso Netzig Brauchbare Gerechtigkeit S. 45
[836] Matheis a. a. O. S. 158ff
[837] Van Den Woldenberg Diversion im Spannungsfeld zwischen Betreuungsjustiz und Rechtsstaatlichkeit S. 70ff
[838] Darauf weist auch S. Walther Vom Rechtsbruch zum Realkonflikt S. 117 zutreffend hin.
[839] Ebenso U. Hartmann Täter-Opfer-Ausgleich im Spannungsfeld von Anspruch und Wirklichkeit S. 21f; S. Walther a. a. O. S. 117
[840] Siehe S. Walther a. a. O. S. 118

6.4 Wiedergutmachung und Straffunktion bzw. Bestrafungszwecke

rung der Probanden bilden[841]. Die Legalbewährung ist demgegenüber besser bei Delikten, denen ein Dauerkonflikt zugrunde liegt sowie bei Bagatellen[842]; der persönliche Kontakt zwischen den Beteiligten im Rahmen des Täter-Opfer-Ausgleiches hat positive Wirkung[843]. Auch scheint die Rückfallquote deliktsabhängig zu sein, denn bei Eigentumsdelikten ist diese gegenüber anderen Delikten signifikant erhöht [844]. Diese Ergebnisse werden mit Itzehoer Gerichtsakten abgeglichen und bestätigt[845].

Sie werden verglichen mit der Rückfalluntersuchung DÜNKELs von aus verschiedenen Strafvollzugsformen entlassenen Straftätern in Berlin, wobei sich aufgrund der geringeren Rückfallquote eine deutlich bessere Legalbewährung der am Täter-Opfer-Ausgleich teilnehmenden Probanden ergibt, wenn auch die Rückfallgeschwindigkeit bei diesen etwas höher ist[846]. Ein Vergleich mit der Jungtäter-Vergleichsuntersuchung von SCHÄFFER aus Tübingen an zu einer mindestens sechsmonatigen Freiheitsstrafe verurteilten Straftätern erweist, dass die Legalbewährung der Probanden nach Strafvollzug deutlich schlechter ist als nach Täter-Opfer-Ausgleich. Sowohl die allgemeine Rückfallquote als auch die Quote einschlägiger Rückfälle sind erhöht, die Rückfallsanktion ist härter und es treten häufiger mehrfache Rückfälle auf[847]. Die Untersuchungsgruppen von SCHÄFFER und KEUDEL sind jedoch inhomogen, denn hinsichtlich der Vorbelastung weisen sie Unterschiede auf. Sie lassen deshalb keine eindeutigen Rückschlüsse auf eine bessere spezialpräventive Wirkung des Schlichtungsverfahrens zu[848].

Der Abgleich mit einer Studie von ALBRECHT aus Baden-Württemberg bezüglich männlicher zu Geld- und Freiheitsstrafe Verurteilter bestätigt

---

[841] Keudel Die Effizienz des Täter-Opfer-Ausgleichs S. 130ff, 134f
[842] Übereinstimmend Keudel a. a. O. S. 134f
[843] Keudel a. a. O. S. 134f
[844] Vergleiche Keudel a. a. O. S. 135
[845] Keudel a. a. O. S. 135
[846] So Keudel a. a. O. S. 190ff, 195; die Zeitdifferenz betrug drei Monate, nämlich 17,5 Monate bei Tätern im Strafvollzug und 14,5 Monate bei denjenigen, denen ein Täter-Opfer-Ausgleich auferlegt worden war. Eine Erklärung könnte darin zu sehen sein, dass die Freiheitsstrafe eine höhere Abschreckungswirkung zeitigt. Der spezialpräventive Erfolg einer Sanktion ist jedoch in erster Linie an der Vermeidung erneuter Straffälligkeit und erst in zweiter Linie an der Rückfallgeschwindigkeit zu messen, so dass der Täter-Opfer-Ausgleich zumindest ebenso gute spezialpräventive Erfolge erzielt wie die konventionelle Strafe.
[847] Näher dazu Keudel a. a. O. S. 196ff, 199
[848] Keudel a. a. O. S. 199

6 Täter-Opfer-Ausgleich und Rechtsstaat

das Ergebnis einer besseren Legalbewährung der Täter-Opfer-Ausgleichs-Probanden[849]. Auffällig sind die geringere Rückfallquote und -häufigkeit; die Verhängung einer milderen Sanktion nach einem Rückfall deutet auf eine weniger schwere Tat hin[850]. Auch hier ist jedoch der Anteil der Vorbelasteten in der Studie KEUDELs geringer, so dass die Vergleichgruppen nicht homogen sind und die bessere Legalbewährung nach einem Täter-Opfer-Ausgleich nicht zwingend nachgewiesen ist[851].

Einbezogen wird ferner eine Untersuchung des Justizministeriums Nordrhein-Westfalens, mit der die Legalbewährung nach längerem Strafvollzug erforscht werden soll. Wieder kann eine bessere Legalbewährung nach Schlichtungsverfahren festgestellt werden, denn die Rückfallquote ist geringer, die Rückfälle sind seltener einschlägig und werden milder bestraft[852]. Die Anlassdelikte sind jedoch bei den zu einer Freiheitsstrafe Verurteilten schwerer als im Rahmen der Studie KEUDELs und der Anteil der Vorbelasteten variiert, so dass wiederum der Schluss auf die bessere Legalbewährung nach Täter-Opfer-Augleich nicht zwingend ist[853].

Die Dissertation von SCHLIEBEN für das Gebiet Nürnberg-Fürth, welche sich mit Straftätern beschäftigt, deren Verfahren nach § 153a I 2 StPO überwiegend gegen Zahlung eines Geldbetrages zugunsten der Staatskasse eingestellt wird, wird ebenfalls von KEUDEL berücksichtigt[854]. Das Rückfallverhalten der Probanden ähnelt sich, wobei aber zu beachten ist, dass der Anteil der Vorbelasteten in der Studie KEUDELs höher ist und deshalb eine schlechtere Legalbewährung erwarten lässt[855].

Insgesamt lässt sich feststellen, dass der Täter-Opfer-Ausgleich hohe Erfolgsquoten bezüglich der Legalbewährung zur Folge hatte[856]. Aufgrund der unterschiedlichen Vergleichsgruppen erlaubt all dies nicht den zwingenden Schluss, der Täter-Opfer-Ausgleich sei den konventionellen Sanktionen hinsichtlich der Legalbewährung überlegen; bei aller gebotenen Vorsicht ist der

---

[849]Siehe Keudel a. a. O. S. 199ff, 204
[850]Vergleiche Keudel a. a. O. S. 204
[851]Siehe Keudel Die Effizienz des Täter-Opfer-Ausgleichs S. 204
[852]Keudel a. a. O. S. 205ff, 208
[853]Vergleiche Keudel a. a. O. S. 208
[854]Näher dazu Keudel a. a. O. S. 209ff, 214f
[855]Keudel a. a. O. S. 214f
[856]So Keudel a. a. O. S. 215ff

6.4 Wiedergutmachung und Straffunktion bzw. Bestrafungszwecke

Studie aber zu entnehmen, dass das Rückfallverhalten der Probanden nach verschiedenen Sanktionen sich ähnelt[857]. DÜNKEL verweist auf Rückfallforschung aus dem US-amerikanischen Bundesstaat Georgia, die einen Vergleich von Bewährungsstraftätern mit und ohne persönlichen Kontakt zum Opfer und Wiedergutmachung zieht und dabei eine signifikant bessere Legalbewährung der Probanden mit persönlichem Opferkontakt und Wiedergutmachung konstatiert[858]. Bei einer Bilanzierung der Rückfallquoten bei herkömmlicher Bewährungshilfe, der Bewährung mit Wiedergutmachung und der Freiheitsstrafe im Bundesstaat Maryland ergeben sich keine Unterschiede in der Legalbewährung. Die Wiedergutmachung schneidet jedoch unter Kosten-Nutzen-Gesichtspunkten am besten ab, da die Bewährung mit Erfüllung der Wiedergutmachungsauflage endet und die Überwachungszeiten durchschnittlich kürzer sind als bei anderen Sanktionen[859]. Auch eine Studie aus Oklahoma County, im Rahmen derer Jugendliche experimentell und zufällig der Wiedergutmachung als alleiniger Sanktion, der Wiedergutmachung als Bewährungsauflage und der Bewährung ohne Wiedergutmachung unterworfen werden, ergibt keine Unterschiede hinsichtlich der Legalbewährung der Probanden[860].

DOHR berichtet sogar von verschiedenen US-amerikanischen Studien, die auf eine spezialpräventive Überlegenheit der Wiedergutmachung gegenüber der konventionellen Strafe hindeuten[861]. Die Wiedergutmachung steht also in den USA hinsichtlich ihrer spezialpräventiven Wirkung anderen Sanktionen in nichts nach, wobei sich unter dem Kosten-Nutzen-Aspekt Vorteile ergeben. Selbstverständlich können derartige Ergebnisse aus den USA nicht ohne weiteres auf Deutschland übertragen werden; nach den vorstehend geschilderten Studien von MATTHEIS, VAN DEN WOLDENBERG sowie KEUDEL scheinen sich die Resultate jedoch auch in Deutschland bestätigen zu lassen.

Zusammenfassung Die Spezialprävention stellt allein keinen tragfähigen Strafzweck dar, denn es bestehen erhebliche ethische Bedenken gegen eine

---
[857] Keudel a. a. O. S. 215ff
[858] Dünkel Täter-Opfer-Ausgleich und Schadenswiedergutmachung S. 452 m. w. N.
[859] Siehe Dünkel a. a. O. S. 451 m. w. N.
[860] Weitere Nachweise bei Dünkel a. a. O. S. 454
[861] Vergleiche Dohr Die Berücksichtigung freiwillig geleisteter Wiedergutmachung des Täters S. 80f

6 Täter-Opfer-Ausgleich und Rechtsstaat

erzieherische Einwirkung auf erwachsene Menschen, mögen diese auch straffällig geworden sein. Ferner ist eine (beabsichtigt resozialisierende) Veränderung der Persönlichkeit des Delinquenten im Hinblick auf die Menschenwürde zumindest fragwürdig. Hinzu kommt, dass nicht alle Straftäter einer Resozialisierung bedürfen – hier sei nur das Beispiel des sozial integrierten Fahrlässigkeitstäters genannt –, so dass schon aus diesem Grund eine Begründung der Strafe nicht in jedem Fall über die Theorie der Spezialprävention erfolgen kann.

Nicht zu verkennen ist ferner, dass eine unter Zwang durchgeführte Psychotherapie wenig Aussicht auf Erfolg besitzt. Die Behandlungsanstrengungen im Strafvollzug verlaufen daher oft erfolglos. Jedoch stellt die Resozialisierung für manche Tätergruppen ein erstrebenswertes und der Strafverbüßung sinngebendes Ziel dar, solange das Strafmaß sich im Rahmen gerechter Tatvergeltung bewegt.

Sowohl nach verschiedenen Kriminalitätstheorien als auch anhand von empirischen Teiluntersuchungen deutet sich eine spezialpräventive Überlegenheit des Täter-Opfer-Ausgleichs gegenüber der konventionellen Strafe an. Nach allen lerntheoretischen Erkenntnissen werden Erfahrungen leichter aus positiven Erlebnissen als aufgrund von negativen Erlebnissen gelernt. Im Rahmen des Schlichtungsverfahrens werden Wege aufgezeigt, die Probleme des Alltags künftig straffrei zu lösen; dies kann im Strafverfahren unter Zeitdruck und mit einer gänzlich anderen Zielsetzung nicht erfolgen. Durch die unmittelbare Konfrontation mit dem Geschädigten können Neutralisierungstendenzen ausgeschaltet werden, was im Strafverfahren ohne direkten Austausch von Täter- und Opfersicht selten gelingt.

Auch die Teiluntersuchungen deuten auf eine überlegene spezialpräventive Wirkung des Täter-Opfer-Ausgleichs hin. Dies gilt sowohl für die Jugendlichen, deren Rückfallhäufigkeit in den Studien von MATTHEIS und VAN DEN WOLDENBERG untersucht wurde, als auch für den Bereich des Erwachsenenstrafrechts, das KEUDEL und DÜNKEL evaluierten. Zwar lassen diese Studien keinen zwingenden Rückschluss auf den alleinigen Einfluss der gewählten Sanktionsart zu, denn die Untersuchungsgruppen waren nie vollständig homogen; sie weisen jedoch darauf hin, dass der Täter-Opfer-Ausgleich zumindest ebenso spezialpräventive Wirkungen entfaltet wie die konventionelle Strafe.

6.4 Wiedergutmachung und Straffunktion bzw. Bestrafungszwecke

Wiederherstellungstheorie Welckers

Danach sei die Trennung von Rechtsgrund und Zweck der Strafe verfehlt; die Wiederherstellung und der Ersatz seien Grund und Zweck der Strafe[862]. Der durch die Straftat entstandene Schaden sei in einen materiellen und einen intellektuellen Schaden zu unterteilen; der erstere sei zivilrechtlich auszugleichen, der letztere strafrechtlich[863]. Zur Aufhebung des intellektuellen Schadens seien unterschiedliche Strafmittel erforderlich, da der Schaden sich beim Verletzten, der Rechtsgemeinschaft und dem Täter in unterschiedlichen Formen zeige[864]. Wenn jedoch der Ausgleich des materiellen Schadens den intellektuellen Schaden mittilge, sei eine zusätzliche Bestrafung nicht mehr erforderlich[865].

In der Sache vertritt WELCKER damit eine relative Straftheorie, die sich der generalpräventiven Richtung annähert. Diese ist den oben bereits dargestellten Einwänden ausgesetzt[866]. Überdies bleibt unklar, worin der intellektuelle Schaden bestehen und wie dieser ausgeglichen werden soll. Hinzu kommt, dass WELCKER anscheinend alle materiellen Leistungen des Beschuldigten dem Zivilrecht zuordnet, was nach den obigen Ausführungen nicht richtig ist[867], denn bei der Wiedergutmachung handelt es sich um eine strafrechtliche Regelung.

WELCKER erkennt jedoch, dass die Leistung von Wiedergutmachung eine Bestrafung entbehrlich machen kann, denn sie dient der Wiederherstellung des Rechtsfriedens. Ist der Verletzte damit einverstanden und erklärt die Rechtsgemeinschaft, vertreten durch die Staatsanwaltschaft, dass an einer Bestrafung kein Interesse mehr besteht, so ist in WELCKERs Terminologie der intellektuelle Schaden getilgt, das Verfahren kann eingestellt werden.

---

[862] Welcker Über die letzten Gründe von Recht, Staat und Strafe S. 190ff, 243
[863] Siehe dazu Welcker a. a. O. S. 251
[864] Welcker a. a. O. S. 252ff, 273
[865] Vergleiche Welcker a. a. O. S. 251
[866] In dieser Arbeit unter 6.4.2
[867] In dieser Arbeit unter 6.2 und 6.3

6.4.3 Vereinigungstheorie

In der neueren Lehre und Rechtsprechung wird eine Vereinigungstheorie vertreten: So darf eine Zweckstrafe verhängt werden, wenn diese sich im Rahmen des Unrechtsangemessenen hält, so dass als erstrangiger Strafgrund die Sühne oder die Vergeltung für verwirklichtes Unrecht bestimmt wird[868]. Man ist sich darüber einig, dass die Verurteilung zu strafrechtlichen Sanktionen Schuld voraussetzt, weil die Menschenwürde eine gerechte Bestrafung, d. h. eine solche, die an ein vorwerfbares Verhalten anknüpft, verlangt[869]. Von dem Maß gerechter schuldangemessener Bestrafung darf weder nach unten noch nach oben abgewichen werden[870]. Relative Strafzwecke erhalten erst im Strafrahmen gerechter Vergeltung eine Bedeutung[871].

Folgt man der Theorie der Punktstrafe, die davon ausgeht, dass stets nur eine einzige Strafe dem Unrecht des Täters entspricht[872], und bekennt man sich zum Schuldstrafrecht, so entsteht keine Antinomie der Strafzwecke: Die Strafe muss unrechtsadäquat sein; von dieser Strafe darf aus präventiven Gründen nicht mehr abgewichen werden. Wegen der unzulänglichen menschlichen Erkenntnisfähigkeit wird diese Strafe kaum jemals exakt bestimmt werden können, so dass es sich bei dieser Theorie um eine rechtstheoretische Fiktion handelt[873]. Dennoch bleibt festzuhalten, dass – wenn auch die (einzige) unrechtsangemessene Strafe aufgrund menschlicher Schwächen schwer zu finden ist - diese dennoch existiert und daher anzustreben ist.

Nach der vom BGH und der herrschenden Lehre vertretenen Spielraumtheorie besteht bei der Bemessung der Strafe ein richterlicher Ermessensspielraum zwischen der schon und der noch schuldangemessenen Bestrafung; in diesem Rahmen soll die strafschärfende Berücksichtigung generalpräventiver Gesichtspunkte zulässig sein[874]. Dabei ist umstritten, ob es sich um

---

[868] So statt vieler Stree Deliktsfolgen und Grundgesetz S.51 m. w. N.; Badura JZ 1964, S. 338
[869] Weitere Nachweise bei Stree a. a. O. S. 51
[870] Ebenso LK-Gribbohm § 46 Rn. 12 m. w. N.
[871] Vergleiche Stree a. a. O. S.42ff, 48; Badura a. a. O. S. 338; LK-Gribbohm § 46 Rn. 12 m. w. N.; ähnlich BGHSt 24, 40ff, 42; BVerfGE 21, 391ff, 403f. Schuldausgleich und Prävention sind nicht in ein ausgewogenes Verhältnis zu bringen, sondern dem Schuldausgleich gebührt Vorrang, anders BVerfGE 45, 187ff, 253.
[872] Vergleiche dazu LK-Gribbohm § 46 Rn. 17; Gribbohm selbst lehnt diese Theorie jedoch ab.
[873] So auch LK-Gribbohm § 46 Rn. 17
[874] 1009 BGHSt 1, 70; 2, 200; 3, 179; 7, 32; 10, 330; 17, 324; 19, 206; 20, 264; 24, 42 und 134; LK-Gribbohm

6.4 Wiedergutmachung und Straffunktion bzw. Bestrafungszwecke

verschiedene Punktstrafen handelt, die alle objektiv schuldangemessen sein sollen, oder aber ob der Spielraum aus subjektiver Ungewissheit über die korrekte schuldadäquate Strafbemessung entsteht[875].

Tatsächlich ist jedoch, wie oben bereits ausgeführt, nur eine einzige Strafe unrechtsangemessen; die Annahme einer – wenn auch endlichen – Anzahl von schuldangemessenen Bestrafungen widerspricht bereits dem Schuldprinzip[876]. Natürlich lässt sich die schuldangemessene Bestrafung nicht tabellenartig aus der vorzuwerfenden Tat ablesen. Aufgrund der Unzulänglichkeit des menschlichen Erkenntnisvermögens erscheint es nahezu unmöglich, die einzig richtige und angemessene Punktstrafe jeweils zu verhängen[877]. Will man diese Begrenzung berücksichtigen im Hinblick darauf, dass es sich um ein von Menschen geschaffenes und von diesen angewendetes Recht handelt, so kann die Idee der Punktstrafe in der Praxis nicht verwirklicht werden[878]. Die richterliche Strafzumessung entspricht dem verwaltungsrechtlichen Beurteilungsspielraum, der lediglich eine einzige richtige Entscheidung zulässt, jedoch aus praktischen Gründen nur eingeschränkt überprüfbar ist[879]. Versteht man den Spielraum bei der Strafzumessung als aus subjektiver Ungewissheit über die angemessene Bestrafung aufgrund der Unzulänglichkeit menschlichen Erkenntnisvermögens entstehend, so kann dahinstehen, ob man der Punktstrafen- oder der Spielraumtheorie folgt.

SPENDEL führt hierzu unter Berufung auf Aristoteles aus, die gerechte Vergeltung sei eine Qualität einer bestimmten Quantität, eines Maßes[880]. Dabei soll eine Verhaltensweise, im Übermaß oder zu gering ausgeprägt, anders bewertet werden als wenn sie maßvoll ausgeführt werde[881]. Das Mittlere zwischen Übermaß und Mangel sei Ziel und Vollendung[882]. Die Strafe als gerechte

---

§ 46 Rn. 19 m. w. N.
[875] Siehe dazu auch LK-Gribbohm § 46 Rn. 18 m. w. N.
[876] So auch Badura a. a. O. S. 343
[877] Übereinstimmend Schaffstein Spielraum-Theorie, Schuldbegriff und Strafzumessung S. 100f
[878] Weitere Nachweise bei Schaffstein a. a. O. S. 100f
[879] Ebenso Badura a. a. O. S. 343 m. w. N.
[880] Spendel Zur Lehre vom Strafmaß S. 170ff, 172
[881] Spendel a. a . O. S. 170ff, 172
[882] Spendel a. a. O. S. 170ff, 172; er erläutert (S. 179f), dass Aristoteles davon ausgegangen ist, dass nur ein einziges Maß der Gerechtigkeit entsprechen könne. Spendel meint, Aristoteles widerlegen zu können; seine Beispiele zur Entlohnung von Arbeitern überzeugen aber nicht. Tatsächlich gibt es stets nur eine einzige gerechte Entlohnung, die sich unterscheidet, je nachdem, woran man bei der Bestimmung der

6 Täter-Opfer-Ausgleich und Rechtsstaat

Vergeltung liege zwischen dem Maximum der gerechten, strengen Strafe und dem Minimum der milden, gerechten Strafe[883]. Bereits der von Aristoteles aufgestellte Grundsatz, die Tugend im Mittleren zu sehen, ist nicht unwidersprochen geblieben. So hat KANT zu Recht darauf hingewiesen, dass auch der Zweck der Handlung zu berücksichtigen sei[884]. Die Sparsamkeit unterscheide sich bspw. dadurch vom Geiz, dass im ersteren Fall der vernünftige Genuss des Vermögens bezweckt werde, im zweiten dagegen die Besitzerhaltung[885]. Sparsamkeit und Geiz stünden daher nicht im Verhältnis von Mehr und Weniger, sondern es handele sich um *alia*[886]. Die Kritik SPENDELs an diesen Worten KANTs geht im Ergebnis fehl[887]: KANT will nicht im Sinne der ihm unterstellten Gesinnungsethik ohne Berücksichtigung des erzielten Ergebnisses allein auf die Intention abstellen; er weist vielmehr darauf hin, dass der Grund einer Handlung erst dann relevant werde, wenn diese ihren Erfolg erreicht habe[888]. Handelt es sich bei der gerechten Vergeltung gegenüber einer zu milden Nachsicht um ein *aliud*, kommt eine Bandbreite von gerechten Strafen nicht in Betracht. Dem verwirklichten Unrecht angemessen kann stets nur eine einzige Strafe sein.

Durch die Bindung des Strafmaßes an das Schuldprinzip werden die ethischen Bedenken dagegen ausgeräumt, dass der Täter zur Erreichung von gesellschaftlichen Zielen instrumentalisiert und so in seiner Menschenwürde beeinträchtigt werde[889]. Im Rahmen des Verdienten wird der Verurteilte nicht zum Objekt staatlicher Zwangsgewalt, denn er wird nach dem, was seine Tat wert ist, bestraft[890]. Er muss nicht stellvertretend für Dritte leiden, für die er nicht verantwortlich ist[891]. Dabei ist man naturgemäß auf die Mit-

---

Gerechtigkeit ansetzt (Quantität oder Qualität der Arbeit). Es gibt jedoch immer nur ein Maß des Gerechten, nicht eine Bandbreite!

[883] Spendel Zur Lehre vom Strafmaß S. 172f, 177ff

[884] Kant Metaphysik der Sitten S. 246ff, 282ff

[885] So Kant a. a. O. S. 246ff, 282ff

[886] Vergleiche Kant a. a. O. S. 246ff, 282ff

[887] Spendel a. a. O. S. 173f

[888] Siehe Kant Metaphysik der Sitten S. 21, 231f sowie weitere Nachweise bei Schmidhäuser Gesinnungsethik und Gesinnungsstrafrecht S. 94,82f

[889] 1045 Ebenso Baumann/Weber/Mitsch Strafrecht AT S. 13ff; Stree Deliktsfolgen und Grundgesetz S. 42, 48; LK-Gribbohm § 46 Rn. 35 m. w. N.

[890] Siehe dazu Stree a. a. O. S. 45

[891] Vergleiche Stree a. a. O. S. 45

6.4 Wiedergutmachung und Straffunktion bzw. Bestrafungszwecke

wirkungsbereitschaft des Täters angewiesen, eine Zwangssozialisation wäre weder grundrechtlich zulässig noch erfolgversprechend. Es ist aus präventiven Gründen oder aber zur Herstellung von Gerechtigkeit zu strafen, jedoch beschränkt auf das Maß des vorzuwerfenden Unrechts.

Diese Spielart der Vereinigungstheorie entspricht den absoluten Theorien, denn sowohl KANT als auch HEGEL ließen diese pragmatischen Erwägungen durchaus zu. Es muss zunächst das Maß des Unrechts und der Schuld festgestellt werden, die im Einzelfall zu vergelten ist; in diesem Rahmen können dann relative Strafzwecke berücksichtigt werden. Dabei kommt der Spezialprävention insbesondere bei der Ausgestaltung des Vollzugs der Freiheitsstrafe eine tragende Rolle zu. Es kann und darf jedoch nicht Sinn und Zweck einer Bestrafung sein, Lebensstile zu vereinheitlichen und dabei andere, (möglicherweise) bessere Menschen zu formen. Jedes Individuum ist in seiner Einzigartigkeit zu respektieren, resozialisierend darf auf den Delinquenten nur in dem Maße eingewirkt werden, als in seiner Tat ein Sozialisationsmangel zum Ausdruck gekommen ist. Ein Abweichen von der unrechtsangemessenen Strafe darf jedoch auch nach unten im Hinblick auf präventive Aspekte nicht erfolgen, insofern wird die Bestrafung ebenfalls durch die Funktion gerechten Schuldausgleichs begrenzt[892]. So verstanden ermöglicht die Vereinigungstheorie eine gerechte, legitime Strafe. Sie ist mit Täter-Opfer-Ausgleich und Wiedergutmachung vereinbar; das oben zu den einzelnen Theorien Angeführte gilt entsprechend.

6.4.4 Eigener Standpunkt und Ergebnis

Die als absolute Straftheorien bezeichneten Ansichten bestimmen das Maß der Strafe nach dem Maß des vorzuwerfenden Unrechts, das vergolten werden soll. Durch diesen Maßstab wird verhindert, dass der Täter in einer gegen die Menschenwürde verstoßenden Weise zum Objekt herabgewürdigt wird. Mit seiner Bestrafung können auf diese Weise keine darüber hinausgehende Zwecke in Bezug auf die Gesellschaft verfolgt werden. Es ist jedoch legitim, an die Frage der Strafgerechtigkeit die Frage der Strafklugheit anzuschließen, also relative Strafzwecke mit der gerechten Strafe zu verfolgen. Die so verstandenen absoluten Theorien überzeugen und vermögen die Strafe im allgemeinen

---

[892] Weitere Nachweise bei LK-Gribbohm § 46 Rn. 14

6 Täter-Opfer-Ausgleich und Rechtsstaat

und die Bestrafung im Einzelfall zu rechtfertigen. Die Aussöhnung zwischen Täter und Opfer kann und darf dabei unter Menschenwürdeaspekten nicht vom säkularen Staat erzwungen werden; dies schließt jedoch nicht aus, eine solche strafmildernd zu berücksichtigen.

Die relativen Strafzwecktheorien allein vermögen die Strafe nicht zu legitimieren: Erstrebt man negative Generalprävention, so wird der Delinquent zum Mittel der Abschreckung für andere herabgewürdigt. Auch existieren nach wie vor Anhänger der These, dass harten Strafen eine umso größere Abschreckungswirkung zukommt. Beabsichtigt man demgegenüber, den Täter durch die Bestrafung zu einem besseren Menschen zu erziehen, wie dies die Spezialprävention nahelegt, läuft man Gefahr, durch eine Vereinheitlichung von Lebensstilen dessen Menschenwürde zu verletzen. Auch vermag der Strafzweck der Spezialprävention nicht zu erklären, warum sozial integrierte Delinquenten bestraft werden müssen. Die positive Generalprävention wiederum instrumentalisiert den Straftäter, um eine Änderung im Rechtsbewusstsein der Gemeinschaft zu erreichen. Wird der Delinquent aber über das Maß der gerechten Vergeltung hinaus missbraucht, um etwas bei Dritten zu erreichen, so wird dessen Menschenwürde verletzt.

Hinzu kommt, dass diese relativen Theorien keinen Maßstab für die Ermittlung des Strafmaßes liefern. So ist anerkannt, dass von der an sich verwirkten Strafe im Einzelfall nach unten abgewichen werden kann, ohne dass Rechtstreue und Normanerkennung der Gemeinschaft sowie Abschreckungswirkung der Strafe leiden. Wie weit eine Abweichung aber möglich ist, bleibt unklar. Daher sind die relativen Straftheorien als alleinige Rechtfertigung der Strafe abzulehnen.

Ihnen kommt erst im Rahmen gerechter Vergeltung eine Funktion zu. Die gegen sie vorgebrachten Einwände sind dann nicht mehr stichhaltig, denn der Täter wird nach seiner Schuld bestraft und daher nicht für fremde Zwecke missbraucht. Stets ist jedoch die Menschenwürde zu beachten, die auch dem verurteilten Straftäter zukommt. Nur ein in der Tat zum Ausdruck gekommener Sozialisationsmangel darf im Rahmen des Strafvollzugs behandelt werden!

Zusammenfassend ergibt sich, dass Täter-Opfer-Ausgleich und Wiedergutmachung general- und spezialpräventive Wirkung entfalten und sich nahtlos in das bestehende System der Strafzwecke einfügen. Sie lassen sich mit dem

6.4 Wiedergutmachung und Straffunktion bzw. Bestrafungszwecke

Hinweis auf die Genugtuungs-, Resozialisierungs- und Denkzettel-Funktion aus den klassischen Strafzwecken ableiten, nämlich sowohl aus den Präventionstheorien als auch aus der absoluten Theorie, indem Sühne oder Vergeltung (als Ausgleich) der Tatschuld die entscheidenden Motive der Strafverhängung darstellen. Da sie die Schuld mindert, kann die Wiedergutmachung strafmildernd berücksichtigt werden, ohne dass von den Grundsätzen der gerechten Strafbemessung abgewichen würde. In gewissen Grenzen vermag daher ein sozial-konstruktiver Tatfolgenausgleich die Zwecke der Bestrafung übernehmen. Nicht zu verkennen ist jedoch, dass Täter-Opfer-Ausgleich und Wiedergutmachung nicht alle Funktionen der Strafe erfüllen und diese daher keinesfalls vollständig ersetzen können. Hier seien der Sicherungseffekt genannt, also die Sicherung der Allgemeinheit durch Unschädlichmachung des Täters aufgrund von dessen Verwahrung, oder der Befriedungseffekt, der bei schweren Straftaten nur durch staatlichen Zwangseingriff in Form einer Strafe oder Sicherungsmaßnahme erreicht wird[893]. Insofern kommen der Strafe Residualfunktionen zu, die nur durch staatlichen Zwangseingriff erfüllt werden können[894]. Da jedoch mit Wiedergutmachung und Täter-Opfer-Ausgleich die Strafe nicht i. S. des Abolitionismus vollständig ersetzt werden soll, sondern nach wie vor für alle Straftaten zur Verfügung steht, in denen durch die konkrete Form des Tatfolgenausgleichs die Strafzwecke nicht erreicht werden, ist diese Feststellung nicht schädlich.

Danach stellen Täter-Opfer-Ausgleich und Wiedergutmachung auch im Sinne der von ROXIN getroffenen Definition von strafrechtlichen Rechtsfolgen als denjenigen Regelungen, die der Erfüllung der Strafzwecke dienen und deshalb vom Gesetzgeber in das Sanktionensystem aufgenommen wurden, strafrechtliche Rechtsfolgen der Tat dar[895].

---

[893]Weitere Nachweise bei Oehlmann Die Anrechnung von Wiedergutmachungsleistungen S. 33f
[894]Ebenso Meier JuS 1996, S. 439
[895]Siehe oben unter 6.2 Abgrenzung von Strafrecht und Zivilrecht

7 Verfassungsmäßigkeit der bestehenden Vorschriften zu Täter-Opfer-Ausgleich und Wiedergutmachung

Die Rechtmäßigkeit sowie die materielle Verfassungsmäßigkeit der bestehenden Vorschriften sind zu untersuchen. Die formelle Verfassungsmäßigkeit ist nämlich unproblematisch gewahrt. Insbesondere ist die Einstellung des Verfahrens durch die Staatsanwaltschaft mit der Auflage der Wiedergutmachung gemäß § 153a I 2 Nr. 1 StPO zu prüfen und das Absehen von Klage durch die Staatsanwaltschaft nach erfolgtem Täter-Opfer-Ausgleich gemäß §§ 46a StGB, 153b StPO, denn die Einstellung des Verfahrens unter der Voraussetzung der Erfüllung einer Wiedergutmachungsauflage durch den Richter nach § 153a II StPO ist vergleichsweise unproblematisch.

Grundrechte wie die Menschenwürde, Art. 1 GG, das allgemeine Persönlichkeitsrecht, Art. 2 GG und die in Art. 12 GG geschützte Berufsfreiheit legen die Frage nahe, inwieweit der Staat anlässlich einer Straftat Verhaltensänderungen beim Täter beabsichtigen darf. Sowohl die Strafe als auch die Auflagen des § 153a StPO stellen Eingriffe im engeren Sinne dar, denn der Staat handelt unmittelbar und final, wobei die Auflage einen Rechtsakt mit rechtlicher, nicht lediglich tatsächlicher Wirkung bildet. Dieser Eingriff bedarf der Rechtfertigung, die rechtsstaatlichen Schranken müssen eingehalten werden. Dies gilt es im Folgenden zu prüfen. Dabei empfiehlt sich aufgrund der unterschiedlichen Regelungen die getrennte Betrachtung der Auflagen des § 153a I 2 StPO auf der einen Seite und von §§ 46a StGB, 153b StPO auf der anderen Seite, über welche ein freiwillig erfolgter Ausgleich strafmildernd bis zum Absehen von Strafe zu berücksichtigen ist.

7 Verfassungsmäßigkeit von Täter-Opfer-Ausgleich und Wiedergutmachung

7.1 Verhältnismäßigkeit, Art. 20 GG, bzw. Net-widening-effect

1

Eine Verletzung des Verhältnismäßigkeitsgrundsatzes im Rahmen der Berücksichtigung eines erfolgten Ausgleichs nach §§ 46, 46a StGB scheidet aus, denn es erfolgt eine Strafmilderung, ohne dass Maßnahmen ergriffen würden. Etwas anders stellt sich die Lage jedoch bei einer (zunächst vorläufigen) Einstellung des Verfahrens unter Auflagen nach §§ 153 a I 2, 153b StPO dar. Zwar handelt es sich bei dieser Verfahrensweise im Unterschied zu den *mediation/restitution programs* der USA um eine Reaktionsform formalen Charakters zur Mobilisierung der Selbstbewältigungskräfte der Beteiligten. Insofern besteht in Deutschland eine geringere Gefahr des *Net-widening-effects* als in den USA, die zudem eingedämmt werden kann durch den Ausschluss von Bagatellen. Einer möglichen Überbetreuung und der Gefahr einer Ausweitung des Netzes sozialer Kontrolle muss, kann jedoch auch entgegengewirkt werden; diese Bedenken stellen keinen Grund dar, auf entsprechende Maßnahmen zu verzichten.

Die **Eignung** von Täter-Opfer-Ausgleich und Wiedergutmachung ist gegeben, unabhängig davon, ob man auf den Zweck der Bestrafung oder den Zweck der Durchführung des Strafverfahrens abstellt: Die Auflagen des § 153a I 2 StPO erfüllen, wie oben bereits ausgeführt, den Zweck der Bestrafung im Hinblick auf Schuldausgleich, Vergeltung sowie Prävention[2] und können daher eine Strafe für den Täter ersetzen. Bis auf die Wahrheitsermittlung, die jedoch nicht um jeden Preis angestrebt wird, erfüllen sie mit der Wiederherstellung des Rechtsfriedens und der Gerechtigkeit die Zwecke des Strafverfahrens, wie oben bereits ausgeführt[3]. Sie können daher auch die Durchführung des Strafverfahrens gegen den Beschuldigten ersetzen.

Weiter müssten diese **erforderlich** sein, also von mehreren gleich geeigneten Maßnahmen die mildesten darstellen. Es ist wissenschaftlich erwie-

---

[1]Darunter versteht man die Ausweitung des Netzes sozialer Kontrolle, die dazu führen kann, dass aufgrund einer Übersensibilisierung Verfahren, die sonst sanktionslos eingestellt worden wären, mit einer – wenn auch milden – Sanktion geahndet werden.
[2]Siehe dazu in dieser Arbeit unter 6.4
[3]Siehe oben in dieser Arbeit unter 4.3 und 6.1

7.1 Verhältnismäßigkeit, Art. 20 GG, bzw. Net-widening-effect

sen, dass beim Mittelfeld der Verurteilten bei allen Sanktionen etwa gleich große Chancen auf zukünftige Legalbewährung bestehen, nämlich etwa 60%[4]. Diese These wird bestätigt von der Rückfalluntersuchung KEUDELs, die oben bereits im Rahmen der Erörterung der Vereinbarkeit des Täter-Opfer-Ausgleichs mit der Spezialprävention erwähnt wurde und keine signifikanten Unterschiede in den Rückfallquoten der erwachsenen Probanden nach Täter-Opfer-Ausgleich, Geld- und Freiheitsstrafe in Deutschland ergab.

Dieser Annahme entspricht die These von der Austauschbarkeit der Sanktionen. Sind die Sanktionen derart austauschbar, so ist von allen (gleich wirksamen) die mildeste auszuwählen. Dieses kann mit dem Schlagwort: *„If we can't do more for offenders, at least we can safely do less"* ausgedrückt werden[5] - wobei das *"do"* ohne Frage unterschiedliche Inhalte hat, es sich also nicht um ein Mehr oder Weniger desselben handelt, sondern um *alia*.

PIEPLOW weist darauf hin, dass die Konsistenz der Drohung und das Vorhandensein einer schwereren Strafe für den Fall einer weiteren Straftat wichtig seien. Die empirischen Befunde legen daher auch für das Ziel der Kriminalitätsverhütung einen sparsamen Gebrauch der Sanktionen nahe[6].

Ebenso verhält es sich nach dem **Labeling Approach**, einer Kriminalitätstheorie, die zumindest manches kriminelles Verhalten zu erklären vermag: Eine informelle Reaktion sei danach ebenso gut geeignet zur Erreichung der Strafzwecke wie eine formelle Strafe. Abweichendes Verhalten wird bestimmt als Verhalten, das so etikettiert werde; es setze das Aufstellen einer Regel voraus, welche die entsprechende Handlung als abweichend definiere[7]. Die Sozialschädlichkeit des Verhaltens müsse entdeckt und herausgestellt werden[8]. Sodann wird das Modell der sekundären Devianz bzw. der devianten Karriere entwickelt, wonach sich Verhaltensmuster in geordneten Abfolgen entwickelten[9]. Die Zuweisung eines devianten Status' und der Erwerb entsprechender Qualifikation verbänden sich, die ursprüngliche Abweichung werde

---

[4] Näher dazu bei Böhm Die spezialpräventiven Wirkungen der strafrechtlichen Sanktionen S. 274ff; Lee Symbolische Wiedergutmachung im strafrechtlichen Sanktionensystem S. 22
[5] Erläuternd Kerner Diversion – eine wirkliche Alternative S. 698
[6] Ebenso Pieplow Täter-Opfer-Ausgleich bei schwereren Straftaten S. 189
[7] Siehe dazu auch Becker a. a. O. S.164ff
[8] So auch Becker a. a. O. S. 3
[9] Näher Becker Außenseiter S. 23, der neben Lemert einer der bekanntesten Vertreter des Labeling Approach ist.

mit einer negativen Reaktion beantwortet, welche eine stärkere Abweichung als Trotzreaktion und eine Übernahme der zugeschriebenen Rolle zur Folge habe[10]. Der Kreislauf von negativer Reaktion der Gesellschaft und Trotzreaktion der stärkeren Devianz könne durch Strafe nicht durchbrochen werden. Diese Kriminalitätstheorie ist natürlich nicht geeignet, jedes kriminelle Verhalten zu erklären. Wäre Kriminalität ausschließlich das Ergebnis eines Zuschreibungsprozesses, dürfte kein Dunkelfeld existieren. Auch wird nicht beachtet, dass die Polizei nur dann tätig wird, wenn Verhaltensauffälligkeiten vorliegen; diese müssen also vor Beginn des Zuschreibungsprozesses gegeben sein und können nicht lediglich dessen Ergebnis darstellen. Ferner handelt es sich bei diesem abweichenden Verhalten um einen Normbruch, über dessen Einschätzung als kriminell ein gesellschaftlicher Konsens besteht. Der Labeling-Approach stellt insofern ein Modell beschränkter Reichweite dar, das eine mögliche Ursache von kriminellem Verhalten verdeutlicht und als solches seine Berechtigung hat.

Die Wiedergutmachung bildet danach unter gleich geeigneten Mitteln das mildeste, weil der Täter sich freiwillig dazu entschieden hat, so dass es sich aus seiner Sicht um die mildeste Maßnahme handeln muss. Erforderlichkeit ist daher gegeben.

Ferner müsste der Täter-Opfer-Ausgleich **angemessen i. e. S.** sein. Hier hat eine Güterabwägung zu erfolgen: Es besteht die nicht zu unterschätzende Gefahr der Überbetreuung; insofern ist der Ausschluss von Bagatellen erforderlich, um dem *net-widening-effect* vorzubeugen. Auch darf die Höhe der vereinbarten Wiedergutmachung nicht die Grenzen der Zumutbarkeit übersteigen; dies wird durch den strafrechtlichen Schadensbegriff, der in erster Linie beim Täter und der Tatschuld ansetzt, gewährleistet. Da sich die übrigen rechtsstaatlichen Bedenken erst aus den folgenden Erwägungen ergeben, ist das Urteil bezüglich der Angemessenheit i. e. S. noch zurückzustellen.

7.2 Gewaltenteilung, Art. 20 III GG

Zunächst könnte der Grundsatz der Gewaltenteilung deshalb verletzt sein, weil im Rahmen von § 153a I 2 StPO mit der Staatsanwaltschaft die Exeku-

---
[10]Vergleiche beispielsweise Becker a. a. O. S. 23

7.2 Gewaltenteilung, Art. 20 III GG

tive eine Entscheidung über die zu verhängende Sanktion trifft, die eigentlich der Judikativen obliegt. Nach dem BVerfG liegt eine Verletzung des Grundsatzes der Gewaltenteilung jedoch nur vor, wenn der Kernbereich dessen, was traditionell zur Tätigkeit der Gerichte gehört, nämlich die Verhängung einer Kriminalstrafe, die mit ethischem Schuldvorwurf und autoritativem Unwerturteil verbunden ist, berührt ist[11]. Hier erfolgt aber keine Verurteilung zu einer Strafe, weil kein autoritatives Unwerturteil verhängt wird[12]. Es handelt sich vielmehr um eine besondere strafrechtliche Sanktion, so dass der Grundsatz der Gewaltenteilung gewahrt ist[13].

Weil im Rahmen der staatsanwaltschaftlichen Entscheidung nach §§ 46a, 153b StPO eine Sanktion gerade nicht verhängt wird, ist der Grundsatz der Gewaltenteilung unter dem Aspekt der Sanktionsverabfolgung gewahrt. Da jedoch die Entscheidung über das „Ob" einer Strafbarkeit in diesem Fall nicht durch den Gesetzgeber, sondern durch die vollziehende oder die rechtsprechende Gewalt getroffen wird, ist fraglich, inwiefern von einer Wahrung des Grundsatzes der Gewaltenteilung ausgegangen werden kann[14]. Dagegen spricht allenfalls, dass nach den Vorschriften des Besonderen Teils des StGB die Entscheidung über die generelle Strafwürdigkeit des Verhaltens des Täters durch den Gesetzgeber getroffen wurde. Mit der Schaffung der strafrechtlichen Normen hat die Legislative zum Ausdruck gebracht, bei welchem Verhalten die zivilrechtliche Verpflichtung zum Schadensersatz keine ausreichende Sanktion darstelle. Für den Fall eines bestimmten Nachtatverhaltens, nämlich dem Bemühen des Täters, mit dem Opfer einen Ausgleich zu erreichen oder den Schaden wieder gutzumachen, kann nach § 153b StPO von einer Anklageerhebung abgesehen werden oder aber nach § 46a StGB eine

---

[11] BVerfGE 27, 18ff, 28; 22, 49ff, 73ff
[12] Ausführlich dazu in dieser Arbeit unter 6.2
[13] Wäre er verletzt, so wäre eine Heilung dieses Verstoßes durch Verzicht des Betroffenen auf rechtsstaatliche Garantien, den man aus der Freiwilligkeit der Teilnahme ableiten könnte, nicht möglich, da der Täter insofern nicht dispositionsbefugt ist. Dies ist nicht zu beanstanden, da der Täter vor einem für ihn nachteiligen Verzicht geschützt werden muss, bspw. bei Unerfahrenheit oder Personen, die anwaltlich nicht vertreten sind und daher die Tragweite einer solchen Erklärung nicht überblicken. Es erscheint jedoch bemerkenswert, dass das stigmatisierende Strafverfahren sowie die Untersuchungshaft mit rechtsstaatlichen Garantien in Einklang zu bringen sind, nicht aber das für den Täter, der dieses wünscht, weniger belastende Schlichtungsverfahren. Formale Rechtsstaatlichkeit wird so gewahrt, tatsächlich ist das Strafverfahren aber für Täter oft unkalkulierbar!
[14] So auch S. Walther Vom Rechtsbruch zum Realkonflikt S. 129

Strafmilderung erfolgen. Damit ist die Entscheidung darüber, ob die konkrete Tat bestraft werden soll, durch den Gesetzgeber getroffen. Überdies ist die Wiedergutmachung nicht mit der zivilrechtlichen Verpflichtung zum Schadensersatz gleichzusetzen, sondern stellt eine strafrechtliche Sanktion dar[15]. §§ 46a StGB, 153b StPO verstoßen daher nicht gegen den Grundsatz der Gewaltenteilung.

7.3 Bestimmtheitsgebot, Artt. 20, 103 II GG, § 1 StGB

Weiter müsste das Bestimmtheitsgebot beachtet worden sein. Dieses setzt voraus, dass die Voraussetzungen der Strafbarkeit so konkret umschrieben sind, dass der Einzelne die Möglichkeit hat, sein Verhalten auf die Rechtslage einzurichten; Tragweite und Anwendungsbereich der Rechtsnorm müssen sich also zumindest durch Auslegung ermitteln lassen[16]. Auch die Strafdrohung selbst muss sich grundsätzlich aus dem Gesetz ergeben, jedoch kann das Bestimmtheitsgebot nur nach den Erfordernissen sinnvoller Gesetzgebung verstanden werden, so dass absolute Strafdrohungen nicht gefordert sind und mehrere Strafarten nebeneinander angedroht werden können[17]. Selbst die Verwendung von Generalklauseln oder unbestimmten Begriffen ist unbedenklich, wenn sie zum überlieferten Bestand an Strafrechtsnormen gehören und sich durch den Normzusammenhang sowie die gefestigte Rechtsprechung eine zuverlässige Grundlage für Anwendung und Auslegung gewinnen lässt[18]. Vollkommene Bestimmtheit der Normen ist weder möglich noch erstrebenswert, da bereits aufgrund der Unbestimmtheit der Sprache ein eindeutiger Text kaum zu formulieren sein wird[19]. Unzweifelhafte Auslegungen sind also nicht erreichbar[20]. Im Rahmen der Tatbestandsbestimmtheit ist jedoch ein strengerer Maßstab anzulegen als im Bereich der Rechtsfolgen, wo der Judikative ein Ermessensspielraum eingeräumt werden muss, um Einzelfall-

---

[15] Siehe oben in dieser Arbeit unter 6.2 und 6.3
[16] Vergleiche dazu statt vieler T/F § 1 Rn. 5
[17] Ebenso unter anderem T/F § 1 Rn. 6
[18] Für die ganz herrschende Meinung T/F § 1 Rn. 5
[19] Siehe auch Henkel Einführung in die Rechtsphilosophie S. 439
[20] Übereinstimmend Henkel a. a. O. S. 439

7.3 Bestimmtheitsgebot, Artt. 20, 103 II GG, § 1 StGB

gerechtigkeit herzustellen[21]. Vollständige Bestimmtheit hieße hier Gleichheit im Unrecht, da die Strafzumessung zwangsläufig eine Einzelfallentscheidung darstellt[22].

Teilweise wird ausgeführt, da mit §§ 153a, b StPO exekutivisches Recht geschaffen worden sei, kämen Kriterien wie Bestimmtheit bereits aufgrund des fehlenden justiziablen Charakters der Norm nicht in Frage[23]. Es handele sich wesensmäßig um ein Steuerungsmodell zwischen Einzelfallgerechtigkeit und Systemeffizienz, mit dem unter Gewährleistung größtmöglicher Flexibilität und Prozessökonomie Verfahren konsensual erledigt werden können sollten[24]; der Bestimmtheitsgrundsatz sei daher nicht anwendbar. Tatsächlich handelt es sich bei Wiedergutmachung und Täter-Opfer-Ausgleich um strafrechtliche Regelungen. Aus diesem Grund muss sich für den Beschuldigten hinreichend konkret aus dem Gesetz ergeben, welche Leistungen von ihm verlangt werden dürfen; der Bestimmtheitsgrundsatz gilt insofern[25]. Anderenfalls wären Willkür Tor und Tür geöffnet, der Richter hätte bei der Bestimmung von Art und Höhe der Rechtsfolge freies Ermessen.

Die Rechtsfolge muss dabei nach den obigen Ausführungen nur relativ bestimmt sein, wovon angesichts der Fassung des § 153a I 2 StPO auszugehen ist. Jedenfalls im Wege der Auslegung unter Zuhilfenahme der inzwischen gefestigten Rechtsprechung lässt sich dieser Vorschrift entnehmen, welche Rechtsfolge in welchem Fall eintritt, wann also die Staatsanwaltschaft nach § 153a I 2 StPO verfahren wird und wann sie Anklage erheben oder einen Strafbefehl beantragen wird. Die möglichen Rechtsfolgen sind im Gesetz abschließend angegeben, so dass § 153a I 2 StPO hinreichend bestimmt ist.

Bei einer strafmildernden Berücksichtigung einer erfolgten Wiedergutmachung gemäß §§ 46a StGB, 153b StPO ist ebenfalls fraglich, ob das Bestimmtheitsgebot gewahrt ist. Dieses könnte problematisch sein, wenn von einer Verfahrenseinstellung gemäß § 153b StPO bis zur gesetzlich bestimm-

---

[21]So auch Van Den Woldenberg Diversion im Spannungsfeld zwischen Betreuungsjustiz und Rechtsstaatlichkeit S. 133f
[22]Ebenso Henkel a. a. O. S. 440
[23]So beispielsweise SK-Weßlau § 153a StPO Rn. 16
[24]Siehe dazu SK-Weßlau § 153a StPO Rn. 16
[25]Auch SK-Weßlau § 153a StPO Rn. 17 kommt letztlich zum Ergebnis, dass die Auflagenerteilung an das Willkürverbot gebunden ist und betrachtet – trotz Verneinung der Anwendbarkeit des Bestimmtheitsgrundsatzes - § 153a StPO aus diesem Grund als verfassungswidrig.

ten Höchststrafe jede Sanktion zulässig wäre[26]. Der Bestimmtheitsgrundsatz besagt jedoch mit *Nulla poena sine lege* nach ganz herrschender Meinung lediglich, dass keine Strafe ohne eine vorherige gesetzliche Bestimmung erfolgen darf. Wenn von einer Strafe abgesehen werden soll, so ist der Bestimmtheitsgrundsatz gewahrt. Auch hat der Gesetzgeber, wie bereits im Rahmen der Ausführungen zum Grundsatz der Gewaltenteilung erläutert, mit §§ 46a StGB, 153a I 2 StPO den Rahmen der Strafzumessungsentscheidung abgesteckt, selbst wenn die Entscheidung im Einzelfall im Ermessen der Strafverfolgungsorgane steht. Ferner ist bereits von der Rechtsprechung konkretisiert, welche Leistungen dem Täter zur Wiedergutmachung abverlangt werden können. Hinzu kommt, dass es sich bei der Wiedergutmachung um einen Rechtsbegriff handelt, unter dem sich auch Laien etwas vorstellen können. Der Bestimmtheitsgrundsatz ist damit gewahrt. Man mag *de lege ferenda* fordern, diesen Grundsatz umzuformulieren in *nulla sanctio criminalis sine lege*[27], also keine Kriminalsanktion ohne Gesetz, *de lege lata* entspricht die Vorschrift jedoch dem Bestimmtheitsgebot und ist insofern verfassungsgemäß.

Der Täter-Opfer-Ausgleich hingegen stellt auf den Einzelfall und eine kommunikative Auseinandersetzung von Täter und Opfer mit dem Ziel der Befriedung der Parteien ab. Es kommt nicht darauf an, welche Leistungen nach der (Zivil-)Rechtslage geschuldet sind, sondern worauf sich die Parteien einigen. Da es sich hierbei um eine persönliche Entscheidung handelt, die auf den Einzelfall zugeschnitten ist, kann der Beschuldigte nicht immer vorab bestimmen, welche Handlung von ihm zur Abwendung einer Strafverhängung erbracht werden soll. Hinzu kommt, dass der Täter-Opfer-Ausgleich im Bereich der Vergehen zu einem Absehen von der Anklageerhebung führen kann, auf dem Gebiet der schwereren Taten hingegen lediglich zu einer Strafmilderung. Auch aus diesem Grund könnte man Zweifel an der hinreichenden Bestimmtheit der Vorschriften haben.

Die Vorschriften der §§ 46a StGB, 153b StPO sind dennoch bestimmt genug, da es sich um Vorschriften handelt, die zugunsten des Beschuldigten mit dessen Zustimmung ein Absehen von der Anklageerhebung ermöglichen. Wie bereits ausgeführt, stellen sie die Anklageerhebung nicht ins freie Belie-

---

[26] Instruktiv S. Walther Vom Rechtsbruch zum Realkonflikt S. 128f
[27] So S. Walther a. a. O. S. 163ff, 333

ben der Staatsanwaltschaft, sondern in deren Ermessen. Das Absehen setzt voraus, dass die im Rahmen des Täter-Opfer-Ausgleichs getroffene Regelung von Beschuldigtem und Opfer akzeptiert wird. Der Beschuldigte wird auf die Freiwilligkeit der Teilnahme hingewiesen und kann sich entscheiden, ob er im normalen Strafverfahren bestraft oder freigesprochen werden oder aber das Schlichtungsverfahren mit möglicherweise nicht vorher bestimmbaren Leistungsverpflichtungen wählen möchte. Die noch unbestimmte Leistung wird dann konkretisiert, ihre Erbringung ist nicht verpflichtend, sondern erneut freiwillig. Der Beschuldigte kann also zunächst einem Täter-Opfer-Ausgleich zustimmen, sich dann aber gegen die Auflagenerfüllung entscheiden, ohne dass ihm daraus im Falle einer Fortführung des Strafverfahrens Nachteile entstünden. Daher ist der Bestimmtheitsgrundsatz gewahrt.

7.4 Gleichheitsgrundsatz, Art. 3 I GG

Die Wahrung des Gleichheitsgrundsatzes ist bereits bei den traditionellen Sanktionen wegen des Ermessensspielraums der Sachbearbeiter und daraus resultierenden landesspezifischen Unterschieden in der bundesweiten Sanktionspraxis fraglich[28]. Es bestehen regionale Präferenzen für bestimmte Verfahrensarten; so wurde in Hamburg bis zur Aufhebung der Vorschrift im Jahre 1994 überdurchschnittlich oft § 212 StPO angewendet und durch Urteil entschieden[29], Strafbefehl und Anklage kamen hingegen unterdurchschnittlich häufig vor[30]. Im Bereich des Jugendstrafrechtes konnten neben einem Nord-Süd-Gefälle bei der Anwendung informeller Sanktionsarten Unterschiede zwischen den einzelnen Staatsanwaltschaften der Länder festgestellt werden[31]. Die Einstellungsbereitschaft der Staatsanwaltschaft ist unabhängig von hohem Fallaufkommen, dagegen wohl abhängig von persönlichen Präferenzen der Sachbearbeiter[32]. Dies ist rechtens angesichts der Eröffnung von Ermessen in §§ 153a, b StPO sowie der richterlichen Unabhängigkeit; nur durch Ungleichheit eröffnen sich hier Entwicklungsspielräume, werden Modellprojekte

---

[28] Näher dazu Bogensberger Gleiches (Straf-)Recht für alle S. 181f
[29] Weiteres dazu bei Feltes Staatsanwalt als Sanktions- und Selektionsinstanz S. 72
[30] Vergleiche Feltes a. a. O. S. 72f
[31] Siehe Van Den Woldenberg a. a. O. S. 122ff
[32] Ebenso Van Den Woldenberg a. a. O. S. 126

7 Verfassungsmäßigkeit von Täter-Opfer-Ausgleich und Wiedergutmachung

überhaupt erst möglich[33]. Absolute Gleichheit würde in letzter Konsequenz dauerhafte Konservierung des rechtlichen *Status quo* für die Zukunft bedeuten. Im Interesse an einer Weiterentwicklung unseres Rechts muss eine Veränderung möglich sein. Die Grenze ist erst bei willkürlichen, nicht mehr aus dem Gesetzestext begründbaren Entscheidungen erreicht, so dass der Gleichheitsgrundsatz durch die regional unterschiedliche Praxis nicht verletzt ist.

Weitere Probleme sind das große Dunkelfeld und teilweise geringe Aufklärungsquoten, die *de facto* zu einer unterschiedlichen Behandlung führen. Daher gebietet der Gleichheitsgrundsatz die großzügige Anwendung der Auflage der Wiedergutmachung bzw. der Berücksichtigung eines erfolgten Ausgleichs, um den sozial und finanziell schlechter gestellten Verdächtigen nicht zu benachteiligen. Bei diesen muss eine stärkere Berücksichtigung des Bemühens um einen Ausgleich bzw. ein Schaffen von Opferfonds erfolgen, aus denen zinslose Darlehen zur Verfügung gestellt werden. Insgesamt ist der Gleichheitsgrundsatz daher trotz unterschiedlicher Anzahl und verschiedener inhaltlicher Ausgestaltung der Täter-Opfer-Ausgleichsstellen noch gewahrt.

Ferner muss es dem Beschuldigten zur Wahrung des Gleichheitsgrundsatzes bei opferlosen Delikten oder Delikten ohne ausgleichsbereites Opfer erlaubt sein, symbolische Wiedergutmachung unter strafmildernder Berücksichtigung zu leisten, wenn auch die Durchführung des Täter-Opfer-Ausgleichs i. e. S. nicht möglich ist. Eine Ausnahme bilden insofern die Delikte gegen die Allgemeinheit, die nach dem oben Ausgeführten nicht ausgleichsfähig sind[34]. Da diese Delikte nicht ausgleichsfähig sind, werden ungleiche Sachverhalte gemäß dem Gleichheitsgrundsatz ungleich behandelt.

7.5 *Fair-Trial-* Grundsatz

Angesichts des Fehlens von verbindlichen Verfahrensregeln für das Schlichtungsverfahren ist die Wahrung des Rechts des Beschuldigten auf ein faires Verfahren fraglich. Die Informalität darf nicht zu einer Missachtung der Rechtsstaatlichkeit führen[35]. Die Offenheit des Verfahrens beim Täter-Opfer-

---

[33]So auch Bogensberger a. a. O. S. 185ff
[34]Oben in dieser Arbeit unter 6.3.2
[35]Siehe dazu auch Trenczek Vermittelnder Ausgleich strafrechtlich relevanter Konflikte S. 488

7.5 Fair-Trial- Grundsatz

Ausgleich ist aber der Hauptgrund für den Erfolg und der größte Vorteil gegenüber dem starren Strafverfahren. Effektivitätsregeln verbieten sich angesichts der anzustrebenden Einzelfallgerechtigkeit von selbst.

Zu beachten ist daneben, dass trotz Bestehens der Verfahrensgarantien im Strafverfahren diese nicht immer vom Angeklagten genutzt werden können. Die prozessualen Rechte und gewohnheitsmäßigen Interaktionsregeln versetzen den Richter in die Lage, die Situation vor Gericht derart zu kontrollieren, dass der Beschuldigte diese nicht mehr durchschauen kann[36]. So fühlen sich Beschuldigter und Opfer vor Gericht nicht ernst genommen, die Situation wird nur teilweise geklärt. Es treten gerade bei wenig sprachgewandten Personen Artikulations- und Kommunikationsprobleme auf, welche durch ein Ungleichgewicht der Kommunikationschancen noch verstärkt werden. Eine Betrachtung der Redebeiträge ergibt nämlich, dass in der Hauptverhandlung im Strafverfahren fast ausschließlich (etwa zu 70%) Richter und Staatsanwalt reden, das Opfer wird mit seiner Zeugenaussage geduldet, während sich die Beiträge des Beschuldigten im Extremfall auf „ja" und „nein" beschränken[37].

Auch erfolgt vor Gericht eine entsprachlichte Kommunikation durch die Verwendung von Homonymen, d. h. Rechtsbegriffen, die wie Alltagsbegriffe klingen, aber etwas anderes meinen und so ihre Kommunikationsfähigkeit einbüßen[38]. Der Richter versteht auf diese Art etwas anderes, als der Zeuge oder Angeklagte gemeint hat, es kommt zu Missverständnissen, die fatale Folgen haben können[39].

Kommunikative Schwierigkeiten der Beteiligten werden dagegen beim Täter-Opfer-Ausgleich durch den Vermittler aufgelöst, der auch als „Dolmetscher" fungiert. Jede Nachricht enthält nämlich vier Ebenen: einen Sachinhalt, einen Appell, eine Beziehung und eine Selbstkundgabe[40]. Man verfügt im übertragenen Sinne über vier verschiedene Ohren zur Aufnahme der Nachricht, die den Ebenen der Nachricht entsprechen[41]. Dabei ist auf die Trennung von Syntaktik (Probleme der Nachrichtenübermittlung), Semantik

---
[36] Näher dazu C. Meßner Recht im Streit S. 116
[37] Weiter dazu Meßner a. a. O. S. 114ff
[38] Vergleiche Sessar Wiedergutmachen oder strafen S. 23 m. w. N.
[39] Erläuternd Meßner a. a. O. S. 112ff
[40] Siehe dazu Schulz von Thun Miteinander reden 2 S. 19ff
[41] So auch Schulz von Thun a. a. O. S. 21

7 Verfassungsmäßigkeit von Täter-Opfer-Ausgleich und Wiedergutmachung

(Bedeutung der verwendeten Symbole) und Pragmatik (Beeinflussung des Verhaltens durch Kommunikation) besonders zu achten[42]. Hier kann der Vermittler eher helfen als der Richter im Strafverfahren, der selten entsprechend ausgebildet ist und sich dafür oft als nicht zuständig betrachtet. Empirische Daten liegen dazu jedoch bislang nicht vor, so dass man hier auf Mutmaßungen angewiesen ist. So könnte ein geringerer Lerneffekt entstehen, weshalb die Chancen des Täters, nicht erneut straffällig zu werden, beim Täter-Opfer-Ausgleich höher einzuschätzen sind als im Strafverfahren[43]. Bei ersterem wird auf das Erleben und die Bedürfnisse der Parteien abgestellt und der Konflikt *inter partes* so geregelt, wie ihn die Parteien wahrnehmen und wie sie dies wünschen. Das Schlichtungsverfahren führt daher – wenn es erfolgreich verläuft - zu einer tiefergehenden Befriedung zwischen den Parteien als das Strafverfahren[44]. Auch können die Rechte des Beschuldigten von diesem besser wahrgenommen werden, da seine Mitwirkung zur Regelung des Konflikts und Erzielung einer Einigung unerlässlich ist. Ein Strafverfahren hingegen ist für die zu treffende Entscheidung nicht auf dessen Mitwirkung angewiesen.

Aufgrund der zu betonenden Freiwilligkeit der Teilnahme von Beschuldigtem und Opfer können beide Teile das Verfahren beenden, wenn sie sich benachteiligt fühlen. Ferner existieren inzwischen Standards für die Durchführung, wenn auch deren Einhaltung nicht verpflichtend ist. Daher ist der Grundsatz gewahrt[45].

Nach FRISTER wäre die Einführung eines Neutralitätsgebotes mit Befangenheitsantrag, wie in §§ 22 ff StPO geregelt, verbunden mit einem einmaligen Recht auf Wechsel des Schlichters ohne Begründung, wünschenswert[46]. Auch das Recht auf einen Rechtsbeistand und einen Dolmetscher solle im Schlichtungsverfahren gelten und durch Beratungshilfe für finanziell schlechter Gestellte gesichert werden[47]. Eine Kontrolle der Einhaltung der Verfahrensrechte solle auf Antrag der Betroffenen nach Verfahrensende durch die Instanz, welche über die Berücksichtigung des Täter-Opfer-Ausgleichs zu

---

[42]Dieser Gedanke wird weiter ausgeführt bei Watzlawick Menschliche Kommunikation S. 22, 61ff
[43]Näher dazu Mischnick Der Täter-Opfer-Ausgleich und der außergerichtliche Tatausgleich S. 26ff
[44]Ebenso Mischnick a. a. O. S. 28
[45]Anders stellte sich dies für den Fall dar, dass Wiedergutmachung als dritte Spur von Sanktionen ausgestaltet wäre – dann wären Verfahrensvorschriften geboten, um Rechtsstaatlichkeit zu wahren.
[46]Frister Benötigt die Konfliktschlichtung Verfahrensregeln S. 281f, 290
[47]Siehe dazu Frister a. a. O. S. 282ff

entscheiden habe, erfolgen[48]. FRISTER begründet die Erforderlichkeit der Einführung von Verfahrensregeln damit, dass es sich bei der Möglichkeit der Abwendung des förmlichen Verfahrens um ein Recht von Beschuldigtem und mutmaßlichen Opfer handele, nicht um eine diesen gnadeweise gewährte Vergünstigung[49].

Die Gefahr eines unfairen Verfahrens vor dem Schlichter scheint mir jedoch aus den oben genannten Gründen nicht groß. Darüber hinaus birgt jede Normierung von Verfahrensregeln die Gefahr, dass damit die freie Verhandlung behindert wird. Hinzu kommt, dass die Ablehnung eines parteiischen Schlichters nicht notwendig erscheint, da dieser kein Urteil fällt, an das die Parteien gebunden wären. Es soll zu einer Einigung kommen; gelingt dies nicht, findet das reguläre Strafverfahren statt bzw. muss das Opfer seine angeblichen weitergehenden Schadensersatzansprüche auf dem Zivilrechtswege geltend machen. Bei Unzufriedenheit mit dem Verfahrensablauf und einem vermeintlichen Verstoß gegen den Fair-Trial-Grundsatz während des Ausgleichsverfahrens würde hier keine Einigung zu erzielen sein und das reguläre Strafverfahren fortgesetzt werden. Danach ist die Einführung von Vorschriften zur Ablehnung des Schlichters wegen Befangenheit nicht notwendig. Der *fair-trial*-Grundsatz ist gewahrt.

7.6 Unschuldsvermutung, Art. 6 II EMRK

Die in der Menschenrechtskonvention normierte Unschuldsvermutung hat den Rang einfachen Bundesrechts, ist aber zusätzlich aus dem Bundesstaatsprinzip abzuleiten und erhält so Verfassungsrang. Fraglich ist zunächst ihre Geltung im Ermittlungsverfahren, weil ausdrücklich der „Angeklagte" angesprochen wird[50]. Diese ist nach der EMRK zu bejahen, weil nur so ein umfassender Schutz zu erreichen ist: Jeder, dem eine Gesetzesübertretung vorgeworfen wird, soll vor einer ungerechtfertigten Inanspruchnahme geschützt werden, so dass die strafrechtliche Anklage hier zu definieren ist als offizielle amtliche Anzeige der zuständigen Behörde an den Betroffenen, dass ihm die Begehung

---
[48]Frister a. a. O. S. 288f
[49]So Frister a. a. O. S. 274f
[50]Der Beschuldigte wird grundsätzlich mit Anklageerhebung zum Angeschuldigten und mit Beschluss über die Eröffnung des Hauptverfahrens zum Angeklagten, § 157 StPO.

einer Straftat angelastet werde[51]. Dafür spricht zusätzlich ein Erst-Recht-Schluss: Wenn dies schon dem Richter verwehrt ist, dann erst recht den nicht zur Schuldfeststellung berufenen Organen wie der Staatsanwaltschaft.

Die Unschuldsvermutung entfaltet zwei zu differenzierende Wirkungen, nämlich eine materielle und eine formelle Wirkung[52]. Die **materielle Wirkung** der Unschuldsvermutung besagt, dass keine Strafe oder strafähnliche Maßnahme ohne Schuldfeststellung verhängt werden darf[53]. Durch das materielle Kriterium der Strafähnlichkeit soll verhindert werden, dass Eingriffe durch Definition des Gesetzgebers der Unschuldsvermutung entzogen werden; umstritten ist jedoch, wie im Einzelnen die Strafähnlichkeit zu bestimmen ist[54]. So könnte mit dem BVerfG auf die nachteilige, dem Schuldspruch gleichkommende Wirkung der Maßnahme abgestellt werden[55] oder auf Sinn, Zweck und Funktion der Eingriffe, die der Strafe nicht entsprechen dürfen[56]. Unabhängig davon, welcher Definition man hier folgt, stellen die Auflagen nach § 153a I 2 StPO strafrechtliche Reaktionen dar[57] und sind strafähnlich, so dass die Unschuldsvermutung Anwendung darauf findet. Sie erfolgen ohne formelle Schuldfeststellung; in der Akzeptanz der Auflagen liegt nach herrschender Auffassung kein Schuldeingeständnis des nach wie vor als unschuldig geltenden Beschuldigten[58].

Teilweise wird behauptet, darin liege ein Geständnis, das den vollen Beweis erbringe - nur so ließe sich die Auflage mit der Unschuldsvermutung in Einklang bringen, andernfalls wäre diese außer Kraft gesetzt[59]. Die Zustimmung des Beschuldigten bedeute nur, dass er dieses Verfahren den Unwägbarkeiten des Strafverfahrens vorziehe, ähnlich wie das erfolterte Geständnis nichts über Schuld oder Unschuld aussage[60]. Wenn letzteres zutrifft – also die Einwilligung nichts über Schuld oder Unschuld aussagt – so liegt in dieser kein

---

[51] EuGHMR EuGRZ 1980, S. 667ff, 672 (Fall Deweer)
[52] Vergleiche Weigend Fragen der Rechtsstaatlichkeit S. 56
[53] Erläuternd Weigend a. a. O. S. 56, 58ff
[54] Ausführlich mit weiteren Nachweisen Stuckenberg Untersuchungen zur Unschuldsvermutung S. 70ff
[55] BVerfGE 9, 137ff, 144; 19, 342ff, 347; 35, 311ff, 320; 74, 358ff, 371; 82, 106ff, 177
[56] SK-Rudolphi vor § 94 Rn. 8
[57] Dieser Gedanke wird unter 6.2 näher ausgeführt; siehe auch Kondziela MSchrKrim 1989, S.181.
[58] Statt vieler SK-Weßlau § 153a StPO Rn. 29
[59] So Dencker JZ 73, S. 149f
[60] Dencker a. a. O.

7.6 Unschuldsvermutung, Art. 6 II EMRK

Geständnis, sondern der Beschuldigte hat sich aus nicht offen zu legenden persönlichen Gründen für diesen Weg der Verfahrensbeendigung entschieden. Es handelt sich um eine freiwillige Leistung, die dazu dient, im konkreten Fall bestehende Sanktionsbedürfnisse auszugleichen, so dass weder eine hoheitliche Anordnung getroffen noch Zwang ausgeübt wird[61]. Ist der Beschuldigte nicht einverstanden, wird das reguläre Strafverfahren durchgeführt[62]. Dieses kann im Falle der Nichterfüllung der Auflage mit einem Freispruch enden, wenn die Schuld nicht erwiesen ist, so dass die Zustimmung kein Schuldeingeständnis darstellt[63]. Die Lage des Beschuldigten ist dabei vergleichbar mit derjenigen, in der sich ein mutmaßlicher Täter nach Strafbefehlserlass befindet[64] - freilich mit dem Unterschied, dass beim Verfahren im Strafbefehlswege die Schuld richterlich festgestellt und entsprechend die Unschuldsvermutung nicht berührt ist[65]. Der Vorwurf einer erzwungenen Zustimmung des Beschuldigten geht im Übrigen an der Praxis vorbei, denn in der Rechtswirklichkeit wird oft um die erforderliche Zustimmung von Staatsanwaltschaft und Gericht gerungen.

Die Auflagenerteilung knüpft nicht ausschließlich an den Verdacht, sondern ebenfalls an die Zustimmung des Beschuldigten an und legitimiert sich auf diese Weise[66]. Soweit WEIGEND beanstandet, die Unschuldsvermutung sei verletzt, wenn der Täter-Opfer-Ausgleich an die vermutete Schuld anknüpfe[67], ist dem zu entgegnen, dass der Beschuldigte diese Maßnahme nicht akzeptieren muss und sie sich über dessen Zustimmung legitimiert. Der hinreichende Tatverdacht bildet dabei die notwendige Voraussetzung der Auflagenerteilung, die einverständliche Bereitschaft zur Verfahrensbeendigung hingegen stellt deren unmittelbaren Anlass dar[68]. Die Einwilligung des Beschuldigten erfolgt freiwillig und bringt zum Ausdruck, dass er die Auflage im

---

[61] So unter anderem SK-Weßlau 153a StPO Rn. 14; zur Freiwilligkeit in dieser Arbeit unter VIII.1.5
[62] Wäre die Unschuldsvermutung verletzt, wäre trotz des geringen Schweregrades der Auflagen keine andere Beurteilung möglich, Kondziela MSchrKrim 1989, S. 184; Weigend a. a. O. S. 60.
[63] Übereinstimmend Kunz a. a. O. S. 74f
[64] Übereinstimmend Stuckenberg Untersuchungen zur Unschuldsvermutung S. 120 m. w. N.
[65] Worauf Weigend KrimJournal 1984, S. 35ff, S. Fußnote 31 zu Recht hinweist, was jedoch die in obiger Fußnote angegebenen Autoren übersehen.
[66] Ebenso SK-Weßlau § 153a StPO Rn. 14
[67] Weigend Fragen der Rechtsstaatlichkeit S. 58ff
[68] Vergleiche Kunz Bagatellprinzip S. 74f

7 Verfassungsmäßigkeit von Täter-Opfer-Ausgleich und Wiedergutmachung

Vergleich zur Durchführung des Strafverfahrens für das geringere Übel hält – aus welchen Gründen auch immer, sei es, dass er das Aufsehen eines Prozesses scheut, sei es, dass er sich für schuldig hält. Der Beschuldigte verzichtet in nicht zu beanstandender Weise darauf, sein Recht auf Überprüfung seiner Sache durch ein Gericht geltend zu machen – ein Verfahren, das ihm ebenso wie den Strafverfolgungsorganen Vorteile bringt[69]. Darin liegt kein Verzicht auf die Unschuldsvermutung, der mangels Dispositionsbefugnis des Beschuldigten unwirksam wäre[70] - hier sind wesentliche Staatsbelange betroffen[71] -, sondern eine zulässige frei widerrufliche Einwilligung[72]. Eingewilligt wird, da der Beschuldigte als unschuldig gilt, nicht in eine im Vergleich zur Strafe mildere Maßnahme, sondern in ein Unterlassen der Durchführung des Strafverfahrens, das auch für Unschuldige mit Grundrechtseingriffen verbunden ist. Es besteht nämlich eine Pflicht zum Erscheinen, welche die Fortbewegungs- und die allgemeine Handlungsfreiheit einschränkt. Auch muss das Verfahren gemäß § 153 StPO nicht fortgeführt werden, wenn die Schuld als gering anzusehen wäre, so dass bei der Durchführung eines Strafverfahrens gegen einen Unschuldigen nicht zwangsläufig ein Freispruch erfolgt. Überdies kann bereits das Bekanntwerden der Beschuldigung stigmatisierend wirken, beispielsweise bei Straftaten gegen die sexuelle Selbstbestimmung. Es handelt sich insofern nicht um eine „gesetzesvertretende", sondern um eine „eingriffsmildernde Einwilligung"[73], denn die Durchführung des Strafverfahrens mit den oben dargelegten Grundrechtseinbußen ist zulässig. Der Beschuldigte entscheidet dabei lediglich über die Art und Weise der Beeinträchtigung, nicht darüber, ob eine solche erfolgen darf. Seine Einwilligung soll Hauptfolgen des an sich zulässigen Handelns vermeiden, denn der Grundrechtsträger wendet einen an sich zulässigen Eingriff (die stigmatisierende Durchführung des Strafverfahrens) dadurch ab, dass er stattdessen die Beeinträchtigung eines ande-

---

[69] EuGHMR in EuGRZ 1980, S. 667, 672 (Fall Deweer)
[70] Wobei sich die Frage stellt, ob diese Dispositionsbefugnis, die zum Schutz des Beschuldigten entwickelt wurde, tatsächlich seinem Schutz dient, wenn sie verhindert, dass das Strafverfahren so beendet wird, wie der Beschuldigte dies als am wenigsten belastend empfindet...
[71] Vergleiche dazu Kondziela a. a. O. S. 184
[72] Zur Differenzierung zwischen unzulässigem bindendem Grundrechtsverzicht und zulässiger frei widerruflicher Einwilligung siehe Amelung a. a. O. S. 14
[73] Begriff bei Amelung Einwilligung in die Beeinträchtigung eines Rechtsgutes S. 82ff, 105ff

7.6 Unschuldsvermutung, Art. 6 II EMRK

ren Rechts anbietet – die Leistung von Wiedergutmachung[74]. Diese Einwilligung wird ausschließlich von Übermaßverbot und Gesetzmäßigkeitsprinzip bestimmt und ist Vorbehalt und Vorrang des Gesetzes unterworfen[75]. Sie muss grundsätzlich das gleiche Ziel zu erreichen geeignet sein wie der vorgeschriebene Eingriff[76]; im Falle einer Zielverschiebung, wenn also der Gesetzgeber mit einer Regelung verschiedene Ziele unterschiedlichen Ranges verfolgt, so dass es nahezu undenkbar ist, dass diese in gleichem Maße durch eine Ersatzmaßnahme erreicht werden, bedarf diese zusätzlich einer ausdrücklichen gesetzlichen Genehmigung[77]. So liegt der Fall hier: Das Strafverfahren verfolgt mit der Wahrheitsermittlung, dem Streben nach Gerechtigkeit und der Schaffung von Rechtsfrieden auf diesem Wege unterschiedliche Ziele [78], die nach den obigen Ausführungen mit Täter-Opfer-Ausgleich und Wiedergutmachung in Bezug auf die Herstellung von Rechtsfrieden und Gerechtigkeit erreicht werden, nicht jedoch bezüglich der Wahrheitsermittlung[79]. Letztere wird jedoch nicht um jeden Preis angestrebt, was sich insbesondere aus dem Verbot der Folter ergibt. Da die Einwilligung des Beschuldigten überdies in § 153a StPO gesetzlich zugelassen ist, ist auch diese Voraussetzung gegeben und die Einwilligung zulässig. Der erforderliche „legitimationsfähige Zusammenhang" zwischen der Ersatzmaßnahme, in deren Durchführung der Beschuldigte einwilligt, und dem Ziel des Gesetzes, dessen Anwendung hier abbedungen wird, besteht daher. Zwar erfolgt die Einwilligung – wie unten noch auszuführen sein wird – unter dem Druck eines ansonsten stattfindenden Strafverfahrens, kann aber dennoch als freiwillig bezeichnet werden und rechtfertigt deshalb die Auflagenerteilung[80].

Dennoch enthält die Auflage einen impliziten Schuldvorwurf, denn bei Überzeugung des Staatsanwalts von der Unschuld des Beschuldigten würde sie nicht angeordnet. Dies ist zulässig, solange sich der Beschuldigte in der Öffentlichkeit auf seine Unschuld berufen kann, was sich bereits aus der Zulässigkeit der Anklage, der Untersuchungshaft und sonstigen prozessvor-

---

[74] Definition bei Amelung a. a. O. S. 105, 109
[75] Ebenso Amelung a. a. O. S. 109f
[76] Übereinstimmend Amelung a. a. O. S. 111; Weigend KrimJourn 1984, S.27f
[77] Vergleiche Amelung a. a. O. S. 111f
[78] So auch KMG Einleitung Rn. 4 m. w. N.
[79] In dieser Arbeit unter 4.3 und 6.1
[80] Ausführlich unten unter 8.1.5 in dieser Arbeit; unzutreffend Frister Schuldprinzip S. 94ff

7 Verfassungsmäßigkeit von Täter-Opfer-Ausgleich und Wiedergutmachung

bereitenden Maßnahmen ergibt[81]. Die Unschuldsvermutung verbietet jedoch darüber hinaus die Verfolgung jeglicher Strafzwecke vor der Verurteilung, solange damit nicht das legitime Prozessziel der Klärung des Tatverdachts verfolgt wird[82]. Anders liegt der Fall bei den Auflagen nach § 153a StPO, mit deren Verhängung ebenfalls Strafzwecke angestrebt werden[83]: Diese sind jedoch wegen der Einwilligung des Beschuldigten gerechtfertigt und verstoßen daher nicht gegen die Unschuldsvermutung.

Zu beachten ist darüber hinaus, dass dieses Institut entwickelt wurde, um den Beschuldigten vor ungerechtfertigtem Zwang durch staatliche Organe zum Zwecke der Strafverfolgung zu schützen[84]. Diese besondere Gefährdungslage ist bei den Auflagen des § 153a StPO, deren Befolgung freiwillig ist, nicht gegeben, weshalb eine Verletzung des Prinzips der Unschuldsvermutung nicht naheliegt. Überdies lässt sich aus diesem Grundsatz nur negativ ein Anspruch auf Behandlung als nicht-schuldig, nicht jedoch positiv ein Anspruch auf Feststellung bestehender Unschuld ableiten. Ziel des Strafverfahrens ist die (Nicht-)Erweisbarkeit der Schuld, nicht jedoch der Unschuld[85]. Dem steht nicht entgegen, dass auch das freisprechende Urteil in Rechtskraft erwächst, denn dieses entfaltet keine Gestaltungswirkung; es wird nur festgestellt, dass der Beschuldigte als nicht-schuldig gilt, ohne dass die Frage der Erweisbarkeit seiner Unschuld geklärt worden wäre[86]. Diese Sachlage ist vergleichbar mit der Einstellung des Verfahrens nach § 153a StPO[87]. Überdies besteht kein Anspruch des Beschuldigten auf einen Freispruch wegen erwiesener Unschuld gemäß § 267 V 1 (1) StPO; das Verfahren kann ebensogut nach § 153 StPO eingestellt werden oder gemäß § 206a StPO aufgrund eines Verfahrenshindernisses. Nach teleologischer Interpretation des Begriffs der Unschuldsvermutung ist diese also nicht verletzt[88].

---

[81] Insbesondere mit der Untersuchungshaft nach § 112 a StPO werden Bestrafungszwecke verfolgt: So sollen Prävention, aber auch Normbestätigung im Hinblick auf Schnelligkeit und Härte des Tätigwerdens der Strafverfolgungsbehörden und Unrechtsausgleich – unter dem Aspekt der Anrechnung der Untersuchungshaft auf die Strafhaft - gewährleistet werden, vgl. Lampe Strafphilosophie S. 214f.

[82] Weitere Nachweise bei Stuckenberg Untersuchungen zur Unschuldsvermutung S. 71

[83] Siehe 6.1.2 zum öffentlichen Interesse an der Strafverfolgung; SK-Weßlau § 153a StPO Rn. 14

[84] Vergleiche auch SK-Weßlau § 153a StPO Rn. 15

[85] Weitere Nachweise bei Kunz Bagatellprinzip S. 75

[86] Übereinstimmend Kunz a. a. o. S. 75

[87] Ebenso Kunz a. a. O. S. 75

[88] So auch SK-Weßlau § 153a StPO Rn. 14f

Die **formelle Wirkung** der Unschuldsvermutung beinhaltet ein Verbot der Schuldantizipation: Eine Bezeichnung des Delinquenten als schuldig darf erst nach entsprechender rechtskräftiger Feststellung im Strafverfahren erfolgen[89]. Da eine Schuldfeststellung bei der Diversionsmaßnahme nicht erfolgt, sondern Voraussetzung dafür lediglich hinreichender Tatverdacht bzw. eine hypothetische Schuld ist und der Delinquent sich nach wie vor als unschuldig bezeichnen darf, ist die Unschuldsvermutung hier weder bei einer Entscheidung nach § 153a I 2 StPO noch nach §§ 46a StGB, 153b StPO verletzt[90].

7.7 Recht auf rechtliches Gehör, Art. 103 I GG

Dieser Grundsatz ist ebenfalls gewahrt: Der Beschuldigte hat es im Fall des § 153a I 2 StPO in der Hand, das Verfahren abzubrechen und eine richterliche Entscheidung herbeizuführen sowie rechtliches Gehör zu erhalten. Auch bei § 153b StPO ist der Beschuldigte frei darin, den Schaden auszugleichen oder aber davon abzusehen. Das Strafverfahren, in welchem ihm rechtliches Gehör zu gewähren ist, schließt sich an. Das rechtliche Gehör wird also weder durch Täter-Opfer-Ausgleich noch durch Wiedergutmachung eingeschränkt.

7.8 Richtervorbehalt, Art. 92 GG sowie Neutralität und Unabhängigkeit des Richters, Art. 97 GG und Recht auf gesetzlichen Richter, Art. 101 I GG

Der Richtervorbehalt könnte Täter-Opfer-Ausgleich bzw. Wiedergutmachung nach § 153a I 2 Nr. 1, 5 StPO entgegenstehen. Dieser gilt jedoch nur für den Kernbereich dessen, was traditionell zur Tätigkeit der Gerichte gehört, nämlich die Verhängung einer Kriminalstrafe, welche mit einem ethischen Schuldvorwurf und einem autoritativen Unwerturteil verbunden ist[91]. Hier erfolgt aber - wie oben bereits ausgeführt - keine Verurteilung zu einer Strafe in diesem Sinne, weil kein zwingendes autoritatives Unwerturteil getroffen wird[92].

---

[89]Siehe dazu Weigend a. a. O. S. 56
[90]Gleichlautend Weigend a. a. O. S. 56
[91]BVerfGE 27, 18ff; 28; 22, 49ff, 73ff
[92]Vergleiche oben in dieser Arbeit unter 6.2

7 Verfassungsmäßigkeit von Täter-Opfer-Ausgleich und Wiedergutmachung

Die Einstellung des Verfahrens ist von der Zustimmung des Beschuldigten abhängig, der Staatsanwalt regt es lediglich an. Von einer Wiedereinführung des Inquisitionsprozesses kann daher schon aus diesem Grunde nicht gesprochen werden[93]. Darüber hinaus ist die Einstellung des Verfahrens nach § 153a I 2 Nr. 1 und 5 StPO von der richterlichen Zustimmung abhängig, so dass der Richtervorbehalt nicht verletzt ist.

Bei einer strafmildernden Berücksichtigung erfolgter Wiedergutmachung nach §§ 46a, 153b StPO gilt dasselbe: Auch hier ist der Kernbereich dessen, was traditionell zur Tätigkeit der Gerichte gehört, nicht berührt, weil von Strafe abgesehen und kein autoritatives Unwerturteil getroffen wird. Dabei darf die Staatsanwaltschaft im Ermittlungsverfahren nach § 153b I StPO nur mit Zustimmung des Gerichts so verfahren; ist die Anklage bereits erhoben, kann das Gericht nach § 153 II StPO mit Zustimmung des Angeklagten und der Staatsanwaltschaft einstellen. Der Richtervorbehalt ist damit gewahrt.

Auch die Grundsätze der Neutralität und Unabhängigkeit des Richters und des Rechts auf den gesetzlichen Richter sind gewahrt. Hier ist ebenfalls der Kernbereich der rechtsprechenden Gewalt nicht betroffen, wie oben bereits ausgeführt.

7.9 Öffentlichkeit des Verfahrens, § 169 GVG

Zwar ist das Schlichtungsverfahren nichtöffentlich und muss dies auch sein, da gerade die private Atmosphäre zu den Vorteilen des Täter-Opfer-Ausgleichs beiträgt. Sinn und Zweck des öffentlichkeitsgebotes sind die Verhinderung staatlicher Willkür gegenüber dem Täter, das Ingangsetzen von Lernprozessen für die Gesellschaft und die Verschaffung von öffentlichem Gehör und öffentlicher Genugtuung für das Opfer[94]. Diese Ziele gelten auch für den Bereich der Einstellungen gemäß §§ 153a, b StPO, wo eine Friedensstiftung ohne Verurteilung, aber mit Sanktionierung erfolgt[95]. öffentlichkeit ließe sich hier beispielsweise durch Bekanntgabe der vom Beschuldigten zu erbringenden Leistungen herstellen[96], so dass dieser Grundsatz gewahrt ist. Schließlich

---

[93] Anders noch Rudolphi ZRP 1976, S, 168
[94] Vergleiche Kargl/Sinner JurA 1998, S. 233
[95] Siehe dazu Kargl/Sinner a. a. O. S. 234f
[96] Erläuternd Kargl/Sinner a. a. O. S. 231ff, 235f

ist zu bedenken, dass die Entscheidung des Richters, die herbeizuführen alle Beteiligten in der Hand haben, in einem formellen, öffentlichen Verfahren erfolgt.

7.10 Datenschutz/Grundrecht auf informationelle Selbstbestimmung

Der Datenschutz sowie das Grundrecht auf informationelle Selbstbestimmung, das aus Art. 1, 2 I GG abgeleitet wird, sind gewahrt.

Der Übergabe der Daten der Beteiligten an eine Täter-Opfer-Ausgleichsstelle kann vorab zugestimmt werden, soweit es sich um einen freien Träger handelt[97]. Das Erfordernis ist in §§ 155 a, b StPO konstitutiv geregelt. Soweit die Vermittlungsarbeit durch die Gerichtshilfe erfolgt, ist die Zustimmung wegen des allgemeinen Auftrags zur Sachverhaltserforschung nach § 160 I, III StPO i. V. m. Art. 294 EGStGB entbehrlich[98].

Auch bei freien Trägern wäre eine vorherige Zustimmung wegen der verwaltungsrechtlichen Möglichkeit der Beleihung Privater nicht zwingend erforderlich[99]. Es bestünde die Möglichkeit, die Aufgabe der Sachverhaltserforschung nach §§ 160 I, III, 463 d StPO i. V. m. Art. 294 EGStGB an die Gerichtshilfe oder freie Träger zuzuweisen, womit eine hinreichende Ermächtigungsgrundlage gegeben wäre[100]. Solange diese Aufgabenzuweisung aber gesetzlich nicht erfolgt ist, bleibt es beim Zustimmungserfordernis nach §§ 155 a, b StPO.

7.11 Grundrechte

Grundrechte wie die allgemeine Handlungsfreiheit, Art. 2 I GG, und die daraus abgeleitete Privatautonomie vermögen weder den Vorrang der Wiedergutmachung bzw. des Täter-Opfer-Ausgleichs vor der konventionellen Strafe noch die Verpflichtung des Gesetzgebers zur Schaffung einer solchen Regelung

---

[97]So auch Bannenberg Wiedergutmachung in der Strafrechtspraxis S. 267
[98]Näher dazu Bannenberg a. a. O. S. 267
[99]So insbesondere Bannenberg a. a. O. S.267 m. w. N.
[100]Näher Hering Gerichtshilfe und der Täter-Opfer-Ausgleich S. 43; Bannenberg a. a. O. S.267 m. w. N.

7 Verfassungsmäßigkeit von Täter-Opfer-Ausgleich und Wiedergutmachung

begründen, da sich dieser Grundsatz in einem anderen sozialen Kontext herausgebildet hat[101]. Dem Einzelnen ist die Teilnahme am wirtschaftlichen, gesellschaftlichen und kulturellen Leben unter Ausgleich gestörter Vertragsparität zu ermöglichen, um Privatautonomie zu gewährleisten[102]. Im Rahmen des Täter-Opfer-Ausgleichs sollen die Folgen von Verstößen gegen grundlegende Normen der Gesellschaft unter Eingriff in die Rechte Einzelner behoben werden[103], nicht dagegen die Voraussetzungen eines freiheitlichen Lebens geschaffen werden. Jedenfalls steht die Privatautonomie und die allgemeine Handlungsfreiheit aus Art. 2 I GG der Wiedergutmachung nicht entgegen, da im Rahmen des Täter-Opfer-Ausgleichs eine möglichst eigenverantwortliche Konfliktregelung angestrebt wird.

Soweit als Vorteil des Schlichtungsverfahrens gegenüber dem Strafverfahren die Vermeidung der Sekundärviktimisierung des Opfers genannt wird, deutet dies auf die Menschenwürde des Opfers hin, die für das Schlichtungsverfahren sprechen soll. Erläutert wird, dass der Geschädigte im Rahmen des Täter-Opfer-Ausgleichs als Subjekt des Verfahrens mit Teilhaberechten und nicht lediglich als Beweismittel begriffen werde, wie dies die Zeugenstellung des Opfers im Strafverfahren mit sich bringt[104]. Ebenso ins Gewicht falle die Tatsache, dass mit dem Schlichter eine psychologisch vorgebildete Person sich um das Opfer bemühe, während der Richter nicht entsprechend ausgebildet sei und an einer Einbeziehung des Opfers in das Verfahren wenig Interesse habe. Der Grund dafür dürfte vor allem die Tatsache sein, dass dies nicht der Findung der objektiven Wahrheit dient, sondern zu einer Emotionalisierung des Sachverhaltes beiträgt. Diese hat der Richter im Gegensatz zum Schlichter zu vermeiden, weil ersterer ein objektives Urteil fällen muss, während letzterer lediglich zwischen den Parteien vermitteln soll, um eine subjektive Klärung des Sachverhaltes zu ermöglichen.

Dem ist zuzubilligen, dass ein Strafverfahren für einen Opferzeugen sicher belastend ist und dass es, insbesondere im Falle einer auf Freispruch abzielenden Verteidigungsstrategie des Angeklagten, durchaus zu einer Vertiefung der Viktimisierungsfolgen kommen kann. Es ist jedoch bislang unge-

---

[101] Weiterführend S. Walther Vom Rechtsbruch zum Realkonflikt S. 168ff
[102] Erläuternd S. Walther a. a. O. S. 170
[103] Vergleiche S. Walther a. a. O. S. 170
[104] Vertiefend A. Hartmann Schlichten oder Richten S. 110f m. w. N.

klärt, inwiefern das Schlichtungsverfahren für das Opfer weniger belastend ist. Schließlich wird dort mehr Rücksicht genommen auf die unterschiedlichen Sichtweisen des Geschehensverlaufs. Im Übrigen können die Grundrechte des Opfers ebenso wenig wie diejenigen des Beschuldigten eine Verpflichtung des Gesetzgebers zur Einführung eines bestimmten Verfahrenstyps begründen, da es sich primär um Abwehrrechte gegen den Staat handelt[105]. Soweit eine bestimmte Leistung vom Staat verlangt wird, ist jedoch der *status positivus*, der Anspruchsgehalt, betroffen[106]. Dieser ist deutlich schwächer ausgeprägt als der *status negativus*, der sich unmittelbar aus dem Grundgesetz ergibt. Ob entsprechende Verpflichtungen des Staates bestehen, ergibt sich erst aus einer Zusammenschau des Ranges des betreffenden Grundrechtes und dessen Schutzbedürftigkeit, also des Grades der diesem drohenden Gefahr[107]. Eine Verpflichtung der Legislative zu einer bestimmten Gesetzgebung ist wegen deren Ermessen und der ihr zustehenden Einschätzungs-, Wertungs- und Gestaltungsprärogative nahezu ausgeschlossen und kommt auch im vorliegenden Fall nicht in Betracht[108].

7.12 Ergebnis

Täter-Opfer-Ausgleich und Wiedergutmachung sind demnach mit Gesetz und Recht in Deutschland in Einklang zu bringen. Die Auflage der Wiedergutmachung bzw. des Schlichtungsverfahrens nach § 153a I 2 Nr.2 und 5 StPO sowie deren strafmildernde Berücksichtigung nach §§ 153b StPO, 46a StGB sind zunächst verhältnismäßig, denn sie stellen das mildeste Mittel zur Erreichung der Straf(verfahrens)zwecke dar, wenn und soweit sich der Täter für dieses Verfahren entschieden hat. Auch das bis zur Prüfung der übrigen verfassungsrechtlichen Grundsätze zurückgestellte Urteil über die Angemessenheit i. e. S. fällt positiv aus: Die Grundsätze der Gewaltenteilung und der Öffentlichkeit des Verfahrens, der Richtervorbehalt, das Recht auf den gesetzlichen unabhängigen und neutralen Richter und auf rechtliches Gehör werden gewahrt, denn der Kernbereich dessen, was zur Tätigkeit der Gerich-

---

[105]Ebenso S. Walther Vom Rechtsbruch zum Realkonflikt S. 180f m. w. N.
[106]Weitere Nachweise bei S. Walther a. a. O. S. 180f
[107]Übereinstimmend S. Walther a. a. O. S. 180f m. w. N.
[108]So auch S. Walther a. a. O. S. 269

7 Verfassungsmäßigkeit von Täter-Opfer-Ausgleich und Wiedergutmachung

te gehört, wird nicht berührt. Wiedergutmachung und Täter-Opfer-Ausgleich stellen nämlich – wie oben bereits ausgeführt[109] - keine Rechtsstrafe in diesem Sinne dar, der Beschuldigte hat es stets in der Hand, eine gerichtliche Entscheidung herbeizuführen. Diese erfolgt durch den gesetzlichen Richter unter Wahrung aller Verfahrensgrundsätze. Auch der Bestimmtheitsgrundsatz ist nicht verletzt, denn im Wege der Auslegung lässt sich den Vorschriften entnehmen, in welchen Fällen einzustellen ist. Eine Verletzung des Gleichheitsgrundsatzes liegt nicht vor, solange keine willkürlichen Entscheidungen getroffen werden; regionale Unterschiede in der Sanktionspraxis sind im Interesse an einer Weiterentwicklung des Rechts hinzunehmen. Diese Unterschiede liegen überdies in der Natur von –unstreitig zulässigen - Ermessensentscheidungen. Der *fair-trial*-Grundsatz ist angesichts des Bestehens von Standards für Täter-Opfer-Ausgleichsstellen und der freien Wahl der Schlichtungsstelle sowie der Tatsache, dass die Verbindlichkeit der Entscheidung voraussetzt, dass diese von allen Beteiligten akzeptiert wird, ebenfalls gewahrt. Ferner wird die Unschuldsvermutung nicht verletzt, denn weder erfolgt ein formeller Schuldspruch noch eine formelle Strafe. Auch Datenschutz, Auskunftsverweigerungs- und Schweigerechte können im Rahmen des Täter-Opfer-Ausgleichs gewahrt werden. Teilweise wird die Einführung eines Verwertungsverbotes für im Rahmen der Schlichtungsverhandlung getroffene Aussagen gefordert, damit die Beteiligten rückhaltlos offen sein könnten, ohne dass ihnen Nachteile im Strafverfahren entstehen[110]. Diese Forderung geht jedoch zu weit. Relevant würde diese Forderung nämlich nur für den Fall, dass die Einigung im Rahmen des Schlichtungsverfahrens scheitert, und zwar aus Gründen, die dem Beschuldigten anzulasten sind. Wenn nämlich der mutmaßliche Beschuldigte sich hinreichend um eine Einigung bemüht hat, wird in aller Regel dieses Bemühen für ausreichend erachtet und das Verfahren eingestellt werden. Wenn jedoch die Einigung mangels Bereitschaft des Beschuldigten scheitert, erscheint es nicht angebracht, ein Verwertungsverbot für die im Rahmen des Schlichtungsverfahrens getroffenen Äußerungen zu normieren. Der daraus für das Opfer entstehende Eindruck wäre fatal, es könnte zu einem Verluste von Vertrauen in die Justiz kommen.

Soweit von einzelnen Modellprojekten ein Geständnis des Beschuldig-

---

[109]In dieser Arbeit unter 6.2
[110]Ebenso Rieß a. a. O. S. 171

7.12 Ergebnis

ten zur Voraussetzung erhoben wird, widerspricht dies dem *nemo-tenetur*-Grundsatz und ist daher abzulehnen[111]. Die Entscheidung des BGH vom 19. 12. 2002[112], mit der ein Geständnis bei Gewalttaten und Delikten gegen die sexuelle Selbstbestimmung zur Voraussetzung eines Täter-Opfer-Ausgleichs gemacht wird, entspricht nicht den vorstehenden Grundsätzen. Dort wird ausgeführt, erforderlich sei ein Akzeptieren der Opferrolle und das Einstehen für begangenes Unrecht[113]. Das Verhalten des Täters im Verfahren müsse also Ausdruck der Übernahme von Verantwortung sein[114]. Da speziell bei Gewaltdelikten und Delikten gegen die sexuelle Selbstbestimmung ein Bekennen des Täters zu seiner Tat besonders wichtig sei, müsse hier regelmäßig ein Geständnis vorliegen[115]. Es sei Sache des Tatrichters, festzustellen, inwieweit der Täter die Verantwortung für sein Handeln übernommen habe[116].

In dem dieser Entscheidung zugrundeliegenden Fall hatte der Angeklagte zunächst einverständlichen Geschlechtsverkehr behauptet und diese Behauptung durch wahrheitswidrige Darstellung des Lebenswandels des Opfers bis hin zur Beantragung eines Glaubwürdigkeitsgutachtens untermauert[117]. Erst nach der Aussage des Opfers am zweiten Prozesstag begann er mit Ausgleichsbemühungen, blieb jedoch dabei, seinen Freispruch zu fordern[118]. Der Angeklagte zahlte in der Folgezeit 3500 Euro Schmerzensgeld an das Opfer und entschuldigte sich für das „Missverständnis"[119]. Er bot an, sich durch Vermittlung eines Therapeuten mit der Geschädigten an einen Tisch zu setzen „um ihr durch ein Gespräch dabei zu helfen, die Sache endgültig zu verarbeiten"[120].

Der Angeklagte hat damit hinreichend zum Ausdruck gebracht, die Verantwortung für sein Handeln übernehmen zu wollen, die Opferrolle zu akzeptieren und für begangenes Unrecht einstehen zu wollen, was bereits im Nicht-

---

[111] Ebenso BGH in ständiger Rechtsprechung, bspw. in StV 2002, S. 649
[112] BGHSt 48, 134ff
[113] BGH in StV 03, S. 272ff, 274
[114] BGH a. a. O. S. 274
[115] BGH a. a. O. S. 274
[116] BGH a. a. O. S. 274
[117] BGH a. a. O. S. 272f
[118] BGH a. a. O. S. 272f
[119] BGH in NJW 2003, S. 1469
[120] BGH a. a. O. S. 1469

7 Verfassungsmäßigkeit von Täter-Opfer-Ausgleich und Wiedergutmachung

bestreiten der Tat zum Ausdruck kommt[121]. Er hat also die Voraussetzungen für eine strafmildernde Berücksichtigung seiner Bemühungen um einen Täter-Opfer-Ausgleich geschaffen. Auch die ursprüngliche Behauptung einverständlichen Geschlechtsverkehrs, das Nichtersparen einer Opfervernehmung und die Beantragung eines Glaubwürdigkeitsgutachtens gegen die Geschädigte rechtfertigen keine andere Betrachtungsweise, denn es handelt sich dabei um zulässiges Verteidigungsverhalten. Ein leugnender Angeklagter kann weder Reue zeigen noch sich zu Wiedergutmachung bereit erklären, ohne seine Verteidigungsposition aufzugeben; eine strafschärfende Berücksichtigung dieses Verhaltens im Prozess darf nicht erfolgen[122], da es sich dabei um das Fehlen von Strafmilderungsgründen handelt. Die Erwägungen des BGH lassen befürchten, dass diese Differenzierung nicht immer genug beachtet wird; wünschenswert wäre gewesen, dass in den Gründen des Urteils darauf hingewiesen worden wäre. Wenn sich ein Angeklagter unter teilweiser Aufgabe dieser zulässigen Verteidigungsposition um einen Ausgleich mit der Geschädigten bemüht, kann es nicht darauf ankommen, ob er nach wie vor im Plädoyer seinen Freispruch fordert oder zuvor unter Verzicht auf eigene Rechte dem Opfer eine Aussage im Prozess erspart hatte. Insgesamt wird an dieser Entscheidung deutlich, dass die Voraussetzungen und Grenzen des Täter-Opfer-Ausgleichs für die Rechtsprechung noch nicht hinreichend geklärt sind. Soweit der Eindruck erweckt wird, prozessual zulässiges Verteidigungsverhalten stelle einen Grund dar, die Ausgleichsbemühungen des Delinquenten nicht strafmildernd zu berücksichtigen, ist zu hoffen, dass der BGH die nächste Gelegenheit nutzen wird, um hier Klarheit zu schaffen. Überdies verstößt das Verlangen eines Geständnisses als Voraussetzung des Täter-Opfer-Ausgleichs gegen den *nemo-tenetur*-Grundsatz und darf daher unter keinen Umständen verlangt werden.

Wichtig ist jedoch, dass der persönliche Ausgleich nicht erzwingbar ist und dies *de lege lata* auch nicht werden kann. Die Androhung von Beugemaßnahmen, wie dies mit dem Jugendarrest im Bereich des Jugendstrafrechtes möglich ist, verbietet sich bei Erwachsenen schon unter Aspekten der Menschenwürde und des allgemeinen Persönlichkeitsrechts. Mit der gemeinnützigen

---
[121] Vergleiche U. Hartmann a. a. O. S. 65, 67f
[122] Ebenso m. w. N. T/F § 46 Rn. 50

7.12 Ergebnis

Leistung eine Ersatzsanktion für den Fall der Nichterfüllung anzudrohen[123], ist abzulehnen, da diese Maßnahmen ohne Schuldfeststellung angeordnet werden. Wären sie erzwingbar, wäre die Unschuldsvermutung verletzt.

§§ 153a, b StPO entsprechen den rechtsstaatlichen Grundsätzen, so dass der darin liegende Eingriff in die Rechte des Beschuldigten gerechtfertigt ist. Eine Verpflichtung des Staates zu vorrangiger Berücksichtigung der Wiedergutmachung ergibt sich daraus jedoch nicht, denn die Frage, wie Rechtsgüterschutz und Rechtsfriedens erreicht werden sollen, unterliegt der Einschätzungsprärogative des Gesetzgebers[124]. Den Grundrechten kann allenfalls eine Richtlinienfunktion dahingehend zukommen, das Kriminalstrafrecht als knappe Ressource zu behandeln.

---

[123]So beispielsweise S. Walther a. a. O. S. 340
[124]Ebenso S. Walther a. a. O. S. 147f

8 Voraussetzungen und Grenzen des Täter – Opfer – Ausgleichs

Steht nach den obigen Ausführungen fest, dass Täter-Opfer-Ausgleich und Wiedergutmachung mit Recht und Gesetz in Deutschland in Einklang zu bringen sind, so stellt sich nunmehr die Frage, unter welchen rechtlichen Voraussetzungen dies der Fall ist, wie also dabei die Rechte von Täter und Opfer ausreichend beachtet werden können – dazu unter 1. Nicht jeder Täter-Opfer-Ausgleich verläuft jedoch erfolgreich, worunter hier verstanden werden soll, dass er mit einer Zahlung respektive einer diesbezüglichen Vereinbarung und einer Entschuldigung des Täters endet. Um allen Beteiligten Enttäuschungen zu ersparen und eine Verhärtung der Fronten zu verhindern, die daraus resultiert, dass dem jeweils anderen das Scheitern der einvernehmlichen Lösung angelastet wird, erscheint es sinnvoll, bereits im Vorfeld eines Schlichtungsversuches zu beurteilen, ob sich der vorliegende Konflikt dafür eignet. Dabei bestehen verschiedene soziologische Ansätze zur Einteilung der Konflikte – dazu unter 2. In diesem Spannungsfeld zwischen juristischen Voraussetzungen und soziologisch zu bestimmender Eignung der Konflikte für ein Schlichtungsverfahren bewegen sich Voraussetzungen und Grenzen des Täter-Opfer-Ausgleichs.

8.1 Voraussetzungen für die Durchführung des TOA

8.1.1 Keine Bagatellen

Unbedingt erforderlich ist, dass es sich um ein Delikt oberhalb der Bagatellschwelle handelt[1]. Bei Bagatellen hat die Einstellung nach § 153 StPO ohne Durchführung eines Täter-Opfer-Ausgleichs zu erfolgen. Die Gründe dafür

---

[1] Dies kann als einhellige Meinung betrachtet werden; vergleiche dazu statt vieler Trenczek Vermittelnder Ausgleich strafrechtlich relevanter Konflikte S. 488; Delattre Falleignungskriterien aus der Sicht der Ausgleichspraxis S. 138; U. Hartmann Staatsanwaltschaft und Täter-Opfer-Ausgleich S. 65

sind mit der Wahrung des Grundsatzes der Verhältnismäßigkeit und der Verhinderung eines *net-widening-effects* rechtsstaatlicher Natur, so dass diese Einschränkung unerlässlich ist[2]. Ferner gebietet der Menschenwürdegehalt der Grundrechte des Beschuldigten, dass dieser nur dann einem staatlichen Eingriff unterzogen wird, wenn ein solcher unvermeidbar ist. Bei Bagatellen ist dieser Eingriff jedoch vermeidbar und widerspricht daher zumindest dem in Art. 2 I GG i. V. m. Art 1 GG garantierten Menschenwürdegehalt des Freiheitsgrundrechts[3].

Im Übrigen werden Opfer bei Bagatelldelikten in aller Regel nicht zur Mitwirkung bereit sein, weil der entstandene Schaden nicht in einem angemessenen Verhältnis zum Zeitaufwand und den Belastungen steht, die ein Täter-Opfer-Ausgleich mit sich bringt[4]. Auch justizielle ökonomische Gründe sprechen dafür, Bagatellen sanktionslos einzustellen, denn die Durchführung eines vermeidbaren Verfahrens stellt eine unnötige Mehrbelastung der Strafverfolgungsorgane dar[5]. Es ist jedoch darauf hinzuweisen, dass es den Betroffenen auch bei Bagatellen unbenommen bleiben muss, auf eigene Initiative ein Schlichtungsverfahren durchführen zu lassen[6].

8.1.2 Keine Verbrechen bei den Auflagen gemäß § 153a I 2 Nr. 1 und 5 StPO

Im Rahmen der Einstellung des Verfahrens nach erfolgter Wiedergutmachung gemäß §§ 153, 153a StPO darf es sich als weitere Voraussetzung nicht um Verbrechen handeln. Dies ergibt sich bereits aus dem Gesetzeswortlaut.

Im Rahmen von §§ 153b StPO, 46 StGB kann jedoch auch bei Verbrechen ein Täter-Opfer-Ausgleich berücksichtigt werden, so dass die Frage, ob Schwerkriminalität grundsätzlich ausgleichsgeeignet ist, keine akademische Spielerei darstellt. Diese Frage ist zu bejahen, weil eine spürbare Strafmilderung für den Täter erreicht werden kann und dem Opfer die Tatverarbeitung erleichtert wird; zu berücksichtigen ist daneben, dass der Handlungsspielraum

---

[2]Siehe auch U. Hartmann a. a. O. S. 65, 79ff
[3]Vergleiche U. Hartmann a. a. O. S. 80
[4]Worauf Trenczek a. a. O. S. 477 zu Recht hinweist.
[5]So auch U. Hartmann a. a. O. S. 80
[6]Ebenso Delattre a. a. O. S. 138

8.1 Voraussetzungen für die Durchführung des TOA

der Staatsanwaltschaft sonst drastisch eingeschränkt wird[7]. Die Schädigung von Opfern von Gewalttaten liegt vorrangig im emotionalen Bereich, im erlebten Gefühl der Todesangst, die das normale Gefühl der Lebenssicherheit zum Einsturz bringt[8]. Der Täter-Opfer-Ausgleich kann bei schweren Folgeschäden nicht ausreichend sein, weil er als Kurzintervention beim erheblich resozialisierungsbedürftigen Täter nicht ausreichend spezialpräventiv greifen kann[9] oder aber die Gerechtigkeit eine Strafe verlangt. Mediation stellt jedoch sogar in Fällen häuslicher Gewalt eine Möglichkeit dar, das Konfliktmuster unter Einigung auf ein Lösungsmodell für die Zukunft zu durchbrechen, was Strafverfahren nicht leisten können[10]. Die Entscheidung für den Täter-Opfer-Ausgleich sollte Täter und Opfer jedenfalls ermöglicht und nicht durch den Gesetzgeber untersagt werden[11].

Überdies wird der Konflikt von den Beteiligten vielschichtiger erkannt und bewertet, als die grobe Einteilung von Verbrechen und Vergehen es hergibt[12]. So entsteht aus einer Opferwerdung eine Lebenskatastrophe, wenn sie mit menschlichen Enttäuschungen sowie dem Erleben von Ohnmacht und dem Ausbleiben sozialer Unterstützung nach der Tat verbunden ist[13]. Nicht entscheidend ist die rechtliche Wertung des Geschehens als Verbrechen oder Vergehen, die von den Betroffenen so nicht nachvollzogen wird[14]. Die Verarbeitung des Ereignisses wird dadurch erschwert, dass es sich wiederholt oder über einen längeren Zeitraum erstreckt oder aufgrund andauernder Folgen nicht abzuschließen ist[15]. Auch das Ziehen verbitternder Lehren statt solcher, die Handlungsweisen für die Zukunft aufzeigen, deutet auf eine Wertung des Geschehens als Lebenskatastrophe hin[16]. Die Polizei und das Recht können wenig dazu beitragen, dies zum Besseren zu wenden, weil Vertrauen bzw. dessen Enttäuschung einer rechtlichen Regelung nicht zugänglich ist[17].

---

[7]Näher U. Hartmann Täter-Opfer-Ausgleich im Spannungsfeld von Anspruch und Wirklichkeit S. 62ff
[8]Vertiefend u. a. Krause Tatverarbeitung von Gewalttaten S. 239; U. Hartmann a. a. O. S. 63ff, 67
[9]Siehe auch U. Hartmann a. a. O. S. 68
[10]Näher dazu U. Hartmann a. a. O. S. 67ff
[11]Übereinstimmend U. Hartmann a. a. O. S. 68f
[12]Vergleiche Trenczek Vermittelnder Ausgleich strafrechtlich relevanter Konflikte S. 480
[13]Erläuternd Hanak/Steht/Steinert Ärgernisse und Lebenskatastrophen S. 70f
[14]Ebenso Hanak/Steht/Steinert a. a. O. S. 39
[15]Näher Hanak/Steht/Steinert a. a. O. S. 70f
[16]So auch Hanak/Steht/Steinert a. a. O. S. 71
[17]Siehe Hanak/Steht/Steinert a. a. O. S. 72

8 Voraussetzungen und Grenzen des Täter – Opfer – Ausgleichs

Auch können Vergehen die Allgemeinheit und das betreffende Opfer in einem wesentlich größeren Maße verängstigen und beunruhigen als Verbrechen, so dass auch ein Täter-Opfer-Ausgleich nicht dazu geeignet ist, den Rechtsfrieden wiederherzustellen und das Opfer zufrieden zu stellen[18].

Danach liefert die Einteilung der Delikte nach juristischer Schwere keine Anhaltspunkte für die Frage der Eignung der Tat zum Täter-Opfer-Ausgleich. Opfer von Verbrechen können den Wunsch nach Wiedergutmachung und einem Schlichtungsgespräch haben. In diesem Fall sollte der Staat den Betroffenen dieses Recht nicht verweigern und dabei darauf hinweisen, dass dies in deren eigenem Interesse erfolge!

8.1.3 Vorliegen eines Schadens eines personifizierbaren Opfers

Ferner muss ein Schaden als Einbuße, die jemand infolge einer Straftat an seinen Lebensgütern erleidet, eine dem Geschädigten ungünstige Veränderung seiner immateriellen oder materiellen Gütersphäre, eingetreten sein, wenn der Täter-Opfer-Ausgleich durchgeführt werden soll. Insofern ist ein personifizierbares Opfer erforderlich[19]; Repräsentanten einer juristischen Person können dabei ausreichend sein[20]. Bei Delikten ohne personifizierbares Opfer ist eine Wiedergutmachung mit entsprechender strafmildernder Berücksichtigung möglich, wenn auch der Täter-Opfer-Ausgleich nicht durchführbar ist[21].

Bei Delikten gegen Gemeinschaftsrechtsgüter scheidet der Täter-Opfer-Ausgleich aus, da hier allenfalls die reflexartig mitgeschützten Interessen der konkret betroffenen Opfer befriedigt werden können, nicht aber die geschützten Rechtsgüter der Allgemeinheit wiederhergestellt werden; daher bleibt der Strafanspruch des Staates bestehen[22]. Dennoch ist ein Ausgleich des Schadens möglich, wenn auch die klassischen Formen der Wiedergutmachung nicht in

---

[18] Vergleiche insbesondere Böttcher Täter-Opfer-Ausgleich – eine kritische Zwischenbilanz S. 374
[19] Vergleiche unter anderem U. Hartmann Staatsanwaltschaft und Täter-Opfer-Ausgleich S. 65
[20] Ebenso BGH in StV 01, 110 sowie U. Hartmann a. a. O. S. 65ff
[21] Erläuternd U. Hartmann Täter-Opfer-Ausgleich im Spannungsfeld von Anspruch und Wirklichkeit S. 58f. Sogenannte opferlose Kriminalität ist aber oft Kriminalität ohne Schaden, so dass die Strafwürdigkeit fraglich ist, insbesondere bei abstrakten Gefährdungs- und Unternehmensdelikten mit teilweise bedenklicher Vorfeldkriminalisierung (Vertiefend Frehsee Schadenswiedergutmachung als Instrument strafrechtlicher Sozialkontrolle S. 168f).
[22] So auch A. Hartmann Schlichten oder Richten S. 148

8.1 Voraussetzungen für die Durchführung des TOA

Frage kommen[23]. Eine Kompensation kommt hier in Betracht über die Zahlung eines Geldbetrages an eine gemeinnützige Einrichtung oder zugunsten der Staatskasse nach § 153a I 2 Nr. 2 StPO, nicht aber – mangels hinreichender Bestimmtheit – über § 153a I 2 Nr. 1 oder 5 StPO. Insbesondere die Erbringung gemeinnütziger Arbeitsleistungen, die Teilnahme an sozialen Trainingskursen oder an Nachschulungen bei Verkehrsstraftaten stellen keine Formen der Wiedergutmachung oder des Täter-Opfer-Ausgleichs dar, da diese Leistungen nicht hinreichend bestimmt sind[24]. Weitere Deliktseinschränkungen sollten nicht gemacht werden, ansonsten eignet sich grundsätzlich jedes Delikt für den Täter-Opfer-Ausgleich[25].

Eine Wiedergutmachung im Rahmen des Täter-Opfer-Ausgleichs ist auch möglich, wenn Versicherungen beteiligt sind[26]. So wird beispielsweise in der Regel der immaterielle Schaden nicht abgedeckt oder es erfolgen Zahlungen nur bei Fahrlässigkeit und nicht bei vorsätzlichen Handlungen. In diesen Fällen kann der Beschuldigte dennoch an das Opfer eine Entschädigung erbringen, ohne dass die Beteiligung der Versicherung seine Leistung schmälert. Bei Bestehen einer Pflichtversicherung (Kfz-Halter) kann der Beschuldigte sich dazu verpflichten, immaterielle oder symbolische Wiedergutmachung zu leisten, und so eigene Leistungen an das Opfer erbringen[27].

8.1.4 Vorhandensein eines aufgeklärten, anklagefähigen Sachverhalts

Erforderlich ist ferner ein geklärter, anklagefahiger Sachverhalt, weil die Schlichter nicht zur Sachverhaltsermittlung ausgebildet sind[28]. Die Ermittlungsarbeit ist von der Staatsanwaltschaft und ihren Hilfsbeamten zu leisten und darf bei tatsächlichen Schwierigkeiten ebenso wenig dem Schlichter übertragen werden wie im Rahmen des Ermittlungsverfahrens die Ermitt-

---

[23] Vergleiche dazu Böttcher Täter-Opfer-Ausgleich – eine kritische Zwischenbilanz S. 372
[24] A. A. Laue Symbolische Wiedergutmachung S. 80ff, 121ff, der das Problem der fehlenden Bestimmtheit dieser Leistungen nicht erkennt.
[25] Näher U. Hartmann Staatsanwaltschaft und Täter-Opfer-Ausgleich S. 70ff
[26] Anders und unzutreffend Marticke Die Beteiligung von Versicherungen am Adhäsionsverfahren am Beispiel der Abwicklung von Schäden aus Verkehrsunfällen S. 65ff.
[27] Worauf Frehsee a. a. O. S. 176 zutreffend hinweist.
[28] Ebenso U. Hartmann a. a. O. S. 65, 67f

8 Voraussetzungen und Grenzen des Täter – Opfer – Ausgleichs

lungen dem Richter überlassen werden dürfen. Dies ergibt sich aus der Verfahrensherrschaft der Staatsanwaltschaft nach §§ 160, 161 I StPO und der eng umschriebenen richterlichen Ausnahmekompetenz gemäß § 165 StPO. Gefordert wird teilweise sogar, dass die Staatsanwaltschaft den Sachverhalt so aufzubereiten habe, dass die ununterbrochene Durchführung der Hauptverhandlung möglich werde[29]. Im Rahmen einer Einstellung nach § 153 a I 2 StPO muss daher der Sachverhalt ausermittelt sein[30]. § 244 II StPO, der die Amtsaufklärungspflicht des Richters regelt, rechtfertigt insofern keine andere Betrachtung, als das Gericht danach im Rahmen der Hauptverhandlung zwar Beweise von Amts wegen erhebt, nicht jedoch die etwaigen Beweiserhebungen notwendigerweise vorgelagerte Klärung des Sachverhalts durchführt. Ist der Sachverhalt nicht hinreichend geklärt, könnte auch bei Bagatellen ein Täter-Opfer-Ausgleich bzw. eine Wiedergutmachung angeregt werden, wodurch es zu Verstößen gegen den Verhältnismäßigkeitsgrundsatz käme; andererseits bestünde die Gefahr, dass bei ungenügender Aufklärung eine Einstellung beschlossen würde, obwohl angesichts der Schwere der Tat hier weitere Interventionen erforderlich gewesen wären[31]. Der hinreichende Tatverdacht bildet daher eine zwingende Voraussetzung des Angebotes eines Täter-Opfer-Ausgleichs. Da aber der Beschuldigte bis zu seiner rechtskräftigen Verurteilung als unschuldig gilt, muss ihm ohne Nachteile die Möglichkeit offen stehen, den gegen ihn bestehenden Tatverdacht im regulären Verfahren klären zu lassen[32].

8.1.5 Freiwillige Mitwirkung des Beschuldigten

Zunächst ist fraglich, wie der Begriff der Freiwilligkeit zu bestimmen ist. Unstreitig dürfte folgendes sein: Soweit der Beschuldigte seine Beteiligung bestreitet, ist dies zu respektieren und sind Versuche, ihn zur Mitwirkung zu bewegen, als unzulässig zu unterlassen[33]. Voraussetzung der Freiwilligkeit ist also zunächst, dass der Delinquent die Tat nicht bestreitet. Ein Geständnis des Täters darf wegen des Verbots des Zwangs zur Selbstbezichtigung nicht

---

[29] So RGSt 76, 254; LR(24) - Rieß § 160 Rn. 15; a. A. SK-Wohlers § 160 Rn. 17 m. w. N.
[30] Ebenso SK-Wohlers § 160 Rn. 34; KMR - Plöd § 160 Rn. 3; LR(24) - Rieß § 160 Rn. 33
[31] Übereinstimmend Meier GA 99, S. 10
[32] Instruktiv Rieß Weichen zum Übergang in alternative Verfahrensformen S. 163f
[33] So auch U. Hartmann a. a. O. S. 68

8.1 Voraussetzungen für die Durchführung des TOA

zur Voraussetzung des Täter-Opfer-Ausgleichs gemacht werden, ebenso muss das Bestreiten der Tat ernst genommen und darf nicht durch das Angebot eines Täter-Opfer-Ausgleichs unterlaufen werden[34]. Die weiteren Voraussetzungen und die genaue Begriffsbestimmung sind umstritten. Auf den ersten Blick bietet sich an, den Begriff der Freiwilligkeit in Anlehnung an den Freiwilligkeitsmaßstab im Rahmen des Rücktritts vom Versuch als autonome Entscheidung in Abgrenzung zu heteronomen Motiven zu bestimmen. Die Konsequenz wäre, da der Beschuldigte in aller Regel zur Wiedergutmachung bereit sein wird, um eine Besserstellung im Strafverfahren zu erreichen, dass dieser unfreiwillig gehandelt hätte. Dies wird jedoch zu Recht einhellig abgelehnt, da die Situation beim Rücktritt vom Versuch eine ganz andere ist als bei der Wiedergutmachung: Bereits die Tatentdeckung und ein Handeln aus Angst vor Strafe verschließen den Weg zum strafbefreienden Rücktritt, während die Wiedergutmachung erst im Rahmen des Ermittlungsverfahrens als Strafzumessungsgrund relevant wird, die Strafbarkeit also voraussetzt[35]. Für die Freiwilligkeit im Rahmen des Täter-Opfer-Ausgleichs kann daher nicht die Abgrenzung von autonomen und heteronomen Motiven entscheidend sein.

Rechtlich gesehen handelt derjenige freiwillig, der eine Leistung ohne Rechtszwang erbringt[36]. Im Hinblick darauf, dass die Motive, die den Einzelnen zur Wiedergutmachung bewogen haben, nicht mit hinreichender Sicherheit bestimmt werden können, dürfen diese nicht entscheidend sein[37]. Richtig ist daher, sich an den äußeren Schein der Freiwilligkeit zu halten, weil typischerweise die innere Einstellung dem äußeren Schein entspricht und weil man nach dem Grundsatz *in dubio pro reo* davon ausgehen muss, dass dem äußeren Anschein der Freiwilligkeit und Reue auch die innere Einstellung entspricht[38]. Relevant dürfte dabei der Maßstab des gemäß §§ 136a, 69 III StPO verbotenen Drucks sein[39], der erst die Freiwilligkeit ausschließt. In ei-

---

[34] Erläuternd Rieß a. a. O. S. 163f; U. Hartmann a. a. O. S. 68
[35] Ebenso Meier JuS 1996, S. 440 m. w. N.
[36] Vergleiche Lampe GA 140 (1993), S.485ff, 489f
[37] Derselben Ansicht ist Lampe a. a. O. S. 490
[38] Ebenso Rössner Autonomie und Zwang S. 275; dagegen geht Loos ZRP 1993, S. 51ff, 56 davon aus, dass diese Typizität nicht besteht, sondern der Beschuldigte aus zweckrationaler Kalkulation heraus die Wiedergutmachung wählt und nicht autonom handelt. Diese Vermutung kann Loos jedoch nicht belegen; ebensogut könnte man das Gegenteil annehmen.
[39] Vergleiche einerseits Meier a. a. O. S. 440, der ohne Begründung davon ausgeht, dass dieser beim Täter-Opfer-Ausgleich noch nicht erreicht und entsprechend die Entscheidung des Beschuldigten eine

8 Voraussetzungen und Grenzen des Täter – Opfer – Ausgleichs

ner ersten Annäherung an den Begriff ist festzustellen, dass § 136a StPO die Willensfreiheit des Beschuldigten in den Varianten der Willensentschließung und Willensbetätigung schützt; sie ist gewahrt, wenn der Delinquent unbeeinflusst und frei über „Ob" und „Wie" seiner Aussage entscheiden kann sowie bei der Ausführung seiner Entschlüsse Verhaltensfreiheit genießt[40]. Eine uneingeschränkte Willensfreiheit kann, will und soll das Gesetz im Hinblick auf die vielfältigen Faktoren, von denen das Aussageverhalten abhängt und zu denen auch das Verhalten der Strafverfolgungsorgane gehört, nicht sicherstellen[41]. Es handelt sich um eine normative Frage, keine Tatfrage; relevant ist daher eine Beeinträchtigung der Willensfreiheit erst dann, wenn der Verhaltensspielraum des Beschuldigten nachhaltig reduziert wird[42].

Dabei ist zu berücksichtigen, dass der Beschuldigte stets unter dem Druck des ansonsten stattfindenden Strafverfahrens handeln wird[43]. Diese Drucksituation entsteht – wenn auch noch nicht institutionell vermittelt - durch § 46 II StGB, der bei der Strafbemessung das Nachtatverhalten einbezieht. Jedenfalls muss der Täter ab Begehung der Tat mit einer Sanktion rechnen und befindet sich insofern unter Entscheidungsdruck. Dieser bleibt bis zur Wiederherstellung des Rechtsfriedens erhalten[44]. Freiwilligkeit kann für den Täter daher nur ein Abwägen zwischen zwei Übeln bedeuten[45]. Solange dieser Zwang nicht institutionell vermittelt wird, ist er unproblematisch zulässig; fraglich ist jedoch, ob der institutionell vermittelte Druck des ansonsten stattfindenden Strafverfahrens die Willensfreiheit des Beschuldigten nachhaltig beeinträchtigt und daher das Maß des gemäß § 136a StPO verbotenen Zwangs erreicht[46].

Davon ist jedoch nicht auszugehen. Ähnlich wie bei therapeutischen Bemühungen im Straf- und Maßregelvollzug, die ebenfalls freiwillige Mitwirkungs-

---

freiwillige ist sowie andererseits Roxin Strafverfahrensrecht S. 89, der ebenfalls ohne Begründung davon ausgeht, dass dieser erreicht und die Entscheidung unfreiwillig ist.
[40] Übereinstimmend SK-Rogall § 136a Rn. 25
[41] Siehe auch SK-Rogall a. a. O. Rn. 25
[42] Gleichlautend SK-Rogall a. a. O.
[43] So insbesondere Fezer ZStW 1994, S. 58 und Weigend Fragen der Rechtsstaatlichkeit S. 52ff; ders. Freiwilligkeit als Voraussetzung S. 149ff
[44] Näher dazu Kreutz Der Täter-Opfer-Ausgleich aus der Sicht von Rechtsanwälten S. 19 m. w. N.
[45] Ebenso Trenczek Vermittelnder Ausgleich strafrechtlich relevanter Konflikte S. 476
[46] Davon geht insbesondere Loos ZRP 1993, S. 51ff, 55f aus.

8.1 Voraussetzungen für die Durchführung des TOA

bereitschaft des Täters voraussetzen und eine wesentliche Voraussetzung für Lockerungen im Vollzug und eine vorzeitige Entlassung darstellen, soll der Beschuldigte dazu motiviert werden, an seiner Resozialisierung und der Wiederherstellung des Rechtsfriedens mitzuarbeiten[47]. Hier wie dort bewegt nicht die Drohung mit einer Strafe den Delinquenten zur Mitarbeit, sondern die Aussicht, sich durch die Mitwirkung sanktionsrechtliche Vergünstigungen zu verdienen[48]. Die Freiwilligkeit der Teilnahme, die ebenso beim Vollzug der Freiheitsstrafe und der freiheitsentziehenden Maßregeln rechtsstaatlich erforderlich ist, weil eine Zwangsbehandlung gegen die Menschenwürde verstieße, andererseits aber auch die entscheidende Voraussetzung für erfolgreiche Bemühungen bildet, ist beim Vollzug der strafrechtlichen Rechtsfolgen stets nötig, aber auch eingeschränkt[49]. Vergleichbar ist die Lage des Beschuldigten auch mit derjenigen nach Ergehen eines Strafbefehls, wo sich der Beschuldigte entscheiden muss, ob er Einspruch einlegen möchte oder mit derjenigen eines Beschuldigten nach Verurteilung, wenn er vor der Entscheidung steht, ob er ein Rechtsmittel einlegen möchte[50]. Insbesondere wegen der Folgenlosigkeit der Mitwirkungsverweigerung und der Eröffnung einer zusätzlichen Option neben dem Strafverfahren besteht daher die freie Wahl des Beschuldigten[51]. Von einer nachhaltigen Verengung des Verhaltensspielraumes des Beschuldigten kann deshalb nicht ausgegangen werden.

Dieses vorläufige Ergebnis der noch recht offenen Bestimmung der Willensfreiheit ist am nach § 136a I 3 StPO verbotenen Zwang zu messen. Unabhängig davon, ob man dabei auf das Versprechen eines gesetzlich nicht vorgesehenen Vorteils oder das Drohen mit einer gesetzlich unzulässigen Maßnahme abstellt, würde es einen Zirkelschluss bedeuten, von der gesetzlichen Regelung in § 153a I 2 StPO auf die Zulässigkeit des Verfahrens zu schließen, wobei der Schutz der § 136a StPO leerliefe[52]; die Regelung ist vielmehr ebenfalls am Maßstab des § 136a I 3 StPO zu messen.

Eine Drohung i. S. d. § 136a I 3 StPO liegt in einem Inaussichtstellen

---
[47]Übereinstimmend Roxin Zur Wiedergutmachung im Sanktionensystem S.251f
[48]Ebenso Roxin a. a. O. S.251f
[49]Vergleiche Roxin a. a. O. S. 251f
[50]Weitere Nachweise zu dieser Ansicht bei LR-Beulke (25) § 153a Rn. 14
[51]Siehe dazu auch SK-Weßlau § 153a StPO Rn. 7f und U. Hartmann a. a. O. S. 69
[52]Ebenso Dencker JZ 73, S. 144ff, 149, der zur Illustration das Beispiel einer gesetzlichen Regelung anführt, die zur Förderung der Geständnisbereitschaft das Verabreichen von Ohrfeigen vorsieht.

8 Voraussetzungen und Grenzen des Täter – Opfer – Ausgleichs

eines Geschehens, auf dessen Eintritt der Vernehmende Einfluss zu haben behauptet, wobei die Drohung mit einer an sich zulässigen Maßnahme nicht erfasst ist, wenn hinreichend zum Ausdruck kommt, dass die Entscheidung allein von sachlichen Gegebenheiten abhängig sei[53], also nicht willkürlich erfolge[54]. Warnungen, Belehrungen und Hinweise sind erlaubt; sie unterscheiden sich dadurch von Drohungen, dass es an der Behauptung des Eintritts der negativen Folgen im konkreten Fall oder an der Einflussnahme durch den Vernehmenden darauf fehlt[55]. Bei Auflagenerteilung gemäß § 153a I 2 StPO steht das im Falle der Mitwirkungsverweigerung durchzuführende Strafverfahren für den Beschuldigten drohend im Hintergrund, sodass sich die Frage stellt, ob es sich dabei um eine im o. g. Sinne unzulässige Drohung handelt. Tatsächlich haben Richter und Staatsanwalt Einfluss auf die Fortführung oder Einstellung des Strafverfahrens und machen diese ausschließlich von einem Verhalten des Beschuldigten im konkreten Fall abhängig, sodass es sich nicht um bloße Hinweise handelt. Wenn auch die Aussicht, vor Gericht zu erscheinen, für den Beschuldigten nicht angenehm ist und diesen zur Kompromissbereitschaft veranlasst, so ist der Druck, den sie erzeugt, doch mit der MRK vereinbar[56]. Dem Beschuldigten wird mit der Durchführung einer an sich zulässigen Maßnahme, nämlich dem Strafverfahren, gedroht, wobei es an dem jeweiligen Richter oder Staatsanwalt ist, hinreichend zum Ausdruck zu bringen, dass die Entscheidung ausschließlich von sachlichen Gegebenheiten abhänge und dass der Beschuldigte nicht zu einer Entschließung gedrängt werde. Es ist unbedingt erforderlich, dass dem Beschuldigten die Freiwilligkeit der Auflagenerfüllung bewusst wird und er seine Wahlmöglichkeit nach entsprechender Information wahrnehmen kann[57]. Natürlich darf seine Mitwirkungsverweigerung nicht im anschließenden Strafverfahren – ebenso wenig wie das Fehlen von Strafmilderungsgründen sowie ein gescheiterter Wiedergutmachungsversuch – strafschärfend berücksichtigt werden. Unter dieser Voraussetzung handelt es sich nicht um eine i. S. v. § 136a I 3 StPO unzulässige Drohung.

---

[53] Weitere Nachweise bei LR-Hanack § 136a Rn. 48
[54] So auch SK-Rogall § 136a Rn. 63
[55] Vergleiche LR-Hanack § 136a Rn. 49 m. w. N.
[56] EuGHMR EuGRZ 1980, S. 667ff, S. 673 (Fall Deweer)
[57] Ebenso unter anderem Rieß a. a. O. S. 163f sowie U. Hartmann a. a. O. S. 65, 69f

8.1 Voraussetzungen für die Durchführung des TOA

Das Versprechen eines unzulässigen Vorteils setzt das Inaussichtstellen der Herbeiführung eines als günstig empfundenen Zustandes voraus, der jedenfalls im konkreten Fall nicht gewährt werden darf[58]. Die Einstellung des Strafverfahrens nach Täter-Opfer-Ausgleich oder Wiedergutmachung stellt sich als ein Vorteil dar, der dem Beschuldigten für ein bestimmtes Verhalten in Aussicht gestellt wird. Nach den obigen Ausführungen darf dieser im Hinblick auf die geringe zu vergeltende Schuld sowie aus general- und spezialpräventiven Erwägungen heraus versprochen werden, da eine Bestrafung nicht erforderlich erscheint[59]. Ein unzulässiger Vorteil wird daher nicht versprochen, sodass § 136a StPO gewahrt bleibt und der Delinquent insofern ohne unzulässigen Zwang, also freiwillig, handelt.

Nach der Rechtsprechung muss der Täter (zusätzlich?) in dem ernsthaften Bestreben handeln, das Opfer zufrieden zu stellen[60]. Da jedoch dafür die Bemühungen zur Erzielung einer Einigung für ausreichend erachtet werden, dürfte dies bei jedem Täter-Opfer-Ausgleich der Fall sein, sodass damit keine zusätzliche Einschränkung verbunden ist.

8.1.6 Zustimmung des Opfers

Bedingung für einen Täter-Opfer-Ausgleich ist daneben die Zustimmung des Opfers nach entsprechender Belehrung über die Freiwilligkeit, nach der Rechtsprechung unter innerlicher Akzeptanz der Leistung des Beschuldigten als friedensstiftenden Ausgleich[61]. Wenn das Opfer nicht zustimmt, ist zwar die Durchführung des Täter-Opfer-Ausgleichs i. e. S. nicht möglich; es kann jedoch gegenüber einer Opferhilfsorganisation geleistet bzw. das ernsthafte Bemühen des Beschuldigten um den Ausgleich für ausreichend erachtet werden.

Soweit ELLSCHEID ausführt, zur Ablösung der Strafe sei ein Versöhnungsprozess zwischen Täter und Opfer erforderlich, während das der Strafe nicht analoge Bemühen des Täters, einen Ausgleich mit dem Verletzten herbeizuführen, nicht ausreichend sei[62], steht dem der Gleichbehandlungsgrundsatz

---
[58]Weitere Nachweise bei LR-Hanack § 136a Rn. 50ff
[59]In dieser Arbeit zur Vereinbarkeit von Täter-Opfer-Ausgleich mit den Straftheorien unter 6.4
[60]BGH in StV 02, 649ff
[61]BGH in StV 02, 649ff sowie in StV 04, 72f
[62]Ellscheid Denk- und Handelsfiguren des Zivilrichters S. 199ff

8 Voraussetzungen und Grenzen des Täter – Opfer – Ausgleichs

entgegen. Im Übrigen wird jeder Täter-Opfer-Ausgleich bzw. das Bemühen darum anschließend einer Kontrolle durch die Strafverfolgungsbehörden unterzogen, welche entscheiden, wie dies in Bezug auf die Sanktionierung zu werten ist. Eine vollständige Reprivatisierung des Konfliktes findet daher nicht statt, sondern es wird überprüft, welche Sanktion noch erforderlich ist. Bereits aus diesem Grund kann die strafmildernde Berücksichtigung des Täter-Opfer-Ausgleichs nicht davon abhängen, ob das Opfer zur Teilnahme bereit ist. Auch würde auf den Opfern ein unerträglicher Druck lasten, wenn die Möglichkeit für den Beschuldigten, eine Strafmilderung zu erreichen, ausschließlich von ihnen abhinge[63]; deshalb kann es nicht entscheidend auf die Mitwirkungsbereitschaft des Opfers ankommen. Diese ist überdies abhängig von der persönlichen Betroffenheit durch die Tat, die nicht mit der Schwere der Rechtsverletzung korreliert. Da dem Opfer durch den Täter-Opfer-Ausgleich zu einer schnellen und unbürokratischen Schadensregulierung und der Verarbeitung der Straftat mit ihren Folgen geholfen werden soll, ist die Entscheidung des Opfers, nicht teilnehmen zu wollen, zu respektieren.

8.1.7 Leistungsfähigkeit des Beschuldigten

Notwendige Voraussetzung des Täter-Opfer-Ausgleichs ist die Leistungsfähigkeit des Beschuldigten, die ggf. über Kredite von Wiedergutmachungsfonds und gemeinnützige Arbeit hergestellt werden kann[64]. Dadurch erfolgt kein Verstoß gegen Art. 3 GG, weil die ökonomische Ungleichheit ein Grundprinzip unserer Gesellschaftsordnung darstellt; auch wird das Bemühen um Wiedergutmachung bei leistungsschwachen Tätern stärker honoriert als bei leistungsstarken, sodass erstere durch Wiedergutmachung nicht benachteiligt werden. Ein finanzieller Ausgleich kann logischerweise nur dann erfolgen, wenn der Beschuldigte Zahlungen anbieten kann. Die flächendeckende Schaffung von Opferfonds, die aus entsprechenden Wiedergutmachungs- und Geldzahlungsauflagen nach § 153a I 2 Nr. 2, 3 StPO finanziert werden, ist daher anzustreben.

---

[63]So auch Hirsch Zusammenfassung der Ergebnisse des Kolloquiums S. 386
[64]Für die Schaffung von Ausgleichsfonds, wenn auch über die Geldstrafen finanziert, plädiert auch Meier ZRP 1991, S. 71ff mit weiteren Argumenten.

8.2 Einteilung der Konflikte

8.1.8 Kein Ausschluss vorbelasteter Beschuldigter

Auch vorbestrafte Beschuldigte sollen am Täter-Opfer-Ausgleich teilnehmen[65]. Dieses Kriterium ist deklaratorisch und soll betonen, dass sich der Täter-Opfer-Ausgleich grundsätzlich für alle Tätergruppen eignet. Aufgrund der bisherigen Erfahrungen in der Rechtswirklichkeit erscheint es jedoch angebracht, dieses Kriterium hervorzuheben[66].

8.2 Einteilung der Konflikte und Prüfung ihrer Eignung für Gerichtsverfahren und Schlichtungsverfahren

Wie bereits oben erläutert, ist es wünschenswert, bereits im Vorfeld eines Schlichtungsversuches zu bestimmen, ob sich der vorliegende Konflikt dafür eignet. Zur Einteilung der Konflikte bestehen verschiedene Modelle, die hier erörtert werden sollen, wobei sich anhand des jeweiligen Modelles die Eignung des Konfliktes für ein Schlichtungs- oder Gerichtsverfahren ergibt.

8.2.1 Interessen- und Wertkonflikte

Neben horizontalen Interessenkonflikten, die sich bei einer Knappheit begehrter Güter aus einem Streit um diese ergeben, existieren vertikale Wertkonflikte, welche aus einer Meinungsverschiedenheit über Tatsachen oder Werte resultieren[67]. Oft liegt einem Wert- ein Interessenkonflikt zugrunde, der sich ausgeweitet hat[68] mit der Folge, dass der ursprüngliche Interessenkonflikt nur noch wie ein Wertkonflikt lösbar ist[69]. Die Lösung von Interessenkonflikten erfolgt durch Suche nach einem Kompromiss oder Aushandeln unter den Parteien[70], wobei Kooperationsgewinne erzielbar sind. Wertkonflikte

---

[65] Vergleiche U. Hartmann Täter-Opfer-Ausgleich im Spannungsfeld von Anspruch und Wirklichkeit S. 70f
[66] Näher U. Hartmann Staatsanwaltschaft und Täter-Opfer-Ausgleich S. 79f; sie erläutert, dass vorbelasteten Tätern trotz Falleignung oft kein Täter-Opfer-Ausgleich angeboten wurde.
[67] So Aubert Interessenkonflikt und Wertkonflikt S. 180f, 182f
[68] Vergleiche Aubert a. a. O. S.188
[69] Näher dazu Aubert a. a. O. S. 185f
[70] So Aubert a. a. O. S. 185

8 Voraussetzungen und Grenzen des Täter – Opfer – Ausgleichs

werden demgegenüber durch das Gesetz und die Anwendung von Normen in einer Triade mit der Möglichkeit bzw. der Gefahr der Allianz 2:1 gelöst[71]; sie eignen sich daher für eine binäre Kodierung wie beispielsweise Recht-Unrecht. Im Schlichtungsverfahren können grundsätzlich beide Konfliktarten geregelt werden, vor den (Straf-)Gerichten prinzipiell nur Wertkonflikte, da das Gerichtsverfahren und die dort gefundene Lösung nicht verhandelbar sind. Interessen- können jedoch zu Wertkonflikten reduziert werden, um diese rechtlich fassbar zu gestalten und zu einem Urteil im Gerichtsverfahren zu kommen; dabei wird allerdings eine Ebene der Konflikte unterdrückt und bleibt ungelöst[72]. Zu beachten ist jedoch, dass es trotzdem im Interesse der Parteien liegen kann, ihren Streit gerichtlich entscheiden zu lassen, wie unten noch näher ausgeführt wird[73]. Wenn auch möglicherweise Beiträge, die nach den persönlichen Kriterien der Parteien relevant wären, nicht zugelassen werden, weil die Relevanz nach juristischen Kriterien zu beurteilen ist, so wird dieser „Nachteil" dadurch ausgeglichen, dass eine Entscheidung über die Beendigung des Konflikts mit hoher Autorität und verbindlich getroffen. Ferner wird der Konflikt auf diese Weise begrenzt und einer Ausweitung so entgegengewirkt, was im Schlichtungsverfahren schwerer gelingt.

In nicht zu vertretender Weise sieht BAUER insofern als Vorteil des Täter-Opfer-Ausgleichs, dass dort individuellen Interpretationen von Recht und Unrecht Raum gegeben werde[74]. Dies erscheine angesichts der Interpretationsdifferenzen gesetzlicher Rechtsnormen aufgrund unterschiedlicher sozialer Herkunft, Lebensphasen oder individueller Lebensentwürfe erforderlich[75]. Eine eindeutige Rechtsprechung werde immer schwieriger, weil eine allgemeingültige Vorstellung von Gerechtigkeit in der Gesellschaft nicht existiere. Es bestünden deshalb Zweifel, ob normabweichendes Verhalten noch in strafrechtlichen Delikten erfasst und nach übergeordneten Prinzipien von Gleichheit und Gerechtigkeit verurteilt werden könne[76]. Insofern geht BAUER davon aus, dass das Strafverfahren nur zum Teil dazu geeignet sei, mit Krimi-

---

[71] Siehe Aubert a. a. O. S. 189f
[72] Siehe Aubert a. a. O. S. 190f
[73] Ausführlich dazu auf den S. 185f
[74] Bauer Täter-Opfer-Ausgleich in der Kritik S. 99 ff
[75] So Bauer a. a. O. S. 99 ff
[76] Vergleiche Bauer a. a. O. S. 99

8.2 Einteilung der Konflikte

nalität angemessen umzugehen.

Tatsächlich besteht jedoch in unserer Gesellschaft durchaus Einigkeit über verschiedene Gerechtigkeitsprinzipien; Aufschluss darüber liefern bereits die Gesetze, die von allen Mitgliedern der Gesellschaft beschlossen wurden. Die Grundsätze sind in den Grundrechten sowie in den Verfahrensvorschriften der StPO niedergelegt und erfreuen sich breitester Zustimmung. Etwaig bestehende Interpretationsdifferenzen bezüglich materiellrechtlicher Normen werden dadurch aufgelöst, dass die auslegungsbedürftigen offenen Tatbestände höchstrichterlich konkretisiert werden, wodurch eine einheitliche Interpretation vorgegeben wird. Eine eindeutige Rechtsprechung ist daher möglich und zur Verwirklichung der Grund- und Verfahrensrechte des Beschuldigten auch erforderlich. Soweit normabweichendes Verhalten die Freiheitsrechte eines anderen in einer Weise verletzt, auf die dieser sich wegen seines engen Kontaktes mit den Mitgliedern der Gemeinschaft und des diesen entgegenzubringenden Vertrauens nicht einstellen kann, handelt es sich um strafrechtlich relevantes Verhalten. Das Strafverfahren ist nicht nur geeignet, mit diesem Handeln der Individuen umzugehen, sondern auch erforderlich, um die Gemeinschaft mit dem Opfer zu bestätigen und zu erhalten.

Bereits oben ist darauf hingewiesen worden, dass zentrales Ziel des Strafverfahrens die Wahrheitserforschung darstellt. Nur dann, wenn mit hinreichender Sicherheit in einem fairen Verfahren festgestellt worden ist, dass der Beschuldigte die ihm zur Last gelegte Tat begangen hat, kann legitimerweise eine staatliche Sanktionierung seines Verhaltens erfolgen. Ein Freiraum für individuelle Interpretationen von Recht und Unrecht kann und darf dabei aus grundrechtlichen und rechtsstaatlichen Gründen nicht verbleiben! Ein diesbezüglicher Vorteil des Schlichtungsverfahrens gegenüber dem Strafverfahren ist also nicht ersichtlich.

Weiter wird ausgeführt, es würden im Rahmen des Täter-Opfer-Ausgleichs auch Beiträge, die nach den persönlichen Relevanzkriterien der Beteiligten entlastend wirken können, strafrechtlich aber nicht zur Sache gehören, zugelassen; so würde eine Erfassung des gesamten lebensweltlichen Kontextes des Konflikts ermöglicht[77]. Im formalisierten Strafverfahren erfolge dagegen eine institutionelle Konfliktverschiebung, denn der soziale interpersonelle Kon-

---
[77]So C. Meßner Recht im Streit S. 116ff

8 Voraussetzungen und Grenzen des Täter – Opfer – Ausgleichs

flikt werde zur abstrakten überindividuellen Rechtsgutsverletzung transformiert[78]. Damit gehe eine Reduktion von Komplexität einher, da die Entscheidbarkeit erst durch eine Reduktion sozialer Realität mittels Sprachfilter nach juristischen Relevanzkriterien auf einer normativen Struktur hergestellt werde[79]. Es komme zu einer selektiven Realitätsverarbeitung im formellen Strafverfahren, wodurch das persönliche und gesellschaftliche Konfliktumfeld abgesondert würden[80]. Die Neukodierung des Konflikts entspräche nicht mehr der Realität, wie die Parteien sie wahrnehmen[81]. So entstünde eine Inkongruenz von Konfliktgegenstand und Meta-Konflikt der formalrechtlichen Bearbeitung[82]. Der binäre Schematismus von Recht und Unrecht, das Alles-oder-Nichts-Prinzip, stelle einen wesentlichen Nachteil des Strafverfahrens gegenüber den mehrdimensionalen Entscheidungsmöglichkeiten beim Täter-Opfer-Ausgleich dar[83]. Der Strafprozess bilde insofern ein Nullsummenspiel, dessen Ziel die Eliminierung der unterlegenen Partei sei[84]. Beim Täter-Opfer-Ausgleich bestehe dagegen die Möglichkeit, neue Werte zu schöpfen und den Konflikt ohne Gewinner und Verlierer zu beiderseitigem Nutzen zu beenden. An die Stelle eines Nullsummenspiels trete so ein für beide Seiten vorteilhaftes Verhandlungsspiel. Der Täter-Opfer-Ausgleich leiste insofern eine umfassende Befriedung und zeige Zukunftsperspektiven auf.

Diese Auffassung verkennt, dass erst die Reduktion von Komplexität im Rahmen des Strafverfahrens die gleichmäßige Entscheidbarkeit des Konflikts herstellt. Nur die Beurteilung nach juristischen Kriterien ermöglicht es, den konkreten Einzelfall unter die Norm zu subsumieren und gewährleistet auf diese Weise eine gerechte Entscheidung ohne Ansehen der Person. Könnten die vielgestaltigen Lebenssachverhalte nicht auf eine Ebene transformiert werden, auf der diese vergleichbar sind, so wären Willkürentscheidungen Tür und Tor geöffnet. Die Reduktion der von den Parteien empfundenen Realität nach juristischen Relevanzkriterien ist daher unabdingbar zur Herstellung

---

[78] Siehe dazu Kuhn >>Tat-Sachen<< als Konflikt S. 47
[79] Vergleiche Kuhn a. a. O. S. 48
[80] Näher Kuhn a. a. O. S. 48; Meßner a. a. O. S. 114ff; Netzig Brauchbare Gerechtigkeit S. 37
[81] So Messmer Zwischen Parteiautonomie und Kontrolle S. 115
[82] Siehe Messmer a. a. O. S. 115
[83] Vergleiche Messmer a. a. O. S. 116
[84] Weitere Nachweise bei Frehsee Schadenswiedergutmachung als Instrument strafrechtlicher Sozialkontrolle S. 128

8.2 Einteilung der Konflikte

von Transparenz und Gerechtigkeit der gerichtlichen Entscheidungspraxis. Umgekehrt können die Entscheidungen im Schlichtungsverfahren, die den gesamten lebensweltlichen Kontext der Straftat mit einbeziehen, nicht gleichmäßig und gerecht sein, da es bereits an einem einheitlichen Beurteilungsmaßstab fehlt. Den Parteien ist die Regelung des Konfliktes überlassen, es wird keine gerechte Regelung angestrebt, sondern eine einzelfallorientierte Befriedung. Mangels einheitlichen Maßstabs und Vergleichbarkeit der Fälle ist Gerechtigkeit auf diese Art nicht zu erzielen. Die strafrechtliche Reaktion muss jedoch gerecht sein, um sich legitimieren zu lassen; bereits aus diesem Grund kann der außerrechtliche Täter-Opfer-Ausgleich abgelehnt werden.

Überdies verhindert die Begrenzung des Streits auf juristisch relevante Punkte eine Ausweitung des Konfliktes auf weitere Streitpunkte und eine Verwicklung weiterer Personen in die Angelegenheit. Dadurch, dass der Richter den Parteien verdeutlicht, dass von diesen für wichtig gehaltene Punkte für die Entscheidung nicht von Belang sind, kann es zu der befürchteten Inkongruenz von wahrgenommenem und gelöstem Konflikt kommen. Es ist jedoch auch möglich, dass die Parteien erkennen, dass ihre Relevanzkriterien falsch gewählt waren und den Konflikt mit dem Urteil als beendet ansehen. Ferner dürfte der von den Parteien wahrgenommene Konflikt im Rahmen des Schlichtungsverfahrens ebenso wenig lösbar sein, wenn er seit längerem geschwelt hat und die Fronten entsprechend verhärtet sind. In diesen Fällen wird schon keine Bereitschaft zur Teilnahme bestehen, obwohl dadurch mehr bewirkt werden könnte als im Strafverfahren. Es ist nach den Ergebnissen der Modellprojekte zu befürchten, dass insbesondere bei Nachbarschaftsstreitigkeiten der Täter-Opfer-Ausgleich als konsensuales Verfahren häufig abgelehnt wird bzw. nicht zu einer umfassenden Befriedung führen kann, weil die Beteiligten sich darauf nicht einlassen können oder wollen[85]. Dies wird von der Forschung bestätigt, wonach Konflikte im Freundes- und Bekanntenkreis, in der Nachbarschaft sowie unter Verwandten, die auf Beleidigungen und Kränkungen beruhen, mit wenigen Ausnahmen dadurch geregelt werden, dass das Opfer den Konflikt vermeidet und ohne Kommunikation mit dem Schädiger nachgibt; es resigniert, meidet den Kontakt mit dem Schädiger und lässt den Konflikt versickern oder schafft individuelle Abhilfe, ohne mit dem Schädiger

---

[85] Vergleiche unten in dieser Arbeit unter 9

8 Voraussetzungen und Grenzen des Täter – Opfer – Ausgleichs

Kontakt aufzunehmen[86]. Dieses Modell bewirkt keine Verhaltensänderung beim Täter, der die unspezifische „Sanktion" entweder nicht wahrnimmt oder aber nicht auf eine konkrete Handlung seinerseits bezieht[87]. In der Reaktion auf Konflikte im Freundes- und Bekanntenkreis besteht nach den bisherigen Forschungsergebnissen übrigens ein geschlechterspezifischer Unterschied: Das obige Modell des Meideverhaltens wird vor allem von weiblichen Akademikerinnen der unteren Einkommensgruppen angewendet, während männliche weniger gebildete Opfer eher dazu neigen, auf derartige Konflikte mit brachialer Zurechtweisung zu reagieren[88].

Der Grund für diesen geschlechtsspezifischen Unterschied kann möglicherweise durch verschiedene Rollenmodelle erklärt werden: Wenn auch das jahrtausendealte Rollenverhalten historisch überholt und hinderlich ist, so kann es doch nicht einfach abgelegt werden: Der Mann, der in unserer Kultur das ökonomische Überleben sicherstellen und seine physische Kraft auch unter feindseligen Bedingungen einsetzen musste, neigt noch heute zu nach außen manifestierter Härte, Aggressivität und unnachgiebigem Verhalten[89]. Die früher abhängige und untergeordnete Frau neigt demgegenüber dazu, eher passives, angepasstes, unauffälliges, nachgiebiges und mitfühlendes Verhalten zu zeigen[90]. Diese Unterschiede beruhen jedoch nicht auf der weiblichen Natur, sondern auf der historischen Arbeits- und Lebenssituation der Frau und stellen insofern von dieser gelerntes Verhalten dar[91]. Dieses könnte einen Erklärungsansatz für das oben erläuterte Meidungsverhalten als Reaktion auf einen Konflikt darstellen.

Eine vorstellbare Erklärung für das besonders resignative Konfliktverhalten der Akademikerinnen mit geringem Einkommen besteht darin, dass es sich schwerpunktmäßig um Berufsanfängerinnen oder aber noch in der Ausbildung befindliche Personen handelt[92]. Diese verfügen alterssentsprechend über wenig Erfahrung im Umgang mit Konflikten und brechen aus dieser Unsicherheit heraus den Kontakt ab. Es bedarf nämlich erheblicher Selbst-

---

[86] Vertiefend Hanak/Steht/Steinert a. a. O. S. 139ff, 24f
[87] Siehe Hanak/Steht/Steinert a. a. O. S. 134, 141
[88] So Hanak/Stehr/Steinert a. a. O. S. 140f
[89] Vergleiche Sejkora Männer unter Druck S. 7f
[90] Siehe Gipser/Stein-Hilbers Soziale Grundlagen weiblicher Konflikte und Konfliktbewältigungen S. 11ff
[91] Ebenso Gipser/Stein-Hilber a. a. O.
[92] Siehe Hanak/Stehr/Steinert a. a. O. S. 134

8.2 Einteilung der Konflikte

sicherheit und eines gewissen Mutes, um ein unangenehmes, vielleicht sogar peinliches Problem im Freundeskreis anzugehen. Angesichts dieser Situation neigen Männer dann möglicherweise eher dazu, ihren Standpunkt übertrieben aggressiv darzustellen und so die Beziehung demonstrativ abzubrechen, während es vielleicht eher weiblich ist, Vermeidungsverhalten an den Tag zu legen. Auch erscheint es wahrscheinlich, dass Akademiker/Innen durch längere Erziehung und Bildung über differenziertere Konfliktlösungsstrategien verfügen, die es ihnen ermöglichen, einen Konflikt anders als durch Gewalt zu lösen. Auf eine Anwendung dieser Mechanismen im Freundeskreis kann verzichtet werden, wenn entweder die Freundschaft aufgrund der Kränkung als beendet betrachtet wird und der Konfliktpartner entsprechend keine Auseinandersetzung mehr wert ist oder wenn man vor der Konfrontation zurückschreckt. Eine Erklärung für dieses Phänomen liefern HANAK u. a. jedoch nicht. Auch sind Zweifel hinsichtlich der Verlässlichkeit dieser Daten angebracht, da lediglich eine Stichprobe von 66 Probanden - entsprechend einem Anteil von 6% des Gesamtmaterials - untersucht wird, die einen Konflikt durch Abbruch der Beziehung verarbeiten[93]. Dennoch liefert diese Untersuchung Anhaltspunkte dafür, dass Männer und Frauen unterschiedliche Konfliktlösungsmechanismen instrumentalisieren – zumindest über diesen Punkt dürfte in der psychologischen Fachwelt Einigkeit bestehen. Jedenfalls in diesem für den Täter-Opfer-Ausgleich besonders wichtigen Bereich besteht anscheinend wenig Gesprächsbereitschaft. Dies rechtfertigt jedoch keine Zurückdrängung des Schlichtungsverfahrens, denn wenn die Beteiligten dies wünschen, kann hier eine umfassendere Befriedung erreicht werden als im Strafverfahren. Die Möglichkeit ist ihnen daher zu eröffnen.

Die Befürworter des außerrechtlichen Schlichtungsverfahrens führen weiter aus, die Legitimation der Entscheidungen folge aus der Akzeptanz der Parteien; die Entscheidung müsse daher nicht gerecht sein, sondern nur die von beiden Seiten gewünschte Lösung. Bereits aus praktischen Gründen wird jedoch das Ergebnis der Verhandlungen von Täter und Opfer in aller Regel ein Kompromiss sein und nicht das von beiden Seiten gewünschte Ergebnis. Selten besteht vollständige Zufriedenheit mit der im Idealfall durch beidseitiges Nachgeben gefundenen Lösung. Auch werden beide Parteien häufig nicht

---

[93]Hanak/Stehr/Steinert a. a. O. S. 133

8 Voraussetzungen und Grenzen des Täter – Opfer – Ausgleichs

über identische Verhandlungsmacht verfügen und gleichermaßen zur Vertretung ihrer Interessen in der Lage sein. Oft wird eine Seite unterlegen sein, sei es aus sprachlicher Ungewandtheit, sei es aus Unerfahrenheit. Natürlich steht der Schlichter dafür, dass derlei Verhandlungsdisparitäten ausgeglichen werden. Trotzdem bleiben Zweifel, ob ihm dies stets gelingen wird, ob nicht doch eine Seite mehr Zugeständnisse macht bzw. machen muss als die andere. Selbst, wenn man dies unbeachtet lässt und vom Idealfall ausgeht, in dem ein für beide Seiten zufriedenstellender Kompromiss durch gleichmäßiges Nachgeben erzielt wird, so kann dieses Ergebnis doch ungerecht sein. Zu denken wäre hier beispielsweise an Milieustraftaten wie eine (schwere) Körperverletzung in einer kriminellen Subkultur, in der die Straftat normal ist. Hier würde man sich möglicherweise auf eine geringe Entschädigung oder gar nur eine Entschuldigung einigen, während im Falle der Durchführung des Strafverfahrens mit einer Freiheitsstrafe zu rechnen wäre. In einem solchen Falle wäre es ungerecht, den Täter im Hinblick auf den erfolgreichen Täter-Opfer-Ausgleich straflos ausgehen zu lassen; anders als im Zivilprozess unterliegt die Höhe der Strafe daher nicht der Disposition der Parteien. Der Staatsanwalt hat vielmehr die Möglichkeit, in den Fällen, in denen der Täter-Opfer-Ausgleich für eine Kompensation des öffentlichen Interesses an der Strafverfolgung nicht ausreicht, diesen lediglich strafmildernd zu berücksichtigen und im übrigen Anklage zu erheben. Bereits aufgrund der Tatsache, dass diese Möglichkeit besteht, kann es nicht ausschließlich Beschuldigtem und Opfer überlassen sein, eine legitime Entscheidung über die strafrechtliche (!) Sanktion zu treffen. Die Parteien dürften dann über den staatlichen Strafanspruch disponieren und eine Entscheidung im Verhältnis des Beschuldigten zur Rechtsgemeinschaft treffen. Diese kann das Opfer jedoch nicht vertreten, so dass die Akzeptanz durch Beschuldigten und Opfer nicht ausreicht, um die Entscheidung zu legitimieren.

Weiter wird als Vorteil des Schlichtungsverfahrens angeführt, anstelle der statischen Definitionen, die für den Strafprozess kennzeichnend seien, könne beim Täter-Opfer-Ausgleich eine offene Lösung des Konflikts in einem dynamischen Kommunikationsprozess ohne Festhalten an Täter- und Opferrollen erfolgen[94]. Dies sei sachgerecht, denn es seien sowohl Täter-Opfer-

---

[94]Erläuternd U. Hartmann Täter-Opfer-Ausgleich im Spannungsfeld von Anspruch und Wirklichkeit S. 21 m. w. N.

8.2 Einteilung der Konflikte

Entwicklungen anhand der Subkulturtheorie und des Lebensstilkonzepts als auch Opfer-Täter-Entwicklungen mit dem Gewaltkreislauf empirisch nachweisbar[95]. Gewalttäter verfügten wegen früherer eigener Gewalterfahrungen oft über ein geringes Einfühlungsvermögen und neigten dazu, die Handlungen anderer falsch zu interpretieren; gleichzeitig verfügten sie über ein sehr geringes Kränkungsniveau[96]. Sie benötigten die totale Niederlage des Opfers zum Ausgleich ihrer Minderwertigkeitsgefühle, hielten sich aber andererseits für durchsetzungsstark, dominant und selbstbewusst. Sie befürworteten präventive Konfliktlösungsstrategien[97]. Hier könne der Täter-Opfer-Ausgleich ansetzen und ihnen die Opferperspektive verdeutlichen, ebenso wie ihnen dabei helfen, alternative Konfliktlösungsstrategien für die Zukunft zu entwickeln[98].

Selbst wenn man von Täter-Opfer-Sequenzen ausgeht und den obigen Absatz als wahr unterstellt, steht damit noch nicht fest, dass dies ein Vorteil des Schlichtungsverfahrens ist. Zum einen ist zu berücksichtigen, dass dem Opfer – im Gegensatz zum Täter – kein Rechtsbruch zur Last fällt. Besondere Behutsamkeit ist angebracht, damit nicht ein etwaiges Mitverschulden des Opfers zu einer Verkehrung der Rollen führt und das Opfer sich als Angeklagter fühlt. Letztlich steht die schuldhafte Rechtsverletzung des Täters im Vordergrund, nicht aber Obliegenheitsverletzungen des Geschädigten, mögen diese auch mitursächlich für das Geschehen gewesen sein. Sentimentalitäten auf Seiten des Täters rechtfertigen keinesfalls ein Eindringen in die Freiheitssphäre des Opfers. Auch das Vorleben des Täters, insbesondere dessen frühere eigene Opfererfahrungen, kann dem Opfer nicht angelastet werden. Hier kann nicht nur eine weitere Belastung für das Opfer entstehen, sondern überdies kann ein dominanter Täter durch die offene Verfahrensgestaltung als moralischer Sieger aus der Auseinandersetzung hervorgehen und sich so in seinem Verhalten bestärkt fühlen. Der Vermittler wird daher besonderes Augenmerk auf den Schutz des Opfers zu richten haben.

Der Strafprozess akzentuiert die Rollen von Täter und Opfer demgegenüber deutlich und berücksichtigt mögliche Anteile des Geschädigten am Ge-

---

[95] Näher M. Walter Über Alternativen zum Strafrecht S. 563; M. Walter Jugendkriminalität S. 232ff; Kerner Verwirklichung des Täter-Opfer-Ausgleichs S. 42f
[96] Erläuternd aus psychologischer Sicht Weidner Handlungskonzepte und Praxiserfahrung S. 247ff
[97] So Weidner a. a. O. S. 247ff
[98] Siehe insbesondere Netzig Brauchbare Gerechtigkeit S. 45

schehen wie beispielsweise Tatprovokation im Rahmen der Strafzumessung, also an einer eher untergeordneten Stelle strafmildernd. Die relativierende Gewichtung der Tatanteile des Verletzten bei grundsätzlicher Schuld des Täters an dem Geschehen erleichtert dem Opfer sowohl die Tatverarbeitung als auch die Annahme des Urteils als friedensstiftendes Ende des Konfliktes. Im Rahmen des Täter-Opfer-Ausgleichs kann es dagegen dazu kommen, dass sich das Opfer schließlich als mitschuldig fühlt, ohne dass die übergeordnete Rolle des Täterverhaltens hinreichend deutlich wurde.

Anhand der Einteilung in Interessen- oder Wertkonflikte lässt sich nach alldem nicht entscheiden, ob der jeweilige Konflikt besser im Schlichtungsverfahren oder im regulären Strafverfahren gelöst werden kann. Zwar können in Schlichtungsverfahren beide Konfliktarten geregelt werden, vor den (Straf-) Gerichten jedoch nur Wertkonflikte; Interessenkonflikte werden deshalb vor Gericht zu Wertkonflikten reduziert, um entscheidbar zu sein, und können daher ebenfalls dort entschieden werden.

8.2.2 Art der betroffenen Rechtsgüter

Eine Unterscheidung der Konflikte kann nach der Art der betroffenen Rechtsgüter, nämlich Vermögen und persönliche Rechtsgüter, getroffen werden. Für den Täter-Opfer-Ausgleich eignen sich grundsätzlich alle Delikte, bei Vermögensdelikten ist jedoch Vorsicht angebracht. Wiedergutmachung kann nicht nur in einer Wiederherstellung des rechtmäßigen Zustandes bestehen, sonst könnte dies tatsächlich als Einladung zur Kreditaufnahme durch Straftaten aufgefasst werden[99]. Nach der oben getroffenen Einteilung der Wiedergutmachung, die über die Wiederherstellung des rechtmäßigen Zustandes durch Übergabe des entwendeten Gutes hinausgeht, besteht diese Gefahr jedoch nicht. Dem Täter wird mit der Verantwortungsübernahme für die Tat vor Opfer und Rechtsgemeinschaft in unmittelbarem Kontakt zum Geschädigten eine spezifisch strafrechtliche Leistung abverlangt, die weit über zivilrechtlich geschuldete Leistungen hinausgeht[100].

---

[99]Dies befürchten vor allem Hirsch Zusammenfassung der Ergebnisse des Kolloquiums S. 381 und Loos ZRP 1993, S. 51ff, 54.
[100]Ebenso Meier JuS 1996, S. 438

8.2 Einteilung der Konflikte

8.2.3 Anzahl der beteiligten Personen

Ferner kann eine Unterscheidung der Konflikte nach der Anzahl der auf Täter- und Opferseite beteiligten Personen getroffen werden, denn bei zu vielen Personen eignet sich das Verfahren aus praktischen Gründen nicht mehr zur Schlichtung, sondern nur noch für das Gerichtsverfahren. Wo diese Grenze im Einzelfall zu ziehen ist, ist jedoch noch nicht klar. Fest steht inzwischen, dass sich auch Konflikte mit drei Personen auf Täter- und drei Personen auf Opferseite für den Täter-Opfer-Ausgleich empfehlen können.

8.2.4 Handlungsmotivation des Täter

Die Konflikte können weiterhin nach der Handlungsmotivation des Täters unterschieden werden. So besteht ein Subjektbezug, wenn der Täter sich das Opfer als Person ausgesucht hat[101], während ein Objektbezug existiert, falls der Täter die Erlangung einer Sache erstrebt und die Person zufällig getroffen hat[102]. Die Handlung hat Normbezug, soweit der Täter eine konkurrierende Norm ohne Bezug zur Person des Opfers bewusst befolgt hat, und stellt sich als ohne Bezug dar, wenn die Handlung nicht zielgerichtet war[103]. Je nachdem, welche Handlungsmotivation zugrunde liegt, bestehen unterschiedliche Formen: von Konfliktbearbeitung über -verarbeitung bis hin zur Konfliktlösung. Ist die Handlungsmotivation von Täter und Opfer jedoch ohne Bezug, ist der Konflikt nicht einmal zu bearbeiten; es kann sich aber im Rahmen des Täter-Opfer-Ausgleichs ein Subjektbezug aufbauen, der den Konflikt lösbar werden lässt[104].

8.2.5 Konfliktcharakteristika

Eine Unterscheidung der Konflikte ist ebenfalls möglich nach Konfliktcharakteristika: So besteht gemeinsamer Besitz am Konflikt, wenn Täter und Opfer als Handlungsmotivation Subjektbezüge geltend machen; dies ist beispielsweise dann der Fall, wenn der Täter sich rächen wollte und das Opfer den

---
[101] Begrifflichkeiten bei Wandrey Täter, Opfer, Straftaten S. 79
[102] So Wandrey a. a. O. S. 79
[103] Siehe Wandrey a. a. O. S. 79
[104] Vergleiche Wandrey a. a. O. S. 86f

8 Voraussetzungen und Grenzen des Täter – Opfer – Ausgleichs

Täter durch die Strafanzeige disziplinieren will[105]. Es liegt getrennter Besitz vor, falls Täter und/oder Opfer als Handlungsmotivation Objektbezüge geltend machen, beispielsweise wenn der Schädiger unbedingt ein Ersatzteil zur Reparatur seines Fahrzeugs benötigte, der Geschädigte sich jedoch ausschließlich für den Ersatz seines materiellen Schadens interessiert[106]. Teilhabe am Konflikt ist gegeben, soweit Täter und/oder Opfer aus ihrer Sicht nur Teil des Konfliktes sind oder Normbezüge geltend machen, wodurch das Geschehen den Charakter eines Stellvertreter-Konfliktes erhält, z. B. wenn der Täter das Opfer aufgrund einer Mutprobe beleidigte, während das Opfer die Strafanzeige nur erstattet, um vor seiner Umgebung nicht das Gesicht zu verlieren[107]. Es bestehen dann unterschiedliche Möglichkeiten von Konfliktlösung über - verarbeitung bis hin zu -bearbeitung. Konflikte in gemeinsamem Besitz sind dabei wegen des persönlichen Bezuges einer Konfliktlösung zugänglich, während Konflikte in getrenntem Besitz lediglich verarbeitet werden können, weil die Perspektive zukünftiger Konfliktbewältigung wegen der nicht aufeinander zielenden Handlungsmotivationen unmöglich ist[108]. Bei Teilhabekonflikten können dagegen nur partielle Lösungsstrategien entwickelt werden, die zur Konfliktbearbeitung führen[109].

8.2.6 Art der beteiligten Personen

Die Unterscheidung der Konflikte kann auch nach der Art der beteiligten Personen getroffen werden. Es handelt sich um interpersonelle Konflikte, wenn natürliche Personen handeln und abstrakte Konflikte, soweit Repräsentanten beteiligt sind[110]. Abstrakte Delikte eignen sich weniger für den Täter-Opfer-Ausgleich als interpersonelle Delikte. Ungeeignet für die direkte Vermittlung sind jedenfalls die abstrakten Konflikte, bei denen auf der Opferseite vom Repräsentanten ein Normbezug geltend gemacht wird; hier ist eine perspektivische Lösungsstrategie für die Zukunft undenkbar[111]. Beispielhaft hierfür

---

[105]Beispiel bei Wandrey a. a. O. S. 81
[106]Beispiel bei Wandrey a. a. O. S. 81
[107]So Wandrey a. a. O. S. 81
[108]Näher Wandrey a. a. O. S. 84f
[109]Vertiefend Wandrey a. a. O. S. 84f
[110]So Wandrey a. a. O. S. 78
[111]Vergleiche Wandrey a. a. O. S. 85

8.2 Einteilung der Konflikte

sind Deliktsformen, zu deren Bekämpfung im Auftrag des Opfers Spezialisten routinemäßig tätig werden wie Kaufhausdetektive bei Ladendiebstählen in Kaufhausketten. Der Detektiv handelt in diesem Fall in Berufsausübung für das von ihm vertretene Opfer, das aus normbezogenen, generalpräventiven Gründen eine Tätigkeit entfaltet[112]. Diese berufliche Routinehandlung schließt eine Routinestörung ihrem Wesen nach aus; eine zukunftsorientierte Lösungsstrategie, welche die Konfliktfolgen für Täter und Opfer reduziert, ist schon aus diesem Grund kaum möglich[113]. Erschwerend kommt hinzu, dass der Täter eines einzelnen Ladendiebstahls durch keine denkbare Handlung dazu beitragen kann, dass das Problem des Ladendiebstahls für die Kaufhauskette insgesamt behoben wird; schon aus diesem Grund wird das Opfer wenig Interesse an einer Auseinandersetzung mit dem Täter im Einzelfall haben und entsprechend nicht bereit sein, am Täter-Opfer-Ausgleich teilzunehmen[114]. Selbst wenn jedoch seitens der Geschäftsleitung der Kette Einverständnis mit einem Täter-Opfer-Ausgleich bestünde, so wäre unklar, wie darüber dem Täter die Betroffenheit einer Person vermittelt werden könnte, was für den Erfolg des Täter-Opfer-Ausgleichs unabdingbar ist. Wenn ein Repräsentant des Unternehmens erschiene, so wäre dies mangels eigener unmittelbarer Betroffenheit nicht mit einem Gespräch zwischen Schädiger und Geschädigtem vergleichbar; auch wird eine Veränderung der Handlungsmotivation des Unternehmens durch ein Gespräch mit einem Repräsentanten nicht erzielbar sein[115]. Gespräche zwischen Filialleitung und (jugendlichem) Täter, die gelegentlich von Sozialarbeitern vermittelt werden, stellen keinen Täter-Opfer-Ausgleich i. e. S. mit angestrebter Konfliktlösung, -bearbeitung oder -verarbeitung dar, sondern bezwecken lediglich eine erzieherische Einwirkung auf den Delinquenten, wie dies bei jedem Konflikt – auch strafrechtlich relevanten – möglich ist[116]. Wenn auch – wie oben[117] bereits ausgeführt – die Durchführung eines Täter-Opfer-Ausgleichs i. e. S. nicht möglich ist, wenn das Opfer nicht teilnimmt, so kann dennoch in diesen Fällen eine Leis-

---

[112]Ebenso Wandrey a. a. O. S. 86
[113]Siehe Wandrey a. a. O. S. 86
[114]So auch Wandrey a. a. O. S. 86
[115]Siehe Wandrey a. a. O. S. 86
[116]Ebenso Wandrey a. a. O. S. 86
[117]Unter VIII 1. 6.

8.2.7 Person des Anzeigeerstatters und dessen Motivation

Eine Unterscheidung der Konflikte ist ebenso möglich nach der Person des Anzeigeerstatters und dessen Motivation zur Erstattung einer Strafanzeige. Diese können vielfältiger Natur sein: Die Anzeige kann durch öffentliche Instanzen oder das Opfer selbst erfolgen. Die Beweggründe können versicherungstechnischer Natur sein und sind es bei nahezu 50% aller Anzeigen[118], 15,8% werden aus einem Strafbedürfnis heraus erstattet[119]. Entscheidend ist bei 13,8% aller Strafanzeigen der Wunsch, eine Wiederholung des Delikts durch den Tatverdächtigen zu unterbinden[120], während 6,4% der Anzeigeerstatter sich davon die Wiederbeschaffung des entwendeten Gutes versprachen[121]. Bei 2% schließlich steht die emotionale Betroffenheit im Vordergrund[122].

Am leichtesten gelingt die Schlichtung, wenn öffentliche Instanzen Anzeige erstattet haben. In diesem Fall besteht noch eine Kommunikationsbasis, die Parteien hätten den Konflikt daher möglicherweise auch unter sich regeln können und sind froh, das formelle Verfahren vermeiden zu können[123]. Ähnlich gut gelingt der Ausgleich, wenn die Anzeige erstattet wird, um den Täter in die Schranken zu verweisen und die eigenen Ressourcen zu verstärken; da dies von den Strafverfolgungsorganen nicht geleistet werden kann, besteht oft große Bereitschaft, die unterbrochene Kommunikation wieder aufzunehmen[124]. Beabsichtigt das Opfer mit der Anzeige die Durchsetzung seiner finanziellen Interessen, so ist der Täter-Opfer-Ausgleich ebenfalls in hohem Maße erfolgreich[125]. Schwierig wird die Schlichtung jedoch, wenn der Schaden

---

[118] So auch Baurmann/Schädler Das Opfer nach der Straftat S. 94
[119] Ebenso Baurmann/Schädler a. a. O. S. 94
[120] Vergleiche Baurmann/Schädler a. a. O. S. 94
[121] Siehe Baurmann/Schädler a. a. O. S. 94
[122] So Baurmann/Schädler a. a. O. S. 94
[123] So auch Pelikan Der Täter-Opfer-Ausgleich und die Ethnographie der Konfliktbearbeitung S. 141
[124] Siehe Pelikan a. a. O. S. 141
[125] Näher dazu Pelikan a. a. O. S. 141f

bereits von einer Versicherung ausgeglichen wurde und das Opfer aus diesem Grunde an Wiedergutmachung nicht interessiert ist[126]. Die Möglichkeit der Wiedergutmachung und des Täter-Opfer-Ausgleichs ist aber im Interesse von Täter und Opfer in jedem Fall zu eröffnen!

8.2.8 Ausmaß des Konflikts

Die Konflikte können weiter entsprechend dem Ausmaß des Konflikts unterschieden werden. So kann die Tat den Kontext des Konflikts bilden bzw. eine spontane Reaktionsabfuhr darstellen, sie kann aber auch im Kontext einer Vor- oder Nachgeschichte zu sehen sein bzw. lediglich einen Teil eines langanhaltenden Konflikts verkörpern[127]. In allen Fällen ist ein Täter-Opfer-Ausgleich möglich, jedoch mit unterschiedlichen Erfolgsaussichten. Besonders schwierig, aber auch besonders wichtig ist die Vermittlung bei langanhaltenden Konflikten im sozialen Nahraum, die letztlich in einer Straftat gipfeln. Bei diesen bewirkt ein formelles Strafverfahren wenig bis gar nichts, da sich dieses mittelbar auch auf das Opfer auswirkt. So trifft eine dem Täter auferlegte Geldstrafe letztlich die Familienkasse und ebenso führt die Freiheitsstrafe zu finanziellen Einbußen für die ganze Familie. Wirkt sich das Verfahren nicht auf das Opfer aus, wird es oft folgenlos eingestellt oder aber das Opfer auf den Privatklageweg verwiesen. Der Täter lässt im Übrigen seine Wut über das Strafverfahren am Opfer aus, da in diesem Rahmen keine Zukunftsorientierung der Beziehungen zwischen Täter und Opfer geleistet werden kann. Demgegenüber gewährleistet die Tatfolgenorientierung des Täter-Opfer-Ausgleichs eine Normklärung und –verdeutlichung – jedenfalls, wenn sich Täter und Opfer auf diesen Schlichtungsversuch ernsthaft einlassen. Die Konfliktmuster werden durchbrochen, indem Täter und Opfer gemeinsam ein Lösungsmodell für die Zukunft suchen, so dass Wiedergutmachung für eine langfristige Befriedung im sozialen Nahraum besser geeignet ist als das formelle Strafverfahren.

---

[126]Ebenso Pelikan a. a. O. S. 142
[127]So Wandrey Täter, Opfer, Straftaten S. 79

8.2.9 Konfliktdimensionen

Eine Unterscheidung der Konflikte kann anhand der Konfliktdimensionen getroffen werden: Neben der Sachdimension mit dem zähl- bzw. messbaren Schaden und der eingetretenen Verletzung gibt es die Beziehungsdimension mit dem Distanz-Nähe-Verhältnis von Täter und Opfer und die Zeit-Perspektive von der Verbindung von Schädiger und Geschädigtem[128]. Weiter besteht die Affektdimension, nach der sich die subjektive Betroffenheit der Beteiligten richtet[129]. Die Sachdimension ist dabei notwendiger Gegenstand des Vermittlungsgesprächs, zu dem Täter und Opfer bei Handeln aufgrund von Affekten eher bereit sein werden, weil das Handeln aufgrund von Affekten sowohl aus Täter- als auch aus Opfersicht leichter zu verzeihen ist[130]. Die Sachdimension ist auch Gegenstand des Strafverfahrens, im Rahmen dessen die Affektdimension zumindest teilweise in Bezug auf die Schuldfrage erörtert wird[131]. Die Beziehungsdimension kann lediglich im Rahmen des Täter-Opfer-Ausgleichs thematisiert werden, nicht aber im Strafverfahren[132].

8.2.10 Stress-, Interessen- und Statuskonflikte

Die Alltagskriminalität wird nach Stress-, Interessen- und Statuskonflikten unterschieden[133]. Auslöser des Stresskonflikts ist ein Stressfaktor (Straßenverkehr, Partnerbeziehung u. ä.); der Konfliktverursacher kommt mit Zeitablauf wieder zur Besinnung und kann seinen Fehler dann einsehen und zugeben, so dass sich diese Konflikte besonders gut für einen Täter-Opfer-Ausgleich eignen[134]. Auch das konventionelle Strafverfahren eignet sich zur Behandlung der Stresskonflikte, da die Täter- und Opferrollen hier vergleichsweise eindeutig verteilt sind[135].

Interessenkonflikte sind solche, bei denen es um die Verteilung materiel-

---

[128] Vergleiche E. Hassemer Praktische Erfahrungen mit dem Täter-Opfer-Ausgleich S. 410
[129] Siehe E. Hassemer a. a. O. S. 410
[130] Erläuternd E. Hassemer a. a. O. S. 410
[131] So E. Hassemer a. a. O. S. 410
[132] Siehe auch E. Hassemer a. a. O. S. 410
[133] Näher E. Hassemer a. a. O. S. 413f sowie Pelikan Modellversuch S. 196
[134] Vergleiche E. Hassemer a. a. O. S. 413; Pelikan a. a. O. S. 196f
[135] So E. Hassemer a. a. O. S. 413

ler Ressourcen geht[136]. Sie können im Rahmen des Täter-Opfer-Ausgleichs nur insofern geregelt werden, als die Beteiligten mit dem Konflikt ein Annäherungsbedürfnis verbinden[137]; dies kann nur bedeuten, dass die Parteien bei fortbestehenden Beziehungen zu einer gütlichen Einigung unter beidseitigem Nachgeben bereit sein müssen. Dies ist jedoch stets Voraussetzung eines Täter-Opfer-Ausgleichs, so dass dies keine Besonderheit der Vermögensdelikte i. w. S. darstellt. Auch wird – wie stets vor Einleitung des Schlichtungsverfahrens - der Sachverhalt soweit geklärt sein müssen, dass hinreichender Tatverdacht besteht und der Beschuldigte die ihm zur Last gelegte Tat nicht bestreitet. Besonderheiten hinsichtlich der Vermögensdelikte i. w. S. ergeben sich daraus nicht! Diese Interessenkonflikte eignen sich bestens für die Aburteilung in Strafverfahren, da sowohl eine Zuordnung des erstrebten Gutes als auch eine Klärung der Schuldfrage relativ leicht erfolgen kann.

Statuskonflikte entstehen, wenn Probleme der Selbstdarstellung, der Ehre und des Sich-Behauptens im Vordergrund stehen oder hinter der Konfliktsituation sichtbar werden[138]. Die Vermittlung ist auch hier möglich, muss aber besonders behutsam erfolgen, damit beide Seiten ihr Gesicht wahren können[139]. Diese Konflikte eignen sich nur bedingt zur Aburteilung im Strafverfahren.

8.2.11 Zusammenfassung

Bei Beteiligung von zu vielen Personen eignet sich das Verfahren nicht zur Schlichtung, sondern nur noch für das Gerichtsverfahren, so dass hier aus praktischen Gründen eine Einschränkung zu machen ist. Ansonsten eignet sich grundsätzlich jeder Konflikt für den Täter-Opfer-Ausgleich, wenn auch mit unterschiedlichen Erfolgsaussichten. Allein die Tatsache, dass dieser bei manchen Delikten über geringe Erfolgsaussichten verfügt, rechtfertigt nicht den Ausschluss dieses Deliktes. Gerade bei einer konfliktbelasteten Vorbeziehung kann die Vermittlung helfen, die Beziehung in Zukunft weniger schwierig zu gestalten, so dass den Beteiligten jedenfalls die Möglichkeit der Teilnahme

---

[136]Siehe E. Hassemer a. a. O. S. 414; Pelikan a. a. O. S. 196f
[137]So jedenfalls E. Hassemer a. a. O. S. 414
[138]Näher dazu E. Hassemer a. a. O. S. 413; Pelikan a. a. O. S. 196f
[139]Worauf E. Hassemer a. a. O. S. 413 sowie Pelikan a. a. O. S. 196f zutreffend hinweisen.

zu bieten ist. Im Übrigen ist in diesen Fällen das Strafverfahren ebenso wenig in der Lage, eine Befriedung zu erreichen, und hat daher keine spezifischen Vorteile vor dem Schlichtungsverfahren.

Selbst wenn die Handlungsmotivation von Täter und Opfer ohne Bezug, also die Handlung nicht zielgerichtet, ist, kann sich im Rahmen des Täter-Opfer-Ausgleichs ein Subjektbezug aufbauen, der den Konflikt lösbar werden lässt, so dass sich auch diese Konflikte für die Durchführung eines Täter-Opfer-Ausgleichs eignen. Ungeeignet für eine direkte Vermittlung sind dagegen abstrakte Konflikte, bei denen auf der Opferseite vom Repräsentanten ein Normbezug geltend gemacht wird; hier ist eine perspektivische Lösungsstrategie undenkbar, so dass ein Täter-Opfer-Ausgleich ausscheidet. Materielle Wiedergutmachung ist jedoch auch hier möglich. Angesichts der erheblichen Vorteile gegenüber dem Gerichtsverfahren sollte den Beteiligten daher in jedem Fall die Möglichkeit eröffnet werden, ihren Konflikt im Rahmen des Schlichtungsverfahrens beizulegen.

8.3 Ergebnis

Erste Voraussetzung des Täter-Opfer-Ausgleichs ist das Vorliegen eines Deliktes oberhalb der Bagatellschwelle, das im Rahmen einer Einstellung nach §§ 153, 153 a StPO kein Verbrechen darstellen darf. Dennoch sollen Verbrechen nicht grundsätzlich von der Möglichkeit des Täter-Opfer-Ausgleichs ausgeschlossen sein; über die sanktionsrechtliche Berücksichtigung entscheiden die Strafverfolgungsorgane.

Erforderlich ist ferner das Vorliegen eines Schadens eines personifizierbaren Opfers, denn nur dann ist unter persönlichem Kontakt eine Konfliktlösung möglich.

Weil es sich bei dem Schlichter nicht um eine Ermittlungsbehörde handelt, muss darüber hinaus ein vollständig ermittelter, anklagefähiger Sachverhalt gegeben sein. Ein Geständnis des Täters, das von einigen Modellprojekten und in einer (hoffentlich Einzelfall-)Entscheidung des BGH verlangt wird, darf aus rechtsstaatlichen Gründen nicht zur Voraussetzung gemacht werden.

Weiteres Erfordernis ist die Freiwilligkeit der Teilnahme, und zwar sowohl auf Beschuldigten- als auch auf Opferseite. Da bei allen Beteiligten ein er-

8.3 Ergebnis

hebliches Maß an Einfühlungsvermögen sowie Kraft, Reue und Einsicht auf der einen und die Bereitschaft zu verzeihen auf der anderen Seite vorhanden sein muss, kann dieser nur gelingen, wenn die Beteiligten freiwillig zur Mitwirkung bereit sind. Einem wie auch immer gearteten Zwang ist durch deutliche Belehrung über die Freiwilligkeit der Teilnahme vorzubeugen.

Naturgemäß kann der materielle Tatfolgenausgleich nur bei einem leistungsfähigen Beschuldigten gelingen. Diese Leistungsfähigkeit kann jedoch auch über Kredite von Opferfonds hergestellt werden; wenn kein entsprechender Fond besteht und der Beschuldigte vermögenslos ist, kann dieser dem Opfer Arbeitsleistungen anbieten oder aber sein ernsthaftes Bemühen um einen Ausgleich, soweit dieses von der Bereitschaft zu persönlichem Verzicht geprägt ist, für ausreichend erachtet werden.

Als letztes deklaratorisches Kriterium ist aufzuführen, dass auch vorbelastete Beschuldigte nicht ausgeschlossen werden sollen. Im Rahmen der Modellprojekte hatte sich ergeben, dass hier auf Seiten der Strafverfolgungsbehörden teilweise noch Widerstände bestanden, so dass die Aufnahme dieser Voraussetzung allein zur Klarstellung erfolgen sollte.

9 Auswertung von Modellprojekten in Deutschland

9.1 Tübinger Gerichtshilfeprojekt (seit 1984)

Die Vermittlungsarbeit wird durch Gerichtshelfer durchgeführt, denen die Fälle auch wegen des allgemeinen Auftrags aus § 160 III 2 StPO zugeleitet werden[1]. Teilweise entscheidet sich diese für die Durchführung eines Täter-Opfer-Ausgleichs, ohne zuvor einen entsprechenden Auftrag erhalten zu haben, teilweise erfolgt eine Zuweisung geeigneter Fälle durch die zuständige Staatsanwaltschaft[2]. Es existiert eine Hausverfügung des Behördenleiters, welche die Falleignungskriterien enthält und für das Schlichtungsverfahren wirbt[3].

Die entscheidenden Falleignungskriterien bilden das Vorhandensein eines geständigen Beschuldigten, die Mitwirkungsbereitschaft von mutmaßlichem Täter und Opfer sowie das Vorliegen eines abschließend ermittelten Sachverhaltes[4]. Abgezielt wird auf die Aussöhnung der Beteiligten und das Treffen einer Schadensvereinbarung bei Vermögens-, Eigentums- und Körperverletzungsdelikten[5].

Die Auswertung der gesammelten Daten erfolgte durch RöSSNER; der erfasste Zeitraum reicht von Mai 1984 bis Dezember 1989. Auffallend erscheint, dass vor allem Körperverletzungsdelikte und somit persönliche Konflikte im Rahmen der Wiedergutmachung geregelt werden[6]. Die Beschuldigten entsprechen der Tatverdächtigenstruktur der polizeilichen Kriminalstatistik (PKS);

---

[1] Vergleiche Hering Täter-Opfer-Ausgleich im allgemeinen Strafrecht S. 157; Rössner Täter-Opfer-Ausgleich in der Justizpraxis S. 311
[2] So Rössner a. a. O. S. 311
[3] Siehe Hering a. a. O. S. 157
[4] Näher dazu Rössner a. a. O. S. 311
[5] Vergleiche Rössner a. a. O. S. 311
[6] Ausführlich Rössner a. a. O. S. 312

es handelt sich tendenziell um Taten sozial Schwacher gegen Höhergestellte[7]. Es kann eine hohe Akzeptanz des Schlichtungsverfahrens unter den Beteiligten ermittelt werden, die sich in der hohen Erfolgsquote von 80% ausdrückt[8]. Der Erfolg wird dabei gemessen anhand der Erfüllung der mündlichen Vereinbarung und der Zufriedenheit der Beteiligten mit dem erzielten Ergebnis[9]. Ferner kann eine hohe Einstellungsquote nach erfolgreich durchgeführtem Täter-Opfer-Ausgleich erreicht werden[10]. Insgesamt lässt sich sagen, dass die Alltagskriminalität erfasst wird und ein *net-widening-effect* vermieden werden kann[11]. Die durchschnittliche Bearbeitungsdauer eines Falles kann als zügig betrachtet werden, denn 2/3 aller Fälle waren innerhalb eines Monats abgeschlossen[12].

9.2 Hamburger Gerichtshilfeprojekt (seit 1987)

In Hamburg leistet die dem Justizamt direkt unterstellte Gerichtshilfe die Vermittlungsarbeit[13]. Die Fallzuweisung erfolgt durch Staatsanwaltschaft, Amtsanwaltschaft und Richter[14]. Es besteht eine Rundverfügung der Staatsanwaltschaft seit 1994; in der Zeit zuvor existierte keine Hausverfügung oder ähnliches[15].

Die für das Projekt vorab festgelegten Falleignungskriterien bilden das Vorliegen eines glaubhaften Geständnisses, das Vorhandensein eines persönlichen Opfers sowie die freiwillige Teilnahme von Beschuldigtem und Opfer[16]. Ausgeschlossen wird die Behandlung schwerer Kriminalität und von Bagatellen[17].

---

[7]Erläuternd Rössner a. a. O. S. 312

[8]Näher Rössner Wiedergutmachung als Aufgabe der Strafrechtspflege S. 119; ders. Täter-Opfer-Ausgleich in der Justizpraxis S. 313ff, 315

[9]Siehe Rössner Täter-Opfer-Ausgleich in der Justizpraxis S. 315

[10]Zu den genauen Zahlen Rössner Wiedergutmachung als Aufgabe der Strafrechtspflege S. 124ff; Rössner Täter-Opfer-Ausgleich in der Justizpraxis S. 316

[11]Vergleiche Rössner Täter-Opfer-Ausgleich in der Justizpraxis S. 319

[12]So Hering Täter-Opfer-Ausgleich im allgemeinen Strafrecht S. 158

[13]Siehe Bannenberg Wiedergutmachung in der Strafrechtspraxis S.191

[14]Vergleiche Bannenberg a. a. O. S.193

[15]Näher dazu E. Hassemer Praktische Erfahrungen mit dem Täter-Opfer-Ausgleich S. 378, 380

[16]So Bannenberg a. a. O. S. 192f

[17]Siehe Bannenberg a. a. O. S. 192f

Ziele des Täter-Opfer-Ausgleichs sind der Opferschutz, die Spezialprävention und die Integrationsprävention, die private Konfliktschlichtung statt einer staatlichen Sanktion, die Versöhnung der Parteien sowie das Erreichen einer Einstellung nach § 153 StPO nach erfolgreichem Schlichtungsverfahren[18].

Als Besonderheit ist anzumerken, dass ein Opferfonds besteht, aus dem die Beschuldigten Darlehen erhalten, um ihre Opfer zu entschädigen[19].

9.3 Düsseldorfer Gerichtshilfeprojekt (seit 1987)

Auch hier wird die Vermittlungsarbeit von der Gerichtshilfe erbracht, die erst nach einer Zuweisung des Falles durch die Staatsanwaltschaft tätig wird[20]. Es existiert ebenfalls keine Hausverfügung.

Die vorab definierten Falleignungskriterien bilden das Vorliegen eines klar ermittelten Sachverhaltes, ein Geständnis des Beschuldigten, das Vorhandensein eines persönlichen Opfers sowie die freiwillige Teilnahme von Beschuldigtem und Opfer[21].

Der Täter-Opfer-Ausgleich hat neben der Wiederherstellung des sozialen Friedens die Vermeidung künftiger Straftaten zum Ziel[22].

Die Begleitforschung hat ergeben, dass mehr Personen als erwartet zur Mitwirkung bereit sind[23]. Das Projekt kann eine hohe Erfolgsquote vorweisen und es gelingt in der Mehrzahl der Fälle, dass nach einem erfolgreichen Täter-Opfer-Ausgleich eine mildere Sanktion verhängt wird[24]. Erfreulich ist, dass Anhaltspunkte für eine künftige Legalbewährung und eine sozialadäquates Verhalten der Beschuldigten bestehen[25].

---

[18] Vergleiche Bannenberg a. a. O. S.192
[19] Worauf Bannenberg a. a. O. S.194f hinweist.
[20] So Reibel Hilfen für Opfer von Straftaten S. 162
[21] Siehe Reibel a. a. O. S. 162
[22] Vergleiche Reibel a. a. O. S. 163f
[23] Näher dazu Reibel a. a. O. S. 162ff
[24] Zu den genauen Zahlen Reibel a. a. O. S. 163f
[25] So Reibel a. a. O. S. 164

9.4 DIALOG bei der Berliner Senatsverwaltung für Justiz (seit 1988)

Die Vermittlung erfolgt für den gesamten Berliner Bereich durch drei (!) direkt bei der Senatsverwaltung für Justiz Angestellte, die weder Gerichts- noch Bewährungshelfer sind[26]. Die Fallzuweisung leisten Staatsanwaltschaft und Gerichte, eine den Täter-Opfer-Ausgleich propagierende Hausverfügung existiert nicht[27].

Als Falleignungskriterien werden das Vorhandensein eines geständigen oder eindeutig überführten Beschuldigten, die Freiwilligkeit der Teilnahme sowie das Vorliegen eines personifizierbaren Opfers definiert[28]. Ausgeschlossen ist die Durchführung, wenn eine zu große Anzahl von Beteiligten gegeben oder die Verhängung von Maßregeln oder Nebenstrafen zu erwarten ist[29]; ebenfalls nicht behandelt werden sollen Bagatellen und Privatklageverfahren[30].

Ziele des Täter-Opfer-Ausgleichs sind die konstruktive Tatverarbeitung, die Wiedergutmachung, Verzicht des Opfers auf Strafverfolgung sowie die Minderung der Sanktion[31].

Hier besteht ebenfalls zur Sicherstellung der Entschädigung der Opfer ein Opferfonds, aus dem die Beschuldigten Darlehen erhalten können[32].

Die Begleitforschung ist leider nicht aussagekräftig, da nur sehr geringe Fallzahlen untersucht wurden[33].

9.5 Nürnberg-Fürth (seit 1990)

Die Durchführung des Täter-Opfer-Ausgleichs obliegt der Gerichtshilfe, während die Zuweisung ausschließlich durch die Staatsanwaltschaft erfolgt,

---

[26] Siehe Degen Modellversuch bei der Berliner Senatsverwaltung für Justiz S. 136f
[27] Vergleiche Degen a. a. O. S. 140
[28] So Degen/Detert Der Täter-Opfer-Ausgleich und seine bisherige Entwicklung S. 174
[29] Siehe Degen/Detert a. a. O. S. 174
[30] Vergleiche Degen/Detert a. a. O. S.174
[31] So Degen/Detert a. a. O. S. 176
[32] Siehe Degen a. a. O. S. 142
[33] Degen/Detert a. a. O. S. 169f geht von 128 Fällen aus!

9.5 Nürnberg-Fürth (seit 1990)

nicht durch die Gerichte[34]. Bei der Staatsanwaltschaft ist ein Täter-Opfer-Ausgleichs-Sonderreferat eingerichtet, an das die Fälle unter Austragung beim Sachbearbeiter zugewiesen werden[35]. Diese Fälle verbleiben auch dann beim Sonderreferenten und werden in dessen Statistik geführt, wenn der Fall letztlich nicht für einen Täter-Opfer-Ausgleich geeignet ist[36].

Als Falleignungskriterien werden die Freiwilligkeit der Teilnahme, das Vorhandensein eines geständigen oder eindeutig überführbaren Beschuldigten, der einzelrechtsverletzende Charakter der Tat sowie das Vorliegen eines personalen Opfers festgelegt[37]. Ausnahmsweise sollen auch juristische Personen teilnahmefähig sein, wenn bei diesen ein persönlich betroffener Repräsentant vorhanden ist[38]. Ausgeschlossen ist der Täter-Opfer-Ausgleich bei einer zu großen Zahl von Beteiligten, bei Schwerkriminalität und bei Bagatellen[39].

Die Ziele des Schlichtungsverfahrens bilden die Stärkung der Opferinteressen, die Vermeidung langwieriger Straf- und Zivilprozesse und das Erreichen einer Senkung der Sanktion um eine Stufe[40].

Die Begleitforschung zu diesem Projekt wird von DÖLLING/HENNINGER und HARTMANN geleistet; erfasst wird der Zeitraum von 1990 bis 1991. Den Schwerpunkt der Tätigkeit der Vermittler bilden die Körperverletzungsdelikte und die Beleidigung[41]. Belegt wird eine hohe Akzeptanz des Täter-Opfer-Ausgleichs als alternative Sanktionsform, es kann jedoch lediglich eine Erfolgsquote von 42% erreicht werden, wobei Verfahren dann als erfolgreich gewertet werden, wenn eine Ausgleichsvereinbarung getroffen und erfüllt wird[42]. Nach einer erfolgreichen Schlichtung kann eine mildere Sanktion erzielt werden, während eine negative Berücksichtigung eines gescheiterten

---

[34] Vergleiche österreicher Erfahrungen mit der Einrichtung eines Sonderreferates für Täter-Opfer-Ausgleich S. 92
[35] Siehe österreicher a. a. O. S. 92
[36] So Stöckel Modellversuch Täter-Opfer-Ausgleich bei dem LG Nürnberg-Fürth S.156; österreicher a. a. O. S. 92
[37] Vergleiche österreicher a. a. O. S. 91; Stöckel a. a. O. S.155
[38] So Bannenberg Wiedergutmachung in der Strafrechtspraxis S.190
[39] Siehe Stöckel a. a. O. S.155; österreicher a. a. O. S. 91
[40] Vergleiche U. Hartmann Täter-Opfer-Ausgleich im Spannungsfeld von Anspruch und Wirklichkeit S. 34; Stöckel a. a. O. S.154; österreicher a. a. O. S. 90
[41] Näher österreicher a. a. O. S. 99; U. Hartmann a. a. O. S. 35; Stöckel a. a. O. S.157, 160
[42] So U. Hartmann a. a. O. S. 35

Täter-Opfer-Ausgleichs nicht feststellbar ist[43].

9.6 Modellprojekt Schleswig-Holstein (seit 1991)

Die Durchführung des Täter-Opfer-Ausgleichs wird von der Gerichtshilfe und freien Trägern geleistet, wobei aus Datenschutzgründen bei letzteren ein vorheriges Einverständnis der Beteiligten erfragt wird[44]. Die Zuweisung geeigneter Fälle erfolgt durch die Staatsanwaltschaft[45]; ein sogenannter „kleiner Täter-Opfer-Ausgleich" wird von der Polizei bei Bagatelldelikten Jugendlicher übernommen. Zwar besteht keine Hausverfügung, die das Schlichtungsverfahren fördert; jedoch existiert eine entsprechende Rundverfügung der Generalstaatsanwaltschaft Schleswig-Holstein[46].

Das einzige Falleignungskriterium bildet die Forderung, es möge sich um Vergehen oberhalb der Bagatelleschwelle handeln[47].

Die Ziele des Schlichtungsverfahrens sind die Wiederherstellung des Rechtsfriedens, das Erreichen nachhaltiger Spezialprävention, eine Stärkung der Opferinteressen sowie das Erreichen einer Einstellung des Verfahrens nach § 153a I 2 Nr. 5 StPO bei erfolgreichem Täter-Opfer-Ausgleich[48].

9.7 Hilfe zur Selbsthilfe e.V. Aschaffenburg (seit 1992)

Das Schlichtungsverfahren wird von einem freien Träger durchgeführt, dem geeignete Fälle durch ein Täter-Opfer-Ausgleichs-Sonderdezernat bei der Staatsanwaltschaft zugewiesen werden[49]. Auch hier wird der Fall nach Abgabe an den Sonderdezernenten aus der Statistik des zuweisenden Staatsanwalts ausgetragen und verbleibt selbst bei fehlender Eignung bei diesem[50].

---

[43]Siehe Stöckel a. a. O. S. 159; U. Hartmann Staatsanwaltschaft und Täter-Opfer-Ausgleich S. 210
[44]Vergleiche Mader Täter-Opfer-Ausgleich im Rahmen staatsanwaltlicher Entscheidungen (Teil I) S.127
[45]So Mader a. a. O. S.127
[46]Siehe Mader a. a. O. S.126
[47]Vergleiche Mader a. a. O. S.127
[48]So Mader a. a. O. S.125
[49]Siehe Dölling/Henninger Täter-Opfer-Ausgleich in Deutschland S. 226
[50]So Dölling/Henninger a. a. O. S. 226

Als Falleignungskriterien werden ein im Wesentlichen geklärter Sachverhalt, ein geständiger oder eindeutig überführbarer Beschuldigter, der einzelrechtsverletzende Charakter der Tat sowie ein personales Opfer und nur ausnahmsweise juristische Personen sowie eine nicht zu große Zahl von Beteiligten gehandelt[51].

Die Ziele des Täter-Opfer-Ausgleichs sind die Herabsetzung des Sanktionsniveaus und die Zahlung von Schadensersatz an das Opfer[52].

Die Begleitforschung ist hier von DÖLLING und HARTMANN geleistet worden; sie hat ergeben, dass der Schwerpunkt der Schlichtungsarbeit in Aschaffenburg auf dem Gebiet der Körperverletzungsdelikte liegt[53]. Es besteht eine über 50%ige Mitwirkungsbereitschaft von Beschuldigten und Opfern sowie eine Erfolgsquote von 80% der angenommenen Fälle[54]. Die Milderung der Abschlussverfügung nach erfolgreichem Täter-Opfer-Ausgleich kann wie beabsichtigt erreicht werden[55].

9.8 Waage Hannover e.V. (seit 1992)

Die Durchführung der Vermittlung leistet ein freier Träger, die Zuweisung geeigneter Fälle erfolgt durch die Staatsanwaltschaft oder das Gericht[56]. Es besteht eine Hausverfügung des LOStA, mit welcher im ersten Jahr Verbrechen und fahrlässige Körperverletzung ausgeschlossen wurden[57].

Entscheidende Falleignungskriterien zur Durchführung des Täter-Opfer-Ausgleichs sind das Bestehen von freiwilliger Mitwirkungsbereitschaft, die Schädigung einer natürlichen Person, die Anklagefähigkeit des ermittelten Sachverhaltes nach § 170 I StPO und ein Zugeständnis der Schädigung durch den Beschuldigten, wobei diese Voraussetzung nicht gleichbedeutend mit einem Geständnis ist[58]. Es reicht aus, wenn die Tatsache eingeräumt wird,

---

[51] Vergleiche Dölling/Henninger a. a. O. S. 233
[52] Siehe Dölling/Henninger a. a. O. S. 226
[53] Näher dazu Dölling/Henninger a. a. O. S. 227
[54] Erläuternd Dölling/Henninger a. a. O. S. 228, 230
[55] So Dölling/Henninger a. a. O. S. 231
[56] Vergleiche Netzig/Petzold Abschlußbericht der Aktionsforschung S. 26
[57] So U. Hartmann Täter-Opfer-Ausgleich im Spannungsfeld von Anspruch und Wirklichkeit S. 39f
[58] Näher dazu U. Hartmann Forschungsergebnisse zum Täter-Opfer-Ausgleich im allgemeinen Strafrecht S. 139-146

9 Auswertung von Modellprojekten in Deutschland

dass durch eigenes Verhalten eine andere Person zu Schaden gekommen ist; der Vorwurf einer Mitschuld des Opfers oder das Geltendmachen von Rechtfertigungs- oder Entschuldigungsgründen ist irrelevant. Weiter sollen Bagatellen vom Schlichtungsverfahren ausgeschlossen sein[59].

Erklärtes Ziel des Täter-Opfer-Ausgleichs in Hannover ist das Erreichen eines materiellen Ausgleichs; zu diesem Zweck besteht ein Opferfonds, aus dem Darlehen an die Beschuldigten gewährt werden[60].

Die Begleitforschung wird vor allem durch NETZIG und PETZOLD geleistet und koordiniert; danach werden auch hier bemerkenswert viele Körperverletzungsdelikte zugewiesen und geregelt[61]. Das Projekt weist ebenfalls eine recht hohe Erfolgsquote bei ziemlich großer Teilnahmebereitschaft auf[62]. In der Mehrzahl der Fälle kann eine mildere Abschlussverfügung der Staatsanwaltschaft durch einen erfolgreichen Täter-Opfer-Ausgleich erreicht werden.

Im Rahmen dieses Projekts wurde umfangreiche Begleitforschung zum Zuweisungsverhalten der Staatsanwälte und Amtsanwälte durch CHRISTOCHOWITZ geleistet[63].

Die Begleitforschung zum quantitativen Erfolg des Projektes hat HARTMANN übernommen: Danach wären 15,9% des Fallaufkommens der Staatsanwaltschaften zur Durchführung eines Täter-Opfer-Ausgleichs nach den Falleignungskriterien geeignet gewesen[64], 7,5% der Delikte aus dem mittleren und schweren Deliktsbereich hätten im Wege des Täter-Opfer-Ausgleichs bearbeitet werden können[65]. Bei diesen Zahlen handelt es sich um zwei verschiedene Stichproben, so dass sich voneinander unabhängige Werte ergeben. Tatsächlich zugewiesen werden davon 1,2%, von denen 62% nicht den Falleignungskriterien entsprechen[66].

Der ideale Schlichtungsfall hat einen geständigen oder schweigenden Be-

---

[59] Siehe U. Hartmann a. a. O. S.145f
[60] Vergleiche Netzig/Petzold a. a. O. S. 32
[61] Näher dazu Netzig/Petzold a. a. O. S. 28f
[62] Zu den genauen Zahlen Netzig/Petzold a. a. O. S. 29
[63] Diese Untersuchung wird unten unter 11.1 näher dargestellt.
[64] Ausführlich U. Hartmann a. a. O. S.167; dies. Täter-Opfer-Ausgleich im Spannungsfeld von Anspruch und Wirklichkeit S. 126
[65] Erläuternd U. Hartmann Forschungsergebnisse zum Täter-Opfer-Ausgleich im allgemeinen Strafrecht S.171f; dies. Täter-Opfer-Ausgleich im Spannungsfeld von Anspruch und Wirklichkeit S.142f
[66] Vergleiche U. Hartmann Forschungsergebnisse zum Täter-Opfer-Ausgleich im allgemeinen Strafrecht S. 184f; dies. Täter-Opfer-Ausgleich im Spannungsfeld von Anspruch und Wirklichkeit S. 166f

schuldigten zur Voraussetzung, der das Opfer vor der Tat nicht kannte; durch die Tat ist ein Schaden materieller Art entstanden und es handelt sich nicht um eine Bagatelle[67].

Der prototypische Schlichtungsfall, welcher sich aus den mehrheitlich von der Staatsanwaltschaft zugewiesenen Fällen ergibt, hat einen bestreitenden Beschuldigten zur Voraussetzung, der das Opfer vor der Tat kannte und sich mit diesem bereits seit längerem im Konflikt befand; durch die Tat ist ein körperlicher Schaden entstanden und es handelt sich um eine Bagatelle[68]. Diese Merkmalskombination hat sich in der Schlichtungspraxis als ungünstig insofern erwiesen, als eine Schlichtung nur schwer gelingt und der *net-widening-effect* zu befürchten ist[69].

9.9 Modellprojekt Dresden (Verein für soziale Rechtspflege e.V.) (seit 1992)

Die Durchführung der Vermittlung erfolgt durch den Verein für soziale Rechtspflege, einen freien Träger mit drei hauptamtlichen Stellen, welche von der Justiz, der Jugendgerichtshilfe und dem DBH finanziert werden[70]. Zum einen weisen die Staatsanwaltschaft und die Richter geeignete Fälle zu, zum anderen erscheinen Selbstmelder ohne laufende Strafverfahren, um einen Täter-Opfer-Ausgleich durchführen zu lassen[71].

Als Falleignungskriterien werden die Mitwirkungsbereitschaft, die Schädigung einer natürlichen Person, das Vorliegen eines Geständnisses sowie abgeschlossener Ermittlungen angegeben[72].

Das erklärte Ziel des Projektes bildet neben der Konfliktbewältigung zwi-

---

[67] Siehe U. Hartmann Forschungsergebnisse zum Täter-Opfer-Ausgleich im allgemeinen Strafrecht S.186f; dies. Täter-Opfer-Ausgleich im Spannungsfeld von Anspruch und Wirklichkeit S. 168f
[68] Näher dazu U. Hartmann Forschungsergebnisse zum Täter-Opfer-Ausgleich im allgemeinen Strafrecht S.188ff, 193; dies. Täter-Opfer-Ausgleich im Spannungsfeld von Anspruch und Wirklichkeit S. 170ff, 175
[69] Erläuternd U. Hartmann Forschungsergebnisse zum Täter-Opfer-Ausgleich im allgemeinen Strafrecht S.194ff, 200f; dies. Täter-Opfer-Ausgleich im Spannungsfeld von Anspruch und Wirklichkeit S. 175ff, 184f
[70] Vergleiche Arendt/Peikert Pilotprojekt Täter-Opfer-Ausgleich in Dresden S. 259
[71] So Arendt/Peikert a. a. O. S. 260
[72] Siehe Heitmann Täter-Opfer-Ausgleich und Konfliktschlichtung in den neuen Bundesländern S. 31f

schen Täter und Opfer die Wiederherstellung des Rechtsfriedens[73]. Der Ausgleich der Tatfolgen soll durch eine Entschuldigung, gemeinnützige Arbeit oder in 50% der Fälle durch Geldzahlung erfolgen[74]. Im Rahmen dieses Projekts werden hauptsächlich Körperverletzungs-, Sachbeschädigungs- und Beleidigungsdelikte bearbeitet[75].

9.10 Auswertung der Ergebnisse der Modellprojekte insgesamt

Danach erfreut sich der Täter-Opfer-Ausgleich einer hohen Akzeptanz sowohl unter den Beschuldigten als auch unter den Opfern: 80-90% der Beschuldigten sind zur Mitwirkung bereit[76], weil sie im Strafverfahren besser gestellt sein wollen, die Tat bedauern und ein schlechtes Gewissen haben, Reue ebenso wie Schuldgefühle verspüren und Scham sowie den Wunsch nach Wiedergutmachung[77]. Die Motivation der Beschuldigten zur Teilnahme sind daneben das Bedürfnis, aktiv zu Schlichtung und Wiedergutmachung beizutragen sowie die Reduktion von eigenen Schuldgefühlen[78]. Oft haben sie Verständnis für die Opferinteressen geäußert[79] und Stolz und Ehre, das Dazu-stehen, als Teilnahmegrund angegeben[80]. Wichtig ist daneben die Einbeziehung einer Mitschuld des Opfers, die im Strafverfahren aufgrund der Zeugenstellung des Verletzten nicht in derselben Weise erfolgt wie im Schlichtungsverfahren. Ferner beabsichtigen die Beschuldigten eine Klärung der zivilrechtlichen Seite[81] und wollten den Schaden hinterfragen[82]. Weitere Gründe sind die Scheu vor

---

[73]So Arendt/Peikert a. a. O. S. 262
[74]Siehe Heitmann a. a. O. S. 36
[75]Vergleiche dazu Heitmann a. a. O. S. 36
[76]Näher dazu Bannenberg Wiedergutmachung in der Strafrechtspraxis S. 261; Dölling/Henninger Täter-Opfer-Ausgleich in Deutschland S. 430; Schreckling 10 Jahre Täter-Opfer-Ausgleich S. 97
[77]Ausführlicher dazu Bannenberg a. a. O. S. 226f; Netzig/Petzold Abschlußbericht der Aktionsforschung S. 61; Rössner Wiedergutmachung als Aufgabe der Strafrechtspflege S. 120
[78]Siehe Netzig/Petzold a. a. O. S. 61; Bannenberg a. a. O. S. 226f; Dölling/Henninger a. a. O. S. 430
[79]So auch Rössner Wiedergutmachung als Aufgabe der Strafrechtspflege S. 120; Bannenberg a. a. O. S. 226f
[80]Vergleiche Netzig/Petzold a. a. O. S. 61
[81]Näher dazu Bannenberg a. a. O. S. 226f; Dölling/Henninger a. a. O. S. 430
[82]Ebenso Netzig/Petzold a. a. O. S. 61f

9.10 Auswertung der Ergebnisse der Modellprojekte insgesamt

dem Risiko eines Rechtsstreits über Grund und Höhe des Schadensersatzanspruchs sowie der Wille zur Verhinderung einer weiteren Eskalation des Streits[83]. Teilweise werden Zeit- und Kostengründe sowie die Angst vor einer Gerichtsverhandlung angegeben[84]. Die subjektiven Gründe zur Teilnahme an einem Schlichtungsverfahren sind also vielfältig; die anschließend sowohl von Beschuldigten als auch von Opfern überwiegend geäußerte Zufriedenheit mit dem Ausgang des Täter-Opfer-Ausgleichs belegt, dass diese Ziele in der Regel auch erreicht werden konnten.

Abgelehnt wird die Teilnahme demgegenüber, wenn die Beschuldigten die Ausgleichsforderung für zu hoch halten, ein Mitverschulden des Opfers sehen[85] oder aber nicht allein für die Folgen der Tat einstehen wollen, wenn Mitbeschuldigte zum Täter-Opfer-Ausgleich nicht bereit sind.

Opfer, denen der Täter-Opfer-Ausgleich angeboten wird, sind zu fast 80% zur Teilnahme bereit[86]. Die Motivation dazu besteht vor allem in einer tiefgreifenden Verunsicherung durch die Tat und dem Wunsch, dem Täter Fragen zu stellen[87]. Erhofft wird eine Reduktion von Angst sowie die Vermeidung weiterer Eskalation[88]. Das Opfer beabsichtigt eine Konfrontation des Täters mit den Tatfolgen ebenso wie eine Anerkennung der Schuld durch den Täter[89]. Es möchte diesem einen Denkzettel erteilen und verspürt den Wunsch nach materieller Wiedergutmachung in Verbindung mit einer schnellen, unbürokratischen Erledigung[90]. Ferner äußerten die befragten Opfer eine Angst vor dem Gerichtsverfahren, Verständnis für den Täter sowie die Vermeidung einer Strafverhängung[91], also vor allem Bedürfnisse, die jenseits von Bestrafungsinteressen liegen und vom Strafverfahren nicht befriedigt werden können, wohl aber vom Täter-Opfer-Ausgleich. Insbesondere kann hier eine Entschädigung des Opfers durch den Täter erreicht werden, die zum einen zi-

---

[83] Siehe Netzig/Petzold a. a. O. S. 62
[84] So auch Netzig/Petzold a. a. O. S. 62
[85] Vergleiche Rössner Wiedergutmachung als Aufgabe der Strafrechtspflege S. 121; Bannenberg a. a. O. S. 227
[86] Siehe Bannenberg a. a. O. S. 261
[87] So auch Netzig/Petzold a. a. O. S. 60; Bannenberg a. a. O. S.227
[88] Ebenso Netzig/Petzold a. a. O. S. 60
[89] Vergleiche Bannenberg a. a. O. S. 227; Dölling/Henninger a. a. O. S. 430; Netzig/Petzold a. a. O. S. 60
[90] Siehe Dölling/Henninger a. a. O. S. 430; Netzig/Petzold a. a. O. S. 60; Rössner a. a. O. S. 120
[91] So auch Dölling Probleme der Begleitforschung zum Täter-Opfer-Ausgleich S. 89; Netzig/Petzold a. a. O. S. 60

9 Auswertung von Modellprojekten in Deutschland

vilrechtlich mangels Leistungsfähigkeit des Täters kaum durchsetzbar wäre, denn insbesondere im Falle einer Inhaftierung steht kein pfändbares Einkommen zur Verfügung, weil dem Täter lediglich ein Taschengeld gezahlt wird, wenn er überhaupt eine Arbeit erhält; zum anderen ist die Realisierung eventuell bestehender Schadensersatzansprüche des Opfers für dieses mit Kosten, Mühen und Risiken verbunden, da selbst im Falle eines Obsiegens bei fehlender Leistungsfähigkeit des Täters das Opfer letztlich neben seinen außergerichtlichen Kosten auch die Gerichtskosten zu tragen hätte[92]. Hinzu kommt, dass Geschädigte oft aufgrund des außer Verhältnis zum beizutreibenden Anspruch stehenden Kostenrisikos von einer Verfolgung ihrer Ansprüche auf dem Zivilrechtsweg absehen und letztlich leer ausgehen[93].

Im Übrigen gelingt es im Rahmen des konventionellen Strafverfahrens selten, die Erwartungen der Opfer zu erfüllen. Nicht nur, dass es in dessen Rahmen zu einer erheblichen Belastung des Opfers kommt, weil die Erinnerung und die Schilderung der Tat demütigend und schmerzhaft sein können, oft trägt der psychologisch nicht geschulte Richter durch die Art der Befragung noch zur Sekundärviktimisierung bei. Auch die Anwesenheit des Täters kann belastend wirken, denn anders als beim Täter-Opfer-Ausgleich kommt es zwar zu einem physischen Zusammentreffen von Schädiger und Geschädigtem, nicht jedoch zu einer direkten Kommunikation über den Vorfall. Diese wäre aber für das Opfer häufig von therapeutischem Nutzen, wenn sie von einem dafür ausgebildeten Dritten wie dem Schlichter geleitet würde[94]. Oft wird sich dabei nämlich eine geringe Gefährlichkeit des Täters ergeben, ein verständliches Motiv für die Tat oder aber eine von diesem geleistete Entschuldigung dem Opfer dabei helfen, den Vorfall zu verarbeiten[95]. Das Tatgeschehen und der Kontext der Tat werden deutlich, Standpunkte werden ausgetauscht und so transparent[96]. Zumindest erhält das Opfer die Gelegenheit, dem Täter die Fragen zu stellen, die es seit dem Vorfall bewegen; es kann Unsicherheiten und Ängste thematisieren und dann das Geschehe-

---

[92] Ebenso für das amerikanische Recht bei identischer Problemlage Dohr Berücksichtigung freiwillig geleisteter Wiedergutmachung des Täters S. 50f
[93] Siehe Dohr a. a. O.
[94] Vergleiche Dohr a. a. O. S. 52, der insbesondere auf die erleichterte Verarbeitung der Straftatfolgen durch das Einstehen des Täters dafür hinweist.
[95] Näher dazu J. Wolf Bedeutung der Konfrontation von Täter und Geschädigtem S. 132ff
[96] Vertiefend J. Wolf a. a. O. S. 132ff

9.10 Auswertung der Ergebnisse der Modellprojekte insgesamt

ne abschließen[97]. Zwar handelt es sich beim Täter-Opfer-Ausgleich um eine Kurzintervention[98], die natürlich eine langfristige psychotherapeutische Behandlung nicht zu ersetzen vermag. Gerade in Fällen der Gewaltdelikte bei Beziehungstaten wird oft längerfristige Hilfe erforderlich sein. Dennoch kann das Gespräch mit dem Täter im Beisein eines neutralen Dritten dem Opfer dabei helfen, einige Fragen zu klären und so das Geschehene nicht zu einer Lebenskatastrophe auswachsen zu lassen[99]. Daraus erklärt sich die hohe Zustimmungsrate unter den Opfern, deren Bedürfnisse eher vom Täter-Opfer-Ausgleich befriedigt werden können. Die Opfer lehnen die Mitwirkung am Schlichtungsverfahren dann ab, wenn ihnen der Konflikt zu geringfügig oder zu schwerwiegend erscheint, wobei sich die Einschätzung der Betroffenen nicht mit der rechtlichen Einordnung der Delikte deckt.

Wenn Beschuldigter und Opfer zur Teilnahme bereit sind, wird fast immer auch eine Vereinbarung getroffen, in der festgelegt wird, wie der Schaden wieder gutzumachen ist. Die durchschnittliche Ausgleichsquote der Modellprojekte lag bei 75%[100].

Jedenfalls ist die Definition des Erfolges eines Täter-Opfer-Ausgleichs schwierig und wird von den Projekten unterschiedlich getroffen[101]. Das größte Problem bei der Feststellung des (Präventions-)Erfolges besteht darin, dass bislang keine Diversionstheorie existiert, die erklärt, wie das Ziel der Kriminalitätsverminderung erreicht werden kann; es bestehen vielfältige Wechselwirkungen. Eine Kriminalitätstheorie, die methodologischen Standards genügt, existiert nicht. Möglicher Anknüpfungspunkt könnte die Rückfallhäufigkeit des Täters sein; diese lässt sich zumindest stichprobenartig messen, jedoch kann dabei nur die Hellfeldkriminalität erfasst werden. Angesichts des erheblichen Dunkelfeldes, welches sich auch durch Umfragen kaum aufdecken lässt, dürfte dies für eine verlässliche Erfolgsbestimmung also ebenfalls wenig geeignet sein. Auch existieren aufgrund des geringen seit Einführung des Täter-Opfer-Ausgleichs verstrichenen Zeitraumes wenig Rückfallanalysen[102];

---
[97]Vergleiche J. Wolf a. a. O. S. 132ff
[98]Worauf unter anderem S. Walther Vom Rechtsbruch zum Realkonflikt S. 117; Schreckling 10 Jahre Täter-Opfer-Ausgleich S. 100 zu Recht hinweisen.
[99]Näher dazu Krause Tatverarbeitung von Gewalttaten S. 245f
[100]Siehe Schreckling a. a. O. S. 98
[101]Was Dölling Probleme der Begleitforschung zum Täter-Opfer-Ausgleich S. 95f, 84f zutreffend darstellt.
[102]Ebenso Dölling a. a. O. S. 80f, 91f

9 Auswertung von Modellprojekten in Deutschland

soweit solche durchgeführt wurden, deuten diese (KEUDEL, MATTHEIS) darauf hin, dass die Rückfallquoten nach einem Täter-Opfer-Ausgleich denen nach einem Strafverfahren ähneln. Man könnte ebenfalls auf eine erreichte Verhaltensänderung beim Täter abstellen, die aber ebenso schlecht feststellbar ist. Weitere mögliche Kriterien könnten die Generalprävention oder der Rechtsfrieden darstellen; ungeklärt ist jedoch, wie diese gemessen, wie also der Erfolg quantifiziert werden kann.

Eine Ableitung des Erfolges anhand einer Aussöhnung zwischen Beschuldigtem und Opfer setzt wiederum deren Messbarkeit voraus. Ungeklärt ist, ob diese Aussöhnung gleichbedeutend ist mit der subjektiven Zufriedenheit über den Verfahrensgang. Wäre dies der Fall, so könnten Umfragen die erwünschten Ergebnisse liefern. Weiterer möglicher Anknüpfungspunkt wäre die Reaktion der Justiz auf den Ausgleich; hier ergeben sich jedoch erhebliche Probleme bei dem Versuch, die Sanktion auf eine Variable zurückzuführen. Bei einer Einstellung des Verfahrens nach §§ 153, 153 a StPO lässt sich nämlich retrospektiv kaum beurteilen, welche Sanktion ohne einen Täter-Opfer-Ausgleich angeordnet worden wäre.

Am ehesten geeignet scheint die subjektive Zufriedenheit von Beschuldigtem und Opfer mit dem Verfahrensablauf und dem Ergebnis[103], verknüpft mit der Reaktion der Staatsanwaltschaft und dem Ziel des Verfahrens, nämlich dessen Einstellung bzw. Senkung der Sanktion um eine Stufe.

Problematisch ist aber, inwiefern Wiedergutmachung und Zufriedenheit auf den Täter-Opfer-Ausgleich zurückzuführen sind. Möglicherweise wäre nach einem Strafverfahren eine ähnliche Zufriedenheit dieser Betroffenen feststellbar gewesen, vielleicht wäre auch eine Konfliktlösung ohne Schlichter möglich gewesen; dies lässt sich retrospektiv nicht mehr ermitteln. Rund 3/4 aller Beteiligten an einem in Deutschland durchgeführten Täter-Opfer-Ausgleich sind nach Abschluss einer Vereinbarung, die dann erfüllt wurde, mit der Wiedergutmachung zufrieden und äußern daneben kein Strafbedürfnis mehr[104]. Dieses Ergebnis ist aber kritisch zu hinterfragen, weil viele Täter-Opfer-Ausgleichsprojekte die qualitative Evaluation durch den Vermittler selbst vornehmen lassen, so dass sich die Frage stellt, ob ehrliche oder er-

---
[103]So auch Netzig/Wandrey Was ist drin, wenn TOA draufsteht? S. 222
[104]Siehe Schreckling a. a. O. S. 98

9.10 Auswertung der Ergebnisse der Modellprojekte insgesamt

wünschte Antworten gegeben wurden[105]. Dasselbe Bild zeigt sich aber in den Modellprojekten, welche die Begleitforschung durch Externe (WAAGE Hannover) vornehmen lassen, so dass von einer hohen Akzeptanz des Täter-Opfer-Ausgleichs auszugehen ist.

Weiter sind diese Ergebnisse nur eingeschränkt generalisierbar, denn die Modellprojekte zielen jeweils nur auf bestimmte Kriminalitätsformen, so dass sich die Frage stellt, ob bei anderen Delikten andere Ergebnisse erzielt worden wären oder aber Vergleichbarkeit besteht[106]. Ferner erfolgt die Fallzuweisung fast stets durch den Staatsanwalt allein, der so die Ergebnisse beeinflussen kann, sei es willentlich oder unbeabsichtigt[107]. Schließlich ist davon auszugehen, dass die in den Modellprojekten eingesetzten Vermittler mit einem besonderen Engagement vorgehen, das in der täglichen Arbeit nicht zu leisten ist[108]. Dennoch sprechen die Ergebnisse – bei aller gebotenen Vorsicht – für den Täter-Opfer-Ausgleich.

LOOS weist demgegenüber darauf hin, dass nach einer Entschädigung des Opfers – sei es durch den Beschuldigten, sei es durch die eigene Versicherung – dieser Ersatz in aller Regel ein Gefühl der Befriedigung hervorrufen wird, sodass ein Vergleich zwischen Geschädigten nach erfolgter Wiedergutmachung und Opfern nach durchgeführtem Strafverfahren nur einen Teil der Kriminalität abdecken würde[109]. Entscheidend sei vielmehr die Einstellung von Verletzten, die weder entschädigt worden seien noch eine Entschädigung zu erwarten hätten, beispielsweise wenn ein Täter nicht ermittelt werden könne[110]. Hier erwartet LOOS ein anderes Bild[111] - freilich ohne dies näher erläutern oder auf eine empirische Untersuchung hinweisen zu können. Da die Wiedergutmachung und der Täter-Opfer-Ausgleich jedoch nur in den Fällen in Betracht kommen, in denen ein Schädiger ermittelt werden kann, erscheint es legitim, die Umfragen auf diese Fälle zu beschränken. Auch sollte hier die Zufriedenheit mit Verlauf und Ergebnis des Verfahrens erforscht werden, was naturgemäß nur in den Fällen erfolgen kann, in denen ein sol-

---

[105] Erläuternd Dölling a. a. O. S. 88f
[106] Näher dazu Dölling a. a. O. S. 86f
[107] Ebenso Dölling a. a. O. S. 86
[108] Vergleiche Dölling a. a. O. S. 87f
[109] Siehe Loos ZRP 1993, S. 51ff, 53
[110] So Loos a. a. O. S. 53
[111] Loos a. a. O. S. 53

9 Auswertung von Modellprojekten in Deutschland

ches Verfahren durchgeführt wurde. Dennoch ist LOOS darin zuzustimmen, dass weiterer Forschungsbedarf besteht. Es ist zu erwarten, dass auch die von ihm angesprochene Gruppe von Geschädigten in erster Linie an einem Ersatz des ihnen entstandenen Schadens und erst in zweiter Linie an einer Bestrafung des Täters interessiert sind. Darauf deutet nämlich die oben bereits erwähnte Untersuchung von BILSKY/PFEIFFER/WELTZELS hin, die in ihrer Befragung Fälle mit und ohne Wiedergutmachung zur Entscheidung durch die Befragten in der Position des Richters stellen. Diese Studie kommt zu dem Ergebnis, dass 1/4 der Befragten eine Strafe nach erfolgter Wiedergutmachung nicht für erforderlich hält und mehr als die Hälfte die von ihnen gewählte Sanktion um eine Stufe mildern, wenn Wiedergutmachung geleistet wird[112]. LOOS verkennt die Situation, wenn er davon ausgeht, dass die Realität von der Unmöglichkeit der Wiedergutmachung bzw. im günstigeren Fall teilweiser Schadloshaltung geprägt sei[113]; richtig ist vielmehr, dass auch diejenigen Beschuldigten, deren Einkommen derart gering ist, dass mit einer Realisierung der Schadensersatzansprüche auf dem Zivilrechtswege nicht zu rechnen ist, oft erhebliche Anstrengungen unternehmen, um trotzdem Wiedergutmachung zu erbringen, sodass sogar in (zivilrechtlich) aussichtslosen Fällen letztlich eine Entschädigung geleistet wird. Hinzu kommen die Darlehen aus Opferfonds für wenig begüterte Beschuldigte, um so deren Leistungsfähigkeit herzustellen.

Bei dieser Betrachtung der Ergebnisse ist ferner problematisch, dass die Täter-Opfer-Ausgleichsprojekte in Deutschland ihren Erfolg unterschiedlich definieren und die Ergebnisse der einzelnen Modellprojekte dadurch nur bedingt vergleichbar sind. Es ist also Vorsicht bei Aussagen über die Modellprojekte im Allgemeinen sinnvoll. Bei aller gebotenen Vorsicht ist dennoch Optimismus angebracht: Die Ausgleichsquote lag nach der bundesweiten Täter-Opfer-Ausgleichsstatistik, an der sich 1993 50 Projekte beteiligt haben, bei 56 – 58%[114]. Sie dürfte deshalb geringer sein als in den Modellprojekten, weil unter Alltagsbedingungen gearbeitet wurde[115]. Auch liegt der Anteil von Körperverletzungsdelikten, bei denen der Täter-Opfer-Ausgleich seltener gelingt

---

[112]Ebenso Pfeiffer a. a. O. S. 104
[113]Loos a. a. O. S. 53
[114]So Schreckling a. a. O. S. 99
[115]Siehe Schreckling a. a. O. S. 99

9.10 Auswertung der Ergebnisse der Modellprojekte insgesamt

als bei Eigentums- und Vermögensdelikten, mit 45% auf einem sehr hohen Niveau[116]. Weiter konnten 15% der zugewiesenen Fälle aus verfahrenstechnischen Gründen nicht ausgeglichen werden, so dass die Schlussfolgerung nahe liegt, dass die Staatsanwälte in erheblichem Umfang ungeeignete Fälle zuwiesen[117]. Dennoch weisen die Ergebnisse darauf hin, dass der Täter-Opfer-Ausgleich ausbaufähig ist.

Als weitere Schwierigkeit bei der Auswertung der Ergebnisse kommt hinzu, dass von der Begleitforschung zwar die formative Evaluation zu der Frage, wie das Programm verwirklicht werden soll, geleistet wurde, selten aber eine summative Evaluation, die erforscht, ob die angestrebten Ziele erreicht wurden und ob das Programm neben den angestrebten unerwünschte Wirkungen hatte[118]. Auch eine Überprüfung der internen Validität, also der Rückführbarkeit der abhängigen Variablen auf die evaluierte unabhängige Variable, wurde kaum unternommen[119]. Letztere ist angesichts von erheblichen praktischen Schwierigkeiten, vergleichbare Gruppen im Rahmen des Täter-Opfer-Ausgleichs und des normalen Strafverfahrens zu finden, möglicherweise nicht zu leisten.

Bezüglich der Reaktion der Justiz ist oft schwer feststellbar, ob die gewählte Sanktion aufgrund des erfolgten Täter-Opfer-Ausgleichs geändert wurde. Im Rahmen der folgenlosen Einstellung bleibt so die Frage, ob es sich um eine Bagatelle handelte und daher ohnehin nach § 153 StPO verfahren worden wäre. Im Rahmen der Einstellung nach § 153a I 2 Nr. 5 StPO sowie der Wahl des Strafbefehlsverfahrens statt Anklage lässt sich schwer feststellen, welche Rechtsfolge der Dezernent ohne den Täter-Opfer-Ausgleich gewählt hätte. Nach der Untersuchung von HARTMANN scheint aber jedenfalls im Rahmen der Begleitforschung zum Waage-Projekt in Hannover die Sanktion tatsächlich um eine Stufe gesenkt und das Ziel erreicht worden zu sein[120].

Bei aller gebotenen Vorsicht ist danach Optimismus bezüglich des Erfolges des Schlichtungsverfahrens angebracht.

---

[116] Vergleiche Schreckling a. a. O. S. 99
[117] Diese Vermutung hegt auch Schreckling a. a. O. S. 99.
[118] Näher dazu Dölling Probleme der Begleitforschung zum Täter-Opfer-Ausgleich S. 81ff
[119] Vertiefend Dölling a. a. O. S. 69ff
[120] U. Hartmann Staatsanwaltschaft und Täter-Opfer-Ausgleich S. 210

10 Ablauf des Schlichtungsverfahrens

Im Folgenden werden einige psychologische Aspekte des Schlichtungsverfahrens beleuchtet, verschiedene Methoden, wie der Schlichter bei der Lösung des Konfliktes behilflich sein kann. Es wird dabei naturgemäß in dieser juristischen Arbeit nur ein Ausschnitt aus der psychologischen Konfliktberatung dargestellt werden können, wobei die Auswahl beispielhaft die Bandbreite der Ansätze verdeutlichen soll. Da es sich hierbei um einen eigenen Forschungszweig der Psychologie handelt, würde eine vollständige Darstellung der Ergebnisse den Rahmen der vorliegenden Arbeit sprengen.

10.1 Methode des sachbezogenen Verhandelns nach Fisher/Ury

Die Methode des sachbezogenen Verhandelns (Harvard-Konzept) bestimmt die Mediationspraxis in weiten Teilen. Dabei wird davon ausgegangen, dass eine konstruktive Vermittlung zwischen Positionen der Verhandlungspartner kaum erfolgen kann, da bereits die Bildung der Positionen die bestehenden Unterschiede zwischen den Parteien in den Vordergrund rücken. Zu vermeiden ist jedoch nicht nur ein Feilschen um Positionen (hartes Verhandeln), sondern auch ein zu nachgiebiges, konfliktvermeidendes Verhalten (weiches Verhandeln)[1], da im Falle des Nachgebens und damit Unterliegens einer Partei der Weg zu einer für beide Seiten akzeptablen, konstruktiven Übereinkunft versperrt ist. Mensch und Problem werden getrennt voneinander behandelt[2], im Mittelpunkt stehen Interessen als Beweggründe statt der angestrebten Positionen[3]. Hat man erst die den Positionen zugrunde liegenden Interessen ermittelt, wird man trotz Unvereinbarkeit der vordergründigen Positionen in aller Regel feststellen, dass sich die Interessen vereinbaren lassen und so

---
[1] Vergleiche Fisher/Ury Harvard-Konzept S. 25ff
[2] So Fisher/Ury a. a. O. S. 35ff
[3] Siehe Fisher/Ury a. a. O. S. 65ff

zu für beide Seiten befriedigenden Lösungen kommen. Vor der Entscheidung werden verschiedene Wahlmöglichkeiten zu beiderseitigem Nutzen entwickelt und das Ergebnis auf objektiven Entscheidungsprinzipien aufgebaut[4]. Der Vermittler arbeitet darauf hin und unterstützt die Parteien dadurch bei der Zielerreichung.

10.2 Konfliktlösung nach der Handlungstheorie KAISERs

Der Konflikt wird von der Handlungstheorie begriffen als die Behinderung der Zielerreichung einzelner durch andere[5]. Eine **Konfliktlösung** setzt voraus, dass die Handlungsziele als Mittel zur Erreichung der Oberziele begriffen werden; es müssen zunächst miteinander verträgliche Oberziele gefunden werden. Anschließend sollten Handlungsziele, die miteinander verträglich sind und zu den gewünschten Oberzielen führen, gesucht werden. Umfasst sind dabei Weg und Art des erzielten Ergebnisses[6].

Die **Konfliktregelung** stellt demgegenüber ein auf anderem Wege erzieltes Ergebnis dar[7]. Konfliktlösung oder -regelung erfolgen in einer Beratungstriade (Konfliktparteien und Berater), die zur -dyade oder -pentade ausgebaut werden kann[8]. Vorrangig ist die Frage idealer Sprechbedingungen, die durch Freiwilligkeit der Teilnahme, Machtgleichgewicht unter den Parteien, Redefreiheit und die vorherige Vereinbarung von Spielregeln gekennzeichnet ist[9]. Die **Konfliktberatung** erfolgt in einer Interaktionssituation, in welcher versucht wird, das Verhalten der Beteiligten als sinnvolles Handeln zu deuten[10]. Die Beratungsgrundformel umfasst dabei das Thema des Konfliktes, die typische Konfliktsituation, eine vergangene Aufforderungssituation ohne Erfolg, ein alternatives Handeln, dessen Folgen, die zweckrationale Deutung

---

[4] Näher dazu Fisher/Ury a. a. O. S. 86ff, 119ff
[5] Vertiefend Kaiser Konfliktberatung nach handlungstheoretischen Prinzipien S. 69ff
[6] Vergleiche Kaiser a. a. O. S. 39f
[7] Erläuternd Kaiser a. a. O. S. 39f, 70f
[8] Näher dazu Kaiser a. a. O. S. 72ff
[9] So Kaiser a. a. O. S. 74ff
[10] Siehe Kaiser a. a. O. S. 67

und eine eigene Begründung[11].

10.3 Konfliktmoderation nach REDLICH

Danach verläuft das Gespräch in fünf Schritten: Zunächst muss im Vorgespräch der genaue Auftrag des Vermittlers vereinbart werden[12], dann sollte ein zwischenmenschlicher Kontakt zwischen den Parteien und dem Vermittler gestiftet werden[13]. Anschließend können die Konfliktthemen gesammelt und das Vorgehen vereinbart werden[14]. Nun werden die Sichtweisen der Parteien geklärt und die Positionen in Bewegung gebracht, damit eine Regelung ausgehandelt werden kann[15].

Die Leitsätze der Konfliktmoderation sind dabei, dass das Gespräch auf gemeinsame Ziele gelenkt werden sollte statt vergangenes Fehlverhalten der anderen Partei zu erörtern[16]. Ein etwa bestehendes Vertrauen gegenüber der anderen Konfliktpartei sollte betont werden[17]. Es sollte nicht gegen die Sturheit angekämpft werden, sondern eine etwa festzustellende Beweglichkeit in den Positionen hervorgehoben werden[18]. Übergeordnete Interessen und Ziele beider Parteien sollten angestrebt werden statt auf die Einzelinteressen einer Seite einzugehen[19], wobei der Vermittler den möglichen Gewinn für beide Konfliktparteien in den Vordergrund stellen kann[20]. Bloßstellungen darf der Schlichter nicht zulassen, statt dessen sollte er den Parteien dabei zur Seite stehen, unter Wahrung des Gesichtes eine akzeptable Lösung zu erarbeiten[21].

Das Schlichtungsgespräch selbst weist dann üblicherweise vier Phasen auf[22]: Zunächst erfolgt der Gesprächseinstieg[23], an den sich eine Tataufar-

---

[11] Vertiefend Kaiser a. a. O. S. 121ff
[12] Vergleiche Redlich KonfliktModeration S. 31ff
[13] Näher dazu Redlich a. a. O. S. 34ff
[14] Siehe Redlich a. a. O. S. 37ff
[15] So Redlich a. a. O. S. 45ff
[16] Vergleiche Redlich a. a. O. S. 187
[17] Siehe Redlich a. a. O. S. 187
[18] So Redlich a. a. O. S. 187
[19] Vergleiche Redlich a. a. O. S. 187
[20] So Redlich a. a. O. S. 187
[21] Siehe Redlich a. a. O. S. 187
[22] Näher dazu E. Hassemer Praktische Erfahrungen mit dem Täter-Opfer-Ausgleich S. 427ff
[23] Ebenso statt vieler E. Hassemer a. a. O. S. 427

beitungsphase anschließt[24]. Danach kommt es zur Verhandlungsphase[25] und schließlich zum Gesprächsabschluss unter schriftlicher Fixierung des erzielten Ergebnisses[26]. Je nachdem, in welcher Phase sich das Schlichtungsgespräch befindet, sind unterschiedliche Aktivitäten des Vermittlers erforderlich.

10.4 WATZKEs Figur des gemischten Doppels

Unter Umständen kann es sinnvoll sein, die Figur des gemischten Doppels anzuwenden. Darunter wird der Einsatz von zwei Schlichtern verstanden, wobei jeweils ein Vermittler einer Partei unter Wechsel von diachroner zu synchroner Bearbeitung zur Seite steht[27]. Zunächst erfolgen Einzelgespräche zur Klärung des subjektiven Erlebens des Vorfalls[28], dann berichtet der Schlichter der anderen Partei, wie seine Partei den Konflikt wahrgenommen hat mit einer anschließenden Korrektur der Geschichte durch die eigene Partei (Theorie des binokularen Sehens)[29]. Schließlich diskutieren die Parteien den Vorfall unter Beobachtung der Schlichter, die unterbrechen, wenn sie ein Muster erkannt haben[30]. Sie äußern dann Vermutungen, die explizit als solche gekennzeichnet sind, ohne sich an die Parteien zu wenden[31]. Diese hören nur dem Gespräch zwischen den Schlichtern zu, bis ihnen erneut dazu das Wort erteilt wird[32]. Diese Phase wiederholt sich so lange, bis eine Einigung erzielt oder aber klar ist, dass es dazu nicht kommen wird[33].

Der Vermittler kann durch unterscheidende Fragen und skalierende Einstufungen den Parteien, die nicht daran gewöhnt sind, helfen, ihre Gefühle zu verbalisieren[34]. So werden insbesondere Veränderungen in der Gefühlswelt,

---

[24]Vergleiche E. Hassemer a. a. O. S. 428
[25]Siehe E. Hassemer a. a. O. S. 428
[26]Ebenso E. Hassemer a. a. O. S. 428f
[27]So auch Watzke Das gemischte Doppel S. 341
[28]Näher dazu Watzke a. a. O. S. 343f
[29]Vertiefend Watzke a. a. O. S. 345ff
[30]Erläuternd Watzke a. a. O. S. 346ff
[31]Siehe Watzke a. a. O. S. 349f
[32]Vergleiche Watzke a. a. O. S. 350
[33]So auch Watzke a. a. O. S. 351
[34]Näher dazu Delattre Neugier als Methode S. 298ff

die der Täter-Opfer-Ausgleich bewirkt, wahrnehmbar gemacht[35]. Durch zirkuläre Fragen (Was glauben Sie, hat der Schädiger /Geschädigte gedacht, als...) wird die Perspektive des anderen eröffnet, in die sich die Beteiligten ohne Hilfe nicht einfühlen könnten/wollten[36]. Durch Anwendung der Fragetechnik wird ein direktives Eingreifen des Vermittlers verhindert und die eigenständige Konfliktlösung gefördert[37]. Nach Herausarbeitung der wesentlichen Aspekte des Konflikts ist der Streit meist schon entschärft, es muss nur noch eine finanzielle Regelung gefunden werden.

10.5 Ergebnis

Es existieren verschiedene Wege, wie der psychologisch geschulte Vermittler Beschuldigten und Opfer bei der Suche nach einer Lösung des Konflikts unterstützen kann. Dies ist bereits deshalb wichtig, weil oft Verhandlungsdisparitäten bestehen, die das Finden einer gerechten und für beide Seiten akzeptablen Lösung erschweren. Auch kann es gerade bei länger andauernden Konflikten ohne professionelle Unterstützung kaum zu einer Weiterentwicklung und Veränderung der Sichtweise und damit möglicherweise auch der Standpunkte kommen. Oft fehlt es am Einfühlungsvermögen in die Position des jeweils anderen; auch hier kann der Vermittler durch geschicktes Fragen helfend eingreifen. Wird der Standpunkt des anderen verständlich, so kommt es zu einer Einsicht, die helfen kann, derartige Konflikte in Zukunft zu vermeiden. Neutralisierungstendenzen des Täters können so erschwert und dem Opfer die Verarbeitung der Tat erleichtert werden. Unbedingt erforderlich ist aber, dass der Vermittler entsprechend geschult ist und sich regelmäßig weiterbildet.

---

[35]Ebenso Delattre a. a. O. S. 301
[36]Erläuternd Delattre a. a. O. S. 302ff
[37]Siehe Delattre a. a. O. S. 296f

11 Gründe für geringe Relevanz des Täter-Opfer-Ausgleichs trotz seiner Vorteile

Obwohl sich der Täter-Opfer-Ausgleich theoretisch breiter Zustimmung über alle politischen Lager hinweg erfreut, stagniert die Entwicklung auf niedrigem Niveau[1], wenn auch Beschuldigte und Opfer zu 80-90% zu einem solchen Schlichtungsverfahren bereit sind. Dennoch wird der Täter-Opfer—Ausgleich von der Justizpraxis kaum angewendet und dadurch gewissermaßen sabotiert. Es soll der Frage nachgegangen werden, aus welchen Gründen dies geschieht.

11.1 Mangelnde Akzeptanz bei Staatsanwälten und Richtern

11.1.1 Strafhärteeinstellung der Strafjustiz und der Durchschnittsbevölkerung

Zwar steht die Strafjustiz der Wiedergutmachung nach eigener Einschätzung positiv gegenüber[2], dennoch wird die Falleignung zurückhaltend eingeschätzt und werden enge Grenzen bei der Deliktsschwere und der Täterpersönlichkeit gezogen, was zu einer Marginalisierung der Zustimmung und zu geringen Fallzuweisungen führt[3]. Nach einer Untersuchung von SESSAR sollen Staatsanwälte und Richter punitiver eingestellt sein als die Durchschnittsbevölkerung[4]. Diese Untersuchung bezieht sich auf über 50jährige Richter, um Spartenwechseln in jüngeren Berufsjahren Rechnung zu tragen, und differenziert nach Zivil- und Strafrichtern[5]. Dabei wird durch Umfrage ermittelt,

---
[1] Vergleiche Böttcher Täter-Opfer-Ausgleich – eine kritische Zwischenbilanz S. 365
[2] So auch Rössner Wiedergutmachung als Aufgabe der Strafrechtspflege S. 132
[3] Näher dazu Rössner a. a. O. S. 132f
[4] Vertiefend Sessar Wiedergutmachen oder strafen S. 211ff, 217, 219ff, 250ff
[5] Vergleiche Sessar a. a. O. S. 205ff

11 Gründe für geringe Relevanz des Täter-Opfer-Ausgleichs

dass fünfmal mehr Staatsanwälte als Probanden der Durchschnittsbevölkerung und dreimal mehr Staatsanwälte als Zivilrichter in einem vorgegebenen Fall Freiheitsstrafe ohne Bewährung verhängen würden, anstatt die Strafe zur Bewährung auszusetzen[6]. Auf die Frage, ob bei Rückfalltätern bei der Strafzumessung die Tatsache des Rückfalls (also strenge Bestrafung mit dem Risiko, dass der (materielle) Schaden des Opfers nicht ausgeglichen werden kann) oder aber die Opferinteressen (Milderung der Strafe wegen Wiedergutmachung) im Vordergrund stehen sollten, favorisieren 37% der Bevölkerung gegenüber 60% der Zivilrichter, 70% der Strafrichter und 79% der Staatsanwälte eine strengere Bestrafung[7]. Um dem Einwand zu begegnen, es handele sich um heterogene Vergleichsgruppen, bildet SESSAR eine mit den Justizangehörigen parallele Gruppe der Akademiker zwischen 28 und 57 Jahren und erhält dabei das Ergebnis, dass die Unterschiede zwischen Durchschnittsbevölkerung und Angehörigen der Justiz noch größer werden: Lediglich 18,1% der Vergleichsgruppe befürworten die strengere Bestrafung[8]. Zusätzlich legt SESSAR den Probanden dreizehn fiktive Körperverletzungsfälle vor und lässt diese darüber entscheiden, ob eine private Einigung, eine Schlichtung vor einem Schiedsmann, eine Regelung der Wiedergutmachung durch die Strafjustiz, eine Verurteilung unter Anrechnung erbrachter Wiedergutmachung oder eine Verurteilung ohne Anrechnung erfolgen sollte[9]. Dabei ergibt sich, dass die Justiz eine justizinterne Lösung favorisiert, wobei wiederum Staatsanwälte die Verurteilung stärker betonen als Strafrichter und Zivilrichter, während die Durchschnittsbevölkerung die außerrechtliche Regelung befürwortet[10]. Schließlich erstellt SESSAR anhand seiner Untersuchungsergebnisse einen Strafhärteindex und verdeutlicht so, dass die Justizangehörigen weniger restitutiv, also die Wiedergutmachung befürwortend, und punitiver, also härtere Strafen favorisierend, eingestellt sind – wobei Staatsanwälte die größte Strafhärte-Einstellung aufweisen, gefolgt von Straf- und Zivilrichtern[11].

Weiter stellt SESSAR die Hypothese auf, dass diese Einstellungen im Lau-

---

[6]Siehe dazu Sessar a. a. O. S. 212f
[7]So Sessar a. a. O. S. 214
[8]Siehe Sessar a. a. O. S. 215f
[9]Vergleiche Sessar a. a. O. S. 216f
[10]Vertiefend zu den genauen Zahlen und der exakten Versuchsanordnung Sessar a. a. O. S. 216ff
[11]Zu den genauen Daten siehe Sessar a. a. O. S. 219ff

11.1 Mangelnde Akzeptanz bei Staatsanwälten und Richtern

fe der Juristenausbildung gelernt werden, und bildet zur Überprüfung seiner These Vergleichsgruppen der Jurastudenten im ersten und achten Semester sowie der Gerichtsreferendare[12]. Er kommt zu dem Ergebnis, dass sich Jurastudenten und Gerichtsreferendare in ihren Einstellungen nicht signifikant von der Durchschnittsbevölkerung unterscheiden[13]. Differenziert man nach dem Geschlecht der Probanden, so ergeben sich in der Durchschnittsbevölkerung keine relevanten Unterschiede; anders jedoch bei Angehörigen der Justiz und Studenten sowie Referendaren: Dort sind Frauen restitutiver eingestellt als Männer und zeigen während ihrer Ausbildung keine signifikante Entwicklung, während Männer eine Entwicklung hin zu mehr Punitivität (mit leichtem Rückgang in der Referendarszeit) durchlaufen[14]. In der Berufsausübung werden beide Geschlechter dann punitiver, Männer jedoch ungleich stärker als Frauen[15].

Mögliche Einwände gegen die Untersuchung SESSARs können zunächst darauf gestützt werden, dass dieser seine Stichprobe auf die Bevölkerung Hamburgs und damit einer Großstadt beschränkte; hier war mit einer stärkeren Befürwortung der Wiedergutmachung als in den ländlich geprägten Gebieten und der Durchschnittsbevölkerung Deutschlands zu rechnen. Hinzu kommt, dass die Angehörigen der Hamburger Justiz eine kleine Stichprobe darstellen und es deshalb zu Fehleinschätzungen kommen kann. Beispielsweise wurden lediglich 14 Strafjuristinnen befragt[16] - eine derart geringe Stichprobe ermöglicht kaum verlässliche Rückschlüsse über die Angehörigen der Justiz! Auch kann so auf die oben[17] bereits dargelegten regionalen Unterschiede in Strafhärteeinstellungen keine Rücksicht genommen werden. Bezüglich des Ergebnisses dieser Untersuchung ist daher Vorsicht geboten. Dennoch gibt sie Anlass zu der Befürchtung, der Bevölkerung werde das eigene Strafbedürfnis unterstellt und so im Namen des Volkes eine Sanktion verhängt, die dieses nicht wünscht. Insofern war zwar zu befürchten, dass die Skepsis der Sachbearbeiter zu einer geringen Fallzuweisung und damit zu einer Be-

---

[12]So Sessar a. a. O. S. 222ff
[13]Siehe Sessar a. a. O. S. 222ff
[14]Vergleiche Sessar a. a. O. S. 231, 250ff
[15]So Sessar a. a. O. S. 230ff
[16]Siehe Sessar a. a. O. S. 227
[17]Unter 7.4

11 Gründe für geringe Relevanz des Täter-Opfer-Ausgleichs

stätigung der eigenen Ansicht führen könnte; die persönliche Einschätzung des Täter-Opfer-Ausgleichs bzw. die persönliche Strafhärte beeinflusst das Zuweisungsverhalten der Sachbearbeiter jedoch anscheinend nicht[18].

11.1.2 Zu wenig Information über den Täter-Opfer-Ausgleich

Das Hauptproblem stellt die unzureichende Information über den Täter-Opfer-Ausgleich dar[19]. Entscheidend ist das konkrete anwendungsbezogene Wissen, also die Kenntnis von Einleitungszeitpunkten und Einleitungsmöglichkeiten, das einen positiven Einfluss auf das Zuweisungsverhalten der Dezernenten ausübte[20]. Das abstrakte Wissen um den Inhalt der Hausverfügung und die Zuweisungsvoraussetzungen hingegen beeinflusst das Zuweisungsverhalten nicht[21]. Mögliche nützliche Aspekte des Täter-Opfer-Ausgleichs werden nach Durchführung eines Täter-Opfer-Ausgleichsfalls deutlich höher eingeschätzt[22]. Der Zustimmungsanteil steigt mit zunehmendem Kontakt mit dem Täter-Opfer-Ausgleich, und zwar von unbekannt über bekannt bis zu Kooperation mit dem Schlichtungsverfahren. Insofern trägt auch das Argument, juristisch eingefahrenes Denken blende die Opfer aus und stehe einer ganzheitlichen Lösung im Wege, nicht. Durch eine auf überzeugende Informationen gegründete Änderung der Arbeits- und Denkgewohnheiten kann eine umfassende Lösung erreicht werden, die den Staatsanwalt entlastet[23]. Problematisch ist aber, dass in der Studie, die diesen Zusammenhang feststellte, nicht Dezernenten, sondern Oberstaatsanwälte befragt wurden, die wenig bis gar keine Dezernatsarbeit leisten und deshalb für die späteren Fallzuweisungen irrelevant sind[24].

---

[18] Erläuternd Christochowitz Täter-Opfer-Ausgleich im allgemeinen Strafrecht S. 233f
[19] Vergleiche Schreckling Bestandsaufnahmen zur Praxis des Täter-Opfer-Ausgleichs S. 28; Kurze Täter-Opfer-Ausgleich und allgemeines Strafrecht S. 24ff; Christochowitz a. a. O. S. 231f
[20] Was Christochowitz a. a. O. S. 231f herausstellt.
[21] So auch Christochowitz a. a. O. S. 244
[22] Worauf Kurze a. a. O. S. 24 nach Auswertung des empirischen Materials hinweist.
[23] Näher dazu Schreckling a. a. O. S. 27ff
[24] Siehe Schreckling a. a. O. S. 27

11.1 Mangelnde Akzeptanz bei Staatsanwälten und Richtern

11.1.3 Persönlicher Kontakt mit dem Vermittler fehlt

Besonders wichtig scheint der persönliche Kontakt mit dem Vermittler zu sein, welcher regelmäßig, aber nicht zu oft zu Informationsgesprächen kommen sollte[25]. Der Schlichter sollte dabei kompetent wirken und vermitteln, dass er Einblick in Arbeitsabläufe bei der Staatsanwaltschaft hat[26].

Im Idealfall sollte die Fallauswahl durch den Vermittler gemeinsam mit dem Sachbearbeiter der Staatsanwaltschaft erfolgen[27]. So ließen sich die Differenzen zwischen prototypischem Schlichtungsfall und der tatsächlich ungünstigen Merkmalskombination der von der Staatsanwaltschaft Hannover mehrheitlich zugewiesenen Fälle beheben. Da es jedoch durch einen solch engen Kontakt zwischen Staatsanwalt und Schlichter für beide Seiten zu einer empfindlichen Mehrbelastung käme, die Arbeitsbelastung der Staatsanwälte jedoch ohnehin schon erheblich ist, wird sich dieses Vorgehen allenfalls in der Anfangsphase realisieren lassen; für die späteren Phasen müssten Informationsveranstaltungen die gemeinsame Fallauswahl ersetzen.

11.1.4 Frühzeitiges Einbeziehen der Dezernenten in die Planung des Projektes

Erforderlich ist ein möglichst frühzeitiges Einbeziehen der Dezernenten schon in die Planung des Projektes, damit diese sich nicht übergangen fühlen und später aus diesem Grund die Arbeit durch Zuweisung ungeeigneter Fälle sabotieren[28]. So ist festzustellen, dass derjenige, welcher sich an der Planungsphase beteiligt hatte, mehr Fälle zuweist als derjenige, welcher sich über mangelnde Einbeziehung beschwerte[29]. Unbedingt zu vermeiden ist daher der Eindruck einer Reform seitens der Gerichtshilfe ohne Beteiligung der Strafverfolgungsbehörde. Wichtig ist ferner eine gewisse personelle Kontinuität sowohl auf Seiten der Staatsanwaltschaft als auch auf Seiten der Schlichter.

---

[25]Vergleiche Christochowitz a. a. O. S. 268
[26]Ebenso Christochowitz a. a. O. S. 268
[27]Wie auch Schreckling a. a. O. S. 23 feststellt, da nur so Rückkoppelungen bezüglich der Eignung der zugewiesenen Fälle erreicht werden. Aufgrund des damit verbundenen Zeit- und Arbeitsaufwands wird sich dies ausserhalb von Modellprojekten kaum umsetzen lassen.
[28]Was Christochowitz a. a. O. S. 255 nach Auswertung der diesbezüglichen Erfahrungen des Modellprojektes WAAGE Hannover wohl zu Recht befürchtet.
[29]So Christochowitz a. a. O. S. 255

11 Gründe für geringe Relevanz des Täter-Opfer-Ausgleichs

NETZIG weist in diesem Zusammenhang auf die Bedeutung des Schaffens eines Täter-Opfer-Ausgleichs-Sonderdezernats hin. Diese fungieren als Multiplikatoren und haben maßgeblich zum Erfolg der entsprechenden Modellprojekte beigetragen[30].

11.1.5 Berufsbild des Staatsanwalts fern von zivilrechtlichen Fragen

Eine weitere Schwierigkeit bildet das Berufsbild des Staatsanwalts, nach welchem dieser zivilrechtlichen Fragen wie der Höhe des angemessenen Schadensersatzes eher fern steht[31]. Nach der oben vorgenommenen Festlegung eines strafrechtlichen Schadensbegriffes[32] dürfte dies kein Grund sein, den Täter-Opfer-Ausgleich abzulehnen. Schwerer wiegt das Argument, die Tätigkeitsstruktur des Staatsanwaltes sei auf Erledigung nach Aktenlage, nicht auf Aushandlung eines Geschehens gerichtet und laufe schon aus diesem Grund dem Täter-Opfer-Ausgleich zuwider[33]. Tatsächlich hat jedoch nicht der Staatsanwalt die Schlichtungsverhandlung zu leiten, sondern ein Dritter, so dass auch dies nicht gegen den Täter-Opfer-Ausgleich spricht. Im Übrigen dürfte sich dieses Argument durch Zeitablauf und zunehmende Erfahrung von selbst erledigen, so dass es kein dauerhaftes Hindernis für eine Implementierung des Täter-Opfer-Ausgleichs darstellt.

11.1.6 Skepsis bei Staatsanwaltschaft aufgrund negativer Erfahrungen mit anderen ambulanten Sanktionen

Als Schwierigkeit wird darüber hinaus die bei der Staatsanwaltschaft bestehende Skepsis aufgrund von negativen Erfahrungen bei der Einführung anderer ambulanter Sanktionen sowie der Vielfalt und der Undurchschaubarkeit der Projekte, aus der sich eine mangelnde Kooperationsbereitschaft gegenüber den als suspekt empfundenen Sozialarbeitern ergibt, angeführt[34].

---

[30] Vergleiche Netzig/Wandrey Was ist drin, wenn TOA draufsteht? S. 225
[31] Siehe auch Schreckling 10 Jahre Täter-Opfer-Ausgleich S. 105
[32] Oben in dieser Arbeit unter 6.3
[33] Näher dazu Frehsee Schadenswiedergutmachung als Instrument strafrechtlicher Sozialkontrolle S. 332; Schreckling a. a. O. S. 105
[34] So auch Wandrey Bericht über eine Jugendamtsbefragung S. 199

11.1 Mangelnde Akzeptanz bei Staatsanwälten und Richtern

Zusätzlich bestehen erhebliche Kommunikationsprobleme zwischen den Strafverfolgungsorganen und den vom „Wir-Macher-Gefühl" beseelten Schlichtern, die als Gruppe der Justiz gegenübertreten, woraufhin Richter und Staatsanwälte sich als Gegenstand von Beeinflussungsversuchen sehen, die sie empört zurückweisen[35]. Hier ist Fingerspitzengefühl gefragt, um eine Annäherung in den Positionen zu erreichen. Auch dürfte durch Informationsveranstaltungen eine Einstellungsänderung zu erreichen sein[36].

11.1.7 Keine berufliche Anerkennung für Staatsanwälte, die sich mit Täter-Opfer-Ausgleich beschäftigen

Negativ wirkt sich in diesem Zusammenhang ferner aus, dass die berufliche Anerkennung für diejenigen Staatsanwälte, welche sich mit dem Täter-Opfer-Ausgleich beschäftigen, ausbleibt. Sie müssen stattdessen Häme von den Kollegen für ihren „Schmusekurs" einstecken[37]. Konservative Strömungen sehen die Wiedergutmachung als Freispruch und versuchen daher, diese zu umgehen bzw. ihre Kollegen in ihrem Sinne zu beeinflussen. Traditionelle Verhaltens- und Denkmuster der Staatsanwälte stehen einer verstärkten Nutzung des Täter-Opfer-Ausgleichs entgegen[38]. Abhilfe könnte hier durch Informations- und Werbeveranstaltungen für den Täter-Opfer-Ausgleich erfolgen, im Rahmen derer Konsens bezüglich der Vorteilhaftigkeit des Verfahrens zu erzielen wäre.

11.1.8 Strafverfolgung als Massengeschäft/Arbeitsüberlastung der Staatsanwälte

Die Strafverfolgung bildet ein Massengeschäft, das nach standardisierter verwaltungsförmiger Bearbeitungsroutine verlangt[39]. Im Rahmen des Täter-Opfer-Ausgleichs rücken demgegenüber die an der Straftat beteiligten Men-

---

[35] Ebenso Schreckling a. a. O. S. 107
[36] Vergleiche Wandrey a. a. O. S. 200
[37] Siehe Rex Täter-Opfer-Ausgleich aus der Sicht der Strafjustiz S. 93
[38] Näher dazu Pfeiffer Erfolg und Mißerfolg des WAAGE-Projekts S. 4ff
[39] Vergleiche U. Hartmann Täter-Opfer-Ausgleich im Spannungsfeld von Anspruch und Wirklichkeit S. 191

11 Gründe für geringe Relevanz des Täter-Opfer-Ausgleichs

schen in den Blick der Ermittler und stören deren Arbeitsalltag[40]. Problematisch ist auch das Führen eines Fristenbuchs und der von oben ausgeübte Druck auf die Sachbearbeiter, nicht zu viele offene Verfahren zu führen[41]. Die Bearbeitung eines Falles durch die Staatsanwaltschaft und eine Schlichtungsstelle dauert im Bundesdurchschnitt mit je etwa zwei Monaten ungefähr gleich lang, so dass durch die Anwendung des Täter-Opfer-Ausgleichs jedenfalls nicht mit einer Verfahrensverzögerung zu rechnen ist[42]. Neue Sanktionsformen müssen jedoch erledigungsfreundlich sein, um akzeptiert zu werden. Langzeiterfolge wie eine geringere Rückfallhäufigkeit sind für die Staatsanwälte unter dem strukturellen Druck von Fällen und Terminen irrelevant[43].

Deswegen könnte der Einführung von Neuerungen wie dem Täter-Opfer-Ausgleich die ständige Arbeitsüberlastung der Sachbearbeiter entgegenwirken, die dazu führt, dass ein großer Teil der deutschen Staatsanwälte mit ihrem Urlaub oder den Wochenenden dienstfreie Zeiten dazu nutzen, um ihre Arbeit zu bewältigen[44]. So haben 75% aller Befragten bereits am Wochenende gearbeitet, und zwar durchschnittlich an 11 Wochenenden jährlich[45]. Urlaubstage wurden von 1/3 der Amtsanwälte zur Bewältigung des täglichen Pensums genutzt[46]. Bereits jetzt weisen jedoch arbeitsüberlastete Staatsanwälte besonders viele Fälle zu, möglicherweise wegen des Entlastungseffektes, der durch die Schaffung eines Sonderdezernenten bzw. die Abgabe des Verfahrens an den Vermittler entsteht, möglicherweise, weil diese Sachbearbeiter besonders engagiert sind[47]. Die Arbeitsüberlastung stellt damit grundsätzlich kein Hindernis zur Anwendung des Täter-Opfer-Ausgleichs dar. Es ist sogar *au contraire* davon auszugehen, dass bei konsequenter Anwendung des Täter-Opfer-Ausgleichs auf Fälle, die vom Schweregrad her zur Anklage vorgesehen sind, eine Entlastung der Staatsanwaltschaften und Gerichte eintritt. Entwe-

---

[40] Erläuternd auch U. Hartmann a. a. O. S. 191
[41] Darauf weisen Degen/Detert Der Täter-Opfer-Ausgleich und seine bisherige Entwicklung S. 171 zutreffend hin.
[42] Vergleiche Schreckling Bestandsaufnahme zur Praxis des Täter-Opfer-Ausgleichs in Deutschland S. 45
[43] Instruktiv Pfeiffer a. a. O. S. 5
[44] Vergleiche die Untersuchung von Christochowitz a. a. O. S. 245f zu den genauen Zahlen sowie ergänzend Rex Täter-Opfer-Ausgleich aus der Sicht der Strafjustiz S. 90f
[45] Siehe Christochowitz a. a. O. S. 246
[46] So Christochowitz a. a. O. S. 246
[47] Ebenso Christochowitz a. a. O. S. 246

11.1 Mangelnde Akzeptanz bei Staatsanwälten und Richtern

der muss dann die Anklageschrift nicht mehr erstellt werden oder aber das Aufsetzen eines Urteils kann unterbleiben[48]. LOOS ist zwar zuzustimmen, dass der Bericht der Staatsanwaltschaft an die Schlichtungsstelle ausführlicher sein müsse als ein wesentliches Ergebnis der Ermittlungen; seine daraus gezogene Schlussfolgerung, dass es deshalb nicht zu justizökonomischen Effekten kommen werde, ist jedoch falsch[49]. Entscheidend ist nämlich nicht der Vergleich zwischen wesentlichem Ergebnis der Ermittlungen, das in jedem Fall verfasst werden muss, und Bericht für die Schlichtungsstelle, sondern derjenige zwischen Anklageschrift bzw. Strafbefehlsantrag, der nun unterbleiben kann, und Bericht für die Schlichtungsstelle. Bei der Staatsanwaltschaft ist daher eine (leichte) Entlastung zu erwarten; hinzu kommt die erhebliche Entlastung des Strafrichters. Bei Bagatellen oder Verfahren, die in jedem Fall nach §§ 153, 153 a StPO eingestellt werden, kommt es natürlich zu keinem Entlastungseffekt, sondern durch die von der Staatsanwaltschaft zu leistende Überwachung der Erfüllung zu einer Mehrbelastung. Da jedoch bereits aus rechtsstaatlichen Gründen in diesen Fällen kein Täter-Opfer-Ausgleich durchgeführt werden darf, ist insgesamt von einer Entlastung der Strafverfolgungsbehörden auszugehen.

Hierdurch kommt es zu einer Freisetzung von Ressourcen für schwereres Unrecht und damit zu einer effektiveren Strafverfolgung, ohne dass zusätzliches Personal eingestellt werden muss. Auch ist bei einer Arbeitsentlastung der einzelnen Sachbearbeiter davon auszugehen, dass diese nun mehr Zeit für schwierige Rechtsfragen zur Verfügung haben und auch bei umfangreichen Wirtschaftsstraftaten ein Strafverfahren durchführen können, ohne auf verfahrensbeendende Deals ausweichen zu müssen. So wird der Gleichheitsgrundsatz gewährleistet.

Weiter wird im Rahmen des Täter-Opfer-Ausgleichs die Möglichkeit geschaffen, die vorgesehene Sanktion um eine Stufe zu senken, wenn die vereinbarte Wiedergutmachung geleistet wird. Zumindest aber sind Strafmilderungen möglich, die den finanziell aufwendigen Regelstrafvollzug mit seinen enormen Rückfallquoten in überfüllten Gefängnissen ohne Arbeits- und Therapiemöglichkeit für die Gefangenen verringern werden. Da diese Strafform ohnehin aus Gründen des fehlenden Nachweises präventiver Wirksam-

---
[48]Vergleiche Pfeiffer a. a. O. S. 5
[49]Loos ZRP 1993, S. 51f (Fn. 13)

keit fragwürdig geworden ist und auch in der Bevölkerung nur ein geringes Vertrauen in die durch Gefängniserziehung erreichbare Besserung von Menschen besteht, ist eine solche Einschränkung wünschenswert. Die erzielten finanziellen und personellen Ersparnisse durch eine geringere Frequentierung der Strafvollzugsanstalten könnten eine nachhaltigere Verbrechensbekämpfung ermöglichen. Insgesamt wäre die vermehrte Durchführung des Täter-Opfer-Ausgleichs also auch für die Strafrechtspflege von Interesse.

11.1.9 Fehlen von Verfahrensvorschriften oder Ausführungsbestimmungen

Aufgrund der typischen Arbeitsweise der Staatsanwaltschaft, die auf Erledigung nach Aktenlage anhand der bestehenden Vorschriften ausgelegt ist, wirkt sich darüber hinaus das Fehlen von Verfahrensvorschriften oder Ausführungsbestimmungen negativ auf die Akzeptanz des Täter-Opfer-Ausgleichs aus[50]. So werden wesentlich mehr Fälle zugewiesen, wenn derartige Ausführungsbestimmungen existieren[51]. Eine entsprechende Hausverfügung sollte allgemein und unverbindlich formuliert sein sowie möglichst wenig sanktionsbedroht, damit die Akzeptanz unter den Staatsanwälten möglichst hoch ist[52]. Bestehen derartige Bestimmungen, werden die Anwendungsschwierigkeiten als deutlich geringer eingestuft[53]. So könnte die Abneigung der Staatsanwälte gegen Mehrbelastung schaffende Neuerungen gemildert und die Akzeptanz des Täter-Opfer-Ausgleichs in der Justizwirklichkeit erreicht werden.

11.1.10 Keine adäquate Anrechnung in der Statistik bzw. dem Pensenschlüssel

Solange keine adäquate Anrechnung eines Täter-Opfer-Ausgleichs in der Statistik bzw. dem Pensenschlüssel erfolgt, ist der Wiedergutmachung anwendende Staatsanwalt einem höheren Erledigungsdruck ausgesetzt, der zu einer

---

[50] Näher dazu Rex Täter-Opfer-Ausgleich aus der Sicht der Strafjustiz S. 96f; Rössner Wiedergutmachung als Aufgabe der Strafrechtspflege S. 133; Kurze Täter-Opfer-Ausgleich und allgemeines Strafrecht S. 30f
[51] So insbesondere Kurze a. a. O. S. 30f
[52] Siehe Christochowitz a. a. O. S. 230f
[53] Ebenso Kurze a. a. O. S. 52

11.1 Mangelnde Akzeptanz bei Staatsanwälten und Richtern

Einschränkung der Anordnung führen kann, um den Erwartungen wieder gerecht zu werden. Hier kann Abhilfe durch eine Änderung des Pensenschlüssels bzw. der RiStBV geleistet oder ein Täter-Opfer-Ausgleichs-Sonderreferat geschaffen werden, wie dies bereits bei einigen Modellprojekten mit großem Erfolg geschehen ist[54]. Da ein solches Sonderreferat zusätzlich den Vorteil einer größeren personellen Kontinuität bietet, stellt dies die vorzugswürdige Alternative dar. Die Schaffung einer zusätzlichen Planstelle dürfte nicht erforderlich sein, so dass keine Mehrkosten entstehen, weil lediglich eine Umverteilung der vorhandenen Arbeit erreicht werden soll. Der Sonderreferent müsste natürlich von seinen üblichen Aufgaben freigestellt werden, und es müsste toleriert werden, dass er mehr offene Verfahren führt als andere Dezernenten. Dann ist ohne Mehrkosten auch die Lösung dieses Problems möglich.

Wie bei jeder Neuerung besteht in der Implementationsphase jedoch eine Belastung durch den Täter-Opfer-Ausgleich, da die Verfahren nicht automatisch erledigt werden können[55]; in dieser Phase müssen unter Umständen die erforderlichen Ressourcen durch Umschichtung gewonnen werden[56]. Woher diese umzuwidmenden Ressourcen stammen könnten, bleibt vorerst ein ungelöstes Problem. Ehrenamtliche Mitarbeiter zur Konfliktschlichtung heranzuziehen dürfte mangels hinreichend qualifizierter Freiwilliger auf absehbare Zeit unmöglich sein. Die Strafverfolgungsbehörden sind bereits jetzt überlastet und werden deshalb nicht bereit sein, freiwillig Personal für „weiche Erledigungsformen" freizusetzen[57].

11.1.11 Zusammenfassung

Die geringe Relevanz des Täter-Opfer-Ausgleichs in der Rechtswirklichkeit dürfte zu einem erheblichen Teil auf der fehlenden Akzeptanz durch die Staatsanwaltschaft beruhen, die durch Fallzuweisungen die Funktion eines Nadelöhrs oder einer Talsperre übernimmt[58]. Im vorliegenden Fall passt das

---

[54]Worauf unter anderem U. Hartmann a. a. O. S. 208f zu Recht hinweist.
[55]Näher dazu U. Hartmann Staatsanwaltschaft und Täter-Opfer-Ausgleich S. 211f
[56]So auch Böttcher Täter-Opfer-Ausgleich – eine kritische Zwischenbilanz S. 377
[57]Siehe Böttcher a. a. O. S. 377
[58]Vergleiche U. Hartmann Täter-Opfer-Ausgleich im Spannungsfeld von Anspruch und Wirklichkeit S. 76

11 Gründe für geringe Relevanz des Täter-Opfer-Ausgleichs

Bild vom Nadelöhr besser, da nur ein Bruchteil der ausgleichsgeeigneten Fälle zugewiesen wird. Die Gründe dafür beruhen teilweise auf fehlenden Informationen und lassen sich leicht beheben, teilweise sprechen jedoch grundlegende Dinge wie das Berufsbild des Staatsanwalts und deren Arbeitswirklichkeit gegen die neue Sanktion. Dennoch ist eine Änderung möglich; erforderlich ist ein taktisch kluges Vorgehen der Täter-Opfer-Ausgleichs-Stelle sowie ein Einbeziehen der Dezernenten schon in der Planungsphase. Als besonders wirksam hat sich die Schaffung eines Täter-Opfer-Ausgleichs-Sonderdezernats erwiesen, da dann unter Wahrung personeller Kontinuität ein ständiger Kontakt zwischen den Sachbearbeitern bei der Staatsanwaltschaft und der Täter-Opfer-Ausgleichs-Stelle möglich ist. Der Fallzuweisung förderlich ist daneben das Bestehen einer allgemeinen, nicht sanktionsbedrohten Hausverfügung, die Verfahrensvorschriften und Ausführungsbestimmungen enthält. Unter diesen Voraussetzungen scheint es möglich zu sein, der Wiedergutmachung den ihr theoretisch zugedachten Rang auch tatsächlich zu verleihen. Entgegen der pessimistischen Aussage Max PLANCKs, dass sich neue wissenschaftliche Erkenntnisse nicht durchsetzen, indem ihre Gegner überzeugt werden, sondern indem sie (sc.: die Gegner) aussterben[59], besteht daher durchaus Hoffnung, den Täter-Opfer-Ausgleich im Justizalltag zu etablieren.

11.2 Mangelnde Akzeptanz unter Rechtsanwälten

11.2.1 Zu wenig Information

Zwar halten 86% der Befragten den Täter-Opfer-Ausgleich für sinnvoll und für Täter (82%), Opfer (89%) und Strafrechtspflege (43%) vorteilhaft, er wird aber nicht bzw. kaum angewendet[60]. 90% der Anwälte nehmen die unzureichende Information darüber als Grund für die mangelnde Anwendung an[61]: Der Täter-Opfer-Ausgleich war 69,2% aller befragten Anwälte weniger und 19,8% nicht bekannt, während die Quoten bei mit Strafrecht befass-

---
[59]Zit. nach Koblinger 10 Jahre außergerichtlicher Tatausgleich S.57
[60]Näher dazu Kreutz Der Täter-Opfer-Ausgleich aus der Sicht von Rechtsanwälten S. 74, 85
[61]Ebenso M. Walter Täter-Opfer-Ausgleich aus der Sicht von Rechtsanwälten S. 44; Kreutz a. a. O. S. 114

11.2 Mangelnde Akzeptanz unter Rechtsanwälten

ten Anwälten bei 66,9% weniger und 14,7% nicht bekannt lagen[62]. Es besteht ein signifikanter Zusammenhang zwischen Dauer der anwaltlichen Tätigkeit und Kenntnis von der Möglichkeit der Wiedergutmachung dergestalt, dass unter Außerachtlassung der Berufsanfänger, die mit dem Täter-Opfer-Ausgleich aufwachsen, mit steigender Berufserfahrung der Bekanntheitsgrad des Schlichtungsverfahrens zunimmt[63]. Besonderer Informationsbedarf besteht hinsichtlich der Einrichtungen, die Täter-Opfer-Ausgleich durchführen sowie bezüglich der Konsequenzen des Verfahrens und dessen Scheiterns.

Soweit mit dem Täter-Opfer-Ausgleich in den letzten zwei Jahren Erfahrungen gemacht wurden (5% der Befragten) waren diese positiv: In 2/3 der Fälle konnte ein Zivilverfahren vermieden und das Strafverfahren abgeschlossen werden[64].

11.2.2 Erforderliche Schlichtungsstellen fehlen

Ein weiterer wichtiger Grund für die geringe Anwendung des Täter-Opfer-Ausgleichs in der Praxis ist nach Ansicht von 54,6% der Befragten das Fehlen der erforderlichen Schlichtungsstellen[65]. Hier hat sich zwar seit den Untersuchungen von KREUTZ und WALTER einiges getan, es besteht jedoch nach wie vor keine bundesweite flächendeckende Versorgung damit.

11.2.3 Keine Zustimmung des Opfers bzw. Täters

Nach Angaben der Rechtsanwälte fehlt es in 46,6 bzw. 49,6% der Fälle an der Zustimmung des Opfers bzw. Täters, so dass deshalb ein Schlichtungsverfahren nicht durchgeführt werden kann[66]. Diese Zahlen decken sich nicht mit den von den Modellprojekten ermittelten Zahlen, so dass sich die Frage stellt, ob die Beteiligten im Rahmen der Teilnahme an den Modellprojekten in der Regel nicht anwaltlich vertreten waren. Sollte dies so sein – entsprechende Daten wurden nicht erhoben, so dass diesbezüglich nur Spekulationen möglich sind – wäre weiter zu vermuten, dass Anwälte ihren Mandanten

---

[62]Erläuternd Kreutz a. a. O. S. 58f
[63]Vergleiche Kreutz a. a. O. S. 62f
[64]Ausführlich Kreutz a. a. O. S.68ff
[65]So auch Walter a. a. O. S. 44; Kreutz a. a. O. S. 115
[66]Siehe Kreutz a. a. O. S. 114f; Walter a. a. O. S. 44

11 Gründe für geringe Relevanz des Täter-Opfer-Ausgleichs

häufig von der Teilnahme am Täter-Opfer-Ausgleich abraten. Dies könnte darauf beruhen, dass das Schlichtungsverfahren gebührenrechtlich ungünstig ist, weil das zivilrechtliche Verfahren vermieden wird; durch Schaffung einer besonderen Gebühr würde nach Ansicht von 60,3% der Befragten der Täter-Opfer-Ausgleich verstärkt angewendet werden[67].

11.2.4 Aufgabenstellung des Verteidigers als Interessenvertreter

Der Verteidiger ist schon von seiner Aufgabenstellung her nicht dazu geeignet, den Täter-Opfer-Ausgleich zu fördern, weil er dafür zuständig ist, ausschließlich dem Täter zur Seite zu stehen und für diesen eine möglichst günstige Regelung zu erreichen[68]. Er wird also nur dann einen Täter-Opfer-Ausgleich anstreben, wenn dies im Interesse seines Klienten liegt, und dann eine für diesen möglichst günstige Erledigung anstreben[69]. Die Opferinteressen kann und darf er dabei nicht berücksichtigen, ebenso wenig wie die Wiederherstellung des Rechtsfriedens und andere gesellschaftspolitische Ziele des Täter-Opfer-Ausgleichs. Entsprechendes gilt für den Prozessbevollmächtigten des Geschädigten, sei es, dass dieser als Nebenkläger auftritt, sei es, dass dieser auf dem Wege des Zivilrechts Schadensersatz- und Schmerzensgeldansprüche durchsetzen möchte. Der Anwalt vertritt dabei jeweils ausschließlich die Interessen seiner Partei. Dies widerstrebt dem Ausgleichsgedanken.

11.2.5 Zusammenfassung

Die Rechtsanwälte regen nur selten einen Täter-Opfer-Ausgleich an. Dies hat verschiedene Gründe: Nach wie vor fehlt es an Informationen über den Täter-Opfer-Ausgleich. Hier könnte durch Rundschreiben, die über die Rechtsanwaltskammern verteilt werden, Abhilfe geschaffen werden. Eine weitere Möglichkeit wären Fortbildungsveranstaltungen, die sich speziell an Rechtsanwälte wenden und die für diese relevanten Fragen klären. Möglich wären auch Diskussionsabende, an denen die Mitarbeiter der Schlichtungsstellen, Staatsanwälte und Rechtsanwälte aus dem jeweiligen Bezirk teilnehmen. Jedenfalls

---

[67]Ebenso Walter a. a. O. S. 45; Kreutz a. a. O. S.116ff
[68]Näher Kahlert Ausgleich zwischen Täter und Opfer aus der Sicht des Strafverteidigers S. 80, 88
[69]Vergleiche Kahlert a. a. O. S. 84f

ist eine umfassende Information der Rechtsanwälte schon aus dem Grund erforderlich, dass wegen eines vermehrten Aufkommens von Rechtsschutzversicherungen immer mehr Menschen im Falle des Betroffenseins von einer Straftat einen Rechtsanwalt aufsuchen. Wenn dieser mangels Kenntnis nicht dazu rät, einen Täter-Opfer-Ausgleich durchzuführen, wird sich dieser kaum durchsetzen können.

Weiter bestehen nach wie vor in ländlichen Gebieten Schwierigkeiten aufgrund von fehlenden Schlichtungsstellen. Hierbei handelt es sich um eine typische Kinderkrankheit: Wird der Täter-Opfer-Ausgleich vermehrt angewendet, so steigt der Bedarf an Schlichtern und Täter-Opfer-Ausgleichs-Stellen. Es ist damit zu rechnen, dass Angebot und Nachfrage auch hier binnen kurzem zu einer Regulierung des Marktes führen und die erforderlichen Stellen geschaffen werden.

Bei allem Optimismus ist jedoch zu beachten, dass der Täter-Opfer-Ausgleich von Rechtsanwälten als Interessenvertretern ihres Klienten stets nur dann angeregt bzw. akzeptiert werden wird, wenn dieses Vorgehen im Interesse des Mandanten liegt. Eine objektive Beurteilung der Interessen beider Parteien ist den Anwälten verwehrt. Aufgrund der Vorteile des Täter-Opfer-Ausgleichs für beide Parteien ist jedoch davon auszugehen, dass die Rechtsanwälte bei entsprechender Kenntnis ihren Mandanten häufiger dazu raten würden.

11.3 Eigener Standpunkt und Ergebnis

Insgesamt dürfte die fehlende Relevanz in der Rechtswirklichkeit, die der Täter-Opfer-Ausgleich trotz breiter Zustimmung nach wie vor besitzt, wesentlich auf das Zuweisungsverhalten der Staatsanwaltschaft zurückzuführen sein. Dieses lässt sich nach den Erfahrungen der Modellprojekte zwar ändern; es erfordert jedoch einen langwierigen Prozess und ein taktisch kluges Vorgehen der Täter-Opfer-Ausgleichs-Stelle von Anfang an. So müssen die anzusprechenden Dezernenten der Staatsanwaltschaft schon in der Planungsphase einbezogen werden, ohne dass der Kontakt mit den Mitarbeitern der Täter-Opfer-Ausgleichs-Stelle zu eng wird. Informationsveranstaltungen sind regelmäßig durchzuführen, um über den idealtypischen Schlichtungs-

11 Gründe für geringe Relevanz des Täter-Opfer-Ausgleichs

fall, seine Voraussetzungen und den Ablauf des Verfahrens zu informieren. Dieses gilt sowohl für die Staatsanwaltschaft als auch für die Rechtsanwälte, die beide nach wie vor mangelnde Informationen beklagen. Nützlich ist die Schaffung eines Täter-Opfer-Ausgleichs-Sonderdezernats bei der Staatsanwaltschaft, um einen zentralen Ansprechpartner auf Seiten der Staatsanwaltschaft zu kreieren. Der Fallzuweisung förderlich ist daneben das Bestehen einer allgemeinen, nicht sanktionsbedrohten Hausverfügung, die Verfahrensvorschriften und Ausführungsbestimmungen enthält[70]. Es ist davon auszugehen, dass die Durchsetzung einer neuen alternativen Erledigungsform wie des Täter-Opfer-Ausgleichs einige Zeit dauert. Zunächst muss sich Verfahrensbeendigung theoretisch durchsetzen; dieser Schritt ist bereits getan. Anschließend muss sie sich in der Praxis bewähren, um dann in der Ausbildung den jungen Juristen vermittelt zu werden. Eine neue Generation von Rechtsanwälten, Staatsanwälten und Richtern, die mit dem Täter-Opfer-Ausgleich bereits während ihrer universitären Ausbildung oder während des Referendariats in Kontakt gekommen sind und diesen daher als selbstverständlich betrachten, wächst jetzt an den Hochschulen heran. Es ist davon auszugehen, dass sich damit Täter-Opfer-Ausgleich und Wiedergutmachung endlich werden durchsetzen können.

---

[70]Eine solche Hausverfügung wird beispielhaft unten unter 13 entworfen.

12 Einsatzmöglichkeiten der Wiedergutmachung

12.1 Untersuchung von U. HARTMANN: Großes Potential

Danach eignen sich 15,9% des Fallaufkommens der Staatsanwaltschaft Hannover für den Täter-Opfer-Ausgleich[1]. HARTMANN zog für diese Studie eine bereinigte Stichprobe aus dem Js-Register und wendete darauf die Voraussetzungen für den Täter-Opfer-Ausgleich, wie oben beschrieben, an[2]. Im Bereich der mittleren und schweren Kriminalität eignen sich 7,5% der zur Staatsanwaltschaft gelangten Fälle für einen Täter-Opfer-Ausgleich, wie durch Stichprobenziehung unter Anwendung der Voraussetzungen zu dessen Durchführung aus dem BZR festgestellt werden konnte, wobei es sich nicht um Unterfälle der erstgenannten Studie handelt[3]. Tatsächlich zugewiesen wurden etwa 1 - 2% der geeigneten Fälle, so dass noch ein großes Potential besteht[4].

12.2 Wiedergutmachungsmodelle

12.2.1 Utopische abolitionische Modelle

Den folgenden Modellen ist das Festhalten an einem idealistischen Menschenbild gemein, weshalb sie als utopische Modelle bezeichnet werden. Sie laufen auf eine Abschaffung des Strafrechts hinaus und werden im Geltungsbereich des Grundgesetzes nicht realisiert werden können. Diese Modelle wurden überwiegend von juristischen Laien, oft Soziologen, entwickelt und sind daher nicht darauf ausgelegt, juristisch unangreifbar zu sein. Dennoch sollen sie

---
[1] So U. Hartmann Forschungsergebnisse zum Täter-Opfer-Ausgleich S. 167
[2] Näher dazu U. Hartmann a. a. O. S.151ff
[3] Vertiefend U. Hartmann a. a. O. S. 168ff, 171
[4] Siehe U. Hartmann a. a. O. S.184f

12 Einsatzmöglichkeiten der Wiedergutmachung

nicht unerwähnt bleiben, weil ihre Existenz die Argumentation der Vertreter der realistischen Modelle erklärt, die *unisono* betonen, einer Abschaffung des Strafrechtes nicht das Wort reden zu wollen.

Bianchis Assensusmodell

Vorgeschlagen wird eine Abschaffung des Strafrechts, soweit es vom Täter mehr verlange als die Erfüllung zivilrechtlicher Verpflichtungen[5]. Unser Strafrecht beruhe auf einer Verkennung des Talionsprinzips, das nicht durch intentionellen, sondern sequentiellen hebräischen Gerechtigkeitsbegriff Zedeka getragen werde[6]. Eine offene Diskussion über die Folgen des Delikts und die Normgültigkeit, die nie ende, sei anstelle einer Feststellung von Schuld oder einer Entscheidung über gut und böse anzustreben[7].

Hulsmanns zivilrechtliches Modell

HULSMANN postuliert, was Recht und Unrecht sei, könne auch ein zivilrechtlicher Urteilsspruch sagen[8]. Im Zivilrecht würden Interessen und Verhandlungen der Parteien realistischer berücksichtigt; das an der zentralistischen Gesetzgebung orientierte Rechtssystem sei zu ersetzen durch Hilfen zur Schlichtung und Bewältigung problematischer Situationen mit einem lokalen Bezug in sozialer Nähe[9].

Christies Modell partizipatorischer Justiz

CHRISTIE geht davon aus, dass die zunehmende Verrechtlichung zu einem Formalisierungsgrad führe, welcher der Entwurzelung der Menschen und der Entindividualisierung zwischenmenschlicher Streitigkeiten Vorschub leiste[10]. Dadurch würden Verrechtlichung und Institutionalisierung von Konflikten

---

[5]Vergleiche Bianchi Alternativen zur Strafjustiz S. 130ff
[6]Näher Bianchi a. a. O. S. 27ff
[7]So Bianchi a. a. O. S. 47ff
[8]Vergleiche Hulsmann bei Scheerer KrimJ 1983, S. 61ff, 71
[9]So Hulsmann a. a. O. S. 72
[10]Siehe Christie BritJCriminology 1977, S. 5f

12.2 Wiedergutmachungsmodelle

gefördert und die Beteiligten zu bloßen Objekten staatlichen Konfliktmanagements gemacht[11]. Sobald eine für Bearbeitung und Lösung gesellschaftlicher sowie zwischenmenschlicher Konflikte zuständige Stelle vorhanden sei, wachse die Neigung, diese in Anspruch zu nehmen; Notwendigkeit und Fähigkeit zu einer eigenverantwortlichen Lösung des Konfliktes verringerten sich zugleich. Der Kerngehalt von Verhaltensregeln trete jedoch erst zu Tage, wenn die Parteien eine Verständigung untereinander und mit ihrem Umfeld über deren Geltung im konkreten Fall erzielten[12]. Der Täter-Opfer-Ausgleich gebe den Beteiligten ihren Konflikt zurück[13]. Den Staat und die Rechtspflegeorgane bezeichnet CHRISTIE als Diebe des Konfliktes[14]. Er zielt auf die Aktivierung der Selbstregulationskräfte von kleinen konfliktnahen Bezugsgruppen in der Nachbarschaft, welche die Verhaltensregeln bekräftigen könnten[15]. Zunächst habe eine Feststellung von Tat und Zurechenbarkeit zu erfolgen, dann eine Erörterung der Opfersituation und der für dieses bestehenden Hilfsmöglichkeiten, schließlich eine Entscheidung über Bestrafung des Täters und Hilfe bzw. Fürsorge für diesen[16]. CHRISTIE entwirft damit ein Modell partizipatorischer Justiz, die von Laien gelenkt wird[17].

Placks Maßnahmerecht

PLACK empfiehlt ein reines Maßnahmerecht statt des Strafrechts, das er abschaffen will[18]. Für nicht zu duldendes Verhalten sieht PLACK anstelle einer Strafe für den Täter die Anordnung der Wiedergutmachung materieller und immaterieller Schäden vor[19].

---

[11] Näher dazu Christie a. a. O. S. 6ff
[12] Vergleiche Christie a. a. O. S. 8
[13] So Christie a. a. O. S. 8
[14] Erläuternd Christie a. a. O. S. 3ff
[15] Siehe Christie a. a. O. S. 8
[16] Näher dazu Christie a. a. O. S. 10f
[17] Vergleiche Christie Grenzen des Leids S. 94ff
[18] Plack Plädoyer für die Abschaffung des Strafrechts, insbes. S. 380f
[19] Instruktiv Plack a. a. O. S. 380f

12 Einsatzmöglichkeiten der Wiedergutmachung

Meßners partizipatorisches Konfliktregelungsmodell

Danach sei die Friedensstiftung das strukturelle Problem unserer Gesellschaft[20]. Die Konfliktregelung als hoheitliches Verfahren könne nicht funktionieren, weil eine Verständigung zwischen Gesellschaftsmitgliedern nicht angeordnet oder vollstreckt werden könne[21]. MEßNER hegt die Befürchtung einer Transformation des Strafrechts in Polizeirecht, weil das Strafrecht vergesellschaftet werde durch Umwandlung zu einem präventiven Sanktionensystem[22]. Wegen der zunehmenden Verrechtlichung und Modernisierung unserer Gesellschaft, die eine Entwicklung hin zu sozialer und kultureller Differenzierung nehme, verlören soziale Bindungen an Gewicht[23]. Das gegenseitige Vertrauen nehme ab, während die Verkettung von Handlungen und die Interdependenz der Handlungssysteme zunehme[24]. Die Folge sei eine Einschränkung der konsensuellen Möglichkeiten der Streitregelung; zunehmend werde diese durch das administrative System geleistet, welches an die Stelle natürlicher Strukturen der Kontrolle trete[25]. Das Selbstverständnis moderner Gesellschaften beruhe auf einem idealistischen Bild der Gesellschaft als einem mehr oder weniger organischen Ganzen, woraus folge, dass ein Konsens zwischen den Mitgliedern möglich sei; das Strafrecht enthalte dabei die entsprechenden Grundnormen und -werte[26]. Tatsächlich sei die Gesellschaft zersplittert, es bestehe kein Grundkonsens, so dass das Strafrecht keine gemeinsamen Grundnormen mehr schütze[27]. Beim Täter-Opfer-Ausgleich in der jetzigen Form werde den Parteien der Konflikt nur insoweit zur Regelung überlassen, als dass der nichtgesellschaftliche, private Teil betroffen sei, über den Rest entscheide nach wie vor die Justiz[28]. Der Konflikt sei aber nur vollständig von den Parteien regelbar, nicht teilweise. MEßNER vertritt damit ein partizipatorisches Konfliktregelungsmodell[29].

---

[20] Siehe C. Meßner Recht im Streit S. 166
[21] So C. Meßner a. a. O. S. 168
[22] Näher dazu Meßner a. a. O. S. 130
[23] Vergleiche Meßner a. a. O. S. 129
[24] Erläuternd Meßner a. a. O. S. 129
[25] So Meßner a. a. O. S. 129f
[26] Siehe Meßner a. a. O. S. 126ff
[27] Näher dazu Meßner a. a. O. S. 126ff
[28] Vergleiche Meßner a. a. O. S. 127f
[29] Siehe Meßner a. a. O. S. 141

12.2 Wiedergutmachungsmodelle

Marxistisch-interaktionistischer Ansatz

Dieser stellt eine Verbindung des Etikettierungsansatzes mit der marxistischen Gesellschaftstheorie her, indem Kriminalisierung als eine Form der Herrschaftsausübung betrachtet wird[30]. Nach CHAMBLISS und SEIDMAN hat das Strafrecht dabei die Aufgabe, das (kapitalistische) System zu erhalten und dessen Ordnung und Funktionieren zu sichern[31]. Wer das System angreife, werde sanktioniert. Der Staat bilde dabei die legale Verkörperung von Zwangsinstitutionen; er werde bei seiner Gesetzgebung und Rechtsprechung von der herrschenden Klasse der Reichen und Mächtigen bestimmt[32]. Das Recht stelle das institutionalisierte Werkzeug der Mächtigen dar, das dazu diene, diese im Konfliktfall mit einer höheren Moral und einer Unterdrückungsmacht auszustatten[33].

Alle sozialen Strukturen hätten dualen Charakter, d. h. sie könnten durch Handeln konstituiert und reproduziert werden, determinierten aber die Handlungen. Durch die bestehenden gesellschaftlichen Strukturen würden Kriminalität und Kriminalisierung bestimmt und schrieben die Strukturen fest; Kriminalität entstehe durch eine Zuschreibung und eine Aushandlung des kriminellen Status. Soziale Ungleichheiten schafften eine ungleiche Definitionsmacht, weshalb die Aushandlung der Kriminalität nicht gleichgewichtig und nicht gleichverteilt erfolge.

Das Gewaltmonopol des Staates soll begründet worden sein mit dem ansonsten drohenden Zustand der Gewalt aller gegen alle; derzeit konserviere der Staat diesen Zustand für die Nichtbesitzenden, indem er strengere Verhaltenserwartungen an diejenigen richte, welche die geringeren Voraussetzungen hätten, ihnen zu genügen[34]. SMAUS fordert ein ungleiches Recht für ungleiche Bürger[35], ein Aushandeln der Konflikte in der partikularisierten Gesellschaft vor flukturierenden Dritten[36]. Ein großes Wissen voneinander verhindere abstrakte Definition von ungewöhnlichem Verhalten und

---

[30]So Smaus Formale Gleichheit im Staat S. 33
[31]Vergleiche Chambliss/Seidmann Law, Order and Power S. 473ff
[32]Näher dazu Chambliss/Seidmann a. a. O. S. 269, 346, 473ff
[33]Erläuternd Chambliss/Seidmann a. a. O. S. 113
[34]Siehe Smaus Formale Gleichheit im Staat S. 40
[35]Vergleiche Smaus a. a. O. S. 40
[36]Näher dazu Smaus a. a. O. S. 38f

12 Einsatzmöglichkeiten der Wiedergutmachung

ermögliche Toleranz gegenüber den Andershandelnden[37]. Sie postuliert einen Machtentzug bei den Institutionen[38], eine herrschaftsfreie Kommunikation durch pragmatische Konsistenznormen[39], die Umsetzung der Doppelnorm der Diskursautonomie und Diskurskooperation sowie die Anerkennung des diskursethischen Prinzips als regulatorisches Moralprinzip[40].

Eigene Ansicht zu diesen Modellen

Der Abolitionismus, mögen die Theorien auch die Eigenverantwortlichkeit der Individuen in den Vordergrund stellen und mit der möglichst weitgehenden Zurückdrängung staatlicher Einmischung dem Freiheitsgrundsatz entsprechen, stellt eine Scheinlösung auf Kosten eines friedenssichernden Strafrechtes dar. Beachtet werden nur die Leiden des Täters im Freiheitsentzug, nicht aber diejenigen des Opfers aufgrund der Straftat. Das ohne den staatlichen Schutz zu erwartende freie Spiel der Kräfte stellt die Durchsetzung des Rechts der Stärkeren dar, was nicht der staatlichen Verpflichtung zum Schutze der Schwachen entspricht[41].

Auch besteht ein Widerspruch zwischen der Vergesellschaftung des Konflikts, die angestrebt wird, und der Überwachung der Ausgleichsleistung durch den Staat, die für erforderlich gehalten wird. Eine vollständige Überlassung der Konfliktlösung an die Parteien erfolgt also nicht, sondern die Wichtigkeit einer Kontrolle wird anerkannt. Dann erscheint es inkonsequent, zu postulieren, dass den Beteiligten ihr Konflikt zurückgegeben werden soll.

Zu beachten ist ferner, dass das Strafrecht allein durch die Androhung von Konsequenzen in erheblichem Umfang präventiv wirkt, ohne das Strafrecht also das Verhalten nicht mehr entsprechend gelenkt würde[42]. Garantie- und Limitationsfunktion des Tatbestandes verlangen das Bestehen eines verbindlichen Konsenses darüber, bei welchen Verhaltensweisen eine Beteiligung am Täter-Opfer-Ausgleich verlangt werden kann und bei welchen diese freiwillig

---

[37]Erläuternd Smaus a. a. O. S. 38
[38]So Smaus a. a. O. S. 38
[39]Siehe Smaus a. a. O. S. 39
[40]Vergleiche Smaus a. a. O. S. 39
[41]Siehe Arbeitskreis deutscher, österreichischer und schweizerischer Strafrechtslehrer Alternativ-Entwurf Wiedergutmachung S. 27
[42]So Baumann/Weber/Mitsch Strafrecht AT S. 16

12.2 Wiedergutmachungsmodelle

möglich sein soll. Die Abschaffung des Strafrechtes ist in ihren Konsequenzen unabsehbar und zu riskant. Die Aufgabe des Strafrechts besteht nämlich nicht in der Lösung des zwischen Täter und Opfer bestehenden Konfliktes, sondern im Rechtsgüterschutz, der Freiheitssicherung, der Bewährung der Rechtsordnung und dem Schutz künftiger Opfer. Die abolitionistischen Theorien sind daher abzulehnen.

12.2.2 Realistische Modelle

Die folgenden Modelle gehen von einem realistischen Menschen- und Gesellschaftsbild aus. Ihnen ist gemeinsam, dass Wiedergutmachung und/oder Täter-Opfer-Ausgleich ein größerer Stellenwert im Rahmen der bestehenden Strafrechtsordnung eingeräumt werden soll. Sie unterscheiden sich erheblich in ihrer Reichweite.

Wiedergutmachung als neuer, eigenständiger Strafzweck

Am weitesten geht der Vorschlag, die Wiedergutmachung als neuen, eigenständigen Strafzweck einzuführen[43]. Dies ist jedoch nach den obigen Ausführungen zur Vereinbarkeit des Täter-Opfer-Ausgleichs mit den Strafzwecken nicht erforderlich[44]. Es erscheint auch kaum möglich, wenn man bedenkt, dass – wie bereits oben erläutert[45] – Wiedergutmachung und Täter-Opfer-Ausgleich keine Strafen darstellen und entsprechend ein Strafzweck der Wiedergutmachung ein Widerspruch in sich wäre. Ein Wiedergutmachungszweck der Wiedergutmachung wäre dagegen vom Wortsinn her möglich, erscheint jedoch aufgrund seiner beschränkten Reichweite sinnlos. Auch kann der Rahmen für eine neue strafrechtliche Sanktion nicht erst dadurch geschaffen werden, dass ein neuer Strafzweck eingeführt wird – im Gegenteil, die Eignung einer neuen Sanktionsform ist zunächst an den bestehenden Strafzwecken zu überprüfen. Lässt sich die Neuerung nicht ohne Friktionen ins Strafrechtssystem integrieren, ist sie zu verwerfen. Die Einführung eines neuen Strafzweckes der Wiedergutmachung ist daher abzulehnen.

---

[43] Näher dazu Rössner/Wulf Opferbezogene Strafrechtspflege S. 82ff; Seelmann Strafzwecke und Wiedergutmachung S. 159f
[44] Oben in dieser Arbeit unter 6.4
[45] In dieser Arbeit unter 6.2

12 Einsatzmöglichkeiten der Wiedergutmachung

Die Staatsanwaltschaft soll ferner nach diesem Modell die Parteien bei Vergehen fakultativ unter ersatzloser Streichung des Privatklageverfahrens an einen Schiedsmann verweisen dürfen[46]; diese Regelung entspricht der bereits jetzt in § 153a I 2 Nr. 5 StPO eröffneten Möglichkeit des Täter-Opfer-Ausgleichs und stellt daher nur insofern eine Neuerung dar, als dass das Privatklageverfahren abgeschafft werden soll. Die Abschaffung der Privatklage erscheint durchaus sinnvoll, da diese – wie bereits oben dargelegt[47] – trotz der Beschränkung ihres Anwendungsbereichs auf Bagatellen grundrechtlichen Bedenken unterliegt. Auch wird diese wegen des erheblichen Kostenrisikos des Verletzten kaum jemals erhoben.

Weiter sollen Wiedergutmachungsforderungen des Verletzten vor Geldbuße bzw. -strafe Vorrang erhalten[48]. Dies ist ebenfalls bereits jetzt nach § 459a I StPO fakultativ möglich. Insgesamt ist dieses Wiedergutmachungsmodell mit Ausnahme der Einführung eines Strafzwecks der Wiedergutmachung schon Gesetz geworden und von daher verfassungsgemäß und rechtmäßig.

Zweiteilung der Hauptverhandlung unter Schaffung eines Tat- und Schuldinterlokuts

Teilweise wird eine Zweiteilung der Hauptverhandlung unter Schaffung eines Tat- und Schuldinterlokuts mit anschließender Verhandlung über die Sanktionsbemessung vor einem eigenen Restitutionsrichter gefordert, wobei die Wiedergutmachung als dritte Spur neben Strafen und Maßregeln in ihrer Höhe ähnlich der englischen *compensation order* nicht vom zivilrechtlichen Schadensersatzanspruch abhängen soll[49]. Die Absicherung der Zahlungsverpflichtung soll durch Ersatzgeldstrafe, gemeinnützige Arbeit und Ersatzfreiheitsstrafe erfolgen.

In eine ähnliche Richtung geht der Alternativ-Entwurf Wiedergutmachung von 1992, in dem vor allem die freiwillige Wiedergutmachung im Ermittlungsverfahren honoriert werden soll durch erweiterte Möglichkeiten der Verfah-

---

[46] Erläuternd Rössner/Wulf a. a. O. S. 78f, 128ff
[47] Oben in dieser Arbeit unter 4.2.5
[48] Vergleiche Rössner/Wulf a. a. O. S.126f
[49] Beispielsweise Frühauf Wiedergutmachung zwischen Täter und Opfer S. 307; Müller-Dietz Strafrechtstheoretische Überlegungen S. 362ff; Roxin Strafrecht S. 69; Schöch Rechtswirklichkeit und präventive Effizienz strafrechtlicher Sanktionen S. 321ff

12.2 Wiedergutmachungsmodelle

renseinstellung und –aussetzung. An die Stelle der Wiedergutmachungsauflage tritt dabei die freiwillig vor Eröffnung des Hauptverfahrens geleistete Wiedergutmachung unter Einschluss der gemeinnützigen Leistung[50]. Im Vordergrund stehen nicht die materiellen, sondern die immateriellen Leistungen des Beschuldigten, die dessen Reue demonstrieren, sowie deren Freiwilligkeit[51]. Durch die Vorleistung des Beschuldigten werden die Justizorgane davon befreit, über Art, Umfang und Leistungsmodalitäten der Wiedergutmachung zu entscheiden. Weitergehende zivilrechtliche Ansprüche des Verletzten sollen unberührt bleiben[52]. Eine freiwillige Wiedergutmachung soll durch Aufschub der Eröffnungsentscheidung im Zwischenverfahren, Einschaltung der Schlichtungsstelle und Durchführung der richterlichen Wiedergutmachung erreicht werden[53]; entscheidende Voraussetzungen des gerichtlichen Wiedergutmachungsverfahrens sind die Eröffnungsreife und die begründete Erwartung, dass eine sanktionsrelevante Wiedergutmachung zustande kommt[54]. Bei einem Scheitern des Schlichtungsverfahrens wird über die Eröffnung des Hauptverfahrens entschieden, eine Wiedergutmachung kann zur Verfahrenseinstellung ohne Schuldspruch, zu einem Schuldspruch unter Absehen von Strafe oder aber zu einer Strafmilderung führen[55].

FREHSEE fordert die Einführung eines obligatorischen Sühneverfahrens vor einem Friedensrichter unter Abschaffung von Privat- und Nebenklageverfahren, wobei die Wiedergutmachung als erste Spur der Tatfolgen anzuordnen wäre[56].

Die Verhandlung über Wiedergutmachung und deren sanktionsmindernde Berücksichtigung wäre dadurch befreit von taktischen Verteidigungsgesichtspunkten. Auch würde dem Opfer mehr Zeit gegeben, die Tat zu verarbeiten. Problematisch ist aber, dass in diesem Fall die Wiedergutmachung nicht mehr freiwillig erfolgte. Dadurch wird der Geschädigte dazu gezwungen, sich mit dem Täter auseinander zu setzen, obwohl er dazu möglicherweise (noch) nicht

---

[50] Siehe Arbeitskreis deutscher, österreichischer und schweizerischer Strafrechtslehrer Alternativ-Entwurf Wiedergutmachung § 2 AE-WGM
[51] So Arbeitskreis deutscher, österreichischer und schweizerischer Strafrechtslehrer a. a. O. S. 33
[52] Näher dazu Arbeitskreis der Strafrechtslehrer a. a. O. S. 44f
[53] Ausführlicher Arbeitskreis der Strafrechtslehrer a. a. O. §§ 13ff
[54] Vergleiche Arbeitskreis der Strafrechtslehrer a. a. O. S. 81f
[55] So Arbeitskreis der Strafrechtslehrer a. a. O. §§ 19, 20 AE-WGM
[56] Frehsee Schadenswiedergutmachung als Instrument strafrechtlicher Sozialkontrolle S. 378ff

12 Einsatzmöglichkeiten der Wiedergutmachung

bereit ist. Ein solcher Zwang für den Verletzten bedürfte einer Legitimationsgrundlage, die nicht ersichtlich ist. Im Hinblick auf den Menschenwürdegehalt der Handlungsfreiheit erscheint es bedenklich, insbesondere das Opfer dazu zu zwingen, mit dem Schädiger in Verhandlungen zu treten. Die entsprechende Regelung stellt einen nicht zu rechtfertigenden Grundrechtseingriff dar.

Eine Mitwirkungspflicht verträgt sich im übrigen nicht mit dem beabsichtigten Ausgleich zwischen den Beteiligten, der nur gelingen kann, wenn beide Seiten daran mitwirken und dazu bereit sind, aufeinander zuzugehen sowie aus vorangegangenem Fehlverhalten zu lernen. Es muss die Bereitschaft dazu bestehen, den Konflikt zu bereinigen, um in Zukunft eine unbelastete Beziehung führen zu können. Ist dieser Wille nicht vorhanden, wird der Täter-Opfer-Ausgleich scheitern, wodurch sich der zwischen Täter und Opfer bestehende Konflikt noch verschärft: Das Scheitern der Verhandlungen wird dem jeweils anderen angelastet, der Streit eskaliert. Auch fühlen sich die Parteien vom Staat nicht ernstgenommen, wenn ihnen gegen ihren Willen eine Maßnahme auferlegt wird, die ihnen ohnehin aussichtslos erschien. Aus Enttäuschung über diese wahrgenommene mangelnde Leistungsfähigkeit unseres Rechtssystems könnte es sogar zu Fällen von Selbstjustiz kommen, die vermieden werden, wenn der Täter-Opfer-Ausgleich den Parteien als Angebot dargestellt wird, das sie ohne Rechtsnachteile ablehnen können. Aufgrund von nicht hinzunehmenden Grundrechtsbeeinträchtigungen ist dieses Modell ebenfalls abzulehnen. Auch die Tatverarbeitung würde dem Opfer nicht mehr in dem Maße erleichtert, wie dies bislang geschieht.

Ein weiterer Einwand betrifft die Abgrenzung von freiwilliger und unfreiwilliger Wiedergutmachung, die rein zeitlich vorgenommen wird. Schließlich wird der Täter ab der Tatbegehung von einem bevorstehenden Strafverfahren bedroht, so dass die Eröffnung der Hauptverhandlung keine entsprechende zeitliche Zäsur darstellt: Die Wiedergutmachung kann zu jedem Zeitpunkt aus zweckrationalen Erwägungen oder echter Reue erfolgen. Problematisch ist ferner, dass die Ersatzfreiheitsstrafe als Wiedereinführung des Schuldturms gesehen werden kann. Dieses Modell ist daher abzulehnen.

12.2 Wiedergutmachungsmodelle

Entpönalisierung im Bagatellbereich unter Einführung eines bei den Strafverfolgungsorganen angesiedelten Rechtsfolgeninstrumentariums unterhalb der Strafe

Der Arbeitskreis Deutsche Wiedervereinigung spricht sich für ein Wiedergutmachungsmodell aus, welches unter Abschaffung der Privatklage eine Entpönalisierung im Bagatellbereich erreichen will, indem ein bei den Strafverfolgungsorganen angesiedeltes Rechtsfolgeninstrumentarium unterhalb der Strafgrenze eingeführt wird[57]. Der Rechtsfriedensbruch soll durch freiwillige oder von Amts wegen auferlegte Sühneleistung oder im Wege einer auf Versöhnung gerichteten Verhandlung vor einer Schlichtungsstelle reguliert werden[58]. Bei Vergehen mit geringem Unrecht und fehlendem Präventionsinteresse bestünde eine Einstellungspflicht der Staatsanwaltschaft, während bei bestehendem Präventionsinteresse ein Verfehlungsverfahren einzuleiten wäre[59]. In diesem soll die Verfahrenseinstellung nach ernstlichem Bemühen um Wiedergutmachung obligatorisch sein, während das Bestehen von nicht ausgeglichenen, ausgleichsfähigen Schäden ein Einstellungshindernis darstelle[60]. Offen bleiben dabei der Maßstab für die Wiedergutmachung und das Verhältnis von materiellen zu immateriellen Leistungen.

Hier bestehen dieselben Einwände wie oben unter 12.2.2 dargelegt: Der Verletzte wird zur Auseinandersetzung mit dem Verletzer gezwungen, wodurch der eigentliche Gedanke des Täter-Opfer-Ausgleichs, die Versöhnung, konterkariert wird. Dies wäre zwar im Bereich des hier betroffenen Bagatellunrechts möglicherweise noch hinzunehmen; schwerer wiegt jedoch das Argument, dass darüber hinaus im Bereich der ansonsten folgenlosen Einstellung, die für das Bagatellunrecht charakteristisch ist, eine Sanktionierung erfolgen und der *net-widening-effect* auftreten könnte - zumindest wäre dies zu befürchten. Das entspricht jedoch in keiner Weise dem Verhältnismäßigkeitsprinzip, so dass auch dieses Wiedergutmachungsmodell abzulehnen ist.

Erschwerend kommt hinzu, dass den Strafverfolgungsorganen die Kompetenz eingeräumt wird, Rechtsfolgen anzuordnen, wenn auch nur solche un-

---

[57] Siehe Lampe Ein neues Konzept für die Kleinkriminalität S. 81
[58] Erläuternd Lampe a. a. O. S. 81
[59] Näher dazu Lampe a. a. O. S. 86ff
[60] Vergleiche Lampe a. a. O. S. 81ff

12 Einsatzmöglichkeiten der Wiedergutmachung

terhalb der Strafgrenze. Die Rechtsstaatlichkeit des Täter-Opfer-Ausgleichs und der Wiedergutmachung in ihrer bisherigen Form ergibt sich aus der Freiwilligkeit der Teilnahme für Beschuldigte und Opfer. Wäre diese erzwingbar, worauf dieses Konzept abzielt, würde dem Beschuldigten ohne richterliche Schuldfeststellung ein Übel aufgrund der Tat autoritativ auferlegt, so dass der Unterschied zu einer Rechtsstrafe nicht spürbar wäre. Es käme zu einer Verletzung der Grundsätze der Gewaltenteilung, des Richtervorbehalts, des Rechts auf den gesetzlichen Richter und der Unschuldsvermutung, wenn nicht der Richter über Schuld und Sanktionierung entschiede. Dieses Modell ist daher als nicht mit den rechtsstaatlichen Grundsätzen vereinbar abzulehnen.

Schaffung eines Strafaufhebungsgrundes für eine vor Kenntnis der Strafverfolgungsbehörden von der Tat geleistete Wiedergutmachung

Die Schaffung eines Strafaufhebungsgrundes für eine vor Eröffnung der Hauptverhandlung geleistete Wiedergutmachung, wie derzeit in Österreich praktiziert und im Alternativ-Entwurf Wiedergutmachung für Deutschland gefordert[61], dürfte wegen des Legalitätsprinzips nicht möglich sein. Auch hat der Gesetzgeber nicht einmal bei allen Gefährdungsdelikten den freiwilligen Abbruch des gefährdenden Kausalverlaufs mit einem Absehen von Strafe belohnt, so dass diese Rechtsfolge erst recht nicht eintreten darf, wenn sogar schon ein Schaden entstanden ist. Ebenso ist die Rechtslage beim erkennbar fehlgeschlagenen Versuch, wo keine Rücktrittsmöglichkeit besteht. Hier wird dem Delinquenten, der keinen Schaden verursacht hat, nicht die Möglichkeit der tätigen Reue eröffnet, während der Täter, der ein Mehr an Unrecht begangen und den vollendeten Tatbestand erfüllt hat, durch Wiedergutmachung Straflosigkeit erlangen können soll. Ein Übersehen der Möglichkeit der tätigen Reue durch den Gesetzgeber, also eine ungeplante Gesetzeslücke, scheidet angesichts der in § 371 III AO getroffenen Regelung aus. Damit besteht für eine Analogie kein Raum.

WAMBACH hingegen leitet die Rechtmäßigkeit eines Strafaufhebungsgrundes der tätigen Reue daraus her, dass es im Rahmen der Strafzumessung stets einer saldierenden Gesamtbetrachtung aller Tatsachen, die mit

---
[61]So Arbeitskreis deutscher, österreichischer und schweizerischer Strafrechtslehrer a. a. O. S. 55ff

12.2 Wiedergutmachungsmodelle

der Tat in Zusammenhang stehen, bedürfe[62]. Diese ganzheitliche, bilanzierende Betrachtungsweise werde sowohl bei der Kriminalprognose als auch beim Rücktritt vom Versuch vorgenommen und sei dem Strafrecht daher nicht wesensfremd[63]. Dabei liefere das konstruktive Nachtatverhalten Indizien, die ein positives Gegengewicht zur negativen Bilanz des Täterverhaltens darstellten[64]: Die Wiedergutmachung neutralisiere den Erfolgsunwert, während mit der Freiwilligkeit das spezifisch strafrechtliche Element hinzukomme[65]. Rechtsfeindlicher Tatentschluss und Freiwilligkeit des Entschlusses zur tätigen Reue seien insofern gleichwertig, wobei die tätige Reue als Selbstwiderspruch des Täters zu betrachten sei[66]. Eine zusätzliche Strafe führe nur zu einer Wiederholung, nicht zu einer Steigerung des Dementis des Täters[67]. Die Beschränkung der Rechtsfolge auf eine Strafmilderung würde im Übrigen angesichts der niedrigen Aufklärungsquoten bei Eigentumsdelikten den nicht reuigen Täter *de facto* besser stellen als denjenigen, der seine Unrechtseinsicht durch Wiedergutmachung demonstriere[68].

Das zuletzt von WAMBACH vorgebrachte Argument spricht allenfalls für eine Intensivierung der Strafverfolgung und nicht für eine Privilegierung der reuigen Täter: Selbstverständlich steht der entdeckte Täter schlechter da als derjenige, der (systemwidrig) noch einmal davon gekommen ist – dies gilt für Strafe ebenso wie für Wiedergutmachung. Zwar ist die Idee von der Bilanzierung des Täterverhaltens bestechend, und auch die Möglichkeit, durch Wiedergutmachung Straffreiheit zu erlangen, entspricht durchaus der hier vertretenen Ansicht, dass Wiedergutmachung unter Umständen Strafe ersetzen kann. Jedoch greift das Modell durch die Ablehnung der symbolischen Wiedergutmachung zu kurz, es kommt zu einer Zweiteilung der Delikte: Auf der einen Seite die privilegierten Delikte, bei denen ein ausgleichsfähiger Schaden entstanden ist und bei denen daher Wiedergutmachung möglich ist, auf der anderen Seite opferlose Delikte, Gefährdungsdelikte, Delikte mit irreversiblem Schaden und Versuchstaten, die stets eine Bestrafung erfordern. So-

---

[62]Wambach Straflosigkeit nach Wiedergutmachung S. 165
[63]Siehe Wambach a. a. O. S. 165
[64]Vergleiche Wambach a. a. O. S. 166
[65]Näher dazu Wambach a. a. O. S. 167ff
[66]Ausführlicher Wambach a. a. O. S. 171f
[67]Erläuternd Wambach a. a. O. S. 171ff
[68]So Wambach a. a. O. S. 173f

12 Einsatzmöglichkeiten der Wiedergutmachung

weit es sich dabei um Delikte mit vergleichbarer Schuld handelt, liegt hierin ein Verstoß gegen den Gleichheitsgrundsatz. In dogmatischer Hinsicht knüpft WAMBACH an das Modell der personalen Unrechtslehre an, so dass seine Theorie davon abhängt, welches Gewicht der Güterschaden bei der Bewertung des Unrechtes erhält[69]. Handelt es sich um eine Strafbarkeitsbedingung, so ist das auf der Unrechtsebene angesiedelte *actus-contrarius*-Modell ungeeignet, den Erfolg zu erfassen. Auch wenn man mit dem überwiegenden Teil des Schrifttums Handlungs- und Erfolgsunwert als gleichgewichtige Teile des Unrechts betrachtet, ist das Wiedergutmachungsmodell nicht widerspruchsfrei, denn der Erfolgsunwert ist durch die Anknüpfung an die Bewertungsnorm statt an das Handlungsobjekt normativ aufgeladen. Die Verletzung der Bewertungsnorm kann aber auch in der bloßen Gefährdung des Rechtsgutes liegen und ist ebenfalls bei schlichten Tätigkeitsdelikten und dem Versuch gegeben; dann aber fehlt es an einem ausgleichsfähigen Schaden. Danach ist das Modell von WAMBACH abzulehnen, da es mit der Verweigerung der Möglichkeit der Wiedergutmachung bei einigen Delikten gleiche Sachverhalte ungleich behandelt.

BRAUNS schlägt vor, eine informell und freiwillig geleistete Wiedergutmachung strafmildernd bis hin zum Absehen von Strafe zu berücksichtigen[70]. Er entwickelt ebenfalls ein Modell, um Erfolgs- und Handlungswert der Wiedergutmachung zu erfassen, bezieht sich dabei aber auf die Strafzumessungsschuld: Wenn der Täter die Tat vor der Hauptverhandlung freiwillig und vollständig wiedergutgemacht oder sich darum bemüht habe, erfolge eine obligatorische Strafmilderung, weil die Strafzumessungsschuld gemildert sei[71]. Zum Absehen von Strafe wegen auf Null reduzierter Strafzumessungsschuld komme es, wenn die Wiedergutmachung unter erheblichen Anstrengungen gelinge, der Täter dazu nicht durch äußere Umstände veranlasst worden sei oder erhebliche Nachteile in Kauf genommen habe[72]. Es solle ein möglichst wirksamer Anreiz für die Verhaltenssteuerung geschaffen werden, während derjenige, der aus Berechnung leiste, nicht privilegiert werden solle[73]. Sym-

---

[69]Ebenso S. Walther Vom Rechtsbruch zum Realkonflikt S. 86f
[70]Brauns Wiedergutmachung S. 235ff, 241ff, 253ff
[71]Siehe Brauns a. a. O. S. 235ff, 241ff, 253ff
[72]Vergleiche Brauns a. a. O. S. 235ff, 241ff, 253ff
[73]Näher dazu Brauns a. a. O. S. 235ff, 241ff, 253ff

12.2 Wiedergutmachungsmodelle

bolische Leistungen schließt BRAUNS aus[74]; auch der persönliche Kontakt zwischen Täter und Opfer wird nicht angestrebt, entscheidend ist allein die an zivilrechtlichem Maßstab orientierte materielle Wiedergutmachung. Auch Delikte ohne persönliches Opfer seien daher ausgleichsgeeignet, es bestehen aber praktische Einschränkungen, weil vollständige Wiedergutmachung oft faktisch unmöglich sei[75].

BRAUNS nimmt eine Umfunktionierung von der Bewertung der Tat dienenden und für die Strafzumessung geltenden Sanktionsnormen in solche der Verhaltenssteuerung vor, die Strafzumessungsdogmatik wird zur Verfolgung eines steuerungsfunktionalen Zieles eingesetzt und denaturiert[76]. Er entwickelt so ein tatbestandsbezogenes statt eines menschenbezogenen Wiedergutmachungsmodell und verzichtet darauf, die konkrete Ebene der menschlichen Beziehungen, welche die Überlegenheit des Täter-Opfer-Ausgleichs gegenüber dem Strafverfahren begründet, zu beachten. Es handelt sich insofern nicht um ein Täter-Opfer-Ausgleichsmodell, sondern um einen rein materiellen Tatfolgenausgleich[77]. Ohne Not beraubt sich BRAUNS auf diese Art der Möglichkeit einer umfänglichen, selbst verantwortlichen Konfliktlösung zwischen den Parteien. Das Abstellen auf die Hauptverhandlung als letztmöglichen Zeitpunkt zur Leistungserbringung ist mangels entsprechender wissenschaftlicher Erkenntnisse, wie oben ausgeführt, willkürlich. Freiwilligkeit und sittlich beachtenswerte Motive für die Wiedergutmachung können sowohl vor als auch nach diesem Zeitpunkt vorliegen oder fehlen, ihre Nachweisbarkeit hängt jedenfalls vom Einlassungsgeschick des Beschuldigten ab. Auch im Interesse des Opferschutzes ist eine zeitliche Grenze der Freiwilligkeit abzulehnen; die Wiedergutmachung muss zu jedem Zeitpunkt vor der Urteilsverkündung möglich sein. Damit ist dieses Wiedergutmachungsmodell ebenfalls abzulehnen.

Aufgliederung der Kriminalrechtsfolgen in vier Spuren

WALTHER schlägt vor, die Kriminalrechtsfolgen auf dem Gebiet der Reprobation aufzugliedern in die Strafe als Feststellung und Warnung auf der

---
[74]Brauns a. a. O. S. 183
[75]Brauns a. a. O. S. 259ff, 286ff
[76]So auch S. Walther Vom Rechtsbruch zum Realkonflikt S. 106f
[77]Ebenso S. Walther a. a. O. S. 107f

einen Seite, worunter die zur Bewährung ausgesetzte Strafe, das Absehen von Strafe trotz Schuldspruchs sowie die Ermahnung und die Verwarnung fallen sollen[78], sowie auf der anderen Seite die Strafe als spürbare Übelszufügung, also die tatsächlich zu verbüßende Strafe[79]. Beide dienten der adäquaten öffentlichen Missbilligung der Tat. Sie stellten die erste und zweite Spur der Straftatfolgen dar[80]. Daneben sollen die Maßnahmen als eigenständige Spur von Rechtsfolgen mit von den Strafzwecken zu unterscheidenden Maßnahmezwecken, allen voran die Wiedergutmachung, ausgebaut werden[81]. Dieser Bereich soll dann als Reparation bezeichnet werden und sozialkonstruktive Straftatfolgenbewältigung vor allem für das direkte Opfer leisten. Er bildet die dritte Spur von Rechtsfolgen[82]. Um (Spezial-)Prävention zu gewährleisten, sollen schließlich nach wie vor die Maßregeln als vierte Spur der Rechtsfolgen zur Verfügung stehen[83].

Mit diesem Modell werden Täter-Opfer-Ausgleich und Wiedergutmachung als Maßnahmen ausgestaltet. Die Sanktionierung des tatbestandsmäßigen Verhaltens erfolgt durch den gesetzlichen Richter, was dem größten Teil der rechtsstaatlichen Bedenken Rechnung trägt. Problematisch ist jedoch, dass der über die Freiwilligkeit der Teilnahme legitimierte Täter-Opfer-Ausgleich als erzwingbare Sanktion ausgestaltet wird. Die entsprechenden rechtsstaatlichen Gründe wurden oben unter 12.2.2 bereits dargelegt; aufgrund von nicht hinzunehmenden Grundrechtsbeeinträchtigungen ist dieses Modell abzulehnen.

Vikariieren von Geldstrafe und Wiedergutmachung oder Aussetzung der Geldstrafe zur Bewährung

Das Vikariieren von Geldstrafe und Wiedergutmachung sowie die Aussetzung der Geldstrafe zur Bewährung seien anzustreben[84], da so eine Benachteili-

---

[78] Siehe S. Walther Vom Rechtsbruch zum Realkonflikt S. 369, 382ff
[79] S. Walther a. a. O. S. 382
[80] So S. Walther a. a. O. S. 289ff
[81] Vergleiche S. Walther a. a. O. S. 369, 371ff
[82] Vergleiche S. Walther a. a. O. S. 291f
[83] Näher dazu S. Walther a. a. O. S. 291f
[84] Siehe beispielsweise Hirsch ZStW 102, S. 550f; Kintzi Schadenswiedergutmachung im Strafverfahren S. 18f; Frehsee Schadenswiedergutmachung als Instrument strafrechtlicher Sozialkontrolle S. 211ff

12.2 Wiedergutmachungsmodelle

gung des Verletzten durch vorrangige Zahlungsansprüche des Staates vermieden werde. Weil sich der Täter durch die Geld- oder Freiheitsstrafe oft hinreichend bestraft fühle und die Notwendigkeit einer Entschädigung des Verletzten nicht sehe[85], sei die Berücksichtigung bzw. Anrechnung einer bereits erfolgten oder (vorrangig) noch zu leistenden Entschädigung auf die Geldstrafe anzustreben. Der Bevölkerung ist die Trennung von Straf- und Zivilrecht im Falle eines auf beiden Rechtsgebieten zu berücksichtigenden Unrechts oft nicht verständlich; der Täter geht davon aus, dass mit der Zahlung der Geldstrafe sämtliche Ansprüche aus der Tat erledigt sind. Die anschließende zivilrechtliche Verurteilung zu Schadensersatz wird als Doppelbestrafung empfunden.

Bereits jetzt kann eine an den Verletzten geleistete Wiedergutmachung sowie das Bemühen um einen Täter-Opfer-Ausgleich gemäß §§ 46a, 49 StGB strafmildernd berücksichtigt werden; die Höhe des Strafnachlasses steht dabei im Ermessen des Gerichts. Auch steht es dem Gericht frei, nicht jede Form der Wiedergutmachung strafmildernd zu berücksichtigen, so dass die Strafe trotz erfolgter Wiedergutmachung dem (ungemilderten) Strafrahmen des betreffenden Delikts entnommen werden kann[86]. Stünde vorab verbindlich fest, dass Wiedergutmachung auf die Geldstrafe angerechnet würde, so hätte man einen überprüfbaren Maßstab für die Höhe des Strafnachlasses gefunden. Es bestünde überdies ein größerer Anreiz für entsprechende Leistungen. Durch eine derartige Anrechnung wird jedoch gegen den Gleichheitsgrundsatz aus Art. 3 GG verstoßen, denn so kommt es zu einer Privilegierung der finanziell gut gestellten Täter. Das Gros der Straftäter entstammt jedoch schlechten finanziellen Verhältnissen; die Möglichkeit von materiellen Ausgleichsleistungen besteht für diese nicht oder nur eingeschränkt. Aus diesem Grund wird in § 46a StGB das ernsthafte Bemühen um einen Täter-Opfer-Ausgleich für ausreichend erachtet, um in den Genuss einer Strafmilderung zu kommen. Unterschiede zwischen finanziell besser und schlechter gestellten Straftätern, die eine Differenzierung unter dem Blickwinkel des Art. 3 GG rechtfertigen würden, sind nicht ersichtlich. Eine Anrechnung nur der tatsächlich geleisteten Wiedergutmachung auf die Geldstrafe verstößt daher

---

[85] Vergleiche Frehsee a. a. O. S. 180
[86] Ebenso T/F § 46a Rn. 2 m. w. N.

12 Einsatzmöglichkeiten der Wiedergutmachung

gegen den Gleichheitsgrundsatz und ist deshalb abzulehnen[87]. Weitere Bedenken gegen eine Anrechnung von Schadensersatz auf eine Geldstrafe bestehen aus praktischen Gründen, weil eine zivilrechtliche Haftung des Schädigers zum Zeitpunkt der Urteilsverkündung im Strafprozess in aller Regel weder dem Grunde noch der Höhe nach feststehen wird. Im Falle paralleler Prozesse wird nämlich üblicherweise das zivilrechtliche Verfahren ausgesetzt, um das Ergebnis des Strafprozesses abzuwarten und einander widersprechende Entscheidungen zu vermeiden. Um sich alle Möglichkeiten in beiden Prozessen offen zu halten, wird der Beschuldigte zunächst das Ergebnis des Strafverfahrens abwarten, um dann über sein Verhalten im Zivilprozess zu entscheiden. Schadensersatzleistungen an den Verletzten vor oder während des Strafprozesses werden daher nur in Betracht kommen, wenn der Beschuldigte damit rechnen muss, verurteilt zu werden, also wenn er den Tatvorwurf einräumt – was selten genug der Fall ist. Hinzu kommt, dass die Anrechnung der Wiedergutmachung auf die Geldstrafe bereits jetzt erfolgt, indem das Bemühen des Täters darum gemäß §§ 46a, 49 StGB strafmildernd bis zum Absehen von Strafe berücksichtigt werden kann. Die Schaffung einer darüber hinausgehenden Anrechnungsmöglichkeit im Sinne des Vikariierens von Schadensersatzleistungen und Geldstrafe ist im Hinblick auf den Gleichheitsgrundsatz weder wünschenswert noch praktikabel.

SESSAR fordert darüber hinaus eine vorrangige Berücksichtigung der Wiedergutmachung in der Sanktionsentscheidung dergestalt, dass im Bereich der Geldstrafe oder -buße nach § 153a I 2 StPO diese die einzige Sanktion darstelle, soweit ein überschießendes öffentliches Interesse fehle und ansonsten die übliche Strafe nach einem Schlüssel, der das Verhältnis zwischen der Höhe der Wiedergutmachung und der Art und Schwere der Strafe festlegt, reduziert oder erlassen werde[88]. Die Schadensberechnung solle sich dabei am Zivilrecht orientieren, könne den zivilrechtlichen Schadensersatzanspruch jedoch auch unterschreiten mit der Folge, dass der Verletzte zivilrechtlich weitergehende

---

[87]Ein Verstoß gegen den Gleichheitsgrundsatz liegt im Übrigen auch im Hinblick auf eine Differenzierung zwischen Tätern, die zu einer Geldstrafe verurteilt wurden und in den Genuss der Anrechnung kommen, und solchen, die zu einer Freiheitsstrafe verurteilt wurden und bei denen eine Anrechnung mangels vergleichbarer Leistung ausscheidet, vor. Die Regelung in § 46a StGB trägt auch diesen Bedenken Rechnung, indem eine Strafmilderungsmöglichkeit ebenso bei Verurteilung zur Freiheitsstrafe besteht.

[88]Sessar Wiedergutmachen oder strafen S. 159

12.2 Wiedergutmachungsmodelle

Ansprüche dort geltend machen dürfe[89].
WEIGEND schlägt vor, die Wiedergutmachung als Grundstock der Strafe auszugestalten[90], deren Bemessung zivilrechtlichen Regeln folgen solle, ohne an diese gebunden zu sein; so solle der Täter auch dann zum Ausgleich verpflichtet sein, wenn das Opfer nach den Regeln der Vorteilsausgleichung keinen Anspruch habe, andererseits könnten General- und Spezialprävention es rechtfertigen, dem Täter eine geringere Leistung als zivilrechtlich geschuldet aufzuerlegen[91]. Der Verletzte solle weitergehende zivilrechtliche Ansprüche ebenso vor dem Zivilgericht geltend machen können wie der Schädiger etwaige Bereicherungsansprüche gegen den Verletzten wegen einer Wiedergutmachungsleistung, die den zivilrechtlichen Schadensersatzanspruch übersteigt[92]. Die Wiedergutmachung müsse dem Schaden des Verletzten und der wirtschaftlichen Leistungsfähigkeit der Beteiligten entsprechen und solle im Wege der Strafvollstreckung von Amts wegen beigetrieben werden[93].

Beide Modelle wirken bereits deshalb inkonsequent, weil an zivilrechtliche Maßstäbe für die Bemessung des Ausgleichs angeknüpft wird. Allein entscheidend im Rahmen eines Strafverfahrens kann jedoch nur ein an spezifisch strafrechtlichen Kriterien orientierter Schadensbegriff sein, der primär an das Ausmaß von Verschulden und Leistungsfähigkeit des Täters anknüpft und erst in zweiter Linie einen Ausgleich der dem Opfer entstandenen Schäden beabsichtigt. Bestimmt man den auszugleichenden Schaden strafrechtlich, so muss eine eventuell darüber hinausgehende zivilrechtliche Haftung des Schädigers auf dem Zivilrechtswege geklärt werden; umgekehrt kann der Täter jedoch nicht Beträge zivilrechtlich zurückfordern, die er zum Ausgleich des strafrechtlich relevanten Schadens geleistet hat und die seine Haftung nach zivilrechtlichen Maßstäben übersteigen. Anderenfalls ist zu befürchten, dass die Wiedergutmachung nicht zu einer Konfliktbeilegung, sondern einer Fortführung des Streits führt.

Soweit die Wiedergutmachung im Wege der Strafvollstreckung für den Verletzten beigetrieben werden soll, wird in der Sache der Schuldturm eingeführt.

---

[89] So Sessar a. a. O. S. 159
[90] Weigend Schadensersatz im Strafverfahren S. 22
[91] Siehe Weigend a. a. O. S. 22
[92] Vergleiche Weigend a. a. O. S. 23
[93] So Weigend a. a. O. S. 22

12 Einsatzmöglichkeiten der Wiedergutmachung

Die Beitreibung von Ansprüchen zwischen den Parteien eines (Zivil) Rechtsstreits ist in der ZPO abschließend geregelt. Mit gutem Grund wurde dort auf die Normierung einer Zwangs- oder Beugehaft verzichtet, um den Schuldner zur Zahlung anzuhalten. Lediglich im Strafrecht kann und muss der nicht leistungsfähige oder –willige Verurteilte gemäß § 43 StGB eine anders nicht beitreibbare Geldstrafe in Form einer Ersatzfreiheitsstrafe antreten. Dieser Regelung liegt zugrunde, dass auch völlige Mittellosigkeit nicht zum Freibrief für Straftaten werden darf[94]. Zivilrechtlich besteht jedoch kein Unterschied zwischen dem Geschädigten und anderen Gläubigern des Straftäters. Der Verletzte muss sich daher der üblichen Zwangsvollstreckungsmaßnahmen bedienen, um seine Ansprüche durchzusetzen; eine Wiedereinführung des Schuldturms ist abzulehnen.

Hinzu kommt, dass, wie bereits ausgeführt, die angestrebte Versöhnung zwischen Täter und Opfer unter Zwang wenig aussichtsreich erscheint. Ohne Not beraubt man sich der vom Täter-Opfer-Ausgleich ausgehenden Befriedungswirkung, indem lediglich die materielle Wiedergutmachung angestrebt wird. Bedenken bestehen ferner aufgrund der Befürchtung, die Geldstrafenaussetzung unter Auflagen könnte einen Anreiz für den Täter schaffen, im Vorfeld keine Wiedergutmachung zu leisten, und so das Opfer benachteiligen[95]. Alle Modelle, die eine Anrechnung der Wiedergutmachung auf die Geldstrafe beabsichtigen, sind daher abzulehnen.

Berücksichtigung der Wiedergutmachung auch im Strafvollzug

Teilweise wird gefordert, die Wiedergutmachung solle auch im Strafvollzug bei der Behandlungsuntersuchung und im Vollzugsplan nach §§ 6, 7 StVollzG Berücksichtigung finden. Die Lockerungs- und Verkürzungsmöglichkeiten beim Vollzug der Freiheitsstrafe könnten dabei unter die Bedingung von Wiedergutmachungsleistungen bzw. –verpflichtungen gestellt werden[96].

Im Übrigen könne eine Verweisung auf den Zivilrechtsweg und die Verpflichtung zu Entschädigungsleistungen aus dem Vollzug der Freiheitsstrafe heraus erfolgen, ähnlich wie dies in der Schweiz in der Strafanstalt Saxerriet

---

[94]Vergleiche statt vieler T/F § 43 Rn. 10
[95]Siehe Meier ZRP 1991, S. 68ff, S. 70
[96]So auch Frehsee a. a. O. S. 213ff

12.2 Wiedergutmachungsmodelle

bereits geschieht. Die Verwendung des erzielten Erlöses zur Wiedergutmachung stellt dort die Voraussetzung für zahlreiche Vergünstigungen wie Urlaub oder Freigang dar[97]. Vom Verdienst des Häftlings sollen 10% für das Opfer bzw. eine gemeinnützige Organisation oder zur Schuldenregulierung des Insassen, die dem Opfer mittelbar zugute kommt, verwendet werden[98]. Angestrebt wird der zunächst briefliche, dann telefonische und später persönliche Kontakt zwischen Täter und Opfer[99]. Betreut werden sowohl die Täter als auch die Opfer, gegebenenfalls durch Verweisung an Therapeuten[100].

Im Geltungsbereich des Grundgesetzes darf das Schlichtungsverfahren nicht zur Voraussetzung von Vergünstigungen im Strafvollzug gemacht werden, denn die Befriedung kann und darf im Hinblick auf den in Artt. 1, 2 I GG geregelten Menschenwürdegehalt der allgemeinen Handlungsfreiheit nicht erzwungen werden. Das schweizerische Modell lässt sich daher nicht in Deutschland realisieren. Zunächst ist äußerst fragwürdig, ob ein solcher unter Druck durchgeführter Täter-Opfer-Ausgleich zu einem Erfolg führen kann, wie bereits oben unter 12.2.2 erläutert. Ist die Teilnahme nicht freiwillig, könnte dies dazu führen, dass dem Opfer weiteres Leid zugefügt wird; ein Täter-Opfer-Ausgleich bei Straftaten, derentwegen der Täter zu einer Freiheitsstrafe verurteilt wurde, ist aufgrund der erheblichen Schwere der Tat besonders sensibel. Ein wie auch immer gearteter Zwang ist daher unbedingt zu unterlassen. Dennoch muss es bei entsprechendem Wunsch von Täter und Opfer möglich sein, dass zwischen ihnen ein Ausgleich vermittelt wird. Ohne diesen Willen ist eine Vermittlung jedoch nicht nur tatsächlich aussichtslos, sondern grundrechtlich unzulässig.

Auch die Ausgestaltung des materiellen Tatfolgenausgleichs als Voraussetzung von Vergünstigungen und Lockerungen im Rahmen des Strafvollzuges dürfte sich im Geltungsbereich des Grundgesetzes verbieten. Zunächst besteht erheblicher Arbeitsmangel im Strafvollzug, so dass nur ein kleiner Teil der Gefangenen die Möglichkeit hat, sich während des Strafvollzuges die notwendigen Mittel für Schadensersatzleistungen an das Opfer zu beschaffen. Damit sind die Verurteilten notwendig auf die bei Haftantritt vorhandenen

---

[97] Vergleiche Brenzikofer Wiedergutmachung im Freiheitsentzug S. 383, 386
[98] Siehe Brenzikofer a. a. O. S. 381
[99] So Brenzikofer a. a. O. S. 380
[100] Vergleiche Brenzikofer a. a. O. S. 381

12 Einsatzmöglichkeiten der Wiedergutmachung

Finanzen verwiesen; letztlich käme es so zu Vorteilen für Verurteilte in guten finanziellen Verhältnissen, da nur diese die geforderte Wiedergutmachung erbringen können. Die entsprechenden Nachteile für finanziell schlechter Gestellte sind in keiner Weise zu rechtfertigen und verstoßen daher gegen den Gleichheitsgrundsatz. Danach dürfen weder die Wiedergutmachung noch der Täter-Opfer-Ausgleich im Hinblick auf rechtsstaatliche Grundsätze zur Voraussetzung von Lockerungen während des Vollzuges gemacht werden.

Eine *self-determinate-sentence* dergestalt, dass das Urteil auf Zahlung eines bestimmten Geldbetrages lautet, der aus den Erträgen marktgerecht entlohnter Arbeit im Vollzug zu erbringen ist mit der Folge einer je nach Leistung früheren oder späteren Entlassung[101], ist nach der derzeitigen Gesetzeslage in Deutschland nicht möglich und wird dies aus tatsächlichen Gründen, nämlich dem Arbeitsmangel im Vollzug, auf absehbare Zeit auch nicht sein.

Erlöschen des Strafantrages durch erfolgreichen Täter-Opfer-Ausgleich

Das Erlöschen des Strafantrages durch einen erfolgreichen Täter-Opfer-Ausgleich[102] stellt ein Modell von äußerst begrenzter Reichweite dar: Auf Grund der Tatsache, dass diese oft Privatklagedelikte bilden oder aber die Strafverfolgung wegen ihres Bagatellcharakters nicht von öffentlichem Interesse ist, kommt in aller Regel bereits aus Gründen der Verhältnismäßigkeit eine Durchführung des Täter-Opfer-Ausgleichs nicht in Betracht. Im Übrigen wird dort üblicherweise vereinbart, dass das Opfer nach erfolgter Wiedergutmachung seinen Strafantrag zurücknimmt. Schon aus praktischen Gründen ist diese Regelung daher entbehrlich.

Sie ist zudem nicht sachdienlich. Der staatliche Strafanspruch darf nicht zur Disposition der Parteien gestellt werden, sondern die Entscheidung über das weitere strafrechtliche Verfahren muss in den Händen von Staatsanwaltschaft bzw. Gericht verbleiben. So kann trotz erfolgreichen Täter-Opfer-Ausgleichs und vollständiger Wiedergutmachung noch ein Strafverfolgungsinteresse bestehen, beispielsweise bei finanziell gut situierten Beschuldigten und Geschä-

---

[101] Dieses Modell hat Smith in A Cure for Crime. The Case of the self-determinate Prison sentence. entwickelt.
[102] Siehe Barnstorff NStZ 1985, S. 67ff, 68

12.2 Wiedergutmachungsmodelle

digten in schlechteren Verhältnissen. Hier könnte materielle Wiedergutmachung geleistet werden, ohne dass der mutmaßliche Täter eine spürbare Einbuße hinnehmen muss, während das Opfer damit hochzufrieden ist. Auch ist denkbar, dass der Verletzte lediglich auf Druck des Beschuldigten mit einer Ausgleichsvereinbarung einverstanden war, diese Vereinbarung jedoch nicht geeignet ist, das öffentliche Interesse an der Strafverfolgung zu kompensieren. Aus diesem Grund muss in einem weiteren Entscheidungsschritt geprüft werden, ob zusätzliche strafrechtliche Sanktionen angebracht sind. Würde der Strafantrag automatisch erlöschen, so bestünde diese zusätzliche Kontrollmöglichkeit nicht; der Strafantrag sollte daher nicht erlöschen.

Eigene Auffassung und Ergebnis

Die oben dargestellten Wiedergutmachungsmodelle sind aus unterschiedlichen Gründen abzulehnen. Die Schaffung eines Strafzwecks der Wiedergutmachung ist nicht erforderlich, da diese ebenso wie der Täter-Opfer-Ausgleich mit den bestehenden Strafzwecken zu vereinbaren ist. Überdies stellen Wiedergutmachung und Täter-Opfer-Ausgleich keine Strafen dar, so dass ein Strafzweck der Wiedergutmachung ein Widerspruch in sich wäre. Hinzu kommt, dass der Rahmen für eine neue strafrechtliche Sanktion nicht erst dadurch geschaffen werden kann, dass ein neuer Strafzweck eingeführt wird – im Gegenteil, eine neuen Sanktionsform ist an den vorhandenen Strafzwecken zu messen. Die Einführung eines Strafzweckes der Wiedergutmachung ist daher abzulehnen.

Eine Zweiteilung der Hauptverhandlung unter Schaffung eines Tat- und Schuldinterlokuts mit anschließender Verhandlung über die Sanktionsbemessung vor einem eigenen Restitutionsrichter ermöglicht die Erzwingbarkeit des Täter-Opfer-Ausgleichs. Dagegen bestehen aus rechtsstaatlichen und grundrechtlichen Gründen erhebliche Bedenken.

Die Forderung, der Rechtsbruch solle durch Sühneleistung oder auf Versöhnung gerichtete Verhandlung vor einer Schlichtungsstelle reguliert werden, ist ebenfalls zurückzuweisen. Hier würden Schädiger und Opfer unter Verletzung des Menschenwürdegehaltes der allgemeinen Handlungsfreiheit zu einer Auseinandersetzung gezwungen, ohne dass dafür eine Grundlage bestünde.

Die Schaffung eines Strafaufhebungsgrundes für eine vor Eröffnung der

12 Einsatzmöglichkeiten der Wiedergutmachung

Hauptverhandlung geleistete Wiedergutmachung verhindert das in Deutschland geltende Legalitätsprinzip. Ein Absehen von Strafe ist weder bei allen Gefährdungsdelikten für den freiwilligen Abbruch des gefährdenden Kausalverlaufs vorgesehen noch beim erkennbar fehlgeschlagenen Versuch. Wenn dem Täter, der den vollendeten Tatbestand erfüllt hat, die Möglichkeit der tätigen Reue eröffnet wird, so wird andererseits dem Täter, dem ein Weniger an Unrecht vorgeworfen wird, da er keinen Schaden verursacht hat, dieses Angebot nicht gemacht, was ungerecht erscheint.

Soweit Täter-Opfer-Ausgleich und Wiedergutmachung als Maßnahmen ausgestaltet werden, erfolgt die Sanktionierung des tatbestandsmäßigen Verhaltens durch den gesetzlichen Richter, was dem größten Teil der rechtsstaatlichen Bedenken Rechnung trägt. Problematisch ist jedoch, dass der Täter-Opfer-Ausgleich dadurch erzwingbar wird; dies ist aus rechtsstaatlichen und grundrechtlichen Aspekten nicht hinnehmbar. Daneben dürfte ein unter Zwang durchgeführter Täter-Opfer-Ausgleich aufgrund der hohen Anforderungen an die Kooperationsbereitschaft der Beteiligten kaum jemals gelingen, so dass diese Modelle auch aus praktischen Gründen abzulehnen sind.

Alle Modelle, die eine Anrechnung der Wiedergutmachung auf die Geldstrafe beabsichtigen, sind abzulehnen. Ohne Not beraubt man sich der von einem Täter-Opfer-Ausgleich ausgehenden Befriedungswirkung, indem lediglich der materielle Tatfolgenausgleich angestrebt wird. Auch wirken diese Modelle inkonsequent, indem zwar an einen zivilrechtlichen Schadensbegriff angeknüpft wird, weitergehende Ansprüche des Verletzten aber ebenso wie Regressansprüche des Schädigers im Zivilverfahren geklärt werden sollen. Soweit die Wiedergutmachung im Wege der Strafvollstreckung für den Verletzten beigetrieben werden soll, wird der Schuldturm wieder eingeführt.

Das Erlöschen des Strafantrags als unmittelbare Folge eines erfolgreichen Täter-Opfer-Ausgleichs erscheint unnötig, da dessen Rücknahme ohnehin oft vereinbart sein wird. Ist dies jedoch nicht geschehen, sollte der Staatsanwaltschaft die Möglichkeit eingeräumt werden, zu überprüfen, ob der Täter-Opfer-Ausgleich das öffentliche Interesse an der Strafverfolgung kompensiert. Nur, wenn das der Fall ist, wird nach §§ 153a I 2, 153b StPO das Verfahren eingestellt werden können; anderenfalls müssen die Strafverfolgungsbehörden die Möglichkeit haben, das Verfahren fortzuführen.

Auch die Ausgestaltung des materiellen Tatfolgenausgleichs als Vorausset-

12.3 Ergebnis

zung für Vergünstigungen und Lockerungen im Vollzug der Freiheitsstrafe lässt sich nicht einführen, denn aufgrund des Arbeitsplatzmangels im Vollzug sind nicht alle Straftäter zur Erbringung entsprechender Leistungen in der Lage. Hier würden die finanziell schlechter gestellten Straftäter gegenüber den finanziell besser Situierten benachteiligt. Ein Täter-Opfer-Ausgleich mit seiner umfassenden Befriedungswirkung kann und darf im Hinblick auf den Menschenwürdegehalt der allgemeinen Handlungsfreiheit nicht erzwungen werden.

12.3 Ergebnis

Weder die utopischen, abolitionistischen, noch die realistischen Modelle sind in Deutschland umzusetzen. Würde man den Beteiligten im Sinne des Abolitionismus die Lösung des Konfliktes überlassen, ließe man sie mit ihrem Konflikt allein. Der Ausgang des Konfliktes würde dann ausschließlich durch die (Verhandlungs-)Stärke der Parteien bestimmt. Letztlich würde so das Recht des Stärkeren auf Kosten der Schwächeren durchgesetzt.

Sobald der Täter-Opfer Ausgleich dagegen im Sinne der realistischen Modelle als erzwingbare Sanktion ausgestaltet wird – sei es als Maßnahme oder Strafe – wird durch seine Anordnung in Grundrechte der betroffenen Schädiger und Verletzten eingegriffen. Da ein Ausgleich überdies nur gelingen kann, wenn beide Seiten mit ganzer Kraft daraufhin arbeiten, dürfte in den Fällen eines erzwungenen Einverständnisses der Täter-Opfer-Ausgleich kaum jemals erfolgreich abgeschlossen werden.

Der Täter-Opfer-Ausgleich kann und darf also nur dann angeordnet werden, wenn Täter und Opfer dazu bereit sind. Damit stellt die Regelung in §§ 153a, b StPO die Grenze dessen dar, was grundrechtlich möglich und deshalb machbar ist. Eine darüber hinausgehende strafmildernde Berücksichtigung von Bemühungen um einen Täter-Opfer-Ausgleich, wie in § 46a StGB geregelt, ist ebenfalls zulässig und geboten. Eine Schlechterstellung der Beschuldigten, die sich aus eigenem Antrieb um einen Täter-Opfer-Ausgleich bemüht haben, gegenüber denjenigen, die dies nicht getan und so dem Staatsanwalt und Richter eine entsprechende Anordnung ermöglicht haben, wird dadurch vermieden und der Opferschutz auf diese Weise optimiert.

13 Eigenes Wiedergutmachungsmodell

Stellt nach den obigen Erwägungen die derzeitige Regelung von Täter-Opfer-Ausgleich und Wiedergutmachung in §§ 153a, 153b StPO sowie § 46a StGB die Grenze dessen dar, was im Geltungsbereich des Grundgesetzes realisierbar ist, können hier nur Vorschriften entworfen werden, die den Täter-Opfer-Ausgleich propagieren und auf diese Weise seine verstärkte Anwendung in den dafür bereits jetzt schon vorgesehenen Fällen fördern. Dieser mögliche Anwendungsbereich ist nach der oben zitierten Untersuchung von U. HARTMANN erheblich, wird jedoch nur zu einem Bruchteil ausgenutzt[1]. Die Analyse der Gründe für die fehlende tatsächliche Relevanz des Täter-Opfer-Ausgleichs ergab unter anderem, dass auf Seiten der Staatsanwaltschaften ein Bedürfnis nach konkreten anwendungsbezogenen Vorschriften besteht, die den Täter-Opfer-Ausgleich näher regeln[2]. Dabei können diese Vorschriften in der RiStBV (Richtlinien für das Straf- und Bußgeldverfahren, die sich vor allem an die Staatsanwaltschaft wenden und dieser eine Anleitung bieten) enthalten sein, soweit ganz allgemein Falleignungskriterien festgelegt werden, die Berücksichtigung eines erfolgreichen Täter-Opfer-Ausgleichs in der Abschlussverfügung des sachbearbeitenden Staatsanwalts geregelt oder aber ein Sonderdezernat für Täter-Opfer-Ausgleich geschaffen wird[3].

Um ganz konkret auf die örtlichen Probleme bei der Implementation des Täter-Opfer-Ausgleichs einzugehen, empfiehlt es sich darüber hinaus, eine entsprechende Hausverfügung zu entwerfen. Die darin enthaltenen Regelungen werden sich zum Teil mit den in der RiStBV enthaltenen überschneiden, zum Teil aber auf die spezifischen Probleme vor Ort eingehen[4].

Schließlich ist eine Änderung der StPO vorzuschlagen, um auch der Gerichtshilfe die Durchführung des Täter-Opfer-Ausgleichs zu ermöglichen; damit soll dem Täter-Opfer-Ausgleich ein neuer Entwicklungsschub verschafft

---
[1] Vergleiche oben unter 11 zum Potential des Täter-Opfer-Ausgleichs
[2] Siehe oben unter 11.1
[3] Näher dazu unter 13.1
[4] Dies wird unter 13.2 erläutert.

13 Eigenes Wiedergutmachungsmodell

werden.

13.1 Ergänzung der RiStBV

Die RiStBV gibt der Staatsanwaltschaft eine Anleitung, wie im Regelfall verfahren werden soll. In Einzelfällen, die vom in der RiStBV anvisierten Durchschnitt abweichen, kann und muss jedoch von dieser abgewichen werden[5]. Dennoch bildet die RiStBV *das* Arbeitsinstrument der Staatsanwaltschaften, so dass Änderungen und Ergänzungen der darin enthaltenen Vorschriften am ehesten geeignet sind, die Praxis zu beeinflussen.

Um den Staatsanwälten die Entscheidung für den Täter-Opfer-Ausgleich angesichts der Arbeitsüberlastung zu erleichtern, sind – wie oben bereits festgestellt – konkrete anwendungsbezogene Vorschriften erforderlich[6]. Aus diesem Grund sollen die oben bereits herausgearbeiteten Falleignungskriterien für die staatsanwaltschaftliche Alltagsarbeit noch einmal in der RiStBV zusammengestellt werden[7]. Ganz wichtig ist, dass der Staatsanwalt nicht – um der gerade in Nachbarschaftsstreitigkeiten schwierigen und ermüdenden Ermittlungsarbeit zu entgehen – die Fälle vor Anklagereife an die Täter-Opfer-Ausgleichsstelle abgibt und dieser die Klärung des Sachverhaltes überlässt[8]. Zum einen sind die Schlichter nicht zur Ermittlungsarbeit ausgebildet, zum anderen fehlen ihnen dafür die Kompetenzen und zum dritten ist die Voraussetzung für ein rechtsstaatlich unbedenkliches Verfahren, dass die Ermittlungen nicht von derjenigen Instanz geleitet werden, die nachher entscheidet[9].

---

[5]Vergleiche Einführung zur RiStBV: „ Die Richtlinien können wegen der Mannigfaltigkeit des Lebens nur Anleitungen für den Regelfall geben. Der Staatsanwalt hat daher in jeder Strafsache selbständig und verantwortungsbewußt zu prüfen, welche Maßnahmen geboten sind. Er kann wegen der Besonderheit des Einzelfalles von den Richtlinien abweichen."

[6]Siehe die Erläuterungen unter 11.1.2 und 11.1.9. sowie 11.1.11 und 11.3

[7]Die Falleignungskriterien werden oben unter 8.1 näher erläutert.

[8]Die Praxis neigt dazu, den Täter-Opfer-Ausgleich als Alternative zum Durchermitteln des Sachverhaltes bis zur Anklagereife zu betrachten. Dem Beschuldigten wird angedroht, wenn er nicht zu einem Täter-Opfer-Ausgleich bereit sei, würden die Ermittlungen durchgeführt und er müsse damit rechnen, dass alles erforscht und angeklagt werde. Ist ein Sachverhalt ausermittelt, besteht dann oft weniger Bereitschaft, einen Täter-Opfer-Ausgleich durchzuführen, weil man sich schon die Mühe gemacht habe, Ermittlungen durchzuführen. Dies ist ein klassisches Beispiel dafür, wie der Täter-Opfer-Ausgleich nicht durchgeführt werden darf!

[9]Näher oben unter 8.1.4 bei der Erläuterung der Voraussetzungen des Täter-Opfer-Ausgleichs

13.1 Ergänzung der RiStBV

Zu beachten ist ferner, dass Geschädigter und Beschuldigter hinreichend deutlich auf die Freiwilligkeit der Teilnahme hinzuweisen sind. Die Folgenlosigkeit einer Verweigerung der Mitwirkung ist dabei zu betonen[10]. Ein wie auch immer gearteter Druck auf die Beteiligten verträgt sich zum einen nicht mit dem Charakter des Verfahrens, das auf Befriedung ausgerichtet ist und daher von beiden Seiten die Bereitschaft verlangt, Zugeständnisse zu machen, um in Zukunft (wieder?) miteinander auszukommen. Zum anderen besteht die Gefahr einer Verletzung von Menschenrechten, wenn eine Seite gezwungenermaßen an einem derart emotional belastenden Verfahren teilnimmt[11].

Hinzuweisen ist die Staatsanwaltschaft schließlich darauf, wann ein Täter-Opfer-Ausgleich als erfolgreich gewertet werden kann. Wie oben bereits ausgeführt, wurde der Erfolg von den Modellprojekten durchaus unterschiedlich bestimmt[12]. Um eine gleichmäßige Anwendung zu erreichen, sollte bundesweit Einigkeit darüber bestehen, wie diese Definition lauten muss. Diese Begriffsbestimmung ist bereits oben getroffen worden und muss daher hier nicht näher erläutert werden[13]. Am besten geeignet scheint die subjektive Zufriedenheit von Beschuldigtem und Opfer mit dem Verfahrensablauf und dem dabei erzielten Ergebnis, wobei es aber der Staatsanwaltschaft obliegt, dieses Ergebnis kritisch auf seine Gerechtigkeit zu überprüfen.

Angesichts der anhand der Modellprojekte deutlich gewordenen Unterschiede ist darüber hinaus darauf hinzuwirken, dass ein erfolgreicher Täter-Opfer-Ausgleich möglichst gleichmäßig im Rahmen der Abschlussverfügung berücksichtigt wird. Sinnvoll ist eine Senkung der beabsichtigten Sanktion um eine Stufe, wie oben bereits ausgeführt[14]. Für diese Ziele bietet sich wiederum die RiStBV als Hauptarbeitsinstrument der Staatsanwaltschaften an.

Rein deklaratorisch sollte auf die Möglichkeit hingewiesen werden, einen Täter-Opfer-Ausgleich auch dann strafmildernd zu berücksichtigen, wenn die Voraussetzungen der §§ 153, 153a StPO nicht gegeben sind. Die Ergebnisse der Modellprojekte und insbesondere der Forschung von CHRISTOCHO-

---

[10] Ausführlich oben unter 8.1.5 und 8.1.6 bei den Voraussetzungen des Täter-Opfer-Ausgleichs
[11] Vergleiche oben unter 7.3 und 12.2.2, 12.3
[12] Siehe oben unter 9.10
[13] Näher dazu oben unter 9.10 bei den Ergebnissen der Modellprojekte insgesamt
[14] Vergleiche oben unter 9.10

13 Eigenes Wiedergutmachungsmodell

WITZ und HARTMANN legen die Betonung dieses Punktes nahe[15]. Ferner bietet sich nach den bisherigen Forschungsergebnissen an, ein Sonderdezernat für Täter-Opfer-Ausgleich zu schaffen. Dieses gewährleistet personelle Kontinuität, die in diesem Bereich sehr wichtig ist, und kann dem Täter-Opfer-Ausgleich einen neuen Entwicklungsschub verschaffen[16]. Daraus ergeben sich dann die folgenden Änderungen der RiStBV:

13.1.1 Falleignungskriterien

Nr. 93 b Täter-Opfer-Ausgleich

I In allen dafür geeigneten Fällen ist in jeder Verfahrenslage auf einen Ausgleich zwischen Beschuldigtem und Geschädigtem hinzuwirken (§ 155a StPO). Geeignet sind insbesondere die Fälle, in denen ein Schaden eines personifizierbaren Opfers erkennbar ist und die oberhalb der Bagatellschwelle liegen, wenn Beschuldigter und Geschädigter freiwillig zur Mitwirkung bereit sind. Die Leistungsfähigkeit des Beschuldigten ist gegebenenfalls über Kredite von Opferfonds herzustellen. Eine etwaige strafrechtliche Vorbelastung des Beschuldigten ist bedeutungslos.

II Die Eignung eines Falles für den Täter-Opfer-Ausgleich kann erst dann beurteilt werden, wenn der Sachverhalt anklagefähig aufgeklärt ist und hinreichender Tatverdacht besteht. Die dazu notwendigen Ermittlungen sind durch die Staatsanwaltschaft durchzuführen bzw. bei deren Ermittlungspersonen zu veranlassen.

III Beschuldigter und Geschädigter sind auf die Freiwilligkeit der Teilnahme und die Folgenlosigkeit der Zustimmungsverweigerung in verständlicher und eindeutiger Form hinzuweisen.

IV Ein erfolgreicher Täter-Opfer-Ausgleich führt im Rahmen des § 153a I 2 Nr. 5 StPO zu einer endgültigen Einstellung des Verfahrens; die Erteilung weiterer Auflagen ist in der Regel nicht zur Kompensation des öffentlichen Interesses an der Strafverfolgung erforderlich. Erfolgreich ist ein Täter-Opfer-Ausgleich insbesondere dann, wenn es zu einer Ausgleichsvereinbarung kommt, die eingehalten wird und mit der Beschuldigter und Verletzter zufrieden sind.

---

[15]Dies wurde oben unter 11.1 sowie 12.1 bereits dargestellt.
[16]Ausführlicher oben unter 9.10 sowie 11.1 und 11.3

V Das Bemühen des Beschuldigten um einen Täter-Opfer-Ausgleich ist auch dann strafmildernd in der Abschlussverfügung zu berücksichtigen (§ 46a StGB), wenn die Voraussetzungen für eine Einstellung des Verfahrens nach § 153a I 2 Nr. 5 StPO nicht gegeben sind.

13.1.2 Schaffung eines Sonderdezernates für Täter-Opfer-Ausgleich

Nr. 24a Sonderdezernat für Täter-Opfer-Ausgleich
I An jeder Staatsanwaltschaft soll ein Sonderdezernat für Täter-Opfer-Ausgleich eingerichtet werden. Jeder Sachbearbeiter kann für dieses Verfahren geeignete Fälle unter Austragung in seinem Dezernat an den Sonderdezernenten abgeben. Diese Fälle verbleiben auch dann im Zuständigkeitsbereich des Sonderdezernenten, wenn dieser feststellt, dass sie sich für einen Täter-Opfer-Ausgleich nicht eignen. Der jeweilige Sachbearbeiter kann jedoch auch selbständig einen Täter-Opfer-Ausgleich einleiten.
II Der Sonderdezernent ist von der üblichen Dezernatsarbeit weitgehend freigestellt und bearbeitet schwerpunktmäßig Fälle mit Eignung für einen Täter-Opfer-Ausgleich.

13.2 Vorschlag einer den Täter-Opfer-Ausgleich propagierenden Hausverfügung

Um zusätzlich auf die konkreten Anwendungsprobleme eingehen zu können, empfiehlt sich die Schaffung einer den Täter-Opfer-Ausgleich propagierenden Hausverfügung. Im Rahmen dieser Arbeit kann nicht auf die spezifischen Probleme vor Ort eingegangen werden, die ebenfalls in dieser Hausverfügung angesprochen werden sollten. Hier kann nur eine Hausverfügung entworfen werden, die allgemeine Anwendungsprobleme des Täter-Opfer-Ausgleichs aufgreift und durch Anweisungen für den Regelfall zu lösen versucht. Dabei kommt es naturgemäß zu Überschneidungen mit dem Regelungsbereich der RiStBV, die jedoch im Hinblick auf das angestrebte Ziel – durch eindeutige Arbeitsanweisungen Klarheit hinsichtlich der Voraussetzungen des Täter-Opfer-Ausgleichs herzustellen und auf diesem Wege dessen vermehrte

13 Eigenes Wiedergutmachungsmodell

Anwendung im bestehenden gesetzlichen Rahmen zu erreichen – hinzunehmen sind. Ebenso wie in der RiStBV sollen also auch hier die Voraussetzungen des Täter-Opfer-Ausgleichs zusammengefasst dargestellt sowie ein erfolgreicher Täter-Opfer-Ausgleich definiert und die staatsanwaltschaftliche Reaktion darauf erläutert werden. Zusätzlich wird der prototypische Schlichtungsfall angeführt, denn die Forschung im Rahmen der Modellprojekte hat ergeben, dass seitens der Staatsanwaltschaft ein anderer Fall vorrangig den Schlichtungsstellen zugewiesen wird[17].

Anschließend wird der übliche Ablauf des Verfahrens, insbesondere im Hinblick auf das Täter-Opfer-Ausgleichs-Sonderdezernat geschildert. Durch diese konkreten anwendungsbezogenen Vorschriften soll dem Staatsanwalt die Entscheidung für den Täter-Opfer-Ausgleich erleichtert werden.

Folgende Regelungen sollte die Hausverfügung daher als Minimum enthalten:

§ 1 Vorrang des Täter-Opfer-Ausgleichs

I In allen geeigneten Fällen ist in jeder Verfahrenslage vorrangig der Versuch zu unternehmen, einen Ausgleich zwischen Beschuldigtem und Geschädigtem herbeizuführen (§§ 153a I 2 Nr. 5 StPO, 46a StGB, Nr. 93b RiStBV). Geeignet sind insbesondere die Fälle, in denen ein Schaden eines personifizierbaren Opfers erkennbar ist und die oberhalb der Bagatellschwelle liegen, wenn Beschuldigter und Geschädigter freiwillig zur Mitwirkung bereit sind. Die Leistungsfähigkeit des Beschuldigten ist gegebenenfalls über Kredite von Opferfonds herzustellen. Eine etwaige Vorbelastung des Beschuldigten ist bedeutungslos.

II Die Eignung eines Falles für den Täter-Opfer-Ausgleich kann erst dann beurteilt werden, wenn der Sachverhalt anklagefähig aufgeklärt ist und hinreichender Tatverdacht besteht. Die dazu notwendigen Ermittlungen sind durch die Staatsanwaltschaft durchzuführen bzw. bei deren Hilfsbeamten zu veranlassen.

III Der ideale Schlichtungsfall hat einen geständigen oder schweigenden Beschuldigten zur Voraussetzung, der das Opfer vor der Tat nicht kannte; durch die Tat, die keine bloße Bagatelle darstellt, ist lediglich ein materi-

---
[17]Siehe oben unter 9.8 im Rahmen der Darstellung des Modellprojektes WAAGE Hannover

13.2 Vorschlag einer den TOA propagierenden Hausverfügung

eller Schaden entstanden. Ein Täter-Opfer-Ausgleich soll nicht nur in den Idealfällen versucht werden, sondern in allen geeigneten Fällen.

§ 2 Ablauf des Verfahrens

I Stellt ein Sachbearbeiter fest, dass sich ein Fall für den Täter-Opfer-Ausgleich eignet, kann er diesen unter Austragung in seinem Referat an das Sonderdezernat für Täter-Opfer-Ausgleich abgeben (Nr. 24a RiStBV). Er kann jedoch auch selbst einen Täter-Opfer-Ausgleich einleiten. Der Fall verbleibt auch dann beim Sonderdezernenten, wenn dieser feststellt, dass eine entsprechende Eignung fehlt.

II Der Sachbearbeiter gibt geeignete Fälle an eine Täter-Opfer-Ausgleichs-Stelle wie die Gerichtshilfe oder freie Träger (WAAGE, DIALOG oder IB) ab. Er teilt diesen in der Abgabenachricht mit, unter welchen Voraussetzungen er das öffentliche Interesse an der Strafverfolgung für kompensiert hält (§ 153a I 2 Nr. 5 StPO). Die Täter-Opfer-Ausgleichs-Stelle ist verpflichtet, den Erfolg oder Misserfolg des Ausgleichsversuchs sowie den Inhalt der getroffenen Ausgleichsvereinbarung in der Akte zu vermerken. Nach Durchführung des Ausgleichsversuchs entscheidet der sachbearbeitende Staatsanwalt darüber, ob das öffentliche Interesse an der Strafverfolgung entsprechend seinen Vorgaben ausgeglichen ist und das Verfahren endgültig eingestellt werden kann (§ 153a I 4 StPO).

III Zwischen dem Sonderdezernenten der Staatsanwaltschaft und den Sachbearbeitern der Täter-Opfer-Ausgleichs-Stelle sollen regelmäßige Treffen stattfinden, in denen der typische, von der Staatsanwaltschaft zugewiesene Schlichtungsfall mit den tatsächlichen Eignungskriterien abgeglichen und diesen angenähert wird.

§ 3 Erfolgreicher Täter-Opfer-Ausgleich

I Als erfolgreich gilt ein Täter-Opfer-Ausgleich insbesondere, wenn es zu einer Ausgleichsvereinbarung kommt, die eingehalten wird und mit der Beschuldigter und Verletzter zufrieden sind (Nr. 93b RiStBV).

II Liegen die Voraussetzungen von § 153a I 2 Nr. 5 StPO vor, ist das Verfahren nach einem erfolgreichen Täter-Opfer-Ausgleich in der Regel einzustellen, weil das öffentliche Interesse an der Strafverfolgung kompensiert ist. Andernfalls ist ein erfolgreicher Täter-Opfer-Ausgleich in der Regel derart strafmildernd zu berücksichtigen, dass die beabsichtigte Sanktion um eine Stufe gemildert wird. Statt einer Anklageerhebung soll ein Strafbefehl beantragt werden, an Stelle eines Strafbefehls soll das Verfahren nach § 153a I 2 StPO gegen Auflagenerteilung eingestellt werden, statt gegen eine Auflage nach § 153a I 2 StPO soll das Verfahren nach § 153 StPO eingestellt werden.

III Liegt kein erfolgreicher Täter-Opfer-Ausgleich vor, obwohl der Beschuldigte sich um einen Ausgleich mit dem Verletzten bemüht hat, ist die Strafe ebenfalls zu mildern (§ 46a StGB, II). Der Staatsanwalt kann das Bemühen um einen Ausgleich ebenso werten wie den erfolgreichen Täter-Opfer-Ausgleich.

13.3 Änderung der StPO

Zusätzlich zu den obigen Vorschlägen, die allein die Arbeit der Staatsanwaltschaft betreffen, sollte die StPO ergänzt werden.

Die Durchführung des Täter-Opfer-Ausgleichs kann sowohl durch Sozialarbeiter/Psychologen eines freien Trägers als auch der Gerichtshilfe erfolgen[18]. Die Gerichtshilfe leistet nämlich keine klassische Sozialarbeit, weil statt Betreuung eine umfassende Darstellung der Situation in neutraler Abwägung erfolgen und damit ein objektives Bild des Beschuldigten gezeichnet werden soll[19]. Konfliktregler ist insofern ein typisches Berufsbild der Gerichtshilfe, die in erster Linie einen sozialen Dienst für die Justiz darstellt[20]. Der Sozialarbeiter als professioneller Helfer mit einer umfassenden Ausbildung und die Justiz als neutrale Instanz (weder Opferhilfe noch deutsche Bewährungshilfe) werden von allen Beteiligten akzeptiert[21]. Ob der Täter-Opfer-Ausgleich seitens der Gerichtshelfer oder aber der freien Träger durchzuführen ist, dürfte von der Akzeptanz durch Richter, Staatsanwälte und Rechtsanwälte her gleichgültig sein. Vermutlich fällt Betroffenen der Weg zum außergerichtlichen Schlichter im Mediationshaus leichter, auch dürfte die Atmosphäre angenehmer sein. Andererseits dürfte ein justizinterner Tatausgleich mehr beeindrucken und verdeutlichen, dass der Staat sich darum bemüht, dem Opfer zu seinem Recht zu verhelfen. Nach den bisherigen Forschungsergebnissen ist die Organisationsform nicht entscheidend. Wichtig ist jedenfalls, dass

---

[18]So auch Hering Gerichtshilfe und der Täter-Opfer-Ausgleich S. 39ff
[19]Ebenso Hering a. a. O. S. 43, 54f
[20]Instruktiv Hering a. a. O. S. 54ff
[21]Näher dazu Hering a. a. O. S. 54ff

13.3 Änderung der StPO

der mit dem Täter-Opfer-Ausgleich Betraute dafür besonders geschult ist und wenigstens schwerpunktmäßig diese unparteiliche Tätigkeit wahrnimmt und ansonsten von Verwaltungsaufgaben freigestellt wird[22]. Natürlich darf dabei die Arbeitsüberlastung der Gerichtshelfer nicht verkannt werden, jedoch sollte der Gerichtshilfe ausdrücklich die Möglichkeit eingeräumt werden, den Täter-Opfer-Ausgleich durchzuführen. Damit soll vor allem dem Täter-Opfer-Ausgleich ein neuer Entwicklungsschub verschafft werden, um ihm in der Rechtswirklichkeit den Stellenwert einzuräumen, der ihm theoretisch schon seit längerem zuerkannt wird.

Danach ist in der StPO eine Vorschrift einzufügen:

§ 155b V StPO Beauftragte Stelle nach I-IV kann sowohl die Gerichtshilfe als auch ein freier Träger sein.

---

[22]Vergleiche Servicebüro für TOA TOA-Standards S. 19; M. Walter e. a. Täter-Opfer-Ausgleich S. 208. Wichtig ist weiter ein eigenständiges, nichtparteiliches Profil der Einrichtung, deren leichte Erreichbarkeit, flexible Arbeitszeiten bei ausreichend Personal, interne Supervision und Vernetzung mit anderen Täter-Oper-Ausgleichsstellen (Servicebüro für TOA TOA-Standards S. 19, 21, 28). Beim Servicebüro erfolgt die Sammlung von Information sowie die Planungsberatung für weitere Projekte an zentraler Stelle; es gewährleistet eine einheitliche, hochwertige Aus-, Fort- und Weiterbildung der Vermittler und bietet neben der Praxisberatung Supervision und Hospitationsangebote sowie Erfahrungsaustausch und ist Garant für eine Praxisforschung mit einheitlichen Standards (Marks Von einzelnen Modellprojekten zur Etablierung, S. 202ff)

14 Schlussbetrachtungen

Im Laufe der Arbeit hat sich gezeigt, dass der Anwendungsbereich von Täter-Opfer-Ausgleich und Wiedergutmachung bereits jetzt so weit gezogen ist, wie dies im Geltungsbereich des Grundgesetzes nur möglich ist. Würde man diese als erzwingbare Regelungen ausgestalten – sei es als Maßnahmen, sei es als Strafen – so würde die Menschenwürde von Beschuldigtem und Opfer verletzt. Den Beteiligten würden Leistungen abverlangt, zu deren Erbringung sie nicht verpflichtet werden können und dürfen, will man ihre Individualität und Persönlichkeit sowie ihre Menschenrechte achten. Danach muss es bei der bisherigen Ausgestaltung von Täter-Opfer-Ausgleich und Wiedergutmachung als nicht verpflichtende Auflagen gemäß § 153a I 2 Nr. 1 und 5 StPO bleiben, will man diese beibehalten.

Aufgrund der positiven Wirkungen insbesondere des Täter-Opfer-Ausgleichs sollte dieser in keinem Fall aufgegeben werden. Hierzu besteht angesichts der Vereinbarkeit mit Verfassung und Gesetz auch keine Veranlassung. Es konnte gezeigt werden, dass der Täter-Opfer-Ausgleich sowohl den Strafzweck der Vergeltung als auch diejenigen Strafzwecke der positiven und negativen Generalprävention sowie der Spezialprävention zu erfüllen geeignet ist, und zwar zumindest ebenso gut wie die konventionelle Strafe. Die teilweise aus rechtsstaatlichen Gründen gegen das Schlichtungsverfahren vorgebrachten Einwände konnten widerlegt werden, so dass dessen Zulässigkeit bewiesen ist.

Bislang jedoch werden die gesetzlichen Regelungen zur Verwirklichung der Wiedergutmachung und des Schlichtungsverfahrens nicht ausgenutzt. Das Angebot der Legislative wird von Staatsanwaltschaft und Gerichten nicht ausreichend angenommen. Die Gründe für diese Skepsis sind bereits oben vor allem auf unzureichende Informationen zurückgeführt worden. Dieses Hemmnis wird mit den obigen Änderungen der RiStBV sowie der StPO und der Einführung von den Täter-Opfer-Ausgleich propagierenden Hausverfügungen der Staatsanwaltschaften behoben werden können. Auch ist zu bedenken,

14 Schlussbetrachtungen

dass die neuen Juristengenerationen bereits an den Universitäten mit dem Täter-Opfer-Ausgleich und der Wiedergutmachung vertraut gemacht werden. Für sie handelt es sich nicht um (abzulehnende) Neuerungen, sondern um Teile des Normbestandes. Man kann daher darauf vertrauen, dass die ablehnende Haltung der Justiz, auf der die seltene Anwendung des Täter-Opfer-Ausgleichs beruht, überwunden wird und sich dieser schließlich durchsetzen wird.

Literaturverzeichnis

[1] Amelung, Knut. Die Einwilligung in die Beeinträchtigung eines Rechtsgutes. eine Untersuchung im Grenzbereich von Grundrechts- und Strafrechtsdogmatik. Schriften zum öffentlichen recht Band 392. Berlin: Duncker und Humblot, 1981

[2] Arbeitskreis deutscher, schweizerischer und österreichischer Strafrechtslehrer. Alternativ-Entwurf Wiedergutmachung. München: C. H. Beck Verlag, 1992

[3] Arendt, Gisela/Peikert, Norbert. „Pilotprojekt Täter-Opfer-Ausgleich in Dresden".

in: Kerner/Hassemer/Marks/Wandrey (Hrsg.). Täter-Opfer-Ausgleich – auf dem Weg zur bundesweiten Anwendung?. Bonn: Forum Verlag Godesberg, 1994. S. 258 - 267

[4] Aubert, Vilhelm. „Interessenkonflikt und Wertkonflikt: 2 Typen des Konflikts und der Konfliktlösung".

in: Bühl (Hrsg.). Konflikt und Konfliktstrategie. München: Nymphenburger Verlagshandlung, 1972. S. 178 - 205

[5] Badura, Peter. „Generalprävention und Würde des Menschen."

in: JZ (1964): S. 337 - 344

[6] Bannenberg, Britta/Uhlmann, Petra. „Die Konzeption des Täter-Opfer-Ausgleichs in Wissenschaft und Kriminalpolitik".

in: Dölling u.a. (Hrsg.). Täter-Opfer-Ausgleich in Deutschland. Bestandaufnahmen und Perspektiven. Bundesministerium der Justiz. Bonn: Forum Verlag Godesberg, 1998. S. 1 – 47

Literaturverzeichnis

[7] Bannenberg, Britta. Wiedergutmachung in der Strafrechtspraxis. Eine empirisch-kriminologische Untersuchung von Täter-Opfer-Ausgleichsprojekten in der Bundesrepublik Deutschland. Schriftenreihe der Dt. Bewährungshilfe e.V.. Bonn: Forum Verlag Godesberg, 1993

[8] Barnstorff, Susanne. „Unwirksamkeit des Strafantrags".
in: NStZ (1985): S. 785

[9] Bauer, Yvonne. Täter-Opfer-Ausgleich in der Kritik. Im historischen Kontext von Strafsystemen eine humane Alternative?. Oldenburg: Bibliotheks- und Informationssystem der Universität Oldenburg (BIS-)-Verlag, 1997

[10] Baumann, Jürgen. „Das Verhalten des Täters nach der Tat."
in: NJW (1962): S. 1793 - 1798

[11] ders./ Weber, Ulrich / Mitsch, Wolfgang. Strafrecht, allgemeiner Teil. Ein Lehrbuch. 11. Auflage. Bielefeld: Verlag Ernst u. Werner Gieseking GmbH, 2003

[12] Baur, Fritz. „Die Bewährungsauflage der Schadenswiedergutmachung und das Zivilrecht".
in: GA (1957): S. 338 - 346

[13] Baurmann, Michael/Schädler, Wolfram. „Opferbedürfnisse und Opfererwartungen."
in: BKA - kriminalistisch-kriminologische Forschungsgruppe (Hrsg.).Das Opfer und die Kriminalitätsbekämpfung. BKA-Arbeitstagung 1995. BKA. Wiesbaden 1996. S. 67 - 95

[14] Baurmann, Michael C./ Schädler, Wolfram. Das Opfer nach der Straftat - seine Erwartungen und Perspektiven. Eine Befragung von Betroffenen zu Opferschutz und Opferunterstützung sowie ein Bericht über vergleichbare Untersuchungen. BKA-Forschungsreihe. Wiesbaden 1991

[15] Becker, Howard S.. Außenseiter. Zur Soziologie abweichenden Verhaltens. Frankfurt am Main: S. Fischer Verlag, 1973

[16] Benda, Ernst. „Vom Sinn menschlichen Strafens".

in: Gareis/Wiesnet (Hrsg.). Hat Strafe Sinn?. Freiburg: Herder Verlag, 1974. S. 16 - 31

[17] Beste, Hubert. „Informalisierung sozialer Kontrolle als Alternative zur Strafjustiz¿'.

in: Jung (Hrsg.). Alternativen zur Strafjustiz und die Garantie individueller Rechte der Betroffenen. Bonn: Forum Verlag Godesberg, 1989. S. 77 - 96

[18] Bianchi, Herman. Alternativen zur Strafjustiz. Biblische Gerechtigkeit. Freistätten. Täter-Opfer-Ausgleich. München: Kaiser-Verlag, 1988

[19] ders.. Ethik des Strafens. Neuwied, Berlin: Luchterhand Verlag GmbH, 1966

[20] Binding, Karl. Die Normen und ihre Übertretung. Eine Untersuchung über die rechtmäßige Handlung und die Arten des Delikts. Leipzig: Verlag Wilhelm Engelmann, 1872

[21] Blau, Günther. „Diversion und Strafrecht."

in: JurA (1987): S. 25 - 34

[22] Bloy, Rene. „Zur Systematik der Einstellungsgründe im Strafverfahren."

in: GA (1980): S. 161 - 183

[23] Bogensberger, Wolfgang. „Gleiches (Straf-)Recht für alle".

in: Hammerschick/Pelikan/Pilgram (Hrsg.). Ausweg aus dem Strafrecht – der „Außergerichtliche Tatausgleich". Überlegungen anläßlich eines Modellversuchs im österreichischen (Erwachsenen-) Strafrecht. Jahrbuch für Rechts- und Kriminalsoziologie. Baden-Baden: Nomos Verlagsgesellschaft, 1994. S. 179 - 189

[24] Böhm, Alexander. „Die spezialpräventiven Wirkungen der strafrechtlichen Sanktionen".

in: Jehle (Hrsg.). Kriminalprävention und Strafjustiz. KUP Schriftenreihe der kriminologischen Zentralstelle Bd. 17. Wiesbaden 1997. S. 263 - 290

[25] Böttcher, Reinhard. „Täter-Opfer-Ausgleich – eine kritische Zwischenbilanz bisheriger Praxiserfahrung und Forschungsergebnisse".

in: Kerner/Hassemer/Marks/Wandrey (Hrsg.). Täter-Opfer-Ausgleich - auf dem Weg zur bundesweiten Anwendung?. Bonn: Forum Verlag Godesberg, 1994. S. 359 - 380

[26] Boxdorfer, Dietrich. „Das öffentliche Interesse an der Strafverfolgung trotz geringer Schuld des Täters. Grenzen der Anwendung des § 153 a StPO".

in: NJW (1976): S. 317 - 320

[27] Brauneck, Anne-Eva. Allgemeine Kriminologie. Reinbek: rororo Verlag, 1974

[28] Breland, Michael. „Prävention durch Strafandrohung¿'.

in: ZRP (1972): S. 183 - 186

[29] Brenzikofer, Paul. „Wiedergutmachung im Freiheitsentzug. Erfahrungsbericht aus der Strafanstalt Saxerriet".

in: Marks/Hassemer/Meyer (Hrsg.). 10 Jahre Täter-Opfer-Ausgleich und Konfliktschlichtung. Der Täter-Opfer-Ausgleich als Teil einer gesellschaftlichen Entwicklung zu mehr außergerichtlicher Konfliktregulierung?. Bonn: Forum Verlag Godesberg, 1997. S. 377 – 392

[30] Bruns, Hans-Jürgen. Strafzumessungsrecht. Gesamtdarstellung. 2. Auflage. Köln, Berlin, Bonn, München: Carl Heymanns Verlag KG, 1974

[31] Chambliss, William J./ Seidman, Robert B.. Law, order and power. Reading, Menlo Park, London, Don Mills: Addison-Wesley Publishing Company, 1971

[32] Christie, Nils. Grenzen des Leids. Bielefeld: AJZ Verlag, 1986

Literaturverzeichnis

[33] ders.. „Conflicts as property".
in: British Journal of Criminology. Bd. 17 (1977): S. 1- 15

[34] Christochowitz, Sylvia: „Täter-Opfer-Ausgleich im allgemeinen Strafrecht aus der Sicht von Amts- und Staatsanwälten".
in: Pfeiffer (Hrsg.). Täter-Opfer-Ausgleich im allgemeinen Strafrecht: Die Ergebnisse der Begleitforschung des WAAGE-Projektes Hannover. Baden–Baden: Nomos Verlagsgesellschaft, 1997. S. 219 - 300

[35] Cloward, Richard A.. "Illegitime Mittel, Anomie und abweichendes Verhalten".
in: Sack/König (Hrsg). Kriminalsoziologie. Wiesbaden: Akademische Verlagsgesellschaft, 1968. S. 314 – 338

[36] Coing, Helmut. Grundzüge der Rechtsphilosophie. 3. Auflage. Berlin, New York: De Gruyter Verlag, 1976

[37] Cornel, Heinz. „Strafrecht und seine Alternativen".
in: Janssen/Peters (Hrsg.). Kriminologie für soziale Arbeit. Münster: Votum Verlag, 1997. S. 168 - 205

[38] Cremer-Schäfer, Helga. „Konfliktregelung und Prävention. Welche Prävention¿'.
in: Hassemer/Marks/Meyer (Hrsg.). 10 Jahre Täter-Opfer-Ausgleich und Konfliktschlichtung. Der Täter-Opfer-Ausgleich als Teil einer gesellschaftlichen Entwicklung zu mehr außergerichtlicher Konfliktregulierung?. Bonn: Forum Verlag Godesberg, 1997. S. 314 - 336

[39] Deichsel, Wolfgang. „Diversion – eine bestehende Alternative zur Strafrechtsordnung¿'.
in: Janssen/Peters (Hrsg.). Kriminologie für soziale Arbeit. Münster: Votum Verlag, 1997. S. 206 - 234

[40] Degen, Andreas. „Modellversuch bei der Berliner Senatsverwaltung für Justiz".

Literaturverzeichnis

in: Marks/Meyer/Schreckling/Wandrey (Hrsg.). Wiedergutmachung und Strafrechtspraxis. Erfahrungen, neue Ansätze, Gesetzesvorschläge. Schriftenreihe der Deutschen Bewährungshilfe e.V.. Bonn: Forum Verlag Godesberg, 1993. S. 134 - 144

[41] ders./ Detert, Horst. „Der Täter-Opfer-Ausgleich und seine bisherige Entwicklung bei den sozialen Diensten in Berlin".

in: Hering/Rössner (Hrsg.). Der Täter-Opfer-Ausgleich im allgemeinen Strafrecht. Theorie und Praxis konstruktiver Tatverarbeitung: Grundlagen, Modelle, Resultate und Perspektiven. Bonn: Forum Verlag Godesberg, 1993. S. 167 – 181

[42] Delattre, Gerd. „Neugier als Methode – zur Bedeutung des Fragens in der Arbeit mit Tätern und Opfern".

in: Kerner/Hassemer/Marks/Wandrey (Hrsg.). Täter-Opfer-Ausgleich auf dem Weg zur bundesweiten Anwendung?. Bonn: Forum Verlag Godesberg, 1994. S. 292 – 304

[43] ders.. „Falleignungskriterien aus der Sicht der Ausgleichspraxis".

in: Bundesminister der Justiz (Hrsg.). Täter-Opfer-Ausgleich. Zwischenbilanz und Perspektiven. Bonner Symposium. Bonn: Forum Verlag Godesberg, 1991. S. 138 – 140

[44] Dencker, Friedrich. „Die Bagatelldelikte im Entwurf eines EGStGB"

in: JZ (1973). S. 144 – 151

[45] Dohr, Manuel. Die Berücksichtigung freiwillig geleisteter Wiedergutmachung des Täters bei der Durchführung des Strafverfahrens durch den amerikanischen Staatsanwalt unter besonderer Berücksichtigung des Rechts des Bundes, Kaliforniens und Michigans. Inaugural-Dissertation zur Erlangung der Doktorwürde einer Hohen Rechtswissenschaftlichen Fakultät der Universität zu Köln. Barcelona: 1997

[46] Dölling, Dieter. „Probleme der Begleitforschung zum Täter-Opfer-Ausgleich".

in: Hering/Rössner (Hrsg.). Täter-Opfer-Ausgleich im allgemeinen Strafrecht. Theorie und Praxis konstruktiver Tatverarbeitung: Grundlagen, Modelle, Resultate und Perspektiven. Bonn: Forum Verlag Godesberg, 1993. S. 63 – 96

[47] ders./ Henninger, Susanne. Täter-Opfer-Ausgleich in Deutschland: Bestandsaufnahmen und Perspektiven. Hrsg. Bundesminister der Justiz. Bonn: Forum Verlag Godesberg, 1998

[48] Dünkel, Frieder/ Rössner, Dieter. „Täter-Opfer-Ausgleich in der Bundesrepublik Deutschland, Österreich und der Schweiz".

in: ZStW Band 99 (1987): S. 845 - 872

[49] Dünkel, Frieder. „Täter-Opfer-Ausgleich und Schadenswiedergutmachung – Neuere Entwicklungen des Strafrechts im internationalen Vergleich".

in: Marks/Rössner (Hrsg.). Täter-Opfer-Ausgleich. Vom zwischenmenschlichen Weg zur Wiederherstellung des Rechtsfriedens. Schriftenreihe der Dt. Bewährungshilfe e.V. Bd. 12. Bonn: Forum Verlag Godesberg, 1989. S. 394 – 463

[50] Durkheim, Emile. Erziehung, Moral und Gesellschaft. Vorlesung an der Sorbonne 1902/1903. Neuwied: Luchterhand Verlag, 1973

[51] ders.. Die Regeln der soziologischen Methode. Hrsg. König. 4. Auflage. Neuwied, Berlin: Luchterhand Verlag, 1976

[52] ders.. Über soziale Arbeitsteilung. Studie über die Organisation höherer Gesellschaften. 2. Auflage. Frankfurt am Main: Suhrkamp Verlag, 1988

[53] Ellscheid, Günter. „Denk- und Handlungsfiguren des Zivilrichters bei der Konfliktschlichtung. – Ein Vergleich mit dem Täter-Opfer-Ausgleich –".

in: Hassemer/Marks/Meyer (Hrsg.). 10 Jahre Täter-Opfer-Ausgleich und Konfliktschlichtung. Der Täter-Opfer-Ausgleich als Teil einer gesellschaftlichen Entwicklung zu mehr außergerichtlicher Konfliktregulierung?. Bonn: Forum Verlag Godesberg, 1997. S. 191 - 204

Literaturverzeichnis

[54] Eser, Albin. „Absehen von Strafe – Schuldspruch unter Strafverzicht. Rechtsvergleichend kriminalpolitische Bemerkungen, namentlich im Blick auf das DDR – Strafrecht".

in: Schroeder/Zipf (Hrsg.). Festschrift für Reinhart Maurach zum 70. Geburtstag. Karlsruhe: Verlag C. F. Müller, 1972. S. 257 - 273

[55] Feltes, Thomas. „Der StA als Sanktions- und Selektionsinstanz. Eine Analyse anhand der StA-Statistik mit einigen Bemerkungen zu regionalen Unterschieden in der Sanktionierung in Erwachsenen- und Jugendstrafverfahren und zur systemimmanenten Diversion".

in: Kerner (Hrsg.). Diversion statt Strafe? Probleme und Gefahren einer neuen Strategie strafrechtlicher Sozialkontrolle. Heidelberg: Kriminalistik Verlag, 1983. S. 55 – 94

[56] Feuerbach, Paul Johann Anselm Ritter von. Lehrbuch des gemeinen, in Deutschland geltenden peinlichen Rechts. Hrsg. Dr. Mittermaier. Gießen: Georg Friedrich Heyers Verlag, 1847

[57] ders.. Revision der Grundsätze und Grundbegriffe des positiven peinlichen Rechts. Neudruck der Ausgabe Erfurt 1. Teil 1799. Neudruck der Ausgabe Chemnitz 2. Teil 1800. Darmstadt: Scientia Verlag Aalen, 1966

[58] ders.. Anti-Hobbes oder über die Grenzen der höchsten Gewalt und das Zwangsrecht der Bürger gegen den Oberherrn. Neudruck der Originalausgabe Gießen von 1797. Darmstadt: wissenschaftliche Buchgesellschaft, 1967

[59] Fezer, Gerhard. „Vereinfachte Verfahren im Strafprozeß".

in: ZStW (1994): S. 1 – 59

[60] Fisher, Roger / Ury, William. Das Harvard-Konzept: Sachgerecht verhandeln – erfolgreich verhandeln. Frankfurt am Main: Campus Verlag, 1984

[61] Frehsee, Detlev. Schadenswiedergutmachung als Instrument strafrechtlicher Sozialkontrolle: Ein kriminalpolitischer Beitrag zur Suche nach al-

ternativen Sanktionsformen. Berlin: Duncker und Humblot Verlag, 1987 (Habilitation)

[62] Frister, Helmut. „Benötigt die Konfliktschlichtung Verfahrensregeln¿'.
in: Kerner/Hassemer/Marks/Wandrey (Hrsg.). Täter-Opfer-Ausgleich auf dem Weg zur bundesweiten Anwendung?. Bonn: Forum Verlag Godesberg, 1994. S. 272 – 291

[63] ders.. Schuldprinzip, Verbot der Verdachtsstrafe und Unschuldsvermutung als materielle Grundprinzipien des Strafrechts. Strafrechtliche Abhandlungen. Neue Folgen. Band 62. Berlin: Duncker und Humblot, 1988

[64] Frühauf, Ludwig. Wiedergutmachung zwischen Täter und Opfer. Eine neue Alternative in der strafrechtlichen Sanktionspraxis. Gelsenkirchen: Verlag Dr. Mannhold, 1988 (Dissertation)

[65] Gillich, Hans. „Täter-Opfer-Ausgleich in den neuen Bundesländern. Praktische Umsetzungsmöglichkeiten und Probleme".
in: Marks/Meyer/Schreckling/Wandrey (Hrsg.). Wiedergutmachung und Strafrechtspraxis. Erfahrungen, neue Ansätze, Gesetzesvorschläge. Schriftenreihe der Deutschen Bewährungshilfe e.V.. Bonn: Forum Verlag Godesberg, 1993. S. 321 – 324

[66] Gipser, Dietlinde und Sein-Hilbers, Marlene. „Soziale Grundlagen weiblicher Konflikte und Konfliktbewältigungen".
in: dies. (Hrsg.). Wenn Frauen aus der Rolle fallen. Alltägliches Leiden und abweichendes Verhalten von Frauen. Weinheim und Basel: Beltz Verlag, 1980. S. 11 – 43

[67] Grave, Regina. Täter-Opfer-Ausgleich. Theoretischer Bezugsrahmen und Umsetzungsmöglichkeiten in der sozialen Arbeit. Bonn: Eigenverlag Deutsche Bewährungshilfe e.V., 1988

[68] Gülck, Andreas. „Wiedergutmachung als dritte Spur neben Strafen und Maßregeln¿'.

in: Eser u.a. (Hrsg.). Wiedergutmachung im Strafrecht einschließlich Rechtstellung und Entschädigung des Verletzten im Strafverfahren. Freiburg im Breisgau: Max-Planck Institut, 1989. S. 154 – 169

[69] Habermas, Jürgen. Theorie des kommunikativen Handelns. Band 2. Zur Kritik der funktionalistischen Vernunft. 3. Auflage. Frankfurt am Main Suhrkamp Verlag, 1985

[70] Haffke, Bernhard. Tiefenpsychologie und Generalprävention. Eine strafrechttheoretische Untersuchung. Aarau/Frankfurt am Main: Verlag Sauerländer, 1976

[71] Hanack, Ernst-Walter. „Das Legalitätsprinzip und die Strafrechtsreform. Bemerkungen zu § 153 a des Entwurfs für ein Erstes Gesetz zur Reform des Strafverfahrensrechts vom 13. 4. 1972".
in: Lackner, Leferenz, Schmidt, Welp, Wolff (Hrsg.). Festschrift für Wilhelm Gallas zum 70. Geburtstag am 22. Juli 1973. Berlin, New York: Walter De Gruyter Verlag, 1973. S. 339 – 364

[72] Hanak, Gerhard/ Stehr, Johannes /Steinert, Heinz. Ärgernisse und Lebenskatastrophen: Über den alltäglichen Umgang mit Kriminalität. Bielefeld: AJZ-Verlag, 1989

[73] Hartmann, Arthur. Schlichten oder Richten: Der Täter-Opfer-Ausgleich und das (Jugend-)Strafrecht. München: Wilhelm Fink Verlag, 1995

[74] Hartmann, Ute Ingrid. Staatsanwaltschaft und Täter-Opfer-Ausgleich: Eine empirische Analyse zu Anspruch und Wirklichkeit. Baden-Baden: Nomos Verlagsgesellschaft, 1998

[75] dies.. „Forschungsergebnisse zum Täter-Opfer-Ausgleich im allgemeinen Strafrecht. Eine rechtstatsächliche Untersuchung und Begleitforschung zum Modellprojekt WAAGE Hannover e.V. auf der Grundlage staatsanwaltschaftlicher Ermittlungsakten".
in: Pfeiffer (Hrsg.). Täter-Opfer-Ausgleich im allgemeinen Strafrecht. Die Ergebnisse der Begleitforschung des WAAGE-Projektes Hannover. Baden–Baden: Nomos Verlagsgesellschaft, 1997. S. 129 – 218

[76] dies.. Täter-Opfer-Ausgleich im Spannungsfeld von Anspruch und Wirklichkeit. Eine rechtstatsächliche Untersuchung auf der Grundlage staatsanwaltschaftlicher Ermittlungsakten. Hannover 1995 (Dissertation)

[77] Hassemer, Elke. „Praktische Erfahrungen mit dem Täter-Opfer-Ausgleich – Befunde und Konsequenzen –".

in: Bundesminister der Justiz, Dieter Dölling u.a. (Hrsg.). Täter-Opfer-Ausgleich in Deutschland: Bestandsaufnahmen und Perspektiven. Bonn: Forum Verlag Godesberg, 1998. S. 373 - 432

[78] Hassemer, Winfried. „Generalprävention und Strafzumessung".

in: Hassemer/Lüderssen/Naucke (Hrsg.). Hauptprobleme der Generalprävention. Frankfurt am Main: Alfred Metzner Verlag GmbH, 1979. S. 29 – 53

[79] Hauschild, Jörn. Die positive Generalprävention und das Strafverfahren. Eine systemtheoretische Betrachtung. Reihe II Europäische Hochschulschriften. Band 3031. Frankfurt am Main u.a.: Peter Lang Verlag, 2000 (Dissertation)

[80] Hegel, Georg Wilhelm Friedrich. Grundlinien der Rechtsphilosophie. Ausgabe der Philosophischen Bibliothek. Hamburg: Felix Meiner Verlag, 1995

[81] Hegler, August. „Die Merkmale des Verbrechens".

in: ZStW 36 (1915), S. 19 - 44

[82] Heitmann, Steffen. „Täter-Opfer-Ausgleich und Konfliktschlichtung in den neuen Bundesländern".

in: Kerner/Hassemer/Marks/Wandrey (Hrsg.). Täter-Opfer-Ausgleich auf dem Weg zur bundesweiten Anwendung. Bonn: Forum Verlag Godesberg, 1994. S. 27 – 38

[83] Henkel, Heinrich. Einführung in die Rechtsphilosophie. Grundlagen des Rechts. 2. Auflage. München: Beck Verlag, 1977

Literaturverzeichnis

[84] Hering, Rainer Dieter. „Gerichtshilfe und der Täter-Opfer-Ausgleich".

in: Hering/Rössner (Hrsg.). Täter-Opfer-Ausgleich im allgemeinen Strafrecht. Theorie und Praxis konstruktiver Tatverarbeitung: Grundlagen, Modelle, Resultate und Perspektiven. Bonn: Forum Verlag Godesberg, 1993. S. 39 - 62

[85] ders.. „Täter-Opfer-Ausgleich im allgemeinen Strafrecht bei der Gerichtshilfe".

in: Bundesminister der Justiz (Hrsg.). Täter-Opfer-Ausgleich. Zwischenbilanz und Perspektiven. Bonner Symposium. Bonn: Forum Verlag Godesberg, 1991. S. 156 - 162

[86] Heinz, Wolfgang. „Diversion im Jugendstrafverfahren – Praxis, Chancen, Risiken und rechtsstaatliche Grenzen".

in: ZStW Band 104 (1992): S. 591 - 638

[87] Hillenkamp, Thomas. „Möglichkeiten der Erweiterung des Instituts der tätigen Reue".

in: Schöch u.a. (Hrsg.). Wiedergutmachung und Strafrecht. Symposium aus Anlaß des 80. Geburtstags von Friedrich Schaffstein. Serie neue kriminologische Studien. Band 4. München: Fink Verlag, 1987. S. 81 – 106

[88] Von Hippel, Robert. Deutsches Strafrecht, Band 1, Allgemeine Grundlagen. Neudruck der Ausgabe Berlin 1925. Aalen: Scientia Verlag, 1971

[89] Hirsch, Hans Joachim. „Wiedergutmachung des Schadens im Rahmen des materiellen Strafrechts".

in: ZStW Band 102 (1990): S. 534 - 562

[90] ders.. „Zur Abgrenzung von Strafrecht und Zivilrecht".

in: Bockelmann u.a. (Hrsg). Festschrift für Karl Engisch zum 70. Geburtstag. Frankfurt am Main: Vittorio Klostermann Verlag, 1969. S. 304 - 327

[91] ders.. „Zusammenfassung der Ergebnisse des Kolloquiums und Frage weiterer Forschungen".

in: Albin/Kaiser/Madlener (Hrsg.). Neue Wege der Wiedergutmachung im Strafrecht. Internationales Strafrechtlich-kriminologisches Kolloquium in Freiburg/Breisgau. Freiburg: Eigenverlag Max-Planck-Institut, 1990. S. 377 – 393

[92] Hirschi, Travis. Causes of Delinquency. Berkeley: University of California press, 1969

[93] Hobbes, Thomas. Vom Menschen. Vom Bürger. Elemente der Philosophie II/III. Ausgabe der Philosophischen Bibliothek. Hrsg. Günter Gawlick. Hamburg: Verlag Felix Meiner, 1959

[94] ders.. Leviathan oder Stoff, Form und Gewalt eines bürgerlichen und kirchlichen Staates. Erschienen in Politica. Abhandlungen und Texte zur politischen Wissenschaft. Band 22. Hrsg. Hennis/Maier. Neuwied und Berlin: Luchterhand Verlag GmbH, 1966

[95] Hobe, Konrad. „Geringe Schuld" und „öffentliches Interesse" in den §§ 153 und 153 a StPO.

in: Kerner/Göppinger/Streng (Hrsg.). Kriminologie – Psychiatrie – Strafrecht. Festschrift für Heinz Leferenz zum 70. Geburtstag. Heidelberg: C. F. Müller Juristischer Verlag, 1983. S. 629 – 646

[96] Jähnke, Laufhütte, Odersky (Hrsg.). Leipziger Kommentar. Großkommentar zum StGB. 11. Auflage. Berlin, New York: Walter De Gruyter Verlag, 2003 (Zit. LK-Bearbeiter)

[97] Jakobs, Günther. Strafrecht allgemeiner Teil. Die Grundlagen und die Zurechnungslehre. 2. Auflage. Berlin u.a.: Walter De Gruyter Verlag, 1991

[98] ders.. Schuld und Prävention. Reihe Recht und Staat in Geschichte und Gegenwart. Eine Sammlung von Vorträgen und Schriften aus dem Gebiet der gesamten Staatswissenschaften. Band 452/453. Tübingen: J. C. B. Mohr Verlag, 1976

[99] Jescheck, Hans Heinrich. Lehrbuch des Strafrechts. Allgemeiner Teil. 2. Auflage. Berlin: Duncker und Humblot Verlag, 1982

[100] Jung, Heike. „compensation order – Ein Modell der Schadenswiedergutmachung¿'.

in: ZStW Band 99 (1987): S. 497 - 535

[101] Kahlert, Christian. „Ausgleich zwischen Täter und Opfer aus der Sicht des Strafverteidigers".

in: Pies (Hrsg.). Straffälligkeit und Wiedergutmachung: Probleme der Kriminologie und des Täter-Opfer-Ausgleichs. Beiträge und Materialien aus Fachtagungen 1977-1979. Trierer Protokolle. Trier: Katholische Akademie, 1981. S.79 - 88

[102] Kaiser, Günther. „Erfahrungen mit dem Täter-Opfer-Ausgleich im Ausland".

in: Bundesminister der Justiz (Hrsg.). Täter-Opfer-Ausgleich. Zwischenbilanz und Perspektiven. Bonn: Forum Verlag Godesberg, 1991. S. 40 – 51

[103] ders.. Kriminologie. Ein Lehrbuch. 2. Auflage. Heidelberg: C. F. Müller Verlag, 1988

[104] Kaiser, Heinz Jürgen. Konfliktberatung nach handlungstheoretischen Prinzipien. Entwurf einer Konfliktberatungsstrategie unter Verwendung von Fallstudienmaterial. Bad Honnef: Bock+Herchen Verlag, 1979

[105] Kant, Immanuel. Prolegomena zu einer jeden künftigen Metaphysik, die als Wissenschaft wird auftreten können. Hrsg. Johann Friedrich Hartknoch. Riga: 1783. Nachdruck in der Ausgabe der Philosophischen Bibliothek. Hrsg. Karl Vorländer. Hamburg: Felix Meiner Verlag, 1969

[106] ders.. Grundlegung zur Metaphysik der Sitten. Hrsg. Johann Friedrich Hartknoch. 2. Auflage. Riga: 1785. Nachdruck in der Ausgabe der Philosophischen Bibliothek. Hrsg. Karl Vorländer. Hamburg: Felix Meiner Verlag, 1965

Literaturverzeichnis

[107] ders.. Kritik der reinen Vernunft. Hrsg. Johann Friedrich Hartknoch. 2. Auflage. Riga: 1787. Nachdruck in der Ausgabe der Philosophischen Bibliothek. Hrsg. Raymund Schmidt. Hamburg: Felix Meiner Verlag, 1956

[108] ders.. Kritik der praktischen Vernunft. Hrsg. Johann Friedrich Hartknoch. Riga: 1788. Nachdruck in der Ausgabe der Philosophischen Bibliothek. Hrsg. Karl Vorländer. Hamburg: Felix Meiner Verlag, 1974

[109] ders.. Metaphysik der Sitten. Hrsg. Friedrich Nicolovius. Königsberg: 1797. Nachdruck in der Ausgabe der Philosophischen Bibliothek. Hrsg. Karl Vorländer. Hamburg: Felix Meiner Verlag, 1966

[110] ders.. Briefwechsel. Band IX. Sämtliche Werke. Ausgabe der Philosophischen Bibliothek. Leipzig: Felix Meiner Verlag, 1924

[111] Kargl. / Sinner, Stefan. „Der Öffentlichkeitsgrundsatz und das öffentliche Interesse in § 153 a StPO".

in: JurA (1998): S. 231 - 236

[112] Kaufmann, Armin. Die Aufgabe des Strafrechts. Hrsg.: Rheinisch-Westfälische Akademie der Wissenschaften. Opladen: Westdeutscher Verlag, 1983

[113] Kaufmann, Arthur. Das Schuldprinzip. Eine strafrechtlich-rechtsphilosophische Untersuchung. 2. Auflage. Heidelberg: Carl Winter Universitätsverlag, 1976

[114] Kerner, Hans-Jürgen. „Diversion – eine wirkliche Alternative¿'.

in: Kury/Lerchenmüller (Hrsg.). Diversion: Alternativen zu klassischen Sanktionsformen. S. 688 - 728

[115] ders.. „Der Täter-Opfer-Ausgleich: Modeerscheinung auf ihrem Höhepunkt oder realistische Sanktionsalternative¿'.

in: Bundesminister der Justiz (Hrsg.). Täter-Opfer-Ausgleich. Zwischenbilanz und Perspektiven. Bonn: Forum Verlag Godesberg, 1991. S. 206 - 209

[116] ders.. „Verwirklichung des Täter-Opfer-Ausgleichs – Einsichten und Perspektiven anhand von Praxisdaten".

in: Weißer Ring (Hrsg.). Wiedergutmachung für Kriminalitätsopfer – Erfahrungen und Perspektiven. Mainz:Weißer Ring VerlagsGmbH, 1999. S. 27 – 87

[117] Keudel, Anke. Die Effizienz des Täter-Opfer-Ausgleichs. Eine empirische Untersuchung von Täter-Opfer-Ausgleichsfällen aus Schleswig-Holstein. Mainz: Weißer Ring Verlags GmbH, 2000 (Dissertation)

[118] Kilchling, Michael. „Aktuelle Perspektiven für Täter-Opfer-Ausgleich und Wiedergutmachung im Erwachsenenstrafrecht. Eine kritische Würdigung der bisherigen höchstrichterlichen Rechtsprechung zu §46a StGB aus viktimologischer Sicht".

in: NStZ (1996): S. 309-317

[119] ders.. Opferinteressen und Strafverfolgung. Kriminologische Forschungsberichte aus dem Max-Planck-Institut für ausländisches und internationales Strafrecht. Freiburg im Breisgau: edition iuscrim, 1995

[120] Killias, Martin/ Camathias, Petra/ Stump, Brigitte. „Alternativ-Sanktionen und der net-widening-effect – ein quasi-experimenteller Test".

in: ZStW Band 112 (2000): S. 637 - 652

[121] Kintzi, Heinrich. „Schadenswiedergutmachung im Strafverfahren – Bestandsaufnahme und Ausblick".

in: Weißer Ring (Hrsg.). Wiedergutmachung für Kriminalitätsopfer – Erfahrungen und Perspektiven –. Mainz: Weißer Ring VerlagsGmbH, 1999. S. 13 - 20

[122] Kirchhoff, Gerd F.. „Das Verbrechensopfer – die lange vergessene Perspektive".

in: Janssen/Peters (Hrsg.). Kriminologie für Soziale Arbeit. Münster: Votum Verlag, 1997. S. 137 – 167

[123] Kleinknecht, Theodor/ Meyer-Goßner, Lutz. Strafprozeßordnung, Gerichtsverfassungsgesetz, Nebengesetze und ergänzende Bestimmungen. 44. Auflage. München: C. H. Beck Verlag, , 1999 (zit. KMG-Bearbeiter)

[124] Kleinknecht/Müller/Reitberger. Kommentar zur Strafprozeßordnung. Neuwied: Luchterhand Verlag GmbH, 1998 (zit. KMR-Bearbeiter)

[125] Kley-Struller, Anna. Wiedergutmachung im Strafrecht. Bern, Berlin, Frankfurt am Main, New York, Paris, Wien: Peter Lang Verlag, 1993 (Dissertation)

[126] Köbler, Gerhard. Rechtsgeschichte. 3. Auflage. München: Verlag Franz Vahlen, 1982

[127] Kondziela, Andreas. „Täter-Opfer-Ausgleich und Unschuldsvermutung".

in: MSchrKrim (1989): S. 177 - 189

[128] Koschorke, Albrecht. „Die Grenzen des Systems und die Rhetorik der Systemtheorie".

in: Koschorke/Vismann (Hrsg.). Widerstände der Systemtheorie. Kulturtheoretische Analysen zum Werk von Niklas Luhmann. Berlin: Akademie Verlag, 1999. S. 49 - 60

[129] Krause, Gerda. „Tatverarbeitung von Gewalttaten: Die Opfer".

in: Marks/Meyer/Schreckling/Wandrey (Hrsg.). Wiedergutmachung und Strafrechtspraxis. Erfahrungen, neue Ansätze, Gesetzesvorschläge. Schriftenreihe der Deutschen Bewährungshilfe e.V.. Bonn: Forum Verlag Godesberg, 1993. S. 237 - 246

[130] Krauß, Detlev. „Laien in der Strafrechtspflege der Schweiz".

in: Jung (Hrsg.). Alternativen zur Strafjustiz und die Garantie individueller Rechte der Betroffenen. Bonn: Forum Verlag Godesberg, 1989. S. 193 - 198

Literaturverzeichnis

[131] Krawietz, Werner. „Staatliches oder gesellschaftliches Recht? Systemabhängigkeiten normativer Strukturbildung im Funktionssystem Recht".

in: Krawietz u.a. (Hrsg.). Kritik der Theorie sozialer Systeme. Frankfurt am Main: Suhrkamp Verlag, 1992. S. 247 - 301

[132] Kreutz, Andrea. Der Täter-Opfer-Ausgleich aus der Sicht von Rechtsanwälten. Eine empirische Überprüfung verbreiteter Hypothesen und Annahmen. Köln 1998 (Dissertation)

[133] Krüger, Jochen. „Schiedsmann, Privatklage und strafprozessuale Grundsätze".

in: Jung (Hrsg.). Alternativen zur Strafjustiz und die Garantie individueller Rechte der Betroffenen. Bonn: Forum Verlag Godesberg, 1989. S. 225 - 237

[134] Kube, Edwin. „Täter-Opfer-Ausgleich. Wunschtraum oder Wirklichkeit¿'.

in: DRiZ (1986): S. 121 - 128

[135] Kuhn, Annemarie. „Der Täter-Opfer-Ausgleich im Spiegel theoretischer Überlegungen. Zum theoretischen Hintergrund".

in: Kuhn/Rudolph/Wandrey/Will (Hrsg.). »Tat-Sachen« als Konflikt. Täter-Opfer-Ausgleich in der Jugendstrafrechtspflege. Forschungsbericht zum Modellprojekt »Handschlag«. Bonn: Forum Verlag, 1989. S. 39 - 46

[136] dies.. „»Tat-Sachen« als Konflikt".

in: Kuhn/Rudolph/Wandrey/Will (Hrsg.). »Tat-Sachen« als Konflikt. Täter-Opfer-Ausgleich in der Jugendstrafrechtspflege. Forschungsbericht zum Modellprojekt »Handschlag«. Bonn: Forum Verlag, 1989. S. 46 - 75

[137] Kunz, Karl-Ludwig. Das strafrechtliche Bagatellprinzip. Eine strafrechtsdogmatische und kriminalpolitische Untersuchung. Schriften zum Strafrecht Band 57. Berlin: Duncker und Humblot, 1984

[138] Kurze, Martin. Täter-Opfer-Ausgleich und allgemeines Strafrecht – Eine Umfrage unter Strafrichtern und Staatsanwälten –. Berichte, Materialien, Arbeitspapiere aus der Kriminologischen Zentralstelle. Heft 13. Wiesbaden: Eigenverlag der Kriminologischen Zentralstelle e.V., 1997

[139] Lamp, Rainer. „Probleme der theoretischen Analyse von Diversionsprogrammen".

in: Kury/Lerchenmüller (Hrsg.). Diversion: Alternativen zu klassischen Sanktionsformen. Bd. 2. Bochum: Studienverlag Brockmeyer, 1981. S. 657 – 687

[140] Lampe, Ernst-Joachim. „Ein neues Konzept für die Kleinkriminalität: Das Verfehlungsverfahren zwischen Bußgeld- und Strafverfahren".

[141] in: Lampe (Hrsg.). Deutsche Wiedervereinigung. Die Rechtseinheit. Arbeitskreis Strafrecht. Band I. Vorschläge zur prozessualen Behandlung der Kleinkriminalität. Köln, Berlin, Bonn, München: Carl Heymanns Verlag KG, 1993. S. 55 - 95

[142] ders.. „Wiedergutmachung als » dritte Spur « des Strafrechts¿'

in: GA 140 (1993). S. 485-494

[143] ders.. Strafphilosophie. Studien zur Strafgerechtigkeit. Köln, Berlin, Bonn, München: Carl Heymanns Verlag KG, 1999

[144] Lang-Hinrichsen, Dietrich. „Bemerkungen zum Begriff der „Tat" im Strafrecht unter besonderer Berücksichtigung der Strafzumessung, des Rücktritts und der tätigen Reue beim Versuch und der Teilnahme (Normativer Tatbegriff)".

in: Bockelmann, Kaufmann, Klug (Hrsg.). Festschrift für Karl Engisch zum 70. Geburtstag. Frankfurt am Main: Vittorio Klostermann Verlag, 1969. S. 353 – 379

[145] Larenz, Karl. Methodenlehre der Rechtswissenschaft. 4. Auflage. Berlin, Heidelberg, New York: Springer-Verlag, 1979

Literaturverzeichnis

[146] Laue, Christian. Symbolische Wiedergutmachung. Berlin: Duncker und Humblot Verlag, 1999

[147] Lee, Jin-Kuk. Symbolische Widergutmachung im strafrechtlichen Sanktionensystem: Auf der Suche nach der Möglichkeit einer weiteren konstruktiven Tatverarbeitung und Entkriminalisierung durch symbolische Wiedergutmachung. Frankfurt am Main: Peter Lang Verlag, 2000 (Dissertation)

[148] Von Liszt, Franz. Lehrbuch des deutschen Strafrechts. Bearbeitet von E. Schmidt. 25. Auflage. Nachdruck der Ausgabe Berlin. Leipzig: Walter De Gruyter Verlag, 1927

[149] ders.. Die Deliktsobligationen im System des BGB. Kritische und dogmatische Randbemerkungen. Berlin: J. Guttentag Verlagsbuchhandlung, 1898

[150] ders.. Strafrechtliche Vorträge und Aufsätze. Nachdruck der Ausgabe Band 1 1875-1891. Band 2 1892-1904. Berlin: J. Guttentag Verlagsbuchhandlung, 1905. Berlin: Walter De Gruyter Verlag, 1970

[151] ders.. Die Grenzgebiete zwischen Privatrecht und Strafrecht. Kriminalistische Bedenken gegen den Entwurf eines Bürgerlichen Gesetzbuches für das deutsche Reich. Reihe Beiträge zur Erläuterung und Beurtheilung des Entwurfes eines Bürgerlichen Gesetzbuches für das deutsche Reich. 5. Heft. Berlin und Leipzig: Verlag J. Guttentag, 1889

[152] ders.. Der Zweckgedanke im Strafrecht. Prof. Dr. E. Wolf (Hrsg.). Deutsches Rechtsdenken. Lesestücke für Rechtswahrer bei der Wehrmacht. Heft 6. Frankfurt am Main: Vittorio Klostermann Verlag, 1943

[153] Löwe/Rosenberg. Die Strafprozeßordnung und das GVG. Großkommentar. Hrsg. Rieß. 25. Auflage. Berlin: Walter De Gruyter Verlag, 2003 (Zit. LR-(Auflage)-Bearbeiter)

[154] Loos, Fritz. „Zur Kritik des „Alternativ-Entwurfs Wiedergutmachung"".
in: ZRP (1993). S. 51-56

[155] Lüderssen, Klaus. „Freiheitsstrafe ohne Funktion". in: Schulz/Vormbaum (Hrsg.). Festschrift für Günther Bemmann zum 70. Geburtstag. Baden-Baden: Nomos Verlagsgesellschaft, 1997. S. 47 - 62

[156] Ludwig, Wolfgang. Diversion: Strafe im neuen Gewand. Berlin, New York: De Gruyter Verlag, 1989

[157] Luhmann, Niklas. Rechtssoziologie. Opladen: Westdeutscher Verlag, 1980, 1983

[158] ders.. Ausdifferenzierung des Rechts. Beiträge zur Rechtssoziologie und Rechtstheorie. Frankfurt am Main: Suhrkamp Verlag, 1981

[159] ders.. Legitimation durch Verfahren. 2. Auflage. Darmstadt und Neuwied: Luchterhand Verlag, 1975

[160] ders.. Die soziologische Beobachtung des Rechts. Frankfurt am Main: Alfred Metzner Verlag, 1986

[161] ders.. „Positivität des Rechts als Voraussetzung einer modernen Gesellschaft".
in: Lautmann, Maihofer, Schelsky, Bertelsmann (Hrsg.). Jahrbuch für Rechtssoziologie und Rechtstheorie I. Die Funktion des Rechts in der modernen Gesellschaft. Bielefeld: Universitätsverlag, 1972. S. 175 - 202

[162] Luther, Horst. „Demokratische Grundlagen der sozialistischen Strafrechtspflege in der DDR – eine differenzierte Verwirklichung einheitlicher Aufgaben durch die staatliche und gesellschaftliche Rechtspflege".
in: Jung (Hrsg.). Alternativen zur Strafjustiz und die Garantie individueller Rechte der Betroffenen.Bonn: Forum Verlag Godesberg, 1989. S. 213 – 224

[163] Maihofer, Werner. Menschenwürde im Rechtsstaat. Schriftenreihe Verfassungsrecht und Verfassungswirklichkeit. Die Würde des Menschen I. Untersuchungen zu Artikel 1 des Grundgesetzes für die Bundesrepublik Deutschland. Hrsg. Niedersächsische Landeszentrale für Politische Bildung. Hannover: 1967

Literaturverzeichnis

[164] Maiwald, Manfred. „Die Bedeutung des Erfolgsunwertes im Unrecht – Der Einfluß der Verletztenposition auf eine dogmatische Kategorie".

in: Schöch u.a. (Hrsg.). Wiedergutmachung und Strafrecht. Symposium aus Anlaß des 80. Geburtstags von Friedrich Schaffstein. Serie neue kriminologische Studien. Band 4. München: Fink Verlag, 1987. S. 64 – 73

[165] ders.. „Zum fragmentarischen Charakter des Strafrechts".

in: Schroeder/Zipf (Hrsg.). Festschrift für Rainhart Maurach zum 70. Geburtstag. Karlsruhe: Verlag C. F. Müller, 1972. S. 9 - 23

[166] Marks, Erich. „Von einzelnen Modellprojekten zur Etablierung und Institutionalisierung des Täter-Opfer-Ausgleichs".

[167] in: Bundesminister der Justiz (Hrsg.). Täter-Opfer-Ausgleich. Zwischenbilanz und Perspektiven. Bonner Symposium. Bonn: Forum Verlag Godesberg, 1991, S. 202 - 206

[168] Marticke, Hans-Ullrich. „Die Beteiligung von Versicherungen am Adhäsionsverfahren am Beispiel der Abwicklung von Schäden aus Verkehrsunfällen".

in: Will (Hrsg.). Schadensersatz im Strafverfahren. Symposium zum Adhäsionsprozess. Kehl am Rhein: N. P. Engel Verlag, 1990. S. 65 – 73

[169] Marx, Michael. Zur Definition des Begriffs >Rechtsgut<. Prolegomena einer materialen Verbrechenslehre. Köln, Berlin, Bonn, München: Carl Heymanns Verlag KG, 1972 (Dissertation)

[170] Matheis, Bernhard. Intervenierende Diversion – Eine empirische Untersuchung unterschiedlicher Verfahrens- und Reaktionsalternativen im Jugendstrafverfahren im Landgerichtsbezirk Kaiserslautern. Zweibrücken 1991 (Dissertation)

[171] Maurach, Reinhart / Zipf, Heinz / Gössel, Karl Heinz. Strafrecht. Allgemeiner Teil. 8. Auflage. Heidelberg: C. F. Müller Verlag, 1992

[172] Mayer, Hellmuth. „Kant, Hegel und das Strafrecht".

in: Bockelmann/Kaufmann/Klug (Hrsg.). Festschrift für Karl Engisch zum 70. Geburtstag. Frankfurt/Main: Vittorio Klostermann Verlag, 1969. S. 54 - 79

[173] Mayer, Max Ernst. Die schuldhafte Handlung und ihre Arten im Strafrecht. Drei Begriffsbestimmungen. Leipzig: Verlag von C. L. Hirschfeld, 1901

[174] Meier, Bernd-Dieter. „Umleitung der Geldstrafe für Zwecke der Wiedergutmachung. Überlegungen zur Berücksichtigung von Verletzteninteressen in der Strafvollstreckung".

in: ZRP (1991): S. 68 - 73

[175] ders.. „Konstruktive Tatverarbeitung im Strafrecht - Bestandsaufnahmen ud Reformperspektiven -.

in: GA (1999): S. 1 - 20

[176] ders.. „Täter-Opfer-Ausgleich und Wiedergutmachung im allgemeinen Strafrecht".

in: JuS (1996): S. 436-442

[177] Merkel, Adolf. Kriminalistische Abhandlungen I. Zur Lehre von den Grundeintheilungen des Unrechts und seiner Rechtsfolgen. Leipzig: Breitkopf und Härtel Verlag, 1867

[178] Messmer, Heinz. „Zwischen Parteiautonomie und Kontrolle: Aushandlungsprozesse im Täter-Opfer-Ausgleich".

in: Bundesminister der Justiz (Hrsg.). Täter-Opfer-Ausgleich. Zwischenbilanz und Perspektiven. Bonner Symposium. Bonn: Forum Verlag Godesberg, 1991. S. 115 - 131

[179] Meßner, Claudius. Recht im Streit. Das Jugendstrafrecht, die alternativen Sanktionen und die Idee der Mediation. Pfaffenweiler: Centaurus Verlagsgesellschaft, 1996

Literaturverzeichnis

[180] Mischnick, Ruth. Der Täter-Opfer-Ausgleich und der außergerichtliche Tatausgleich in der Behördenwirklichkeit. Eine kriminologische Studie zur Handhabung von Konfliktschlichtungsinstrumentarien durch die Staatsanwaltschaften Köln und Wien im Vergleich. Aachen: Shaker Verlag, 1998 (Dissertation)

[181] Müller – Dietz, Heinz. „Was bedeutet Täter-Opfer-Ausgleich im Strafrecht. Notwendige Begriffsbestimmung".

in: Hering/Rössner (Hrsg.). Täter-Opfer-Ausgleich im allgemeinen Strafrecht. Theorie und Praxis konstruktiver Tatverarbeitung: Grundlagen, Modelle, Resultate und Perspektiven. Bonn: Forum Verlag Godesberg, 1993. S. 7 - 24

[182] ders.. „Einführung in die Thematik".

in: Jung (Hrsg.). Alternativen zur Strafjustiz und die Garantie individueller Rechte der Betroffenen. Bonn: Forum Verlag Godesberg, 1989. S. 13 - 27

[183] ders.. „Strafrechtstheoretische Überlegungen zur Wiedergutmachung".

in: Albin/Kaiser/Madlener (Hrsg.). Neue Wege der Wiedergutmachung im Strafrecht. Internationales Strafrechtlich-kriminologisches Kolloquium in Freiburg/Breisgau. Freiburg: Eigenverlag Max-Planck-Institut, 1990. S. 355 - 366

[184] Naegeli, Eduard. „Aspekte des Strafens".

in: Gareis/Wiesnet (Hrsg.). Hat Strafe Sinn?. Freiburg: Herder Verlag, 1974. S. 32 - 54

[185] Naucke, Wolfgang. „Generalprävention und Grundrechte der Person".

in: Hassemer/Lüderssen/Naucke (Hrsg.). Hauptprobleme der Generalprävention. Frankfurt am Main: Alfred Metzner Verlag GmbH, 1979. S. 9 – 28

[186] ders.. Kant und die psychologische Zwangstheorie Feuerbachs. Hamburg: Hansischer Gildenverlag, Joachim Heitmann und Co., 1962

[187] ders.. Kants Kritik der empirischen Rechtslehre. Wissenschaftliche Gesellschaft an der Johann-Wolfgang-Von-Goethe-Universität Frankfurt am Main (Hrsg.). Sitzungsberichte Band XXXIV Nr. 4. Stuttgart: Franz Steiner Verlag, 1996. S. 181-199

[188] Netzig, Lutz. „Brauchbare" Gerechtigkeit. Täter-Opfer-Ausgleich aus der Perspektive der Betroffenen. Mönchengladbach: Forum Verlag Godesberg, 2000

[189] ders./ Petzold, Frauke. „Abschlußbericht der Aktionsforschung zum Modellprojekt Täter-Opfer-Ausgleich bei der WAAGE Hannover e.V.".

in: Pfeiffer (Hrsg.). Täter-Opfer-Ausgleich im allgemeinen Strafrecht. Die Ergebnisse der Begleitforschung des WAAGE-Projektes Hannover. Baden–Baden: Nomos Verlagsgesellschaft, 1997. S. 8 - 128

[190] Netzig, Lutz / Wandrey, Michael. „Was ist drin, wenn TOA draufsteht? – Zur Entwicklung und Etablierung von Standards für den Täter-Opfer-Ausgleich".

in: Hassemer/Marks/Meyer (Hrsg.). 10 Jahre Täter-Opfer-Ausgleich und Konfliktschlichtung. Der Täter-Opfer-Ausgleich als Teil einer gesellschaftlichen Entwicklung zu mehr außergerichtlicher Konfliktregulierung?. Bonn: Forum Verlag Godesberg, 1997. S. 214 – 235

[191] Neumann, Ulfrid/ Schroth, Ulrich. Neuere Theorien von Kriminalität und Strafe. Darmstadt: Wissenschaftliche Buchgesellschaft, 1980

[192] Neumann/Puppe/Schild (Gesamtredaktion). Nomos Kommentar zum Strafgesetzbuch. 1. Auflage. Baden – Baden: Nomos Verlagsgesellschaft, 2003 (Zit. Nomos-Kommentar-Bearbeiter)

[193] Noll, Peter. „Schuld und Prävention unter dem Gesichtspunkt der Rationalisierung des Strafrechts".

in: Beiträge zur gesamten Strafrechtswissenschaft. Festschrift für Hellmut Mayer zum 70. Geburtstag am 1. Mai 1965. Berlin: Duncker und Humblot, 1966. S. 219 – 233

[194] ders.. Die ethische Begründung der Strafe. Reihe Recht und Staat in Geschichte und Gegenwart. Eine Sammlung von Vorträgen und Schriften aus dem Gebiet der gesamten Staatswissenschaften. Band 244. Tübingen: J. C. B. Mohr Verlag, 1962

[195] Oehlmann, Jan Henrik. Die Anrechnung von Wiedergutamchungsleistungen aus strafrechtlichen Verfahren auf zivilrechtliche Ansprüche, insbesondere nach § 46a StGB und § 153a I 2 Nr.1 und Nr.5 StPO. Berlin: Mensch und Buch Verlag, 2002 (Dissertation)

[196] Österreicher, Hans. „Erfahrungen mit der Einrichtung eines Sonderreferates für Täter-Opfer-Ausgleich".

in: Marks/Meyer/Schreckling/Wandrey (Hrsg.). Wiedergutmachung und Strafrechtspraxis. Erfahrungen, neue Ansätze, Gesetzesvorschläge. Schriftenreihe Deutsche Bewährungshilfe. Bonn: Forum Verlag, 1993. S. 89-103

[197] Paton, H. J.. Der kategorische Imperativ. Eine Untersuchung über Kants Moralphilosophie. Berlin: Walter De Gruyter Verlag, 1962

[198] Paust, Dirk. Die intitutionelle Methode im Verwaltungsrecht. Göttingen:Cuvillier Verlag, 1997 (Dissertation)

[199] Pelikan, Christa. „Der Täter-Opfer-Ausgleich und die Ethnographie der Konfliktbearbeitung".

in: Bundesminister der Justiz (Hrsg.). Täter-Opfer-Ausgleich. Zwischenbilanz und Perspektiven. Bonner Symposium. Bonn: Forum Verlag Godesberg, 1991. S. 140 - 142

[200] dies./ Stangl, Wolfgang. „„Private Gewalt": Das Strafrecht, die Konfliktregelung und die Macht der Frauen".

in: Hammerschick/Pelikan/Pilgram (Hrsg.). Ausweg aus dem Strafrecht – der „Außergerichtliche Tatausgleich". Überlegungen anläßlich eines Modellversuchs im österreichischen (Erwachsenen-) Strafrecht. Jahrbuch für Rechts- und Kriminalsoziologie. Baden-Baden: Nomos Verlagsgesellschaft, 1994. S. 47 - 73

Literaturverzeichnis

[201] Pfeiffer, Christian. „Erfolg und Misserfolg des WAAGE-Projekts. Zu den Schwierigkeiten, den Täter-Opfer-Ausgleich in die Praxis des Strafrechts zu integrieren".

in: ders. (Hrsg.). Täter-Opfer-Ausgleich im allgemeinen Strafrecht. Die Ergebnisse der Begleitforschung des WAAGE-Projektes Hannover. Baden-Baden: Nomos Verlagsgesellschaft, 1997. S. 1 - 8

[202] ders.. „Wiedergutmachung und Strafe aus der Sicht der Bevölkerung".

in: Kerner/Hassemer/Marks/Wandrey (Hrsg.). Täter-Opfer-Ausgleich auf dem Weg zur bundesweiten Anwendung?. Bonn: Forum Verlag Godesberg, 1994. S. 91 - 116

[203] Pfeiffer (Hrsg.). Karlsruher Kommentar zur Strafprozeßordnung und zum Gerichtsverfassungsgesetz mit Einführungsgesetz.. 5. Auflage. München: C. H. Beck Verlag, 2003, (zit. KK-Bearbeiter)

[204] Pieplow, Lukas. „Täter-Opfer-Ausgleich bei schwereren Straftaten".

in: Bundesminister der Justiz (Hrsg.). Täter-Opfer-Ausgleich. Zwischenbilanz und Perspektiven. Bonn: Forum Verlag Godesberg, 1991. S. 189 - 191

[205] Pieth, Mark. „Zur Bedeutung der Laiengerichtsbarkeit in der Schweiz".

in: Jung (Hrsg.). Alternativen zur Strafjustiz und die Garantie individueller Rechte der Betroffenen. Bonn: Forum Verlag Godesberg, 1989. S 200 - 209

[206] Plack, Arno. Plädoyer für die Abschaffung des Strafrechts. München: Paul List Verlag, 1974

[207] Reckless, Walter C.. American Criminology: New Directions. New York: Appleton Century Crofts, Meredith Corporation, 1973

[208] Redlich, Alexander. KonfliktModeration. Handlungsstrategien für alle, die mit Gruppen arbeiten. Mit vier Fallbeispielen. Hrsg.: E. Schrader. Moderation in der Praxis Band 2. Hamburg: Windmühlen GmbH Verlag und Vertrieb von Medien, 1992

[209] Reibel, Wolfgang W.. „Hilfen für Opfer von Straftaten und Täter-Opfer-Ausgleich in der Gerichtshilfe bei Erwachsenen im Bezirk der StA Düsseldorf".

in: Bundesminister der Justiz (Hrsg.). Täter-Opfer-Ausgleich. Zwischenbilanz und Perspektiven. Bonner Symposium. Bonn: Forum Verlag Godesberg, 1991. S. 162 - 165

[210] Rex, Erhard. „Täter-Opfer-Ausgleich aus der Sicht der Strafjustiz".

in: Weißer Ring (Hrsg.). Wiedergutmachung für Kriminalitätsopfer – Erfahrungen und Perspektiven. Mainz:Weißer Ring VerlagsGmbH, 1999. S. 89 - 101

[211] Richter, Harald. „Aspekte der Verarbeitung krimineller Viktimisierung im Hinblick auf ihre Bedeutung für den Täter-Opfer-Ausgleich und alternative Konfliktschlichtungsbemühungen".

in: Hassemer/Marks/Meyer (Hrsg.). 10 Jahre Täter-Opfer-Ausgleich und Konfliktschlichtung. Der Täter-Opfer-Ausgleich als Teil einer gesellschaftlichen Entwicklung zu mehr außergerichtlicher Konfliktregulierung?. Bonn: Forum Verlag Godesberg, 1997. S. 358 - 376

[212] Rieß, Peter. „Weichen zum Übergang in alternative Verfahrensformen und zur Rückkehr ins Strafverfahren".

in: Jung (Hrsg.). Alternativen zur Strafjustiz und die Garantie individueller Rechte der Betroffenen. Bonn: Forum Verlag Godesberg, 1989. S. 161 – 173

[213] ders.. „Die Zukunft des Legalitätsprinzips".

in: NStZ (1981): S. 2 - 10

[214] Rössner, Dieter. „Täter-Opfer-Ausgleich als flächendeckendes Gesamtkonzept des Strafrechts".

in: Bundesminister der Justiz (Hrsg.). Täter – Opfer-Ausgleich. Zwischenbilanz und Perspektiven. Bonn: Forum Verlag Godesberg, 1991. S. 210 - 220

[215] ders.. „Täter-Opfer-Ausgleich in der Justizpraxis. Bericht aus der Arbeitsgruppe II".

in: Jehle (Hrsg.). Individualprävention und Strafzumessung. Ein Gespräch zwischen Strafjustiz und Kriminologie. Wiesbaden: Eigenverlag Kriminologische Zentralstelle e. V., 1992. S. 309 - 322

[216] ders.. „Wiedergutmachung als Aufgabe der Strafrechtspflege. Auswertung des Tübinger Gerichtshilfeprojekts und kriminalpolitische Folgerungen".

in: Hering/Rössner (Hrsg.). Täter-Opfer-Ausgleich im allgemeinen Strafrecht. Theorie und Praxis konstruktiver Tatverarbeitung: Grundlagen, Modelle, Resultate und Perspektiven. Bonn: Forum Verlag Godesberg, 1993. S. 99 - 152

[217] ders.. „Historische Aspekte des Opferschutzes und opferorientierte Sanktionen".

in: Schädler/Baurmann/Sievering (Hrsg.). Hilfe für Kriminalitätsopfer als internationale Bewegung. Ein Vergleich mit den Niederlanden und den USA. Beiträge aus einer Tagung der evangelischen Akademie Arnoldshain. Bonn: Forum Verlag Godesberg, 1990. S. 7 - 21

[218] ders.. „Täter-Opfer-Ausgleich im internationalen Vergleich".

in: Hassemer/Marks/Meyer (Hrsg.). 10 Jahre Täter-Opfer-Ausgleich und Konfliktschlichtung. Der Täter-Opfer-Ausgleich als Teil einer gesellschaftlichen Entwicklung zu mehr außergerichtlicher Konfliktregulierung?. Bonn: Forum Verlag Godesberg, 1997. S. 25 - 52

[219] ders.. „Wiedergutmachen statt Übelvergelten. (Straf-)Theoretische Begründung und Eingrenzung der kriminalpolitischen Idee".

in: Marks/Rössner (Hrsg.). Täter-Opfer-Ausgleich. Vom zwischenmenschlichen Weg zur Wiederherstellung des Rechtsfriedens. Schriftenreihe der Dt. Bewährungshilfe e.V. Bd. 12. Bonn: Forum Verlag Godesberg, 1989. S. 7 - 41

[220] ders.. „Autonomie und Zwang im System der Strafrechtsfolgen".

in: Arzt/Fezer/Weber/Schlüchter/Rössner (Hrsg). Festschrift für Jürgen Baumann zum 70. Geburtstag. 22. Juni 1992. Bielefeld: Verlag Ernst und Werner Gieseking, 1992. S. 269-279

[221] Roxin, Claus. „Neue Wege der Wiedergutmachung im Strafrecht. Schlussbericht".

in: Albin/Kaiser/Madlener (Hrsg.). Neue Wege der Wiedergutmachung. Internationales Strafrechtlich-kriminologisches Kolloquium in Freiburg/Breisgau. Freiburg: Eigenverlag Max-Planck-Institut, 1990. S. 367 - 375

[222] ders.. „Die Wiedergutmachung im System der Strafzwecke".

in: Schaffstein/Schöch/Schüler-Springorum (Hrsg.). Wiedergutmachung und Strafrecht. Symposium aus Anlaß des 80. Geburtstags von Friedrich Schaffstein. Neue Kriminologische Studien Band 4. München: Wilhelm Fink Verlag, 1987. S. 37 – 55

[223] ders.. „Zur Wiedergutmachung als einer „dritten Spur" im Sanktionensystem"

in: Arzt/Fezer/Weber/Schlüchter/Rössner (Hrsg.). Festschrift für Jürgen Baumann zum 70. Geburtstag. 22. Juni 1992. Bielefeld: Verlag Ernst und Werner Gieseking, 1992. S. 243 – 254

[224] ders.. Strafrecht – Allgemeiner Teil – Band 1 – Grundlagen – Der Aufbau der Verbrechenslehre. 3. Auflage. München: C. H. Beck Verlag, 1997

[225] ders.. Strafverfahrensrecht - Ein Studienbuch. 25. Auflage. München: C. H. Beck Verlag, 1998

[226] ders../Wulf, Rüdiger: Opferbezogene Strafrechtspflege. Leitgedanken und Handlungsvorschläge für Praxis und Gesetzgebung, Hrsg.: Arbeitskreis Täter-Opfer-Ausgleich der Deutschen Bewährungshilfe. Bonn/Bad Godesberg: 1984

[227] Rudolphi, Hans Joachim. „Strafprozeß im Umbruch".

in: ZRP (1976): S. 165 – 173

[228] ders./Frisch/Paeffgen/Rogall/Schlüchter/Wolter (Hrsg). Systematischer Kommentar zur Strafprozessordnung und zum Gerichtsverfassungsgesetz. Frankfurt am Main: Luchterhand Verlag, 1986/1997 (Zit. SK-Bearbeiter)

[229] Sabrotzki, Melanie. „Die Entwicklung der Schiedsstellen in den neuen Bundesländern hinsichtlich der Aufgabe der außergerichtlichen Schlichtung von Strafsachen".

in: Hassemer/Marks/Meyer (Hrsg.). 10 Jahre Täter-Opfer-Ausgleich und Konfliktschlichtung. Der Täter-Opfer-Ausgleich als Teil einer gesellschaftlichen Entwicklung zu mehr außergerichtlicher Konfliktregulierung?. Bonn: Forum Verlag Godesberg, 1997. S. 144 – 166

[230] Schädler, Wolfram. „Den Geschädigten nicht nochmals schädigen. Anforderungen an den Täter-Opfer-Ausgleich aus der Sicht der Opferhilfe".

in: Bundesminister der Justiz (Hrsg.). Täter-Opfer-Ausgleich. Zwischenbilanz und Perspektiven. Bonn: Forum Verlag Godesberg, 1991. S. 25 – 34 und ZRP (1990): S. 150 - 154

[231] Schaffstein, Friedrich. „Spielraum-Theorie, Schuldbegriff und Strafzumessung nach den Strafrechtsreformgesetzen".

in: Lackner u.a. (Hrsg.). Festschrift für Wilhelm Gallas zum 70. Geburtstag am 22. Juli 1973. Berlin, NewYork: Walter De Gruyter Verlag, 1973. S. 99 – 116

[232] Schall, Hero. „Bedeutung der zivilrechtlichen Verjährungseinrede bei Anordnung der Wiedergutmachungsauflage".

in: NJW (1977): S. 1045 - 1046

[233] Schild, Wolfgang. „Strafe - Vergeltung oder Gnade¿'.

in: Schweizerische Zeitschrift für Strafrecht. Band 99. (1982): S. 364 – 384

[234] Schmidhäuser, Eberhard. „Gesinnungsethik und Gesinnungsstrafrecht".

in: Lackner u.a. (Hrsg.). Festschrift für Wilhelm Gallas zum 70. Geburtstag am 22. Juli 1973. Berlin, New York: Walter De Gruyter Verlag, 1973. S. 81 - 97

[235] ders.. Vom Sinn der Strafe. 2. Auflage. Göttingen: Vandenhoeck und Ruprecht Verlag, 1971

[236] Schmitz, Cornelia. „Anforderungen an Handeln und Qualifikation von VermittlerInnen".

in: Bundesminister der Justiz (Hrsg.). Täter-Opfer-Ausgleich. Zwischenbilanz und Perspektiven. Bonn: Forum Verlag Godesberg, 1991. S. 178 - 187

[237] Schöch, Heinz. „Die Rechtswirklichkeit und präventive Effizienz strafrechtlicher Sanktionen".

in: Jehle (Hrsg.). Kriminalprävention und Strafjustiz. KUP Schriftenreihe der kriminologischen Zentralstelle Bd. 17. Wiesbaden 1997. S. 291 - 326

[238] ders.. „Staatliches Restitutionsverfahren und außerjustuzielle Konfliktregelung".

in: Jung (Hrsg.). Alternativen zur Strafjustiz und die Garantie individueller Rechte der Betroffenen. Bonn: Forum Verlag Godesberg, 1989. S. 125 - 135

[239] ders.. „Empirische Grundlagen der Generalprävention".

in: Vogler (Hrsg.). Festschrift für Hans-Heinrich Jescheck zum 70. Geburtstag. Berlin: Duncker und Humblot Verlag, 1985. S. 1081 - 1105

[240] Schreckling, Jürgen. „Zehn Jahre Täter-Opfer-Ausgleich: Was haben wir gewollt, was haben wir erreicht¿'.

in: Hassemer/Marks/Meyer (Hrsg.). 10 Jahre Täter-Opfer-Ausgleich und Konfliktschlichtung. Der Täter-Opfer-Ausgleich als Teil einer gesellschaftlichen Entwicklung zu mehr außergerichtlicher Konfliktregulierung?. Bonn: Forum Verlag Godesberg, 1997. S. 85 - 120

Literaturverzeichnis

[241] ders.. Bestandsaufnahme zur Praxis des Täter-Opfer-Ausgleichs in Deutschland. Hrsg. Bundesministerium der Justiz. Bonn: Köllen Druck und Verlag, 1991

[242] Schulz Von Thun, Friedemann. Miteinander reden 2. Stile, Werte und Persönlichkeitsentwicklung. Reinbek: Rowohlt Verlag, 1991

[243] Schumann, Karl F./ Berlitz, Claus/ Guth, Hans-Werner/ Kaulitzki, Reiner. Jugendkriminalität und die Grenzen der Generalprävention. Neuwied/Darmstadt: Luchterhand Verlag, 1987

[244] Seelmann, Kurt. „Strafzwecke und Wiedergutmachung".

in: Pies (Hrsg.). Straffälligkeit und Wiedergutmachung: Probleme der Kriminologie und des Täter-Opfer-Ausgleichs. Beiträge und Materialien aus Fachtagungen 1977-1979. Trierer Protokolle. Trier: Katholische Akademie, 1981. S. 147 - 162

[245] Seneca, Lucius Annaeus. Dialogorum Liber III. De Ira Liber I. Recensuit Ioannes Viansino. Paravia, Torino 1963

[246] Servicebüro für Täter-Opfer-Ausgleich und Konfliktschlichtung. TOA-Standards. Qualitätskriterien für die Praxis des Täter-Opfer-Ausgleichs. 4. Auflage. Köln: 2000

[247] Sessar, Klaus. Wiedergutmachen oder strafen. Einstellungen in der Bevölkerung und der Justiz. Ein Forschungsbericht. Pfaffenweiler: Centaurus Verlagsgesellschaft, 1992

[248] ders.. „Täter-Opfer-Ausgleich aus der Perspektive des Opfers".

in: Bundesministerium für Justiz (Hrsg.). Täter-Opfer-Ausgleich. Zwischenbilanz und Perspektiven. Bonn: Forum Verlag Godesberg, 1991. S. 16 - 23

[249] Smaus, Gerlinda. „Formale Gleichheit im Staat, materiale Ungleichheit in der Gesellschaft und Aporien einer gerechten Kriminalpolitik".

Literaturverzeichnis

in: Jung (Hrsg.). Alternativen zur Strafjustiz und die Garantie individueller Rechte der Betroffenen. Bonn: Forum Verlag Godesberg, 1989. S. 29 - 43

[250] Smith, Kathleen J.. A Cure for Crime. The case of the self-determinated prison sentence. London: Gerald Duckworth and Co Ltd. Verlag, 1965

[251] Soyer, Richard. „Strafprozeß und Tatausgleichsverfahren im Spannungsfeld von divergierenden Wahrheitsansprüchen".
in: Hammerschick/Pelikan/Pilgram (Hrsg.). Ausweg aus dem Strafrecht – der „Außergerichtliche Tatausgleich". Überlegungen anläßlich eines Modellversuchs im österreichischen (Erwachsenen-) Strafrecht. Jahrbuch für Rechts- und Kriminalsoziologie. Baden-Baden: Nomos Verlagsgesellschaft, 1994. S. 191 - 198

[252] Spendel, Günter. Zur Lehre vom Strafmaß. Frankfurt am Main: Vittorio Klostermann Verlag, 1954 (Habilitation)

[253] Stöckel, Heinz. „Modellversuch Täter-Opfer-Ausgleich bei dem Landgericht Nürnberg-Fürth".
in: Rössner/Hering (Hrsg.). Täter-Opfer-Ausgleich im allgemeinen Strafrecht. S. 153 - 166

[254] Stree, Walter. Deliktsfolgen und Grundgesetz. Zur Verfassungsmäßigkeit der Strafen und sonstigen strafrechtlichen Maßnahmen. Tübingen: J. C. B. Mohr Verlag, 1960

[255] Stuckenberg, Carl-Friedrich. Untersuchungen zur Unschuldsvermutung. Berlin New York: Walter De Gruyter Verlag, 1998

[256] Sutherland, Edwin H./ Cressey, Donald R.. Criminology. 8. Auflage. Philadelphia: J. B. Lippincott Company, 1970

[257] Tarde, Gabriel De. Les lois de l'imitation. Etude sociologique. Collection ressources. Slatkine reprints. Genf 1979

Literaturverzeichnis

[258] Trenczek, Thomas. „Täter-Opfer-Ausgleich – mehr als ein Diversionskonzept für Bagatellfälle¿'.

in: Bundesminister der Justiz (Hrsg.). Täter-Opfer-Ausgleich. Zwischenbilanz und Perspektiven. Bonn: Forum Verlag Godesberg, 1991. S. 192 - 195

[259] ders.. „Vermittelnder Ausgleich strafrechtlich relevanter Konflikte – ein Modell kriminalrechtlicher Intervention? – Erfahrungen und Perspektiven".

in: Marks/Rössner (Hrsg.). Täter-Opfer-Ausgleich. Vom zwischenmenschlichen Weg zur Wiederherstellung des Rechtsfriedens. Schriftenreihe der Dt. Bewährungshilfe e.V. Bd. 12. Bonn: Forum Verlag Godesberg, 1989. S. 464 – 505

[260] Tröndle, Herbert/ Fischer, Thomas. StGB und Nebengesetze. Beck'sche Kurzkommentare. 50. Auflage. München: C.H. Beck Verlag, 2001 (Zit. T/F)

[261] Voß, Michael. „Anzeigemotive, Verfahrenserwartungen und die Bereitschaft von Geschädigten zur informellen Konfliktregelung. Erste Ergebnisse einer Opferbefragung".

in: MSchrKrim (1989): S. 34 - 51

[262] Walter, Michael. „Über Alternativen zum Strafrecht".

in: Festschrift der rechtswissenschaftlichen Fakultät zur 600 - Jahrfeier der Universität zu Köln. Köln: Carl Heymanns Verlag KG, 1988. S. 557 - 578

[263] ders.. „Über das Verhältnis des Täter-Opfer-Ausgleichs zum Kriminalrechtssystem".

in: Kerner/Hassemer/Marks/Wandrey (Hrsg.). Täter-Opfer-Ausgleich – auf dem Weg zur bundesweiten Anwendung?. Bonn: Forum Verlag Godesberg, 1994. S. 41 – 64

[264] ders.. Jugendkriminalität: Eine systematische Darstellung. Stuttgart, München, Hannover, Berlin, Weimar, Dresden: Boorberg Verlag, 1995

Literaturverzeichnis

[265] ders.. Täter-Opfer-Ausgleich aus der Sicht von Rechtsanwälten: Einschätzungen, Ansichten und persönliche Erfahrungen. Hrsg. Bundesministerium der Justiz. Bonn: Forum Verlag Godesberg, 1999

[266] ders./ Hassemer, Elke /Netzig, Lutz /Petzold, Frauke. „Täter-Opfer-Ausgleich".
in: Breidenbach/Henssler (Hrsg.). Mediation für Juristen. Köln: Verlag Dr. Otto Schmidt, 1997. S. 201 - 209

[267] Walther, Susanne. Vom Rechtsbruch zum Realkonflikt. Grundlagen und Grundzüge einer Wiedergutmachung und Strafe verbindenden Neuordnung des kriminalrechtlichen Santionensystems. Berlin: Duncker und Humblot Verlag, 2000 (Habilitation)

[268] Wambach, Thomas. Straflosigkeit nach Wiedergutmachung im deutschen und österreichischen Erwachsenenstrafrecht. Max-Planck-Institut für ausländisches und internationales Strafrecht. Freiburg/Breisgau: edition iuscrim, 1996 (Dissertation)

[269] Wandrey, Michael. „Täter, Opfer, Straftaten - und ihre Eignung zur Konfliktregelung".
in: Kuhn/Rudolph/Wandrey/Will (Hrsg.).»Tat-Sachen« als Konflikt. Täter-Opfer-Ausgleich in der Jugendstrafrechtspflege. Forschungsbericht zum Modellprojekt»Handschlag«. Bonn: Forum Verlag, 1989. S. 76 - 91

[270] ders.. „Bericht über eine Jugendamtsbefragung und erste Ansätze einer Regionalisierung des Täter-Opfer-Ausgleichs in Baden-Württemberg".
in: Bundesminister der Justiz (Hrsg.). Täter-Opfer-Ausgleich. Zwischenbilanz und Perspektiven. Bonner Symposium. Bonn: Forum Verlag Godesberg, 1991. S. 198 - 201

[271] Wassermann (Hrsg.). Alternativer Kommentar zur StPO. Berlin: Luchterhand Verlag, 1992 (Zit. AK-Bearbeiter)

[272] Watzke, Ed. „Das gemischte Doppel".

in: Hassemer/Marks/Meyer (Hrsg.). 10 Jahre Täter-Opfer-Ausgleich und Konfliktschlichtung. Der Täter-Opfer-Ausgleich als Teil einer gesellschaftlichen Entwicklung zu mehr außergerichtlicher Konfliktregulierung?. Bonn: Forum Verlag Godesberg, 1997. S. 339 - 357

[273] Watzlawick, Paul/ Beavin, Janet/ Jackson, Don. Menschliche Kommunikation. Formen, Störungen, Paradoxien. 4. Auflage. Bern: Hans Huber Verlag, 1974

[274] Weidner, Jens. „Handlungskonzepte und Praxiserfahrung. Tatverarbeitung von Gewalttaten: Die Täter".
in: Marks/Meyer/Schreckling/Wandrey (Hrsg.). Wiedergutmachung und Strafrechtspraxis. Erfahrungen, neue Ansätze, Gesetzesvorschläge. Schriftenreihe der Deutschen Bewährungshilfe e.V.. Bonn: Forum Verlag Godesberg, 1993. S. 247 - 250

[275] Weigend, Thomas. „Fragen der Rechtsstaatlichkeit beim Täter-Opfer-Ausgleich".
in: Marks/Meyer/Schreckling/Wandrey (Hrsg.). Wiedergutmachung und Strafrechtspraxis. Erfahrungen, neue Ansätze, Gesetzesvorschläge. Schriftenreihe der Deutschen Bewährungshilfe e.V.. Bonn: Forum Verlag Godesberg, 1993. S. 37 - 69

[276] ders.. „Freiwilligkeit als Voraussetzung alternativer Konfliktregelung".
in: Jung (Hrsg.). Alternativen zur Strafjustiz und die Garantie individueller Rechte der Betroffenen. Bonn: Forum Verlag Godesberg, 1989. S. 149 - 157

[277] ders.. „Schadensersatz im Strafverfahren".
in: Will (Hrsg.). Schadensersatz im Strafverfahren. Rechtsvergleichendes Symposium zum Adhäsionsprozeß. Kehl am Rhein u.a.: N. P. Engel Verlag, 1990. S. 11 - 24

[278] ders.. „Strafzumessung durch den Staatsanwalt? Lösbare und unlösbare Probleme bei der Verfahrenseinstellung unter Auflagen (§ 153a StPO)".
in: Kriminologisches Journal 1984, S. 8 - 37

Literaturverzeichnis

[279] Weinberger, Ota. „Der Begriff der Sanktion und seine Rolle in der Normenlogik und Rechtstheorie".

in: Lenk (Hrsg.). Normenlogik. Pullach: UTB Verlag Dokumentation, 1974. S. 89 – 111

[280] Welcker, Karl Theodor. Über die letzten Gründe von Recht, Staat und Strafe, philosophisch und nach den Gesetzen der merkwürdigsten Völker rechtshistorisch entwickelt. Neudruck der Ausgabe Gießen 1813. Aalen: Scientia Verlag, 1964

[281] Welzel, Hans. Das deutsche Strafrecht. Eine systematische Darstellung. 9. Auflage. Berlin: Walter De Gruyter Verlag, 1965

[282] Werner, Petra. „Soziale Systeme als Interaktion und Organisation".

in: Krawietz/Welker (Hrsg.). Kritik der Theorie sozialer Systeme. Auseinandersetzungen mit Luhmanns Hauptwerk. Frankfurt am Main: Suhrkamp Verlag, 1992. S. 200 – 214

[283] Wesel, Uwe. Geschichte des Rechts – Von den Frühformen bis zum Vertrag von Maastricht. München: C. H. Beck Verlag, 1997

[284] Wiese, Günter. Der Ersatz des immateriellen Schadens. Recht und Staat in Geschichte und Gegenwart. Band 294/295. Tübingen: JCB Mohr Verlag, 1964

[285] Witz, Claude. „Der Conciliateur in Frankreich – eine Alternative zur staatlichen Justiz".

in: Jung (Hrsg.). Alternativen zur Strafjustiz und die Garantie individueller Rechte der Betroffenen. Bonn: Forum Verlag Godesberg, 1989. S. 239 – 244

[286] Woldenberg, Andrea Van den. Diversion im Spannungsfeld zwischen Betreuungsjustiz und Rechtsstaatlichkeit. Inauguraldissertation. Ruhr-Uni Bochum. Frankfurt am Main: Peter Lang GmbH Europäischer Verlag der Wissenschaften, 1993 (Dissertation)

[287] Wolf, Jutta. „Bedeutung der Konfrontation von Täter und Geschädigtem aus der Sicht der Praxis".

in: Bundesminister der Justiz (Hrsg.). Täter-Opfer-Ausgleich. Zwischenbilanz und Perspektiven. Bonner Symposium. Bonn: Forum Verlag Godesberg, 1991. S. 132 - 135

[288] Wolff, Ernst Amadeus. „Das neuere Verständnis von Generalprävention und seine Tauglichkeit für eine Antwort auf Kriminalität".

in: ZStW (1985): S. 786 - 830

[289] ders.. „Die Abgrenzung von Kriminalunrecht zu anderen Unrechtsformen".

in: Hassemer (Hrsg.). Strafrechtspolitik. Bedingungen der Strafrechtsreform. Frankfurt am Main: Peter Lang Verlag, 1987. S. 137 - 224

[290] Yoshida, Toshio. „Opferhilfe und Wiedergutmachung in Japan".

in: Weißer Ring (Hrsg.). Wiedergutmachung für Kriminalitätsopfer – Erfahrungen und Perspektiven. Mainz:Weißer Ring VerlagsGmbH, 1999. S. 139 - 150

[291] Zaczyk, Rainer. Strafrechtliches Unrecht und die Selbstverantwortung des Verletzten. Heidelberg. C. F. Müller juristischer Verlag, 1993

[292] ders.. Das Strafrecht in der Rechtslehre Fichtes. Berlin: Duncker und Humblot Verlag, 1981

[293] Zwinger, Georg. „Zur Praxis der Konfliktregelung".

in: Hering/Rössner: Täter-Opfer-Ausgleich im allgemeinen Strafrecht. Theorie und Praxis konstruktiver Tatverarbeitung: Grundlagen, Modelle, Resultate und Perspektiven. Bonn: Forum Verlag Godesberg, 1993. S. 259 - 289

[294] ders.. „Bedingungen erfolgreicher Konfliktschlichtung aus der Sicht der Praxis".

in: Bundesminister der Justiz (Hrsg.). Täter-Opfer-Ausgleich. Zwischenbilanz und Perspektiven. Bonn: Forum Verlag Godesberg, 1991. S. 135 – 137

Aus unserem Verlagsprogramm:

Nicole Weinert
Vorbereitungsdelikte und tätige Reue
*Eine Untersuchung zur Notwendigkeit der Einführung tätiger Reue
am Beispiel des Versicherungsmissbrauchs*
Hamburg 2005 / 190 Seiten / ISBN 3-8300-2095-3

Tilman Jäger
Die Anwesenheit des Angeklagten in der Hauptverhandlung
Hamburg 2005 / 298 Seiten / ISBN 3-8300-1722-7

Manon Janke
Der Täter-Opfer-Ausgleich im Strafverfahren
Zugleich ein Beitrag zu einer kritischen Strafverfahrensrechtstheorie
Hamburg 2005 / 336 Seiten / ISBN 3-8300-1667-0

Stefan Spielmann
Der bedingte Tatentschluß und die Vorbereitungshandlung
Ein Beitrag zur Lehre vom Vorsatz und Versuch im deutschen Strafrecht
Hamburg 2005 / 194 Seiten / ISBN 3-8300-1635-2

Michael Jesser
Täter-Opfer-Ausgleich und Wiedergutmachung im Steuerstrafrecht
Hamburg 2004 / 296 Seiten / ISBN 3-8300-1233-0

Andreas-M. Blum
Strafbefreiungsgründe und ihre kriminalpolitischen Begründungen
*Kriminalpolitische Begründung bei den Strafbefreiungsgründen
im Strafrecht, Nebenstrafrecht und Strafprozeßrecht
einschließlich der Straffreiheitsgesetze der BRD seit 1949.
Eine kriminalpolitische Bestandsaufnahme in kritischer Absicht*
Hamburg 1996 / 142 Seiten / ISBN 3-86064-467-X

Einfach Wohlfahrtsmarken helfen!